Lk 2 2565 (2)

Lyon
1871

Chevalier, Ulysse (éd.)

Inventaire des archives des dauphins de Viennois à Saint-André de Grenoble en 1346

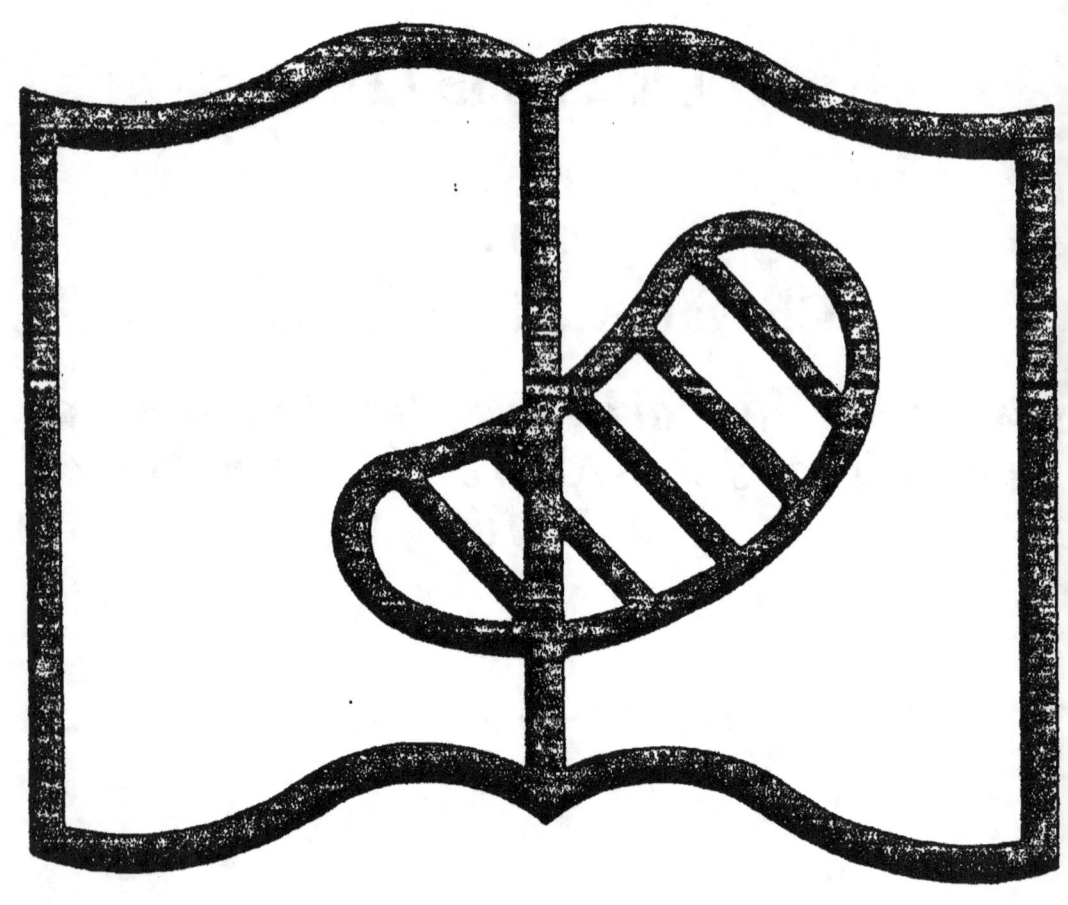

Symbole applicable
pour tout, ou partie
des documents microfilmés

Original illisible

NF Z 43-120-10

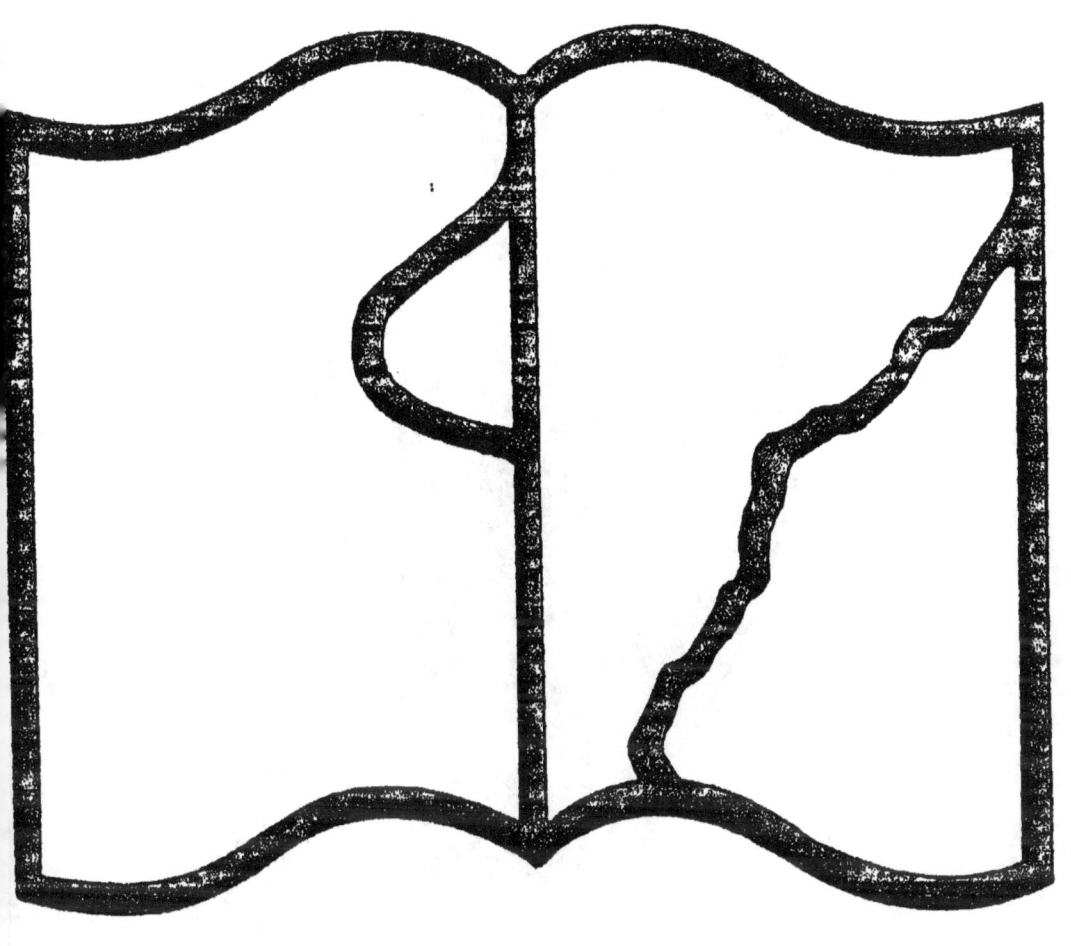

Symbole applicable
pour tout, ou partie
des documents microfilmés

Texte détérioré — reliure défectueuse

NF Z 43-120-11

DOCUMENTS HISTORIQUES INÉDITS
SUR LE DAUPHINÉ

—

DEUXIÈME LIVRAISON

INVENTAIRE
DES
ARCHIVES DES DAUPHINS DE VIENNOIS
A SAINT-ANDRÉ DE GRENOBLE EN 1346

REGISTRUM

INSTRUMENTORUM

DELPHINORUM VIENNENSIUM

APUD SANCTUM ANDREAM GRATIANOPOLIS

AN. MCCCXLVI

EDIDIT

EX CODICIBUS ORIGINALIBUS

CUM INDICIBUS CHRONOLOGICO ET ALPHABETICO

Presbyter C.-U.-J. CHEVALIER

Pluribus Academiis et eruditorum Societatibus adgregatus

Novigentum

A. GOUVERNEUR, TYPOGRAPHUS

MDCCCLXXI

INVENTAIRE

DES ARCHIVES

DES DAUPHINS DE VIENNOIS

A SAINT-ANDRÉ DE GRENOBLE

EN 1346

PUBLIÉ

D'APRÈS LES REGISTRES ORIGINAUX

AVEC TABLES CHRONOLOGIQUE ET ALPHABÉTIQUE

par l'Abbé C.-U.-J. CHEVALIER

Correspondant du Ministère de l'Instruction publique pour les
Travaux historiques et archéologiques

Lyon

A. BRUN, LIBRAIRE

—

1871

A l'Académie Delphinale
de Grenoble

Hommage reconnaissant de l'Auteur

NOMBRE DU TIRAGE

480 exemplaires sur papier vergé;
20 — — de Hollande;
1 — — de Chine.

Nº

NOTICE PRÉLIMINAIRE.

Les princes qui ont possédé en souveraineté le Dauphiné ont formé, comme on sait, trois races successives : la première, (des comtes d'*Albon*), dont l'origine n'a pas encore été parfaitement éclaircie, finit avec Guigues V qui prit le titre de *Dauphin*; la seconde eut pour tige sa fille Béatrix, mariée à Hugues III duc de *Bourgogne*, dont l'arrière-petit-fils Jean Ier mourut sans postérité en 1282 [1]; la troisième, issue du mariage d'Anne, sœur aînée de Jean, avec Humbert seigneur de *La Tour-du-Pin*, eut pour dernier représentant Humbert II, qui céda ses états à la couronne de France en 1349.

Les archives des dauphins de la 1re race (-1162) ne nous sont connues par aucun document, et l'on ne rencontre guère les traces de la domination de ces princes que dans les Cartulaires des évêchés et des monastères, objets de leurs libéralités ou de leurs contestations.

En 1277, les archives delphinales étaient renfermées dans une armoire placée derrière l'autel de l'église Saint-André de Grenoble [2],

---

1. Le 24 septembre, à Bonneville (*Rég. genevois*, 1184). Cette date, ignorée de Valbonnais, qui fait mourir le jeune prince à la fin de 1281 (*Hist. de Dauph.*, I, 230-1), a été confirmée par la découverte de son testament, rédigé précipitamment le 21 du même mois. Nous avons trouvé dans l'Inventaire des titres du Valentinois (t. V, f° 381 v°) la note suivante qui, pour donner à sa mort une date erronée, n'en révèle pas moins une circonstance jusqu'ici ignorée : « Dom. Joannes delphinus Viennensis obiit 5 mensis aprilis...., ætatis suæ anno 18, apud Compendium desponsatus cum domina Jacoba, principis ill. domⁱ Guillelmi, ducis Bavariæ comitisque Hanoniæ, Holandiæ et Islandiæ (.....) : *lib. G*, f° 47; *lib. H*, f° 83. »

2. « In armario S^{ti} Andreæ Gracionopolis, post altare ipsius ecclesiæ ».

chapelle particulière des dauphins. L'*Inventaire* dressé en cette année résumerait assez exactement leur état à la fin de la 2ᵉ race, si une trop grande concision n'avait présidé à sa rédaction. Au surplus nous renvoyons le lecteur à la préface dont il est précédé dans l'édition que nous en avons donnée d'après l'original [1].

Durant le cours du XIVᵉ siècle la puissance des dauphins prit une extension considérable. Leurs titres de propriété s'accroissant avec chaque domaine ajouté à leur souveraineté, on dut les classer par bailliages et baronnies, et les renfermer dans autant de coffres qui se conservèrent, avec les joyaux du Dauphiné [2], dans la sacristie de la même église Saint-André de Grenoble [3]. Sept mois après le départ d'Humbert II pour la croisade (de Clément VI), de mars à mai 1346, son lieutenant, l'archevêque et comte de Lyon Henri de Villars, fit opérer le récolement général de ces archives par deux conseillers delphinaux, Étienne du Roux et Raymond Falavel, aidés de plusieurs notaires. Ce travail donna lieu à six registres d'Inventaires, dont par surcroît de précaution on prit une double copie. Ils forment l'objet principal de la présente publication.

Sauf les distractions nécessitées par les affaires courantes, les chartes delphinales se trouvaient dans le même local quand, le 25 novembre 1355, le dauphin Charles (V) en fit retirer les insignes de la souveraineté dont il avait été investi en 1349. Depuis lors ces archives reçurent des accroissements et subirent des déplacements successifs, jusqu'à ce qu'un local spécial leur fut affecté, à la fin du XVIIᵉ siècle. Vers le même temps fut entrepris leur troisième inventaire, sur l'ordre du ministre Claude Le Pelletier et conformément à une décision appliquée à toutes les Chambres des comptes du royaume. L'avocat François Marcellier, aidé de deux commis, consacra onze

---

1. *Documents historiques inédits sur le Dauphiné*, 1ʳᵉ livr.
2. J.-J.-A. Pilot, Des archives et des joyaux des Dauphins (*Bulletin de la société de Statistique... de l'Isère*, 2ᵉ sér., t. IV, p. 215-224; cf. *Inventaire-Sommaire des archives départ. de l'Isère*, t. I, préf., p. 22-24).
3. Voir à la table alphab. (p. 371 b), v° *St Andreä Gratianopolis*.

ans au dépouillement des titres. L'original ms. de ce travail, terminé en 1698, forme aux archives de la préfecture de l'Isère 32 volumes in-folio ; une copie s'en trouve à la bibliothèque nationale de Paris, dans le fonds de Fontanieu ; des transcriptions partielles ont, en outre, été prises pour diverses bibliothèques et cabinets particuliers.

Peu après (1713?) fut dressé un *Catalogue* des registres qui occupaient les doubles étagères du grand bureau de la Chambre des comptes du Dauphiné. L'obligeance de M. Amédée de Bouffier nous a permis de le reproduire complétement ailleurs, d'après la seule copie connue [1]. C'est à l'aide de ce précieux document que nous avons pu constater avec exactitude les déficits qui existent malheureusement dans la collection des inventaires de 1346, telle qu'elle est conservée aux archives de l'Isère. Nous allons les décrire, en suivant l'ordre de leur rédaction :

Reg. XXVIII, 11 [†], de format in-4°, composé de VIII^{xx} xiij feuillets (numérotés) en papier vergé (à filigranes différents aux ff. j, xxvij, xxxij), relié en parchemin ; sur le plat : REGISTRUM INSTRUMENTORUM PRIVILEGIORUM / BARONIARUM MONTIS ALBANI ET MEDULIONIS / ET ALIARUM INFORMATIONUM AUCTORITATE DALPHINALI FACTARUM 1346 ; au-dessus : *De archa Gronop*, n° 4, et au-dessous un échiquier pour marque. L'inventaire des baronnies de Montauban et Mévouillon, rédigé le 11 mars 1346, dont ce registre contient l'original, n'y occupe que les ff. j à xxxv : le reste renferme des copies d'actes des XIII°, XIV° et XV° siècles, que nous énumérerons dans un autre travail.

Une copie de cet inventaire figure dans le Catalogue cité, sous la cote XXVIII, 10 : *Registrum instrumentorum, litterarum et privilegiorum Baroniarum Montis Albani et Medullionis* 1346, et plus bas *Le Buis* ; il n'a pas été retrouvé.

Reg. XXI, 8 [A], in-4°, formant un cahier unique de lxij ff.

---

[1]. *Documents histor. inédits sur le Dauphiné*, 6° livr., p. vj-l.

(numér.) en papier vergé, couvert d'une feuille de parchemin; sur le plat: Registrum licterarum, privilegiorum, instrumentorum/ comitatus et bailliviatus Vienne et Vienn(esii) receptorum 1346; au-dessous: *Infra reperies homagii condiciones ad quod tenetur dominus noster Dalphinus episcopo et ecclesie Anicieñ* [n° 327], *Vide ibi factum archiepiscopi et ecclesie Lugduneñ* [n°ˢ 398-9], *Registre des lettres et documents de la comté de Vienne*; pour marque un dauphin et une fleur de lis, n° 21. Cet inventaire original, rédigé le 15 mars 1346, comprend les titres du Viennois et du Valentinois.

Reg. XXI, 9 [A²], in-4°, de 98 ff. (numér.) en papier vergé dont les pontuseaux sont très-saillants (pour filigrane ordinaire un griffon), relié en parchemin à trois nerfs entre lesquels des fleurs de lis appliquées à froid, ainsi qu'aux angles et au milieu des plats; en titre: Inventarium judicaturæ/ Vienen(sii) et Vallen(tinesii) instrumentorum/ et literarum ac processuum et/ aliorum negotiorum plurium/ aliarum judicaturarum Delph(inatus), Registrum; marqué † n° 9. Malgré le titre ci-dessus, auquel on s'est trompé, ce registre ne renferme jusqu'au f° IIII^{xx} qu'une copie du précédent [1], avec addition de fréquentes notes marginales et des articles auxquels nous avons donné les n°ˢ 494 à 496; les ff. suivants renferment deux actes de 1396 et 1405.

Reg. XXXVI, 12 [B], in-4° de VI^{xx} xvj ff. (numér.) en papier vergé (à filigrane uniforme), relié en parchemin sur 4 nerfs consolidés par 3 bandes de cuir; sur le plat: Registrum instrumentorum/ et literarum Graysivaudani 1346; marqué ⸪†⸪ n° 37. Les ff. j à Cv comprennent l'inventaire du Graisivaudan, commencé le 25 avril 1346, et les ff. VI^{xx} xij v° à xiij un supplément [n°ˢ 983 à 988]; quant aux ff. Cvj à VI^{xx} xj r°, ils offrent une copie de l'*Inventaire* de 1277 que nous avons signalée en son lieu.

Le Catalogue cité mentionne sous la cote XIV, 18 une copie ou

---

1. Une preuve certaine ressort de l'omission des ff. x v° et xj r°: le copiste peu soigneux du reg. A² a sauté de x r° à xj v°.

peut-être l'original du reg. précédent : *Registrum Graisivaudani, Invantaire des titres, lettres et autres actes concernant les Dauphins, de arca Gratianopolis* 1346, couvert de parchemin, marqué ⁝†⁝.

Reg. XXVIII, 14 [C], in-4° de 164 ff. (numér.) composé de 3 parties reliées en parchemin sur 4 nerfs; sur le plat : INVENTARIUM. *Repertorium contentorum in sacco Guerii extractum anno* 1534. — REGISTRUM INSTRUMENTORUM / LITERARUM ET PRIVILEGIORUM / BARONIARUM TERRÆ TURRIS ET VALLISBONÆ, — PRIVILEGIA MULTA CONCESSA / DOMINIS DALPHINIS PER IMPERATORES; marqué *Dauphiné*, n° 28. L'inventaire du sac *Guerii* (en papier du temps) est suivi du *Registrum privilegiorum et licterarum baronie Fucigniaci* (ff. 26 à 70 r°, sauf blancs), entrepris le 30 mars 1346, sur papier vergé parfois tracé à la pointe sèche à cause du peu d'apparence des pontuseaux; une feuille de parchemin sert de couverture intérieure au *Registrum instromentorum, licterarum et / privilegiorum baroniarum terre / Turris et Vallis Bone, et etiam aliqua de Graysivodano sicut de Bella Comba, Ebred(uno), de Tollino et plurium aliorum locorum* † (ff. 72 à 112), commencé le 24 mars 1346, sur papier vergé; sur une nouvelle feuille de parchemin *Copia bullarum per quosdam imperatores concessarum* ⁝†⁝, — *In isto libro sunt registrata privilegia multa concessa / dominis dalphinis per imperatores et sunt in duobus locis registrata et / inventarisata, et vide inventarium premissorum f° xxj*; ces textes, accompagnés de minutieuses descriptions des bulles et sceaux, sont suivis du *Registrum de privilegiis...*, auquel on a mis la première main le 10 mai 1346 et qui occupe les ff. 139 à 151 v° (xxj à xxxiiij) et 158 à 164 (xlj à xlvij).

Le Catalogue souvent cité ne mentionne aucune copie des trois derniers inventaires, mais signale en revanche les originaux et copies de ceux de l'Embrunois et du Gapençais sous les titres suivants : XXVIII, 29 *Registrum instrumentorum et litterarum tangentium comitatum Ebredunensem ab anno* 1262; — XIV, 17 *Copia registri litterarum et instrumentorum comitatus Ebredunesii et ducatus Campissauri* 1346..., couvert de parchemin. — XXVIII, 5 *Registrum litterarum comitatus*

Vapinci 1346, marqué †; voir encore sur Gap les n°ˢ 1 et 2 de la même étagère, qui paraissent toutefois avoir été rédigés postérieurement à 1346.

Après avoir fait d'infructueuses démarches, soit par lettres soit par la voie de la presse, pour parvenir à combler dans l'inventaire général de 1346 les vides causés par l'absence des registres d'Embrun et de Gap, nous nous sommes décidé à mettre au jour ceux dont l'honorable archiviste de l'Isère, M. Pilot, nous facilitait l'étude avec sa bienveillance habituelle.

Le choix du meilleur système pour la reproduction de ces inventaires n'a pas laissé d'être embarrassant. L'ordre chronologique offrait des avantages incontestables : l'absence de dates dans un certain nombre d'analyses, non moins que l'impossibilité de toujours contrôler à l'aide des textes complets celles que renferment les autres, ont contraint l'auteur à abandonner ce système, auquel il s'est d'ailleurs efforcé de donner une complète satisfaction, comme on le verra plus loin.

Il n'y avait dès lors qu'à reproduire suivant leur teneur les divers registres, après avoir eu soin d'établir entre eux une certaine classification et en les reliant par une série unique de numéros. On trouvera donc en tête les priviléges (n°ˢ 1-108)[1], puis le bailliage du Viennois [et Valentinois] (n°ˢ 109-498)[2], celui du Graisivaudan (n°ˢ 499-988)[3], les baronnies de La Tour et Valbonne (n°ˢ 989-1221)[4], celles de Montauban et Mévouillon (n°ˢ 1222-1448)[5], enfin le Faucigny (n°ˢ 1449-1691)[6] : c'est l'ordre d'annexion de ces diverses parties de l'ancien Dauphiné.

Nos recherches, soit à la bibliothèque soit aux archives de Grenoble, ayant amené la découverte de divers inventaires partiels, nous avons cru devoir les joindre en appendice à ceux de 1346, sauf à se contenter d'un renvoi pour les articles qui eussent fait double emploi

---

1. P. 1-24. — 2. P. 25-97. — 3. P. 98-172. — 4. P. 173-215. — 5. P. 216-255. — 6. P. 256-299.

et à omettre (à moins d'exception motivée) les pièces postérieures à 1349; ils ont été classés dans un ordre analogue aux précédents et forment sous divers titres les n⁰ˢ 1692 à 1965 (p. 300-332). Celui des châtellenies d'Allevard, Avalon et Morestel, qui a fourni les n⁰ˢ 1711 à 1723, faisait partie d'une série d'Inventaires d'hommages, dressés en 1389, dont le Catalogue fréquemment cité mentionne les parties relatives aux châtellenies de Montbonod, La Mure, Trièves, Corps, Vif, Cornillon, Voreppe, et à la judicature du Graisivaudan (XXXVI, 19 à 26). L'inventaire des pièces trouvées au château de Vinay (n⁰ˢ 1730-1797) a été mis partiellement à profit par VALBONNAIS, mais avec un défaut d'exactitude qui rendait utile une reproduction intégrale.

Est-il nécessaire d'ajouter que nous nous sommes attaché à mettre au jour les divers manuscrits qui viennent d'être décrits avec une scrupuleuse exactitude, respectant même les fautes évidentes, sauf à rétablir entre [ ] les mots effacés par l'injure du temps et à restituer entre ( ) ceux dont la présence était indispensable à l'intelligence du texte [1]?

L'auteur se proposait de traiter ici à fond diverses questions générales relatives aux annales du Dauphiné. On s'étonnera peut-être que le projet lui en ait paru d'autant moins praticable et opportun qu'il en réunissait les éléments en plus grand nombre. Bien que le présent volume embrasse près de 2000 documents, dont la majeure partie inédits, et que l'auteur en ait pour son compte publié ou analysé ailleurs un nombre déjà presque double, on ne saurait se dissimuler qu'il reste encore enfouis dans la poussière bien des milliers de chartes dont la mise au jour est nécessaire pour pouvoir tenter, avec quelque assurance, de dire le dernier mot sur un point quelconque

---

1. Un certain nombre d'abréviations ont été adoptées pour éviter des longueurs inutiles : l'intelligence du lecteur suppléera facilement au catalogue que l'on croit superflu d'en donner. Le ms. Aᵃ ayant été directement pris sur le reg. A, on n'a conservé que les variantes qui pouvaient être de quelque profit au lecteur; de même à l'égard des notes marginales, elles ne sont reproduites que quand elles ajoutent au texte.

de chronologie, de géographie ou d'histoire touchant au Dauphiné. Que le lecteur lui pardonne en conséquence de renvoyer à des jours meilleurs ces dissertations, qui auront d'ailleurs leur place naturelle en tête du *Régeste Dauphinois*, objet de ses recherches incessantes depuis des années. Il croit devoir, pour le moment, se borner à exposer l'objet des compléments qui ont été ajoutés à cette série d'inventaires pour en rendre l'usage fructueux aux érudits.

L'inconvénient qui résulte de l'absence de tout ordre chronologique dans ces registres, tels qu'ils sont reproduits, devait avoir pour compensation une table où la série des dates serait rétablie : c'est celle qu'on trouvera à la suite de la présente notice (p. xviij-xxiv). La note qui la précède mettra le lecteur au fait du système qui a présidé à sa confection. Après avoir classé suivant l'ordre des dates certaines ou probables ceux des 1965 nos de l'Inventaire qui en étaient susceptibles, notre premier soin a été d'identifier ces analyses avec leurs textes imprimés ou encore manuscrits. Les uns et les autres nous ont permis de préciser et de rectifier une foule de notes chronologiques omises [1] ou erronées [2].

Comme, à l'exception près des quantièmes de la lune et de la férie, le millésime et l'indiction peuvent seuls servir de terme de vérification, il y avait lieu de chercher à établir des lois sur leur usage dans

---

1. Le n° 17 est de 1278, 19 de 1284, 24 de 1337, 25 de 1313, 68 et 70-1 de 1344, 77 de 1282, 78 de 1292, 79 de 1289, 84 de 1332, 105=90, 114 de 1322, 121 de 1303, 162 de 1274, 166 de 1339, 169 de 1261, 172 de 1339, 287 de 1314, 317 de 1261, 343 de 1220, 377 de 1279, 420 de 1307, 429 et 433 de 1344, 434 de 1335, 448 de 1266, 452 de 1146-1153-1214, 566 de 1334, 568 de 1284, 624 de 1234, 836 de 1294, 990 de 1339, 1056 de 1289, 1087 de 1317, 1100 de 1310, 1169 de 1238-1278-1294, 1218 de 1337, 1321 de 1303, 1324-6 de 1277, 1455 de 1263, 1481 de 1278, 1484 de 1336, 1486 de 1282, 1501 de 1296, 1519 de 1334, 1540 de 1291, 1607 de 1278, 1645 de 1268, 1646 de 1272, 1647 de 1269, 1648 de 1277, 1667 de 1291, 1669 et 1693 de 1288, 1697 de 1254, 1796 de 1284.

2. Le n° 22 est de 1248, 53 de 1303, 73 de 1319, 86-7 de 1285, 203 et 222 de 1324, 325 de 1272, 368 de 1266, 419 de 1247, 437 de 1263, 546 de 1280, 679 de 1221, 743 de 1257, 748 de 1264, 757 de 1246, 784 de 1229, 853 de 1296, 1144 de 1340, 1161 de 1270, 1199 de 1300, 1279 de 1337, 1496 de 1317, 1644 de 1234, 1663 de 1305.

les diverses parties du Dauphiné. — Entre les divers commencements de l'année signalés par les paléographes, nous n'avons à examiner ici que ceux de Pâques, de l'Incarnation et de la Nativité. L'année pascale, d'un usage général alors dans le *royaume* de France, ne l'était point dans l'*empire* dont le Dauphiné était censé faire partie, et l'on ne saurait trouver dans tout notre Inventaire que le seul n° 738 qui fasse exception, en admettant toutefois l'exactitude du chiffre de l'indiction. Sur 38 pièces où le millésime est certainement pris à l'Incarnation (-mars 25), 15 appartiennent au Faucigny [1], 9 au Viennois [2], 8 à la terre de La Tour [3], 4 au Graisivaudan [4] et 2 aux Baronnies [5]. Antérieurement au premier séjour de la cour pontificale à Avignon (1309), sur 21 pièces datées de la Nativité (décem. 25-), 16 sont du Graisivaudan [6], 3 seulement du Viennois [7] et 2 des Baronnies [8]. De ces données on pourra conclure que le système natal prédomina toujours en Graisivaudan (ce fut celui de la chancellerie delphinale aussi bien sous la 2ᵉ que sous la 3ᵉ race [9]), tandis que les alentours de Vienne restèrent fidèles à celui de l'Incarnation. — A l'égard de l'indiction, on trouvera dans cet Inventaire un très-grand nombre de pièces qui forment autant de preuves négatives en faveur du système pontifical (d'après lequel elle était renouvelée avec l'année au 25 décem.), c'est-à-dire où ce cycle de 15 ans n'est changé ni au 1ᵉʳ ni au 24 septem.; comme preuves positives nous avons

---

1. Nᵒˢ 1549, 1469, 1550, 1535, 1562, 1585-6-7, 1582, 1584, 1530, 1583, 1529, 1531, 1588. D'après le *Régeste genevois* l'année y commença d'ordinaire à Pâques jusqu'à l'ordonnance de l'évêque Aimon du Quart en 1305 (1565).
2. Nᵒˢ 401, 127, 368, 464, 377, 260, 227, 478, 109.
3. Nᵒˢ 1209, 1102, 1064, 1208, 1210, 1165, 1013, 1027.
4. Nᵒˢ 740, 879, 818, 889. — 5. Nᵒˢ 1274, 1368.
6. Nᵒˢ 778, 802, 770, 803, 931-2, 731, 954, 720, 797, 918, 937-8, 872, 683, 661. — 7. Nᵒˢ 346, 362, 207. — 8. Nᵒˢ 1338, 1304.
9. D'après ce comput le millésime des sept derniers jours de l'année se trouve en avance d'une unité. Ce fait ressort clairement de l'itinéraire d'Humbert II qui p. ex. date du 26 décem. 1338, à Beauvoir en Royans, une pièce qui appartient à l'année précédente, car il ne quitta pas Avignon ou le Pont-de-Sorgue depuis la fin d'octob. 1338 jusqu'en juil. 1339.

relevé les n°ˢ 1209, 1102, 127, 308, 1064, 1208, 1165, 1659 et 1027. Dans certaines pièces l'indiction est probablement prise au 24 septem., mais on ne saurait en inférer qu'elle n'y parte pas du 1ᵉʳ, comme dans les n°ˢ 1200, 1063-1103, 386, 118 et 390. Il est quelques pièces, du Faucigny en particulier, où l'indiction est en avance[1] ou en arrière[2] d'une année complète : cette anomalie s'explique soit qu'on ait pris la première, non à l'an 313 suivant l'usage commun, mais à 314 ou à 312, soit que pour le 2ᵉ cas on se soit servi dans le millésime du système pisan. Enfin il est quelques chiffres d'indiction qui, ne rentrant dans aucun système[3], doivent être erronés.

La variété des systèmes chronologiques usités aux XIIIᵉ et XIVᵉ siècles en Dauphiné n'a pas permis de donner au classement de la table dont nous parlions toute la certitude désirable : la découverte des originaux fera corriger l'imperfection de bien des analyses. L'*Inventaire* de 1277, dont nous indiquons les n°ˢ correspondants, ne sera même pas consulté en vain, malgré son laconisme. A l'égard des pièces déjà publiées *in extenso*, nous nous sommes borné à indiquer une seule édition, la plus correcte ou la plus facile à consulter; les ouvrages sont indiqués à l'aide de titres abrégés, dont on trouvera l'explication en note[4]; quelques pièces importantes, d'autres non

---

1. N°ˢ 733, 773, 729, 1628, 1179, 1164, 1518.
2. N°ˢ 817, 698, 689, 805, 1589, 1549, 1498, 949, 1525, 1598.
3. N°ˢ 1671, 820, 1020, 692.
4. BALUZE, Histoire généalog. de la maison d'Auvergne, t. II, Paris, 1708, fol.; — *Bibliotheca Floriacensis....*, op. Joan. A Bosco, læv. xyst., Lugd., 1605, 8°; — *Biblioth. Sebusiana...* centuriæ II, coll. S. GUICHENON, Lugd., 1660, 4°; — BRIZARD, Hist. généal. de la mais. de Beaumont en Dauph., t. II, Paris, 1779, fol.; —CHARVET, Histoire de la 2ᵗᵉ église de Vienne, Lyon, 1761, 4°; — *Collection de Cartulaires Dauphinois*, par l'abbé CHEVALIER, t. I, Vienne, 1869, 8°; t. II, ibid., 1871, 8°; t. V, Montélimar, 1871, 8°; — *Diplomatique..... de Bourgogne*, publiée par le même, Vienne, 1871, 8°; — *Documents publiés par la société d'hist. et d'arch. de Genève*, t. VII, IX, XIV et XV, Genève, 1852-63, 8°; —*Documents historiques inédits sur le Dauphiné*, par l'abbé CHEVALIER, 1ʳᵉ livr., Nogent-le-Rotrou, 1869, 8°; 3ᵉ l., Colmar, 1869, 8°; — DUCHESNE, Hist. des comtes d'Albon et daufins de Viennois, preuv., Paris, 1628, 8°;—*Gallia Christiana*, t. XVI cond. B. HAURÉAU, instr., Paris., 1865, fol.; — GIRAUD, Essai histor. sur... Romans, 2ᵉ part., preuv., Lyon, 1866, 8°; — GUICHENON, Hist. généal. de la mais. de Savoie, preuv., Lyon, 1660, fol.; — *Historia diplomatica Friderici II*, coll. HUILLARD-BRÉHOLLES, t. V, Paris, 1856, 4°; — JUSTEL, Hist. généal. de la mais. d'Auvergne, preuv., Paris, 1645, fol. — LE LIÈVRE, Hist. de... la cité de Vienne, Vienne, 1623, 8°; — *Obituarium Lugdunensis ecclesiæ*, publié

publiées, sont accompagnées des nos des Régestes qui offrent à leur égard des renseignements bibliographiques [1]. Les astérisques qui révèlent l'existence des originaux et des copies prouveront qu'il n'a pas été impossible d'en retrouver un grand nombre : à notre regret il ne nous a pas été loisible de les signaler autrement, en l'absence de tout classement définitif dans les archives où il nous a été donné de les rencontrer.

Sans un répertoire général alphabétique il faut convenir que les recherches eussent été interminables, pour ne pas dire impossibles, dans cette série d'analyses qui n'offrent entre elles presque aucune connexion. La table, qui occupe près de 100 colonnes à la fin du volume (p. 332-380), reproduit alphabétiquement tout ce que les divers inventaires renferment en fait de noms de personnes et de lieux. La note qui la précède donnera la clef des principales abréviations dont il était nécessaire de faire usage. — Les personnages marquants sont accompagnés de courtes notes entre [ ], réduites pour la plupart à l'indication de leur nom patronymique et des dates extrêmes de leur fonction ou de leur vie. Malgré les soins pris pour séparer par groupes les nos relatifs aux homonymes et pour établir les degrés de filiation, il restera à mettre en œuvre les nombreuses indications généalogiques dont cette table révèlera les éléments : nous n'oserions présentement faire davantage. — Les localités dauphinoises mentionnées dans l'Inventaire sont en si grand nombre que nous ne sommes pas sans craindre d'avoir commis plus d'une erreur en cherchant à établir leur synonymie actuelle; plusieurs même ont résisté à nos efforts. Heureux si, par ce côté, notre travail peut être

---

par Guigue, Lyon, 1867, 4°; — Saint-Genis (V. de), Hist. de Savoie, t. III, Chambéry, 1869, 12°; — Valbonnais, Hist. du Dauphiné, t. I et II, Genève, 1722-1, fol.; — Wurstemberger, Peter der Zweite, t. IV, Bern, 1858, 8°.

1. Bœhmer, Regesta chronol. diplom. 911-1313, Frankf. a. M., 1831, 4°; Regesta imperii 1314-1347, ibid., 1839, 4°; — Guiffrey, Hist. de la réun. du Dauph. à la France, Paris, 1868, 8°; — Huillard-Bréholles, Invent. des titres de la mais. de Bourbon, t. I, Paris, 1866, 4°; — Régeste Genevois -1312, Genève, 1866, 4°; — Rivaz, Diplomat. de Bourgogne (voir p. xiv, n. 4); — Stumpf, Die Reichskanzler X-XII Jahr., Innsbruck, 1865-8, 8°.

de quelque utilité à ceux qui auraient entrepris la rédaction des dictionnaires topographiques des départements compris dans l'ancien Dauphiné. — Les noms de basse latinité, dont fourmille l'Inventaire, ne figurent pas tous dans l'index alphabétique : on y a mis ceux-là seulement qui manquent au Glossaire de DUCANGE ou dont l'objet n'est point d'un intérêt purement philologique ; nous renvoyons d'ordinaire, dans ce dernier cas, à l'explication donnée dans la dernière édition du *Glossarium* (Paris, Didot, 1840-50, 7 vol. in-4°). On trouvera tous les autres ci-dessous [1].

1. *Abussus* (abys.), 872 ; *Accapitum*, 1305 ; *Acomodare*, 1160 ; *Ajudicare*, 555 ; *Alberga*, 1436-43 ; *A-gum*, 1487-8, 1636, 1443 ; *Albertum* (= préc.), 1636 ; *Amonitio*, 1845 ; *Anparare*, 1571 ; *Apperta res*, 988 ; *Appothecarius*, 1723 ; *Aratum*, 1233 ; *Archivum*, 108, 981, p. 300 ; *Arrestare*, 1819 ; *Arrestum computi*, 592-3, 1580 ; *Assecuratio*, 1610 ; *Asseditio*, 92 ; *Assetamentum*, 1496 ; *Assetare*, 61-9, 84, 1066, 1148, 1574 ; *Assidere*, 1035 ; *Assignatio*, 1396 ; *Augmentum feudi*, 835. *Bajulus*, 1444 ; *Baro*, 1933 ; *Baronia*, 1946 ; *Bastia*, 947 ; *Bastida*, 858, 947 ; *Bastum*, 1777 ; *Bayliviæ* offic. 1312 ; *Benna avenæ*, 187 ; *Bladum*, 734 ; *Bordaria*, 740, 915 ; *Boscus*, 828, 1488 ; *Brocellum*, 1007-76. *Cadriga*, 11 ; *Candela*, 431 ; *Canonia*, 327 ; *Carta pargam*. 1643, bladi, 1628 ; *Cartale*, 213, 852 ; *Casalis*, 312, 608, 968, 1305 ; *Casamentum*, 804, 1093 ; *Castellanus*, pas. ; *Castellarium*, 1242 ; *Cavalcata*, 645 ; *C-lgata*, 422, 645, 1230, 1709 ; *Caxa*, p. 21 ; *Cayssia*, 1694-8 ; *Cericum*, v. Ser-m ; *Chaallania*, 757 ; *Chabanaria*, 915 ; *Ciminterium*, 1093 ; *Citatio licter*. 1607 ; *Clamor*, 128, 423, 1731 ; *Clausura*, 313, 724 ; *Cliens*, 824 ; *Clitella*, 1777 ; *Cochia*, 818 ; *Cofinus*, *Cof-s*, 108, p. 173, 216, 286 ; *Cobroata*, 1949 ; *Comendaria*, 174 ; *Comitiva*, 1444 ; *Confessare*, 1289 ; *Confrontari*, 977, 1251 ; *C-atio*, 1247 ; *Constamentum*, 924 ; *Coroada*, 1305 ; *Coroatia*, p. 40 ; *Cressere* (se), 174 ; *Curtile*, 935, 988 ; *Custodia*, 1760. *Decemaria*, 1071 ; *Decretare*, p. 46, 142 ; *Deliberare*, 1528 ; *Delitum*, 865 ; *Desamparatio*, 1364 ; *Desem-o*, 1836 ; *Deteriacio*, 125 ; *Devestire*, 243, 1678 ; *Dotalicium*, 1753. *Eclosa*, 560 ; *Emina frum*. 852 ; *E-ale*, 748 ; *Emphiteosis*, 977, 988 ; *E-eticus contract*. 879 ; *E-theosis*, 1007-76 ; *E-hyte-s*, 1716 ; *Equitatura*, 1433 ; *Escamblare*, 1251 ; *E-ium*, 805, 1251, 1597 ; *Evictio*, 830, 988 ; *Exemplare*, 865, 889 ; *Expeditio*, 182, 900, 1319 ; *Exthenuatio*, 175. *Facherius*, 1448 ; *Factum armorum*, 1752 ; *Falcatura*, 969 ; *Fidejussio*, 367, 1688, 1790 ; *F-sor*, 136, 333, 490, 781, 1058 ; *Fidelitas* lig. 853 ; *Firmantia*, 1305 ; *Fœderatio*, 240, 482-3, 1515 ; *Forefactum*, 1289, p. 245 ; *Foresta*, 1820 ; *Fortalicium*, 397, 1060 ; *Fortificare*, 1534 ; *Fossatum*, 313 ; *Franca* (domus), 498 ; *Furcarum* erectio, 1379 ; *Furnagium*, 1305. *Gabella*, 1167, 1693, 1824 ; *Gallina census*, 422, 560, 801, 905, 1034 ; *Gentes armorum*, 1444 ; *Gerba*, 678 ; *Orangia*, 859, 877, 988, 1176 ; *G-agium*, 724 ; *Grossare*, 1946, p. 321 ; *Guidagium*, 1233. Honor, 454 ; Hospicium, 213. *Imparare*, 1571 ; *Incisum* instrum. 118 ; *Infeudare*, 181, 233 ; *Inpignoracio*, 1470 ; *Insinuatio*, 171, 1305 ; *Inventarium*, 373, 1740. *Laudare*, 18, 1737 ; *L-atio*, 982, 1479-80 ; *L-dimium*, 1305 ; *L-dum*, 663 ; *Legitima*, 1946 ; *Liga*, 1515, p. 49 ; *Ligietas*, 1084 ; *Litacio*, p. 50. *Macellum*, 423 ; *Mandamentum*, pas. ; *Manerium*, 29 ; *Mansio*, 1628 ; *Mansus*, 740, 915, 1811 ; *Manus mortua*, 492-3 ; *Manutenere*, 1922 ; *Meiari*, 1595. *Molare*, 1055 ; *Monacha*, 1271. Navicula, 1780. *Obolus*, 213 ; *Obulus*, 970 ; *Operatorium*, 498. *Parcella*, 759 ; *P-atim*, 806 ; *Patuum*, 1305 ; *Peda*, 1760 ; *Pencio*, 395 ; *Pennoncellus*, 470 ; *Penoc-s*, 1757 ; *Percursus*, 422 ; *Petia* parg. 1370 ; *Picis*, 108 ; *Pignorare*, 1819 ; *P-atio*, 470 ; *Piscaria*, 341, 1305 ; *P-atio*, 779, 1595 ; *P-tum*, 1305 ; *Piscis*, 107 ; *Plassagium*, 985 ; *Poypia*, 1094, 1104, 1760 ; *Preconizare*, 463 ; *P-atio*, p. 243 ; *Præsentatio*, 1025 ; *Prioressa*, 1271 ; *Processus*, 612, 1221, 1447 ; *Procura-*

En dépit du labeur prolongé que nous a demandé cette publication, nous n'hésitons pas à invoquer l'indulgence des érudits en faveur d'un travail qui tire son importance de la multitude de questions historiques, géographiques, philologiques auxquelles il touche. S'il a quelque mérite, nous serons heureux de le partager avec ceux qui ont bien voulu nous aider de leurs lumières; nous ne saurions à cet égard témoigner assez de reconnaissance à MM. AUVERGNE, secrétaire général de l'évêché de Grenoble, BURNIER, de regrettable mémoire, DE COSTON, auteur de *Recherches étymologiques*, GALIFFE, consul de Danemark à Genève, DE GALLIER, président de la Société d'archéologie de la Drôme, P.-E. GIRAUD, auteur de l'*Histoire de l'abbaye de Saint-Barnard et de la ville de Romans*, GREMAUD, président de la Société d'histoire de Fribourg, GUIGUE, auteur de divers ouvrages historiques sur l'Ain, LACROIX, archiviste de la préfecture de la Drôme, LEFORT, président de la Société d'histoire et d'archéologie de Genève, et BRUN-DURAND, à Crest, qui, en prenant la peine de revoir les épreuves de la table alphabétique, nous a suggéré plusieurs rectifications géographiques. Enfin nous devons aux soins intelligents de notre imprimeur d'avoir pu terminer heureusement, au milieu de circonstances désastreuses, un ouvrage qui ne se recommandera pas moins, nous l'espérons, aux érudits par sa correction typographique qu'aux bibliophiles par son élégance.

Romans, 24 février 1871.

torium, 89, 1675. *Quæsta*, 1530. *Rancura*, 156, 854; *Ratifficare*, 1234, 1535, 1942-3; *R-atio*, 1899; *Receptare*, 417, 1122; *Recognitio*, pas.; *Recomparsatio*, 994; *R-pensare*, 1031; *Reemptio*, p. 34; *Regestrum*, 378, p. 25; *Regis-m*, p. 1, 2, 25, 98, 173, 216, 256; *Repparium*, 29; *Requesta*, 1920; *Requisitio*, 907; *Resta computi*, 1580; *Ripperia*, 341; *Rubina*, 1305. *Sala*, 652; *Saumata*, 9, 213; *Saysire*, 1819; *Scrinium*, 93; *Senescallia*, 1936; *Servitium*, pas.; *Stare*, 1305; *Strata publ.* 768; *Superioritas*, 1329. *Taxa*, 885; *Transcriptum*, 1378-82, 1609; *Trezenum*, 1305; *Trosellus*, 9, 1169. *Universitas*, pas.; *Ususfructus*, pas.; *Usaticum*, 130. *Valitor*, 399; *Veyeria*, 893; *Vicaria*, 902, 915; *Vidimus*, pas.; *Vintenum*, 1293, 1824; *Vulgaliter*, 1258. *Ypotheca*, 1470-80.

INDEX CHRONOLOGICUS.

[La date (année, mois, jour) de chaque pièce est suivie (entre crochets) de son numéro d'ordre dans le présent Inventaire et (entre parenthèses), s'il y a lieu, de son correspondant dans celui de 1277; l'astérisque signale l'existence de l'original de la pièce s'il précède ce n°, d'une copie s'il le suit; le trait (—) supplée à la répétition du nom du mois et cet autre (-) réunit les articles identiques.]

1009 juin 6 [1692*]: *Coll. cart. Dauph.*, I, 249.
1146 janv. 6 [452*]: *Bibl. Floriac.*, 81 (Riv. I, 167).
1153 (juin) [452*]: VALB., I, 138 (St. 3674).
1155 janv. 13 [*8 (118)]: VALB., I, 93 (St. 3704); (—13) [26* (120)]: VALB., II, 255; juil. 7 [4* (119)]: *Coll. cart. Dauph.*, I, 292 (St. 3715).
1178 août 8 [2*-1290]: *Diplom. Bourg.*, 78.
1198 novem. 21 [*165]: VALB., I, 182.
1201 juin [1436].
1210 [1950*]: *Bibl. Sebus.*, I, 78.
1211 avril 6 [51* (78)].
1213 [1425]; mars 25 [1341].
1214 mai 1 [*1426-7- 1437]; novem. 23 [452*]: LE LIÈVRE, 354 (Bœh. 3100).
1215 sept. 5 [*980 (167)]: *Doc. hist. Dauph.*, I, 30.
1217 mai [173].
1219 novem. 21 [56*].
1220 [461]; (env.) [343].
1222 janv. 23 [679 (100)]; juil. [*1438]; novem. 8 [*1079]; décem. 13 [1951*]: *Bibl. Sebus.*, I, 31.
1223 [380 (126)].
1224 [324, 1093].
1225 octob. 9 [895 (67)]: BALUZE, *Auv.*, II, 247.
1226 octob. 25 [*149].
1227 [328].
1228 juin [1140*]: *Bibl. Sebus.*, I, 43; décemb. 6 [28 (199)].
1229 févr. 4 [1439]; mai [*784]: *Doc. hist. Dauph.*, I, 33.
1231 janv. [400* (18)]: *Obit. Lugdun.*, 206; — 17 [971]; avril 21 [*1236]; juin 22 [806]; — 28 [699-758].
1232 janv. 11 [766 (251)]; — 30 [*499 (23)]; févr. 3 [673 (83)]; — 28 [1351]; avril 28 [550 (49)]; juil. [49* (200)].
1233 [1766-1783]; mars 27 [234]: JUSTEL, *Auv.*, pr. 169.
1234 janv. 14 [1781]; févr. [1644]: (R. gen. 663); — 6 [804 (204)]; juin 12 [1519*]: WURSTEMB., IV, 41; (av.) 624 (24)]; juil. 27 [700*]; (ap.) [908 (17)].
1235 janv. 11 [151-347]: VALB., I, 188; [1754]; avril 27 [320 (80)]; novem. 13 [47-8 (85-230)].
1236 janv. 21 [903]; — 24 [*1311]; avril 12 [323]; juil. 17 [500 (26)]; décem. 21 [859].
1237 janv. [*150 (39)]: VALB., I, 204; mars 4 [*27 (196)]: VALB., I, 60; [1952]; mai 22 [*200-*445 (27)]: VALB., I, 18; juin 4 [*1280]; juil. 28 [955].
1238 [1765]; mars [9-1169¹³ (116)]: VALB., I, 88; avril [3*⁶ (117)]: VALB., I, 93; mai 2 [598]; juin [1949*]: *Hist. dipl. Frid.* II, V, 210.
1239 févr. 11 [777]; mai 11 [375 (35)]; juil. 11 [*340 (256)]; novem. 26 [756 (268)].
1240 [1815].
1241 [1251] mars 9 [247 (282)].
1242 [458]; mai 3 [1344]; juin 2 [1346]; juil. 23 [344*]; août [204-257*]: VALB., I, 184; sept. 17 [*1396]; — 22 [443].
1243 janv. 2 [778]; — 22 [505]; avril 18 [*431-479 (22)]: *Coll. cart. Dauph.* II, 82; mai 1 [*1283]; août 24 [466 (46)].
1244 [1762]; mai 21 [768].
1245 [1954]; sept. [10*⁴]: VALB., I, 189; — 28 [329 (144)].

1246 févr. 9 [765*²] : Doc. hist. Dauph., III, 72 (79); novem. 5 [267*²] : Gal. Christ., XVI, 47; — 18 [*465]; — 28 [*757] : Doc. hist. Dauph., I, 35.
1247 avril 5 [419 (132)]; mai [45 (152)]; juin 2 [1953*², 1955* (124)]; — [1°5 (115)] : Doc. hist. Dauph., I, 36; juil. 16 [43 (139)]; sept. 13 [890* (62)].
1248 mars 1 [*1300]; mai 13 [*417] : Doc. hist. Dauph., I, 37; — 31 [*135] : Doc. hist. Dauph., I, 38; juil. 24 [913-p. 327 (90)]; novem. [14*², 22] : Doc. hist. Dauph., I, 39 et 40.
1249 févr. 27 [*² 1239]; [44 (64), 248 (282), 180 (87), 767-776 (13), 829]; sept. 7 [*1339 (29)]; octob. 20 [752 (102)].
1250 févr. 13 [*363]; mars 7 [740 (33), 957]; juin 5 [309*]; octob. 26 [951].
1251 avril 25 [1248* (125)]; mai 11 [1440*]; sept. 7 [376 (265)].
1252 [356 (242), 1933-4, 1937, 1938]; mars 18 [840 (8)]; avril 26 [146]; juin 7 [300 (79)]; — 18 [1441]; — 28 [*424 (81)]; octob. 22 [1794]; novem. 29 [289 (215)].
1253 [372]; juin 13 [741 (11)].
1254 févr. 10 [1957]; mars 3 [802]; avril 1 [907]; juin 8 [1697] : VALB., I, 192; août 25 [934]; novem. 29 [759 (91)].
1255 [285]; mars 13 [919 (86)]; mai 26 [925 (206)]; juil. 4 [958]; octob. 29 [1935*²] : Doc. hist. Dauph., III, 73 (80).
1256 janv. 17 [898]; [1782]; mars [423] : VALB., I, 58; — 25 [871]; avril 9 [738]; sept. 5 [333 (272)]; — 23 [819]; — 24 [817, 881, 882].
1257 [1800]; févr. 7 [1154]; mars 9 [*1812]; avril 29 [440]; mai 25 [769 (163)]; juil. 17 [1956]; sept. 9 [*15] : VALB., I, 121; — 28 [743].
1258 [381, 1763]; janv. 18 [346 (89)]; févr. 16 [559]; — 16 [770] : VALB., II, 21; mars 21 [133 (132), 617 (7)].
1259 juin 3 [807]; juil. 1 [1347].
1260 [140 (231)]; févr. 25 [803]; juin [760]; sept. 14 [975]; novem. 8 [450 (20)]; — 15 [291].
1261 [317 (108)]; mai 10 [169 (109)] : (R. gen. 930); juin 10 [590]; juil. 21 [914* (165)]; octob. 5 [115]; novem. 12 [894].
1262 févr. 16 [401]; [339* (147)]; mars 2 [915]; — 4 [931]; mai 13 [44*] : ST-GENIS, III, 441; août 9 [860]; — 23 [772]; sept. 2 [*²332 (137)]; — 14 [861]; octob. 4 [876]; — 8 [868]; novem. 4 [959]; — 18 [402 (156)];

décem. 8 [176 (243)]; — 14 [792]; — 16 [873].
1263 janv. 10 [1323 (135)]; avril 19 [960]; mai 16 [780* (66), 911]; — 34 [874]; — 25 [781]; — 29 [1316]; juin 17 [698, 750 (226), 966, 558]; juil. 9 [*437 (194)]; — 28 [480 (36)]; août 1 [217 (2)]; — 19 [1455] : (R. gen. 960); sept. 14 [869]; octob. 27 [875]; novem. 3 [813].
1264 janv. 17 [*460 (16)]; [578]; avril 30 [233]; mai 6 [1160]; juin 20 [733 (40), 748]; novem. 20 [809 (209)].
1265 janv. 1 [134 (170)]; [181 (77), 331, 398]; mars 23 [950]; — 27 [800 (222)]; avril 9 [1718]; mai [936]; — 4 [842 (98)]; juin [367 (234)]; juil. 22 [935]; août 5 [466 b (95)]; — 9 [953]; — 13 [357 (51)]; — 14 [732]; — 30 [841]; novem. 29 [1342].
1266 janv. 2 [870]; 129, 448-1706 (10), 560, 689, 979 (192), 1809, 1814]; janv. 1 [932]; — 11 [933]; févr. 20 [721, 954]; mars (mai)? [243 (48)]; avril 1 [805]; — 3 [786]; — 4 [891]; — 10 [399* (156)]; mai *126 (15)]; — 25 [947]; — 31 [368]; juin 8 [922]; — 27 [971]; juil. 24 [825 (34)]; octob. 9 [808]; — 19 [186]; novem. 23 [1252]; décem. 17 [816* (42 a)].
1267 janv. [1901]; févr. 21 [1227]; [335 (41), 569]; avril 6 [*446 (68)]; mai 10 [760, ? 761, ? 762]; juin 2 [153-164* (152-154); *345-444 (93-97-263)]; — 5 [403 (145)]; — 21 [132 (53)]; — 28 [967]; août [1113]; sept. 13 [1157]; novem. 19 [751 (96)]; — 28 [920]; décem. 5 [968].
1268 [553]; janv. 11 [720]; févr. 3 [1338]; — 12 [797]; mai 7 [1645*-1599] : WURSTEMB., IV, 431; — 8 [899]; — 11 [926]; juil. 29 [798]; août 30 [1328].
1269 févr. 14 [1589 (45)]; [763, 764, 1151, 1159, 1792]; mars 23 [576]; avril 18 [1231]; mai 14 [*1647] : VALB., I, 195; août 4? [941]; sept. 14 [1158]; — 15 [1156]; octob. 9 [1155]; novem. 14 [436].
1270 [978, 1081 (30), 1805]; janv. 23 [541]; mai 8 [*301]; août 28 [1095 (18)]; octob. 23 [912]; décem. [*1161]; — 14 [921]; — 20 [691].
1271 janv. 16 [793]; févr. 28 [562]; mars 6 [370]; juil. 12 [964]; août 17 [939]; novem. 7 [702].
1272 [325 (240), 326 (178), 1575]; févr. 27 [554]; mars 3 [918]; — 21 [937]; — 25 [1282]; avril 13 [*1442]; mai 2 [942]; — 6 [801]; juil. 3 [943]; —

29 [1022]; août [1646]: (R. gen. 1085); — 16 [940]; — 29 [1024]; octob. 7 [973]; — 14 [*1290*]; — 27 [952].

1273 févr. 21 [1608]; mars 17 [*1247]; [555, 1939]; mars 19 [956]; avril 3 [726]; — 23 [1276]; juin 7 [*977]; sept. 21 [974]; décem. 7 [970].

1274 [156-355, 359, *1336*, 1596]; févr. 4 [938]; — 7 [*879]; — 17 [723]; — 28 [*1152]; mai 27 [1624]; — 28 [128]; — 29 [1305]; juin 23 [1519]; — 24 [1791]; octob. 25 [*162-304].

1275 janv. [1148]: VALB., II, 12; — [1149]; [577, 583]; janv. 19 [725]; mars 16 [863, 927]; — 26 [409]; mai 2 [867]; — 17 [197]: VALB., I, 135; juin 1 [582]; août 18 [1306]; sept. 10 [548]; — 11 [542]; — 28 [*783]; novem. 11 [600]; — 27 [944]; décem. 2 [*897, 945]; — 7 [963].

1276 [438, 1428, 1804]; avril 10 [916, 917]; mai 4 [753]; juin 1 [773]; — 20 [946]; — 28 [588]; juil. 19 [351]; — 31 [812]; août 6 [*174*]; — 23 [788]; sept. 2 [*1260]; — 21 [1193 à 1198, 1200 à 1207]; — 22 [1063-1103*]; octob. 7 [1000]; — 13 [864]; — 15 [1263]; novem. 1 [928]; — 4 [929]; décem. 12 [*1261]; 13 [923, *930].

1277 [314, 580, 1429, 1430]; janv. 18 [85, 362*]; — 19 [1226]; — 20 [*1432, *1433]; mars 8 [1549]: *Doc. Gen.*, XV, II, 16; — 19 [877]; — 30 [*620]; avril [131]; mai 29 [*1228]; juin 21 [406 (5)]; — 27 [775]; juil. 1 [1287]; — 4 [839]; — 18 [811, 969]; — 23 [729]; août 16 [709]; — 28 [*581, 719]; sept. 10 [948]; octob. 5 [810]; — 21 [849]; — 24 [1602]; — 29 [570]; novem. 6 [866]; — 25 [221]; décemb. 4 [*1292]; — 18 [212]: VALB., II, 15; — 20 [852, 905]; — 21 [906]; — 28 [1209]; — 29 [1102]; VALB., II, 18; — 29 [127-308-1064, *147, 1208].

1278 [1492, 1493, 1607]; janv. 10 [1210]; févr. 4 [1458]; — 4 [1498-1648]: *Doc. Gen.*, VII, 340; mars 1 [1337]; — 2 [*1324]; — 3 [*1325, 1326]; — 10 [*1277]; avril 1 [1142]; mai 9 [1349]; juin 4 [17*-1169]: *Diplom. Bourg.*, 87; — 10 [295]; — 22 [312]; juil. 21 [422]; — 23 [693]; — 26 [1343]; — 30 [1272]; août 5 [*540-1023]; — 8 [1443]; sept. 30 [1481-1512]: *Doc. Gen.*, XIV, 406; octob. 23 [1590]; — 24 [1638].

31 [*1264, 1345, *1350]; novem. 1 [*1434]; — 11 [1211]; décem. 7 [*1312].

1279 [1483, 1494, 1495]; févr. 28 [464*]; mars 14 [*1320]; — 28 [1627]; — 29 [412]; mai 3 [1618]; juin 20 [965]; sept. 1 [774]; novem. 5 [451]; décem. 10 [*972]; — 16 [*407].

1280 févr. 12 [*377*]; — 19 [*449]; mars 7 [260]; avril 27 [1790]; juil. 7 [546]; — 27 [158]; août 17 [*288]: *Diplom. Bourg.*, 10.; septem. 1 [*415]; — 18 [1728]; novem. 16 [*1263]; décem. 18 [1473].

1281 févr. 16 [199]; [452, 962, 1470, 1454]; mai 24 [275]; juin 24 [900]: VALB., II, 22; juil. 14 [1222*]; — 22 [*1241]: VALB., II, 104; septem. 15 [*1258]; octob. 4 [1538]; novem. 27 [1517].

1282 [77]; févr. 21 [872]; juin 2 [1486]: *Doc. Gen.*, VII, 341; — 21 [1259]; novem. 13 [1637].

1283 févr. 11 [*327]: VALB., II, 25; [476]; juil. 7 [*1318]; — 14 [*182]; — 14 [382]: VALB., II, 25; août 12 [216]; — 12 [**485]: VALB., II, 26; — 12 [*432]: CHARVET, 662; sept. 18 [*1435]; novem. 13 [*395]; — 14 [731]; — 15 [1285]; décem. 15 [1348].

1284 févr. 3 [818]; mars 17 [19]: VALB., II, 28; juin 11 [1592]; octob. 18 [589]; novem. 1 [1796*]: VALB., I, 207; — 2 [1315]: VALB., II, 118; décem. 15 [568]: VALB., II, 35.

1285 janv. 24 [*384]; [1478, 1487, 1802]; sept. [601, *1163].

1286 janv. 25 [**86]: VALB., II, 30; févr. [*87]: VALB., II, 31; [439, 1235, 1807, *184, 597]; févr. 18 [171]; juil. 30 [*1605]: VALB., II, 37; août 6 [482*]: VALB., II, 39; — 18 [591].

1287 avril 28 [1715]; août 16 [1628-9]; — 31 [1630]; sept. 9 [373]; novem. 10 [1649-1671]; — 24 [1601, 1604]; décem. 24 [330]; — 30 [383].

1288 [471, 1117, 1668, 1669]; janv. 19 [1958]; mai [1133]: VALB., II, 44; — 25 [1451]; juin 19 [1452]; sept. 16 [1532-1569]; décem. 16 [467].

1289 [135, 1482, 1576]; janv. 25 [791]; mars 13 [1110]; avril 13 [64]; mai 8 [*1693]: VALB., II, 49; — 10 [501*]: VALB., II, 49; — 12 [21**]: *Coll. cart. Dauph.*, V, 69; juin 27 [858]; décem. 9 [*79]; — 9 [*74]: VALB., II, 51; (ap.) [1056].

1290 [1039, 1168, 1674, 1735]; janv. 2 [587]; avril [1617]; juil. 22 [1104].

1291 janv. 8 [1304]; févr. 19 [*1104-

*341]: VALB., I, 20; — 24 [1641]; [183, 1293, 1502-94-9, 1672]; avril 7 [154]; mai 4 [20**]: VALB., II, 56; — 4 [23**]; VALB., II, 55; — 5 [1789]; juill. 23 [502]; octob. 3 [*483]: VALB., II, 43; novem. 26 [1501, 1540, 1667]; décem. 4 [549]; — 24 [1574, 1593].

1292 févr. 4 [595]; [1167, 1677]; juill. 13 [*75-76]: VALB., II, 52; — 23 [*78]: VALB., II, 52; août 20 [1006]; — 22 [1431]; novem. 15 [1520]; — 18 [*475*]; décem. 31 [*82]: VALB., II, 73.

1293 janv. 18 [116]; [*170-a, 319, 1764, 1767]; mai 6 [621]; — 27 [37]: VALB., II, 42; juin 5 [949]; — 8 [799]; — 29 [1444]; juill. [298]; — 10 [1239-1242-1286]: VALB., I, 34; août 31 [878]; octob. 7 [1179]; novem. 16 [1551]; décem. 2 [1353]; — 4 [1719]; — 11 [*404]; — 31 [1265].

1294 [1626, 1660, 1801, 1813]; avril 14 [834]; — 20 [*1123]; juin 4 [1525]; — 27 [1164]; — 29 [701]; juill. 4 [1243]; — 7 [1308, 1309]; — 15 [854, 1317]; août 7 [1281]: VALB., II, 109; — 7 [1275]: VALB., II, 73; sept. 30 [1166]; octob. 2 [311-1707]; décem. [*1169]: VALB., II, 74; — 29 [1568].

1295 [468-9, 1606b]; mars 2 [836-1274-1368]; — 30 [976]; avril 10 [1598]; — 27 [1170 à 1177]; — 29 [1178]; mai 4 [1356]; juin 16 [539]; juill. 12 [*1034]; — 13 [1066-7]; — 21 [421]; août 1 [*1124]; — 9 [1234*]: VALB., II, 68; octob. 1 [1475]; — 3 [837]; novem. 12 [1267].

1296 janv. 1 [1600]: VALB., I, 200; 17 [1469]; [1940-1]; mai 9 [835]; — 13 [1475]; — 25 [*38-9]: VALB., II, 77; — 30 [1662]; juin 2 [63]; — 3 [54]; août 6 [814]; — 16 [1467]; 18 [1513]; sept. 1 [1319]; — 2 [1253]; — 3 [1266]; — 15 [1500]: VALB., II, 83; — 24 [596, 892]; — 28 [1619]; octob. 3 [538]; — 22 [1445]; — 23 [722]; novem. [847]; — 6 [734, 909]; — 19 [910, 961]; décem. 5 [1322]; — 26 [853].

1297 févr. 3 [1661]; [57]: VALB., II, 113; [1770, 1808]; août 19 [623]; — 20 [893]; — 31 [1946]: GUICKENON, pr. 555; sept. 29 [1323, 1284]; novem. 1 [*360*]; — 18 [857].

1298 [1799]; févr. 3 [237-1464]: VALB., II, 84; mars 4 [537-585*]: VALB., II, 38; — 24 [1959]; — 28 [1960]; avril 17 [736]; juin 3 [81]; (ap. août 7) [36G].

sept. 3 [240*]: VALB., II, 89; — 7 [386*]; — 23 [771].

1299 janv. 3 [1332]; mars 28 [1333]; avril 3 [779]; juill. 18 [1737]; octob. 4 [334]; décem. 18 [724].

1300 [571, 1199]; janv. 22 [1550]; févr. 26 [683]: VALB., II, 132; mars 2 [1180]; — 19 [1897]; avril 20 [*579, 856]; mai 11 [1181]; — 15 [1182, 1183]; sept. 12 [1187]; — 16 [1468]; novem. 23 [586].

XIIIᵉ siècle [139, 142, *178, 274, 298, 303 (92), 364, 413, 455, 473, 1251, 1370, 1476, 1479, 1670, 1732, 1758, 1759-69, 1761, 1768, 1773-6, 1775, 1778, 1798, 1816].

1301 [1130, 1189, 1784]; juill. 24 [1903]; août 24 [*228-1132]; sept. 8 [1591]; — 12 [1188]; octob. 12 [*341]; — 21 [302]: VALB., I, 207; décem. 16 [1643].

1302 [995, 1810-1]; janv. 4 [1535, 1562]; mars 4 [794, 795]; — 10 [796]; avril 7 [1460]; — 25 [1636]; juin 25 [137*]: VALB., II, 114; — 26 [1191]; — 27 [1192]; — 29 [1190]; août 23 [256]; — 27 [1733]; octob. 7 [1524]; — 8 [1514, 1625]; — 9 [1544]; novem. 30 [1340].

1303 [101, 1184, 1526-1640]; janv. 23 [889]; févr. 13 [100]: VALB., I, 202; — 22 [207]; avril 17 [456]; — 19 [1050]; mai 7 [1185, 1186]; juin 13 [397]; juill. 16 [53]; — 26 [18*]: Diplom. Bourg., 89; — 26 [1049]; août 5 [168, 1321, 1369]; — 9 [612]; — 14 [1665]; octob. 14 [187]; (—ap. 27) [121].

1304 [365]; janv. 6 [1585 à 1587]; — 7 [1582]; — 15 [1584]; — 19 [*1530]; févr. 19 [1583]; — 29 [*1529]; mars 9 [*1535]; mai 15 [*249]; — 16 [215]; — 31 [1019]; juin 11 [1052, 1080]; — 15 [1053-4]; — 21 [1055]; juill. 6 [1488, 1620]; octob. 13 [1687]: Doc. Gen., IX, 217; — 15 [318]; novem. 21 [820]; — 30 [1491, 1545, 1546, 1664]; décem. 4 [1453].

1305 [96, 1739]; mai 29 [*6]: VALB., II, 123; — 29 [12*²]: Diplom. Bourg., 90; — 31 [*5]: VALB., II, 123; juin 7 [901]; juill. 12 [1567]; novem. 6 [1663].

1306 mars 1 [*1146]: VALB., I, 21; — 2 [1162]; avril 21 [830]; septem. 8 [239-36²]: VALB., II, 125; octob. 3 [1327]; — 26 [1806].

1307 [571]; févr. 11 [1898]: VALB., II, 137; mars 28 [290-379-1078]; avril 4 [1289]; — 18 [575]; — 22 [1724,

b

1725]; — 23 [1713]; mai 12 [1717]; août 21 [815]; novem. 9 [459]; — 22? [420].

1308 [1234, 1905]; avril 2 [1631]; août 10 [387*]; octob. 19 [*1017]: VALB., II, 138 (H. B. 1209).

1309 janv. 7 [661] : VALB., II, 144; — 30 [98-102]; avril 24 [1352]; mai 30 [*7]; *Diplom. Bourg.*, 91; sept. 9 [1528]; octob. 12 [544].

1310 [316, 1942, 1943]; févr. 5 [315]; mars 7 [83]; — 17 [45]; juil. 3 [1111, 1100?]; — 23 [1128]; août 21 [350]; — 30 [11*]: *Diplom. Bourg.*, 91; sept. 1 [130*8]: *Diplom. Bourg.*, 92; — 13 [91]; — 16 [322]; — 26 [735].

1311 janv. 8 [1588]; avril 25 [690]; juin 17 (1720); décem. 8 [1518].

1312 févr. 21 [1688]; mai 3 [95]; — 3 [97]: VALB., I, 203 *d*; — 7 [50*]: VALB., I, 203 *b*; — 7 [99*]: VALB., I, 203 *c*.

1313 [136]; avril 8 [1896]; mai 27 [880]; juin 4 [1233]; juil. 17 [25*8]: VALB., II, 147; — 24 [1548]; octob. 3 [474].

1314 [287, 1774]; mars 5 [1793]; mai 20 [1334]; juin 4 [*206]; juil. 15 [268, 1721]; décem. 6 [*393].

1315 janv. 22 [478]: VALB., II, 157; [1803, 1944]; févr. 8 [1340]; avril 16 [198]; août 30 [1642]; novem. 9 [1571]; — 24 [*426]; [1659].

1316 [477]; févr. 2 [1150]; avril 25 [545]; juin 16 [*1678-1682-4]: VALB., II, 163; —16[1691]; sept. 26 [*1335]; octob. 27 [92, 1723]; — 29 [552]; novem. 1 [1058].

1317 [13, 179, 336, 1087, 1101, 1105, 1121, 1730]; janv. 23 [*1237]: VALB., II, 153; — 31 [*1225-1273]: VALB., II, 154; —31[59]; févr. 22 [425]:VALB., II, 170; mars 25 [462]; avril 20 [294]: VALB., I, 57; mai 7 [1147]; juin 2 [1496]; août 2 [425]; sept. 2 [1244]: VALB., II, 165; novem. 15 [61]; décem. 17 [1032].

1318 [1121, 1473]; févr. 11 [1455]; avril 24[1298]; juin 11 [1683]: VALB., II, 184; juil. 1 [1516]; octob. 20 [*39]; décem. 15 [1126].

1319 [293, 924]; mars 9 [*72] : VALB., II, 178; — 24 [1447]; avril 26 [73]; mai 13 [1025]; VALB., II, 182; —17 [1679]; —17 [1533]: VALB., II, 180; — 19 [1680, 1681]: VALB., II, 181; — 21 [1565-1685]: VALB., II, 181.

1320 févr. 17 [1690] : VALB., II, 182; mai 2 [*851]; août 4 [*1297*]; — 11 [889]; sept. 26 [1948]; octob. 2 [787]; novem. 11 [1363, 1367].

1321 [1947]; févr. 11 [1666]; — 23 [1507, 1559]; — 24 [1457*]: VALB., II, 191; mars 2 [1508]; avril 9 [1230]; mai 29 [*1446]; juil. 9 [*1269*]; — 30 [1965]: VALB., II, 188; août 24 [755]; octob. 26 [245].

1322 [1597, 1675]; mars 14 [592]; avril 6 [90*-105]: VALB., II, 193; juin 21 [1511]; sept. 14 [118]; — 29 [1581].

1323 [593, 1214]; févr. 19 [114]; — 24 [1741-2]; mai 17 [*41-117]: VALB., II, 195; octob. 13 [1310]; novem. 1 [110*]: VALB., II, 197; décem. 5 [613]; — 14 [1089].

1324 [1315]; janv. 5 [1060]; — 7 [1013]; — 9 [1271]; — 17 [1682]; févr. 5 [203]; — 26 [222]; juil. 26 [1122-1627 *b*]; août 27 [262]; octob. 24 [1213]; — 28 [305]; décem. 12 [416*].

1325 janv. 25 [1714]; avril 1 [1113]; mai 31 [1021]; décem. 16 [255]: VALB., I, 209; — 29 [1027] : VALB., II, 203.

1326 janv. 18 [**109]: VALB., II, 204 (H. B. 1791); avril 2 [175]; mai 21 [1008]; août 5 [1106]; sept. 27 [210, 441]; novem. 29 [1686].

1327 janv.12[*1028, 1029, 1030, 1031]; 162, 337]; juin 11 [60]; —26 [1249]; juil. 5 [1125]; — 10 [1515] : VALB., II, 213; novem. 7 [1365]; — 16 [1364, 1710]; décem. 11 [58];—22 [*104] : VALB., II, 207.

1328 [1673]; févr. 22 [177]; avril 15 [1547]; mai 2 [338]; octob. 5 [40-2]: VALB., II, 217; — 11 [1727].

1329 [1087, 1145, 1458]; janv. 3 [*188]; févr. 3 [349]; mars 1 [*191- 487]; — 15 [1497]; — 17 [*46]: VALB., II, 225; avril 3 [1621], — 28 [*619]; mai 15 [1466-1542, 1481, 1541]; juil. 6 [*284]; — 13 [1109]; octob. 15 [163]; — 19 [1632]; novem. 22 [1633].

1330 [24, 1059, 1634]; févr. 16 [1635]; mai 12 [1463]; — 16 [427]; août 14 [1134]; — 18 [1474]; sept. [1477]; — 1 [1639]; octob. 30 [*89]; décem. 10 [850].

1331 avril 1 [1035]; — 27 [231]; mai [*88] : VALB., II, 232; — 7 (1004]; sept. 28 [1085].

1332 [225]; févr. 19 [1212]: VALB., II, 229; mai 5 [1245]; — 22 [1366]; juin 30 [1961]; juil. 26 [*84]: VALB., II, 238; août 10 [1716]; — 19 [1119];

sept. 388-390*, 470]; novem. 2 [80*]: VALB., II, 240.
1333 [1358, 1489]; janv. 1 [608]; — 6 [1729]; — 9 [1359]; mai 29 [*1299]; août 17 [1367 b]; décem. 9 [201*].
1334 [318, 418, 566, 1061, 1740]; janv. 1 [*232*, *286*]; — 2 [319, 244, 279-348*, 280*, 282, 353, 646]; — 3 [614; G. Froment: *113, *120, *148, *155, 157, 159, 160, 167, *190, *192, *193, 196, 202, *214, *215, 218, 223, *224, *226, 229, 235, *236, *237, 238, 242, 246, *251, 253, *254, 263, *264, *265, 266, *270, 271, 272, *273, 281, 283, 306, *307, *310, 352, *354, 411, *535, 697, 1294; H. Pilat: *141, *208, *213, 220*, *230]; — 4 [*195, 671]; — 7 [663*]; — 8 [615; G. Froment: 112, 209, 405, 506 à 508, 515 à 520, 522 à 525, 530, 532, 543, 547, 551, 556, 557, 563 à 565, 567, 573, 584, 594, 595, 602, 606, 609, 618, 622, 625, 630, 633 à 635, 637, 639, 640, 643, 647, 650, 656 à 659, 666, 669, 674, 678, 680, 684, 687, 688, 704 à 706, 708, 715, 718, 727, 728, 730, 737, 739, 742, 744 à 746, 749, 785, *822, 848, 886, 887, 904, 1471, 1726; H. Pilat: 511*, 512*, *514*, 527*, 531*, 627-1722*, *628*, 645*, 664*, 670*, 672*, 695*, 824*]; — 9 [513*: BRIZARD, II, 94; 526, 534, 574, 610, 611, 675, 696, 707, 712*]; — 10 [*259*, 521*, 536*, *1228*]; — 11 [711*; G. From.: 504, 528, 533, 603, 604, 605, 631, 632, 636, 644, 649, 651, 654, 655, 662, 681, 682, 703, 713, 747, 821, 823, 838, 843, 845, 855, 884, *896, 1355, 1712]; — 12 [529*]; — 13 [714*, *717*, *1301*]; — 15 [616*, *1302*]; G. From.: 509, 510, 629, *642, 660, 665, 667, 677, 694, 862]; — 16 [1564, 1579]; — 18 [668]; — 19 [313*]; — 23 [410]; — 25 [607*]; févr. 6 [570*]; — 11 [572, 997, 1090, 1143, 1449]; — 17 [342, 999, 1062, 1086, 1088, 1096]; — 18 [828*]; — 21 [*205, 241, 1083, *1127]; — 22 [1119, 1131]; — 25 [447]; — 27 [989, 1005*, 1033, 1074]; mars 3 [1108]; — 4 [1097]; — 6 [1003]; — 9 [377, 626, 1044]; — 10 [261, 1048]; — 12 [1136]; — 15 [*269]; — 16 [1038]; — 21 [252]; — 31 [1092*]; VALB., I, 212; avril 1 [*414, 1757]; — 4 [1098]; — 11 [902]; — 12 [321, 1606, 1623]; — 13 [503]; — 15 [844]; — 18 [1057]; mai 2 [*258]; — 13 [278]; juin 9 [385*]; — 16 [846];

juil. 2 [1254]; — 5 [1307]; — 9 [638, 1265]; — 18 [*1255, *1303*]; — 21 [1331]; — 23 [*1072]; — 24 [*1295]; — 25 [*194, *1232, *1246, *1256, *1257, 1291*, *1292 b*]; août 20 [1962*]: VALB., II, 264; septem. 17 [1068]; novem. 24 [648]; décem. 4 [641]; — 7 [1118]; — 14 [189]; — 20 [1459]; — 27 [*1014].
1335 [16, 434]; févr. 15 [1510]; mars 2 [1138*]; — 11 [292-296*]; — 20 [31**]: VALB., II, 267 (Bœh. 1667); avril 1 [1357]; — 15 [94]; — 16 [30**]: VALB., II, 269; — 16 [55]: VALB., II, 270; août 10 [472*]; — 19 [36*]: VALB., II, 300; sept. 5 [1362]; — 22 [*1018*]; — 23 [652]; novem. 11 [*377]; — 20 [*1043*]; — 24 [1577].
1336 [1484, 1503, 1945]; janv. 9 [*454]; — 28 [1010*]: VALB., II, 305; févr. 6 [1462, 1553, 1558, 1561]; — 12 [1563]; — 13 [1622]; — 15 [1450, 1490, 1543, 1556, 1557, 1578]; — 16 [653, 1456, 1485, 1505, 1534]; — 17 [1527, 1552, 1560]; — 25 [1250]; avril 29 [*1554]; mai 25 [1572]; juin 20 [1506]; octob. 11 [1480].
1337 [1217-8]; janv. 20 [1076]; — 27 [1046, 1094*]; — 31 [1020]; févr. 2 [1016]; — 4 [716, 1007, 1009*, 1015]; — 22 [111*]; mars 15 [*1279*]; avril 6 [1045]; mai 5 [1368]; juin 4 [*1288*]; juil. 21 [484*]: VALB., II, 339; — 23 [24]: VALB., II, 341; — 27 [*1069]; sept. 18 [994]: octob. 22 [488*]; novem. 8 [*138*, 686]; — 10 [161]; décem. 5 [676]; — 14 [1509]; — 20 [1566].
1338 [1750]; janv. 28 [1360]; mars 18 [1077, 1818**]; — 30 [1047]; — 31 [1139*]; avril 1 [1036]; — 25 [391*]; — 29 [**122]; GIRAUD, II, pr. 168; mai 5 [143-457*, *219*]; juin 10 [1084]; 27 [1135]; juil. 4 [692]; — 20 [*152]; décem. 14 [1797]; — 20 [685*].
1339 [166, 172, 408, 683, 990, 1040, 1041, 1071, 1073, 1580, 1736, 1822]; janv. 25 [112]; mars 3 [*297]; — 20 [1224]; avril 22 [276]: VALB., II, 379; — 30 [888*]: VALB., II, 380; mai 12 [1536]; — 13 [1042]; — 14 [1537]; — 15 [1504]; — 19 [1522]; — 20 [1533]; — 21 [1472]; — 22 [561]; — 29 [996]; — 30 [991, 993, 998]; — 31 [883, 992, 1521]; juin 1 [1137]; — 4 [250]; — 17 [789]; — 19 [1091]; — 20 [*1065]; — 23 [1012, *1114]; — 24 [*1120]; — 25 [1051]; — 26 [1001, 1002, 1116, *1120]; — 27 [*1011,

*1082, *1115]; — 28 [1026]; — 29 [428]; — 30 [*1120, 1129]; juil. 1 [1075]; août 3 [827, 1141]; — 22 [299]; — 25 [1070]; sept. 8 [1539]; décem. 13 [559, 926].
1340 [1676]; mars 12 [93]; avril 14 [442]; — 23 [463, 832]; — 25 [790]; — 26 [1144]; — 30 [832-3]; mai 3 [1573]; — 30 [885]; — 31 [369]; juin 20 [*378]; Duchesne, pr. 62; octob. 11 [1963].
1341 [710]; avril 16 [1745]; mai 21 [396]; — 28 [*394]; juin 23 [52]; novem. 10 [1329*, 1330].
1342 avril 4 [392]; juin 11 [1795]; — 28 [*1313].
1343 [1823, 1824]; mars 25 [1354]; avril 9 [1355]; — 29 [77-8-9, 100-1]; octob. 21 [754]; décem. 4 [1817*]; Valb., I, 201; — 17 [29].
1344 [486]; mars 3 [65]; avril 10 [*66]; Valb., II, 494; — 10 [68, 69, 70, 71]; — 14 [1603]; juin 3 [85]; — 27 [*472]; août [433]; — 3 [481]; sept. 11 [429*]; Valb., II, 497; nov. 4 [*430]; décem. 11 [865].
1345 [1731, 1743]; octob. 15 [1788]; décem. 4 [1738].
1346 janv. 28 [p. 301].
XIV° siècle [123, 374, 1280 b, 1479, 1749, 1785, 1786, 1787].
1348 [1819]; juin 24 [*106]; Valb., II, 176; — 25 [1820]; [106-7]; (Guiffrey, 124-8); sept. 3 [1821].
1349 octob. 17 [1779].
1352 décem. [1610, 1615-6].
1353 [1461, 1825-6]; janv. 26 [1611]; avril 7 [1613]; — 17 [1614]; octob. 1 [1448].
1354 [1827, 1828, 1829].
1355 novem. 9 [1964].
1357 décem. 26 [32*, 33, 34°]; — 27 [1746-1777*].
1359 juil. 13 [1777].
1362 sept. 15 [108, 490].
1363 [491].
1370 [982]; novem. 4 [981].
1377 avril [988].
1385 févr. 25 [1221]; juin 27 et juil. 10 [498].
1390 novem. 10 [1221].
1393 octob. 29 [984].
1394 févr. 6 [985]; octob. 22 [492].
1395 octob. 8 [494, 986, 1319].
1398 févr. 7 [496]; mars 6 [988].
1465 mai 4 [497].

REGISTRUM

DE PRIVILEGIIS ET ALIIS SEQUENTIBUS[1].

Hic sunt multa et diversorum factorum privilegia concessa per imperatores, reges Francie et Secilie dominis Dalphinis bone memorie ; item sunt multe alie littere a dictis dominis regibus Francie et Secilie emanate, et recognitiones et instrumenta que sequntur : videlicet quedam recognitio facta dom° regi Roberto per dom. Dalphinum de hiis que habet in comitatu Vapincensi, quictatio homagii in quo dom. Dalphinus dom° comiti Sabaudie teneri dicebatur, testamentum regine Clemencie, item composicio facta cum dom° Karolo de Francia de comitatu Vapincensi, item quedam quictacio[2] de qu(a)tuor milibus florenorum auri de dueario dom° Marie de Sabaudia domine Fucigniaci, quod instrumentum[3] ex causa fuit repositum[4] cum instrumentis de pace, quictacio dom' Aymari de Pictavia et ejus uxoris filie dom' H(umberti) dalphini, item quictaciones domine de Arlaco et dom' Johannis de Cabilone ejus filii de jure quod habebant in Dalphinatu, et eciam plura instrumenta ta(n)gentia factum dom' dalphini et dictorum dominorum de Arlaco que subsequenter apparebunt, item quictacio dom' comitis Foresii et ejus uxoris, item quictacio dom' principis Aquayie et uxoris ejusdem, item quictacio dom' marquionis de Saluciis et ejus uxoris, item quictacio dom'

1. Registre C, 3° cahier, ff. xxj à xxxiiij et xlj à xlvij (B 28, ff. 139 à 151 et 158 à 164). — 2. *Ce mot a été remplacé par* lictere. — 3. *Item par* que. — 4. *Item par* reposite.

principis Aurayce et ejus uxoris, item quedam instrumenta super facto dom¹ H(umberti) dalphini condam et ducis Burgondie super concordia facta inter eos super terra de Revermos et super jure quod dicebat se habere in Dalphinatu ; item instrumentum domini de Chambone super homagio ipsius pro terra de Alvernia, et quedam alia instrumenta et littere prout plenius in presenti registro describuntur.

In nomine Domini, amen. Anno Nativitatis ejusdem millesimo tercentesimo quadragesimo sexto, die decima mensis madii, fuit inceptum presens registrum de omnibus et singulis privilegiis, instrumentis et licteris de quibus mencio supra habetur, et de quibusdam aliis repertis in quibusdam scofinis in revesterio Sancti Andree Gracionopolis consistentibus, per nobiles et circumspectos viros ddom. Stephanum de Ruffo militem, legum doctorem, judicem majorem hospicii dalphinalis et tocius Dalphinatus, et Raimundum Falavelli jurisperitum, consiliarios dalphinales, comissarios in hac parte a reverendo in Xpisto patre domº Henrico de Vilariis, Dei gratia archiepiscopo et comite Lugdunensi lucumque tenente domini nostri H(umberti) dalphini Viennensis.

Nota quod domini canonici Sancti Andree Gracionopolis debent adhuc habere omnia ista documenta prout supra notatur.

In primis reperitur in dictis privilegiis imperatorum concessorum (*leg.* c-sis) domino nostro dalphino et ejus predecessoribus, quoddam privilegium concessum dudum domº Guigoni dalphino per Fredericum Romanorum imperatorem ac Jherusalem et Cecilie regem, sub anno Dominice Incarnationis Mº CCº XLVIIº, mense julii, quinte indictionis, bullatum inpendenti (in) cerico rubeo bulla aurea ipsius imperatoris, continens quod dictus dom. imperator confirmavit dicto dom. dalphino comitatus Vapincesii et Ebredunesii a(c)quisitos per dictum dom. dalphinum titulo emptionis, ac alia bona que tenebat et possidebat idem dalphinus justo titulo, et eidem dalphino et heredibus suis idem dom. imperator concessit alodia ubique in dictis comitatibus Vapincesii et Ebredunesii, et etiam in comitatibus Viennesii et Albonis ac Gracionopolis, ita quod predictos comitatus et alodia predicta teneret ab ipso imperatore et recognosceret se tenere ab eodem.

2. Item, quoddam privilegium concessum per dom. Fredericum imperatorem Raimundo de Medullione, scriptum anno Dñice Incarnationis M°C.LXXVIIJ°, indict. xiª, anno regni ejus(dem) Imperatoris xxviJ°, imperii autem xxiiiI°, bullatum in pendenti in cerico rubeo bulla aurea ipsius imperatoris, continens quod idem dom. imperator dicto Raimundo de Medullione, cu(i) successit dominus Dalphinus, confirmavit quicquid possidebat per se vel per alium in feudum seu alodium in toto imperio et quicquid posset aquirere in futurum, et personam ipsius retinebat in servitio ipsius imperatoris et eidem concedebat quod dominium seu juridictio nulli concedetur in ipsum Raimundum vel suos homines.

3. Item, quoddam privilegium concessum per Fredericum imperatorem dom° Guigoni dalphino, scriptum anno Dñice Incarnat. M°CC.XXXVIIJ°, mense aprilis, xiª indict., imperante dom° nostro Frederico Dei gratia Romanorum imperatore semper augusto, Jherusalem et Cecilie rege, imperii ejus anno xviii°, regni Jherusalem xiii°, regni vero Cecilie xL°, feliciter amen, et datum apud Thaurinum anno, mense et indict. prescriptis, sigillatum in pendenti in filo cerici rubei cera alba sigillo magno ipsius imperatoris; in quo privilegio idem imperator concessit dicto dom. G(uigoni) argenti fodinam que est in potestate Rame, cum omni utilitate que inde posset provenire, et quod possit cudere monetam apud Sesanam, et etiam confirmavit dom° dalphino quoddam privilegium divi augusti imperatoris concessum dicto dalphino super predictis, ut in ipsis privilegiis continetur, et eidem dalphino concessit quod non posset compelli ad recipiendum justiciam nisi coram ipso imperatore.

4. Item, quodd. privilegium concessum per Fredericum imperatorem domino nostro dalphino Guigoni, scriptum in territorio Tusculano, nonas julii, anno Dñice Incarnat. M°C.L.V°, indict. iiiª, imperante Frederico Romanorum imperatore inclitissimo, anno imperii ejus I°, regni iiii°, bullatum cera alba in fine ipsius privilegii quadam magna bulla infixa et famata in pelle pergaminea ipsius privilegii, continens quod idem dom. imperator dedit dicto dom. dalphino argenti fodinam de Rama, in archiepiscopatu Ebredunensi, et concessit eidem dalphino quod possit cudere monetam ubicunque voluerit in suo Dalphinatu.

5. Item, quodd. privilegium concessum per Albertum Dei gratia Romanorum imperatorem semperaugustum dom° Humberto dalphino

et Johanni ejus filio, scriptum et datum apud Cafusam ii^a kalend. junii, indict. iii, anno Domini M°III.c V, regni vero ipsius anno vii°, sigillatum in pendenti cerico rubeo et viridi magna bulla ipsius regis, continens quod idem dom. rex univit terram Turris Dalphinatui, et privilegia et jura Dalphinatus et quibus gaudet Dalphinatus concessit terre Turris, et eam voluit uti quamdiu erit unita Dalphinatui.

6. Item, quodd. privilegium concessum per Albertum Dei gratia Romanorum regem dom° Humberto dalphino, scriptum iiii^a kalend. junii, indict. iii^a, anno Dñi M°CCC° V°, regni vero ipsius anno vii°, sigillatum in pendenti in cerico rubeo et viridi cera alba quodam magno sigillo, continens confirmationem privilegiorum et libertatum olim concessarum Dalphinatui, et specialiter de officio senescallie Ar(e)latensis.

7. Item, quodd. privilegium concessum per Hanricum Dei gratia Romanorum regem dom° Johanni dalphino, scriptum Constancie iii° kalend. junii, anno Dñi M°CCC°IX°, regni ipsius anno i°, sigillatum in pendenti in corigiis pergamineis cera alba sigillo magestatis ipsius, continens confirmacionem factam per dictum imperatorem de omnibus privilegiis Dalphinatus.

8. Item quodd. privilegium concessum per Fredericum imperatorem dom° Guigoni dalphino, scriptum anno Dñice Incarnat. M°C.L.V, indict. iiii^a, anno vero regni ejus iii°, sigillatum in fine ipsius privilegii sigillo magestatis ipsius imperatoris infixo in pelle ipsius privilegii, continens quod idem imperator concessit dicto dom. dalphino argenti fodinam de Rama et quod possit cudere monetam apud Cesanam.

9. Item, quodd. privilegium concessum per Fredericum Romanorum regem dom° Beatrici, filie condam Guillelmi marchionis Montisferrati, et Guigoni dalphino filio ipsius dom° Beatricis, scriptum apud Albam anno Dñice Incarnat. M°CC.XXXVIII°, mense maio, xi indicc., sigillatum in pendenti sigillo ipsius imperatoris, continens quod idem dom. dalphinus in comitatu Viennensi ubicunque voluerit possit levare xii [1] denarios Viennenses pro pedagio pro quolibet trosello seu saumata transeunte per dictum comitatum.

10. Item, quodd. privilegium concessum per Fredericum Romanorum imperatorem dom° Humberto, domino de Turre de Pino,

---

1. *On avait mis d'abord* X.

scriptum Palme anno Dñice Incarnat. M°II°XLV, mense septembris, IIII indit., sigillatum in pendenti in cerico rubeo et croceo sigillo magestatis ipsius imperatoris, continens quod confirmabat pedagium de Turre ipsi domino de Turre et eidem concedebat de novo quod dictum pedagium levare posset, videl. III solidos et II denarios.

11. Item, quodd. privilegium concessum per imperatorem Henricum dom° Guidoni Dalphino, domino Montisalbani, scriptum III° kalend. septembris, anno Dñi M°II°X°, regni ipsius anno II°, sigillatum in pendenti sigillo magestatis ipsius, continens quod idem imperator concessit dicto dom. Guidoni pedagium in castro de Nihoniis vel in castro de Mollanis, videl. VI denar. pro homine, XII pro animali et III solid. pro cadriga.

12. Item, quodd. privilegium emanatum ab excellenti imperatore Alberto ejusque sigillo cereo in pendenti sigillatum, sub anno Dñi M°CCC°V°, continens in effectu quod idem dom. imperator dedit in feudum dom° Johanni dalphino bone memorie castrum de Arayka, cum ejus juribus et pertinentiis, in feudum.

13. Item, quod. aliud privilegium sigillatum in pendenti sigillo serenissimi regis Karoli, Dei gratia Ungarie regis, scriptum sub anno Dñi M°CCC°XVII°, regni autem ipsius similiter anno XVII°, continens postulacionem et requisicionem benigne factam per dictum dom. regem illustri principi dom. Johanni dalphino Viennensi, de uno filiorum suorum ut ipsum in regno suo provideret.

14. Item, quod. aliud privilegium a serenissimo imperatore Fredelico emanatum ejusque vero sigillo cereo in pendenti sigillatum, scriptum per Nicholaum de Rocca magestatis imperatorie notarium, sub anno Dñice Incarnac. M°CC°XLVIII°, mense novenbris, VII° indit., continens in effectu quod ipse dom. imperator dedit dom° Guigoni dalphino condam de annuo feudo trescentarum unciarum auri percipiendarum de camera sua singulis annis in festo Resurrexionis Dominice.

15. Item quod. aliud privilegium a serenissimo imperatore Alfonsio Romanorum rege semper augusto concesso (*leg.* c-sum) viro nobili Alberto de Turre domino, ut ad vitam suam sit dapifer ipsius, scriptum manu Guillelmi Martini notarii ejusdem dom. imperatoris, sub anno Dñi M°CC°(LVII°).

16. Item, quedam lictere ab illustrissimo imperatore Ludovico Dei gratia Romanorum rege emanata, sigillo ipsius in pendenti sigil-

lata, scripta sub anno Dñi M°CCC°XXXV°, continens quod dictus dom. imperator dominum nostrum Humbertum dalphinum Viennensem constituebat procuratorem in omnibus suis causis.

17. Item, qued. lictere a serenissimo Rudolpho Dei gratia Romanorum imperatore emanate sigilloque suo cera alba in pendenti sigillate, Vienne II° nonas junii, regni ipsius anno v°, continentes quod dicta magestas imperialis mandabat bayllivo et advocato Phiriburci et ceteris officialibus, ut archiepiscopum Viennensem et suam ecclesiam et dom. Humbertum de Turre et de Colongniaco, senescallum suum regni Arelatenci, deffendent a quibuscumque personis sibi et eorum subiditis offendere volentibus.

18. Item, aliud privilegium ab illustrissimo imperatore Alberto, anno vi regni sui ejusque sigillo cereo in pendenti sigillatum, datum sub anno Dñi M°CCC°III°, vii° kalend. augusti, indict. i^a, continens quod idem dom. imperator laudavit, approbavit et ratificavit ac eciam confirmavit dom° Humberto, dalphino Viennesii et Albonis comiti dominoque de Turre, omnia privilegia sibi et dalphinis Viennesii et Albonis comitibus dominisque de Turre, predecessoribus suis et eorum heredibus concessa ab inclite recordacionis dom° Rodulpho Romanorum rege et aliis regibus predecessoribus suis.

19. Item, quod. aliud privilegium ab imperiali magestate Rodulphi Dei gratia Romanorum regis semper augusti emanatum, anno ipsius regni xi° ejusque bulla cerea in pendenti sigillatum, continens quod ipsa regia magestas recepit in suam salvam guardam et conductum nobilem virum dom. Humbertum dalphinum eundo et redeundo ad eundem dom. imperatorem et stando in domo ipsius et redeundo ad domum propriam, sive reconsiliatus fuerit cum comitibus Burgondie et Sabaudie sive non.

20. Item, qued. lictera imperialis a dicto dom. Rodulfo imperatore emanata, anno Dñi M°CC. nonag° I°, continens quod ipse dom. imperator dedit dom° H(umberto) dalphino gardam et omnia jura que habebat in monasterio, villa et pertinenciis Sancti Eugendi Jurensis.

21. Item, quod. aliud privilegium per serenissimum Rudolfum Dei gratia Romanorum regem concessum ejusque sigillo in pendenti sigillatum, sub anno Dñi M°CC° optuag° IX°, iiii° idus maii, indic. ii^a, regni vero ipsius xvi°, continens donacionem per ipsum dom. imperatorem factam spectabili viro dom. Humberto, dalphino Viennensi, de castro et feudo castri et pertinenciis de Montilio.

22. Item quod. aliud privilegium a magestate Fredelici imperatoris emanatum, in pendenti bulla cerea sigillatum, scriptum per Raonem de Capua notarium ipsius magestatis, sub anno Incarnac. Dñice M°CC°XL°, mense novembris, continens quod ipsa magestas dedit de feudo annuo camerario dom¹ dalphini Viennensis quindecim uncias auri percipiendas super sua camera annis singulis.

23. Item, qued. alie littere a magestate imperatoria, videl. Rodufo divina clemencia Romanorum rege, emanate ejusque magestatis sigillo cera alba inpendenti sigillate, sub anno Dñi M°CC° nonag° I°, regni vero ipsius anno XVIII°, continentes quod ipsa imperatoria magestas concedebat et auctoritatem suam prestabat episcopo Valantinensi et Dyenci, principibus suis et nobilibus viris Humberto dalphino Viennensi et Albonis comiti cenescalloque suo in regno Arelatensi, et nobili matrone B(eatrici) domine Fucigniaci, Amedeo comiti Gebernensi et Aymaro de Pictavia et dom° Humberto de Vilariis, unionem facere et ipsam jussit, sollempni stipulacione et promissione in manibus serenitatis ipsius facta et corporali prestito juramento, et specialiter contra rebelles imperii ac mandatorum regalium contemptores et contra personas alias, cujusque status, condictionis aut dignitatis existant.

24. Item, qued. littere ad imperatoria magestate emanate ejusque magestatis sigillo in dorso cera alba sigillate, videl. Lugdovici Dei gratia Romanorum imperatore, die XXIII⁴ mensis julii, regni ipsius anno XXIII°, imperii vero anno X°, continentes quod ipsa imperatoria magestas dom. Humbertum dalphinum Viennensem mandabat venire cum armis, una cum gentibus suis, ad juvamen ipsius magestatis et tuicionem imperii.

25. Item, quod. aliud privilegium ab imperatoria magestate Henrico imperatore Romanorum (emanatum) ejusque magestatis sigillo cera alba in pendenti sigillatum, continens quod ipsa imperatoria magestas mandabat illustri viro dom. Johanni dalphino Viennensi, quod ipse Robertum natum clare memorie Karoli II¹, tunc titulo Secilie regis fungentem, suis exigentibus culpis universis et singulis dignitatibus, auctoritatibus, libertatibus, inmunitatibus, privilegiis, provinciis, contractis, civitatibus, castris, terris, villis, feudis, vassallis, bonis, rebus, juribus et juridictionibus, quos, quas et que habebat vel quomodolibet possidebat, privaverat et omnes sibi astrictos in quantum eidem tenerentur absolvebat, et specialiter ipsi dalphino

mandabat quod ad omni vinculo fidelitatis et homagii, quo sibi causa quorumcumque castrorum, terrarum, locorum, jurium et juridictionum erat astrictus, esset penitus absolutus et de ipsis ipsi imperatorie magestati de cetero responderet.

26. Item, quod, aliud privilegium ab imperatoria magestate, videl. Fredeliquo Romanorum rege, emanatum ejusque sigillo in pargameno ipsius privilegii invixo, scriptum sub anno Dñice Incarnac. M°C.LV°, indic. v^a, anno imperii ejusdem iiii°, continens quod Berthoudus dominus Burgondie, in presencia dicti dom. imperatoris constitutus, donabat Guigoni dalphino quicquid juris habebat ex sucessione predecessorum suorum in civitate Vienne, continens eciam confirmacionem supradicti dom. imperatoris [1].

27. Item, quedam scriptura pargamenea, que condam plurimorum sigillorum fuit sigillata ut in ipsa scriptura legitur, scripta sub anno Domini M°CC.XXXVI°, iiii° nonas marcii, continens testamentum et ultimam voluntatem recolende memorie dom' Andree dalphini Viennensis, qui constituit suum heredem universalem dom. Guigonem filium suum.

28. Item, qued. lictera in pendenti sigillata sigillo inclite recordacionis dom° Beatricis, duxisse et dalphine Viennensis, sub anno Dñi M°CC°XXVIII°, die festi beati Nicholay, continens testamentum et ultimam voluntatem dicte dom^e duchisse, que instituit sibi heredem dom. Andream dalphinum, filium suum, et eidem substituit dom. Guigonem filium ipsius dom. Andree.

DOMINI DE CHAMBONE.

29. Item, quoddam publicum instrumentum scriptum manu Humberti (Pilati) notarii publici, sub anno Dñi M°CCC°XLIII°, indict. xi^a, die xvii^a mensis decembris, continens quod cum illustris et magnificus princeps dom. Humbertus dalphinus Viennensis vendiderit et titulo vendicionis cesserit et concesserit viro (nobili) dom. Guillelmo Rogerii militi, domino de Chambone et de Sancto Exuperio, pro se et suis heredibus castra, castellanias, maneria, repparia, villas et loca vocata de Ponte Castri, de Vayra, de Montonio, de Sancto Marciali, de las Martras, de Lengiaco, de Brocolhia, de Albussonio, et generaliter omnia alia et singula que idem dom. dalphinus habebat, tenebat

---

[1]. *En marge :* Usque hic, *c'est-à-dire qu'ici se terminent les privilèges.*

et possidebat in tota terra Alvernie, cum juribus et pertinentiis suis, et pro predictis idem dom. Guil.us Rogerii confessus fuit et recognovit predicta omnia et singula sibi vendita per dictum dom. dalphinum, nec non et pedagium de Brollio se tenere et tenere velle et tenere debere ab ipso dom. dalphino et suis successoribus in et super hoc ab ipso causam habentibus in feudum, cum unico homagio dumtaxat et fidelitatis debito juramento ; pro ipsis omnibus et singulis venditis nec non et predicto pedagio de Brollio predict. homagium unicum fecit et prestitit dicto dom. dalphino, prout predicta et plura alia in ipso instrumento plenius continentur.

30. Item, quod. instrumentum factum per Johannem Nicoleti, sub anno Dñi M°CCC.mo XXXV°, die XVI mensis aprilis, continens quod dom. Ludovicus junior, comes de Contingent, legatus a serenissimo principe dom. Ludovico Romanorum imperatore, dedit dom° Humberto dalphino, pro se et successoribus suis recipienti, regnum Vienne cum juribus et pertinenciis suis, et quicquid dom. imperator habebat et sibi competere poterat infra regnum predictum.

31. Item, qued. littera ab ipso imperatore Ludovico concessa anno Dñi M°CCC°XXXV°, continens quod ipse ratifficabat omnia pacta, convenciones et donaciones factas dom° Humberto dalphino per dom. Ludovicum juniorem, comitem de Octingent.

PRIVILEGIA IMPERATORIS KAROLI QUARTI.

32. Primo, privilegium imperiale concessum dom. Karolo dalphino Viennensi, per quod ipsum constituit vicarium generalem in toto Dalphinatu, pertinentiis et limitibus suis, tam in causis appellacionum quam aliis quibuscumque juribus et juridictionibus ad ipsum imperatorem spectantibus in eodem Dalphinatu, concessum (anno) M° CCC° LVII°.

33. Item privilegium aliud concessum eidem dom. dalphino super confirmatione monetarum et pedagiorum, concessum eodem anno.

34. Item, aliud privilegium concessum eidem dom. dalphino super confirmatione generali quorumcumque privilegiorum olim concessorum dom.is dalphinis preteritis per Romanorum imperatores, concessum eodem anno.

35. Item, sunt ibi copie sub vidimus multorum privilegiorum imperialium.

36. Item, quoddam publicum instrumentum sigillatum in pendenti duobus magnis sigillis, videl. dom.i Philippi Dei gratia Navarre regis et dom.i Humberti dalphini Viennensis, scriptum anno Domini M°CCC°XXXV, indictione III.a, mensis augusti die XIX.a, signatum manibus Humberti Pilati, Bertrandi Salamonis et Richardi de Vesto,

continens tractatum et convenciones sponsaliorum et matrimonii contrahendi et contrahendorum per Andream, filium dicti dom. Humberti dalphini, et dom. Blancham, filiam dicti dom. regis Navarre.

37. Item, quodd. publicum instrumentum scriptum et signatum manu Chaberti Bastonis notarii, sub anno Dñi M°CC°XC°III, indict. vɪᵃ, vɪ° kalend. junii, duobus sigillis cereis in pendenti sigillatum, continens quictationem et absolutionem factas per dom. Amedeum comitem Sabaudie dom° Humberto dalphino Viennensi, domino de Turre, de homagio in quo dicto comiti teneri dicebatur occasione baronie terre Turris, de Cologniaco et castro de Burgundio et quibusdam aliis castris et feudis que in dicto instrumento nominantur.

38. Item, quod. publicum instrumentum scriptum manu Petri Grassi notarii publ., sub anno Nativitatis Dñi M°CC°XC°VI°, mense madii, tribus sigillis, uno magno et duobus parvis, in pendenti sigillatum, continens matrimonium, contractum et dotis promissionem dudum contractum et factam inter Karolum IIᵘᵐ, regem Jherusalem et Cecilie, nomine dom° Beatricis neptis ipsius regis filieque bone memorie incliti principis domⁱ Karoli primogeniti ejus, Ungarie regis, et dom. Benevenutum de Compesio et dom. Johannem de Sancto Sabino, nomine domⁱ Johannis dalphini.

39. Item, quod. vidimus confectum manu Mandoni de Aversano, sub anno Dñi M°CCC°XVIII°, die xx° octobris, ɪ° indict., continens vidimus et exemplum instrumenti dicti matrimonii et contracti inter dictum dom. dalphinum et dom. Beatricem superius registrati, et quandam literam super dote ipsius dom. Beatricis.

40. Item, quod. publicum instrumentum in gallico manu Theobaldi de Meldis notarii receptum, sub anno Dñi M°IIIᶜXXVIII°, die xᵃ mensis octobris, continens testamentum inclite dom° Clemencie, regine Francie, in quo sibi heredem instituit dom. Humbertum dalphinum Viennensem, sub formis et condicionibus in ipso instrumento contentis.

41. Item, quod. publicum instrumentum manu Stephani de Dompno scriptum, sub anno Incarnat. Dñi M°CCC°XXIII°, die martis post festum Penthecostes xvɪɪᵃ die mensis madii, continens conventiones quasdam factas inter dom. Henricum Dalphini, nomine domⁱ Guigonis ejus nepotis, ex una parte, et dom. Johannam reginam, super XXXᵐ librarum petitis per dictum dom. Henricum, et quasdam alias conventiones.

42. Item repertum est aliud instrumentum sigillatum in pendenti, continens testamentum domᵉ Clemencie supra dicte, manu notarii nominati in ipso et sub anno quo supra.

43. Item, quodd. instrumentum confectum manu Johannis de Maffleco notarii publ., sub anno Incarnat. Dñice MᵒCCᵒXLVIIᵒ, die martis ante festum beate Marie Magdalenes, continens quod super questione dudum habita et vertente inter illustrem dom. Karolum filium regis Francie et dom. Beatricis (*leg.* B-cem) ejus uxorem, ex una parte, et dom. Guigonem dalphinum, ex altera, super terra et comitatu Vapincesii et omnibus que idem dom. dalphinus tenet in comitatu Forcalquerii, que omnia idem rex ad se asse(re)bat pertinere, extitit transactum quod idem dom. G(uigo) recognoscat omnia predicta que tenet infra terminos predictos teneri a domᵒ rege supradicto, et idem dom. rex et ejus uxor eumdem dom. Guigonem quictavit de premissis, et in quo instrumento quedam alia pacta et conventiones describuntur et narantur quas lungum esset enarrare, et sunt duobus sigillis in cerico rubeo sigillate.

44. Item, quodd. instrumentum [1] duobus sigillis in pendenti sigillatum, scriptum sub anno Dñi MᵒCCᵒLXII, IIIᵒ idus marcii, continens testamentum et ultimam voluntatem domᵉ Agnesie, domine Fucigniaci, in quo sibi heredem universalem instituit dom. Beatricem ejus filiam, dalphinam Viennensem, quod instrumentum sive testamentum clausum extitit et fuit apertum ut continetur in dorso dicti testamenti.

45. Item, quod. publicum instrumentum scriptum manu Johannis de Sancto Dyonisio habitatoris Bellivisus, sub anno Incarnat. Dñice ejusdem MᵒCCCᵒIXᵒ, continens homagium prestitum per dom. Johannem dalphinum domᵒ Roberto Dei gratia Jherusalem et Cecilie regi, et recognovit ab eo tenere quicquid tenet per se vel per alium in partibus Vapincesii vel alibi in comitatu Vapincesii, et jus quod habebat in dominio et juridictione Dragoneti de Montealbano et in valle de Rolgnes, prout hec et plura alia in dicto instrumento continentur.

46. Item, quod. publicum instrumentum scriptum manu Guillelmi de Samcinaco notarii publ., sub anno Nativit. Dñice MᵒCCCᵒXXVIIIᵒ, die xviiᵃ mensis marcii, indict. xiiᵃ, continens testamentum in-

---

1. *On a remplacé ces mots par* quedam litere.

clite recordationis dom᷉ Henrici Dalphini, baroniarum Montisalbani et Medullionis domini, qui in dicto suo testamento heredem suum universalem instituit illustrem principem dom. Guigonem dalphinum, nepotem suum, continens etiam plura legata in eodem descripta.

47. Item, quodd. instrumentum confectum manu Jordani Pellerini notarii publ., sub anno Dñice Incarnat. M°CC°XXXV, indict. VIII^a, die martis XIII^a die novembris, continens testamentum et ultimam voluntatem Boniffacii marquionis Montis Ferrati, qui heredem sibi instituit in marquionatu Montis Ferrati predicti dilectum nepotem suum, filium dom᷉ Guigonis dalphini et Beatricis sororis dicti testatoris, quod testamentum est uno sigillo in cerico albo et rubeo sigillatum cera alba.

48. Item, quod. aliud instrumentum manu proxime dicti notarii confectum et anno, indict. et die proxime dictis, continens etiam testamentum dicti marquionis et institutionem heredis supradictam, sigillatumque in pendenti in cerico vario cera a(l)ba.

49. Item, qued. litere uno sigillo in pendenti sigillate, sub anno Dñi M°CC°XXXII°, mense julio, continens quod cum dom^a Beatrix, comitissa Montis Fortis, vendidisset dom° Andree dalphino patri suo comitatus suos Vapincesii et Ebredunesii, quod idem dom. Andreas faciebat pactum eidem Beatrici de eadem instituenda in comitatibus predictis et comitatu Viennensi, continens etiam quedam alia pacta in eodem instrumento declarata.

50. Item, quod. publicum instrumentum receptum manu Andree Zupi notarii et grossatum manu Johannis Bovardi not., sub anno Incarnat. Dom᷉ M°III^{c}XII°, indict. X^a, die VII° mensis madii, continens solucionem factam dom° Philippo de Sabaudia, principi Aquaye, per dom. Johannem dalphinum de XX^m libris in quibus eidem tenebatur, ex causa dotis uxoris sue et sororis dicti dom. dalphini.

51. Item, qued. litere in pendenti quodam sigillo cereo sigillo (*leg.* s-late), sub anno Verbi Incarnati M°CC°XI°, VI° die aprilis, continens quod cum Beatrix, condam uxor Dalphini, propter consanguinitatem fuisset a dicto dalphino separata, quod ipsa dabat filie sue quam a dicto dalphino succeperat comitatum suum Furquarquerii et omnia ad eumdem comitatum pertinentia.

52. Item, quod. publicum instrumentum scriptum manu Johannis Nicholeti notarii publ., sub anno Dom᷉ M°III^{c}XLI°, indict. IX, die XXIII^a mensis junii, continens quod illustris princeps dom. Humbertus

dalphinus Viennensis, citra revocationem procuratorum suorum, fecit, constituit et ordinavit suos procuratores, videl. ven^{lem} virum dom. Jacobum Brunerii, dom. Franc(iscum) de Parma et dom. Ste(phanum) Pelati, ad omnes causas.

53. Item, quod. publicum instrumentum confectum manu Aymonis Migueti notarii et subscripti manu etiam Alberti de Brayda, sub anno Dom^i M°IIIc..., die martis ante festum Marie Magdalenes, quatuor sigillis in pendenti sigillatum, continens quod dom. Johannes de Cabulone, dominus de Arlaco, confessus fuit habuisse a dom° dalphino V^m libras de prima solutione dotis ejus consortis.

54. Item repertum fuit inter ipsa privilegia quod. publicum instrumentum scriptum manu Aymonis de Tornafol de Montelupello, sub anno Dom^i M°CC°XC.VI°, indict. IX$_a$, die III$_a$ intrante mense junii, continens quod Alaysia, filia dom^i Humberti dalphini et dom° Anne dalphine, uxor futura dom^i comitis Foresii, quictabat dicto dom. dalphino omne jus quod habebat in bonis paternis et maternis et in toto Dalphinatu, in terra Fucigniacii pro dote sibi assignata, pro certa pecunie quantitate et pro castris et feudis que dom. dalphinus habebat a parte regni Francie ultra Rodanum, exceptis feudis nobilium virorum Arthaudi, domini Rossillonis et Anoniaci, et Guigonis de Anjo, domini Salerie et Peyraudi, et exceptis guardis et usagiis prioris de Campagnia, prout hec et plura alia in dicto instrumento continentur.

55. Item, quod. publicum instrumentum sigillatum in pendenti cera rubea sigillo illustris viri dom^i Ludovici junioris, comitis Octingen, scriptum manu Johannis Nicholeti, sub anno Dom^i M°IIIcXXXV°, die XVI^a mensis aprilis, indict. III^a, continens quod dom. H(umbertus) dalphinus non acceptabat donacionem sibi factam per dictum dom. Ludovicum de regno Vienne, nisi in casu in quo dom. imperator esset coronatus vel nisi procederet de consensu dom^i pape.

56. Item, quod. publicum instrumentum confectum manu Guillelmi de Bellivo notarii publ., sub anno Incarnat. Dominice M°CC°XIX°, indict. VIII$_a$, XI kalend. decembris, continens promissionem et terminos solutionis mille marcarum argenti assignatas per dom. Wilelmum marquionem Montisferrati dom° Beatrici, consorti dom^i Andree dalphini, in dotem.

57. Item, quod. publicum instrumentum scriptum manu Aymonis de Tornafol notarii publ., sub anno Dom^i M°IIcXCVII°, indict. x^a,

continens quod dom. Aymarus de Pictavia et Aymaretus ejus filius et Maria uxor dicti Aymareti, filia dom! Humberti dalphini Viennensis et Anne ejus uxoris condam, confitebantur sibi plene fuisse solutum de XIII^m librarum in quibus idem dom. dalphinus eidem tenebatur pro dote dicte Marie, prout hec et plura alia in dicto instrumento sunt descripta.

58. Item, quod. publicum instrumentum confectum manu Anthonii Maurini notarii, sub anno Dom! M°CCC°XXVII°, indict. xi^a, die xi^a mensis decembris, continens quod Bartholomeus de Bellobonis confessus fuit et in veritate recognovit, nomine dom! principis Aquaye, pro dote uxoris sue K habuisse a dom° dalphino mille quingentos florenos auri, unde eumdem dom. dalphinum quittavit et solvit.

59. Item qued. litere in pendenti uno parvo sigillo sigillate, scripte sub anno Dom! M°CCC°XVII°, die lune ultima mensis januarii, continens quittationem factam per dom. principem Aquaye dom° dalphino de duobus milibus librarum debitis pro dote dom^e K(atherine) [1] uxoris dicti principis.

60. Item, quod. publicum instrumentum confectum manu Conradi Metani, sub anno Dom! M°CCC°XXVII°, indict. x [2], die xi^a mensis junii, continens quictationem II^m florenorum receptorum a dom° dalphino per principem Aquaye, qui quictationem eamdem fecit ex causa dotis dom^e K(atherine) ejus uxoris.

61. Item, qued. litere a dom° rege Francorum emanate ejusque sigillo cera alba sigillate, continen(te)s quoddam mandatum factum comissariis ipsius dom! regis per ipsum dom. regem de assignandis et assetandis domino nostro dalphino septu(a)ginta libras reddituum secundum modum Alvernie, super quibusdam locis Pontis Castri in Alvernia ; que litera data fuit xv die novembris anno Dom! M°CCC°XVII°.

62. Item, qued. alia litera a magestate regia emanata, ejus sigillo in pendenti sigillata et sub anno Dom! M°CCC°XXVII° directa senescallis Bellicadri et Masticonis et Alvernie bayllivis, continens quod ipsi bayllivi debeant desistere et totaliter desisti facere eorum familiares et subjectos ne faciant aliquam exequtionem nec juridictionem

---

1. On a remplacé l'initiale K par celle de B(eatricis). — 2. Il y avait primitivement VIIe.

exerceant infra terram quam dom. dalphinus habet in regno Francie, nisi dumtaxat in deffectu justicie, jure superioritatis [1].

63. Item, quod. instrumentum publicum confectum manu Berengarii Rogerii notarii publ., sub anno Nativit. Dom¹ M°CC°XC VI°, indict. IX, die II⁰ intrante mense junii, continens quod Alisia, filia Humberti dalphini, uxor comitis Forensis, fecit Dalphinatui quictationem plenariam de omnibus in quibus sibi tenebatur occasione dotis sue, et est uno sigillo sigillatum in pendenti.

64. Item, quod. publicum instrumentum confectum manu Thome de Romanali, sub anno Dom¹ M°IIᶜ octuag° IX°, idus aprilis, continens quod dom, Anna dalphina dedit Dalphinatum suum Johanni ejus filio.

SEQUNTUR INSTRUMENTA CONCESSA PER DOMINAM DE ARLACO DOMINO NOSTRO DALPHINO.

65. Item, quoddam publicum instrumentum scriptum et signatum manu Fran. Bermondi Sancti Theoffredi, Ebredunensis diocesis, et subscriptum manu Humberti Pilati de Buxeria, sub anno Dom¹ M°CCC°XLIIII°, indict. XII⁰, die III⁰ mensis marcii, continens in effectu quictationem factam dom° H(umberto) dalphino Viennensi per dom. Beatricem de Arlaco, de omni jure quod habebat in Dalphinatu et est sigillatum in pendenti cera rubeo sigillo ipsius dom° B.

66. Item, quod. aliud publicum instrumentum confectum manu Guigonis Frum(enti) notarii publ. et subscriptum manu Humberti Pilati, sub anno Dom¹ M°CCC°XLIIII°, die X⁰ mensis aprilis, sigillatum in pendenti sigillo ipsius domine de Arlaco, continens quictationem quandam aliam factam per eamdem, de omni jure quod habebat in Dalphinatu, domino supradicto et traditionem cujusdam instrumenti continentis quictationem factam eidem domino per dom. Johannem de Cabulone ejus filium.

67. Item, quod. aliud instrumentum manibus notariorum supradict. scriptum et signatum, anno et die ac indict. quibus ac tenoris et continentie quibus supra.

68. Item, quod. publicum instrumentum scriptum et signatum, ut legitur in eodem manu Fran. Bermondi, Ebredunensis diocesis, et subscriptum manu Humberti Pilati notarii, in pendenti sigillatum cera rubeo sigille dom° B(eatricis) de Vienna domine de Arlaco, continens

1. *En marg*. Perquiratur.

quictationem factam dom° dalphino per ipsam dom. B(eatricem), de omnibus debitis et obligationibus pecuniarum in quibus dictus dom. dalphinus eidem domine tenetur seu reperietur obligatus, condicione adjecta si ipsum dom. dalphinum decedere contingeret sibi heredibus a suo corpore procreatis remanentibus.

69. Item, quod. publicum instrumentum receptum et signatum manibus Humberti Pilati et Guigonis Frumenti notariorum public., sub anno Dom¹ M°CCC°XLIIII°, die x* mensis aprilis, continens quictationem factam per illustrem dom. B(eatricem) de Vienna, dominam de Arlaco, de XII^m florenorum in casu in quo dom. dalphinum decedere contingeret remanentibus sibi heredibus legitimis, continens etiam obligationem castrorum Castillionis, Bone Ville et de Samoenc; et est dictum instrumentum sigillatum in pendenti sigillo ipsius dom^e B(eatricis), continens etiam donationem factam per dictum dom. dalphinum de septingentis florenis auri perpetui valoris singulis annis, assetandis in terra Fucigniacii, prout hec et alia in dicto instrumento continentur.

70. Item, quod. aliud publicum instrumentum confectum et signatum manibus dictorum notariorum, anno, indict. et die quibus supra proxime sigillatumque in pendenti sigillo dicte domine de Arlaco, continens quod liberi dom¹ dalphini possint redimere dictos VII^c florenos annuos, per ipsum dom. dalphinum datos dicte domine de Arlaco ad hereditatem et perpetuitatem, solvendo mille florenos semel pro centum annuis.

71. Item, quod. aliud publicum instrumentum scriptum et signatum manibus dict. notariorum eodem anno et die quibus supra proxime, continens homagium ligium prestitum per dictam dominam de Arlaco dicto dom. dalphino, et est sciendum quod ipsum instrumentum fuit in fine ipsius laceratum et sigillum deformatum.

72. Item, quod. instrumentum scriptum et signatum manu Guillelmi Jornarii notarii de Vorapio, sub anno Incarnationis M°III°XVIII°, indic. II*, die IX* mensis marcii, continens quod illustris domina dom. Beatrix de Umgaria dalphina Viennensis, filia inclite recordacionis dom¹ Karoli Martelli regis Umgarie, dabat dom^{is} Guigoni et Humberto dalphino, filiis suis, omne jus et omnem actionem quam habebat in bonis et hereditate paterna et materna ipsa dom. Beatrix.

73. Item, qued. litere emanate a rege Jherusalem serenissimo in

favorem dom¹ Guigonis dalphini et hominum suorum Vapincesii, scripte sub anno Dom¹ M°CCC°, die xxvi⁴ mensis aprilis, continentes quod nullus de comitatu Vapincesii pro debito alieno molestetur, nisi foret principaliter vel accessorie obligatus.

74 Item, quod. instrumentum scriptum et signatum manu Thome de Romanali notarii, sub anno Incarnat. Dom^{ce} M°CC°IIII^{xx}IX°, v° idus decembris, continens donationem factam per dom. Annam dalphinam dom° Johanni dalphino de toto Dalphinatu.

75. Item, quod. publicum instrumentum scriptum manu Alberti de Brayda notarii, sub anno Dom¹ M°CC°XC°IJ°, indict. v°, die xiii⁴ mensis junii, continens donationem factam per dom. Annam dalphinam dom° Johanni Dalphini de toto Dalphinatu.

76. Item, quodd. vidimus super premissis factum eodem anno et die manu Humberti Ayselini, et est sigillatum in pendenti uno sigillo.

77. Item, quod. instrumentum in pendenti sigillatum, scriptum manu Joberti Anselini, continens conventiones habitas inter dom. ducem Burgundie et dom. Annam dalphinam, et e(st) sciendum quod ipsum instrumentum est vidimus scriptum anno Dñi M°CCC° XLIII°, die penultima mensis aprilis.

78. Item, quod. vidimus et qued. litera scripta sub anno (et) die quibus supra, continens vidimus cujusdam litere in qua mandabatur nobilibus Dalphinatus quod haberent ratam donationem Dalphinatus.

79. Item, quod. aliud vidimus scriptum manu Joberti [1] Ayselini notarii, sub anno et die quibus supra proxime, continens emancipationem factam per dom. Humbertum dom° Johanni Dalphino.

80. Item, quoddam privilegium a serenissimo rege Roberto emanatum ejusque magno sigillo in cera rubea sigillatum, scriptum sub anno Dñi M°CCC°XXXII°, die ii. novembris, continens quod prefatus dom. rex concessit dom° Humberto dalphino Viennensi et Marie de Baucio conjugibus, nepotibus suis, quod possint habere et excercere juridicionem, merum et mixtum imperium in terris regnorum suorum, quamdiu ipsos fore contingerit in humanis.

81. Item, quod. privilegium a serenissimo rege Karolo Dei gratia Jehrusalem et Cicilie emanatum ejusque sigillo in pendenti cera rubea sigillatum, scriptum sub anno Dñi M°CC°XC°VIII°, die iii⁴ mensis

---

1. *Ensuite* Yberti.

junii, undec. indic., regnorum ipsius xiiii°, continens quod ipse rex dedit dilecto nepoti suo Johanni Dalphino Viennensi et heredibus ejus ex suo corpore nascituris, in feudum castrum de Serris situm in comitatu Forqualquerii, cum hominibus, juribus, juridictionibus, mero et mixto imperio, item jus quod sibi competit in castris Aregrandis et Bassa Merolii, sub homagio et aliis condicionibus in dicto instrumento contentis, continens eciam concensum et auctoritatem dicti dom. regis dicto dom. dalphino concessis de dictis castris dandis et concedendis eodem modo quo sibi sunt concessa dom° Guidoni fratri suo.

82. Item, quod. aliud privilegium a serenissimo Karolo II° rege Jherusalem et Cicilie emanatum ejusque sigillo cera rubea cum filo sirici rubei et croci in pendenti sigillatum, scriptum sub anno Dñi M°CC°XC°III°, die ultima mensis decenbris, vi° indic., regnorum vero ipsius anno viii°, continens confirmacionem per eundem dom. regem factam dom° Johanni Dalphino, super donacione sibi facta per illustrem principem Humbertum dalphinum et dom. Annam ejus consortem de toto Dalphinatu.

83. Item, quod. aliud publicum instrumentum scriptum manu Guillelmi Judicis et subscriptum manu Wfredi de Vericono publ. notarii, sub anno Incarnac. Dñice M°CCC°IX°, die vii^a mensis marcii, viii° indic., sigillis sereniss. regis Roberti cera rubea et domⁱ dalphini cera alba in pendenti sigillatum, continens recognicionem serenissimo principi dom. Roberto Dei (gratia) regi supra scripto factam per dom. Johannem dalphinum predict., de omnibus hiis que tenet (et) possidet vel quasi per se vel per alium in partibus Vapincesii vel alibi, de comitatu Folqualquerii vel ejus pertinenciis, recognicionem juris si quod habet in dominio et juridictione condam domⁱ Dragoneti, domini de Monte Albano, continens eciam recognicionem homagii in quo dictus dom. dalphinus eidem dom° regi tenetur et omnium que tenet in valle de Rugnes.

84. Item, quod. aliud privilegium a serenissimo rege Roberto Dei gratia Jerusalem et Cicilie rege emanatum ejusque sigillo cera rubea in pendenti cum filo cirici rubei et croci sigillatum, continens donacionem per dictum dom. regem factam illustri principi domino nostro Humberto dalphino Viennensi de mille unciis auri annualibus, sibi et suis per dictum dom. regem in redditibus et feudis assignandis et assetandis.

85. Item, qued. lictera tribus sigillis in pendenti sigillata, videl. ducis Burgondie, comitis Sabaudie et dom⁰ B(eatricis) dalphine Viennensis, scripta sub anno Dñi M⁰CC⁰LXX⁰VI⁰, die lune in crastinum beati Anthonii, continens ordinacionem regiminis et administracionis Dalphinatus factam inter potentem virum dom. ducem Burgondie ex una parte et dom. B(eatricem), dalphinam Viennensem et dominam Fucigniaci, ex altera.

86. Item, qued. littera sigillo dom¹ Roberti ducis Burgondie in pendenti sigillata, scripta sub anno Dñi. M⁰CC⁰ nonag. V⁰, die veneris in festo Convercionis sancti Pauli, continens composicionem et concordiam factas inter nobiles et potentes viros dom. Robertum ducem Burgondie suprascriptum, nomine suo et suorum, ex una parte et dom. Humbertum dalphinum Viennensem, nomine suo et dom" Anne ejus consortis, et suorum heredum et successorum, ex altera, super questione mota inter ipsos super Dalphinatu; et fuit concordia et composicio facta inter ipsos quod dictus dom. Humbertus dalphinus dominusque de Turre solvebat, remictebat et quittabat dicto duci Burgondie quitquid idem dom. Humbertus et Hugo de Turre frater suus habebant, tenebant et possidebant tempore mote guerre predicte citra aquam vulgariter appellatam Aynez, de terra de Revemon versus terram de Breyces, in quibuscumque rebus consistant, exceptis quibusdam castris et feudis de quibus se compromiserunt in magestatem regiam dom¹ Philippi regis Francorum et eciam de pluribus aliis questionibus, videl. castri Tarracie, Montis Fortis et plurium aliarum questionum, se in dictum dom. regem compromiserunt; dictus vero dux in recompensationem quittacionis et remissionis predict. solvit, remisit penitus et quittavit dicto dom. Humberto, nomine dicte dom" Anne consorti sue recipienti, heredum et successorum suorum, quitquid juris habebat in hereditate et bonis Dalphinatus ; continens etiam plures alios contractus habitos inter ipsos et concordatos, prout in dicta littera continetur.

87. Item, qued. littera a dom⁰ Philippo rege Francorum emanata ejusque sigillo in pendenti sigillata, scripta sub anno Dñii M⁰CC. nonag. V⁰, continens acceptacionem et confirmacionem factas per dom. regem Francorum super compromisso et concordia supra in proxima littera factis per dom. ducem Burgondie et dom. Humbertum dalphinum, dominum de Turre, et obligationes per dictos contraentes factas in manu ipsius dom. regis de predictis observandis.

88. Item, qued. alia lictera a curia chastelleti Parisius emanata sigilloque ipsius curie cera viridi in pendenti sigillata, linga gallica scripta sub anno Dñi M°CCC°XXXI°, mense madii, continens copiam et vidimus compromissi facti inter potentes principes dom. ducem Burgondie et dom. Guigonem dalphinum Viennensem, nomine dom° Ysabelle de Francia consorti sue, super parte sibi contingente in bonis et hereditate dom° regine Johanne, matris ipsius dom° Ysabelle, qui se compromiserunt in regiam magestatem, videl. dom. Philippum regem Francorum, qui quidem dom. rex pronunciavit dicto dom. dalphino decem milia libratas terre, videl. VI^m in comitatu d'Artoys et IIII^m in ducatu Burgondie.

89. Item, quod. publicum instrumentum scriptum manu Humberti Pilati de Buxeria notarii publ. sub anno Dñi M°CCC°XXX°, indict. XIII^a, die xx^a mensis octobris, sigilloque illustris principis dom. Guigonis dalphini sigillatum in pendenti, continens procuratorium factum per dictam dom. Ysabellam ad predicta contenta in precedenti lictera petenda, acceptanda et exigenda.

90. Item, qued. lictera duobus sigillis in pendenti sigillata, scripta sub anno Dñi M°CCC°XXII°, die martis post dominicam in Ramis Palmarum, continens contractum matrimonii celebrati inter illustrissimam dom. Johannam reginam Francie, nomine predicte Ysabelle filie sue, ex una parte, et nobilem et potentem virum dom. Hugonem de Gebennis et plures alios ddom. milites Dalphinatus, nomine illustris principis dom. Guigonis dalphini Viennensis, ex altera.

91. Item, quod. publicum instrumentum scriptum manu Benevenuti de Arenis notarii publ., sub anno Dñi M°CCC°X°, indit. VIII^a, die XIII^a mensis septembris, continens quod ad instanciam et requisicionem nobilis Raymbaudi de Asperis, bayllivi Brianczonesii, fuit confessus publice et recognovit Guillelmus Bertrandi, procurator viri potentis dom. Mayfredi marquionis Saluciarum, dom^i Frelini ejus filii et dom^e Margarite uxoris ejusdem Frelini, se habuisse et recepisse in pecunia numerata a dicto Raymbaudo, solvente nomine illustris viri dom. Johannis dalphini, mille libras bone monete, Turono computato pro XXIII denariis ^{1}, pro dote et nomine dotis illustris dom. Margarite supra dicte.

92. Item, qued. lictere pergamee in duabus pellibus scripte in linga

---

^{1}. *En marge* No^a de Turono xxiii denar. computato.

latina et layca, quatuor sigillis in pendenti sigillate, continentes in effectu assedicionem factam per dom. regem Francie seu ejus comissarios dom° dalphino Viennensi, de duabus milibus libris Turonen. in bayllivia Alvernie in redditibus annualibus, que lictere scripte fuerunt in loco de Langiaco et in locis circumvicinis et in mercato de Brolio, sub anno Dñi M°CCC°XVI°, die martis in vigilia apostolorum Symonis et Jude.

93. Item, qued. lictere ab excellen. domina dom^a Bona duxi(ss)a Normandie, exequtrixe testamenti dom° Marie de Brabancio, comitisse Sabaudie, emanate ejusque sigillo cera rubea in pendenti sigillate, scripte linga gallica sub anno Dñi M°CCC°XL°, die xii^a mensis marcii, continentes quod ipsa dom. duchissa confessa fuit habuisse pro duario dom° Marie de Sabaudia, domine Fucigniaci condam, quater mille florenos de Florentia a dom° Soffredo de Arciis milite et Humberto Pilati, solventibus nomine dom^i dalphini, in extenuacione majoris summe dicti duarii in qua dictus dom. dalphinus (tenebatur); que quidem lictere quoroborate sunt quadam lictera annexata sub sigillo prepositure Parisius.

Et fuerunt post illico predicte litere reposite in scrinio ubi sunt paces domini nostri dalphini et comitis Sabaudie, et invenientur in eo infra quamdam magnam caxam.

94. Item, quodd. aliud instrumentum scriptum manu Johannis Nicoleti notarii publ., sub anno Dñi M°CCC°XXXV°, die xv^a mensis aprilis, sigillo illustris viri Ludovici junioris comitis de Octingien, legati in hac parte et destinati per serenissimum principem dom. Ludovicum Romanorum imperatorem, in pendenti cum filo sirici et viridi cera rubea sigillatum, continens concessionem factam dom° Humberto dalphino Viennensi per dictum dom. legatum de regno Vienne et pertinenciis ejusdem.

95. Item, quod. aliud publicum instrumentum scriptum manu Peroneti Viviani et receptum manu Guigonis Pellecerii notariorum publ., sub anno Dñi M°CCC°XII°, indict. x^a, die iii^a mensis madii, continens in effectu quod illustris domina dom^a Katerina, filia illustris viri dom. Humberti dalphini Viennensis, attendens certam dotem sibi fuisse promissam per dom. Johannem dalphinum illustri viro dom. Philippo de Sabaudia, principi Aquaye, ipsa dedit, donavit, cessit et concessit eidem dom. Johanni fratri suo omne jus omnemque actionem, partem, portionem quod, quam seu quas habebat in omnibus bonis

mobilibus et inmobil. paternis et maternis, prout in dicto instrumento plenius continetur.

96. Item, quod. publicum instrumentum scriptum manu Petri Clocheyronis notarii quondam, sub anno Dñi M°CCC°V°, continens quod dom. A. de Incisa, abbas monasterii Case Nove, confessus fuit se habuisse et recepisse, nomine dom' Maffredi marquionis Saluciarum, a dom̄ B(eatrice), filia dom' Petri comitis condam, C quatraginta XIX libras et XII solidos bonorum denariorum Astentium, pro dote domᵉ Margarite uxoris Fredelici filii dicti dom. marquionis.

97. Item, quod. aliud publicum instrumentum scriptum manu Guigonis Pellicerii notarii publ., sub anno Dñi M°CCC° (XII°), indic. decima, continens quitacionem dom° Katherine, filie dom' Humberti dalphini uxorisque dom' Philippi de Sabaudia principis Aquaye, videl. de omnibus bonis paternis et maternis, continens etiam donacionem factam dom° Johanni dalphino de predictis bonis per dictam dom. Katherinam, et est similiter registrata quare etc.

98. Item, quodd. vidimus emanatum ab officiali Gebennensi ejusque sigillo in pendenti sigillatum, continens quodd. instrumentum scriptum manu Peroneti de Monte de Sornay notarii, sub anno Dñi M°CCC°VIII°, indic. VIIᵃ, in quo instrumento continetur quitacio facta dom° B(eatrici) dalphine et dom° Hugoni Dalphino per Manffredum marquionem Saluciarum et Margaritam Dalphine ejus uxorem, de XXᵐ librarum Astasencium.

99. Item, quod. aliud instrumentum publicum scriptum manu Johannis Bovardi notarii publ., sub anno Dñi M°CCC°XII°, indic. Xᵃ, die VIIᵃ mensis madii, continens quintationem factam per dom. Philippum de Sabaudia, principem Achaye, dom° Johanni dalphino de XXᵐ librarum bonorum Viennen. antiquorum, pro dote, nomine et ex causa dotis domᵉ Katherine de Viennesio, sororis dicti dom. dalphini consortisque dom' principis memorati.

100. Item, quod. vidimus scriptum manu Berengarii Rogerii notarii publ. et subscriptum manu Imberti Aysselini notarii regii, sub anno Dñi M°CCC°XLIII°, die penultima aprilis, continens matrimonium et contractum matrimonii celebratum inter potentes viros dom. Humbertum dalphinum Viennensem, nomine domᵉ Beatrici filie sue, ex una parte, et dom. Johannem de Scabilione dominum de Arlaco, nomine dom' Hugonis filii sui, ex altera, et est emanatum dictum vidimus a curia cenescalcie Bellicadri.

101. Item, quod, aliud vidimus a dicta curia emanatum, videl. dicte curie cenescallie Bellicadri, scriptum manu Jimberti Aysselini et subcriptum manu Berengarii Rogerii notarii, sub anno Dñi M°CCC°XLIII°, continens quod. publicum instrumentum confessionis dom¹ Johannis de Cabilione, qui confessus fuit se habuisse et recepisse ab ill¹ viro dom. Humberto dalphino Viennensi, nomine domᵉ Beatricis filie predicti dom. dalphini uxorisque dom. Hugonis filii sui, videl. de majori summa dotis ipsius, V^m parvorum Turonen. pro prima solucione dotis ipsius dom° Beatricis, continens etiam quitacionem dictarum V^m librarum.

102. Item, quod. publicum instrumentum scriptum manu Peroneti de Monte de Sarsonay, sub anno Dñi M°CCC°VIII°, indit. VII^a, III° kalend. februarii, continens (quod) illustris vir Frelinus de Saluciis, filius dom¹ Mafredi marchionis Saluciarum, et Margarita ejus uxor confessi fuerunt se habuisse plenariam satisfactionem ab illustri domᵃ B(eatrice) domina Fucigniaci et dom° Hugone Dalphini de XX^m librarum parvorum Astencium, pro dote dicte dom. Margarite, et quitacionem dotis supra dicte; quod quidem instrumentum sigillatum est tribus sigillis in pendenti.

103. Item, quoddam vidimus continens tenorem supradicti instrumenti.

104. Item, quod. aliud publicum instrumentum scriptum manu Jacobi de Vergeyo, Eduen. diocesis, et subcriptum et signatum manu Humberti Pilati notariorum public., sub anno Dñi M°CCC°XXVII°, indict. XI^a, die XXII^a mensis decembris, continens quod illustris vir dom. Odo dux Burgondie promictebat dare et solvere illustri principi dom. Guigoni dalphino, pro dampnis sibi et predecessoribus suis datis per nobilem et potentem virum dom. Robertum de Burgondia ejus fratrem in adjutorium comitum Sabaudie, videl. in obcidendo castrum de Varey et in obcidendo castrum Sancti Germani et capiendo eundem violenter et manu armata, propter que dictus dom. Robertus captus detinebatur in Dalphinatu, et ad restitucionem dampnorum predict. idem dom. dux ut supra promisit solvere dicto dom. dalphino L^m florenorum auri de Florentia solucionibus infrascriptis, videl. XXV^m floren. hinc ad festum beati Johannis mense junii proximi et deinde ad aliud festum beati Johannis sequens XII^m et quingentos floren. et in festo (?) XII^m et quingent. flor. auri.

105. Item, quod. instrumentum sigillatum continens contractum

matrimonii celebrati inter dom. Guigonem dalphinum Viennensem et dom. Ysabellam filiam dom¹ Philippi regis Francie.

106. Item, tria instrumenta super matrimonio tractato inter dom. Humbertum dalphinum Viennensem, ex una parte, et dom. Johannam filiam dom¹ Petri ducis Borbonii, confecta per manum Humberti Pilati notarii publ., sub anno Dñi M° III° XL° VIII°.

107. Item, tres lictere in una piscide sigillate sigillo dicti dom. ducis, super eodem matrimonio.

108. Anno Nativitatis Domini M° III° LXIJ°, die xv mensis septembris, presentibus magnifico viro dom. Rodulpho domino de Louppi, locum tenente domini nostri dalphini, ddom. Amblardo domino Bellimontis, Rodulpho de Capriliis, legum doctore, Johanne de Bosco, licentiato in legibus, judice Graysivodani, dom. Humbertus Pilati et Johannes Mathei reposuerunt in archivis dalphinalibus sacristie Sancti Andree, in cofino in quo sunt privilegia imperatorum, videl. in quadam picide, duo privilegia concessa domino nostro dalphino per dom. Karolum imperatorem modernum, videl. unum super confirmacione quorumcumque privilegiorum Dalphinatus concessorum per imperatores, aliud super confirmacione privilegiorum monetarum Dalphinatus.

REGISTRUM

COMITATUS ET BAILLIVIE VIENNE ET VIENNESII[1].

Registrum[2] litterarum, privilegiorum et instrumentorum comitatus et bayllivie[3] Vienne et Viennesii repertorum in quodam scofino, in sacristia Sancti Andree Gracionopolis, per dominos Stephanum de Ruffo, militem et legum doctorem, judicem majorem hospitii dalphinalis et totius Dalphinatus, et Reymundum Falavelli jurisperitum, consiliarium dalphinalem, de mandato et commissione reverendi in Xpisto patris domini Henrici de Vilariis, archiepiscopi Lugdunensis, locumtenentis domini nostri dalphini versus Turquiam in remotis agentis; anno Domini M°CCC°ᵐᵒ XL° sexto, die xvᵃ mensis marcii.

109. Et primo[4] fuit repertum quoddam instrumentum scriptum manu magistri Guillelmi de Savigniaco notarii, sub anno Incarnationis Domini mill° IIIᶜXXV°, die xvIIᵃ januarii, indictione Ixᵃ, continens recognicionem feudi factam per illustrem dom. Johannem comitem Foresii illustri principi dom. Guigoni dalphino condam, de castris que sequntur cum eorum territoriis et juridictionibus, videl. castrum suum de Castelucio, item castrum de Fontanesio, tam illud (...?) quod tenet ibi domina de Cruciolo et heredes Stephani de Sancto Prejeto dicti Pasturelli, item castrum de Follosa, item castrum de Sancto Victore, item castrum Curnillonis quod tenet domina Belliprandii, item castrum de Cusiaco, item castrum Montis Rotundi quod

---

1. Registre A, ff. j à lxxij, collationné sur le registre Aᵃ, ff. j à IIIIˣˣ.
2. *A* Reges... — 3. Aᵃ bail... — 4. *En marge A* « De facto comitis Foresii », Aᵃ « Recognicio facta per comitem Foresii ».

tenet ab eodem dom. Arthaudus de Sancto Germano, item castrum Ruppis Molerie quod tenet ab eodem dom. Briandus de Layriaco miles, item castrum de Coteone ¹ quod tenet ab eo comite Foresii dom. Gaudemarus de Fayno miles, item castrum de Velchia quod tenet ab ipso dom. Girardus de Rossillione miles; continens eciam homagium per ipsum dom. comitem prestitum domᵒ dalphino, continens eciam plura pacta, plures convenciones, confederaciones, confessiones, promissiones et obligationes, ut predicta omnia lacius in ipso instrumento continentur.

110. Item, quod. aliud instrumentum continens traditionem pontis, capelle et hospitalis Sonne factam per dom. Henricum Dalphini, tunc regentem Dalphinatum, domᵒ Amblardo Falavelli, tunc priori Sonne, sub annua pensione quinquaginta librarum bonorum Viennensium quolibet anno solvenda per ipsum dom. priorem domᵒ dalphino, scriptum manu Johannis de Sancto Avicto ² notarii publici, sub anno ab Incarnac. Domini Mᵒ III ͨ XXIIIᵒ, die prima mensis novembris, indit. VIIa, sigillatumque sigillis abbatis Montis Majoris et dicti prioris Sonne.

111. Item, quod. instrumentum continens concordiam et transactionem factam inter dom. Humbertum dalphinum Viennensem, ex una parte, et dom. Yssabellam de Anthone, relictam domⁱ Guigonis domini Bellivisus de Marco quondam, super hiis que petebat dicta domina in dicto castro Bellivisus et terra dicti domini Bellivisus condam, scriptum et receptum manu Guigonis Frumenti, sub anno Dñi Mᵒ III ͨ XXXVIIᵒ, indict. vᵃ, die xxIIᵃ mensis februarii, continens eciam dict. instrumentum homagium et recognicionem per dict. dominam factam domᵒ dalphino.

112. Item, quod. instrumentum continens homagium ligium factum per Arthaudum Jordanetz ³, et debuit recognoscere infra certum tempus ea que tenebat a domino, scriptum manu Guig. Frumenti notarii publ. sub anno Dñi Mᵒ III ͨ XXXIIIIᵒ, indict. IIᵃ, die VIIIᵃ mensis januarii.

113. Item, quod. instrumentum continens homagium Johannis Gilberti per eum prestitum domᵒ dalphino et assignacionem eidem factam ad recognoscendum infra certum tempus, scriptum (*ut præced.*) die IIIᵃ mensis januarii.

1. Aᵃ Corceone. — 2. Aᵃ Abito. — 3. *En marge* Aᵃ Ignoro de quo loco existit.

114. Item, quod. aliud instrumentum continens quandam permutationem factam inter abbatem Sancti Petri Viennensis ex una parte et dominum Bellivisus de Marco ex altera, de quibusdam censibus qui percipiebantur per dictum abbatem in loco Montis Leonis, et quibusdam redditibus seu censibus quos dictus dominus Bellivisus assignavit dicto dom° abbati pro predictis, duobus sigillis auctenticis sigillatum.

115. Item, quod. instrumentum sigillatum sigillo archiepiscopi Vienne, continens recognitionem olim factam et homagii prestationem per Aynardum, dominum Clarimontis quondam, dom° Hugoni de Turre et dom° Alberto de Turre, dominis dicti loci, de castro de Viref et de castro de Peladruco, et homagii prestationem factam per plures nobiles dictorum locorum dicto domino de Turre, signatum et factum manibus Perrini de Boenco et Petri Columbeti, sub anno Dñi M°II°CLXI°, die mercurii post festum beati Michaelis [1].

116. Item, quod. instrumentum continens venditionem quorumdam fructuum et reddituum factam ad certum tempus per dom. Margar(itam), uxorem quondam dom[i] Berlionis de Turre, et Berlionem de Turre ejus filium Henrico de Turre certo precio, scriptum manu Johannis de Villa Dei sub anno Dñi M° II°C nonag° II°, xv kalend. februarii [2].

117. Item, quod. aliud instrumentum confectum super pluribus pactionibus olim inhitis inter dom. regem Francie et dom. Hugonem(!) dalphinum condam, super matrimonio contracto inter dictum dom. dalphinum et dom. Yssabellam neptem dicti dom. regis, scriptum manu Stephani de Domno Martino sub anno Dni M°III°CXXIII° [3].

118. Item, quod. aliud instrumentum scriptum manu Johannis Ebouditi notarii publ. sub anno Dñi M°III°CXXII°, indict. VI°, die XIIII° mensis septembris, insisum, continens finale computum olim factum cum dom° Henrico Dalphino, tunc regente Dalphinatum, nomine suo et predecessorum suorum, cum Guillelmo Coste burgensi Romanis et remansit debens dictus dom. Henricus eidem Guill° Coste novies centum et LX libras Viennenses, Turono computato pro XX denar.; quod instrumentum insisum presumitur domino nostro dalphino in signum solutionis debiti [4].

1. *En m. A*ª Cum licteris Turris Pini. — 2. *En m. A*ª Non registretur. — 3. *En m. A*ª Ponendum cum licteris pactionum. — 4. *En m. A*ª Ponendum cum licteris quictacionum.

119. Item, quod. al. instrumentum continens homagium ligium nobilis Johannini Jaque de Albone per eum prestitum dom° dalphino, scriptum manu Guig. Frumenti notarii publ., anno Nativitatis ejusdem M°III^CXXXIIII°, indit. II^a, die II^a mensis januarii.

120. Item, quod. al. instrumentum continens homagium ligium nobilis Girardi Sycardi de Albone per eum prestitum dom° dalphino, scriptum (*ut* 119), die III^a mens. januarii.

121. Item, quod. rescriptum apostolicum continens dispensationem matrimonii dom^e Beatricis de Vienna, filie domⁱ Humberti dalphini bone memorie, ac domⁱ Hugonis de Cabilone, filii domⁱ Johannis de Cabilone, missum per papam Benedictum predictis dom° Hugoni et dom^e B(eatrici), bullatum bulla plumbea in pendenti firma filo rubeo et croceo [1].

122. Item, quod. aliud instrumentum scriptum manu Guig. Frumenti notarii publ., sub anno Dñi M°III^CXXXVIIJ°, indic. VI^a, die XXIX^a mensis aprilis, continens quod illustris princeps dom. Humbertus dalphinus Viennensis fecit homagium ecclesie de Romanis et *recognicionem de castro Pisansani*, supra altare dicte ecclesie Sancti Barnardi, cujus capitulum cum toto clero, cum cruce et aliis ornamentis induti, venit oviam dicto dom° H(umberto) dalphino, ad domum Jacobi Coyraterii burgensis Romanis in qua dictus dom. dalphinus erat hospitatus, ipsumque dom. dalphinum dictum capitulum cum ipso clero duxit et asociavit usque ad dictam ecclesiam, ubi prestitit homagium supradictum.

123. Item, qued. littera reperta sigillata quodam parvo sigillo in pendenti Petri Ysimbardi civis Viennensis, continens quod dictus Petrus fuit confessus habuisse ab illustri dom. Guigone dalphino de moneta ipsius quingentas libras bonorum Viennen. ex causa mutui, renunciando excepcioni dicte pecunie non habite.

124. Item, quod. instrumentum continens remissionem factam per dominum Brissiaci Johanni Athenulphi de Monte Mirato de ejus homagio, scriptum manu Guioneti de Montemirato sub anno Dñi M°III^CXXX°.

125. Item, quod. instrumentum continens donationem factam per Odobertum dominum de Castro Novo dom° Guigoni dalphino Viennensi quondam, de hiis que habebat et possidebat in mandamento et

---

1. *En m. A^a* Ponendum cum licteris pattentibus.

castro Sancti Anthonii de Mota, de quo castro dictus dom. dalphinus eumdem Odobertum postmodum investivit et ipse Odobertus confessus fuit se tenere ab eodem dom. dalphino dictum castrum reddibile ad v° solidos de deteri(or)acione, scriptum manu Petri Guillelmi notarii sub anno Dñi M°II°XLVIII°, pridie kalend. julii [1].

126. Item, qued. lictera sigillata sigillo Silvonis de Heras, continens recognicionem factam per dictum Sylvonem de Heras, de domo sua sita in castro de Heras et de omnibus suis rebus sitis in castro et mandamento de Heras et de pedagio quod habet in dicto loco de Heras, que omnia confessus fuit se tenere dom° Guigoni dalphino reddibilia, scripta sub anno Dñi M°II°LXVI, mense maii [2].

127. Item, quod. instrumentum scriptum manu Aymonis de Tornafol de Montelupello notarii publ., sub anno Dñi M°II°LXXVIJ°, indict. vi°, die mercurii post festum Nativitatis Domini, continens quod Drodo dominus de Bello Videre de Marco et de Pineto recognovit dom° Humberto domino de Turre se tenere dicta castra et territoria eorumdem ab eodem dom° H(umberto) reddibilia ratione baronie de Turre [3].

128. Item, aliud instrumentum continens quod dom[i] executores testamenti dom[i] Aymarii, quondam domini de Anonay, confessi fuerunt quod Guillelmus de Rossillione, heres ipsius Ay(mari), de mandato ipsorum exequtorum solvit et emendavit, pro clamoribus dicti dom[i] Ay. et dom° Arthaude uxoris sue, V^m librarum Viennen. una cum pluribus summis in dicto instrumento contentis, scriptum manu Rollandi de Sancto Michaele notarii publ. sub anno Incarnat. Dñice M°II°LXXIIIJ°, die lune post octabas Penthecostes [4].

129. Item, qued. littera sigillata in pendenti quodam sigillo cereo, continens quamdam permutationem factam domino de Bello Videre de quibusdam censibus per Anselmum Propositi, sub anno Dñi M° II°LXVI°.

130. Item, quod. vidimus emanatum a vene. viro officiali Lugdunensi, continens privilegium et donationem factam per serenissimum principem dom. Henricum Dei gratia Romanorum regem, de pedagio perpetuo levando apud Albamrippam, scriptum anno Dñi M°III°X [5].

1. *En m. A*^{a} *Ponendum cum licteris Capriliarum.* — 2. *En m. A*^{a} *Ultra Rodanum, A*^{a} *Ponendum cum licteris Albonis.* — 3. *En m. A*^{a} *Turris Pini.* — 5. *En m. A*^{a} *Loquitur de testamento d. Aymari de Annonay et videtur quod non debeat r(egistrari).* — 5. *En m. A*^{a} *Ponendum cum licteris Albonis.*

131. Item, qued. littere sigillate sigillo dom¹ officialis Lugdunen. in pendenti, continens plûres census datos per dom. Guillelmum dominum de Bello Videre Giraude filie sue, uxori dom¹ Guillelmi Palarini, et plures alias convenciones habitas inter ipsos, scripte sub anno Dñi M°II°LXXVII°, mense aprilis.

132. Item, quod. aliud instrumentum continens redditionem factam Ruppis de Buen¹ domino nostro Guigoni ad muniendum per dominum dicti loci, factum manu Petri Chamini sub anno Dñi M° CC°LXVII°, XI kalend. julii ².

133. Item, quod. vidimus cujusd. littere seu instrumenti, continens quod Albertus de Cabiolo et Lambertus ejusdem nepos confessi fuerunt se tenere dictum castrum reddibile a dom° dalphino, scriptum anno Dñi M°II°LVIII°, die jovis sancta.

134. Item, quamd. litteram concessam seu emanatam a dom° B(eatrice) Viennensi comitissa hominibus ville Roybonis, continentem libertates et franchesias concessas hominibus habitantibus et habitaturis infra villam et terminos ibidem designatos, scriptam sub anno Dñi M°II°LXIIII°, kalend. januarii, tribus sigillis in pendenti sigillatam ³.

135. Item, qued. littera officialis Vienne continens quod Drodo dominus Bellivisus tradidit dom° Guigoni fratri suo, canonico Viennensi, quidquid juris habebat in villa de Chalon et medietatem mistralie comitum Vienne, sub modis et condicionibus contentis in dicta littera, sub anno Dñi M°II° octuag° IX°.

136. Item, quod. instrumentum continens quod dom. Johannes dalphinus bone memorie se obligavit fidejussorem pro abbate et abbacia Sancti Anthonii Viennensis penes castellanum Jasilacii in mille quingentos florenos Florencie, sub anno Dñi M°III°XIII°, indict. XI^a, manu Johannis de Sancto Dyonisio.

DE FACTO DE VIANNA.

137. Item, quod. instrumentum continens quod dom. Guillelmus archiepiscopus Viennensis et canonici in eodem instrumento nominati ac congregati ad capitulum die consueta tenere capitulum promiserunt juramentis propriis dom° Humberto dalphino Viennensi et Johanni ejus filio, recipientibus pro se et suis successoribus, omni tempore imperpetuum in omni casu et eventu totis suis viribus et potentiis

---

1. A^a Brien. — 2. En m. A^a Sciatur ubi situata est ista Ruppis. — 3. En m. A^a Ponende cum licteris Capriliarum.

gentis et terre ipsorum juvare, fovere, custodire, diligere et sequi, scriptum manu Aymonis de Tornafol de Montelupello sub anno Dñi M°III°II°, die lune in crastinum festi beati Johannis Baptiste [1].

138. Item, quod. aliud instrumentum continens donacionem factam domino nostro dalphino per Dronetum de Vallibus, de castris de Pineto, de Monteleone, de bastida da Jayssanis et Bellivisus de Marco, scriptum manu Humberti Pilati de Buxeria notarii sub anno Dñi M°III°XXXVII°, indict. v^a, die viii^a mensis novembris.

139. Item sunt littere simul connexe emanate a dom° officiali Viennensi, de quodam debito quod debebat dom. Drodo dominus Bellivisus de Marco Symoni de Palacio civi Viennensi.

140. Item, quod. instrumentum concordie facte inter dom. Guigonem dalphinum Viennensem quondam, ex una parte, et Guigonem, Guillelmum et Raimundum filios dom^i Bertrandi de Enjalatis, ex altera, sub anno Dñi M°II°LX°.

141. Item, quod. instrumentum continens quod Athenulphus Bergerii, de Sancto Nazario, confessus fuit se tenere de feudo dom^i dalphini quoddam molendinum situm apud Sanctum Nazarium juxta molendinum dicti domini, item unum nasserium dictum vulgaliter de Parasac et plures alias res recognitas per eumdem, scriptum manu Humberti Pilati notarii publ. sub anno Dñi M°III°XXXIIII°, die III^a mensis januarii.

142. Item, qued. lictera sigillata in pendenti quodam sigillo cereo, continens donationem pasqueyragii factam per dom. Drodonem dominum Bellivisus quibusdam hominibus de Artas et suis scriptis in ipsa lictera, videl. quod quilibet agricola cum uno vel cum duobus (bobus) det unum quartale avene quolibet anno et sine bobus unum meyterium avene.

143. Item, quod. aliud instrumentum continens recognicionem homagii prestiti per Humbertum de Peladru, dominum de Monfera, excepta fidelitate domini Clarimontis, et confessionem V^c floren. habitorum pro dicto homagio, sub anno Dñi M°III°XXXVIII°, die v^a mensis maii, scriptum manu Humberti Pilati [2].

144. Item, quod. instrumentum seu lictera continens quod Alissa [3] relicta Almarici de Lymone, filia quondam Aymari de Sancto Geor-

---

1. *En m. A* No^a promissiones archiepiscopi ecclesie Vienne factas d. dalphino pro se et suis. — 2. *En m. A* No^a homagium domini Montis Ferrati. — 3. *A^a* Alisia.

gio¹, vendidit dom° Guigoni dalphino quidquid juris habebat in castro de Vinay, sub anno Dñi M°II°XLIX°.

145. Item, qued. littera duobus sigillis inpendenti sigillata, continens recognitionem factam dom° Guigoni dalphino Viennensi per Albertum et Lambertum de Cabiolo de dicto castro et ejus mandamento, sub anno Dñi M°II°XLVII°.

146. Item est qued. littera reperta tribus sigillis auctenticis sigillata et subscriptione testium plurimorum roborata de prima, si ita dici debet de jure, infeudatione castri Ruppis Fortis cum superiori et inferiori fortaliciis et ejus mandamenti, facta per Albertum (!) Pilosii² et Petrum ejus filium Aymaro de Pictavia, sub anno Dñi M°II°LII°, die veneris qua cantatur *Jubilate*; cujus littere verba in sui principio sunt talia :

« Notum sit omnibus presentibus et futuris quod ego Humbertus Pilosii², dominus Ruppis Fortis, a te Ademario de Pictavia, comite Valentinensi, pro eo ut castrum Ruppis Fortis cum juribus et pertinentiis suis manuteneas et deffendeas de placito et de guerra tuis propriis expensis et emendis³ que habueris pro dicto castro et pertinentiis suis, de guerra dico contra eum qui nollet ab eo coram te jus recipere, et pro eo quod eumdem filium meum ad petendum et recuperandum jus quod Alissia⁴ uxor dicti Petri debebat habere in castro de Chabuel, tuis propriis expensis advocatum sibi habeas, juves et de guerra, si preceptor dicti (Petri) quod dicta Alis debet habere in dicto castro nollet facere eidem ubi deceret justicie complementum, eumdem filium meum similiter juves tuis expensis propriis et emendis, donec dictum jus recuperaverit, ita quod super predictis ad ñst(?) partis tunc temporis nullum prestes auxilium seu juvamen. Accipio in feudum ipsum castrum Ruppis Fortis cum duobus fortaliciis suis superiori et inferiori et cum toto mandamento ipsorum et appendentiis et omnibus juribus et pertinentiis suis, faciens tibi homagium pro dicto castro, salvo homagio Guigonis dalphini; et volo et precipio ut heres seu successor meus, scilicet Petrus Pilosii⁵ et successor ipsius in dicto castro cum pertinentiis suis, in mutatione domini et vassalli tibi et successoribus tuis predicta recognoscendo, pro dicto castro et pertinentiis suis fidelitatem et homagium facere teneatur, salvo homagio Guigonis dalphini, »

et c(etera), prout predicta et quedam alia lacius continentur in littera superius designata.

147. Item, quod. instrumentum scriptum manu Aymonis de Tornafol et subscriptum manu magistri Petri Bargarelli, sub anno Dñice

1. A^a Jorio. — 2. A^a Pilosi. — 3. A^a esm... — 4. A^a Alisia.

Incarnat. M°II°LXXVII°, die mercurii post Nativitatem Domini, continens quod Aymaretus filius condam dom¹ Guillelmi, domini de Bello Videre, fecit homagium ligium Humberto domino de Turre, recognoscens idem Ay. se tenere ab eodem castrum de Bello Videre, item recognovit ab eodem castrum de Pineto et castrum de Palude, burga, valles mandamentorum et territoriorum predict.

148. Item, quod. aliud instrumentum confectum manu Guigonis Frumenti notarii publ., sub anno Nativit. Dñi M°CCC°XXXIIII°, indict. ii ª, die iii ª januarii, continens homagium ligium prestitum per Guigonem Ruffi de Royanis, in quo promisit idem Guigo recognoscere particulariter et distincte a dom° dalphino omnia que tenet ab eodem.

149. Item, qued. lictera quodam sigillo cereo in pendenti sigillata, sub anno Incarnat. Dñice M°II°XXVI°, viii° kalend. novenbris, continens quod Eymido Bochi miles vendidit Drodoni de Belver, canonico Viennensi, quidquid habebat apud Charmer et apud Vaus vel alibi in toto mandamento de Pineto.

150. Item, qued. lictere duobus sigillis cereiis in pendenti sigillate, sub anno Dñi M°II°XXXVI°, mense januarii, in quibus dom. Berlio de Turre accepit in feudum a dom° dalphino quidquid habebat et possidebat apud Vinay et apud Motam Sancti Anthonii et in mandamentis ipsorum.

151. Item, qued. littera in pendenti sigillata sub anno Dñi M°II° XXXIIII°, iii° idem (*leg.* idus) januarii, continens quod Guillelmus de Bellovisu dedit Guillelmo filio suo quidquid juris habebat in terris et possessionibus apud Pinetum.

152. Item, quod. aliud instrumentum scriptum manu Humberti Pilati notarii, sub anno Nativit. Dñi M°III°XXXVIII°, indict. vi ª, die xx mensis julii, continens permutationem factam inter magnificum principem dom. Humbertum dalphinum Viennensem, ex una parte, et dom. Guigonem de Morgiis nomine domᵉ Margar(ite) de Tollino uxoris sue, ex altera, de parte contingente dicte domᵉ Margarite in mandamentis et territoriis de Tollino et Bellicrescentis, et in ceteris omnibus rebus et bonis que condam fuerunt dom¹ Guidonis de Tollino patris dicte domᵉ Margarite.

153. Item, qued. lictere sex sigillis in pendenti sigillate, sub anno Dñi M°II°LXVII°, super controversiis dudum habitis inter dom. Guigonem dalphinum Viennensem, ex una parte, et dom. Arthaudum de Rossillione et Guillelmum ejus filium, ex altera, super detentione

castri Ruppis de Cluey, continens etiam promicionem factam super dicta questione quod dictum castrum debeat reddi dom⁰ dalphino quotciens voluerit [1].

154. Item, qued. littera in pendenti sigillata sub anno Dñi M⁰II⁰ XC⁰I⁰, continens quod cum domini de Cabiolo relinquissent diversa legata et anniversaria ecclesie Valentine, quod rectores ecclesie concedebant quod dom. Humbertus dalphinus et Anna ejus uxor possint dicta legata rehemere quando voluerint [2].

155. Item, quod. instrumentum receptum manu Guig. Frumenti notarii, sub anno Dñi M⁰III⁰XXXIIII⁰, continens homagium ligium Johannis Benedicti de Moyrenco et assignationem eidem factam de recognoscendo particulariter et distincte infra certum terminum jam elapsum.

156. Item, qued. littere in pendenti duobus sigillis sigillate, sub anno Dñi M⁰II⁰LXXIIII⁰, continentes transationem et compositionem factas super rancuris vertentibus dudum inter nobiles viros dom. Sylvonem, dominum Ruppis de Cladio, ex una parte et dom. Lambertus (leg. L-tum) de Cabiolo ex altera, super domibus eorum de Pisanciano que mutuo per alterutrum impugnabatur, continens eciam plures alias conventiones.

157. Item, quod. instrumentum scriptum manu Guig. Frumenti notarii, sub anno Dñi M⁰III⁰XXXIIII⁰, indict. II⁰, die IIII⁰ mensis januarii, continens homagium prestitum per Lantelmum Raymundi de Sancto Heulaterio, habitatorem Cabioli, dom⁰ dalphino et terminum assignationis ad recognoscendum diu est lapsum.

158. Item, qued. lictera in pendenti tribus sigillis sigillata, sub anno Dñi M⁰II⁰ octuag⁰, die sabbati ante festum beati Petri ad Vincula, continens quod. consilium datum per Disderium de Cassenatico, Odonem Alamandi et Johannem de Gonçelino, quod castrum Ruppis de Cluey non redderetur Rogerio de Clayref, pro eo quia interfecerat duos homines de Payrino, quod castrum tenebat ad manus suas domᵃ B(eatrix) dalphina Viennensis.

159. Item, quod. instrumentum confectum manu (ut 157), continens homagium ligium prestitum dom⁰ dalphino per Petrum Grassi de Albone, in quo fuit sibi assignatus terminus certus jam lapsus ad recognoscendum particulariter et distincte.

1. *En m.* Ruppis Clivi. — 2. *En m. A.* Noᵃ concordiam rehempcionis.

160. Item, quod. instrumentum receptum manu (*ut* 157), continens homagium ligium Gononi Rancurelli de Mota et assignationem sibi factam diu lapsam ad recognosc. particul. et distin.

161. Item, quod. aliud instrumentum receptum manu Humb[i] Pilati, sub anno Dñi M°III°XXXVII°, die x[a] novenbris, continens homagium et recognitionem dom[i] Girardi et (*leg.* de) Terniaco [1] factum domino nostro Humberto dalphino et in quo dom. noster dalphinus eidem concessit in feudum quidquid idem dom. dalphinus habebat in bastida de Funxcheria [2] et in toto territorio Belli Regardi et in juribus acquisitis per eum a Johanne de Podio; quod homagium prestitit dictus dom. Girardus salvis homagiis dom[i] comitis Gebennensis et domini Fucigniaci.

162. Item, qued. instrumenta et lictere simul conjuncta et conjuncte, facientes mencionem quomodo archiepiscopus Viennensis et capitulum de Romanis dederunt castrum de Pisansano et domum fortem, quod et que condam fuit dom[i] Lamberti de Cabiolo, dom° Humberto de Turre domino de Coloniaco, propter rebellionem quam fecerat dictus Lambertus contra ecclesiam, et quomodo fuit missus in possessionem corporalem dicti castri, et multa alia in dictis litteris continentur facientia ad conservacionem jurium dicti castri [3].

163. Item, quod. aliud instrumentum scriptum manu Petri de Jornis notarii, sub anno Incarnat. Dñi M°III°XXIX°, die xv mensis octobris, continens quod Johannes Capiclin de Lugduno aquitiavit et liberavit plenarie dom. Guigonem dalphinum bone memorie de VIII[xx] libris Viennen., computato Turono grosso pro II solid. et VI denar.

164. Item, qued. littera sex sigillis cereis in pendenti sigillata, scripta sub anno Dñi M°II°LXVII°, continens concordiam factam inter dom. Guigonem dalphinum Viennensem, ex una parte, et nobiles viros dom. Arthaudum de Rossillione et Guillelmum filium ejus, ex altera, super castro Ruppis de Cluey, et fuit concordatum per plures nobiles mediatores inter dictas partes quod dictus Guillelmus de Rossillione teneret dictum castrum, quamdiu esset in malivolentia Ay(mari) de Pictavia, et ipsum teneretur reddere dicto dom. dalphino quando per eum vel suum procuratorem fuerit requisitus.

1. A[a] Trimiaco. — 2. *En m.* A Funcherie. — 3. *En m.* A Donacio castri de Pisanciano facta domino.

165. Item, quamd. litteram scriptam sub anno Dñi M°II°XC°VIII, xi kalend. decenbris, luna xix., duobus sigillis aucten(ti)cis sigillata in pendenti, continentem quod domᵃ Aynarda, condam uxor Audemarii de Breysseu et mater Audemarii pueri, consilio et voluntate domⁱ Aynardi Viennensis archiepiscopi et Odonis de Turnone viri sui et militum et proborum virorum curie de Breyseu, convenit cum Alberto de Turre ut filiam suam daret in uxorem Audemaro de Buserio (!) filio suo et fuit dos ipsius Vᵐ solidorum.

166. Item, qued. littera emanata a judice Viennesii habens tria capitula, quorum primum et secundum continent valorem castri Bellivisus de Marco et in tercio continetur quod Hugoninus Clare, Hugo Reforsonis, Hugo Girini, Falco et Syboudus de Brocia, Henricus Luppi, Oberjonus de Malliis, Johannetus Palsert et Hugonetus Maineroni confessi fuerunt esse homines ligii domini nostri dalphini.

167. Item, quod. instrumentum factum manu (*ut* 157), continens homagium ligium Bartholomei de Prina de Cabiolo et assignationem ad recognosc. particul. et distin. infra cert. tempus jam elaps.

168. Item, quod. instrumentum sigillatum duobus sigillis, scriptum manu Aymonis de Tornafol de Monteluppello, sub anno Dñi M°III°III°, vᵃ die mensis augusti, in quo continetur quod Philippus de Clara, habitator Vienne, promisit domᵒ Humberto dalphino reddere medietatem furni Serviec, quam acquisiverat idem dom. dalphinus a nobili viro Jocerando de Herasio milite, quotcienscumque eidem Philippo solverentur Lᵃ libre Viennen. per dom. dalphinum vel alium ejus nomine.

169. Item, qued. lictera continens dispensationem factam cum domᵒ Guigone dalphino, qui juraverat contrahere cum una filia comitis Provincie, qui postea contraxit cum domᵃ Beatrice filia domⁱ comitis Sabaudie, quia in gradu consanguineitatis erant.

170-a. Item, quod. aliud instrumentum scriptum manu Aymonis de Tornafol de Montelupello notarii, sub anno Dñi M°CC°XC°III°, sigillatum duobus auctenticis sigillis in pendenti, continens quod frater Aymo magister Hospitalis, tunc Sancti Anthonii Viennensis dicti, aquisivit castrum Sancti Anthonii cum omnimoda juridictione et totum affayre de Montanea et cetera pertinentia ad dictum castrum et ipsum affayre, precio XVᵐ IIᶜ librarum Viennen. a nobili viro dom. Aynardo domino Castri Novi, de feudo ligio et reddibili dom¹ Viennensis dalphini ; continens etiam retencionem et investitionem quas fecerunt de predicto feudo dom. H(umbertus) dalphinus bone memorie et domª Anna consors dalphini Viennensis, et recognitionem et homagium factos predictis domº dalphino et ejus consorti, et confirmationem et approbationem factam de hiis per capitulum dicti Hospitalis. — Item et quand. aliam sub eodem anno scriptam, contine(n)tem confirmationem et approbationem de predictis archiepiscopi Viennensis, duobus sigillis auctenticis sigillatam.

171. Item, quod. aliud instrumentum confectum manu Alamandi de Bellovidere notarii publ., sub anno Incarnat. Dñi MºCCºIIII^{xx}VIº, indict. XIIII, die lune ante Carnisprivium novum, mense febroario, apud Sanctum Donatum, continens donationem castri de Rupe Forti factam per Petrum Pilosii, dominum Rupis Fortis, de dicto castro cum omnibus suis pertinentiis et omnimoda juridictione, illustri principi dom. Humberto dalphino tunc bone memorie, presenti et recipienti et auctorizantis nomine suo et heredum et successorum suorum, facta debita insinuatione eorum ipso dom. dalphino tamquam coram judice competenti, quod castrum et omnia supradicta dictus donator se constituit possidere nomine dicti dom. dalphini donec eorum possessionem apprehendisset.

172. Item, duo publica instrumenta simul connexa, confecta manu Plisfindi notarii publ., continentia redditus quos dom. dalphinus percipit in castro de Valle et Ville Urbane.

173. Item, quand. parvam literam quodam magno sigillo in pendenti sigillatam, sub anno Dñi MºCC.XVIIº, mense mayo, continentem quod dom. dalphinus concessit lenutam de Moyrenco Villelmo Chamllardi pro v solid. censualibus perpetuo.

174. Item, quod. aliud instrumentum scriptum manu Durandi Ynnardi notarii publ. sub anno Dñi MºCCºLXXVIº, indict. IIIIª, VIª die mensis augusti, continens permutationem factam de castro de Moyrenco et mandamento ipsius et de feudis de Sancto Quintino, de Ripis et del Verney et pertinentiis eorumdem, per dom. Guidonem de Tollino, condam dominum castri predicti de Moyrenco et predict. feudorum, ab una parte et dom. B(eatricem) de Vienna, Vienne et Albonis comitissam, recipientem vice et nomine dom¹ Johannis dalphini filii sui, de parte quam idem dom. Johannes habebat in castro et mandamento de Tollino, sic quod de parte predicta dicti castri de Tollino fuit facta permutatio antedicta ; item continet dict.

instrumentum etiam quod dictus dominus de Tollino, pro se et heredibus suis, recognovit et recepit in feudum reddibile castrum de Tollino predict. a dicto dom. Johanne dalphino, exepto loco qui dicitur Cheypia et loco qui dicitur Moreta [1], et quod dom. dalphinus non posset se cressere in dicto loco et in mandamento nec recipere gardarias seu comendarias sine concensu domini de Tollino, et est dict. instrumentum sigillatum inpendenti duobus sigillis, silic. dicte dom° comitisse et dicti domini de Tollino.

175. Item, quod. aliud instrumentum scriptum manu Johannis Polleti de Montebrisono notarii publ. sub anno Dñi M°CCC°XXVI°, die mercurii post octabas Pache que fuit dies II^a mensis aprilis, continens quandam solucionem factam procuratori domⁱ comitis Foresii III^m florenorum in exthenuationem debiti in quo dom. dalphinus tenebatur dicto dom. comiti, et continens etiam homagium dicti dom. procuratoris.

176. Item, quod. al. instrumentum scriptum manu Guillelmi Lumbardi sacri palatii notarii, sub anno Dñi M°CC°LXII°, indict. v, die veneris in festo beate Marie decembris, continens solucionem C marcarum argenti factam per dom. Guigonem dalphinum dom° Margarite uxori marquionis Montisferrati.

177. Item, quod. al. instrumentum scriptum manu Reymundi Esmini de Upasio notarii publ., sub anno Dñi M°CCC°XXVIII°, die XXII mensis febroarii, XI indict,, continens quod Thomassius et Gentilis de Florencia confessi fuerunt ad instantiam domⁱ Hen(rici) Dalphini habuisse et recepisse octingentas libras Viennen., computato Turono pro II solid. VIII denar., in quibus ex causa mutui dictus dom. Henricus dictis fratribus tenebatur.

178. Item. qued. litera continens attestationes quorumdam testium deponencium quod, quicquid domini de Royanis tenent in Royanis sive in montanis, tenent a comite Viennensi, et est sigillata tribus sigillis in pendenti.

179. Item, qued. litera sigillata uno sigillo, sub anno Nativit. Dñi M°CCC°XVII°, continens quandam quictationem quatringentorum floren. auri factam per Johannem et Bartholomeum de Bardis et eorum socios Lumbardos dom° Johanni dalphino Viennensi.

180. Item. quand. litteram sigillo domⁱ Guigonis dalphini sigil-

---

1. *En m. A* Nota de Moresta.

latam, sub anno Dñi M°CC°XLIX°, continentem quod Beryllio de Turre, dominus de Vinayco, vendidit dom° Guigoni dalphino precio XXXVI^m solidorum Viennen. omnia que habebat apud Motam Sancti Anthonii, in castro, villa et mandamento ejus.

181. Item, qued. litere sigillate sigillo dom^i Guigonis dalphini, continentes quod dom. Briandus de Layviaco dedit castrum de Doyseu [1] dicto dom. dalphino, et dictus dom. dalphinus dictum castrum infeudavit dicto dom. Briando.

182. Item, qued. litere sigillate in pendenti sigillis dom^i Humberti dalphini condam et dom^i Ay(mari) de Pictavia, scripte sub anno Dñi M°CC°LXXXIII°, pridie idus julii, continentes reddicionem et expedicionem baronie Clayriaci factam per dictum dom. H. dalphinum dicto dom° Ay. de Pictavia, sub modis et conditionibus in ipsis literis contentis [2].

183. Item, qued. littera donationis facta sub anno Dñi M°CC°XCI°, tribus sigillis in pendenti sigillata, continens in effectu donationem quorumdam rerum existencium in mandamento de Pineto per inclite recordationis dom. Humbertum dalphinum et Annam ejus uxorem condam factam domino Bellivisus de Marco.

184. Item, quand. literam auctenticam scriptam sub anno Dñi M°CC°LXX(X)VI°, continentem quod dom^a Anna bone memorie dedit omnia bona sua dom° Humberto dalphino ejus viro, in recompensacionem dampnorum et expensarum factarum per dictum dom. H. in guerra quam habebat cum duce Burgundie de hereditate dom^i Johannis dalphini patris (!) dicte dom^e Anne.

185. Item repertum fuit quodd. memoriale continens declarationem et limitationem mandamentorum Bellivisus de Marco et de Septimo.

186. Item, qued. litere sigillate sigillis sex, continen(te)s pronuntiationem arbitralem factam super questione dudum vertenti inter dom. Guillelmum dominum de Bellovidere et dom. Jacobum de Boczosello, in qua pronunciatum fuit quod omnia jura que dom. Albertus de Boczosello habebat, pertineant ad dominam Vallonem consortem dicti dom^i G. secundum formam dict. literarum; continent etiam plures alias pronunciationes, confectum sub anno Dñi M°CC"LXVI", XIIII kalend. novembris.

---

1. A^a Doycia. — 2. En m. A Videantur conditiones.

187. Item, qued. litera sigillo officialis curie Viennensis sigillata, scripta sub anno Dñi M°CCC°III°, II° idus octobris, continens quod Johannes Clavelli et ejus parerii, Aymonetus Escoferii et ejus parerii, Petrus Cochini et ejus parerii, Johannetus Pariol, et omnes et singuli habitatores de Mairieu teneantur solvere domino Bellivisus de Marco, videl. singuli colentes cum duobus bobus teneantur solvere duas bennas avene annuatim, et colentes cum uno bove unicam bennam [1].

188. Item, quod. aliud instrumentum scriptum manu Humbⁱ Pilati notarii publ., sub anno Dñi M°CCC°XX(IX°), indic. XII^a, die III^a mensis januarii, continens homagium factum dom° Guigoni dalphino Viennensi per Georgium de Marcha.

189. Item, quod. al. instrumentum confectum manu Guig. Frumenti notarii publ., sub anno Nativit. Dñice M°CCC°XXXIIII°, indict. II^a, die XIIII^a decembris, continens homagium factum domino nostro dalphino per dom. Arnaudum dominum Rupis Fortis, continens etiam recognitionem ipsius omnium que habet in castro antedicto et apud Clay.

190. Item, quod. aliud instrumentum (*ut præced.*), die III° mensis januarii, continens homagium factum dom° nostro dalphino per Berlionem de Vaura, in quo etiam continetur quod idem Berlio infra certum terminum debuit facere recognitionem plenariam de omnibus hiis que a domino predicto tenebat.

191. Item, quod. al. instrumentum confectum manu Humbⁱ Pilati not. pub., sub anno Dñice Nativit. M°CCC°XXIX°, indict. XII^a, die I^a mensis marcii, continens recognitionem factam dom° dalphino per dom. abbatem Sancti Anthonii de castro, villa et mandamento Sancti Anthonii, et homagium ligium ejusdem factum eidem dom° dalphino.

192. Item, quod. al. instrumentum (*ut* 190), continens homagium Anthonii Girini de Sonna factum dom° dalphino, in quo etiam idem Anth. Girini promisit infra certum terminum facere plenariam et particularem recognitionem de omnibus hiis que tenebat a domino.

193. Item, quod. al. (instrumentum) (*ut* 190), continens homagium factum dom° dalphino per Humbertum Argoudi, continens quod

---

1. *En m. A* Sciatur si castellanus computet de ipsis, *A*^a Pro coroatia boum.

idem Humb. debeat facere recognitionem plenariam infra certum tempus lapsum.

194. Item, quod. al. instrumentum confectum manu Guig. Frumenti de Gracionopoli, sub anno Dñi M°CCC°XXXIIII°, indict. II², die xxv mensis julii, continens quod nobiles Hugo Ademarii, dominus Guarde¹, filius dom¹ Hugonis Ademarii condam, recognovit et confessus fuit se tenere sub dominio et segnoria² dom¹ dalphini et domini Medullionis in feudum francum medietatem, videl. partem inferiorem³.

195. Item, quod. al. instrumentum confectum manu Guig. Frumenti, sub anno Dñi M°CCC°XXXIIII°, indict. II, die IIII mens. januarii, in quo Guillelmus Girardi de Bello Repaire fecit homagium ligium domino nostro dalphino Viennensi et promisit infra certum terminum jam lapsum facere recognitionem particulariter et distincte de omnibus que tenet a domino predicto.

196. Item, quod. al. instrumentum (*ut præced.*), die III² men. januar., continens quod nobilis Guononus Retorti confessus fuit et recognovit se esse hominem dom¹ nostri dalphini pro terra et redditibus quam et quos habet et percipit in castro, mandamento et territorio de Albone, ante omnes salvo prius domino Rossillionis, et inde fecit homagium dicto dom° dalphino et prestitit juramentum fidelitatis, et (promisit) recognoscere particul. et distin. infra certum terminum jam lapsum.

197. Item, duo alia instrumenta confecta manu Petri Borgorelli notarii sub anno Dñi M°CC°LX(X)V, indict. III², die veneris ante Rogationes videl. die xvI² kalend. junii, continentia quomodo dom. G(uillelmus) de Bellovidere de Marco vendidit medietatem mistralie quam habebat in civitate et extra civitatem Vienne dom° Guidoni archiepiscopo Viennensi, que mistralia movet de dominio dicti dom. archiepiscopi et dom¹ dalphini Viennensis comitis et Albonis.

198. Item, quod. aliud instrumentum confectum manu Stephani de Pineto notarii publ., sub anno M°CCC°XV°, xvI° kalend. maii, continens composicionem factam et concordiam inter dom. B(riandum) Viennensem archiepiscopum et dom. Guigonem dominum Bellivisus et Espineti, super limitationibus territoriorum dict. castrorum et civitatis Vienne et bannis et pasqueragiis eorumdem civitatis et castrorum.

1. *A*ᵃ Garde. — 2. *A*ᵃ sengnoria. — 3. *En m. A* Vacat quia de (licteris) Baroniarum est, *A*ᵃ Videatur instrumentum et ponatur hic que castra tenet a domino.

199. Item, qued. litere pergaminee emanate a magistro Hugone de Gereno officiali Vienne, continentes quamdam compositionem seu concordiam factam inter abbatem Sancti Andree Viennensis, ex una parte, et dom. Randonem dominum Bellivisus de Marco condam et homines ville et parrochie de Moydies, ex altera, super usu pasqueragii, aquarum, nemorum, itinerum et viarum terre dicti domini Bellivisus, sigillate sigillo ipsius dom. officialis, date et scripte xiiii^a kalend. marcii, anno Dñi M°CC°LXXX.

200. Item, qued. litere pergaminee patentes sigillate tribus sigillis auctenticis, continentes homagium et recognitionem factam dom^e Beatrici dalphine condam per Guigonem de Rancurello cap̃, Hermitanum, Ardencum [1], Aymarum, Ancelmum et Arnaudum fratres, Petrum et Arnaudum filios condam Arnaudeti, dominos de Rancurello, de dicto castro Rancurelli reddibili, scripte anno ab Incarnat. Dñi M°CC°XXXVII°, xi^a kalend. junii.

201. Item, quod. vidimus factum coram officiali Vienne, scriptum manu Johannis de Cors notarii publ. sub anno Dñi M°CCC°XXXIII°, continens quasdam clausulas testamenti dom^i Guigonis domini Bellivisus, in quibus clausulis ordinabat dictus dominus Bellivisus duas capellas et tercium sacerdotem deservientem in ipsis, et eisdem volebat provideri super redditibus Bellivisus de Marco et de Pineto et super quibusdam molendinis ipsius domini Bellivisus.

202. Item, quod. instrumentum scriptum manu Guig. Frumenti, sub anno Nativit. Dñi M°CCC°XXXIIII°, indict. ii^a, die iii^a mens. januarii, continens homagium ligium factum per nobilem Hugonem Bermundi de Bellovidere in Royanis dom° dalphino et assignationem factam per dominum dicto Hug. infra certum terminum jam lapsum.

203. Item, quod. instrumentum receptum manu Humb^i Pilati, sub anno Nativit. Dñi M°CCC°XXVII°, indict. vii^a, die v^a mensis febroarii, continens homagium ligium factum per dom. Arnaudum de Rupe Forti militem dom° dalphino et recognitionem per eum factam de hiis que habet in castro Austheduni [2] nomine uxoris sue et apud Clay.

204. Item, qued. litere emanate ab officiali curie Lugduni, bullate in pendenti bulla plumbea et sigillo dicte curie Lugdun., data et scripta anno Dñi M°CC°XLII°, mense augusti, continentes quandam

---

1. *A* Ardicum. — 2. *A*^{a} Hosted.

venditionem factam per Guillelmum de Bellovisu, de castro de Falaverio, episcopo Claromontensi precio mille quingentarum librarum Viennen. et asserebat idem venditor dictum castrum de Falaverio teneri in feudum a domino de Turre Pini.

205. Item, quod. instrumentum continens homagium ligium prestitum per dom. Odobertum, dominum Castrinovi, prestitum domᵒ dalphino et assignationem factam per dom. dalphinum eidem dom. Odoberto ad recognoscendum ea omnia que tenebat a domino infra certum tempus jam diu lapsum, scriptum manu Humbⁱ Pilati not. pub. sub anno Dñi MᵒCCCᵒXXXIIIIᵒ, indit. IIᵃ, die XXIᵃ mens. febroarii.

206. Item, quod. instrumentum scriptum manu Johannis de Sancto Johanne, sub anno Dñi MᵒCCCᵒXIIIIᵒ, indict. XIIᵃ, die IIIIᵃ mensis junii, continens quandam venditionem factam de castro de Ripis per dominum de Thoillino Johanni et Aymaro dominis de Ripis, et retentionem et investituram factam per dom. dalphinum de dicto castro, et limitationes castrorum Bellicrescentis et de Ripis inter eos factas, et plura alia prout in ipso instrumento continentur.

207. Item, quod. instrumentum confectum manu Henrici de Balmis notarii publ. et signatum signis Stephani Pugini et Aymonis de Clusis notarior. publ., sub anno Dñi MᵒCCCᵒIIIᵒ, indict. Iᵃ, VIII kalend. martii, continens venditionem factam per Johannem Gabi domᵉ Beatrici domine Fucigniacii, de tercia parte mistralie castri de Terracia ¹.

208. Item, quod. instrumentum factum manu Humbⁱ Pilati not. pub., sub anno Dñi MᵒCCCᵒXXXIIIIᵒ, indict. IIᵃ, die IIIᵃ mens. januarii, continens homagium et recognicionem factam per dominum de Turnone, de villa et mandamento de Tincto, domᵒ dalphino et assignacionem factam per dictum dom. dalphinum eidem domino de Turnone quod recognosceret ea que plus tenebat ab ipso domᵒ infra certum tempus lapsum.

209. Item, quod. instrumentum factum manu Guig. Frumenti, sub anno Dñi MᵒCCCᵒXXXIIIIᵒ, indict. IIᵃ, die VIIIᵃ mens. januarii, continens homagium ligium factum per nobilem Guigonem de Valle domᵒ dalphino, et assignacionem eidem Guig. factam ad recognoscendum infra certum tempus jam lapsum.

1. *En m. A* Vacat quia de Graysivodano.

210. Item, quod. instrumentum continens dationem cure ad causas et ad lites dom¹ Guigonis dalphini Viennensis, scriptum manu Franc. de Montejoco sub anno Incarnat. MᵘCCC°XXVI°, die xxvIIᵃ septembris.

211. Item, quod. aliud instrumentum continens homagium ligium olim factum dom° Humberto dalphino condam per Fran(ciscum) dominum Castri Novi, filium dom¹ Aynardi de Castro Novo, et quod recognovit de feudo reddibili se tenere a dom° dalphino dictum Castrum Novum cum suo mandamento et villam de l'Alben, scriptum manu Nicholay Chalveyronis de Ponte in Royanis notarii publ. sub anno Dñi M°CCC°IIII°, indic. II, xvI die mensis maii, et in eadem pelle continetur instrumentum emancipacionis dicti Fran(cisci).

212. Item, qued. litere emanate a dom° Jacobo Burgarelli de Turre, judice domini de Turre Pini, continentes publicationem testamenti dom¹ Guillelmi de Bellovidere et tenorem ipsius testamenti, scripte xv kalend. januarii anno Dñi M°CC°LXXVII°.

213. Item, quod. publicum instrumentum continens homagium nobilis Arthaudi domini Clavaysonis per eumdem prestitum dom° dalphino et recognitionem per eum factam dom° dalphino, medietatem trium parcium dominii et segnorie castri et mandamenti Servie, item III obolos quos percipit in pedagio Rodani pro qualibet saumata salis, item jus suum quod habet in pedagio veteri Servie per terram, item medietatem furni Servie, item x sestaria et III cartalia frumenti censualia, vi solidos census que percipit in dicto castro Servie, item terciam partem quinte partis de Rovoyroles, item pro quolibet agricola tenente boves I cartale avene, item plura alia feuda nobilia et innobilia que habet in dicto mandamento Servie, item circa xv hospicia hominum quos ibidem cum Poncio de Las habet pro indiviso et circa vIII° hospicia seu homagia nobilium que pro indiviso habet cum dom° Ponczono in dicto mandamento; necnon et assignationem ad plenius recognoscendum infra certum tempus jam lapsum, scriptum manu Humberti Pilati de Buxeria sub anno Dñi M°CCC°XXX-IIII°, indict. IIᵃ, die IIIᵃ mensis januarii.

214. Item, quod. aliud iustrumentum confectum manu Guig. Frumenti not. pub. sub anno Dñi M°CCC°XXXIIII°, indict. IIᵃ, die IIIᵃ mens. januarii, continens homagium factum per nobilem Guillelmum Mederii dom° dalphino et terminum assignationis ad recognoscendum jam lapsum.

215. Item, quod. al. instrumentum (*ut præced.*), continens homagium Franc(isci) Tayllifer de Moyrenco et terminum (*ut ibid.*)...

216. Item, quod. instrumentum factum manu Jacobi Chaunerii, sub anno Dñi M°CC°LXXXIII°, indict. xi^a, pridie idus augusti, sigillatum in pendenti sigillis domⁱ dalphini et domⁱ archiepiscopi Viennensis, continens compromissum tantummodo factum inter dictum dom. dalphinum et archiepiscopum super feudo de Chalmen et de Alta Ripa.

217. Item, quod. instrumentum confectum manu Guillelmi de Alucio notarii publ. sub anno Dñi M°CC°LXIII°, indict. vi^a, kalend. augusti, sigillatum in pendenti tribus sigillis, continens donationem Castri Novi Viennensis factam per Aynardum dominum Castri Novi dom° Guigoni dalphino condam, et infeudationem factam per *dictum* dom. dalphinum eidem Aynardo de dicto castro et recognitionem ejusdem factam per dictum dom. Aynardum dicto dom. dalphino.

218. Item, quod. instrumentum continens homagium factum per nobilem Petrum de Insula de Scabeolo dom° dalphino et terminum assignationis ad recognosc. jam lapsum, scriptum manu (*ut* 214)[1].

219. Item, quod. instrumentum factum manu Guig. Frumenti, sub anno Dñi M°CCC°XXXVIII, indict. vi^a, die v^a mensis madii, continens homagium factum per Guillelmum Chiper notarium dom^o dalphino.

220. Item, quod. aliud instrumentum factum manu Humbⁱ Pilati, anno Dñi M°CCC°XXXIIII°, indict. ii^a, die iii^a mens. januarii, continens homagium factum per Henricum Berengarii, dominum de Ponte in Royanis, dom° dalphino et recognitionem per eumdem factam de castris Rancurelli, Gracionopolit. diocesis, et de Castellutz, Diensis diocesis, et terminum assignationis ad plenius recognoscendum infra certum tempus.

221. Item, quid. rotulus papireus continens attestationes testium productorum super declarationibus mandamenti Regalis Montis, quod dudum vocabatur Planeysia quando Templarii ipsum locum tenebant, scriptum anno Dñi M°CC°LXXVII°, vii_a kalend. decembris.

222. Item, quod. instrumentum confectum manu Lantelmi Roybonis notarii publ., sub anno Dñi M°CCC°XXVII°, indict. vii^a, die xxvi^a mensis febroarii, continens compositionem factam inter dom.

1. *En m. A* Castri Novi.

Henricum Dalphini, rectorem Dalphinatus, ex una parte et fratrem Humbertum de Balma militem, ordinis Sancti Johannis Jherosolimitani, ex altera super facto et castro Montis Falconis et super juridictione dicti castri et super pluribus contentis in dicto instrumento [1].

223. Item, quod. aliud instrumentum continens homagium factum et recognitionem dom° Humberto dalphino per Ponczonum de Liberone de Cabeolo, scriptum manu Guig. Frumenti not. publ. sub anno Nativit. ejusdem Dñi M°CCC°XXX°IIII°, indic. IIᵃ, die IIIᵃ januarii.

224. Item, quod. al. instrumentum continens homagium ligium de persona factum per Lantelmum Girini de Sancto Heuleterio domino nostro dom. Humberto dalphino Viennensi, scriptum (*ut præced*).

225. Item, quand. litteram continentem quod Iohannes de Arcisona et Petrus Dilardie, mercatores equorum, nomine suo et Mich. de Cervenis, mercatoris equorum, confessi fuerunt se habuisse et recepisse a dom° Fulpone de Morasio milite, nomine dom¹ Guigonis dalphini bone memorie condam et nomine aliorum qui inde erant obligati, videl. mille et ducentas libras Parisien. fortes et IIII tam litteras quam instrumenta continentes debita dict. M et IIᶜ librarum, scripta sigillo prepositure Parisiensis anno Incarnat. Dñi M°CCC° XXXIJ°.

226. Item, quod. aliud instrumentum continens homagium factum per Johannetum de Curia Belli Reparii de persona illustri domino nostro dom. Humberto dalphino Viennensi, scriptum (*ut 223*) et terminum assignationis ad recognoscendum a dicto domino ea que ab eo tenebat jam elapsum.

227. Item, quod. instrumentum scriptum manu Hugoneti Chabuellii notarii publ. sub anno ab Incarnac. Dñi M°CC°XC°VII°, indic. XIᵃ, tercia nona (*leg.* IIIᵒ *nonas*) febroarii, continens emancipationem dom¹ Hugonis Dalphini, domini Fucigniaci et Montis Bonoudi condam, factam coram officiali Grationopolitano per dom. Humbertum dalphinum ejus patrem, et donacionem eidem dom° Hugoni factam per dictum patrem suum de castris Montis Bonoudi et Montis Fortis cum eorum mandamentis.

---

1. *En m. Aᵃ* Quere notam in protocollo H. Pilati decretato A et de annis XXV, XXVI et XXVII.

228. Item, aliud instrumentum scriptum manu Aymonis ne Tornafol de Monte Luppello, sub anno Dñi M°CCC°I°, indic. XIIII, die jovis in festo beati Bartholomei apostoli, continens homagium prestitum per Johannam filiam Aymonis de Bososello et recognitionem castrorum de Malbec [1], de Casa Nova, de les Esparias, Molaris, Montis Lyopardi et mandamentorum eorumdem, item recognicionem garde de Artaz et fundi et homagii nobilium de Pusigniaco et quarumdam aliarum rerum.

229. Item, al. instrumentum scriptum (*ut* 223), continens quod nobilis Guionetus Belmundi de Bello Videre recognovit se esse hominem ligium de persona, et homagium prestitum per eundem domino nostro dom. Humberto Viennensi dalphino.

230. Item, al. instrumentum scriptum (*ut* 220), continens quod Amedeus dominus (de) Serra confessus fuit se tenere in feudum francum de magnifico principe dom. Humberto dalphino Viennensi castrum suum liberorum de Chata et duas partes dominii et juridictionis tocius mandamenti Chate [2] cum mero (et) mixto imperio et omnimoda juridictione et pertinenciis suis, et omnia alia et singula que tenet, habet et possidet vel alius ab eo in dicto mandamento, et pro predictis confessus fuit se esse hominem ligium dicti dom. dalphini et dictum homagium ibidem prestitit cum juramento debito.

231. Item, quod, instrumentum scriptum manu Humb[l] Pilati not. pub. sub anno Dñi M°CCC°XXXI°, indic. XIIII[a], die XXVII[a] mensis aprilis, continens homagium et recognicionem Guillelmi et Jacobi Jarreti de Castro Duplo per ipsos factam dicto dalphino de omnibus terris, possessionibus et aliis que tenent in mandamento Cabeoli et tenentur ad custodiam castri Cabeoli, et ad plura alia ut in dicto instrumento continetur.

232. Item, quod. al. instrumentum scriptum (*ut* 231), sub an. Dñi M°CCC°XX(X)IIII°, indic. II, die I[a] mensis januarii, continens quod Johannes filius dom[l] Athenulphi de Monte Mirato militis, nomine suo et nomine Francesie uxoris sue, filie Lantelmi de Osteduno dicti Muysant, confessus fuit se esse hominem ligium de persona sua magnifici principis dom. Humberti Viennensis dalphini, et nomine suo et dicte uxoris sue confessus fuit se tenere de feudo dicti dom. dalphini et in feudum juridictionem, dominium, merum et

---

1. *En m.* A Malibeci, A[a] de Malobeco. — 2. *En m.* Chaste.

mixtum imperium, census, redditus, obvenciones, prata, nemora et generaliter omnia et singula que dicti conjuges habent seu habere possunt quacumque causa in castro, mandamento et toto territorio Ostoduni [1], sub pluribus conditionibus contentis in dicto instrumento.

233. Item, qued. lictera pargamenea scripta in castro de Saleyri, die ultima mensis aprilis anno Dñi M°CC^mo LXIIIJ°, sigillata sigillis dom. Guigonis dalphini condam, Rollandi de Vennenchi militis et Aymari domini de Annoyniaco, continens quod dictus dom. Rollandus de Venneychi miles plures census et redditus que tenebat de alodio in parrochia de Roysies et in castro et mandamento de Malaval, Viennen. dyocesis, dedit dom° Guigoni dalphino condam et idem dom. dalphinus predicta infeudavit dom° Rollando de Venneychi predicto, et idem dom. Rollandus homagium et fidelitatem fecit dicto dom. dalphino, salva fidelitate comitis Foresii [2].

234. Item, qued. littere scripte anno Dñi M°CC^mo XXXIII°, dominica post Annunciacionem beatæ virginis Marie, sigillate in pendenti quinque sigillis, continentes quod Cyboudus de Bellovidere de Marco dedit castrum de Bello Videre et mistraliam Vienne, et illud quod capiebat in pedagio Sancti Sinforiani et medietatem castri de Pineto Guillelmo ejus filio.

235. Item, quod. instrumentum scriptum manu Guig. Frumenti not. pub., sub anno Dñi M°CCC°XXXIIII°, indic. II^a, die III^a mensis januarii, continens homagium ligium prestitum per Lantelmum Chabrete de Cabeolo et terminum assignacionis ad recognoscendum infra certum tempus diu est lapsum.

236. Item, aliud instrumentum (*ut* 235), continens quod Guionetus Aniffosseti pro se et heredibus suis prestitit homagium ligium de persona magnifico principi dom. Humberto dalphino Viennensi, cum prestatione juramenti debiti.

237. Item, quod. al. instrumentum (*ut* 235), continens homagium Gratoni Cicardi de Albone per eum prestitum dom° dalphino et terminum assignacionis ad recognoscendum diu est lapsum.

238. Item, quod. instrumentum (*ut* 235), continens homagium ligium prestitum per nobilem Petrum Durandi de Cabeolo et terminum assignacionis ad recognoscendum.

239. Item, quod. al. instrumentum scriptum manu Johannis de

---

1. *A* Hosted. — 2. *En m. A* Ultra Rodanum.

Sancto Dyonisio, sub anno Incarnac. Dñi M°CCC°VI°, die vIIIª mensis septembris, continens quod illustres viri dom. Humbertus dalphinus Viennensis et dom. Johannes Dalphinus comes Vapincensis ac dom. Guido Dalphini, ejus liberi, pro se et heredibus suis, ex una parte, et nobiles viri dom. Drodo dominus Bellivisus de Marco et Guigo ejus filius, ex altera, fecerunt pacta et convenciones inter se ad invicem una pars alteram juvare, deffendere et tuheri de placito et de guerra contra comitem Sabaudie et contra quascumque personas.

240. Item, quod. instrumentum scriptum manu Aymonis de Tornafol de Monte Luppello, sub anno Dñi M°II°XC°VIII°, indic. xIª, die mercurii post festum Decollacionis beati Johannis Baptiste, continens quasdam federaciones olim inhitas inter dom. Humbertum dalphinum, ex una parte, et Arthaudum dominum Rossillionis, Guigonem de Rossillione dominum de Anjo, dom. Guigonem Alamandi dominum Vallis Bonesii, Johannem de Sancto Sabino et Raymondum de Medullione juniorem et dom. episcopum Valentinum, super eo quod unus tenebatur sequi alium de guerra [1].

241. Item, quod. instrumentum scriptum manu Humbᵢ Pilati not. pub., sub anno Dñi M°CCC°XXXIIII°, indic. IIª, die xxIª mens. februarii, continens quod Guichardus de Costa domicellus prestitit homagium ligium domᵒ Humberto dalphino Viennensi et protestacionem factam per dominum.

242. Item, aliud instrumentum (*ut* 235), continens quod Lantelmus Atoerii de Cabeolo pro se et heredibus suis fecit homagium ligium de persona, cum prestacione et juramenti debiti.

243. Item, qued. littera scripta anno Dñi M°CC°LXVI°, mense marcii, quodam sigillo sigillata in pendenti, continens quod Sillio [2] de Eraz domicellus pro se et heredibus suis se devestivit de domo sua de Erasio et de pedagio de Eraz et omnium aliorum que tenebat in dicto mandamento, in manus domᵢ Guigonis dalphini Viennensis et dictus dom. dalphinus de predictis ipsum investivit et ipse confessus fuit se esse hominem ligium de predictis et ea tenere ab eodem in feudum reddi(bi)lia a dicto dom. dalphino [3].

244. Item, quod. al. instrumentum scriptum manu Humᵢᵇ Pilati not. pub., sub anno Dñi M°CCC°XXXIIII°, indic. II, die IIª mensis

---

1. *En m. A* Liga. — 2. Aª Silvo. — 3. *En m. A* Ultra Rodanum.

januarii, continens homagia prestita dom° dalphino per nobiles infrascriptos : primo per dom. Arnaudum Gueynisii militem, Amedeum Baudoyni, Johannem Buxerie, Raymundum de Riveriis, Guillelmonum Diderii, Raynaudum Garenc, Raynaudum filium condam Lantelmi Guarenc, Humbertum Berardi, Petrum Romani, Johannem Romani, Bertrandum Berrardum, Guillelmum Raymundi, Lantelmum Raymundi, Franconem Raymundi, Petrum Royani, Lantelmum Royani, Ponczonum de Coperiis, Petrum de Coperiis, Humbertum de Coperiis, Guillelmum de Coperiis, Andream de Coperiis, Falconem Garenc, Eymarum Galifii, Petrum Clare Vallis, Johannem Syboudi de Valle, Johannem Gilberti de Alba Rippa, Lantelmum de Ostoduno, Johannem de Ostoduno, Petrum Marronis, Lantelmum de Ruppe, Aymaronum Marronis, Chabertum Chanavacii, Petrum de Murinaysio, Thomasium de Murinaysio, Jasselmum de Sancto Juertz et Hugonem Berengarii dominum Sancti Andree in Royanis, nec non terminum assignacionis ad recognoscendum per dictos nobiles dicto domino ea que ab eo tenent infra certum tempus diu lapsum.

245. Item, qued. lictera duobus sigillata sigillis in pendenti, scripta sub anno Dñi M°CCC°XXI°, VII° kalend. novenbris, continens quod dom. Henricus Dalphini M(e)tensis electus, regens Dalphinatum, confessus fuit se debere dom° Cumrado militi, habitatori Tullini, M et VII^c et XI libras et X solidos Viennen., computato Turono pro XX denar., quas dictus Cumrandus solverat mandato dicti domini certis personis contentis in dicta littera [1].

246. Item, quod. al. instrumentum (*ut* 235), continens homagium ligium de persona factum per Johannem de Liberone de Cabeolo dom° dalphino et terminum assignationis ad recognoscendum infra certum tempus jam elapsum.

247. Item, qued. lictere antique scripte apud Sanctum Valerium anno Dñi mill° (CC°) XL, mense marcii, die sabati ante festum beati Gregorii, continentes quod dom^a Beatrixs, relicta condam domⁱ Guelisii de Sancto Georgio, dedit in dotem pro Alisia, filia condam Ademarii de Sancto Georgio, dom° Amalrico de Turreyo domum et castrum de Vinay et omnia que habebat in castro Saneti Georgii et in burgo dicti loci.

248. Item, qued. alie lictere scripte anno Dñi M°CC°XLIX°,

---

1. *En m. A* Litacio.

sigillate in pendenti duobus sigillis, continentes quod domᵃ Beatrixs filia condam Aymari de Sancto Juertz vendidit Alisie sorori sue, omnia bona sua et confirmavit vendicionem per ipsam Alisiam factam domº dalphino.

249. Item, quod. al. instrumentum scriptum manu Nicholay Chalvayronis not. pub., sub anno Dñi MºCCCºIIIIo, xvᵃ die mensis maii, continens qualiter dom. Aynardus de Castro Novo, in presencia domⁱ Humberti dalphini Viennensis, dedit Francisco filio suo emancipato castrum et fortalicium Castri Novi cum villis aliis, de quibus fuit per dictum dom. dalphinum dictus Franciscus investitus.

250. Item, quod. al. instrumentum scriptum manu Johannis de Pineto, sub anno Dñi MºCCCºXXXIX, die IIIIᵃ mensis junii, continens extimationem valoris reddituum castrorum Bellivisus, Pineti et Montis Leonis, quos dominus ibi percipiebat et fuerunt extimati anno quolibet, omnibus extimatis comuni extimacione, IIᵐ C XVII libras et II solidos, et etiam continens quantum accipiebant homines de redditibus dict. castrorum.

251. Item, quod. instrumentum (*ut* 235), continens homagium factum domº dalphino per nobilem Franciscum de Valle et terminum assignationis ad recognoscendum diu est jam elapsum.

252. Item, quod. instrumentum (*ut* 241) die XXIᵃ mensis martii, continens homagium ligium prestitum per dom. Aymarum dominum Rossillionis domino nostro dom. Humberto Viennensi dalphino.

253. Item, quod. instrumentum (*ut* 235), continens homagium prestitum per Falconem Guidonis de Gabeolo domino nostro dom. Humberto Viennensi dalphino et termin. assignat...

254. Item, quod. al. instrumentum (*ut* 235), continens homagium prestitum per Hugonem Gauterii de Moyrenco domº dalphino et term. assign. ad recogn. infra certum tempus jam elapsum.

255. Item, quod. al. instrumentum scriptum manu Alberti Sachini de Turre notarii publ., sub anno Dñi MºCCCºXXV, indit. IXᵃ, die XVIᵃ mensis decenbris, continens homagium factum illustri principi domino nostro domº Humberto Viennensi dalphino per dom. Hugonem de Turre dictum Turpin, dominum de Vinnay, qui recognovit se esse hominem ligium dicti dom. dalphini et confessus fuit se tenere a dicto dom. dalphino et suis castrum suum de Vinay cum ejus mandamento et pertinentiis ejusdem, de feudo reddibili ipsius dom. dalphini, item quidquid idem dom. Hugo de Turre habet, tenet vel

possidet in mandamento Turris Spini et apud Turrim predictam.

256. Item, quod. al. instrumentum scriptum manu Guillelmi Rollandi de Goncelino notarii publ., sub anno Dñice Incarnat. M°CCC° II°, die lune ante festum Assuncionis beate Marie, indic. xv.ª, continens venditionem factam per Guillelmum Francisci dom° dalphino, de parte et jure quam et quod habebat idem Guilᵘˢ Francisci in castro et territorio Payrini et circa, et retenta per ipsum Guil. Francisci bastida de Jaychanis.

257. Item, qued. littera bullata in pendenti bulla plonbea domᵢ archiepiscopi Lugdonensis, scripta anno Dñi M°CC°XLII°, mense augusto, continens quod Guillelmus de Bellovisu de Marco, dominus de Falaverio, ipsum castrum de Falaverio vendidit episcopo Claromontensi et ipsum castrum recognovit teneri a domino de Turre.

258. Item, quod. instrumentum scriptum manu Guig. Frumenti not. pub., sub anno Dñi M°CCC°XXXIIII°, indic. IIª, die IIª mensis madii, continens recognicionem factam per dom. Johannem Pagani, dominum de Donnay, qui recognovit se tenere a domino in feudum parrochiam de Villa cum suo mandamento et castrum de Donnay cum suo mandamento, et eidem dom. dalphino fecit homagium, excepto homagio comitis Foresii, ecclesie Vienne et ecclesie Sancti Valerii, continens eciam terminum assignacionis ad recognoscendum plenius et particulariter.

259. Item, quod. al. instrumentum scriptum manu Humbᵢ Pilati not. pub., sub anno Nativit. Dñi M°CCC°XXXIIII°, indic. IIª, die xª mensis januarii, continens homagium ligium prestitum per nobilem Johannem Berrardi, dominum Fortarecie, dom° dalphino nec non et terminum assignacionis ad recognoscendum per ipsum Johannem dicto dom. dalphino in certum tempus jam elapsum.

260. Item, quod. al. instrumentum scriptum manu magistri Johannis de Paris dicti de Campis notarii publ., sub anno Dñi M°CC° LXXIX°, die jovis ante Carniprivium vetus, indic. VIIIª, pontificatus domᵢ Nicholay pape, continens reddicionem castri Pisansiani factam per dom. Petrum Aynardi dom° Humberto, domino de Turre et de Coligniaco, et per ipsum dom. Humbertum traditum ad custodiendum dictum castrum dom° episcopo Valentino et ejus procuratori, et qualiter dom. Johannes de Boynco miles fuit introductus in possessionem dicti castri Pissanczani per dictum dom. Petrum Aynardi.

261. Item, quod. instrumentum (ut 258), die xª mens. marcii,

continens homagium ligium prestitum per dom. Guillelmum de Condriaco militem dom. dalphino.

262-a. Item, quod. al. instrumentum scriptum manu Philippi Andree Galterocti notarii publ., sub anno Dñi M°CCC°XXIIII°, indict. VIIe, die xxvii^e mensis augusti, continens quod Johannetus Mancini, mercator Florentinus sequens curiam Romanam, vendidit et transtulit actiones suas Francisco Raymucii de quodam debito II^m florenor. auri quos debebat dom. Henricus Dalphini, Metensis electus, et dom. Guigo dalphinus dicto Johanneto Mancini; et quod. al. instrumentum in eadem pelle scriptum, continens cessionem actionum predict. factam per dict. Franciscum dicto Johanneto : que instrumenta inveniuntur reddita dom° dalphino, per quam reddicionem presumuntur debita predicta soluta.

263. Item, quod. al. instrumentum scriptum manu Guig. Frumenti not. pub., sub anno Nativit. Dñi M°CCC°XXXIIII°, indit. II^a et die III^a mensis januarii, continens homagium prestitum per nobilem Johannem de Bello Repayrio dom° dalphino, excepto homagio domini Montis Chanuti, et terminum assignacionis ad recognoscendum infra certum tempus diu est lapsum.

264. Item, quod. al. instrumentum (*ut praced.*), continens homagium prestitum per Franciscum de Versatorio de Moyrenco dom° dalphino et terminum (*ut ibi*).

265. Item, quod. instrumentum (*ut 263*), continens homagium prestitum per nobilem Humbertum de Chapaversa de Bellovisu in Royanis et terminum (*ut ibi*).

266. Item, quod. al. instrumentum (*ut 263*), continens homagium prestitum magnifico princi(pi) dom. dalphino Viennensi per Aymarum Lunelli de Valle, qui confessus fuit se esse hominem ligium de persona et terminum (*ut ibi*).

267. Item, qued. littera in pendenti sigillata tribus sigillis, videl. sigillo officialis curie Viennensis et ddom. arbitrorum contentorum in dicta littera, scripta anno Dñi M°II^cXL°VI°, continens pronunciacionem et concordiam factam inter Cyboudum dominum de Bellovidere de Marco et Guillelmum ejus filium, ex una parte, et Bernardum abbatem et conventum Sancti Andree Viennensis, super omnibus querelis et questionibus quas habebant ad invicem in villa et parrochia de Moydies.

268. Item, quod. al. instrumentum scriptum manu Fran. de Monte

Joco notarii publ. signatoque signo Alberti de Brayda not. pub., sub anno Incarn. M°CCC°XIIII° et xvᵃ die mensis julii, continens quod dom. Guido Dalphini, dominus Montis Albani, confessus fuit se tenere a domᵒ Johanne dalphino fratre suo castra Valriacii, de Avisano, de Nyoniis, de Monte Albano, de Miribello, de Castro Novo, de Chauviaco, de Venteyrono, de Autana [1], de Sancta Eufemia, de Podio Guigone, de Auripetra, de Pisanczano, de Sancto Nazario, de Sancto Heulaterio, de bastida de Rochifort, de Vinsobriis et de Grillone, et sub homagio ligio; continens etiam quod idem dom. Guido dedit eidem dom. dalphino omne jus quod habebat in toto Dalphinatu et in terra Turris et apud Montem Revellum, et etiam dedit dicto dom. dalphino omnia bona sua si moriretur sine liberis masculis, prout predicta latius continentur in ipso instrumento.

269. Item, quod. al. instrumentum (*ut* 259), die xvᵃ mens. marcii, continens homagium ligium prestitum per dom. Arnaudum de Yserant militem domᵒ dalphino, et recognicionem per eum factam dicto domino de quadam domo sua et de omnibus que habet in mandamento Payrini.

270. Item, quod. al. instrumentum (*ut* 263), continens homagium prestitum per nobilem Guillelmum Alberioni domᵒ dalphino et terminum (*ut ibi*) [2].

271. Item, quod. al. instrumentum (*ut* 263), continens homagium prestitum per Hugonem Raynaudi de Cabeolo domᵒ dalphino et terminum (*ut ibi*).

272. Item, quod. al. instrumentum (*ut* 263), continens homagium prestitum per Durandum Vinayci Sancti Johannis de Auteveone domᵒ dalphino et terminum (*ut ibi*) [3].

273. Item, quod. al. instrumentum (*ut* 263), continens homagium ligium prestitum per Rostagnonum Girini de Sonna domᵒ dalphino et terminum (*ut ibi*) [4].

274. Item, qued. littera sigillo domⁱ Guigonis de Turnone sigillata, continens quod domᵃ Flota, uxor condam domⁱ Assayllini Barba de Eyserant militis, vendidit domᵒ Beatrici dalphine Viennensi Johannem de Baetre et ejus liberos cum omni jure et dominio eorumdem.

275. Item, qued. lictere scripte sub anno Dñi M°CC° obtuãg° I°,

---

1. *En m. A Noᵃ ibi de Autaria.* — 2. *En m. Aᵃ Sanct. Nazar.* — 3. *En m. Aᵃ Payr(ini).* — 4. *En m. Aᵃ Rostagni G.*

die sabati post Assencionem Domini, emanate a magistro Hugone de Sarris officiali Vienne, continentes quoddam compromissum factum inter nobilem virum Drodonem, dominum de Bello Videre, ex una parte et dom. Jacobum de Villa Nova ex alia super quibusdam amicis, et pronunciatio facta inter ipsas partes super juridictione ville de Jarzins, sigillate sex sigillis in pendenti.

276. Item, quod. al. instrumentum scriptum manu Guig. Frumenti notarii publ., sub anno Dñi M°CCC°XXXIX°, indic. VII^a, die XXII^a mensis aprilis, continens permutationem factam inter dom. dalphinum et dom. Hugonem de Gebenna, de castro Visilie et pluribus castris terre Fucigniacii cum aliis castris terre Bricie, que permutationes non fuerunt adimplete.

277. Item, quod. al. instrumentum (*ut* 259), die IX^a mens. marcii, continens homagium prestitum per Matheum de Heres domicellum dom° dalphino.

278. Item, quod. al. instrumentum (*ut* 258), die XIII^a mens. madii, continens homagium factum per nobilem Felisiam, relictam Moleni Quiusveno, dom° dalphino et terminum (*ut* 263).

279. Item, quod. al. instrumentum (*ut* 258), die II^a mens. januarii, continens homagium prestitum per nobilem Guillelmum Farreti de Castro Duplo nomine suo et per Jaymetum ejus fratrem dom° dalphino et terminum (*ut* 263)[1].

280. Item, quod. al. instrumentum (*ut præced.*), continens homagium factum per nobilem virum dom. Petrum Raynaudi militem et terminum assignacionis ad recognoscendum certum tempus jam elapsum ; item etiam recognitionem per ipsum dom. Petrum factam de feudo et in feudum francum et nobile a dicto dalphino, omnia et singula que ipse dom. Petrus habet, tenet et possidet vel alius pro ipso in castro, mandamento et territorio Cabeoli in quibuscumque consistant, salvo prius et retento in predictis homagio in quo tenetur dom° Aymaro de Pictavia.

281. Item, quod. al. instrumentum (*ut* 263), continens homagium factum per Humbertum Bajuli de Cabeolo et terminum (*ut ibi*).

282. Item, quod. al. instrumentum (*ut* 258), (die II^a?) mens. januarii, continens homagium prestitum per Reynerium Berlionis domicellum de Payrino dom° dalphino et terminum recognicionis (!, *ut* 263).

1. *En m. A^a* Cabeoli.

283. Item, quod. al. instrumentum (*ut* 263), continens homagium prestitum per Guichardum Guercii Triviarum domº dalphino et terminum (*ut ibi*).

284. Item, quod. al. instrumentum scriptum manu Andree Saturnini de Sancto Valerio notarii 'publ., sub anno Incarnac. Dñice MºCCCºXXIXº, indic. xIIª, die vIª mensis julii, sigillo magnificis et potentis viri dom. Johannis comitis Forassii cera rubea in pendenti sigillata, continens quod dictus dom. Johannes comes Forassii confessus fuit ad instantiam domᶦ Guigonis dalphini quatrigentas et xxxª unam libras grossorum Turonen. argenti, quolibet Turono pro uno denario computato, habuisse de majori summa in quo idem dom. dalphinus dicto dom. comiti tenebatur pro fidelitate sibi prestita.

285. Item, quod. vidimus factum per curiam officialis Vienne, scriptum manu Johannis Follapays, sub anno Dñi MºIIᶜLVº, continens donacionem factam per dom. Guillelmum de Bellovidere Droneto filio suo, de castro Bellividere de Marco et de castro de Pineto et de mistralia de Vienna et de villa sua de Millef sitam prope Pinetum et de omnibus et singulis que dictus dom. Guillelmus habebat in parrochia de Dueymo cum pleno jure omnium predict., retento usu fructu ad vitam suam.

286. Item, quod. instrumentum (*ut* 259), die Iª mensis januarii, continens recognicionem factam per dom. Aymarum de Brissiaco militem de castro de Veraseuo cum ejus mandamento et territorio, pro quo feudo fecit homagium domº dalphino salva fidelitate comitis Sabaudie.

287. Item invenerunt quamd. litteram prioris majoris Cartusie, sigillo ejus in pendenti sigillata, et difinitorum capituli Cartusie, quod ipsi in toto ordine dabant domⁿ Johanni dalphino bone memorie et domᵉ B(eatrici) de Sicilia ejus uxori omnia beneficia missarum, orationum, astinencia(rum), jejuniorum, vi(gi)liarum, laborum ceterumque bonorum in vita et in morte ipsorum.

288. Item, quamd. litteram scriptam sub anno Dñi MºIIᶜ octagº, die sabbati post Assumptionem beate Marie virginis, missam per ducem Borgondie domᵉ Beatrici comitisse Viennensi et Albonis, quod castrum Ruppis de Cluey, quod dom. Guigo dalphinus condam ceperat pro bono dominio a domᵘ Guillelmo de Rossillione, restitueret nobili viro Raimundo de Clayro, salvis feudo reddibili ipsius castri et quibusdam aliis.

289. Item, quamd. litteram scriptam sub anno Dñi M°II°LII°, III°
kalend. decembris, nobilis Aymari domini de Anonayico, continens
quod ipse Aymarus cepit in feudum a dom° Guigone dalphino, Vienne
et Albonis comite, custodiam ecclesie, ville atque totius territorii de
Quintenas, et quidquid juris et dominii ac dominicature in predictis
ecclesia et villa et hominibus habitantibus in dicta villa et territorio
habebat seu habere poterat aut debebat sub homagio, quod homagium dictus Aymarus fecit dicto dom. Guigoni prout in littera sigillata sigillo ipsius Aymari continetur [1].

290. Item, quod. instrumentum scriptum manu Johannis de
Sancto Dyonisio habitatoris Bellivisus, sub anno Dñi M°III°VII°, die
XXVIIIa mensis marcii, continens quod nobilis vir Jacobus dominus de
Jeresio dedit dom° Guidoni Dalphino, presenti et recipienti, castrum
suum de Viriaco, Viennensis dyocesis, situm supra castrum de Malavalle in pede montis de Montroc, et domum suam de Chavañay,
ejus(dem) dyocesis, sitam prope rippam Rodani, cum eorum mandamentis, territoriis, districtibus, mero et mixto imperio et homagiis,
retento sibi et uxori sue domine de Argentaut usu fructu quamdiu
vixissent, in casu in quo non haberent liberos; et fuit retentus dictus
dom. Guigo de predictis per dom. Ludovicum archiepiscopum Lugdunensem, ut in dicto instrumento continetur [2].

291. Item, quamd. litteram dom' Alberti de Turre, scriptam sub
anno Dñi M°II°LX, XVII°· kalend. decenbris, sigillatam sigillo dicti
dom. Alberti, continentem quod dictus dom. Albertus dedit dom°
Guigoni dalphino feuda Morestelli, Viriaci et tercie partis castri Clarimontis cum suis recognicionibus, et idem dom. Guigo dedit in
feudum predicta dicto dom. Alberto.

292. Item, quod. instrumentum receptum manu Humb' Pilati not.
sub anno Dñi M°III°XXXV, die XIa mensis marcii, continens quod
nobilis Aynardus, dominus Clarimontis, recognovit se tenere in feudum antiquum a domino nostro Humberto dalphino Viennensi castra
de Viriaco, de Peladraco, parrochiam de Volum, parrochiam Sancti
Germani de Cornarosa, cum mandamentis et territoriis eorumdem,
item plus castrum et mandamentum Alte Rippe reddibile [3], item
medietatem fortalicii seu domus sue de Divisino et domum fortem

---

1. *En m.* A De ultra Rodanum. — 2. *En m.* Foresii, Noa retencionem
factam per archiepiscopum Lugdunen. — 3. *En m.* Noa reddibilitatem A. R.

meliorem et forciorem dicti loci ; continens eciam homagium ligium factum per dict. dominum Clarimontis dicto dom. dalphino.

293. Item, quod. vidimus continens productionem testium productorum per bone memorie Aynardum de Claromonte contra dom. Hugonem de Turre condam, super recognicione facienda per ipsum Ay. dicto dom° Hug. de contentis in ipsa lictera, sub anno Dñi M°III^cXIX°.

294. Item, quod. al. instrumentum factum manu Johannis Bovardi notarii, sub anno Dñi M°CCC°XVII°, indic. xv^a, die xx^a aprilis, continens quod dom. Joffredus, dominus Clarimontis, recognovit tenere castrum de Viriaco cum ejus mandamento, et castrum de Peladruco cum ejus mandamento, Sanctum Stephanum de Volum cum parrochia dicti loci et parrochiam Sancti Germani de Cormorasa, exceptis hiis que ecclesia Viennensis habet in dictis parrochiis de feudo domⁱ dalphini Viennensis, et fecit homagium ligium et fidelitatis prestitit juramentum.

295. Item, quod. al. instrumentum scriptum manu Guillelmi Mercatoris notarii publ., sub anno M°II^cLX(X)VIII°, indic. vi^a, iiii° idus junii, continens quod Richardus, filius quondam domⁱ Guigonis Richardi de Sareria militis, recognovit dom^e Beatrici, Viennensi et Albonis comitisse et domine Fucigniaci, recipienti nomine domⁱ Johannis dalphini filii sui, quandam domum sitam apud Malamvallem cum multis hominibus et rebus in ipso instrumento nominatis et continentibus in castro Malevallis, et juravit dictus Richardus esse bonus et fidelis feudatarius eidem dom° dalphini, et predicta fecit dict. Richardus nomine suo et Guillelmeti ejus fratris.

296. Item, quod. instrumentum (*ut* 292), continens recognitionem Aynardi domini Clarimontis factam dom° dalphino castrorum de Viriaco, de Peladruco, parrochiarum de Volum et Sancti Germani et Alte Rippe, mandamentorum et territoriorum eorumdem, item medietatis domus fortis de Diviso, continens eciam alia quedam pacta habita inter ipsos.

297. Item, quod. instrumentum scriptum manu Humbⁱ Pilati de Buxeria not., sub anno Dñi M°III^cXXXIX°, indit. vii^a, die iii^a mensis marcii, continens permutationem factam de castro de Rippis, dyocesis Gracionopolis, per dom. Girardum de Anjo nomine suo et uxoris, et de omnibus juribus eisdem conjugibus competentibus in castro de Tollino, de Bello Crescenti et de Vourey et in tota here-

ditate domini de Tollino condam, factam domino nostro dalphino ad castrum de Servia, quod castrum de Servia tenet de feudo reddibili a dom° nostro dalphino ut in dicto instrumento continetur.

298. Item, quod. vidimus emanatum ab officiali Lugdunensi, scriptum sub anno Dñi M°CC°XC°III°, mense julii, in quo continetur quod dom. Guigo dalphinus quondam debebat Andree de Albone et ejus sociis II^m et II^c libras ex causa mutui.

299. Item, tres lictere scripte in quadam pelle pargaminea per ordinem, prima sub anno Dñi M°III^{c}XXXIX°, die XXII^a mensis augusti, secunda sub eodem anno et die, et tercia sub eod. an. et die, sigillate sigillo dom^i Durandi Apothecarii, judicis civitatis Vienne et Viennesii pro dom° dalphino, continentes due prime lictere extimationem reddituum et censuum castri de Pineto, et ultima continet recognicionem homagiorum quorumdam hominum dicti loci factam dom° dalphino.

300. Item, qued. lictera pargaminea sigillata in pendenti sigillo Guillelmi de Cassenatico, filii quondam dom^i Guigonis de Cassenatico, continens quod dictus Guillelmus dedit dom° Guigoni dalphino quidquid habebat in mandamento et castro de Rovone et quidquid habebat in mandamento et castro de Rancurello, exceptis hiis que tenebat a dom° Berlione de Turre in mandamentis de Armef et de Rovone et quibusdam censibus nominatis in ipsa lictera, que lictera scripta fuit VII° idus junii anno Dñi M°II^{c}LII°.

301. Item, qued. littere sigillate in pendenti quatuor sigillis, scripte die jovis post Invencionem Sancte Crucis, anno Dñi M°II^{c}LXX°, continentes quamdam compositionem olim factam inter dom. B(eatricem) comitissam Viennensem ex una parte et Guillelmum de Rossilione ex altera, super redditione et restitutione castri Ruppis de Cluey.

302. Item, quod. instrumentum factum manu Alberti de Brayda notarii, sub anno Dñi Incarn. M°CCC°I°, die XXI^a mensis octobris, continens recognicionem factam dom° Humberto dalphino condam per dom. Henricum de Turre, de castro et mandamento Vinayci et de hiis que habet idem dom. Henricus in bayllivia terre Turris.

303. Item, qued. littera sigillo Raimundi Berengarii in pendenti sigillata, continens quod idem Raimundus confessus fuit se habuisse a dom° dalphino quartam partem de Ponte [1].

1. *En m. A* De P. in Royanis.

304. Item, quod. vidimus in quo continetur quod capitulum de Romanis et archiepiscopus Viennensis dederunt dom° H(umberto) de Turre domum Pisanciani quam tenebat ab eisdem, factum sub anno M°II°LXXIIII°.

305. Item, quod. instrumentum confect. manu Nicholay Chalvayronis de Ponte notarii publ., sub anno a Nativit. Dñi M°III°XXIIII°, indic. VII^a, videl. XXVIII^a die mensis octobris, continens quoddam debitum M. trescentar. LVI^a librarum et xv solid. Viennensium, computato grosso Turono pro xx denar., quod debitum confitebatur debere dom. Henricus Dalphini, Mettensis electus, dom° Geraldo Durnayssii militi, habitatori Tullini; quod instrumentum invenitur redditum dom° nostro dalphino, per quod presumitur dict. debitum solutum.

306. Item, quod. instrumentum scriptum manu Guig. Frumenti not. pub., sub anno Dñi M°III°XXXIIII°, indic. II^a, die III^a mensis januarii, continens homagium prestitum per Anthonium Boneyri de Payrino dom° dalphino et terminum ad recognosc. jam lapsum.

307. Item, quod instrumentum (*ut præced.*), continens homagium prestitum per Petrum Ergoudi de Creypol dom° dalphino et terminum (*ut ibi*).

308. Item, quod. instrumentum factum et signatum manu Aymonis de Tornafol de Monteluppello, sub anno Dñi M°II°LXXVII°, die mercurii post Nativitatem Domini IIII° idus (!) januarii, indic. VI^a, continens homagium ligium factum per Drodonem dominum Bellivisus de Marco dom° dalphino, et recognicionem per eum factam de castris de Bellovisu, de Pineto, de Villa Nova, de Monteneriis, de Palude, reddibilia dom° dalphino, tunc domino de Turre, cum juridictionibus et hominibus eorumdem [1].

309. Item, qued. littera scripta anno Incarn. Dñi M°II°L°, IX^a junii, continens quod dom^a Flota, mater Aymari de Pictavia, confirmabat quamdam compositionem factam cum domino dalphino prout in ipsis litteris continetur, que littera sigillata est sigillo dicte dom^e Flote in pendenti.

310. Item, quod. instrumentum (*ut 306*), continens homagium prestitum per Guillelmum Cuichie de Sonna dom° dalphino et terminum assignacionis (*ut ibi*).

311. Item, quod. instrumentum factum et signatum manu Alberti

---

1. *En m.* No^a reddibilitatem.

de Brayda notarii, sub anno Dñice Incarn. M°II°XC°IIII°, die sabbati post festum beati Michaelis, continens recognitionem et fidelitatem factam per dom. Heu(s)tachium de Osteduno, canonicum Romanensem, dom° dalphino de omnibus hiis que tenet et possidet in mandamento et districtu Belli Regardi, Valentin. dyocesis.

312. Item, quod. instrumentum scriptum manu Guillelmi Mercatoris clerici, sub anno Dñi M° II° sextuag° VIII°, indit. quarta, x^a kalend. julii, continens solucionem cujusdam debiti factam per dom. Garnerium sacerdotem, nomine dom° Beatricis Viennen. et Albonis comitisse, quibusdam personis nominatis in ipso instrumento pro tribus casalibus sitis apud Moyrencum in loco qui dicitur Poyssorium.

313. Item, quod. instrumentum scriptum manu Humb^i Pilati de de Buxeria not., sub anno Dñi M°III°XXXIIII°, die xix^a mensis januarii, continens recognicionem factam per Guigonem de Hylino, qui confessus fuit se tenere in feudum et de feudo dom^i dalphini Viennensis, tanquam comitis civitatis Vienne, medietatem castri de Hylino et omnia que infra dict. castrum et fossata sunt et clausuram dicti castri ad homagium, quod homagium fecit dom° dalphino, excepto homagio domini Belli Joci.

314. Item reperte sunt due parve littere, una facta anno Dñi M°II°LXXVII° et (alia) eodem anno, continentes factam fuisse solucionem Castello Mercatoris Florentino, de V^m solid. et ab alia parte de CL^a libris bonorum Viennen. per Odonem Berardi castellanum Brianczonesii pro debito IIII^m librar. in quibus dom. Johannes Dalphini et ejus pater tenebantur.

315. Item, quamd. litteram continentem quod Frelinus de Saluciis et Margarita ejus uxor confessi sunt habuisse et recepisse M. libras a dom^e B(eatrice) dalphina, que littera fuit scripta anno M°CCC°IX°, die jovis post festum Pur(ificationis) beate Marie virginis, inclusis in dictis M. libr. quibusdam aliis solutionibus.

316. Item, qued. littera in pendenti sigillata, scripta sub anno Dñi M°III°X°, continens in effectu quod dom. Johannes dalphinus dedit dom° Guigoni, domino Bellivisus, x libras super furno Morasii.

317. Item, qued. littera papalis bulla plumbea Alexandri pape bullata, continens et narrans quod dom. Guigo dalphinus existens extra terram suam, ob timorem carceris sub districtu alterius constitutus, contraxit matrimonium per verba de presenti cum Sicilia filia dom^i Barralis

domini de Baucio, nulla carnali copula subsequta ; attingens annum xv relaxatus ab ipso carcere, protestatus fuit quod sibi dictum matrimonium displicebat et tunc contraxit matrimonium cum dom̊ B(eatrice) de Sabaudia, filia comitis Petri, et prolem ab ea suscepit et dicta Sicilia contraxit Aymoneto comite Sabaudie et ab ea prolem suscepit; ipseque dom. Guigo compunctus consciencia summum pontificem super hoc consuluit : qui per suas litteras mandavit abbati Sancti Theofredi, Anisciensis diocesis, quod super hoc inquireret veritatem et, si ita esset, quod dict. matrimonium cum dicta dom̊ B. contractum legitimum pronunciare curaret.

318. Item, quod. instrumentum factum manu Petri Richonis notarii, sub anno Dñi M°III°IIII°, indit. IIª, die jovis ante festum beati Luce euvangeliste, continens limitaciones antiquas Belli Fortis sibi pertinentes ratione domus de Marnant.

319. Item, qued. littera sigillata in pendenti uno sigillo cereo, facta sub anno Dñi M°CC°XC°III°, continens in effectu quod. dom. Guigo Pagani miles, dominus de Argentas, dedit et reddibit dom° Humberto dalphino castrum de Argentas et de la Feia, et confitebatur se esse vassallum et fidelem dicti dom. dalphini [1].

320. Item, qued. lictera scripta anno Dñi M°II°XXXV°, v° kalend. maii, continens quod priorissa monasterii Sancti Pauli monialium, urgente necessitate de consensu tocius conventus, vendidit et tradidit dom̊ B(eatrici) Vienne et Albonis comitisse, precio xv librar. Viennen., totam terram quam habebat apud Curnillionem.

321. Item, quod. instrumentum (*ut* 313), die XIIª aprilis, continens quod dom. Girardus de Ternef recognovit se tenere a dom° dalphino castrum de Junccheres [2] et castrum Belliregardi cum eorum mandamentis, et fecit homagium propter ea dicto domino, excepto homagio dom¹ comitis Gebennensis, domini Fucigniaci et domini de Jas.

322. Item, quod. vidimus curie officialis Vienne manu Petri Burgarelli de Vienna notarii publ. scriptum, continens tenorem cujusdam publici instrumenti scripti manu Johannis de Sancto Dyonisio habitatoris Bellivisus in Royanis, sub anno Incarn. Dñice M°III°X°, die XVIª mensis septenbris, continens quod dom. Guigo, dominus Bellivisus de Marco, recognovit ill¹ principi dom. Johanni dalphino

---

1. *En m. A*ª Castrum Montis Calvi tenetur in retrofeudo a dom° nostro dalphino ad causam istius castri de Argentaux. — 2. *En m. A* Juncherie.

Viennensi se esse et velle esse hominem ligium ante omnes dominos ipsius dom. dalphini, ratione baronie terre Turris pro castris Bellivisus et Pineti et eorum mandamentis, videl. castrum Bellivisus ad feudum franchum et castrum Pineti reddibile, et homagii prestacionem pro predictis.

323. Item, qued. lictera quodam sigillo in pendenti sigillata, scripta sub anno Dñice Incarn. M°II^{c}XXXVI°, II^u idus aprilis, continens quod dom. Guillelmus de Bellovisu, frater dom^i Syboudi de Bellovisu, dedit donacione inter vivos dicto Syboudo et Guillelmo ejus filio quidquid juris habebat in medietate castri de Pineto juridictionis ejusdem.

324. Item, qued. littera sigillata in pendenti quodam sigillo, sub anno Incarn. Dñi M°CC°XXIIII°, continens quod dom. dalphinus dedit Philippo et Ademaro et Guichardo quasdam possessiones quas tenebat ad manum suam in podio de Cruce et in podio de Monte Cuchie, in territorio Albe Rippe, ad censum XII denar.

325. Item, quod. instrumentum scriptum manu Martini de Remis, anno Dñi M°(CC°)LXXXII°, continens quod dom^a Anna Viennensis dalphina, existens apud Rometam, presentavit senescallo Provincie pro dom° rege Carulo de hiis omnibus que tenebat pater suus ab eo in comitatu Fouch.[1] facere recognicionem et homagium.

326. Item, quod. instrumentum scriptum manu magistri Aymonis de Viriaco notarii publ., sub anno Dñi M°II^{c}LXXII°, continens quod dom. Arnardus Guelini, dominus Ruppis Chinardi, et dom^a Yssabella ejus uxor vendiderunt partem quam habebant in castro de Bello Respectu et in mandamento, dom° Beatrici Vienne et Albonis comitisse, recognoscendo quod nichil juris habebant in summitate dicti castri, cujus castri mandamentum durat ab una parte usque ad aquam Ysse et ab alia usque ad Pissanum et ab alia usque ad mandamentum Ostuduni.

327. Item, qued. littera dom^i Humberti dalphini Viennensis et dom^a Anne ejus uxoris, scripta sub anno Dñi M°II^{c}LXXXII°, continens quod ipsi conjuges confitebantur tenere in feudum ab episcopo Aniciensi et tenuisse eorum predecessores a predecessoribus ipsius dom^i episcopi canoniam ecclesie Beate Marie Aniciensis, de qua ipse et antecessores sui fuerunt canonici, item XV libras Podienses

---

1. *En m.* Comit. Folcaquerii.

annuales percipiendas supra altare Beate Marie Anicien. de parte dicti dom. episcopi, et domum de Gratalops cum capella ibi contigua vocata Sancti Michaelis cum suis pertinentiis, et ea que habebant et ab ea tenebantur in territorio vocato Rossada cum dominiis, juribus et pertinentiis suis, quod territorium est in valle Aniciensi, et ea que habebant et ab eis tenebantur infra civitatem Aniciensem, et beneficium et jus quod habebat in predicta ecclesia pro pecunia quam in aventu ipsorum supra altare inveniunt et accipere possunt et dare cui volunt, et eciam in adventu ipsorum recipi debent processionaliter per episcopum et canonicos ipsius ecclesie, et debent providere dom° dalphino prima die et in nocte in expensis in adventu suo, et amplius feudum de Landuf dicte diocesis et feudum castri de la Fayia, et pro predictis fecit homagium predicto dom. episcopo dictus dom. dalphinus.

328. Item, quod. instrumentum seu licteram dom¹ archiepiscopi Lugdunensis, sub anno Dñi M° II^{c}XXVII°, continens quod dicto archiepiscopo tractante pacem inter Arthaudum de Rossillon et ejus filium ab una parte et Girardum condam filium Poncii de Rossillon ex altera, dom. dalphinus ibi existens fuit protestatus de jure quod habebat in Rossillon et quod nolebat quod ea que tractabantur cederent in ejus prejudicium.

329. Item, quand. aliam licteram Aymarii filii comitis Valentini, ejus sigillo in pendenti sigillatam, sub anno Dñi M°II^{c}XLV°, IIII^a kalend. octobris, continentem quod dictus Aymarus promisit et juravit supra sancta Dei Evangelia juvare dom. Guigonem dalphinum de sua guerra contra omnes homines, quod nisi faceret concedebat quod omnia feuda que tenebat ab eodem dom. dalphino essent comissa.

330. Item, qued. littera in pendenti sigillata, scripta sub anno Dñi M°II^c octag° VII°, in vigilia Nativitatis Domini, continens quod Drodo dominus de Bello Videre mandabat hominibus quos habebat apud Cabiolum, ut facerent homagium dom° Humberto dalphino.

331. Item, unum vidimus cujusdam littere dom¹ Guigonis dalphini factum mandato officialis Gracionopolis [1], continens quod existente dom° Sylvone de Clayriaco in carcere, idem dom. dalphinus comissit custodiam castri Ruppis de Cluey Guillelmo de Rossilone, qui promisit eidem dom. dalphino ipsum castrum ipsi dom. Sylvoni

---

1. *D'abord* Vienne.

restituere ab ipso ... cere liberato, et si contingeret predictum dom. Sylvonem in dicto carcere mori quod dict. castrum restitueret dicto dom. dalphino pro dominio suo, prout hec et multa alia in dicta littera continentur, que littera scripta fuit anno Dñi M°II°LXV°.

332. Item qued. lictera fuit reperta sigillata tribus sigillis, dom¹ Guigonis dalphini et dom¹ Aymari de Pictavia comitis Valentini et Rogerii de Clayriaco, scripta sub (anno) Dñi M°II°LXII, die dominica ante Nativitatem beate Marie, continens quasdam conventiones dicti dom. Guigonis et dicti Rogerii, inter quas inter cetera continetur quod prefatus dom. Guigo remissit omnes injurias et dampna data ipso dom. dalphino per ipsos dom. Sylvonem et Rogerium, et pro dicta remissione idem Rogerius dedit dom° dalphino castrum de Rocha Blauna cum omnibus juribus et pertinentiis suis, et recognovit ab eo tenere in feudum castrum de Mercurol, et multa alia ibidem continentur tangentia dictam pacem.

333. Item, quamd. litteram dom¹ Guigonis dalphini, scriptam sub anno Dñi M°II°LVI°, die martis ante Nativit. b° Marie, continens quod ipse dom. dalphinus promisit et juravit Aynardo domino de Claromonte solvere XII^m solid. Viennen. pro dote Alasie filie quondam domini de Vilar, quam dictus Ay. volente et tractante dicto dom. dalphino duxit in uxorem, et pro ipsa dote solvenda dedit plures fidejussores dicto Ay.

334. Item fuit repertum quod. instrumentum factum manu Alberti de Breyda notarii, sub anno Dñi M°II°XC°IX°, continens quod castrum Montis Revelli fuit redditum per gentes dom¹ dalphini senescallo ¹ Masticonensi pro dom° rege Francorum.

335. Item, qued. littera in pendenti sigillata, scripta sub anno Dñi M°II°LXVII°, continens procuracionem factam per Guillelmum de Rossilione ad tradendum castrum Ruppis de Cluey dom° dalphino, et recognicionem factam per ipsum Guillelmum de dicto castro dom° dalphino.

336. Item, qued. littera duobus sigillis in pendenti sigillata, scripta sub anno Dñi M°III°XVII°, continens soluciones factas nomine dom¹ Johannis dalphini per Andream Czuppi condam societati Bardorum de Florentia.

337. Item, qued. al. littera scripta sub anno Incarn. Dñi M°CCC°

---

1. *D'abord* bayllivo.

XXVII°, sigillo magnifici et potentis viri dom. Johannis comitis Foresii cera rubeo in pendenti sigillata, continens quod idem dom. Johannes comes Foresii confessus fuit habuisse a magnifico principe d° Guigone dalphino Viennensi, de summa majori in qua dictus dom. dalphinus eidem comiti tenebatur, videl. M et V^c florenos auri de Florentia boni ponderis, de quibus dictum dom. dalphinum et suos fidejussores solvit et quittavit.

Et sunt dicte due littere supra proxime registrate simul in quadam buxida que superscripta est.

338. Item, quod. al. instrumentum receptum manu Humbⁱ Pilati not. pub. et grossatum manu Johannis Amandrini not. pub., sub anno Dñi M°CCC°XXVIII°, indic. XI^a, die II mensis madii, continens homagium et fidelitatem prestitum per dom. Fremondum, dominum de Tolojone, dom° Guigoni dalphino Viennensi, salvis fidelitatibus dom. comitis Altisiadorensis et domini de Vilariis, et debet facere guerram ipse et heredes sui de personis suis et de castro de Tolojone et mandamento ejusdem contra quascumque personas, exceptis dominis supradictis.

339. Item, qued. littera sigillis magnifici et potentis viri dⁱ dalphini et domini de Chata in pendenti sigillata, scripta sub anno Dñi M°CC°LX°II°, continens quod Franco de Chata, filius condam domⁱ Amedei domini de Chata, recognovit se tenere a dom° Guigone dalphino Viennensi castrum et mandamentum de Chata cum omnibus pertinentiis et appendenciis ipsius castri et mandamenti reddibilia ad homagium et fidelitatem, et confessus fuit quod in mutatione domini et vassalli vexillum domⁱ dalphini debet poni supra domum dicti castri, et pro predictis homagium ligium dicto dom. dalphino prestitit cum juramento fidelitatis.

340. Item, qued. littere sigillate in pendenti tribus sigillis, videl. sigillis domⁱ dalphini, episcopi Gracionopolis et capituli Sancti Andree Gracionopolis, scripte anno Dñice Nativit. M°CC°XXXIX°, v° idus julii, indic. XII^a, continentes quod Guillelmus de Belveyr, pater Guillelmi de Falaverio, recognoscebat se olim obligasse pro summa III^m solid. Viennen. dom° Beatrisie, Vienne et Albonis comitisse, castrum de Septimo et confitebatur dict. dominus de Bello Visu dictum castrum de Septimo et de Falaverio teneri in feudum a dom° dalphino, et dict. castrum de Septimo dabat dicte dom° Beatrisie dalphine et ejus filio, prout hec et plura alia in dict. litteris continentur.

341. Item, quod. vidimus in forma publica manu Aymonis de Torna Fol de Monte Lupello signatum et scriptum manu Alberti de Brayda notariorum public., sub anno Dñice Incarn. M°CCC°I°, die XII^a mensis octobris, continens quod Aymo de Bossulello [1], dominus de Malo Beco, pro se et heredibus et successoribus suis confessus fuit et in veritate recognovit se tenere a magnifico dom. Humberto dalphino Viennensi dominoque de Turre, ratione baronie de Turre, in feudum non tamen reddibile res, castra et mandamenta infra scripta et infrascriptas, videl. castrum de Malo Beco et totum mandamentum ipsius castri, item castrum et mandamentum de las Esparras, item castrum seu poypiam de Monlyopart, item castrum seu fortalicium de Pusigniaco et totum feudum quod illi de Pusigniaco tenent in feudum a dicto Aymone; item racione dicti Dalphinatus Viennensis, domum et feudum de Rippa Bondrieu, item villam de Vermella; item et racione baronie de Turre, Vireuz, Lessartos, item magnum iter publicum Sancti Albani; item quitquid idem Aymo habet et habere potest per se vel per alium infra castrum et parrochiam Burgondii ex quacumque causa, et omnes terras cultas et incultas, prata, nemora, molendina, stagna, ripperias, piscarias, jura, census, servicia, feuda et homagia que dict. Aymo... vel alius ab eo infra castra et mandamenta predicta, et inde habuit occias [2] centum libras Viennen. et pro predictis prestitit homagium ligium dicto dom. dalphino, prout hec et quedam alia continentur in dicto instrumento.

342. Item, quod. al. instrumentum scriptum manu Guig. Frumenti not. pub., sub anno Dñi M°CCC°XXXIIII°, indic. II^a, die XVII^a mensis febroarii, continens homagium prestitum per Guiotum Ferlay domicellum racione castri Montis Luppelli contra omnes alias personas, excepta tamen fidelitate in qua tenetur dictus Guiotus domino Miribelli, quod homagium prestitit domino nostro dalphino, et terminum assignacionis ad recognoscendum certum tempus diu est lapsum.

343. Item, qued. lictera continens aliquam concordiam ad tractatum amicorum factam inter religiosos viros dom. Guillelmum abbatem et conventum monasterii Boni Vallis, Viennensis diocesis, ordinis Cistarciensis [3], ex una parte et habitatores parrochie de Villa

---

1. A^a Bossosello. — 2. A^a occies. — 3. A Sis...

Nova ex altera, super pascuis dicte parrochie et dicti monasterii.

344. Item, qued. littere scripte sub anno Dñi M°CC°XLII°, x kalend. augusti, sigillate x sigillis, continentes testamentum Syboudi domini Bellivisus de Marco.

345. Item, qued. al. littere scripte anno Dñi M°CC°LXVII°, IIII° nona junii, sigillate in pendenti duobus sigillis, continentes quod dom. Artaudus, dominus Rossillionis, dedit dom° Guigoni dalphino quitquit habebat in domo de Landrus et in villa et parrochia de Espinosa, cum pluribus condicionibus in ipsis litteris contentis.

346. Item, quod. instrumentum scriptum manu Guillelmi (de) Ulcio notarii publ., sub anno Dñi M°CC°L.VIII°, indict. Iᵃ, die veneris post octabas Apericionis Domini, continens donationem factam dom° dalphino per Guichardum, fratrem Lumbardi de Vinay, de omni jure quod habebat in bonis dicti Lumbardi fratris sui [1].

347. Item, qued. littere scripte sub anno Dñi M°CC°XXXIIII°, III° idus januarii, continentes quod Guillelmus de Bello Visu dedit Guillelmo Philosio quicquid habebat apud Pinetum.

348. Item, quod. instrumentum (ut 342), die IIᵃ mens. januarii, continens fidelitatem et recognicionem prestitam per nobilem Guillelmum Jarreti de Castro Duplo, nomine suo ut dicebat et Jaymeti fratris, domino nostro dalphino de omnibus hiis que habent, sive sint possessiones, res ac totum affare quod et quas tenent apud Cabeolum et in mandamento et territorio ejusdem, et terminum (*ut ibi*).

349. Item, quod. instrumentum scriptum manu Petri Johannayres de Bauna, Paduensis diocesis, auctoritate imperiali notarii publ., sub anno Nativ. Dñi M°CCC°XXIX°, indic. XIIᵃ, die IIIᵃ mensis februarii, continens quod providus vir Johannes condam Rossi de Javifillacii de Florencia, apud Romanam curiam in civitate Avinionensi personaliter constitutus, fecit, constituit et ordinavit suum verum et legitimum procuratorem, actorem, factorem et negociorum gestorem ac nuncium specialem discretum virum Bartholum alias nominatum Bardo condam Setis de Florentia presentem, ad petendum et omnia faciendum que in dicto instrumento continentur.

350. Item, qued. littera tribus sigillis sigillata, (s)cripta sub anno Dñi M°CCC°X°, die veneris ante (festum) bᵗ Bartholomei apostoli, continens quoddam compromissum factum inter dom. Guillelmum de-

---

1. *En m. A*ᵃ Videatur pro facto de Nerpo.

canum et capitulum sancte Viennensis ecclesie, ex una parte, et dom. Guigonem dominum Bellivisus, ex altera, super omnibus causis usque ad presentem diem.

351. Item reperta est qued. littera duobus sigillis sigillata inpendenti, scripta sub anno Dñi M°CC°LXXVI°, die dominica ante festum b° Marie Magdelenes [1], emanata a dom° Francisco de Bernenc, judice tunc dom¹ comitis Sabaudie, et dom° Anthonio de Turnone milite, bayllivo in dicta terra pro dicto comite, continens limitationes et terminos territoriorum et juridictionum castrorum de Septemo ex una parte, de Bello Videre ex altera et de Sancto Jeorgio de Esperenchia ex altera, ordinatos et declaratos per dictos bayllivum et judicem de consensu domini de Bello Videre de Marco ; et primus terminus incipit a ponte F.veste et tendit per iter quo itur versus et per ante portam de Lagier, et a porta de Lagier per viam de Playni usque a la charpena de Murz, et de charpena de Murz per combam de Val Freyde usque ad aquam que vulgaliter dicitur Vessanna, et a dicta Vessanna recte usque ad sorbaut de Fromental, et a dicto sorbaut versus pratum quod tenet Aymo Tormerz de dom° Guillelmo de Villa Nova, et a predicto prato recte usque ad carsatam stagni condam dom¹ Alberti de Barnol' militis ; et continetur etiam in dicta lictera quod animalia de Septemo possunt intrare causa pasquerandi territorium de Bello Videre et animalia de Bello Videre possunt intrare territorium de Septemo, qualibet nocte debent redire ad fecta sua sive cubilia sine aliqua exactione : et ita fuit cognitum et ordinatum per dom. Petrum de Uncteu et dom. Guillelmum de Villa Nova milites, et approbatum per dictos dd. judicem et bayllivum et dominum de Bellovidere, ut in dicta littera continetur.

352. Item, quod. publ. instrumentum (*ut* 342), die III³ mens. januarii, continens homagium ligium de persona per Petrum Morelli de Albone dom° nostro dalphino et terminum (*ut ibi*) et quedam alia in dicto instrumento contenta.

353. Item, quod. al. instrumentum (*ut* 348), continens quod nobilis Hugo Larderie de Tuyriaco, procurator et procuratorio nomine ad hec dom¹ Bertrandi de Monte Meyrano militis, confessus fuit... et publice recognovit se tenere et tenere debere in feudum francum et nobile a domino nostro dalphino omnia universa et sin-

1. *A Mand...*

gula que dictus dom. Bertrandus vel alius pro eo habet, tenet et possidet in castro, mandamento, districtu et territorio Cabeoli, nichilominus ipsum dom. Bertrandum teneri et debere, in casu in quo dictum castrum Cabeoli per quemcumque obsideretur vel obsidi speraretur, intrare personaliter dict. castrum Cabeoli cum armis sibi decentibus, et terminum (*ut* 342).

354. Item, quod. publ. instrumentum (*ut* 352), continens quod Johannes Girini de Sonna recognovit se esse hominem ligium de persona magnificis viri dom. Humberti dalphini Viennensis et eidem homagium cum juramento debito prestitit, et fuit sibi dies adsignata ad particulariter recognoscendum ea que tenet a domino et fuit protestatus per dict. dominum de jure suo.

355. Item, qued. littere scripte sub anno Dñi M°CC°LXXIIII°, continentes quandam composicionem factam inter dom. Silvonem, dominum de Clayriaco, et dom. Lambertum, dominum de Scabiolo, super facto Pissansiani.

356. Item, qued. littera quodam sigillo in pendenti sigillata, scripta sub anno Dñi M°CC°LII°, continens quod dom. Folco de Sancto Georgio obligavit dom° Guigoni dalphino Viennensi, pro C libris Viennen., jura universa que habebat in poypia de Sancto Georgio et in Cornatis cum quibusdam aliis.

357. Item, quod. instrumentum publ. scriptum manu Petri Chaurini notarii publ., sub anno Dñi M°CC°LXV, indict. VIII^a, die XIII^a mensis augusti, continens recognicionem factam per dom. Guillelmum de Illino et Secletum ejus nepotem dom° Guigoni dalphino, de medietate pro indiviso castri de Illino et inde idem dom. Guillelmus et ejus nepos prestiterunt eidem dom. Guigoni homagium ligium ; item confitetur eciam idem dom. Guillelmus de Illino et eciam recognoscit eidem dom° Guigoni... se habere et tenere in feudum et nomine feudi ab ipso..., videl. castrum seu bastidam Montis Bonun de Costis, et quod ipsum castrum seu bastidam tenetur ipsi dom. Guigoni dalphino et suis reddere quandocumque ab ipso seu aliis ejus nomine extiterit requisitus, et inde fecit pro predictis homagium et recognicionem.

358. Item, quod. publ. instrumentum scriptum manu Stephani de Illuriaco notarii, sub anno Dñi M°CCC°XXXIIII°, continens homagium nobilis Rollandi de Veyna prestitum dom° dalphino.

359. Item, quid. rotulus pargamineus continens transcriptum litterarum et quosdam articulos super facto Pisanczani.

360. Item, quod. aliud instrumentum scriptum manu Alberti de Brayda notarii publ., sub anno Dñi M°CC°XC°VII°, scil. die festi Omnium Sanctorum, continens homagium prestitum dom° nostro dalphino per nobilem Falconem dominum Montis Scanuti, homagio et fidelitate domini Clarimontis semper salva [1].

361. Item, quod. publ. instrumentum scriptum manu Johannis de Sancto Dyonisio, sub anno Dñi M°CCC°VI°, die VIII[a] mensis septenbris, continens pactiones et convenciones habitas et juratas [2] per illustres viros dños Humbertum dalphinum Viennensem, Johannem Dalphini comitem Vapincensem et Guidonem Dalphini, ejusdem liberos, ex una parte et nobiles dom. Drodonem dominum de Bellovisu de Marco et Guigonem ejus filium, nomine Roleti filii dom[i] Rodulphi domini condam de Intermontibus, generi dicti dom. Drodonis, ex altera, super recognicione et convencione facienda de castro de Intermontibus per dictum Roletum.

362. Item, quod. publ. instrumentum manu Jacobi Chaurerii notarii publ., sub anno Dñi M°CC°LXX°VII, indic. v[a], mense januarii, die lune post festum b[i] Anthonii, continens quod nobilis vir Aynardus de Castro Novo dedit donatione inter vivos ill[i] viro dom. Humberto domino de Turre omne jus et omnem actionem quod et quam ipse Aynardus habet vel habere posset in castro seu domo de Pisanczano occasione concessionis et instituti facte seu facti eidem Aynardo a nobili viro dom. Lanberto de Cabeolo, cum omnibus dominiis, juribus et pertinentiis.

363. Item, qued. scriptura facta sub anno Dñi M°CC°XLIX°, continens quod dom. Guigo dalphinus bone memorie fecit pacem et concordiam inter Berlionem [3] de Turre, dominum de Vinniaco, et ejus homines ex una parte et Odobertum dominum de Castro Novo et ejus homines ex altera, super dapnis, injuriis et homicidiis hinc inde factis.

364. Item, qued. lictera continens quod dom. Guigo, dominus de Tullino, confessus fuit habuisse a dom[a] Beatrice, Vienne et Albonis co(m)itissa et domina Fucigniaci, VI[xx] libras bonorum Viennen.

1. *En m.* Perquiratur ad sciendum si recognovit illa que habet in mandamento Sancti Stephani de Sancto Juers. — 2. *A* juriat. — 3. *A* Berel.

quas promissit solvere eidem domine, una cum III^m solidor. pro aquirimmento de Tollino.

365. Item, qued. lictera officialis Viennensis, scripta sub anno Dñi M°CCC°IIII°, continens quod dom. Humbertus de Miribello, nomine dom° Philippe uxoris sue, confessus fuit habuisse a dom° Drodone domino Bellivisus de Marco, patruo dicte dom° Philippe, de dote ipsius domine, videl. VIII^c libras bonorum Viennen.; — 366. Item, alia lictera scripta anno Dñi M°CC°XC°VIII°, continens quod idem dom. Humbertus de Miribello confessus fuit a dicto dom. Drodone habuisse ex causa predicta IIII^c libras bonorum Viennen.

367. Item, qued. littere duobus sigillis in pendenti sigillate, scripte sub anno Dñi M°CC°LX°V°, mense junii, continentes quod dom. R(ainaldus) comes Forensis et dominus Bellijoci et Ysabella comitissa Forensis et domina Bellijoci, uxor ejusdem, posuerant in fidejussione quadam dom. Guigonem dalphinum in manu Hugonis Michalli, super II^m et quadringentis libris Viennen.

368. Item, quod. al. instrumentum scriptum manu Petri Chaurini notarii pub., sub anno Dñi M°CC°LX°II°, indic. nona, pridie kalend. junii, continens quod dom. Symondus de Anjo fecit homagium ligium dom° Guigoni dalphino Viennensi et confessus fuit tenere ab eodem omnia ea que tenebat apud Jarceu.

369. Item, quod. al. instrumentum scriptum manu Martini de Castro Forti notarii publ., sub anno Dñice Incarn. M°CCC°XL, ultima die mensis maii, continens quod omnes persone tocius mandamenti et castri Balme Ostoduni quictaverunt et remiserunt dicto notario, stipulanti et recipienti nomine magnifici principis dom. Humberti dalphini Viennensis, quicquid ipse et predecessores sui habuerant ab eisdem.

370. Item, qued. littera duobus sigillis sigillata, scripta sub anno Dñi M°CC°LXXI°, die veneris post Reminiscere, continens compromissum factum inter dominum de Turre ex una parte et dom. Hyssabellam comitissam Forassii, dominam Belli Joci, ex altera super omnibus injuriis et c(eteris) et specialiter super facto de Lent.

371. Item, qued. littera sigillata in pendenti, scripta sub anno Dñi M°CC°XXX°, XVI° kalend. febroarii, continens quod dom^a Margarita, filia condam dom° Beatricis duchisse et Vienne comitisse, confessa fuit habuisse a dom° Andrea dalphino fratre suo centum marcas

argenti pro legato sibi facto per dictam dom. Beatricem et quitationem de predictis.

372. Item, qued. littera in pendenti sigillata, continens quod dom. Hugo Richardi confessus fuit se tenere in feudum a dom⁰ Guigone dalphino quitquid habebat in castro et mandamento de Perau et pertinentiis ejusdem, et pro predictis homagium ligium eidem fecit, scripta sub anno Dñi M°CC°LIII°, indict. xıª.

373. Item, quod. instrumentum scriptum manu Berengarii Crispini, sub anno Dñi M°CC° octuag° VII°, ıxª septenbris, continens inventarium bonorum receptorum a Johanne de Cruce [1] per Jacelmetum de Prayvellum, castellanum de Valle, nomine dom¹ dalphini racione dicte castellanie.

374. Item repertum est quod. memoriale comitis Gebennensis, continens concordias factas inter ipsum comitem et dom. Guigonem dominum Fucigniaci, super castro Gallardi, videl. quod dominus Fucigniaci possit facere guerras contra quascumque personas et contra comitem Sabaudie, et plura alia que in dicto memoriali continentur sigillatoque duobus sigillis in pendenti.

375. Item, qued. littera cujus sigillum non apparet, scripta sub anno Dñi M°CC°XXXIX°, v° idus madii, continens quod Guillelmus Richardi et uxor condam Petri de Bellagarda, mater et tutrix liberorum ejusdem, atque Jocerandus Aymari tutorio nomine cesserunt imperpetuum castrum de Bella Guarda sub dominio Viennensis et Albonis comitatus, ipsum castrum de feudo ejusdem comitatus sussipientes in feudum reddibile.

376. Item, qued. littera scripta anno Dñi M°CC°LI°, vıı° ydus septenbris, continens quod Philippa comitissa Valentina dedit Rogerio, filio viri nobilis Petri Bermondi, castrum et terram de Clayriaco et quod rogabat dom. Guigonem dalphinum quod dictum Rogerium retineret de dicta terra et investiret.

377. Item, quod. vidimus factum sub anno Dñi M°III°XXXV°, die sabbati in festo b¹ Martini hyemalis, scriptum manu Johannis de Polongiis, continens testamentum Sylvonis de Clayriaco.

378. Item, quod. instrumentum scriptum manu Stephani Roberti de Vapinco notarii publ. et signatum signis aliorum sex notariorum, sub anno Dñi M°III°XL°, indic. vıııª, die xxª mensis junii, conti-

---

[1]. Aª Turre.

nens homagium prestitum per nobilem virum Aynardum vice comitem et dominum Clarimontis dom° Humberto dalphino Viennensi, salvo homagio ecclesie Viennensis, nec non et recognicionem per ipsum dominum Clarimontis factam de castris de Viriaco, de Peladruco, de Sancto Stephano de Voluleyno, de parrochia Sancti Germani de Cormorasa, de castro de Alta Rippa, de medietate bastide de Divisino; continens etiam quod idem dom. dalphinus dictum Ay. fecit vice comitem Clarimontis in Triviis et de Royssanis, Dyensis diocesis, continens eciam plures pactiones et convenciones inhitas inter dictum dom. dalphinum et vicecomitem Clarimontis, que in presenti regestro propter prolixitatem narrari non possunt.

379. Item, qued. litere scripte apud Sanctum Albanum, in domo abbatis Sancti Petri foris portam, coram notario officialatus Lugdunensis, sub anno Dñi M°CCC°VII°, die xxviii⁴ mensis marcii, que debuerunt sigillari sigillo officialis Lugduni et sigillo archiepiscopi dicti loci, licet sigillate non fuerint reperte, continentes quod nobilis Jacobus dominus de Geireysio dabat dom° Guidoni Dalphini castrum suum de Viriaco situm supra castrum de Malavalle, Viennensis diocesis, et domum suam de Chavannay, ejusdem diocesis, cum suis juribus et pertinentiis, et originale est registratum in registro instromentorum terre Turris.

SEQUNTUR INSTRUMENTA DOMINORUM AYMARI ET LUDOVICI DE PICTAVIA ET ALIORUM PICTAVIENSIUM
Continentia homagia et recognitiones per eosdem factas et facta domino nostro dalphino Viennensi.

380. Primo, quedam litera sigillata tribus sigillis, scripta anno Domini M°CC°XXIII°, continens quod Aymarus de Pictavia petebat a dalphino XXX^m solidos pro restitutione dotis filie ipsius dom^i Aymari de Pictavia uxorisque dicti dom^i dalphini, et fuit concordatum quod eidem Aymaro solverentur XX^m, prout hec et plura alia in dicto instrumento continentur.

381. Item, qued. litera in pendenti quinque sigillis sigillata, scripta sub anno M°CC°LVIII°, continens recognitionem factam dom° dalphino de castro et burgo Stelle per Aymarum de Pictavia, et plures alias conditiones in ipsa litera contentas.

382. Item, qued. lictera duobus sigillis in pendenti sigillata, scripta sub anno Dñi M°II^c octuag° III°, pridie idus julii, continens

tractatum habitum inter dom. Humbertum dalphinum Viennensem ex una parte et dom. Aymarum de Pictavia, comitem Valentinum, ex altera, super contractu matrimonii unius filiarum dicti dom. dalphini et unius filiorum dicti dom. Aymari.

383. Item, qued. litera sigillo dom' Aymari de Pictavia in pendenti sigillata, scripta sub anno Dñi M°CC°LXXXVII°, die martis post festum Nativitatis Domini mense decembri, continens promissionem factam per dictum dom. Aymarum dom° Anne dalphine et dom° Humberto ejus marito, de reddendo et quittando obligationem eidem dom. Aymaro per dictos dominos in dominum factam de castro de Cabeolo, quod sibi obligaverant pro II^m libris Turonen. parvorum et pro expensis et interesse inde sustentis.

384. Item, qued. litera sigillo dom' Aymari de Pictavia in pendenti sigillata, scripta sub anno Dñi M°II^cLXXXIIII°, die mercurii post festum beati Vincentii, continens quod dom. Ademarus predictus confessus fuit se tenere baroniam et feudum baronie terre Clariaci et Rupis de Cluy tenere reddibilem a dom° dalphino, et confessionem etc. ipsius dom. Ademari de homagio inde debito.

385. Item, quod. vidimus emanatum ab officiali Gracionopolis, confectum manu Johannis Amandrini et subscriptum et signatum manibus Raimundi Villeti et Johannis de Valle notariorum public., sub anno Nativit. Dñi M°III^cXXXIIII°, II° indict., die IX^a mensis junii, cujus originale continet homagium dom' Aymari de Pictavia, comitis Valentini, prestitum dom° dalphino pro castris infra scriptis, videl. pro castris Montis Clari, Verone, Podii Acuti, Mon(asterii) et juribus eorumdem, secundum continentiam et formam in dicto instrumento confecto.

386. Item illico repertum fuit originale supra designatum, scriptum ma(nu Ai)monis Ortolani notarii publ., sub anno Dñi M°CC°XC VIII°, die VII^a septembris, XII^a indict., continens in effectu verba que superius proxime enarrantur.

387. Item, quod. publicum instrumentum scriptum manu Bartholomei de Privatio, Vivariensis diocesis, sub anno Incarnat. Dñi M°CCC° VIII°, videl. die festi b^i Laurentii, continens recognitionem factam dom° Johanni dalphino Viennensi per dom. Aymarum de Pictavia, qui confessus fuit se tenere a dicto dom. dalphino in feudum et de feudo ipsius turrim antiquam, salam et burgum castri de Stella, prout in instrumentis recognicionum alias factarum continetur, item jus quod

habet in castro Sancti Nazarii et pertinentiis ejusdem, item feudum quod ipse habet in parte quam tenet dom. G(uilelmus) de Pictavia in terra et segnoria castri Clariaci et Rupis de Cluy, item et castrum Montisclari cum ejus pertinentiis, et omnia alia si plura reperirentur dicto dom. dalphino et ejus antecessoribus recognita in instrumentis seu cartis per ipsum factarum domᵒ G(uigoni) dalphino condam vel domᵒ Humberto olim dalphino patri domⁱ Johannis, et pro predictis dictus dom. Aymarus homagium ligium dicto dom. dalphino prestitit.

388. Item, quod. publ. instrumentum scriptum manu Raimundi Esmini de Upaysio notarii publ., sub anno Dñi MᵒCCCᵒXXXIIᵒ, die xixᵃ mensis septembris, continens quod dom. Aymarus de Pictavia, comes Valentinen. et Diensis, confessus fuit et recognovit se tenere et tenere debere in feudum domᵒ Guigoni dalphino Viennensi res infrascriptas, videl. castrum de Stella sub certa forma, item terram suam de Roanis, terram Clayriaci, Montis Clari sub certa forma, castrum de Verona, medietatem ville de Taulignano, Pontem Aujart, medietatem et duodecimam partem Audefredi et territoria que sunt citra aquam vocatam Les, et feudum quod tenent in mandamento dicti castri heredes P(etri) de Montejovis, et plura alia feuda in dicto instrumento declarata et specificata, et inde prestitit eidem dom. dalphino homagium sub forma in dicto instrumento contenta.

389. Item, quod. al. instrumentum manu notarii proxime dicti confectum, sub anno, indict., die et loco quibus supra, continens etiam verba in effectu que in alio proxime dicto instrᵗᵒ continentur.

390. Item, quod. pub. instrumentum (*ut* 388)... Upasio... an. Incarn. Dñice... bris, ıᵉ indict., cont. q. d. A. de P., c. V. et D. recogn. se ten. de feudo et dominio dⁱ Guigonis dalph. Vien. res et bona infrascripta, vid. castrum de Stella prout in instrumento compositionis condam facte inter predecessores dict. dominorum plenius continetur, it. terram suam de Royanis et terram Clayriaci quam tenet a dicto dom. Aymaro dom. Guillelmus de Pictavia, Montem Clarum, Bellum Fortem cum territorio, excepto facto Monasterii quod fuit domⁱ episcopi Valentinen. et Diensis, castrum (*l.* 8)... ano et Pont... Les versus dict. castrum, et feud... castri ab eo ultra dict. aquam versus Alanconem her. Petri de Monte Jovis, item et quedam alia feuda in dicto instrᵗᵒ contenta.

391. Item, quod. publ. instrumentum confectum manu Guig. Frumenti et subscriptum manu Humbⁱ Pilati not. pub., sub anno

Dñi M°CCC°XXXVIII°, indict. vɪᵃ, die xxvᵃ mensis aprilis, continens homagium et recognitionem facta domino nostro dalphino per dom. Aymarum de Pictavia, videl. de castro et burgo Stelle, item terram de Royanis, de Monteclaro et plura alia feuda specificata et declarata in eodem instrumento ¹.

392. Item, quod. pubⅼ. instrumentum scriptum manu Guig. Frumenti not. pub. et subscriptum manu Raimundi Humberti de Chapilliano notarii publ., sub anno Dñi M°CCC°XLII°, indic. xᵃ et die ɪɪɪɪᵃ mensis aprilis, continens recognicionem et homagium prestitum et factam illⁱ principi dom. Humberto dalphino Viennensi per magnificum virum dom. Ludovicum de Pictavia, videl. castrum de Stella, item terram de Roanis et de Monte Claro et plura alia specificata in eodem instrumento.

393. Item, quod. al. instrumentum publ. scriptum manu Stephani de Mascone notarii publ., sub anno Dñi M°CCC°XIIII°, die vɪ mensis decembris, continens recogniciones homagiorum factas per homines de Romanis Guigoni Brossii, recipienti nomine domⁱ nostri dalphini, et promissionem factam per ipsos homines de dando dicto domino certam quantitatem pecunie anno quolibet, prout de predictis omnibus in dicto instrumento plenius dicitur contineri.

394. Item, quod. al. instrumentum publ. scriptum manu Guig. Frumenti not. pub., sub anno Dñi M°CCC°XLI°, die xxvɪɪɪ° maii, continens hostagiamentum nonnullorum hominum de Romanis in ipso instrumento nominatorum et prout in eodem continetur.

395. Item, quod. al. publ. instrumentum scriptum manu Guillelmi Gay, filii Boni Gay, et receptum ipsius Boni, sub anno Dñi M°CC° octuag° III°, indict. xɪᵃ, die sabati post festum bⁱ Martini, continens quod Guillemus de Ulaysano et plures alii homines de Romanis in dicto instrumento nominati se posuerunt in salva garda domⁱ dalphini Viennensis et promisserunt se daturos et solituros anno quolibet dicto dom. dalphino et ejus nuncio certas penciones auri et cere in dicto instrᵗᵒ concessas.

396. Item, quod. al. publ. instrumentum scriptum manu Petri de Curia et subscriptum manu Guig. Frumeti notariorum public., sub anno Dñi M°CCC°XLI°, die xxɪᵃ mensis maii, continens quandam

---

1. *Au bas du fol. xlvj v°* : In isto quaterno alubi invenientur plures quam hic sint simul.

amicabilem concordiam seu transsactionem factam inter ill[em] principem dominum nostrum dom. Humbertum dalphinum Viennensem et nonnullos homines de Romanis, nominibus suis et aliorum hominum universitatis predicte, super diversis et mutuis questionibus et rancuris, prout in ipso instrumento plenius continetur.

397. Item, quod. al. instrumentum publ. scriptum manu Alberti de Brayda notarii publ., sub anno Dñi M°CCC°III°, XIII[a] mensis junii, continens vendicionem cujusdam domus factam ill[i] principi dom[o] nostro dalphino per dom. Arnaudam uxorem condam dom[i] Richardi Berardi, que domus sita est apud Cerviam, juxta fortalicium castri de Cervia, confrontata a parte una cum ecclesia dicti castri, via in medio, et a parte alia cum hospicio Guigonis del Frayseus, precio XXX[a] et V[e] librarum Viennen. prout in ipso instrumento continetur.

398. Item, qued. lictera in pendenti duobus sigillis sigillata, scripta sub anno Dñi M°CC°LX°V°, continens compromissum factum inter dom. Philippum Dei gratia prime Lugdunensis ecclesie electum ex una parte et ill[em] principem dom. Guigonem dalphinum Viennensem ex altera, qui se compromisserunt in ven[les] viros Guigonem Payani, Humbertum dominum de Monte Luppellio, magistrum Guillelmum de Varey et magistrum Johannem de Goncelino, tanquam in arbitratores amicabiles, super questionibus et querelis quas habebant ad invicem super feudo castrorum de Annonyaco et de Argentaut, quod dicebat dictus dom. electus ad se pertinere ratione ecclesie Lugdunensis, et super castro de Septemo et pertinenciis mandamenti ejusdem, quod dictus dom. dalphinus dicebat ad se pertinere racione dominii et esse de feudo suo, et super omni questione mota et movenda inter ipsos, dantes et concedentes quod predicti quatuor possint predictas questiones et querelas determinare secundum voluntatem suam, pacem vel transactionem faciendo prout eis videbitur, et quitquid predicti quatuor vel duo de ipsis terminaverint cum consilio ill[is] viri dom. Petri comitis Sabaudie, quod habere et sequi teneantur inviolabiliter prout in ipso instrumento continetur [1].

399. Item, qued. littera septem sigillis in pendenti sigillata, scripta sub anno Dñi M°CC°LX°VI°, continens pronunciacionem, pacem et concordiam factam seu factas inter illustres et potentes viros dom. Philippum Dei gratia prime Lugdunensis ecclesie (electum) et dom.

---

1. *En m.* De facto archiepiscopi Lugdun. Videatur pro facto Septimi.

Guigonem dalphinum Viennensem, per dños Guig. Pagani militem, Humb. dominum Montis Luppelli, Guill. de Varey, Joh. de Goncelino arbitris arbitratoribus et amicabilibus compositoribus datis et electis ab ill^{bus} viris supradictis, prout in littera supra scripta plenius continetur; qui dicti dd. arbitri, presente ill^i principe dom. Petro comite Sabaudie et conscenciente, dixerunt, pronunciaverunt et ordinaverunt dictas partes amicabiliter componendo in hunc modum : in primis, quod si predicti dom. electus et dalphinus aliquod habent odium ad invicem racione predict. questionum, pro se et suis valitoribus jurendo pacis invicem federa totaliter remictant; voluerunt eciam et ordinaverunt quod predictus dom. dalphinus omne jus et actionem que sibi competunt in castro et mandamento de Septemo aut villa de Sperenchia ac pertinentiis ipsarum quittet et totaliter remittat dicto dom. electo et ejusdem successoribus; et voluerunt et diffinierunt quod in recompensacionem remicionis predicte, dictus dom. electus det et assignet in feudum infra unum annum a festo Omnium Sanctorum unam domum fortalicie atquirendam vel acquisitam et sitam inter Rodanum et Yseram, cujus domus pertinentia valeant centum libras Viennen. annuatim, et feudum dicte domus et pertinentia penes dictum dom. dalphinum remaneat et successores ejusdem, et quod si dictus dom. dalphinus dictum feudum aquirere voluerit usque ad dict. tempus, dictus dom. electus teneatur eidem solvere quingentas libras Viennen. : quod si non faceret, teneatur facere prout supra scriptum est; item voluerunt, diffinierunt et ordinaverunt quod dictus dom. electus bona fide procuret prout melius poterit qualiter decanus et capitulum Lugdunens. quittet et remittat predicto dom. dalphino omnes jus, querelam et actionem que sibi competunt et competere possunt in castris de Annonay et de Argentaut seu feudo eorum, et predicta fieri faciat usque ad Carniprivium proximum, et plura alia continens prout in ipsa continetur.

400. Item, qued. al. littera tribus sigillis in pendenti sigillata, scripta sub anno Dñi M°CC°XXX°, mense januarii, continens quod dictus dom. dalphinus Viennensis accepit in feudum ab archiepiscopo Lugdunensi et capitulo ejusdem castra de Annonay et de Argentaut, et homagium pro predictis prestitum per eundem et unionem et alligationes factas inter ipsos.

401. Item, qued. al. lictera duobus sigillis in pendenti sigillata, scripta sub anno Dñi M°CC°LX°I°, die jovis in quindena Purificatio-

nis beate Marie, continens quoddam compromissum factum inter potentes viros dom. Philippum electum Lugdunensem, nomine suo et capituli Valentinensis, ex una parte et dom. Guigonem dalphinum ex altera, super questionibus que inter ipsos movebantur super facto de Annonay et de Argentatz nomine ecclesie Lugdunensis, et super quibusdam rebus aliis nomine ecclesie Valentinensis contentis in dicta littera; et pro parte dicti dom. dalphini super castro de Septemo et territorio ejusdem et pluribus aliis rebus in ipsa contentis, super quibus se compromiserunt in nobilem et potentem virum dom. Hugonem ducem Burgondie, Bernardum obedianciarum Sancti Justi ecclesie Lugdunensis et in magistrum Johannem de Goncelino, modo et forma in dicta littera contentis.

402. Item, qued. al. lictera duobus sigillis in pendenti sigillata, scripta sub anno Dñi M°CC°LX°II°, die xiiii° kalend. decembris, continens compromissum factum inter predictos dom. electum Lugdunensem et dom. Guigonem dalphinum, qui se compromisserunt in dños Hugonem ducem Burgondie et Odonem comitem Niverniensem, super questionibus castrorum de Annonay, de Argentautz, de Septemo et de Villa Nova, continens etiam plures petitiones factas per dictos arbitros et responciones factas per dictas partes, continens eciam plures convenciones et pacta jurata et conventas inter dict. partes, prout in ipsa plenius continetur.

403. Item, qued. litera in pendenti sigillata, scripta sub anno Dñii M°CC°LXVII°, nonas junii, continens compromissum factum per dom. Guigonem dalphinum condam ex una parte et dom. Arthaudum de Rossillione (et) Guillelmum ejus filium ex altera, super feudo et dominio castri de Rossillione.

404. Item, quod. instrumentum scriptum manu Alberti de Brayda notarii, sub anno Dñii M°CC°XC°III°, die veneris post festum bᵢ Nich(olai), continens donationem factam per Pontium dominum Montislauri domᵒ dalphino, de jure quod habebat in mandamento Pisanciani dict. Poncius.

405. Item, quod. instrumentum scriptum manu Guig. Frumenti not., sub anno Dñii M°CCC°XXXIIII°, die viiiᵃ mensis januarii, continens homagium prestitum domino nostro dalphino per Raimundum de Valle et assignat. termin. ad recognoscendum jam lapsum.

406. Item, quod. instrumentum scriptum manu Alamandi de Bellovidere notarii, sub anno Dñii M°CC°LXXVII°, die lune ante festum

b¹ Johannis Baptiste, continens homagium prestitum dom° nostro dalphino Johanni et recognitionem sibi factam, de castro et burgo de Stella, de Crista et plurium aliorum rerum, per Aymarum filium Aymari de Pictavia.

407. Item, qued. litera in pendenti sigillata quatuor sigillis, data sub anno Dñi M°CC°LXXIX°, die sabbati ante festum b¹ Thome apostoli, continens compromissum factum inter dom. episcopum Valentinum, nomine dom¹ archiepiscopi Viennensis, ex una parte et dom. Humbertum Dalphini ex altera.

408. Item, qued. litere confecte sub anno Dñi M°CCC°XXXIX°, in quibus continetur quod Hugo Chalom, Aymarus Corneti, Falco Alamandi, Guillelmus de Aymo, Johannonus de Borsiaco, Symondus de Mercurol, Johannes Clavelli, Dronetus de Borsiaco, Maronus de Chamo, Falco Mangnoni, Ancelmetus Boudeti confessi fuerunt esse homines dalphinales.

409. Item, quod. instrumentum factum manu Guarini notarii publ. sub anno Incarn. Dñice M°CC°LXXV₀, vii kalend. aprilis, continens quod preceptor in Viennesio militie Templi recognovit se tenere a dom° dalphino castrum de Planeysia cum suo mandamento et territorio et locum de Vourey ¹.

410. Item, quod. publ. instrumentum confectum manu Humb¹ Pilati not. pub. sub anno Dñi M°CCC°XXXIIII°, indict. ii ᵃ, die xxiiiᵃ mensis januarii, continens transactionem factam inter dom. Humbertum dalphinum ex una parte et dom. Berardum de Lanief de Ysarone ex alia, super pluribus quantitatibus florenorum et pecunie petitis per ipsum dom. Berardum a dom° dalphino, continens etiam homagium et recognitionem factum et factam per ipsum dom. Berardum dom° dalphino predicto.

411. Item, quod. instrumentum confectum (ut 405), die iiiᵃ mens. januarii, continens recognitionem Ponczoni de Montiliis, qui confessus fuit tenere in feudum a dom° dalphino omnes terras et redditus que ipse habet in mandamento et territorio de Cabeolo.

412. Item, qued. litere auctentice sigillate duobus sigillis in pendenti, sub anno Dñi M°CC°LXX VIIII°, die mercurii ante Pascha, continentes pacta et convenciones factas inter dom. Humbertum dominum de Turre et dom. Silvonem de Clariaco super deffensione

---

1. *En m.* Perquiratur pro facto domini Tollini.

domorum suarum de Pisanczano et super aliis pacionibus in dictis literis contentis.

413. Item, qued. al. littere duobus (sigillis) sigillate, continentes quittacionem factam per Ronletum Fabrum a domino Bellivisus de xl libris Viennen.

414. Item, quod. instrumentum publ. (ut 410), die 1ª mensis aprilis, continens homagium et recognitionem factum et factam per dom. Henricum de Burgundia, dominum de Moirenc, domino nostro dom. Humberto dalphino, pro quo homagio et recognitione habuit et recepit idem dom. Henricus in bona pecunia numerata II^m et VI^c libras parvorum Turonen., computato grosso Turono pro xv denar., a dicto dom. dalphino et fuit dictum inter ipsos quod predicta pecunia poneretur in aquirimentis, que aquirimenta tenentur a dom° dalphino, item fuit dictum inter ipsos dominos quod heredes et successores dicti dom. Henrici teneantur ad dictum homagium faciendum dicto dom. dalphino: quod si facere recusarent, tenentur restituere dictam pecuniam dicto domino et nichilominus facere homagium, prout in dicto instrumento continetur.

415. Item, quod. al. instrumentum scriptum manu Hugoneti filii Sinibaldi de Florentia notarii publ., sub anno Dñi M°CC° octuag°, indict. viii^a, die dominico kalend. septembris, continens quod nobilis vir Rogerius de Clariaco, filius condam dom^i Sylvonis, recognovit tenere in feudum jurabile et reddibile castrum de Rupe de Clues pro dom° Viennensi dalphino, quod instrum. est sigillatum tribus sigillis.

416. Item, quod. instrumentum continens quod. vidimus publ. coram dom° Petro de Bosco Vano, legum professore, officiali Vienne scriptum manu Petri Borgorelli notarii publ., die xii^a mensis decembris, anno Dñi M°CCC°XXIIII°, continens confirmacionem factam per dom. dalphinum domino de Bellovisu de Marco, de bastida de Geissanis cum suo mandamento permutata cum mistralia Vienne.

417. Item, qued. litera scripta iii° idus mayii, anno Dñi M°CC° XLVIII°, sigillata in pendenti sigillo Aymari de Cassenatico, domini Yseronis, continens qualiter tenebatur juvare dictum dalphinum de persona et de dicto castro contra omnes personas mundi et eumdem dalphinum receptare in dicto castro.

418. Item, quod. instrumentum publ. receptum manu Guig. Frumenti, continens homagium Guoneti Eymanti [1] ligium, excepto

1. A^a Eymarici.

homagio domini Clarimontis, et assignationem factam eidem per dominum de recognoscendo infra certum tempus jam lapsum particulariter et distincte, confectum sub anno Dñi M°CCC°XXXIIII°.

419. Item, qued. litere scripte anno Dñi M°CC°XLVIII°, IX^a aprilis, indict. v^a, Innocentio papa IIII° apud Lugdunum existente, continentes homagium et recognitionem castri de Scabeolo factam per Albertum et Lambertum dominos dicti loci dom° dalphino de dicto castro Scabeoli, et continentes plures pactiones prout in dictis literis continetur, sigillate etiam duobus sigillis in pendenti.

420. Item, quod. rescriptum apostolicum bulla plumbea bullatum, missum per dom. papam Clementem dom° dalphino Viennensi, continens quomodo refferebat dom. papa dom° dalphino quod Templarii erant reperti heretici, abnegantes Dominum nostrum Jhesum Xpistum et super crucem ejus expuentes, et quam plurima pessima celera comiserant in detestationem fidei Xpistiane, prout confessi erant tam majores quam minimi [1] dicti ordinis coram cardinalibus ad hec per hec a sede apostolica delegatis et aliis inquisitoribus heretice pravitatis, quare mandabat dictus dom. papa dicto dom. dalphino ut omnes Templarii non capti in terra sua caperentur [2].

421. Item, quod. instrumentum scriptum manu Alberti de Brayda notarii publ., sub anno Dñi M°CC°XC.V°, in vigilia beate Marie Magdalenes, continens quod nobilis vir Guiotus dominus Turnonis recognovit se tenere et predecessores suos tenuisse villam de Tincto cum toto territorio, juridictione omnimoda et omnibus pertinenciis suis in feudum francum a dom° Humberto dalphino Viennensi et Albonis comite, pro quo feudo fecit homagium ligium et fidelitatis prestitit juramentum dicto dom. dalphino, salvo homagio domⁱ regis Francie.

422. Item, qued. litera officialis Viennen. scripta sub anno Dñi M°CC°LXXVIII° et tribus sigillis sigillata, continens quandam concordiam factam inter abbatem Sancti Andree et conventus ejus Viennensis et nobilis viri Drodonis domini Bellivisus, super eo quod ipse Drodonus confessus fuit quod homines habitantes in Castaneyl et in Veysons in mandamento de Bellovidere, videl. P. Charbonelli, Humbertus de Creis et plures alii homines in dicta litera nominati, erant

---

1. A^a minores. — 2. En m. A^a Copiate sunt iste lictere et bulle papales in libro intitulato : *Liber super aliquibus tangentibus universalem ecclesiam.*

homines dicti monasterii et quod faciebant homagium ipsi abbati, et ipsi nobili faciebant tributa infrascripta nomine guarde, vid. qui sine bobus coleret terras solveret unum meyterium avene et quilibet cum bobus duo meyteria et quilibet qui habebit hospicium unam gallinam annuatim, et qui facient homagium dicto abbati sequentur cavalgatas dicti nobilis sicud alii nobiles terre sue, et quod solvendo dict. avenam et gallinam et sequendo cavalgatas dicti nobilis dicti homines sint liberi ab aliis omnibus, et quod animalia eorum habeant percursum per totam terram dicti nobilis, et quod abbas predictus habeat in dictis hominibus banna x solidor. et a x solid. infra, que possit per se vel per alium percipere, et quod dictus nobilis habeat banna et justicias grossas in dictis hominibus et locis que ratione meri imperii competere possent in hominibus supradictis, et ipse dominus tenetur ipsos homines deffensare prout in predicta litera continetur, protestato per abbatem quod non intendebat renunciare aliis literis et pactis.

423. Item, qued. al. litera dom' Guillelmi domini de Bellovidere, scripta anno Domini M°CC°LVI°, sigillata quinque sigillis magnis in pendenti, continens franchesias et libertates datas per dictum Guillelmum habitantibus et habitaturis in castro vel burgo de Bellovidere et infra metas ipsius, in quibus idem dominus retinuit usagia infrascripta: primo, quod tempore g(uerre) si (!) expensis ipsorum tenentur ipsum sequi, item retinuit banna, justicias, mensuras, leydas, clamores, linguas et lumbos bouum que venderentur ad macellum et leydam omnium aliarum rerum vinalium, item adulteria et homicide sunt in disposicione ipsius et plura alia ut in dictis literis continetur.

424. Item, qued. litera Aymari domini de Cassenatico et de Yserone quodam magno sigillo cereo in pendenti sigillata, continens quod dictus Aymarus vendidit dom° Guigoni dalphino, precio c xxx librarum Viennen., universa et singula que habebat in castro et mandamento de Bellovidere, scil. condaminam Belliseillerii et xx^a sestaria frumenti census percipienda in molendino Petri Alam(andi) et ipsum Petrum et Jacobum Alamandi et quedam alia in dicta litera contenta, scripta sub anno Dñi M°CC°LII°, IIII° kalend. junii.

425. Item, quod. instrumentum seu vidimus factum et signatum manibus Philippi Andree Galteroti notarii publ., Alberti de Braydas not. pub., Guillelmi de Sagnie not. pub. sub anno Dñi M°CCC°XVII°,

indict. xv, die 11ª mensis augusti, continens quod dom. Karolus Ungarie rex et princeps Salernitamus constituit procuratorem suum illustrem et magnifficum principem dom. Johannem dalphinum, ad exhigendum a dom° Roberto Jherusalem et Cecilis rege principatum Salerni et honorem Montis Sancti Angeli.

426-a. Item, quod. instrumentum scriptum manu Johannis de Sancto Dionisio notarii pub., sub anno Dñi M°CCC°XV°, indict. xiiiª, die lune in vigilia bᵉ Caterine, continens conventiones habitas et coroñes (?) factas de molendinis et furnis Sonne inter dom. Johannem dalphinum bone memorie et priorem Sonne de voluntate abbatis, ut in litera quadam eidem instrumento annexa continetur, et plura alia continentur in ipsa.

427. Item, quod. instrumentum confectum manu Guillelmi Barnardi, sub anno Dñice Incarn. M°CCC°XXX, xvı° die mensis madii, continens venditionem factam per Guillelmum Eustachii et dom. Jacobum Magnini archipresbiterum de Brissiaco, Martinum Charmes de Crespol et Anussonam ejus filiam dom° Johanni dalphino Viennensi, s(cil). census, servicia et usagia que fuerunt Guelisii de Vacillio condam, qui census in eodem instrumento declarantur singulariter et distincte.

428. Item, qued. litera signata manu notarii infrascripti, sub anno Dñi M°CCC°XXXIX°, die penultima mensis junii, in qua continetur quod Hugonetus Girini, Hugonetus Mangnoni, Hugo Clare, Johannetus Palsers, Falconetus de Brocia, Peronetus et Hugo Reforczoni fratres confessi fuerunt esse homines ligii domini Bellivisus.

429. Item, qued. litere papales bullate in pendenti bulla plumbea, emanate a domino nostro dom. Clemente papa, ııı° idus septembris, pontificatus ipsius dom. pape anno ııı°, continentes qualiter dom. papa permutavit medietatem ville et juridictionis et emolumentorum de Romanis dom° Humberto dalphino Viennensi pro castro de Avisano, quod castrum dedit dom. dalphinus pro dicta medietate dom° pape, continentes etiam plures pactiones et conventiones prout in eis continetur.

430. Item, quod. al. instrumentum receptum manu Johannis Amandrini notarii publ., sub anno Dñi M°CCC°XLIIII°, die ııııª mensis novembris, continentes quomodo dom. Humbertus dalphinus Viennensis constituit suos procuratores ad accipiendum et adipiscendum possessionem. medietatis ville, mandamenti, juridictionis et

emolumentorum de Romanis, videl. dom. Franc(iscum) de Thesio, Rodulphum de Comeriis, Girardum de Terniaco militem et quosdam alios.

431. Item, qued. litera in pendenti sigillata sigillo dom¹ Guigonis dalphini condam, scripta xiiii° kalend. madii, anno Dñi M°CC°XLIII°, indict. Iª, continens quod dom. dalphinus predictus fecit homagium domº archiepiscopo (Viennensi), pro se et nomine dicti capituli recipienti, et ab eodem recognovit tenere comitatum Viennensem qui durat ab ecclesia Sancti Vincentii ultra Vorapium inter duo flumina Rodani et Ysare in longum et latum, cujusque sit diocesis, et ultra Rodanum per totam diocesim Vienne usque ad locum qui appellatur Furche de Podio, qui locus dividit Agniciensem diocesim a diocesi Viennensi, item fecit homagium pro toto castro de Malavalle quod tenebat reddibile ab archiepiscopo, item tenebat castrum Sancti Quintini ultra Yseram a domº archiepiscopo, et castellanus Albonis altari Sancti Mauritii Vienne quolibet anno in vigilia festi dicti sancti debebat offerre 1 cereum seu candelam xii librarum cere.

432. Item, quod. instrumentum publ. confectum manu Jacobi Chaurerii notarii publ. et signatum manu Petri Borgorelli not., sub anno Incarn. Dñice M°CC°LXXXIII°, indict. xiª, pridie idus augusti, continens in omnibus et per omnia homagium et recognitionem dudum factam per dom. Humbertum (dalphinum) Viennensem dominumque de Turre, comitatus Vienne et plurium castrorum domº archiepiscopo Vienne, prout in ipso instrumento continetur et prout in literis supra proxime designatis continetur, quod instrumentum sigillatum est in pendenti sigillis dictorum dd. archiepiscopi et dalphini.

433. Item, quod. instrumentum publ. confectum manu Johannis Pastoris not., subscriptum et signatum manibus et signis dicti notarii et Guillelmi del Bos, Michaelis Vercomani, Johannis de Avelio, Bertrandi de Chamiaco, Henricus Guarini, Petri Anselmi notariorum public., continens plures actus et tractatus habitos super permutatione medietatis ville de Romanis et ipsas permutaciones factas pro castro de Avisanis ad dictam medietatem, et quod papa tenebatur dare domº dalphino XIIᵐ florenor. auri pro plurivalentia castri Avisani.

434. Item, quod. publ. instrumentum confectum manu Vincencii de Cognerio et ejus signo signatum ac signatum et subscriptum manibus Petri de Pupa, Anthonii de Cruce et Ysmidonis de Lavautz notariorum public., continens et faciens mencionem super processu de facto

Sancte Columbe apud Viennam, quod fuit factum inter regios et ecclesiam Viennensem.

435. Item, quidam quaternus papireus continens rubricas instrumentorum que fuerunt aportata apud Grationopolim per dom.
Petrum de Visilia, capellanum dom' Mettensis (electi), de terra
Turris et fuerunt tradida Petro Clocheyronis notario ad reponendum
pro custodia in archivis Sancti Andree, que tamen instrumenta non
inveniuntur [1].

436. Item, qued. litera emanata ab officiali Vienne, continens
vidimus quarumdam literarum in quibus dom. Philippus Sabaudie
et Burgundie comes dedit dom° A(lberto) de Turre omnia aquirimenta facta per dom. Petrum comitem Sabaudie apud Burgundium,
scripte sub anno Dñi M°CC°LXIX°, xviii kalend. decembris.

437. Item, qued. litera in pendenti sigillata, scripta sub anno Dñi
M°CC°LIII°, vii° idus julii, continentes quod dom. Franciscus de
Payrono miles confessus fuit se debere dom° Guigoni dalphino Viennensi C libras Viennen. ex causa mutui, pro quibus sibi obligavit
certos census et usagia in dicto instrumento contenta.

438. Item, quad. litera quinque sigillis in pendenti sigillata, scripta
sub anno Dñi M°CC°LXXVI°, continens compromissum et pronunciationem factum et factam de et super questionibus que eo tunc vertebantur inter religiosum virum dom. abbatem Bone Vallis et nobilem virum dom. G(uillelmum) de Bellovidere.

439. Item, qued. litera in pendenti sigillata, scripta sub anno Dñi
M°CC°IIII^{xx}VI°, continens in effectu quittationem factam per Guillelmum et Johannem Burgarelli, nominibus suis et magistri Jacobi
eorum fratris, dom° H(umberto) dalphino de omnibus in quibus
poterat ipse dom. dalphinus eidem teneri.

440. Item, quod. instruméntum scriptum manu Jacobi de Monjogo
notarii publ., sub anno Dñi M°CC°LVI°, indic. xv^a, die dominico
secundo exeunte mense aprilis, continens quod dom. Albertus decanus Valentinus precepit Lamberto nepoti suo, domino Cabeoli,
quod dictum castrum redderet et restitueret dom° Guigoni dalphino
quocienscumque requisitus fuerit ab ipso dom. Guigone dalphino,
quod promisit se facturum dictus Lambertus.

[1]. *En m. A*$_2$ No^a quod antiquitus instrumenta dalphinalia reponebantur
pro custodia in archiviis ecclesie Sancti Andree.

441. Item, quod. instrumentum publ. scriptum manu Francisci de Montejoco civis Papie, habitatoris Avisani, sub anno Dñi M°CCC° XX°VI° et die xx²vii² mensis septenbris, continens quod dom. Guigo dalphinus Viennensis et Albonis comes, pro se ipso et ejus comissariis et officialibus quibuscumque quocumque nomine censeantur et quolibet eorumdem insolidum, fecit, constituit et ordinavit suos procuratores contentos in dicto instrumento, ad omnia facienda prout in ipso instrumento continetur.

442. Item, quod. instrumentum scriptum manu Hugonini de Ruppe notarii publ., sub anno Dñi M°CCC°XL, indic. viii², die xiiii² mensis aprilis, continens remissionem male ablatorum factam per homines de Sancto Stephano de Sancto Juers dom° dalphino.

443. Item, qued. littere scripte sub anno Dñi M°CC°XL°II°, in crastinum S^{ti} Matei apostoli, sigillate duobus sigillis, continentes quod dom. Philippus de Sabaudia, procurator ecclesie Valentine, promitebat dom° Guigoni dalphino ipsum juvare de guerra contra Aymarum de Pictavia.

444. Item, quod. instrumentum publ. scriptum manu Petri Chaurini notarii publ., anno Dñi M°CC°LX.VII°, indic. x², iiii° nona junii, continens donacionem factam dom° dalphino per dom. Artaudum de Rossillione et Guillelmum ejus filium, de domo de Landrins et de villa et parrochia de Spinosa.

445. Item, qued. litere scripte anno Dñi M°CC°XXXVII°, xi² kalend. junii, continentes recognicionem factam per dominum de Rencurello dom^e Beatrici condam et Albonis comitisse, tutrici domⁱ Guigonis dalphini condam.

446. Item, qued. litera missa per Aymarum de Pictavia comitem Valentinum... hominibus suis terre baronie Clayriaci, quod facerent homagium dom° Guigoni dalphino, quia quicquic ibidem habebat eidem dalphino permutaverat, que litera scripta fuit anno Dñi M°CC° LXVII°, die mercurii ante Ramos Palmarum et fuit sigillata sigillo dicti Aymari.

446 bis. Item, quod. instrumentum confectum manu Hugonis Chaurini notarii publ. sub anno Dñi M°CC°LXV°, indict. viii², die v intrante augusto, continens quod dom. Guillelmus Tyvoley monacus vendidit dom° Guigoni dalphino Viennensi sex sextaria frumenti census et vi denar. Viennen. veterum census.

447. Item, quod. instrumentum confectum manu Humbⁱ Pilati

not. pub., sub anno Nativit. ejusdem M°CCC°XXXIIII°, indict. ıı*, die xxv mensis febroarii, continens homagium ligium Johannis de Boenco et assignationem sibi factam de recognoscendo particulariter et distincte infra certum tempus jam lapsum.

448. Item, quod. vidimus factum coram officiali Grationopolis, continens quod Arnaudus Geylini de Rochachinart recognoscebat se tenere in feudum a dom° Guigone dalphino, tunc comite Viennensi, quicquid habebat in castro et mandamento Belli Regardi, Valentinen. diocesis, quod vidimus scriptum fuit anno Dñi M°CCC°VI, penultima die mensis aprilis et est sigillatus sigillo curie officialatus Grationopolis.

449. Item, qued. litera emanata ab abbate et conventu Bonevallis, sub anno Dñi M°CC°LXXIX°, continens quod concedebant Drodono de Bellovisu et hominibus suis quod possent cindere in nemore de Bone Vallis ligna et alias maerias ad opus sui, cum pluribus condicionibus in ipsis contentis.

450. Item, qued. litere sigillate in pendenti sigillo quodam, scripte sub anno Dñi M°CC°LX°, in octabis Omnium Sanctorum, continentes quod Ancelmus et Humbertus de Bellaguarda fecerunt homagium dom° Guigoni dalphino Viennensi et recognoverunt ab eodem omnia que habebant apud Bellam Guardam et ejus mandamentum, et quod ipsi quictaverunt dicto dom. dalphino quosdam homines de Bellaguarda et plura alia in eisdem contenta.

451. Item, qued. litera in pendenti uno sigillo sigillata, emanata ab audientia prioris Insule, sub anno Dñi M°CC°LXXIX°, dominica post festum Omnium Sanctorum, continens quod Girardus de Illino fecit homagium dom° Johanni dalphino Viennensi pro feudo quod tenet ab eo infra menia de Illino, salvo homagio domini Bellijoci, continens etiam homagium Johannis de Saxiolo pro medietate macelli Vienne et de medietate de Petra Fixa et de medietate de Charanella.

452. Item, qued. litere emanate ab officiali Vienne, sigillate uno sigillo in pendenti, continentes vidimus quatuor privileglorum imperialium, unum emanatum a dom° Conrado Romanorum rege, secundum a Frederico Romanorum rege, tercium a Fredico, quartus a Frederico etiam regibus Romanorum, tangentium factum et expeditionem de Pipeto, qui vidimus emanatus et datus fuit sub anno M°CC° octuag° I°.

453. Item, qued. litera dom¹ A(lberti) domini de Turre senioris, continens quod super discordia vertenti dudum inter dom. priorem Bonevallis ex una parte et dom. Guigonem dalphinum ex altera, de castro et villa Sancti Valerii, quod dictus A. de Turre quictavit eidem dom. Guigoni castrum et villam predictam, ex quibus idem dom. G. dedit eidem dom. A. XII^m solid. et deinde idem dom. G. dedit eidem A. in feudum et augmentum feudi castrum de Septimo.

454. Item, quod. publ. instrumentum scriptum manu Humb¹ Pilati not., sub anno Dñi M°CCC°XXX VI°, indict. IIII^a, die IX^a mensis januarii, continens donationem et concessionem factam per ill^{em} principem dom. Humbertum dalphinum Viennensem dom° Guillelmo de Pictavia, domino Sancti Valerii, de castro seu parte castri Clayriaci, cum honore et feudo Clayriaci, de quo honore continentur et sunt retrofeudum castri de Marjais, retrofeudum castri de Monte Chanuto et feudum castri de Chantamerlo, cum eorum pertinentiis, et retrofeudum castri de Larnaje et castrum de Mercuriolo, reddibilia cum eorum juribus et pertinentiis : pro quibus dictus dom. G. pro se et suis fecit (....) confessus fuit se esse hominem ligium de corpore dicti dom. dalphini et heredum suorum, et etiam confessus fuit predicta feuda et retrofeuda se et suos tenere de feudo franco et reddibili et sub homagio ligio predicto, quod homagium ligium eidem dom. dalphino de persona et pro dictis feudis et retrofeudis prestitit et promisit eumdem sequi de placito et guerra, modo et forma contentis in instr^{to} eodem ¹.

455. Item, qued. litera emanata ab archiepiscopo Viennensi et ejus sigillo sigillata, continens dispensationem factam dom° dalphino Viennensi super quodam jur(amento) facto per eumdem.

456. Item, quod. instrumentum confectum manu Abberti de Braydas, sub anno Dñice Incarn. M°CCC°III°, die XVII^a mensis aprilis, continens homagium ligium prestitum dom° dalphino per Guillelmum Rochacii, Lantelmum Salicii, Johannem Olmium et Jaquemetum Martini.

457. Item, quod. publ. instrumentum confectum manu Guig. Frumenti de anno Dñi M°CCC°XXXVIII°, die V^a mensis madii, continens homagium Humberti domini Montis Ferrati prestitum dom° Humberto dalphino, salva fidelitate domini Clarimontis.

1. *En m.* Castrum de Larnajo tenetur de retrofeudo dom¹ nostri dalphini.

458. Item, qued. litera in pendenti sigillata, continens vendicionem factam per dom. Guillelmum de Bellovisu dom° Hugoni episcopo Clarimontis de castro Falaverii, scripta sub anno M°CC°XLII°.

459. Item, qued. litera in pendenti sigillata, scripta sub anno Dñi M°III^cVII°, die jovis post octabas Omnium Sanctorum, continens quod dom. Johannes dalphinus Viennensis et Albonis comes dedit Guillelmeto de Miribello parrochiam et dominium de Vourey, ita quod idem G. in dicta parrochia domum fortem ibidem construat et omnia eadem teneat a domino reddibilia.

460. Item, qued. litere duobus sigillis in pendenti sigillate, scripte sub anno Dñi M°CC°LXIIII°, xvi° kalend. febroarii, continentes recognitionem factam dom° Guigoni dalphino per Guaffredum dominum de Moyrenco et Berlionem ejus filium de dicto castro de Moyrenco et convenciones habitas inter eos de non alienando per dictum Guaffredum castra de Rateriis et Castrinovi de Gualauro.

461. Item, qued. litere sigillate in pendenti uno sigillo, scripte sub anno gracie M°CC°XX°, continentes quod Poncius dominus de Cusello fecit homagium Guigone uxori Girardi domini de Vienna, modo contento in literis ipsis.

462. Item, qued. litere in pendenti sigillate, scripte sub anno Dñi M°CCC°XVI°, die dominica qua cantatur Letare Jherusalem, continens quod domina Sancti Quintini tradidit in pignore dom° Guigoni dalphino castrum de Scolatio pro VI^m solidis.

463. Item, quod. publ. instrumentum confectum manu Stephani de Vilabois notarii publ., sub anno Incarn. ejusdem M°CCC°XL, indict. VIII^a, die XXIII^a mensis aprilis, continens quod castellanus de Yzellis preconizare fecit clamores dalphini et remissionem populi factam domino.

464. Item, quod. publ. instrumentum scriptum manu Guigonis sacri palacii notarii, sub anno Dñi M°II^cLXX°VIII°, pridie kalend. marcii, continens quod Alayssia uxor Petri Pilosi, domini Ruppis Fortis, donavit dom° Humberto de Turre jus quod ipsa habebat in castro et mandamento Pisanciani.

465. Item, qued. lictere in pendenti sigillate, scripte sub anno Dñi M°II^cXLVI°, xiiii° kalend. decenbris, continentes quod dom. dalphinus habeat pasqueyrare in terris et rebus quas archiepiscopus Viennensis (et) capitulum de Romanis acquisiverunt in mandamento de Payrino.

466. Item, qued. lictere in pendenti sigillate, scripte sub anno M°II^cXLIII°, die festi b^i Bartholomei apostoli, continentes quod dom. Guigo dalphinus retinuit dom. Almaricum de Turreyio, filium dom^i Lamberti de Limons, de castro Servie et ejus mandamento, exceptis quibusdam rebus in licteris contentis, pro quo castro idem dom. Almaricus eidem fecit homagium ligium.

467. Item, qued. lictere in pendenti sigillate, scripte sub anno Dñi M°II^c octuag° VIII°, die jovis post festum b^e Lucie virginis, continentes quod dom. Aymarus de Pictavia confessus fuit habuisse a quibusdam solventibus nomine dom^i Humberti dalphini II^m librar. Turonen. parvorum, de quodam debito majori in quo sibi tenebatur ex causa mutui, unde quictavit castrum Cabioli sibi propterea obligatum.

468. Item, quod. instrumentum scriptum in una magna pelle manu Aymonis de Tornafol not., sub anno Dñice Incarn. M°II^cXC°V°, indic. VIII^a, continens compromissum et pronunciacionem questionum vertentium dudum inter dom. Humbertum dalphinum Viennensem et d. episcopum Valentinen. et Dyensem, que pronunciacio continet diversa capitula et diversas pactiones et condiciones inter ipsos dominos [1].

469. Item, quod. al. publ. instrumentum manu dicti notarii scriptum sub eisdem anno et die, ejusdem tenoris, sigillatum in pendenti.

470. Item, quod. publ. instrumentum scriptum manu Raimundi Esmini notarii publ., sub anno Incarn. Dñice M°III^cXXXII°, die XIX^a mensis septenbris, continens transactionem amicabilem et declarationem quarumdam questionum que vertebantur inter dom. episcopum Valentinen. et Dyensem ex una parte et dom. Aymarum de Pictavia, comitem Valentinen. et Dyensem, ex altera et dom. Guigonem dalphinum ex altera, super gardis et pennoncellis et quibusdam pignorationibus et aliis in dicto instrumento contentis.

471. Item, qued. lictera in pendenti sigillata sigillo dom^i archiepiscopi Viennensis, scripta sub anno Dñi M°II^cLXXXVIII°, continens quod dictus dom. archiepiscopus recipiebat in sua salvagarda omnes homines et eorum bona venientes ad nundinas dom^i nostri dalphini.

472. Item, quod. publ. instrumentum receptum et signatum manu Johannis Amondrini notarii, sub anno Dñi M°III^cXLIII°, indit. XII^a,

[1]. *En m.* Videatur ad sciendum si sint alique limites declarate.

die xxvii° mensis junii, continens tenorem cujusdam littere concesse per dom. Humbertum dalphinum Viennensem dom° Guiffredo de Cheyney militi, in quibus continetur assignatio C librarum sibi facta in baronia de Portis, continens eciam homagium ligium eidem dom. dalphino prestitum per dictum dom. Guiffredum.

473. Item, qued. lictera in pendenti sigillata, continens homagium ligium prestitum dom° dalphino per dom. Eytheyrium Raybi militem, pro quo homagio dictus dom. dalphinus dedit eidem militi xxv libras annuales super pedagio Servie.

474. Item, quod. publ. instrumentum confectum manu Petri Montaigno notarii sub anno Dñi M°III^{c}XIII°, die III^a mensis octobris, continens quod Jacobus dominus Jarresii et Beatrix ejus uxor confessi fuerunt debere dom° Johanni dalphino ex causa mutui VI^c xxv florenos auri.

475. Item, qued. litere in pendenti sigillate duobus sigillis, sub anno M°II^c XC°II°, die martis in octabis festi b^i Martini yemalis, continentes quod frater Aymo magister Hospitalis Sancti Anthonii confessus fuit domum hospitalis Burgondi sibi dicto nomine traditam fore per dom. Annam dalphinam, pro xxv libris redditualibus datis dicto hospitali per Johannem dalphinum, fratrem dicte dom° Anne.

476. Item, qued. lictera tribus sigillis in pendenti sigillata, scripta sub anno Dñi M°CC° octuag° III°, continens quoddam compromissum factum inter ill^{em} virum dom. Humbertum dalphinum Viennensem ex una parte et dom. Odonem Alamandi, canonicum et mistralem Vienne pro ven^{li} viro dom. Guillelmo de Claromonte, decano ecclesie Viennensis, qui se compromiserunt in Falconem dominum Montis Canuti pro dom° dalphino et in ipsum dom. Odonem pro dicto decano, super questione quam habebant de mistralia Vienne.

477. Item, quodd. instrumentum publ. scriptum manu Petri Portulis notarii, sub anno Dñi M°CCC°XVI°, continens assignacionem factam dom° dalphino per gentes regias de castro de Montono in Alvernia et de pedagio Brolii.

DE VIANNA.

478. Item, quodd. instrumentum publ. scriptum manu Hugonis Bochardi et subscriptum et signatum manu Petri de Escalone notariorum public., sub anno Dñi M°CCC°XIIII°, die mercuri in festo b^i Vincentii, continens unionem et convenciones inhitas et factas inter reverendum in Xpisto patrem Briandum Viennensem archiepiscopum

et plures canonicos ipsius capituli in ipso instrumento nominatos, et magnam multitudinem civium habitancium in dicta civitate Vienne, videl. inter se vicissim factas, et per consequens confederaciones et uniones factas inter prenominatos archiepiscopum, capitulum et cives ex una parte et dom. Johannem dalphinum Viennensem ex altera, que quidem confederationes et uniones facte fuerunt sub modis et condicionibus in dicto instrumento contentis.

479. Item, qued. littera in pendenti sigillata, scripta sub anno Dñi M°CC°XLIII°, indic. I°, continens recognicionem factam venerabili in Xpisto domino Johanni archiepiscopo Viennensi per dom. Guigonem dalphinum Viennensem de comitatu Viennensi, qui comitatus confrontatus est in ipsa littera ; item continentur in dicta littera plura alia castra que tenet dictus dom. dalphinus a dictis archiepiscopo et capitulo, etc.

480. Item, qued. litera duobus sigillis in pendenti sigillata, scripta sub anno Dñi M°CC°LXIII, v° kalend. augusti, continens infeudationem factam Ysmidoni de Carreria quatuor domorum suarum, quas habebat apud Viennam in rua Boceu.

481. Item, quod. instrumentum confectum manu Hugonis de Aureaco notarii, sub anno Incarn. Dñice M°CCC°XLIIII°, III° die mensis augusti, continens donationem factam per dom. Sebillam de Baucio, comitissam Valentinen. et Diensem, filio suo de jure quod habebat cum dom° dalphino racione dotis Beatricis uxoris condam dom¹ Guigonis dalphini, cujus heres dicebatur.

482. Item, qued. litere duobus sigillis in pendenti sigillate, scripte sub anno Dñi M°CC° octuag. VI°, VIII° idus augusti, continentes conventiones et federaciones ad invicem habitas inter dom. archiepiscopum Viennensem ex una parte et dom. Humbertum dalphinum ex altera et reductionem gencium eorumdem.

483. Item, quod. publ. instrumentum confectum manu Petri de Puteo notarii publ. subscriptumque et signatum manu Jacobi Chaurerii not., sub anno Dñi M°CC°XCI°, v° nonas octobris, continens confirmacionem quorumdam pactorum et federacionum dudum habitarum et initarum inter dom. archiepiscopum Viennensem ex una parte et dom. dalphinum ex altera.

484. Item, quod. publ. instrumentum confectum manu Humb¹ Pilati not. et subscriptum et signatum manu Petri de Pupa not. publ., sub anno Dñi M°CCC°XXXVII, indict. v°, die XXI° mensis julii,

continens etiam quedam pacta et allegationes factas inter dom. archiepiscopum Viennensem ex una parte et dom. Humbertum dalphinum ex altera.

485. Item, quod. publ. instrumentum manu Jacobi Chaurerii confectum, sub anno Dñi M°CC° octuag. III°, indic. xi^a, pridie idus augusti, continens in effectu quod archiepiscopus et capitulum Viennens. convenerunt dom° H(umberto) dalphino sequi ipsum et deffendere si quisquam eorum injuriaretur in feudis que tenentur ab ecclesia Viennensi supradicta.

486. Item, quod. instrumentum factum manu Johannis Amandrini, sub anno Dñi M°CCC°XL°IIII°, continens pactiones et homagia ville et hominum de Romanis.

487. Item, quod. instrumentum factum manu Humb^i Pilati, sub anno Dñi M°CCC°XXIX°, continens homagium ligium dom^i abbatis Sancti Anthonii Viennensis et recognicionem ejusdem de castro reddibili Sancti Anthonii facta dom° Guigoni dalphino.

488. Item, quod. instrumentum factum manu Jacobi Faverii de Mura, sub anno Dñi M°CCC°XXXVII°, continens declaracionem et pronunciationem consilii dalphinalis, quod dom. Aymarus de Pictavia, comes Valentinen. et Diensis, est et esse debet homo ligius domini nostri dalphini Viennensis ante omnes personas [1].

489. Item, plures lictere regie reddite per dom. Odobertum dominum Castri Novi quando fuit sibi traditum castrum de Pomeriis ad vitam suam.

490. Anno Domini M°CCC°LXII° et die xv mensis septembris, dñis R(odulpho) domino de Louppeyo, locumtenenti dom^i dalphini Viennensis, A(mblardo) domino Bellim(ontis), Jo(hanni) de Bosco, judici Graysivodani, et pluribus aliis dom. Humbertus Pilati reddidit quoddam publicum instrumentum, continens confirmacionem factam per dom. Tassietam dominam Montilii, tutricem Giraudeti filii sui, et fidejussores datos per eam super pactionibus et (s)ponsione salve gardie sibi et hominibus suis de Montilio, de Aloudo, bastide de Verro et Espeluchie concesse per dom. Guillelmum de Vergeyo, locumtenentem dom^i dalphini Viennensis, ad x annos.

491. Item fuit ibidem posita per dom. Rodulphum dominum de Luppeyo, gubernatorem Dalphinatus, anno Dñi M°CCC°LXIII°, qued. lictera pergamenea plumbo bullata, continens confirmacionem pactionum dom^i Amedei comi-

---

1. *En m.* No^a de homagio comitis Valentin.

tis condam Sabaudie et quorumdam preceptorum ordinis Sancti Johannis Jherosolimitani de hiis que habebant apud Vulpilleriam, que modo spectant ad dom. dalphinum, et declaracionem juridictionis et juris que habet dom. noster dalphinus et que habent Hospitalarii in villa de Valancins.

492. Item, anno Dñi M·CCC·IIII^{xx} XIIII et die XXII mensis octobris, Johannes Nicoleti secretarius dalphinalis tradidit in camera computorum dalphinalium quemd. processum diu ventilatum inter dom. advocatum et procuratorem fiscalem nomine dalphinali parte una et dom. Helinorem relictam nobilis viri dom^i Jo(hannis) Bastardi condam parte altera, super bonis et hereditate dicti dom. Jo. Bastardi, per cujus decisionem processus fuit dictum et pronūntiatum quod castrum Castri Villani una cum ejus juribus, censibus, redditibus et pertinentiis, nec non omnes census et redditus quos percipiebat dictus dom. Johannes apud Buxum et Mirandolium dom° nostro dalphino pertinere debent et fuerunt ejus patrimonio incorporati, ratione manus mortue quam percepit dictus dom. Johannes in et super hominibus suis dum vitam ducebat in humanis.

493. Item, quemd. alium processum diu etiam ventilatum inter dict. advocatum et procuratorem fiscalem nomine dalphinali parte una et nobilem dom. Berenguetam relictam Artaudi domini Bellisilis, nunc uxorem domini Montis Canuti, parte altera nec non Villenum de Monte Aschardo ex alia, super bonis et hereditate dicti dom. Artaudi condam, que et quam dict. dom. advocatus et procurator fiscalis pretendebat dom. nostro dalphino pertinere debere, ratione manus mortue quam percipere consueverat dictus dom. Artaudus condam super hominibus suis ; in quo processu sunt inserte quedam lictere regie et dalphinales pro parte dicte dom. Berenguete porrecte, continentes in effectu qualiter certis de causis in dict. licteris declaratis dominus noster rex dalphinus remisit predicte domine manum mortuam predict. et jus quod in dict. bonis occasione ipsius habebat et habere poterat, et dedit eidem domine dict. castrum Bellisilis cum ejus juribus et pertinenciis ad hereditatem pro se et liberis suis ex proprio corpore procreandis et in legitimo matrimonio susceptis et suscipiendis, acto quod pro dicto castro et ejus juribus ipsa Berengueta et liberi sui facere et prestare teneantur et debeant homagium, quod homagium fecit et prestitit dominus Montis Canuti ejus vir, ipsius dom. Berenguete nomine, ut in fine dicti processus continetur^1.

494. Die octava mensis octobris M·CCC nonag° V°, Johannes Nicoleti, secretarius dalphinalis, attulit in camera dalphinalium computorum et ibidem dimisit custodiendos quatuor libros in pargameno scriptos, in quibus continentur omnia instrumenta grossata confecta per eumdem de toto tempore quo fuit secretarius domini nostri dalphini, tam homagiorum quam

---

1. *En m.* Nota quod si ipsa dom^a decedebat sine liberis, quod dict. castrum pertinere debebat dom° nostro dalphino.

aliorum contractuum ipsum dom. nostrum dalphinum tangencium, in quibus libris existunt plura instrumenta ipsius dom' nostri de baylliviatu Viennesii et Valentinesii ; qui libri ponuntur...

495. Item Jacobus Boyssonis de Vapinco, secretarius dalphinalis condam, attulit in dicta camera quend. librum pergameneum illumque ibidem dimisit, in quo sunt plura instrumenta grossata tangencia dominum nostrum dalphinum racione dicti baylliviatus et aliorum baylliviatuum Dalphinatus.

496. Die VII febroarii anno Nativit. Dñi MCCCIIII^{xx}XVIII, magister Jo(hannes) Nicoleti, secretarius dalphinalis, tradidit in camera dalphinalium computorum ibidem custodiendum quemd. processum ventilatum coram dom° gubernatore Dalphinatus inter certos homines dalphinales et dom. Ambellum de Ambello ex altera, inceptum anno Dñi MCCCIIII^{xx} et die XVIII mens. septembris, super quo fuit lata sentencia in qua continetur quod omnes homines dalphinales infra mandamentum de Rovone degentes et alios quoscumque, exeptis dumtaxat hominibus domini Vinayci, debeant molere blada sua in molendinis dalphinalibus dicti loci Rovonis, que tenet in emphiteosim a dicto dom° nostro dictus dom. Ambellus.

497. Anno Dñi M^{mo}CCCCV° et die IIII^a mensis maii, fuit factum quod. vidimus sub sigillo prepositure Parisiensis, de transactione comitatus Valentinen. et Dyensis in personam domini nostri regis dalphini per rev^{dum} in Xpisto patrem et dominum dom. episcopum Valentinen. et Dyensem, Petrum de Lisle et Petrum Chaberti, procuratores ad hec nobilis et potentis viri dom. Ludovici de Pictavia, comitis Valentin. et Dyensis.

498. Item, quod. instrumentum manu Joh. Sacristonis de Romanis, Viennen. diocesis, sub anno Dñi MCCC octuag. V° et die XXVII mensis junii, continens empcionem factam per condominos de Romanis a Bernardo de Armannono alias Roberti, burgensi Romanis, heres universalis Armannoni Dorerii, condam burgensis Romanis, ejus avunculi de quadam domo sua franca, sine omni dominio et absque aliquibus onere et servitute, una cum omnibus juribus, ingressibus, egressibus, apendenciis et pertinenciis ejusdem, sita Romanis in platea publica vocata platea clericorum, juxta quamdam domum que fuit Joh. de Alta Rippa, condam burgensis Romanis, ex parte una et juxta predict. plateam clericorum ex alia et juxta domum ecclesie Beati Barnardi de Romanis ex altera, cum suis aliis confinibus, pro precio et summa VIII^{xx} francorum auri: quam quidem summam dict. Bernardus confessus fuit. Postque, anno Dñi MCCC octuag. V° et die X^a julii, idem Bernardus confessus fuit apud Romanis, in operatorio discreti viri Poncii de Capriliis, burgensis Romanen., presentibus dicto Pontio, Petro Coperii notario, Roleto Gay alias Barrot de Romanis, se recepisse pro parte dom' nostri dalphini, condomini de Romanis, per manum hon^{lis} viri Johannis de Brabantio, receptoris generalis Dalphinatus, summam IIII^{xx} francor. auri, ut constat instrumento exinde recepto per Nicolaum Perrini notar. publ. sub anno et die ultimo dictis.

REGISTRUM

INSTRUMENTORUM ET LITTERARUM DALPHINATUS TANGENCIUM BALLIVATUM GREYSIVODANI [1].

In nomine Domini, amen. Anno Nativitatis ejusdem mill° CCC XLVI, die xxv mensis aprilis, fuit incohactum presens registrum per nobiles et circonspectos viros dominos Stephanum de Ruffo, militem et legum doctorem judicemque majore(m) hospicii dalphinalis et tocius Dalphinatus, et Reymundum Falavelli jurisperitum, consiliarios dalphinales commissariosque in hac parte specialiter deputatos a reverendo in Xpisto patre et domino dom. Henrico de Vilariis, Dei gracia archiepiscopo et comite Lugdunensi et locumtenente domini nostri dalphini predicti, de omnibus universis et singulis instrumentis, privilegiis et aliis documentis bayliviatus Greysivodani, repertis in scoffinis existentibus in revestiario Sancti Andree, tangentibus factum domini nostri dalphini Viennensis, vocatis cum eisdem dominis Johanne Saboudi de Monte Bonodo, Andevono de Aureyca, Guillelmo de Ruffo et Guillelmo de Portu notariis.

[1]. Cahier B, ff. j à Cv et VI^{xx} xij γ-xiij.

499. Et in primis reperte fuerunt in dictis instrumentis et licteris quedam lictere scripte anno ab Incarnacione Domini M° CC XXXI, tercio kalendas febroarii, Gregorio nono papa, Fredelio Romanorum imperatore existentibus, sigillate sex sigillis et aliis sex sigillis ut apparet in cordis suspensis in ipsis licteris, continentes quod Guigo de Brianczono et Eymericus de Brianczono suus filius recognoscebant se tenere a dom° Andrea dalphino castra de Terracia et de Geria, cum mandamentis et territoriis reddibilia, sub homagiis ligiis et sub pluribus pactionibus et conventionibus contentis in ipsis licteris.

500. Item fuerunt reperte qued. alie lictere continentes quod dom. Eymericus de Brianczono recognovit se tenere in feudum a dom° Andrea dalphino quicquid habet in castro et mandamento de Bellacomba, que lictere sigillate sunt quinque sigillis et scripte anno ab Incarnac. Dñi M°CC XXXVI, xvi kalend. augusti.

501. Item, qued. littere sigillate sex sigillis in pendenti et scripte die martis post Inventionem Sancte Crucis, anno Dñi M°II^{c}IIII^{xx}IX°, continentes permutationem factam per Eymericum de Brianczone, de castro Belle Comba, cum dom° Humberto dalphino et dom^a Anna ejus consorte, pro castro de Varsia, et homagium prestitum per ipsum Aymericum dicto dom. dalphino pro dicto castro de Varsia, de Aybeno et Geria.

502. Item, qued. alie littere date Grationopolis die lune in crastinum beate Marie Magdalenes, anno Dñi M°II^{c}XC°I°, continentes eciam permutacionem factam per nobiles Odonem, Guillelmum et Aymonem, filios Eymerici de Brianczone, de castro Belle Combe cum castro de Varsia, dom° dalphino et recognicionem castrorum de Varsia, de Aybeno et de Geria.

503. Item, quodd. publicum instrumentum scriptum manu Hunberti Pilati notarii publici, sub anno Dñi M°III^{c}XXXIIII°, die xiii^a mensis aprilis, continens homagium prestitum per Guillelmum de Crollis de Avalone et terminum assignacionis ad recognoscendum jam elapsum.

504. Item, quod. publ. instrumentum scriptum manu Guigonis Frumenti, sub anno Dñi M°III^{c}XXXIIII°, die xi^a mensis januarii, continens homagium ligium prestitum per Guigonem Chala Curnillionis dom° dalphino et terminum (*ut* 503).

505. Item, quod. publ. instrumentum scriptum manu Martini

Filipensi, sub anno Dñi M°II°XLIII°, xi kalend. febroarii, continens vendicionem per Guillelmum, Raymundum et Raymundetum de Bucurione fratres Syboudo de Castronovo, de quibusdam censibus contentis in ipso instrumento.

506. Item, quod. instrumentum manu Guig. Frumenti not. receptum, sub anno Dñi M°III°XXXIIII°, die viii^a januarii, continens homagium Peroneti de Grangiis et assignacionem sibi factam ad recognocendum jam elapsam.

507. Item, quod. publ. instrumentum receptum et signatum (*ut præced.*), continens homagium ligium prestitum per Peullverum de Monteorserio, dominum Pelafolli, et terminum...

508. Item, quod. publ. instrumentum (*ut* 506), continens homagium prestitum dom° dalphino per Arthaudum de Serro [1] et terminum...

509. Item, quod. publ. instrumentum (*ut* 504), die xv mens. januarii, continens homagium ligium dom° dalphino prestitum per Stephanum de Comba, mandamenti Curnillionis, et terminum...

510. Item, quod. publ. instrumentum, *ut præced.*, continens homagium ligium prestitum dom° dalphino per Johannem Malleni de Oysencio et terminum...

511. Item, quod. publ. instrumentum (*ut* 503), die viii^a mens. januarii, continens homagium ligium prestitum dom° dalphino per Chabertum de Darna de Cermio (Triviio?) et recognicionem summariam de hiis que tenet in parrochiis de Cheyssillina, de Claylis et de Sancto Martino in Triviis et terminum...

512. Item, quod. publ. instrumentum (*ut præced.*), continens homagium prestitum per Aymonem Bruni de Triviis et recognicionem summariam de hiis que tenet in parrochia de Chayssillina et de Claylles, et terminum...

513. Item, quod. al. instrumentum (*ut* 503), die ix^a mens. januarii, continens homagium prestitum dom° dalphino per Guigonem de Bellomonte dictum Guers et recognicionem summariam de hiis que tenet in mandamento Avalonis, et terminum...

514. Item, quod. publ. instrumentum (*ut* 511), continens homagium (prestitum) dom° dalphino per dom. Petrum Clareti et recognicionem per eum factam de castro de Esparono et terminum...

1. *En m.* Verro.

515. Item, quod. instrumentum (*ut* 506), continens homagium ligium prestitum dom° dalphino per Petrum Lambelli[1] et terminum...

516. Item, quod. publ. instrumentum (*ut* 506), continens homagium ligium prestitum dom° dalphino per Richardum Albi et terminum...[2]

517. Item, quod. al. publ. instrumentum (*ut* 506), continens homagium ligium prestitum dom° dalphino per Petrum de Podiobosone et terminum...

518. Item, quod. al. publ. instrumentum, *ut præced.*, continens homagium ligium prestitum dom° dalphino per Peronetum de Arenerio dictum Charlet et terminum...

519. Item, quod. publ. instrumentum, *ut præced.*, continens homagium ligium prestitum dom° dalphino per Johannem de Morestello et terminum...

520. Item, quod. publ. instrumentum, *ut præced.*, continens homagium ligium prestitum dom° dalphino per Rodulphum de Valle et terminum...

521. Item, quod. publ. instrumentum (*ut* 503), die x^a mens. januarii, continens homagium prestitum dom° dalphino per dom. Johannem Berengarii, dominum Morgiarum, et terminum...

522. Item, quod. publ. instrumentum (*ut* 506), continens homagium ligium prestitum dom° dalphino per Johannem Bemondi[3] de Vilario et terminum...

523. Item, quod. publ. instrumentum, *ut præced.*, continens homagium ligium prestitum dom° dalphino per Johannem de Tanço et terminum...

524. Item, quod. al. instrumentum, *ut præced.*, continens homagium ligium prestitum dom° dalphino per Franciscum de Goncelino et assignacionis terminum...

525. Item, quod. al. instrumentum, *ut præced.*, continens homagium ligium prestitum dom° dalphino per Johannem Orselli et terminum...

526. Item, quod. al. instrumentum (*ut* 506), die ix^a mens. januarii, continens homagium ligium prestitum dom° dalphino per Jacobum de Sancto Mich(aele) et terminum...

527. Item, quod. al. publ. instrumentum (*ut* 511), continens ho-

---

1. *En m.* P. de Ambello. — 2. *En m.* Alamandi. — 3. *En m.* Bemundi.

magium ligium prestitum dom° dalphino per Petrum Mistralis de Bella Comba et terminum...

528. Item, quod. al. publ. instrumentum (*ut* 504), continens homagium ligium prestitum dom° dalphino per dictum Chatellars de Parisius et terminum...

529. Item, quod. al. instrumentum (*ut* 503), die XII mens. januarii, continens homagium prestitum dom° dalphino per dom. Guigonem Falavelli, salva fidelitate domini de Cassenatico, et recognicio-(nem) quarumdam rerum quas (tenet) a domino in mandamento Montis Bonodi [1].

530. Item, quod. publ. instrumentum (*ut* 506), continens homagium ligium prestitum per Johannem Guiffredi de Visilia dom° dalphino et assignacionem...

531. Item, al. publ. instrumentum (*ut* 511), continens homagium ligium prestitum dom° dalphino per Arthaudum de Cosonay et terminum..., et confessus fuit se tenere a dicto domino vina Bochagii que percipit apud Buxeriam.

532. Item, quod. al. publ. instrumentum (*ut* 506), continens homagium ligium prestitum dom° dalphino per Franconem Saunerii et terminum...

533. Item, quod. al. instrumentum (*ut* 504), continens homagium ligium prestitum dom° dalphino per Petrum de Gay et terminum...

534. Item, quod. instrumentum (*ut* 504), die IX mens. januarii, continens homagium ligium prestitum dom° dalphino per Petrum Athenes et assignacionem...

535. Item, quod. publ. instrumentum (*ut* 506), die III mens. januarii, continens homagium ligium prestitum dom° dalphino per Andream de Sancto Johanne et terminum...

536. Item, quod. publ. instrumentum (*ut* 503), die X mens. januarii, continens homagium ligium prestitum dom° dalphino per nobilem virum Rodulphum Berengarii, dominum de Vado, et assignacion...

537. Item, qued. littera duobus sigillis in pendenti sigillata, scripta sub anno Dñi M°II°XC°VIII°, continens permutacionem factam per inclitam dom. B(eatricem), dominam Fucigniaci, ex una parte et dom. episcopum (et) capitulum Grationopolis ex altera, super homagio et fidelitate Chaberti de Brianczone.

1. *En m.* Pro recognicion. Montis Bonodi. *De même à* 542, 553-4, 562, 664-5, 577, 580-1, 583, 588, 599, 633, 689, 693, 702, 720.

538. Item, quod. publ. instrumentum scriptum manu Stephani de Seye et subscriptum et signatum manu Guillelmi Richardi public. notariorum, sub anno Dñi M°II^{c}XC°VI°, die mercurii post festum b^i Michaelis, continens vendicionem factam dom° B(eatrici) domine Facigniaci per Nicolaum Asselini, de v° sestariis frumenti census cum omni jure etc. que faciunt homines contenti in dicto instrumento.

539. Item, quod. publ. instrumentum scriptum manu Nicolay Anglici, sub anno Dñi M°II^{c}XC°V°, xvi kalend. julii, continens vendicionem factam Syboudo de Castronovo per Johannem Magistri, de quibusdam vineis confrontatis in dicto instrumento et quorumdam censuum in ipso instr^{to} contentorum.

540. Item, quod. publ. instrumentum scriptum manu Petri Asselini notarii, sub anno Dñi M°II°LXXVIII°, continens recognicionem quarumdam rerum factam dom° Petro Auruscii per Odonetum de Poypia, que res site sunt in mandamento Montis Bonodi.

541. Item, quod. publ. instrumentum scriptum manu Johannis Juliani, sub anno Dñi M°II^{c}LXX°, x kalend. febroarii, continens vendicionem factam dom° Petro Auruscii, domino Montis Bonodi, per Richardum Silvonis de Petra et sororum suorum, de quibusdam rebus sitis in mandamento Montis Bonodi, in manso Broneync, precio xvi librarum bonorum Viennen.

542-a. Item, duo publica instrumenta scripta in una pelle manu Petri Asselini notarii publ., sub anno Dñi M°II^{c}LXXV°, III idus septembris, quorum primum continet recognicionem factam dom° Petro Auruscii per Petrum Chalvini, Rollandum Terras et Guigonem Berteti, de quadam sala*tata prati; secundum vero continet vendicionem factam dicto dom. Petro Auruscii per Petrum Vacherii et Margaritam ejus uxorem, de pluribus usagiis contentis in dicto instr^{to}.

543. Item, quod. al. publ. instrumentum (*ut* 506), continens homagium ligium prestitum dom° dalphino per Petrum Galvaygñ de Corvo et terminum...

544. Item, quod. al. publ. instrumentum manu Lant. Bemondi notarii scriptum, sub anno Dñi M°CCC°IX°, IIII° idus octobris, continens vendicionem factam dom° dalphino per Disderium Colluci, Bertrandum et Domengiam Colluci, de parte sibi contingente in leyda de Mura et pertinentiis ejusdem.

545. Item, quod. publ. instrumentum manu Guillelmi Jomarii notarii scriptum, sub anno Dñi M°III^{c}XVI°, xxv die mensis aprilis,

continens confessionem et solucionem factam personis in dicto instrumento contentis pro rebus et possessionibus in quibus fuit fondata et ediificata villa nova Vorapii, que solucio ascendit XI^{xx} x libras Viennen.

546. Item, quod. instrumentum scriptum manu Garnerii de Correyro, sub anno Dñi M° octuag°, die dominica post octabas Nativitatis b^i Johannis Baptiste, continens homagium prestitum Syboudo de Castronovo per Petrum Grinde.

547. Item, quod. publ. instrumentum (*ut* 506), continens homagium ligium prestitum per Petrum de Salion et terminum...

548. Item, quod. publ. instrumentum scriptum manu Petri Asselini notarii publ., sub anno Dñi M°CC^{mo}LXXV°, IIII° idus septembris, continens quod ad requisicionem dom^i Petri Auruscii recognovit Petrus Vacherii se tenere de feudo dicti dom. Petri Auruscii omnia que tenedat et habebat in mandamento Montis Bonodi, exceptis hiis que tenebat ab alio domino, et specialiter mansum de Freyneto et confessus fuit se debere dicto dom. Petro x solidos de placito.

549. Item, quod. publ. instrumentum scriptum manu Guioneti de Ambariaco notarii publ., sub anno Dñi M°II^{c}XC°I°, die martis post festum b^i Andree apostoli, sigillo Rod(ulphi) de Vado sigillatum ut in eo instr^{to} legitur, continens quod ill^{is} princeps dom. Humbertus dalphinus Viennensis et dom^a Anna ejus consors vendiderunt Radulpho de Vado castrum de Vado et quicquid juris Guillelmus de Monte Orserio habebat in eodem, precio XXII^m solidorum Viennen. et sub condicionibus in ipso instrumento contentis.

550. Item, qued. lictera duobus sigillis inpendenti sigillata, scripta sub anno Dñi M°II^{c}XXXII^{do}, IIII kalend. maii, continens recognicionem factam per Guigonem Guiffredi de Sancto Nazario, qui recogovit se tenere a dom° dalphino quicquid habebat in parrochia Sancti Nazarii et domum suam quam habebat ibidem.

551. Item, quod. publ. instrumentum (*ut* 506), continens homagium ligium prestitum dom° [dalphino per] Aymonetum Salvaygni et terminum...

552. Item, quod. publ. instrumentum scriptum manu Petri Galterii notarii, sub anno Dñi M°CCC°XVI°, IIII kalend. novembris, continens vendicionem factam dicto notario, nomine dom^i dalphini, per Johannem et Petrum Poeta fratres, de quadam domo in villa Buxerie sita, precio XL librar.

553. Item, qued. lictera in pendenti sigillata, scripta sub anno Dñi M°II^cLX.VIII°, continens quod magister Johannes de Goncelino, judex in Grayslvodano pro dom° dalphino, ajudicavit dom° Petro Auruscii dominium et censum cujusdam pecie vinee site in manso de Cleymes, mandamenti Montis Bonodi, quam vineam tenebat Guillelmus Chamondi.

554-5. Item, duo publica instrumenta manu Petri Asselini in una pelle, unum sub anno Dñi M°II^cLXXII°, III° kalend. marcii, continens quod Johannes Bovet vendidit dom° Petro Auruscii I sestarium frumenti census quod faciebant persone in ipso instrumento nominate; aliud vero sub anno LXXIII°, continet quod dom. Petrus Czuppi cap̃ et Usanna confessi fuerunt se tenere a dom° Petro Auruscii quandam peciam vinee site in closo de Corbonant, pro qua confessi fuerunt debere censum et talliam.

556. Item, quod. publ. instrumentum (*ut* 506), continens homagium ligium prestitum per Petrum de Miribello et terminum...

557. Item, quod. al. publ. instrumentum (*ut* 506), continens homagium ligium prestitum dom° dalphino per Johannem de Thesia, de Bello Monte, et terminum...[1]

558. Item, quod. publ. instrumentum in pendenti sigillatum sigillo Flote de Cassenatico, scriptum manu Guillelmi de Ulcio notarii publ., sub anno Dñi M°II^cLXIII°, xv kalend. julii, continens revocacionem testamenti et omnium contractuum factorum per dictam Flotam super facto castri de Cassenatico usque ad dictam diem.

559. Item, quod. publ. instrumentum scriptum manu Lant. Guenisii de Alavardo publ. notarii, sub anno Dñi M°CCC°XXXIX°, die XIII mensis decembris, continens remissionem factam domino per homines et gentes de Goncelino et de Morestello super fogagiis et aliis male extortis ab eisdem.

560. Item, quod. publ. instrumentum scriptum manu Garnerii de Coreyro, receptum sub anno Dñi M°II^cLXVI, continens homagium ligium prestitum Syboudo de Castrono(vo) per Ysmidonem de Closa de Bucurione et recognicionem de quadam vinea sita supra dictam eclosam, pro qua confessus fuit debere II gallinas census.

561. Item, quod. publ. instrumentum scriptum manu Johannis Raschecii de Clusis, Gen(evensis) diocesis, sub anno Nativit. Dñi

1. *En m.* Domus de Thesia.

M°CCC°XXXIX°, die XXII mensis madii, continens recognicionem homagiorum Eymerici de Vado, condomini de Vivo, Johannis de Cogneto et plurium aliorum nobilium in instrumento contentorum, qui quidem nobiles sunt mandamentorum Vivi, Varsie, Parisius, de Vorey et de Mura.

562. Item, quod. publ. instrumentum scriptum manu Petri Asselini, sub anno Dñi M°II°LXXI°, II° kalend. marcii, continens homagia prestita dom° Petro Auruscii per Guillelmum Estorna et Stephanum Sillardi.

563. Item, quod. instrumentum (ut 506), continens homagium ligium prestitum dom° dalphino per Eymionum de Chamondo et terminum...

564. Item, q. publ. instrumentum (ut 506), continens homagium ligium prestitum per Guillelmonum de Cizerino et assignacionis...

565. Item, al. instrumentum, ut praeced., continens homagium ligium prestitum dom° dalphino per Hugonem de Cizerino et terminum...

566. Item, al. publ. instrumentum scriptum manu Johannis Benedicti clerici, continens recognicionem homagiorum quorumdam nobilium infrascript., et primo Guillelmi de Briono condomini dicti loci, Johannis de Tanco, Aymareti Garcini et Guillelmi Marcelli, Jacobi Rantru, Arnaudi de Sapo, Johannis Chalani et plurium aliorum in ipso instrumento contentorum.

567. Item, quod. al. instrumentum (ut 506), continens homagium ligium prestitum dom° dalphino per Petrum Baquellerii et terminum...

568. Item, quod. publ. instrumentum scriptum manu Martini de Condamina, continens vidimus cujusdam lictere, in qua lictera continetur quod dom. Hunbertus dalphinus et dom° Anna ejus uxor concesserunt dom° Gastoni vicecomiti Biardi et dom° B(eatrici) domine Fucigniaci, ejus uxori, ad vitam ipsius dom° B. castrum et mandamentum Oysencii, Visilie et plurium aliorum.

569. Item, quod. al. publ. instrumentum scriptum manu Petri Asselini notarii, continens quod Guigona, uxor condam Ramussii Montis Fortis, vendidit Syboudo de Castro Novo IX sestaria vini puri census que habebat in parrochia de Corenco, scriptum sub anno M°II°LXVII°.

570. Item, al. publ. instrumentum scriptum manu Guig. Frumenti not., sub anno Dñi M°CCC°XXXIIII°, die VI° febroarii, con-

tinens homagium ligium et recognicionem factis dom⁰ dalphino per Aynardum de Bella Comba, et recognovit omnia que tenet a dom⁰ et nichilominus fuit sibi assignatus terminus ad plenius recognoscendum particulariter et distincte¹.

571. Item, quod. lictera sigillata in pendenti, scripta sub anno Dñi M°CCC^mo, continens quod magister Johannes de Goncelino major confitebatur habuisse et recepisse a dom⁰ dalphina Viennensi M libras dalphinales, in quibus eidem dicta domina tenebatur ex causa vendicionis facti de Aybeno.

572. Item, al. instrumentum (ut 570), die xi mens. februarii, continens homagium ligium prestitum per Guillelmum de Chaurogeres dom⁰ dalphino sine assignacione.

573. Item, quod. publ. instrumentum (ut 570), die VIII^a mens. januarii, continens homagium ligium prestitum per Petrum de Ambello dom⁰ dalphino et termin. sibi assignatum ad particulariter recognoscendum, quod non fecit.

574. Item, quod. al. publ. instrumentum (ut 570), die IX^a mens. januarii, continens homagium ligium prestitum dom⁰ dalphino per Petrum Goyraudi et terminum...

575. Item, quod. publ. instrumentum manu Johannis de Sancto Dionisio receptum, sub anno Dñi M°CCC°VII°, die XVIII^a mensis aprilis, continens homagium ligium prestitum dom⁰ dalphino per dom. Petrum Isoardi, dominum d'Ays.

576. Item, al. instrumentum scriptum manu Petri Asselini, sub anno Dñi M°II^cLXIX°, x kalend. aprilis, continens quod Rodulphus de Theysio vendidit dom⁰ Petro Auruscii medietatem pro indiviso domus Montis Fortis cum sedum̄ et pertinenciis ipsius, site in parrochia de Crollis, et generaliter omnia que habebat a Silucta usque apud Gratonopolim citra Yseram, precio V^m solidor. Viennen.

577. Item, tria publica instrumenta scripta manu Petri Asselini in una pelle, sub anno Dñi M°II^cLXXV, quorum primum continet vendicionem factam per Petrum de Granenc de IIII^or sestariis frumenti census, secundum continet homagium factum per Nantelmum Sachet dicto dom. Petro, tercium vero continet permutationem factam de quodam prato dicto domino per Guigonem Roboudi.

578. Item, quod. publ. instrumentum scriptum manu Johannis

5. Nos Sciendum quod dictus Ay. erat pater patris domi Brunelli.

Alamandi notarii, sub anno Dñi M°II°LXIIII°, continens quod Petrus Sarniers vendidit dom° Petro Auruscii sestarium frumenti census, quod sibi faciebant Guillelmus Jordani et Johannes Amandruci super rebus contentis in dicto instr°.

579. Item, quod. publ. instrumentum scriptum manu Hugonis Jomardi notarii, sub anno Dñi M°CCC°, xii kalend. madii, continens quod Thomas de Peladru domicellus dedit Dionisio Reynoudi omnes res, possessiones, usagia et homagia et omnes actiones quecumque sint que condam fuerunt Petri Reynoudi, et generaliter quicquid habebat in mandamentis Montis Bonodi et de Bucurione.

580. Item, al. publ. instrumentum scriptum manu Petri Asselini notarii, sub anno Dñi M°II°LXXVII°, continens recognicionem factam dom° Petro Auruscii per Guigonam uxorem condam Bermondi de Brognino, Hugonem et Herlinum Bermondi, filios suos, qui confessi sunt se tenere a dicto dom. Petro res et feuda in ipso instrumento contenta.

581. Item, quod. publ. instrumentum scriptum manu Garnerii de Correyro, sub anno Dñi M°II°LXXVII°, die sabati post festum beati Bartholomei apostoli, continens compromissum factum inter Syboudum de Castronovo et Guillelmum ejus filium ex una parte et Albertum de Monteforti ex altera.

582. Item, quod. al. publ. intrumentum scriptum manu Petri Ayliendi notarii, sub anno Incarn. Dñi M°II°LXXV, die sabati ante Penthecosten, continens quod Guillelmus Albanelli vendidit Syboudo de Castro Novo, cui successit dom. Dalphinus, unam eyminam avene census quam faciunt tenementarii in ipso instr° contenti.

583. Item, quod. publ. instrumentum scriptum manu Petri Aliendi, sub anno predicto, continens quod Petrus Coyreti de Bucurione vendidit Syboudo de Castronovo IIII°r solidos census de placito, quos faciunt feudatarii contenti in dicto instr°.

584. Item, quod. publ. instrumentum (*ut* 573), continens homagium ligium prestitum dom° dalphino per Jaquemonum de Villeta et terminum...[1]

585. Item, qued. littera duobus sigillis sigillata in pendenti, scripta sub anno Dñi M°II°XC°VIII°, IIII° nonas marcii, continens permutationem factam per dom. episcopum Gratianopolit. et ejus

1. *En m.* Pro recognic. Alavardi.

capitulum ex una parte et dom. B(eatricem) dominam Fucigniaci ex altera, de homagio et fidelitate Chaberti de Brianczone ad quosdam homines contentos in ipsa lictera, et similis registrata.

586. Item, quod. publ. instrumentum scriptum manu Guillelmi Sayeti, sigillatum in pendenti, scriptum sub anno Dñi M°CCC°, die mercurii post octabas b^i Mar(tini), continens quod dom^a Nantelma abatissa Ayarum vendidit dom^e B(eatrici) domine Fucigniaci 1 modium vini census quod percipiebat in mandamento Terracie.

587. Item, quod. instrumentum scriptum manu Petri Biviaci notarii, sub anno Dñi M°II^{c}XC°, IIII° nonas januarii, continens vendicionem factam per Eymericum de Brianczone dom^e B(eatrici) domine Fucigniaci, de castro Terracie cum ejus mandamento et pertinentiis, precio III^m solidorum.

588. Item, quod. publ. instrumentum confectum manu Petri Asselni notarii, sub anno Dñi M°II^{c}LXXVI°, indic. IIII^a, IIII° kalend. julii, continens quod Nantelmus Nantelmi et Alasia ejus uxor vendiderunt dom° Petro Auruscii omnia que habebat apud Biviacum et continentur ea in quodam instrumento confecto manu notarii publ.

589. Item, quod. publ. instrumentum scriptum manu Poncii Garini dicti de Vercors notarii, sub anno Incarn. Dñi M°II^c octuag° IIII°, xv kalend. novembris, continens quod dom^a Sacristana relicta Fromundi Berengarii, Petrus de Morgiis, Reynaudus Berengarii, ipsorum conjugum liberi, vendiderunt nobili dom° Quatuormalla Dyensi canonico quicquid dom. Guillelmus de Brione miles et ejus liberi condam habebant in parrochiis Sancti Martini in Trivils et Sancti Michaelis et de Thorana, et specialiter quasdam res contentas in dicto instrumento.

590. Item, qued. lictera sigillata septem sigillis, scripta sub anno Dñi M°II^{c}LXI°, IIII° ydus junii, continens testamentum dom^e Aujarde filie dom^i Guigonis de Cassenatico, in quo faciebat sibi heredem Aynardum de Balma et ordinabat quod ea que habebat apud Sayssinium pertine(re)nt dom° Guigoni dalphino nisi ejus voluntas servaretur[1].

591. Item, qued. modica littera scripta sub anno Dñi M°CC° octuag° VI°, die dominico post festum Assumptionis beate Marie, continens homagium prestitum dom° Hunberto dalphino per Guillelmum de Malles domicellum.

---

1. *En m*. Sayssinii, contra dominum Cassenatici.

592. Item, quod. publ. instrumentum scriptum manu Durandi Rostangnii de Foneanis notarii, sub anno Nativit. Dñi M°III^{c}XXII°, die XIIII^a mensis marcii, continens computum et arrestum factum per heredes (Andree) Czuppi cum gentibus et comissariis dom! Hugonis Dalphini, domini Fucigniaci, de regimine et amministratione bayllivatus ipsius domini in Grayssivodano, et remanserunt debentes certas pecunie quantitates et bladorum, et dict. dominus eisdem certas quantitates pecunie, ut in ipso instr^{to} continetur [1].

593. Item, quod. al. instrumentum manu Anthonii Enaperii, anno M°III^{c}XXIII°, sigillatum in pendenti sigillo dicti domini, continens quictationem dictorum arrestorum.

594. Item, quod. publ. instrumentum (*ut* 573), continens homagium ligium prestitum per Gonterium Tolosani de Oysseu et terminum...

595. Item, quod. al. instrumentum (*ut* 573), continens homagium ligium prestitum dom° dalphino per Jacobum Galvaygn de Ambello et terminum...

596. Item, quod. publ. instrumentum scriptum manu Hugonis Chabuelli notarii, sub anno Incarn. Dñice M°II^{c}XC°VI°, VIII^a kalend. octobris, continens quod Petrus Roberti et Johannes ejus nepos vendiderunt dom° B(eatrici) domine Fucigniaci 1 eyminam frumenti quam eisdem faciebat Anthonius Fontane.

597. Item, quod. publ. instrumentum manu Guigonis de Balma notarii publ., sub anno Dñi M°II^c octuag° VI°, XI kalend. (....), continens quod Guillelmus et Jacelmus de Sancto Nazario fratres confessi fuerunt se esse homines ligios dom^e B(eatricis) domine Fucigniaci pro personis et rebus quas tenent, pro quibus homagiis confessi fuerunt se habuisse a dicta domina VI^{xx} libras [2].

598. Item, quod. publ. instrumentum scriptum manu Petri Guillelmi, sub anno Dñi M°II^{c}XXXVIII°, VI° nonas maii, continens quod Vivianus filius condam Petri Aynardi militis vendidit dom° Berlioni de Castronovo 1 sestarium vini puri quod faciebat Vincentius de Combeti et Petrus de Molendino.

599. Item, quod. al. instrumentum scriptum manu Garnerii de Correyro notarii, sub anno Dñi M°II^{c}LVIII°, die sabbati post festum

---

1. *En m*. Videantur racione pensionis quam adhuc percipiunt apud Grationopolim pro domino. — 2. *En m*. Sciatur unde sunt et que tenent bona ipsorum.

bⁱ Valentini, continens quod Guillelmus Raymundi et Raymundetus ejus frater vendiderunt Syboudo de Castronovo, cui dominus successit, 1 sestarium frumenti census super quadam vinea que jacet juxta ecclesiam Bucurionis.

600. Item, quod. publ. instrumentum scriptum manu Anth. Ranulphi, sub anno Dñi M°II°LXXV°, in festo bⁱ Martini, continens quoddam compromissum factum inter Syboudum de Castronovo ex una parte et Petrum Chalvini ex altera, in quo quidem compromisso fuit concordatum quod dictus Petrus Chalvini det et solvat dicto Syboudo 1 sestarium frumenti super quadam vinea in instr⁰ contenta.

601. Item, qued. littera quodam sigillo in pendenti sigillata, scripta sub anno Dñi M°II° octuag° V°, mense septembris, continens permutacionem factam inter ill*em* principem dom. d. H(umbertum) dalphinum et dom. Annam ejus uxorem ex una parte et dom. Petrum Aynardi ex altera, de castro et mandamento de Savello ad castrum et mandamentum de Mota.

602. Item, quod. publ. instrumentum (*ut* 573), continens homagium prestitum dom° dalphino per dom. Stephanum de Alto Vilari et terminum...

603. Item, quod. al. instrumentum (*ut* 570), die mens. xi januarii, continens homagium ligium prestitum dom° dalphino per Raimundum de comba Curnillonis et terminum...

604. Item, quod. instrumentum (*ut* 570), die xi mens. januarii, continens homagium ligium prestitum dom° dalphino per Guillelmonum Chanavaci de Avalone et assignacionem...

605. Item, al. instrumentum (*ut* 604), continens homagium ligium prestitum dom° dalphino per Johannem de Cogneto et terminum...

606. Item, quod. publ. instrumentum (*ut* 573), continens homagium ligium prestitum dom° dalphino per Humbertum Guiffredi de Visilia et assignacionem.

607. Item, quod. instrumentum manu H. Pilati receptum, sub anno Dñi M°III°XXXIIII°, die xxv mens. januarii, continens homagium ligium prestitum dom° dalphino per Guigonem de Vilareto et assignacionem...

608. Item, al. instrumentum scriptum manu H. Pilati not., sub anno M°III°XXXIII°, die 1ᵃ januarii, continens quod Rondetus de Monteforti domicellus, ad requisicionem domⁱ Guigonis dalphini

Viennensis, confessus fuit se tenere in feudum francum et nobile ad homagium ligium XXVI sestaria frumenti census ad mensuram Goncelini, XIIII sestar. tam avene quam castanearum, x hospicia hominum, unum casale molendinorum, LX solidos Viennen. census, que omnia sita sunt in mandamento Bellecombe, et generaliter omnia que tenet vel alius ab eodem in dicto mandamento et pro predictis prestitit homagium ligium dom° dalphino.

609. Item, al. instrumentum (*ut* 573), continens homagium ligium Hugonis de Avalone dicti Machera dom° dalphino et terminum...

610. Item, quod. al. instrumentum (*ut* 570), indic. II&, die IX&a mens. januarii, continens homagium ligium de persona prestitum dom° nostro dalphino per Hugonem de Sala et terminum...

611. Item, al. instrumentum publ. (*ut* 570), die IX&a mens. januarii, continens homagium ligium de persona prestitum dom° nostro dalphino per Petrum de Avalone et terminum...

612. Item, quod. al. instrumentum publ. sigillatum sigillo judicature Graysivodani, scriptum manu Petri Clocheyronis notarii publ., sub anno Dñi M°CCC°III°, indic. I&a, die veneris ante festum Assumpcionis beate Marie, continens processum et sentenciam factum et latam per dom. Henricum de Avalone, judicem Graysivodani, contra Albertum de Monte Forti et pro procuratore ill&is dom° B(eatricis) dalphine Viennensis, domine Fucigniaci, super facto domus fortis de Monte Forti et plurium aliarum rerum, jurium et possessionum in dicto instr&to contentarum.

613. Item, quod. al. instrumentum scriptum manu Bernardi Juliani notarii publ., sub anno Dñi M°CCC°XX°III°, indic. VI&a, die V&a mensis decembris, continens homagium prestitum per nobilem virum dom. Guillelmum Alamandi, dominum Vallebonesii, ac etiam recognicionem per eumdem factam de pluribus rebus, feudis et dominiis in ipso instr&to contentis.

614. Item, al. publ. instrumentum scriptum manu Guig. Francisci not. pub., sub anno Dñi M°CCC°XXXIIII°, indic. II&a, die III&a mensis januarii, continens homagium prestitum ill&i principi dom. Humberto dalphino Viennensi per Johannem de Avinione domicellum et terminum assignacionis ad recognoscendum particulariter et distincte certum tempus diu est lapsum.

615. Item, quod. al. instrumentum publ. (*ut* 614), die VIII&a mens. januarii, continens homagium ligium prestitum ill&i principi

dom⁰ nostro d. Humberto Viennen. dalphino per Hugonem Richardi de Oysencio et terminum...

616. Item, quod. al. publ. instrumentum (*ut* 607), indic. II⁴, die xvᵃ mens. januarii, continens homagium ligium de persona prestitum dom⁰ nostro dalphino per nobilem Franciscum de Parisius et terminum...

617. Item, qued. littera duobus sigillis in pendenti sigillata, scripta sub anno Dñi M°CC°LVIII, xii kalend. aprilis, continens recognicionem factam ill¹ principi dom⁰ nostro Humberto (!) Viennensi dalphino per Fromundum Berengarii, de castro de Vado et ejus mandamento, de castro de Darna et bastia de Davana, et de omnibus que habuit nomine permutationis a Reymondo Berengarii, que omnia recognovit tenere reddibilia a dicto domino sub modis et condicionibus in dicto instr⁰ contentis.

618. Item, quod. al. instrumentum publ. scriptum manu Guig. Frumenti not. pub., sub anno Dñi M°CCC°XXXIIII°, indict. II⁴, die VIIIᵃ mensis januarii, continens recognicionem homagii Petri de Asperis habitatoris de Mura et assignacionem...

619. Item, quod. al. instrumentum publ. scriptum manu Johannis Amandrini et subscriptum manu Humbᵢ Pilati notariorum public., sub anno Dñi M°CCC°XXIX°, indic: XIIᵃ, die xxviiiᵃ mensis aprilis, continens homagium prestitum dom⁰ nostro dalphino per nobilem virum dom. Petrum Aynardi militem, dominum Montis Aynardi, item confessus fuit et recognovit dictus dom. Petrus se tenere, tenuisse et tenere velle et debere in feudum francum (et) nobile a dicto dom. dalphino castrum, mandamentum et territorium Montis Aynardi et tres partes de Chavessa, mandamenti et territorii ejusdem, et domum fortem de Royssanis cum hominibus quos habet ibidem, item omnia et singula ea que habet, tenet et possidet in Triviis et Graysivodani que non reperientur teneri ab alio domino.

620. Item, quod. publ. instrumentum scriptum manu Petri Polleti notarii publ. sub anno Dñi M°CC°LXX°VII°, indic. vᵃ, III° kalend. aprilis, continens quod Margarita de Cezerino vendidit Cyboudo de Castro Novo IIIIᵒʳ solidos Viennen. census et II solid. de placito super quadam petia nemoris confrontata in dicto instr⁰.

621. Item, quod. al. publ. instrumentum scriptum manu Humberti Merleti notarii publ., sub anno Dñi M°II°XC°III°, indic. VIᵃ, die mercurii ante Ascencionem Domini, continens quod Petrus Ruffi de

Revello et Vincentius Creyssenti vendiderunt dom° Beatrici domine Fucigniaci quandam peciam vinee et quand. peciam terre sitam in manso Requitelli, precio xxiii librarum Viennen.

622. Item, quod. al. instrumentum publ. (*ut* 618), continens homagium ligium prestitum dom° nostro dalphino per Petrum del Domengec Mure et terminum...

623. Item, qued. littera tribus sigillis inpendenti sigillata, scripta sub anno Dñi M°CC°XC°VII°, xiiii° kalend. septembris, continens confirmacionem factam dom° B(eatrici) dalphine, domine Fucigniaci, per dom. Humbertum dalphinum Viennensem et dom. Annam ejus consortem et dom. Johannem Dalphinum, eorum filium, de castro Terracie et de omnibus aquisitis et aquirendis per eam.

624. Item, qued. littera in pendenti quodam sigillo sigillata, scripta in pargameno, continens quod Guillelmus de Intermontibus promisit juramento suo stare voluntati et ordinacioni dom' Andree dalphini Viennensis et ejus consortis, et insuper castrum suum de Intermontibus, quod a nullo juramento suo asserebat tenere, acciperet a dicto domino et quod dict. dominus ipsum castrum quandocumque sibi placeret acciperet et vexillum suum in signum recognicionis supra dictum castrum poneret, continens pluras alias convenciones factas inter eos prout in dicta lictera continetur.

625. Item, quod. al. publ. instrumentum (*ut* 618), continens homagium ligium prestitum per Peronetum Brilleti de Alavardo ill' principi dom. Hunberto dalphino Viennensi et terminum...

626. Item, quod. al. instrumentum publ., scriptum manu Humb' Pilati not. pub., sub anno Dñi M°CCC°XXXIIII°, indic. II°, die IX° mensis marcii, continens homagium ligium de corpore et persona prestitum per nobilem mulierem Ysabellam, relictam Raynardeti de Ponte, ill' principi dom° nostro d. Humberto Viennensi dalphino.

627. Item, quod. instrumentum (*ut* 626), die VIII° mens. januarii, continens homagium ligium et recognicionem prestitam per Petrum Algoudi et Lantelmum Algoudi dom° dalphino, de medietate duarum partium cujusdam homagii pro feudo quod tenent ab ipso ; item dictus Petrus confessus fuit se debere homagium ligium dicto dom. dalphino racione empcionis facte per dom. dalphinum predict. a dom° Villenco, domino de Bello Simili, et terminum...[1]

---

1. *En m.* Lo(quatur) comissario ad recipiendum recogniciones dalphinales Goncellini.

628. Item, quod. al. instrumentum (*ut* 627), continens homagium ligium de persona prestitum dom° nostro dalphino per Guillelmum Pilosii de Alavardo et eciam recognicionem per eum factam de rebus infra scriptis, primo videl. confessus fuit se tenere ab ipso dom. dalphino tres partes mistralie de Chassenage, et habet racione mistralie tres partes tercie partis bannorum et eycheutarum et triantes duarum cornatarum apud Capellam Albam et solagium in qualibet cornata duas gerbas, et tenet etiam quosdam census infrascriptos cum tenementariis infrascriptis et tenet vineam et terram quas habet in comba Celin et duas fossor(atas) vinee in Bietoveria et duo jornalia terre a Greboudam, et plura alia in dicto instr^{to} contenta et descripta, et terminum...

629. Item, quod. al. instrumentum (*ut* 618), die xv mens. januarii, continens homagium ligium de persona prestitum illⁱ principi dom° nostro Humberto dño Viennensi dalphino per Hugonem Mistralis de Oysencio et terminum...

630. Item, quod. al. instrumentum (*ut* 618), continens homagium ligium de persona prestitum dom° nostro dalphino per Johannem de Engoniis, de Visilia, et terminum...

631. Item, quod. al. instrumentum (*ut* 618), die xi^a mens. januarii, continens homagium ligium de persona prestitum per Guigonem Romani Triviarum dom° nostro dalphino et terminum...

632. Item, quod. al. instrumentum (*ut præced.*), continens homagium ligium prestitum per Guillelmum Mistralis de Oysencio illⁱ principi dom° nostro d. Humberto dom. Viennensi dalphino et terminum...

633. Item, quod. al. publ. instrumentum (*ut* 618), continens homagium ligium prestitum per Hugonem de Cizerino juniorem illⁱ principi dom° nostro d. Hunberto Viennensi dalphino et terminum...

634. Item, quod. instrumentum (*ut* 618), continens homagium ligium de persona prestitum dom° nostro Hunberto Viennensi dalphino per Peronetum de Grangiis de Buxeria et terminum...

635. Item, quod. instrumentum (*ut* 618), continens homagium ligium de persona prestitum dom° nostro dalphino per Petrum Ysmidonis de Pasqueriis et terminum...

636. Item, quod. al. instrumentum (*ut* 631), continens homagium ligium de persona prestitum illⁱ principi dom° nostro d. Humberto dño Viennensi dalphino per Lagerium de Pratis et terminum...

637. Item, quod. al. instrumentum (*ut* 618), continens homagium ligium prestitum dom⁰ nostro dalphino per Johannem de Fons Triviarum et terminum...

638. Item, quod. al. instrumentum (*ut* 618), die ix ͣ mens. julii, continens homagium prestitum per Bertrandum Joffredi ill' principi dom⁰ nostro d. Hunberto Viennensi dalphino.

639. Item, quod. al. instrumentum (*ut* 618), continens homagium ligium prestitum dom⁰ nostro dalphino per Gonetum de Mayssenas et terminum...

640. Item, quod. al. instrumentum (*ut* 618), continens homagium ligium de persona prestitum per Guillelmum de Brione juniorem ill' principi dom⁰ nostro d. Hunberto dño Viennensi dalphino et terminum...

641. Item, quod. al. instrumentum (*ut* 626), die iiii ͤ mens. decembris, continens recognicionem factam dom⁰ nostro dalphino per Dronetum de Intermontibus domicellum, filium condam Roleti de Intermontibus, qui confessus fuit se tenere in feudum francum, nobile et antiquum et de feudo franco, nobili et antiquo a dicto dom. dalphino res, census, servicia, usagia, homines, homagia, merum et mixtum imperium et omnimodam juridicionem et quecumque alia que et quas et quam nobilis Roletus de Intermontibus, condam pater dicti Droneti, habuit ex causa permutationis a dom⁰ Johanne dalphino condam bone memorie, genitore dicti dom. Hunberti dalphini, quecumque sint et ubicumque a rivo de Aloy inferius usque ad rivum de Bruyssone et usque ad locum usque ad quem mandamentum antiquum de Terracia durat, pro quibus confitetur se esse hominem ligium dicti dom. dalphini, quod homagium ligium ibidem et incontinenti idem Dronetus fecit et prestitit dicto dom. dalphino [1].

642. Item, quod. al. instrumentum (*ut* 629), continens homagium ligium de persona prestitum ill' principi dom⁰ nostro d. Hunberto dño Viennensi dalphino per Johannem de Comba, filium Hunberti de Comba, et terminum...

643. Item, quod. al. publ. instrumentum (*ut* 618), continens homagium ligium de persona prestitum dom⁰ nostro dalphino per Lancelotum del Guiers Triviarum et terminum...

644. Item, quod. al. instrumentum (*ut* 631), continens homagium

---

[1]. *En m.* Videatur si infra istos confines sita est domus Montis Allodii; respondetur quod non.

ligium de persona prestitum dom° nostro dalphino per Hunbertum de Clusa Avignionis et terminum...

645. Item, quod. al. instrumentum (*ut* 627), continens quod dom. Bertrandus Berengarii confessus fuit se tenere et tenere velle a dom° nostro dalphino in feudum francum, nobile et antiquum totum factum et affayre de Sancta Eugenia et mansum de Payis, cum mero et mixto imperio et juridicione omnimoda alta et bassa, et pro dicto feudo fecit homagium dicto dom. dalphino, et tenetur de ipso et pro ipso feudo servire dicto dom. dalphino in suis cavalgatis, et si non serviret idem dom. dalphinus posset dictum feudum accipere et reducere ad manum suam durantibus cavalcatis, et terminum [1]...

646. Item, quod. al. instrumentum (*ut* 618), die II^a mensis januarii, continens homagium et recognicionem prestitam dom° nostro dalphino per nobilem virum dom. Lantelmum Aynardi, dominum de Thensio, militem, videl. confessus fuit se tenere de dominio et segnioria prefati dom. dalphini in feudum francum et nobile castra, mandamenta, districtus et territoria de Thensio, de Rolomono, de Montelino et parrochiam de Roaco, cum mero (et) mixto imperio et omnimoda juridicione castrorum et locorum predict. et omne et quicquid idem dom. Lant. habet, tenet vel possidet in castris, territoriis, mandamentis et parrochia supradictis, etiam quicquid habet in Matacena apud Savellum et in valle Savelli, excepto homagio in quo sibi tenetur nobilis Ynardus de Valseriis, et quedam alia in dicto instrumento contenta et etiam terminum...

647. Item, quod. al. publ. instrumentum (*ut* 618), continens homagium ligium de persona prestitum dom° nostro dalphino per Malinum Artaudi et terminum...

648. Item, quod. al. instrumentum (*ut* 626), die XX^{a}IIII^a mens. novembris, continens homagium et fidelitatem prestitum per nobilem domicellum Guillelmum filium condam Rodulphi de Coponay, salvo et exceptatis homagiis in quibus tenetur capitulo Gebennensi ac nobili dom° d. Agneti de Cabilone, comitisse Gebennensi, et terminum...

649. Item, quod. al. instrumentum (*ut* 631), continens homagium ligium de persona prestitum ill^i principi dom° nostro d. Hunberto Viennensi dalphino per Perrinum de Buringio, habitatorem Avalonis, et terminum...

---

1. *En m.* Sciatur ubi sita sunt.

650. Item, quod, al, instrumentum (*ut* 618), continens homagium ligium de persona prestitum dom° nostro dalphino per Hunbertum de Clarfaye et terminum...

651. Item, quod. al. instrumentum (*ut* 631), continens homagium ligium de persona prestitum dom° nostro dalphino per Petrum Vitalis et terminum...

652. Item, quod. al. instrumentum publ. scriptum manu Hunb¹ Pilati not. pub., sub anno Dñi M°CCC°XXXV, indic. III³, die XXIII mensis septembris, continens recognicionem factam dd. Amedeo Alamandi, priori Sancti Laurentii Grationopolis, et Nicholao Constancii, domino Castri Novi de Bordeta, recipientibus nomine illis principis dom. Hunberti Viennensis dalphini, videl. de hiis que sequntur : et primo castrum, bastidam et territorium de Gressa; item castrum, mandamentum et territorium de Costhana ; item domum, salam Castri Bernardi, mandamento excluso et excepto ; item de duabus domibus fortibus de Miribello, cum juribus et pertinentiis ipsarum rerum ; item, eodem modo medietatem omnium que tenentur a me apud Esparronem, in parrochiis et territoriis de Cleellis et de Sancto Martino, et quicquid tenent a me dom. Franciscus de Theysio et dom. Petrus Clareti, et quicquid Hugo de Oysio condam pater meus olim tenebat in castro et mandamento de Bracheto; item quicquid habeo et teneo apud Altaretum, scil. in montanea de Altareto et in ejus pertinentiis : et de predictis dicto dom. dalphino prestitit sacramentum, fidelitatem et homagium pro eo modo et forma contentis in dicto instr⁰.

653. Item, quod. al. instrumentum publ. scriptum manu Hunb¹ Pilati not. pub., sub anno Dñi M°CCC°XXXVI°, indic. IIII³, die XVI³ mensis febroarii, continens recognicionem factam per nobilem dom. Caterinam relictam dom¹ Reymondi de Toyna, filiam condam dom¹ Johannis Falasterii militis, ill¹ principi dom° nostro d. Hunberto dom. Viennensi dalphino de feudo ipsius domini, videl. ea omnia que tenebat ab eo vel ejus predecessoribus in Graysivodano, apud Bregninum, apud Montem Bonoudum et apud Avalonem et alibi in Graysivodano, et pro predictis fecit dicto domino homagium ligium.

654. Item, quod. al. publ. instrumentum (*ut* 631), continens homagium ligium de persona prestitum domino nostro dalphino per Hestachium Veteris Montis Bonoudi et terminum...

655. Item, quod. al. instrumentum (*ut* 631), continens homagium

ligium de persona prestitum dom° nostro dalphino per Reybaudum Chalym et terminum...

656. Item, quod. instrumentum (*ut* 618), continens homagium ligium de persona prestitum dom° nostro dalphino per Petrum Ysmidonis de Porta et terminum...

657. Item, al. instrumentum (*ut* 618), continens homagium ligium de persona prestitum dom° nostro dalphino per Guillelmum Ysmudonis de Pasqueriis et terminum...

658. Item, quod. al. instrumentum (*ut* 618), continens homagium ligium prestitum dom° nostro dalphino per Reymondum Beymondi de Mura et terminum...

659. Item, quod. al. instrumentum (*ut* 618), continens homagium ligium prestitum dom° nostro dalphino per Stephanum Ruffi de Goncelino et terminum...

660. Item, quod. al. instrumentum (*ut* 629), continens homagium ligium de persona prestitum dom° nostro dalphino per Johannem de Comba mandamenti Curnillionis et terminum...

661. Item, quod. al. instrumentum publ. scriptum manu Aymonis de Clusis, Gebennen. diocesis, notarii publ. sub anno Dñi M°CCC°IX°, indic. vii[a], vii° ydus januarii, continens donacionem ill[i] principi dom. Hugoni dalphino Viennensi, domino Fucigniaci, per ill[em] dominam dom. B(eatricem) filiam inclite recordacionis dom[i] Pe(tri) condam comitis Sabaudie, dominam Fucigniaci, videl. de castris et castelliis Terracie, Montis Fortis, Montis Bonodi et Montis Fluriti, cum omnibus ejus pertinentiis et appenditiis universis, prout in dicto instr[o] plenius continetur.

662. Item, quod. al. instrumentum (*ut* 631), continens homagium ligium de persona prestitum ill[i] principi dom. Hunberto Viennensi dalphino per Johannem Arnaudi de Voujania et terminum...

663. Item, quod. al. instrumentum (*ut* 626), die vii[a] mens. januarii, continens homagium ligium prestitum ill[i] principi dom° nostro d. Hunberto Viennensi dalphino per nobiles Odonem et Siboudum Alamandi fratres et recognicionem per eos factam... de castro et mandamento Uriatici [1], mero (et) mixto imperio et omnimoda juridictione, laudis vendicionum, albergamentorum et investiturarum, et omnibus aliis que habent infra dict. mandamentum et ad

1. *B.* Virat...

ipsos pertinere debent, et sub modis et condicionibus in dicto instr⁰ contentis, et terminum..sibi prefixum...

664. Item, quod. publ. instrumentum (*ut* 627), continens homagium ligium prestitum per Johannem de Geria dom⁰ nostro dalphino et recognicionem eciam per eum factam... de feudo francho omnium que tenet ab eo in mandamento Visilie, salvis hiis que tenet ab eo ad servicium que condam fuerunt Hugonis de Molino, et terminum...[1]

665. Item, quod. instrumentum al. (*ut* 629), continens homagium ligium de persona prestitum dom⁰ nostro dalphino per Raymbaudum Poyaci de Oysencio et terminum...

666. Item, quod. publ. instrumentum (*ut* 618), continens homagium ligium prestitum dom⁰ nostro dalphino per Jaquemetum de Quetz et terminum...

667. Item, quod. instrumentum (*ut* 629), continens homagium ligium de persona prestitum dom⁰ nostro dalphino per Odonem Mistralis de Oysencio et terminum...

668. Item, quod. instrumentum confectum manu Guig. Frumenti not. pub. sub anno Nativit. Dñi M°CCC°XXXIIII°, indic. IIª, die XVIIIª mensis januarii, continens homagium ligium Petri Guioti et terminum...

669. Item, quod. instrumentum (*ut* 618), continens homagium Guillelmi Galvagnii de Ambello et terminum...

670. Item, quod. instrumentum (*ut* 626), die VIIIª mens. januarii, continens homagium ligium prestitum per dom. Guigonem de Morgiis et assignacionem termini...

671. Item, quod. instrumentum confectum (*ut* 626), die IIII januarii, continens homagium ligium prestitum dom⁰ dalphino per Johannem de Crollis de Avalone et assignacionem...

672. Item, quod. publ. instrumentum (*ut* 670), continens homagium et recognicionem factam per dom. Abbertum de Cassenatico dom⁰ nostro dalphino de hiis omnibus que tenet in mandamento Cassenatici, in parrochia de Vourey et in mandamento Yseronis.

673. Item, qued. lictere sigillate in pendenti sex sigillis, scripte sub anno ab Incarn. Dñi M°CC°XXXI°, IIIº nonas februarii, Gregorio IX° papa, Frederico Romano imperatore existentibus, continentes quod Guigo de Brianczono et Eymericus ejus filius vendiderunt pre-

---

1. *En m.* Lo(quatur) Roynaco comiss(ario) ad recip(iendum) recogn(itiones) dalph(inales) Visilie. ad sciendum qui tenet que recognovit.

cio XXXVII^m solidorum Viennen. dom° Andree dalphino omnia que habebant in castro de Geria et ejus mandamento, et confessi fuerunt habuisse pretium.

674. Item, quod. publ. instrumentum (*ut* 618), continens homagium ligium prestitum per Reymundum Rosseti de Mura dom° dalphino et terminum...

675. Item, quod. instrumentum (*ut* 668), die ix^a mens. januarii, continens homagium ligium prestitum per Johannem de Chenins dom° nostro dalphino et terminum...

676. Item, quod. publ. instrumentum manu Hunb^l Pilati de Buxeria not. pub., sub anno Dñi M°CCC°XXXVII°, indic. v^a, die v^a mensis decembris, continens homagium et recognicionem factam per dom. Guigonem de Morgiis, nomine Gilete uxoris Guigonis de Morgiis filii sui, dom° dalphino et recognovit dictam Giletam tenere in feudum a dicto dom. dalphino castrum de Mota in Matacena cum ejus territorio, item castrum de Moydanis, Vapincen. diocesis, cum ejus territorio, et quicquid habebat dicta Gilleta in mandamento Sancti Andree in Rosanis, item quicquid habet dicta Gilleta in mandamento Grationopolis usque ad Terraciam.

677. Item, quod. publ. instrumentum (*ut* 629), continens homagium prestitum per Odonem de Balma de Oysencio dom° dalphino et terminum...

678. Item, quod. instrumentum (*ut* 618), continens homagium ligium prestitum per Petrum de Molario dom° dalphino et terminum...

679. Item, quod. publ. instrumentum scriptum manu Petri Charvini notarii publ., sub anno Dñi M°CC°LXXI°, indic. x^a, die ix^a januarii exeunte, continens vendicionem factam dom° Andree dalphino per dom. Hugonem de Porta Truinia militem, de dominio et segnoria quod et quam habebat in domo Raymundi Calnesii condam.

680. Item, quod. publ. instrumentum (*ut* 618), continens homagium ligium prestitum per nobilem Morardum[1] de Arciis dom° dalphino et terminum assignac. sub pena feudorum...

681. Item, quod. publ. instrumentum (*ut* 631), continens homagium ligium prestitum dom° dalphino per Maurellum Poysiani Triviarum et terminum... sub pena feudorum.

682. Item, quod. publ. instrumentum confectum (*ut* 631)... an.

1. *En m*. H. Morardi.

Nativit. Dñice.., continens homagium ligium prestitum per Vionetum Monachi de Avalone et terminum...

683. Item, qued. lictere facte coram officiali Grationopolitani, sub anno Dñi M°CCC°XXXIX°, indic. vii^a, sigillate in pendenti sigillo curie officialatus Grationopolitani, continentes quod. vidimus factum de quod. publico instrumento facto et recepto manu Petri Viniaci notarii publ. sub anno Dñi M°CCC°, indic. xiii^a, die veneris post festum bⁱ Mathie appostoli, in quo instr^{to} continetur quod. dom. Hunbertus dalphinus et dom^a Anna, ejus consors, et dom. Johannes Dalphinus, eorum primus filius, transtulerunt ut narratur in ipso instrumento, in dom. Guigonem Alamandi ex causa permutationis, quicquid habebant in castro de Claysio, ut asserebat dictus dom. Guigo; continens etiam quod decanus et capitulum ecclesie Beate Marie Grationopolis retinuerunt et investierunt eundem dom. Guigonem de aquisitis per ipsum in mandamento Claysiy ab Ysoardo de Claysio.

684. Item, quod. instrumentum (*ut* 618), continens homagium ligium prestitum per Petrum Bectonis et cert. terminum....

685. Item, quod. publ. instrumentum, confectum manu Hunbⁱ Pilati de Buxeria not. pub. sub anno Nativit. Dñi M°CCC°XXXVIII°, indict. vi^a, die xx^a mensis decembris, continens homagium ligium prestitum per nobilem Hugoninum Alamandi, filium condam domⁱ Guillelmi Alamandi militis, domini Vallis Bonesii condam, dom° Humberto dalphino Viennensi et recognicionem per ipsum Hugon. factam de castro Vallis Bonesii, de Piru, de Claysio et de pluribus aliis feudis, modo et forma quibus alias recognoverunt domⁱ Guigo Alamandi et Guillelmus Alam. ejus filius, domini Vallis Bonesii condam, qui modus et forma continentur et describuntur in presenti instrumento...

686. Item, quod. publ. instrumentum scriptum et signatum manu Hunbⁱ Pilati not. pub. sub anno Dñi M°CCC°XXXVII°, indic. v^a, die viii^a mensis novembris, continens donationem factam per dom. H(umbertum) dalphinum Dronneto de Vallibus, in recompensationem jurium que habebat in castro Bellivisus de Marco, de castro Terratie; pro quo castro idem Dronetus fecit homagium ligium dicto dom. dalphino et dict. castrum de Terratia recognovit se tenere in feudum reddibile a dicto dom. dalphino.

687. Item, quod. publ. instrumentum (*ut* 618), continens homagium ligium prestitum per Guillelmum Arthaudi dom° dalphino et terminum...

688. Item, quod. publ. instrumentum (*ut* 618), continens homagium Johannis Pecta notarii publici et terminum...

689. Item, quinque instrumenta scripta in una pelle manu Johannis notarii dom¹ imperatoris, sub anno Dñi M°CC°LXVI°, indic. octava, continentia homagia prestita dom° Petro Auruscii, tunc domino Montis Bonodi, per Arthaudum de Cizerino, Aymarum Falacef, Bernardum Roberti, Guillelmum Falacef et Guonadum Palus, qui Guonadus vendebat dicto dom. Petro jus quod habebat in quodam prato sito in mandamento Montis Bonodi.

690. Item, qued. lictere pergaminee scripte anno Dñi M° CCC°XI°, die xxv mensis aprilis, non sigillate licet debuissent sigillari, emanate a dom° Johanne dalphino, continentes libertates et franchesias concessas per dictum dom. dalphinum hominibus Goncelini [1].

691. Item, qued. pargaminee lictere sigillate in pendenti quatuor sigillis, sub anno Dñi M°CC°LXX°, die sabati ante Nativitatem Domini, indic. xiiiᵃ, continentes quod Guigo Berengarii, dominus Morgiarum et de Podio Bosone, fecit homagium dom° Beatrici comitisse Vienne et Albonis domineque Fucigniaci, tutorio nomine liberorum suorum, et recognoscebat dicta castra se tenere a dicta dom. comitissa.

692. Item, quod. publ. instrumentum confectum manu Hunb¹ Pilati de Buxeria, sub anno Dñi M°CCC°XXXVIII°, indict. xi, die iiiiᵃ mensis julii, continens homagium prestitum per dom. Stephanum de Alto Vilario militem, filium condam nobilis viri dom. Johannis de Altovilario militis, et recognicionem per eundem factam dom° dalphino de hiis que tenet ab eo in valle Alavardi.

693. Item, quod. publ. instrumentum confectum manu Joh. Margallii notarii publ. sub anno Dñi M°CC°LXXVIII°, indic. vіᵃ, xᵃ kalend. augusti, continens homagium prestitum per Guigonem Morardi de Arciis, filium condam Hugonis Morardi et dom° Guiffrede, dom° Petro Auruscii, tunc domino Montis Bonodi, recognicionem per eumdem factam dom° dalphino de hiis que tenebat in mandamento predicto Montis Bonodi et plures condiciones quibus debebat uti idem Guigo Morardi in suis hominibus, prout hec et plura alia lacius in ipso instrumento continentur, et recognoscebat domum suam fortem de Arciis tenere reddibilem a dicto dom. dalphino.

1. *En. m.* Universitatis Goncellini.

694. Item, quod. instrumentum (*ut* 629), continens homagium ligium prestitum per Petrum Poyaci et terminum...

695. Item, quod. publ. instrumentum (*ut* 627), continens homagium prestitum per nobilem Johannem de Darna de Triviis dom° dalphino et recognicionem per eum factam nomine suo et nom° Chaberti de Darna, filii condam Heustachii de Darna, de hiis que tenebant in Triviis.

696. Item, quod. publ. instrumentum (*ut* 626), die ix^a mens. januarii, continens homagium prestitum dom° dalphino per Guillelmum Albares et terminum...

697. Item, quod. instrumentum (*ut* 668), die iii^a mens. januarii, continens homagium ligium nobilis Hugonis de Millef et terminum...

698. Item, quod. publ. instrumentum sigillatum in pendenti quatuor sigillis, scriptum et signatum manu Guillelmi de Lucio notarii publ., sub anno Dñi M°CC°LXIII°, indict. quinta, xv kalend. julii, continens permutacionem factam de castro Cassenatici et Ysaronis dom° Guigoni dalphino et (*leg.* per) Flotam filiam Aymari de Cassenatico, uxorem Guillelmi Arthaudi filii condam dom^i Petri Ysaudi, cum castro Montis Clari et de Veroñ $^{\iota}$.

699. Item, qued. lictere sigillate in pendenti duobus sigillis, scripte anno Dñice Nativit. M°CC°XXXI°, indict. iiii^a, iiii° kalend. julii, continens vendicionem mistralie Bucurionis factam Berlioni de Castrono(vo) per Guillelmum Chalvini et Hunbertum ejus fratrem, et de pluribus aliis rebus venditis.

700. Item, qued. littera sigillata in pendenti sigillo Guillelmi de Intermontibus, domini dicti loci condam, scriptum apud Muram sub anno Dñice Incarn. M°CC°XXXIIII°, vi° kalend. augusti, continens quod dictus Guillelmus de Intermontibus juravit quod a nullo tenebat castrum de Intermontibus, et ipsum castrum cum ejus mandamento accepit a dom° Guigone dalphino in feudum et eumdem promisit juvare de hominibus dicti castri.

701. Item, quod. publ. instrumentum scriptum manu Alberti de Brayda notarii publ. sub anno Dñice Incarn. M°CC°XC°IIII°, scil. die martis in festo appostolorum Petri et Pauli, continens homagium ligium prestitum per nobilem Atthenols de Buga alias de Briva, filium dom^i Aymari de Briva militis, dom° Hunberto dalphino per (*leg.* et) reco-

---

15. *En m.* Veyronis.

gnicionem per eumdem factam de hiis que tenebat in castro et mandamento de Paris, que fuerunt Alberti de Cassenatico.

702. Item, quod, publ. instrumentum scriptum manu Guarini de Correyo notarii publ. sub anno Dñi M°CC°LXXI°, die sabbati post festum Omnium Sanctorum, continens vendicionem cujusdam prati, siti in parrochia de Meolano, factam Syboudo de Castronovo per Guigonam Coyreta et Reymbaudum ejus maritum.

703. Item, quod. instrumentum (*ut* 631), continens homagium ligium prestitum per Petrum Monachi dom° H(umberto) dalphino Viennensi et terminum...

704. Item, quod. publ. instrumentum confectum manu Guig. Frumenti not. pub. sub anno Dñi M°CCC°XXXIIII°, indic. 11ª, die vıııª mensis januarii, continens homagium prestitum dom° dalphino per Franciscum de Pratis et terminum...

705. Item, quod. instrumentum, *ut præced.*, continens homagium ligium prestitum de persona dom° nostro dalphino per Guigonem de Meolano et terminum...

706. Item, quod. instrumentum, *ut præced.*, continens homagium ligium prestitum per Franciscum de Claromonte dom° nostro dalphino et terminum...

707. Item, quod. publ. instrumentum (*ut* 704), die ıxª mens. januarii, continens homagium ligium prestitum dom° dalphino per Johannem Rabie de Sala et terminum...

708. Item, quod. publ. instrumentum (*ut* 704), continens homagium ligium prestitum dom° dalphino per Henricum Soffredi, mandamenti Visilie, et terminum...

709. Item, quod. instrumentum scriptum manu Guarini de Correyo notarii publ., sub anno Dñi M₀CC°LXXVII°, indic. vª, die lune post festum Assumpcionis beate Marie, continens quandam composicionem factam inter Johannem Rollandi de Gonceluno et Beatricem relictam Guillelmi Terratzacz, ex una parte, et Syboudum de Castronovo et Lantelmum de Grangiis, ex altera, super bonis et hereditate dicti Guillelmi Terraczacz sitis in Valle Sancti Stephani.

710. Item, qued. lictere emanate a dom° Hunberto dalphino, sigillate in pendenti ejus sigillo, scripte anno Nativit. Dñi M°CCC°XLI°, continentes confirmationem cujusdam privilegii olim concessi dom° Bertrando de Ingalatis militi, dom° Raymundo Bertrandi militi, in

quo privilegio continetur quod ipsos milites non posset alienare extra se [1].

711. Item, quod. publ. instrumentum scriptum manu Humb[i] Pilati not. pub. sub anno Dñi M°CCC°XXXIIII°, indic. II[a], die XI[a] mensis januarii, continens homagium ligium prestitum dom° dalphino per Godovernum Bajuli, salvo homagio illorum de Roynis, et recognicionem ab eo factam de hiis que tenet in parrochia Mon(asterii) Clarimontis et terminum...

712. Item, quod. publ. instrumentum (*ut* 711), die IX[a] mens. januarii, continens homagium ligium prestitum dom° dalphino per Guigonem de Bella Comba, filium condam Guigonis de Bella Comba, et recognicionem per eum factam de hiis que tenet ab eodem domino apud Bellam Combam et terminum...

713. Item, quod. publ. instrumentum (*ut* 704), die XI[a] mens. januarii, continens homagium ligium prestitum dom° dalphino per nobilem Guillelmum de Briono et terminum...

714. Item, quod. publ. instrumentum (*ut* 711), die XIII[a] mens. januarii, continens homagium ligium prestitum dom° dalphino per Richardum de Morestello, filium condam Prulleti de Morestello, et terminum...

715. Item, quod. instrumentum (*ut* 704), continens homagium Philipponi Philipponi de Morestello domino et terminum...

716. Item, quod. instrumentum confectum manu Hunb[i] Pilati not. sub anno Dñi M°CCC°XXXVII°, indic. V[a], die IIII[a] mensis febroarii, continens homagium prestitum dom° nostro dalphino per dom. Amblardum dominum Bellimontis, legum doctorem.

717. Item, quod. al. instrumentum (*ut* 714), continens homagium ligium prestitum dom° dalphino per Lantelmum de Buxeria, de Avalone, et terminum...

718. Item, quod. instrumentum (*ut* 704), continens homagium Reymbaudi Alamandi factum domino et terminum...

719. Item, quod. publ. instrumentum scriptum manu Guarini de Correyo notarii publ. sub anno Dñi M°CC°LXXVII°, indict. V[a], die sabbati post festum b[i] Bartholomei, continens recognicionem factam per Albertum de Monte Forti de hiis que tenebat in Campo et in Adestris a Syboudo de Castronovo, sub placito XX[ti] solidorum Vien-

---

1. *En m.* Videatur pro facto leyde Mure.

nen.; Item confessus fuit dictus Albertus se tenere a dicto Syboudo quicquid habebat a rivo de Terratia usque ad rivum de Corbonanc, excepta domo forti, sub placito xx^{ti} solid. Vien. et sub homagio, salvis homagiis duorum dominorum [1].

720-1. Item, duo publica instrumenta simul connexa, confecta manu Petri Anselmi notarii publ., quorum primum confectum est sub anno Dñi M°CC°LXVIII°, indict. xi[.], die xi^a intrante mense januarii, continens quod Petrus Bocorionis de Theysio vendidit dom° Petro Aurucii 1 sestarium frumenti, quod eidem faciebat hospicium Johannis Jordani; aliud vero confectum sub anno Dñi M°CC°LXVI°, indict. ix^a, die ix^a exeunte mense februarii, in quo Bernardus Roberti vendidit dom° Petro Aurucii II sestaria frumenti censualia, super omnibus que tenebat ab eodem [2].

722. Item, quod. publ. instrumentum scriptum manu Petri Biviaci, sub anno Dñi M°CC°XC°VI°, indict. ix^a, die martis post festum bⁱ Luce evangeliste, continens quod Petrus Gentonis de Alavardo, Astrua ejus uxor et Johanna dicta Famessa vendiderunt dom° dalphine antique quodd. casale quod habebant infra castrum Montis Bonodi.

723. Item, quod. instrumentum scriptum manu Petri Oyandi, sub anno Dñi M°CC°LXXIIII°, die sabati post Carnisprivium novum, indic. II^a, continens vendicionem factam per Guillelmum Chays et Petronillam ejus uxorem, de quad. petia prati sita in parrochia de Meolano, Syboudo de Castronovo in cujus locum successit dominus.

724. Item, quod. publ. instrumentum scriptum manu Petri Clocheyronis notarii publ. sub anno Dñi M°CC°XC.IX°, indic. xII^a, xv kalend. januarii, continens vendicionem et permutacionem de pluribus petiis terre et prati, aquisitis per dom. dalphinam antiquam a pluribus et diversis personis, infra clausuram prati et grangiagii ipsius dom° dalphine sitis subtus Bucurionem, prout predicta plenius in dicto instr^{to} continentur [3].

725. Item, quod. publ. instrumentum scriptum manu Guarini de Correyo notarii publ. sub anno Dñi M°CC°LXXV, indic. III^a, xIIII kalend. februarii, continens quod Petrus Alcos de Aqualata et Ray-

---

1. *En m.* Extrahatur. — 2. *En m.* Pro recognicion. Montis Bonodi. *De même aux n^{os}* 722, 726-7, 753, 760-4, 768, 772, 778, 783, 786, 788, 792, 797-8, 799, 805, 812, 828, 839, 841, 852, 859, 860, 861-4, 866-7-8-9, 872-3-4-5, 891. — 3. *En m.* Lo(quatur) castellano Montis Bonodi.

munda soror ejus vendiderunt Johanni Sapei Escoferii, civi Grationopolis, pretio vIII librarum quasd. petias prati et vinee sitas in
mandamento Bucurionis, de quibus retinuit dict. emptorem Syboudus de Castro Novo cui successit dom. dalphinus postea.

726. Item, quod. instrumentum scriptum manu Petri Amsermi
notarii, sub anno Dñi M°CC°LXXIII°, indic. I^a, III° ydus aprilis,
continens vendicionem factam per Jaymetum filium condam Petri
Ravere et Guillelmam ejus uxorem, de eo jure quod habebant in
I eymina frumenti census quam eisdem debebant Martinus Charcossat,
Syboudo de Castronovo in cujus locum successit dom. dalphinus.

727. Item, quod. publ. instrumentum (ut 704), continens homagium ligium prestitum dom° dalphino per Giletum de Vercorcio,
mandamenti Parisius, et terminum...

728. Item, quod. publ. instrumentum (ut 704), continens homagium ligium prestitum dom° dalphino per Amenonum de Trezeinio et
terminum...

729. Item, quod. publ. instrumentum scriptum manu Johannis
Magnallii notarii publ., sub anno Dñi M°CC°LXXVII°, indict. VI,
x° kalend. augusti, continens homagium et recognicionem Guigonis
Morardi de Arciis factum et factam dicto Petro Aurucii, domino Montis
Bonoudi tunc, et plures condiciones et pactiones juratas inter ipsos;
et est simile instrumentum de verbo ad verbum registratum.

730. Item, quod. instrumentum (ut 704), continens homagium
Francisci de Avalone factum domino et terminum...

731. Item, quod. instrumentum confectum manu Thome Guelli,
sub anno Dñi M°CC°LXXXIII, indic. XI, die dominico post festum
b^i Martini, continens quod Ugonetus Boneti confessus fuit se tenere
a Syboudo de Castro Novo unam domum sitam apud Gratianopolim,
confinatam in eodem, sub IIII solidis census; continens eciam quasdam alias condiciones descriptas in instr^{to} ipso [1].

732. Item, quod. instrumentum confectum manu Johannis notarii,
sub anno Dñi M°CC LXV, indic. VIII, die veneris in vigillia beate
Marie augusti, continens vendicionem factam per Giraudum Jamencelli dom° Petro Aurucii, de I vinea sita in territorio Montis Bonoudi,
in manso Brunenc, pretio x librarum Viennen.

.1. *En m.* Habeantur confines et sciatur qui tenet dict. domum et compellatur tenementarius ad recognoscendum domino qui successit dicto
Siboudo.

733. Item, qued. littera sigillata impendenti unico sigillo, scripta sub anno Dñi M°CC LXIIII, indic. octava, die veneris post octabas Penthecostes, continens quod Franciscus de Parisius confessus fuit se tenere et se et suos predecessores tenuisse a dom° dalphino et suis predecessoribus castrum, mandamentum et territorium de Parisius et de feudo reddibili dicti dom. dalphini.

734. Item, quod. publ. instrumentum scriptum et signatum manu Hugonis Chabuellii notarii publ. sub anno Dñi M°CC XC VI°, indic. X, scil. VIII ydus novembris, continens quod Jullianus Grassi, civis Grationopolis, vendidit plures census bladi, vini et denariorum in manso de Cleymes dom^e dalphine antique, domine Fucigniaci, pro pretio xx librarum Viennen., prout predicta in ipso instr^to plenius continentur [1].

735. Item, quod. publ. instrumentum scriptum et signatum manu Guig. Conni notarii publ. sub anno Dñi M°CCC°X°, indic. VIII^a, die sabati ante festum b^i Michaelis, continens solutionem III^C LX VIII librar. XVIII solid. monete Lugdunen. factam per Petrum Fabri, nomine dom^i Johannis dalphini, dom° Hunberto de Matafellono capellano, procuratori dom^i Hunberti de Vilariis, pro quod. debito in quo tenebatur idem dom. dalphinus dicto domino de Vilariis.

736. Item, quod. publ. instrumentum scriptum manu Guig. Frumenti not. pub. sub anno Dñi M°CC°XCVIII°, indic. XI, idus aprilis, continens attestationem Soffredi de Herbesio qui testisficatus fuit quod insule de Visilia sunt dom^e dalphine [2].

737. Item, quod. instrumentum (ut 704), continens homagium Bertrandi Raude factum dom° H(umberto) et assignat. term...

738. Item, qued. lictere uno sigillo sigillate in pendenti, sub anno Dñice Incarn. M°CC°L.V, indic. XIIII^a, v idus aprilis, continens quod dom. Raymundus Bertrandi miles et Odo et Petrus filii sui vendiderunt Petro Jaucerandi quicquid juris habebant in mandamento Chaschiarum de Bestris [3].

739. Item, quod. instrumentum (ut 704), continens homagium ligium prestitum per dom. Johannem Alamandi, dominum Sechiline, et recognicionem per eumdem factam de castro, mandamento dicti loci Sechiline et terminum... ad recognoscendum plura si que tenet ab eodem dom. dalphino.

1. *En m.* Videatur quoniam tangit recogniciones Montis Bonodi. — 2. *En m.* Tangit recognitiones Visilie. — 3. *En m.* Oysencii.

740. Item, qued. littere duobus sigillis in pendenti sigillate, sub anno Dñi M°II°XLIX°, (indict.) VIII°, nonas martii, continentes recognicionem factam dom° Guigoni dalphino Viennensi per dom. Anselmum de Valle, de domo sua forti de Montantzonc et de multis aliis mansis, chabannariis et bordariis contentis et declaratis in lictera predicta [1].

741. Item, qued. lictera in pendenti sigillata, sub anno Dñi M°CC° LIII°, idus junii, continens quod Petrus de Morgiis miles confessus fuit tenere in feudum ab excellen. dom° Guigone dalphino Viennensi castrum de Vado cum ejus mandamento, castrum de Darna et bastidam d'Avana, et omnia que habuit titulo permutationis a Raymundo Berengarii fratre suo pro Payrino, et recognovit eadem castra reddibilia ab eodem dom. dalphino.

742. Item, quod. instrumentum (*ut* 704), continens homagium ligium prestitum per Johannem de Vado, condominum de Vivo.

743. Item, quod. instrumentum confectum manu Bernardi Pellerini notarii publ., sub anno Dñi M°CC°LXVII°, indic. XV, IIII° kalend. octobris, continens quasdam permutationes dudum factas inter Villelmum de Castronovo et Syboudum filium suum ex altera, de quibusdam et pluribus rebus confinatis in dicto instr°, quod instrumentum diversas et multas condiciones et pacta continet quas lungum esset enarrare.

744. Item, quod. instrumentum (*ut* 704), continens homagium ligium prestitum dom° dalphino per Guaydinum de Petra et terminum...

745. Item, quod. instrumentum, *ut præced.*, continens homagium ligium Charlonis de Bello Monte et terminum...

746. Item, quod. instrumentum, *ut præced.*, continens homagium ligium Johannis Veteris et terminum...

747. Item, quod. instrumentum (*ut* 713), continens homagium ligium Bertrandi de Revello et terminum...

748. Item, quod. instrumentum confectum manu Petri Frucherii notarii publ. sub anno Dñice Incarn. M°CC°XX°, indic. VII, XII kalend. julii, continens quod Johannes de Auriis, filius dom' Petri de Auriis, vendidit castellano de Mura pro dom* dalphina quicquid juris et requisicionis habebat idem venditor in eminali salis de Mura, in

---

1. *En m.* Videatur pro facto comitis Gebennensis.

quo instr⁰ declaratur modus et forma ac quantitates que pro dicto eminali levantur ¹.

749. Item, quod. instrumentum (*ut* 704), continens homagium ligium prestitum per Franconem de Ambello dom° dalphino et terminum...

750. Item, qued. lictera in pendenti sigillata sub anno Dñi M°CC° LXIII°, xv kalend. julii, indic. vi, in quibus Petrus Ysoardi, dominus castri d'Ays, promisit Flote uxori Valleni Arthaudi emictionem castrorum de Monte Claro, de Verona et de mandamentis et territoriis locorum supra descriptorum, per modum contentum in litteris ipsis.

751. Item, quod. instrumentum confectum manu Petri Chalvini notarii, sub anno Dñi M°CC°LXVII°, indic. x ͣ, die xiiª exeunte mense novembris, continens quod Guillelmus Chauneis, filius Raymundi Chauneis, vendidit dom° Guigoni dalphino Viennensi et suis domum suam et turrim et ediffícia cum prato retro coherenti, sitam apud Grationopolim juxta ecclesiam Sancti Andree, confinatam in dicto instr¹⁰ ².

752. Item, qued. littera uno sigillo in pendenti sigillata, sub anno Dñi M°IIᶜXLIX°, xiii° kalend. novembris, continens quod Odo filius dom¹ Guigonis Alamandi vendidit dom° Guigoni dalphino Viennensi dom. Bertrandum de Injalàtis militem et totum feudum quod idem dom. Bertrandus vel pater ejus condam tenebat a Guigone et Francisco, fratre dicti Odonis Alam., apud Vallem Bonesii et in tota Valle, et ibidem idem dom. Bertrandus fecit homagium dicto dom. dalphino ³.

753. Item, quod. instrumentum confectum manu Guigonis Mercatoris notarii publ. sub anno Dñi M°CC°LXXVI°, indict. iiiiª, die lune post festum Philippi et Jacobi, continens quod Aymo Morardi domicellus recognovit a Syboudo de Castronovo quod omnia feuda que hospicium de Arciis habebat in mandamento castri de Bucurione et in parrochia de Corenx, de Meolano, Sancti Mauricii et Sancti Fergeoli, excepto albergo deuc Vachers, donavit domª Guiffreda mater dicti Aymonis dicto Syboudo pro v solidis de placito, et plures alias condiciones descriptas in ipso instr¹⁰ ; in quo eciam instru-

---

1. *En m.* Aquisicio eminalis salis mandamenti Mure. — 2. *En m.* Prepositure Sancti Andree. — 3. *En m.* Nota qualiter dom. Bertrandus de Injalatis est homo dom¹ dalphini et tenet ab eo illa que tenet apud Vallem Bonesii.

mento idem Aymo dedit dicto Syboudo omne jus sibi competens in feudis supradictis.

754. Item, quod. publ. instrumentum scriptum manu Guig. Frumenti de Grationopoli not. pub. sub anno Dñi M°CCC°XLIII°, indic. XIª, die XXI mensis octobris, continens permutationes factas inter dom. Hunbertum dalphinum Viennensem ex una parte et dom. Chabertum de Morestello, condominum Morestelli ex altera, de hiis que habebat idem dom. Chabertus in mandamento et territorio dicti Morestelli et toto Graysivodano, cum castro de Bella Guarda in Viennesio, quod castrum de Bella Guarda debet tenere in feudum reddibile a dicto dom. dalphino ; continens etiam plures condiciones et conventiones initas inter ipsos dominos in ipsa permutacione, prout hec et plura alia plenius continentur in instr^{to} eodem [1].

755. Item, sexdecim pub. instrumenta scripta manu Guillelmi Quintini in sexdecim pellibus pargameneis simul sutis, recepta manu Stephani Combri notarii publ. sub anno a Nativit. Dñi M°CCC°XXI°, indic. IIIIª, die XXIIII mensis augusti, continentia recogniciones homagiorum, feudorum et rerum emphiteotecariarum de omni que habet, tenet dom. Chabertus de Morestello, condominus Morestelli in Graysivodano, et ab eo teneatur in toto mandamento Morestelli et in mandamento Terratie et alubi in toto Graysivodano : que omnia pertinent nunc domino nostro dalphino, ex causa permutacionis facte inter dictum dom. dalphinum et dictum dom. Chabertum de predictis pro castro Bellegarde in Viennesio.

756. Item, qued. littera in pendenti sigillata, sub anno Dñi M°CC°XXXIX°, VI kalend. decembris, continens obligacionem factam dom^e dalphine de jure quod habet Aymarus de Cassenatico apud Avalonem.

757. Item, qued. lictera uno sigillo in pendenti sigillata, sub anno Dñi M°CC°XLVII°, IIII° kalend. decembris, continentes quod dom. Guigo dalphinus dedit Willelmo de Ravenna domum suam de Monte Bonodo et chaallaniam ejusdem castri et mille solidos Viennen. censuales [2].

758. Item, qued. lictere duobus sigillis in pendenti sigillate, scripte sub anno Dñi M°CC°XXXI, indic. IIIIª, IIII° kalend. julii, continentes

---

1. *En m.* Acquisicio castellanie Morestelli in Graysivod... — 2. *En m.* Lo(quatur) comissario recognition. Montis Bonodi.

vendicionem mistralie Bucurionis et quorumdam censuum et rerum factam per Guillelmum Chalvini et Hunbertum ejus fratrem Berlioni de Castronovo, pretio C. xxvi librarum Viennen.

759. Item, quod. instrumentum sigillatum in pendenti uno sigillo, sub anno Incarn. Dñice M°CC°LIIII°, indic. xII³, II³ die exeumte novembri, continens quod dom. Lenczo de Pauta miles et ejus fratres et filii vendiderunt Villelmo Cornillo et suis xi solid. censuales super manso de Valeta et lx solid. Viennen. et plures alios census nominatos et declaratos in eodem instr^{to}, contentos inter multas parcellas.

760. Item, quinque publ. instrumenta confecta manu Petri Ansermi notarii publ. in una pelle : primum sub anno Dñi M°CC°LXVII°, indict. x³, vI° idus maii, continens homagium prestitum per Petrum Vacherii, filium Guigonis Vacherii de Carthusia, dom° Petro Aurucii, tunc domino Montis Bonodi; — 761. It. secundum factum sub eodem anno, continens homagium prestitum per Johannem Ubandi dicto dom° P. Aurucii; — 762. It. tertium scriptum eodem anno, continens vendicionem cujusd. petie prati site juxta pratum Bernardi Marchis, factam per Guigonem de Chalmespina dicto dom° P.; — 763. It. quartum scriptum anno Dñi M°CC°LXIX°, indict. xII³, continens quand. vendicionem factam per dom. G(uillelmum) de Molario militem dom° Petro Aurucii, domino Montis Bonodi condam, de quibusd. censibus et rebus sitis in mandamento Montis Bonodi, prout plene continentur in ipso instr^{to}; — 764. It. quintum scriptum sub anno et indic. quibus supra proxime, continens eciam quamd. vendicionem factam per eumdem dom. Guillelmum dicto domino Montis Bonodi de quibusd. rebus et censibus contentis in instr^{to}.

765. Item, qued. lictere quatuor sigillis sigillate inpendenti, sub anno Dñi M°II^{C}XLVI°, in octabis Purificationis beate Marie, continentes quod dom. Guigo dalphinus aquisiverat a Petro Aynardo, filio condam Guigonis Aynardi, ea que habebat idem P. Aynardi apud Thesium, apud Petram et apud Domenam, et quod de ipsis dom. Petrus episcopus Gronopolitanus dictum dom. dalphinum retinuit et investivit, et idem dom. dalphinus recognovit predicta se tenere in feudum a dicto dom. episcopo et sub homagio ligio, prout predicta plenius in ipsis licteris continentur.

766. Item, qued. littere sigillate uno sigillo inpendenti, scripte sub anno Dñi M°CC°XXXI°, III° idus januarii, continens quod dalphinus dabat Stephano de Cruczolo possessiones et mansum Guiffredi Flandi,

quod dicitur le mas de le Cornutz, situm in territorio Vorapii, et quicquid idem Guiffredus possidebat in territorio Vorapii [1].

767. Item, qued. littere sigillate in pendenti duobus sigillis, videl. sigillo dom[i] Guigonis dalphini et Guigonis de Rupecula, scripte sub anno Dñi M°CC°XLIX°, continens quod dom. Guigo de Rupecula recognoscebat se tenere in feudum a dicto dom. dalphino quicquid habebat, possidebat vel alius pro eo apud Alavardum et in tota valle Alavardi, et erat actum quod si faceret domum fortem in dicta valle quod teneretur reddibilis ab eodem.

768. Item, quod. publ. instrumentum confectum manu Petri Villelmi sacri palatii (notarii), sub anno Dñi M°II[c]XLIIII°, XII° kalend. junii, continens quod Hugo filius Guiffredi Magnin accepit a dom° Odone Alamandi quiquid habet a l'estontour de Brenino usque ad Montem Bonodum et a strata publica inferius, unde fecit homagium ad salva fidelitate dom[i] dalphini [2].

769. Item, qued. lictera sigillata in pendenti tribus sigillis, scripta sub anno Dñi M°II[c]LVII°, indict. xv, die veneris ante Penthecosten, continens compromissum factum in dom. Guigonem dalphini inter Fromundum de Morgiis, filium condam dom[i] Petri de Morgiis, ex una parte et Raymundum Berengarii ex altera, et non est ibi pronuntiacio super diversis questionibus vertentibus inter ipsos.

770. Item, qued. alia magna lictera sigillata sigillo dom[i] Guigonis dalphini in pendenti, scripta sub anno Dñi M°CC°LVIII°, indict. I[a], die XIIII[a] kalend. marcii, continens processum et pronuntiationem factam per dictum dom. Guigonem dalphinum super questionibus vertentibus inter dictos Fromundum de Morgiis et Raymundum Berengarii, de quibus fit mentio in lictera compromissi supra proxime registrata.

771. Item, quod. instrumentum confectum manu Hug. Chabueillii notarii publ. sub anno Incarn. Dñice M°II[c]XCVIII°, indic. XI[a], IX kalend. octobris, continens quod Petrus Felicerii, habitator parrochie de Aybeno, confessus fuit se tenere in feudum a dom° dalphino Viennensi domum suam et plura alia contenta in dicto instr[to] [3].

772. Item, duo publ. instrumenta in una pelle scripta manu Johannis de Valamanderies. palatii notarii publ., sub anno Dñi M°CC°LXII°,

---

1. *En m.* Sciatur qui illud possidet. — 2. *En m.* Sciatur qui de presenti tenet illic. — 3. *En m.* Sc. q. t. de pr. illud.

indic. vᵃ, die ıxᵃ exeunte mense augusti, continentia vendicionem factam per Bernardum Veherii et Jacobum de Biviaco, de pluribus rebus et censibus sitis in mandamento Montis Bonodi, domº P. Aurucii, domino Montis Bonodi condam.

773. Item, quod. instrumentum publ. confectum manu Petri Anselmi notarii publ. sub anno Dñi MºCCºLXXVIº, indic. quinta, kalend. junii, continens quod Guelisius filius condam Joffredi Silvestri vendidit domº Petro Aurucii ııı solid. census et vı denar. de placito et quedam alia contenta in dicto instrᵗᵒ et declarata in eodem plenius.

774. Item, tria publ. instrumenta in una pelle scripta manu Petri Anselmi notarii publ., quorum primum confectum est sub anno MºCCºLXXIXº, indic. vıı ᵃ, kalend. septembris, continens quod Petrus Ferautz et ejus uxor et Berlio eorumdem filius confessi fuerunt se tenere a domº Petro Aurucii x sestaria frumenti census et v solid. de placito declarata plenius in instrᵗᵒ ; — 775. It. secundum quod confectum sub anno Dñi MºCCºLXXVIIº, indic. vᵃ, v kalend. julii, continens quod Petrus Roberti confessus fuit se debere domº P. Aurucii terram quam tenebat apud Bovoyriam et qued. alia declarata in dicto instᵗᵒ, unde faciebat eidem ı libram piperis census.

776. Item, qued. lictere in pendenti sigillate duobus sigillis, sub anno Dñi MºCCºXLIXº, continens recognicionem Guigonis de Rupecula de omnibus hiis que ipse tenebat in valle Alavardi, et debuit domum fortem edifficare reddibilem domino, omnia sub uno austruvone census.

777. Item, quod. instrumentum confectum manu Petri Villelmi, sub anno Dñi MºCCºXXXVIIIº , ıııº idus febroarii, continens quod Guillelmus Beroardi vendidit Guillelmo et ejus heredibus omnia que habebat in mandamento Curnillionis, quecumque essent et reperiri possent infra eumdem mandamentum.

778. Item, quod. instrumentum publ. confectum manu Villelmi de Caberone notarii publ. sub anno Dñi MºCCºXLIIIº, indict ıᵃ, ııııº nonas januarii, continens quod Ruffus de Bretz dedit domº Petro Aurucii omne jus sibi competens in domo et toto tenemento hospicii Emenjarde de Combis et qued. alia contenta in dicto instrᵗᵒ.

779. Item, qued. littere in pendenti sigillate duobus sigillis, sub anno Dñi MºCCºXCIXº, ııı die aprilis, continentes quod Petrus de Bucurione dedit, solvit et quictavit domº B(eatrici) domine Fuci-

gniaci aquam et loyam de Carleto, cum toto piscatione ipsius.

780. Item, quod. publ. instrumentum uno sigillo in pendenti sigillatum, scriptum manu Guillelmi de Ulcio notarii publ. sub anno Dñi M°II°LXIII°, indit. vi\ xvii kalend. junii, continens quod dom. Guigo de Ruppecula vendidit dom° Guigoni dalphino Viennensi omnia que habebat in tota valle Alavardi, sint feuda, census, dominia vel possessiones, et que etiam tenerentur ab eodem, precio XXV^m solidorum. — 781. Item, quod. al. publ. instrumentum confectum manu Johannis Rogerii notarii, sub anno et indic. proxime dictis, viii kalend. junii, continens fidejussores datos pro debito supra dicto et confessionem dicti debiti, quod reddittum videtur in signum solucionis.

782. Item, qued. lictera pergaminea non sigillata, facta per modum vidimus, continens tenorem privilegiorum et confirmationes eorum concessorum monasterio Sancti Roberti per dños dalphinos fondatores ipsius monasterii.

783. Item, quod. publ. instrumentum confectum manu Petri Anselmi notarii publ. sub anno Dñi M°CC°LXXV, indic. iii\, iiii° kalend. octobris, continens quod. dom. Berengarius, capellanus Montis Bonodi, dedit dom° P. Aurucii militi in suo testamento xii denar. census quos sibi debebat Arthaudus de Cizerino, item xi solid. quos sibi debebat Jacobus Feydef.

784. Item, qued. lictere in pendenti duobus sigillis sigillate, sub anno Dñice Incarn. M°II°XXVIII, mense madio, continentes quod Villelmus de Avalone donavit Oberto manescalco dom^i dalphini omnia que habebat a lacu Finenc usque ad pontem de Visilia, sunt homines, census vel proprietates.

785. Item, quod. publ. instrumentum (*ut* 704), continens homagium ligium prestitum per Guillonum de Ponczonatis et terminum...

786. Item, quod. instrumentum confectum manu Petri Amselmi, sub anno Dñi M°II°LXVI°, indict. ix\, iii die intrante mense aprilis, contines quod Villelmus Veteris quictavit dom° P. Aurucii de i sestario frumenti, quod habebat idem Villelmus in vinea Giroudi Jovencelli pro i alio sestario frumenti census quod eidem dedit dictus dom. P.

787. Item, quod. publ. instrumentum scriptum et signatum manu Martini Ranulphi notarii publ. de Gracionopoli, sub anno Nativit. Dñi M°CCC°XX°, indic. iii\, die ii\ mensis octobris, continens homagium prestitum per ill^{em} principem dom. Guigonem, dalphinum Viennensem dom° episcopo Gracionopolitano existens ante altare

Beate Marie Gracionopolis, prout forma ipsius homagii plene continetur in ipso instrumento, necnon et recognicionem factam per ipsum dom. dalphinum de hiis que tenet ab dicto dom. episcopo Gracionopolit., ut in ipso instr⁰ plenius continetur.

788. Item, quod. instrumentum confectum manu Petri Amselmi notarii publ. sub anno Dñi M°II°LXXVI°, indic. IIII³, x kalend. septembris, continens quod Beatrix, uxor condam Guillelmi Roberti, vendidit dom° Petro Aurucii I sestarium frumenti census super omnibus bonis suis, item II solid. census quos eidem debebat Egilabentz uxor Hugonis Rica, certo precio recepto per eundem.

789. Item, quod. publ. instrumentum scriptum manu Aymonis Boylloudi notarii, sub anno Dñi M°CCC°XXXIX°, indic. VII³, die XVII mensis junii, continens extimationem valoris omnium que habet dom. Petrus Clareti in mandamento Mure.

790. Item, quod. publ. instrumentum scriptum manu Guillelmi Muayllii notarii publ. sub anno Dñi M°CCC°XL°, indic. VIII³, die xxv mensis aprilis, continens quod gentes de Goncelino remictebant dom° dalphino gravamina sibi illata per ipsum et suos predecessores, et concedebant sibi vᵉ solidos pro bona moneta facienda.

791. Item, qued. lictere uno sigillo in pendenti sigillate, sub anno Dñi M°II°LXXXIX°, die martis post festum sancti Vincentii, continentes quictatiouem de XI^{xx} et VII libris et x solid. Gebennen. dom° dalphino factam per liberos domⁱ Aymonis de Sancto Jorio.

792. Item, quod. publ. instrumentum confectum manu Petri de Aureyca notarii publ., sub anno Dñi M°CC°LXII°, indic. v³, xix³ kalend. januarii, continens quod Aymarus Beymundi et Machenda ejus uxor recognoverunt se tenere in feudum a dom° Petro Aurucii omnia universa et singula que habebat et tenebat per se vel alium in toto mandamento et territorio Montis Bonodi, que etiam omnia illico vendiderunt dicti conjuges militi supradicto pretio xx librarum.

793. Item, qued. littere in pendenti uno sigillo sigillate, sub anno Dñi M°CC°LXXI°, die veneris post octabas Epiphanie, continentes transactionem dudum factam super questione que vertebatur inter liberos domⁱ Guigonis dalphini ex una parte et dominum Morgiarum ex altera, in qua transactione idem dominus Morgiarum accepit in feudum a predictis liberis castra Morgiarum, de Podio Bosone, et per partem dictorum liberorum fuit dicto domino Morgiarum restituta quedam ablata ab eo.

794. Item, tria publ. instrumenta in una pelle simul annexa, scripta manu Alberti de Brayda notarii publ., quorum primum confectum est sub anno Incarn. Dñice M°CCC°II°, die IIII^a mensis marcii, continens quod Jacelmus Bertrandi et Jacelmetus ejus filius fecerunt homagium ligium dom° Hunberto dalphino Viennensi pro hereditate que condam fuit domⁱ Raymundi Bertrandi militis, confitens et recognoscens ab eodem dom. dalphino hereditatem predictam [1]; —
795. Secundum confectum est sub *eodem* anno *et* die, continens quod Jacelmetus Bertrandi domicellus convenit dom° Hunberto dalphino Viennen. permutare ea que habebat apud Corvum pro aliis rebus competentibus comprehensis in instr^{to} predicto ; — 796. Tertium vero instr^m confectum sub *eodem* anno, die sabati inter duo Carniprivia, continens quod Raymundus de Aya confessus fuit tenere a dom° Hunberto dalphino Viennen. omnia que tenet et habet in diocesi et episcopatu Vapincesi et pro premissis fecit eidem homagium ligium.

797. Item, duo publ. instrumenta in eadem pelle modica scripta manu Petri Amselmi notarii, primum sub anno Dñi M°CC°LXVIII°, indict. XI^a, XII^a die intrante mense febrorii, continens quod Guillelmus Falaceus et dom^a Clementia condam uxor Guillelmi Falachef recognoverunt se tenere a dom° Petro Aurucii, domino Montis Bonodi, quicquid tenent in manso de Craponoudo ; — 798. Secundum *scriptum* eodem anno et indic., III^a die exeunte julio IIII kalend. augusti, continet recognicionem factam per gentam de omnibus que tenebant a dicto dom. P. Aurucii.

799. Item, quod. publ. instrumentum scriptum manu Humberti Merleti de Biviaco, sub anno Dñi M°CC°XC.III°, indict. VI, VI° idus junii, continens vendicionem cujusd. petie terre site in manso Requetel factam per Hugonam Jaquete Ayllioudo de Bona, ementi (nomine) dom^e dalphine domine Montis Bonodi.

800. Item, qued. lictera scripta anno Dñi M°CC°LXV°, VI° kalend. aprilis, olim sigillata sigillo domⁱ prioris Sancti Roberti, continentes quamdam permutationem factam per dictum priorem Sancti Roberti de quibusdam vineis et censibus in mandamento Curnillionis sitis dom° dalphino.

801. Item, quod. publ. instrumentum scriptum manu Petri Amcelmi

---

[1] *En m.* Vide hic pro domo forti Visilie.

sub anno Dñi M°CC°LXXII°, indic. xv, vi mensis maii, continens quod dom. P. Aurucii, dominus Montis Bonodi, albergavit Johanni Fexdef et Bone Femine uxori ejusdem quamd. petiam vinee sitam in manso Requitelli juxta viam qua itur versus Grationopolim ex una parte, pro vi sestariis vini puri census et pro una gallina census eidem dom° Petro persolvenda ¹.

802. Item, quod. publ. instrumentum manu Guillelmi sacri palatii notarii, sub anno Dñi M°II°LIIII°, indic. XIIª, die martis IIIº mensis marcii, continens quod Juliana uxor Johannis Humberti dedit Juliano Grassi, civi Gracionopolis, II solidos census super quadam vinea quam habet in parrochia Sancti Fergeoli.

803. Item, quod. publ. instrumentum confectum manu Guarini de Correyo, sub anno Dñi M°CC°LX°, indict. IIIIª, die mercurii post Carnisprivium vetus, continens quod Stephanus Corderii et Villelmus Eustachii, filius Eustachii et Breyssendis, Guigo Vignaci vendiderunt Syboudo de Castronovo IIII solid. census et vi denar. et ix solid. de placito que facit G. Boci et quosd. alios census descriptos in instr^{to}.

804. Item, qued. lictera que fuit in pendenti sigillata, sub anno Dñi M°CC°XXXIII°, VIIIº idus febroarii, continens quod. Vullelmus prior ecclesie de Domena, de voluntate monacorum suorum dicte ecclesie, donavit dom° Beatrici Viennensi comitisse quicquid juris habebat ecclesia de Traforcio, racione utillis dominii vel directi, in domo de Thesia cum casamento ejusdem racione Eustoiri filie Petri Chaberti dedicate dicte ecclesie.

805. Item, quod. instrumentum confectum manu Johannis notarii, sub anno Dñi M°CC°LX°VI°, indict. VIIIª, die jovis Iª aprilis, continens quod Petrus Curnellus promisit et supra sancta Dei Evangelia juravit solvere annuatim dom° Petro Aurucii et suis I sestarium frumenti pro quod. escambio contento in dicto instr^{to}.

806. Item, qued. lictere duobus sigillis inpendenti sigillate, sub anno M°CC°XXXI°, indict. IIIIª, xº kalend. julii, continentes quod Willelmus Chalvini et Humbertus frater ejus obligaverunt Berlioni de Castronovo IX solid. census, qui census et prestantes eosdem parcellatim describuntur in dict. licteris, et fuit facta dicta obligacio per modum guajerie cum estovemento prout lictere declarant.

1. *En m.* Perquiratur ad sciendum si solvunt de presenti dom° dalphino dicta VI sest. vini et gall.

807. Item, quod. publ. instrumentum scriptum manu Raimundi notarii publ. sub anno Dñi M°CC°LIX°, indic. IIª, IIIº nonas junii, continens recognicionem factam per Guillelmum de Sancto Martino et Petrum de Sº Martino et per plures personas domº Anne uxori condam Petri Silvonis, de pluribus rebus et possessionibus et censibus sitis et que percipiuntur in parrochia de Meolano et mandamento Montis Bonodi, que omnia videntur pertinere domº dalphino.

808. Item, quod. instrumentum confectum manu Guarini de Correyo, sub anno Dñi M°IIᶜLXVIº, indict. IXª, die sabbati post octabas bᵢ Michaelis, continens quod Peronella uxor Gibosii, ipse Gibosius pro se et suis dederunt et vendiderunt Syboudo de Castro Novo III sestaria frumenti et X solid. de placito, que facit mistralis de Bucurione pro domo sua confinata in dicto instrᵗᵒ plenius.

809. Item, quod. instrumentum confectum manu Guillelmi sacri palacii notarii, sub anno M°CC°LXIIIIº, indic. VIIª, die jovis post octabas bᵢ Martini, continens quod Guigo de Ruppecula confessus fuit recepisse nomine Guigonis dalphini XXVᵐ solidorum Viennen. debitos sibi pro vendicione quarumdam rerum suarum sitarum in valle Alavardi.

810. Item, quod. publ. instrumentum manu Raimundi de Putheo notarii publ. sub anno ab Incarn. M°IIᶜLXXVIIº, indic. Vª, IIIº nonas octobris, continens quod Guigo Chalnesii confitebatur se esse hominem ligium domᵢ dalphini et quod domum suam de Herbesio credebat teneri a prioratu Sancti Roberti.

811–12. Item, duo publ. instrumenta scripta manu Petri Anselmi notarii, sub anno Dñi M°CC°LXXVIIº, indic. Vª, XV kalend. augusti, et LXXVIº, indic. IIIIª, IIº kalend. augusti, continentia assignacionem factam per P. de Bucurione de pluribus censibus Siboudo de Castronovo, sitis nunc in mandamento Montis Bonoudi.

813. Item, quod. instrumentum scriptum manu Johannis Alamandi s. palacii notarii, sub anno Dñi M°IIᶜLXIIIº, indic. VI, die III intrante novembri, continens quod dom. Guillelmus de Molario, miles Montis Bonodi, vendidit plures res et census quas habebat in Monte Bonodo usque ad rivum de Lumbino certo precio domº P. Aurucii, domino Montis Bonodi.

814. Item, quod. publ. instrumentum confectum manu Stephani de Dersu, sub anno Dñi M°IIᶜXC.VIº, indict. IX, die lune post festum bᵢ Petri ad Vincula, continens homagium ligium Petri del Coart

et recognicionem factam per eumdem dom⁰ dalphine thaschiam, placitum et servicium quod habet et percipit in manso Boneron.

815-a. Item, duo publ. instrumenta in eadem pelle manu Amselmi Durandi notarii conscripta, sub anno Dñi M°CCC°VII°, in crastino b¹ Bernardi, de quibus primum continet recognicionem Guiffredi Gonelli de quibusdam rebus acquisitis per eumdem a mistrali de Terracia et homagium prestitum per eumdem dom⁰ predicte, et secundum vero continet quod Guiffredus predictus juravit servare fideliter terram domᵉ predicte et esse fidelis secundum formam contentam in eodem instr⁰.

816. Item, quod. publ. instrumentum confectum manu Johannis Juliani notarii publ. sub anno Dñice Incarn. M°CC°LXVI°, indic. decima, xvi kalend. januarii, contines quod Raymundus Berengarii, dominus Morgiarum, recognovit tenere a dom⁰ Guigone dalphino Viennensi quicquid habebat et tenebat in castro de Domena et ejus mandamento a castro Gerie usque ad castrum de Petra.

817. Item, quod. publ. instrumentum scriptum manu Jacobi Panoti notarii publ. sub anno Dñi M°CC°LVI°, indict. xiiiᵃ, viii kalend. octobris, continens recognicionem factam Rodulpho domino de Intermontibus per Petrum de Bucurione, de hiis que tenebat ab ipso apud Alavardum et in valle Alavardi.

818. Item, quod. publ. instrumentum scriptum manu Hugonis Guenisrii de Alavardo notarii, sub anno Incarn. Dñi M°CC°LXXXIII°, indic. xiiᵃ, iii° nonas februarii, contines recognicionem factam dom⁰ Rodulpho de Intermontibus per Thomam Oyani de Alavardo, de hiis que tenebat a dicto dom. Rod. et etiam res que tenebat versus cochiam de Thesio, videl. facit vi solid. viii denar. de placito quando contingit.

819. Item, quod. publ. instrumentum scriptum manu Jacobi Panoti notarii publ. sub anno Dñi M°CC°LVI°, indic. xiiii, ixᵃ kalend. octobris, continens recognicionem factam domino de Intermontibus per Guillelmum Gilberti de Alavardo, de hiis que tenebat ab eodem domino nostro dalphino (!) in valle de Alavardo.

820. Item, quod. instrumentum publ. confectum manu Lancelmi Girausii notarii, sub anno Nativit. Dñi M°CCC°IIII°, indic. vi, xiᵃ kalend. decembris, continens recognicionem factam per Petrum Viemin de Crollio, qui recognovit quasd. petias confinatas in dicto instr⁰ a dom⁰ Rodulpho de Intermontibus sub censu i eymine frumenti et xx denar. de placito.

821. Item, quod. publ. instrumentum (*ut* 713), continens homagium ligium prestitum dom° dalphino per Siboudum Siboudi et terminum...

822. Item, quod. al. instrumentum (*ut* 704), continens homagium ligium prestitum per Guigonem de Canali dom° dalphino et terminum...

823. Item, quod. al. instrumentum manu dicti Hugonis (!) receptum (*ut* 713), continens homagium prestitum dom° nostro dalphino per Humbertum Siboudi et terminum...

824. Item, al. instrumentum (*ut* 711), die VIII^a mens. januarii, continens homagium prestitum dom° dalphino per Aynardum de Thorana, qui confessus fuit se tenere ad prestationem homagii eidem pro censibus et serviciis, terris, pratis et hominibus que tenet ab eodem in feudum in mandamento Clarimontis et parrochia Sancti Martini, de Thorana, de Tribus Asinis, sub censu partis sibi contingentis in x solidis de placito et xxx solid. pro uno cliente, et terminum... [1].

825. Item, quod. publ. instrumentum scriptum et signatum manu Petri de Monasterio imperialis aule notarii publ., continens quod (*add.* anno Dñi M°II°LXVI), vacante sede episcopali Grationopolis, dom. dalphinus pro regalibus suis tenebat et custodiebat domos episcopales apud Grationopolim et castrum Plane, et quod dom. Johannes de Goncelino, tunc judex Dalphinatus, pro jure domini reddidit et restituit et custodiam comisit dictarum domorum et dicti castri de Plana dom° Humberto tunc castellano de Plana [2].

826. Item, quod. publ. instrumentum scriptum manu Jacobi Galterii clerici de Chellasio notarii publ. sub anno Dñi M°CCC°XXXIX°, indict. VII^a, die XIII^a mensis decembris, continens requisicionem factam dom° Humberto dalphino Viennensi per gentes et comunitatem Alavardi et tocius mandamenti, de fogagiis et aliis male extortis ab ipsis per dominum nostrum dalphinum et suis predecessoribus.

---

1. *En m.* Lo(quatur) dom° Raymundo de Thesio. — 2. *En m.* Vide eciam quod, vacante sede ipsius episcopatus per mortem dom^i Guillelmi (*d'abord* Johannis de Chissiaco) episcopi Grationopol., fuerunt predicta custodita per dom. dalphinum tunc, ut lacius declaratur in quod. libro decretato *Liber plurium causarum*, qui ponitur desuper urtanenc existente juxta portam per quam intratur in camera dalphinalium computorum, et ex post per decessum plurium episcoporum.

827. Item, quod. publ. instrumentum scriptum et signatum manu Pontii Meyllineti, eciam signatum manu Jaquemeti Randeti, sub anno Dñi M°CCC°XXXIX°, die III mensis augusti, continens quod ad instanciam dom' Petri Petri procuratoris dalphinalis, coram dom° Gerentono Bajuli officiali Viennensi apud Sanctum Donatum, fuerunt publicata et in formam publicam redata computa et raciones reddituum et obvencionum castrorum comictatus Graysivodani, ducatus Campisauri et marquisatus Sesane ad eternam rei memoriam perhabendam, ne dicti redditus et obvenciones possint depperire aliquathenus infuturum.

828. Item, quod. al. publ. instrumentum receptum et signatum manu Guig. Frumenti not. pub. sub anno Dñi M°CCC°XXXIIII°, indict. II^a, ipsa indict. mutata cum anno, die XVIII mensis febroarii, continens quod Guichardus de Mura, filius condam Mathei de Mura, confessus fuit se tenere in feudum ab ill' et magn^{co} principi dom° nostro d. Hunberto dalphino Viennensi racione castri de Monte Lupello, videl. mansum de Boysson, domum et molendinum, batorium, boscum seu nemus et pratum, una cum XVII bichetis frumenti census ad mensuram de Vinez, cum omnibus juribus et pertinentiis dicti mansi, que sita sunt in parrochia Sancti Martini de Fontanis, Lugdunensis diocesis, et terminum...

829. Item, qued. lictera in pendenti sigilliata, continens quod dom. G(uigo) dalphinus dedit Guillelmo de Ravanna quand. vineam in mandamento Montis Bonodi, que condam fuit Nusterleti, que quidem lictera scripta fuit sub anno Dñi M°CC°XLIX°.

830. Item, quod. publ. instrumentum duobus sigillis in pendenti sigillatum, scriptum manu Johannis de Sancto Dyonisio notarii publ. sub anno Dñi M°CCC°VI°, die XXI mensis aprilis, continens compromissum, composicionem et ordinacionem factam et factas inter dom. Hunbertum dalphinum Viennensem, nomine suo et liberorum suorum, ex una parte et Petrum Berengarii, dominum Morgiarum, nomine suo et Rondeti filii sui et aliorum liberorum suorum, ex altera super contentis in dicto instr^{to}, de quibus fuit facta pronunciacio et concordia per dom. Guigonem Alamandi in hunc modum, videl. quod omnis segnoria major, dominium, juridictio, merum et mixtum imperium totalisque cohercio et exercicium eorumdem, que et quas habebat dom. Rodulphus de Vado condam per se vel per alium, de jure vel de facto quocumque modo, in tota parrochia et infra parrochiam

de Vivo vel in toto territorio de Vivo usque ad metas dividentes territorium Vivi a territorio castri Varcie, una cum omnibus et singulis hominibus et homagiis hominum, quos et que idem dom. Rodulphus habebat seu quibus utebatur tempore mortis sue infra villam de Vivo, sunt et pleno jure cedant et pertineant racione amicabilis composicionis presentis eidem dom. dalphino et suis, una (cum) omnibus et singulis hominibus et hominum homagiis que tenere debent de feudo et dominio Dalphinatus, aquisitis dudum vel sibi apropriatis per ipsum dom. Rodulphum, de quibus idem dom. Rodulphus non fuerit legitime retentus per dictum dom. dalphinum, ita quod dictus Petrus non teneatur de aliqua evictione de predictis dicto dom. dalphino, et fuit pronunciatum quod omnia predicta de quibus erat controversia inter ipsos remaneant dicto domino Morgiarum.

831-2. Item, duo publ. instrumenta in eadem pelle scripta, quorum primum scriptum est manu Petri Sichardi de Valle Navigio, et secundum vero manu Petri Macelli notariorum public., videl. I^{um} anno Dñi M°CCC°XL°, indict. VIII, die XXIII^a mensis aprilis, secundum vero die ultima mensis predicti, continentia requisicionem factam domino per comunitatem ville de Visilia, parrochiarum de Mesatico, de Bretio, Sancti Stephani de Jairia, Sancti Georgii et Sancti Johannis de Valle Navigio, que comunitates unanimiter remiserunt dicto domino et suis omnia male ablata et extorta ab eis, prout in dictis instr^{tis} plenius continetur. — 833. Item, quod al. instrumentum manu dict. notariorum et super eodem facto concessum per plures sacerdotes dicti mandamenti, et eciam continetur de monetis.

834. Item, quod. instrumentum publ. scriptum manu Alberti de Brayda notarii publ. sub anno Dñi M°CC°XC°IIII°, die mercurii sancta, continens homagium ligium et fidelitatem prestitam, sacramentum sub pactis et condicionibus in dicto instr^{to} contentis, videl. per Pancionum de Chiglino domicellum dom° nostro dalphino.

835. Item, quod. publ. instrumentum scriptum manu Aymonis de Tornafollo notarii publ. sub anno Dñi M°CC°XC°VI°, indic. IX^a, die mercurii ante festum Penthecostes, continens donacionem factam in augmentum feudi ill^i principi dom° Humberto dalphino Viennensi per ven^{les} viros dom. G(uillelmum) de Comeriis, decanum ecclesie Beate Marie Grationopolis, et plures canonicos et capitulum ibidem congregati, de consensu et voluntate rev^d in Xpisto patris dom. G(uillelmi) dicte ecclesie episcopi, videl. de castro, mandamento et per-

tinentiis de Claysio et generaliter quicquid dom¹ Amblardus et Ysnardus milites, condam domini de Claysio, fratres receperunt in feudum a decano et capitulo ecclesie supra dicte ; continens etiam recognicionem factam per dictum dom. dalphinum decano et capitulo supradict. de omnibus universis et singulis eidem donatis ut supra. — 836. Cui quidem instr^{to} est annexum aliud publ. instrumentum confectum manu dicti notarii, continens recognicionem dom¹ Hugonis Ademarii, domini Montis Albani, de dicta baronia et plurium aliorum locorum, et est registr(at)um in Baroniis.

837. Item, quod. al. instrumentum publ. scriptum manu Petri Viniaci notarii, sub anno Dñi M°CC°XC°V°, indic. VIII^a, v° nonas octobris, continens homagium ligium prestitum dom° nostro dalphino per Reymondum de Toyria racione castri Montis Bonodi ¹.

838. Item, quod. publ. instrumentum (*ut* 713), continens homagium prestitum dom° nostro dalphino per Agnellum de Millian et terminum...

839. Item, quod. al. publ. instrumentum scriptum manu Petri Amselmi notarii publ. sub anno Dñi M°CC°LXXVII, indic. v^a, IIII° nonas julii, continens quod Martinus de Brenino confessus fuit se tenere de dominio et feudo dom¹ Petri Aurucii omnia que tenebat et aquisierat a Petro Montanii et Agnesia uxore sua, excepto homagio de quo pro dictis rebus non tenetur, et confessus fuit dictus Martinus de Bregnino, cui successit dominus, se debere pro dict. rebus II solidos census et VI denar.

840. Item, qued. lictera in pendenti sigillata, sub anno Dñi M°CC°LII°, XV calendarum aprilis, continens quod Petrus de Ponte confitebatur tenere a dom° dalphino quicquid ipse habebat in parrochiis d'Arenio, d'Ous et de Vouyam, que aquisivit a dom° Hugone Richardi, videl. domum suam de Alenio reddibilem et omnia que tenet ibidem ².

841. Item, quod. instrumentum publ. scriptum manu Johannis notarii dom¹ imperatoris, sub anno Dñi M°CC°LX°V°, indic. VIII^a, die II exeunte mense augusti, continens recognicionem factam per Guillelmum Ruboudi Guillelmo Aurucii, de quod. prato quod ipse tenebat in mandamento Montis Bonodi, pro quo confitebatur se debere I sestarium vini puri.

1. *En m.* H. R. de T. pro terra quam habet in mandamento M. B. —
2. *En m.* Oysencii, No^a reddibilitatem.

842. Item, quod. publ. instrumentum manu Petri Chaurini notarii publ. scriptum, sub anno Dñi M°CC°LX°V°, indic. VIIII*, die IIII* intrante madio, continens quod Berlio et Henricus de Bella Comba quictaverunt et remiserunt dom° dalphino Petrum Gotafredi de Baralis et quicquid in ipso habebant et in v solid. de placito in ipso et in rebus suis, retentis sibi aliis usagiis eidem debitis per dict. Petrum.

843. Item, quod. al. instrumentum publ. (*ut* 713), continens homagium ligium prestitum dom° nostro dalphino per nobilem Petrum de Fontanis et terminum...

844. Item, quod. al. instrumentum publ. scriptum manu Humb¹ Pilati not. pub. sub anno Dñi M°CCC°XXXIIII°, indict. II*, die XV aprilis, continens quod Johannes de Alto Vilari, dominus dicti loci filiusque Petri de Alto Vilari, domini dicti loci condam, confessus fuit se tenere et tenere velle et debere tenere a dom° nostro dalphino in feudum et de directo dominio ipsius d. dalph. res, bona et jura omnia quecumque habet, tenet, possidet vel quasi per se vel per alium ejus nomine ab aqua de Baytz versus Graysivodanum et in toto Graysivodano, sive sint seu consistant in meris et mixtis imperiis, juridicionibus, taylliis, serviciis, usagiis et complayntis sive in aliis quibuscumque rebus, exceptis tamen hiis que tenet a dom° comite Gebennensi, et pro predictis confitetur predict. Johannes se esse hominem dicti dom. dalphini et eidem homagium et fidelitatem prestitit, et plura alia prout in dicto instr¹⁰ continentur.

845. Item, quod. al. instrumentum publ. (*ut* 713), continens homagium de persona prestitum dom° nostro dalphino per Johannem Reymondi de Auriis et terminum...

846. Item, quod. al. instrumentum (*ut* 828), die XVI mens. junii, continens homagium prestitum dom° nostro dalphino per nobilem et potentem virum dom. Disderium de Cassenatico militem [1].

847. Item, quod. al. instrumentum publ. scriptum manu Hug. Chabuellii notarii publ. sub anno Dñi M°CCC°XC°VI°, indic. X*, in mense novembris, continens quod Alisia uxor condam Petri Margallii, et Petrus Geneves et Alamandus Margallii, fratres filiique dicte Alisie, vendiderunt ill¹ domᵉ B(eatrici) domine Fucigniaci et ejus heredibus res infrascriptas, videl. IIII sestaria frumenti census et II civerios nucleorum census et I quartale avene census et II denar.

---

1. *En m.* Cassen. et Montis Rigaudi.

et IIII gallinas census, que percipiunt dicti venditores in parrochia Sancti Ysmerii a pluribus possessoribus in dicta parrochia existentibus, precio et mercato L^a librarum Viennen. prout in dicto instr^{to} continetur [1].

848. Item, quod. al. instrumentum publ. (*ut* 704), continens homagium ligium dom° nostro dalphino prestitum per Johannem de Clarfeye et terminum...

849. Item, quod. al. instrumentum publ. manu Guillelmi Fabri, sub anno Incarn. Dñi M°CC°LXXVII°, indic. v^a, xii° kalend. novembris, continens quod Poncius Borrelli et Hugo fratres, filii condam Roberti Borrelli de Campo, vendiderunt et concesserunt dom° Guillelmo Bertrandi, castellano de Theysio, recipienti nomine dom^i Johannis dalphini, comitis Viennensis et Albonis, et heredum suorum, videl. census, homines, usagia et jura que inferius continentur, primo Andream Fabri et suos liberos, et II solid. et III denar. et I manuol canapis census, quos sibi debebant dictus Andreas et parerii sui, prout et qued. alia in dicto instr^{to} continentur, precio et mercato xxx^a vi librarum Viennen.

850. Item, quod. al. instrumentum publ. scriptum manu Ancelmi de Chussins notarii publ. sub anno Nativit. Dñi M°CCC°XXX°, indict. xiii, die x^a mensis decembris, continens quitacionem factam dom° Guillelmo de Royno militi seniori per Matheum de Charnosco, castellanie Montis Fluris, procuratorem et procuratorio nomine dom^i Fremondi domini de Cheolorone, de x libris Turonen. grossorum argenti in quibus dictus dom. Guillelmus predicto domino de Cheolorone ex causa responderie sibi facte pro dom° nostro dalphino, ut dicitur in dicto instr^{to} contineri.

851. Item, quod. al. instrumentum publ. scriptum manu Petri Faverii notarii publ. sub anno Dñi M°CCC°XX°, indic. III^a, II^a die mensis madii, continens quitationem factam dom° Francisco de Theysio, castellano de Mura, nomine ven^{lis} viri dom^i Henrici Dalphini, Metensis episcopi regentisque Dalphinatum Viennensem, per fratrem Guillelmum de Crimiaco, vicarium domus Prati Mollis, per se et nomine domus predicte, de VI^{xx} libris Viennen. in quibus dictus Henricus dicte domui tenebatur pro emenda et satisfactione molendinorum que dicta domus Prati Mollis habebat et tenebat in

1. *En m.* Monte Bonodo.

mandamento de Morasio, videl. pro illis molendinis que fuerunt Guillelmi Bertholenc de Rovoyria mandamenti de Morassio, prout in dicto instr^{to} plenius continetur.

852. Item, quod. publ. instrumentum scriptum manu Thome Guorclli notarii publ. sub anno Dñi M°CC°LXX(VII), indic. quinta, die lune in vigilia b^{i} Thome, continens homagium et fidelitatem prestitam per Petrum Pascalis Syboudo de Castronovo, in cujus Siboudi locum succedit dom. noster dalphinus, confitens et recognoscens idem Petrus se debere et debere facere eidem Syboudo et suis annis singulis perpetuo II sestaria et I cartale frumenti census et III gallinas census; item eciam prestitit eodem modo Johannes Vitalis homagium ligium et fidelitatem dicto Siboudo, confitens iidem Joh. et recognoscens se debere facere eidem Syb. annis singulis et suis heredibus II sestaria et eminam frumenti census; item Petrus Moysens prestitit homagium et fidelitatem predicto Syboudo, confitens idem Petrus se debere dicto Syboudo facere annis singulis VII quartalia et terciam partem I quartalis frumenti census et terciam partem II gallinarum census, prout hec et qued. alia in dicto instr^{to} continentur.

853. Item, quod al. instrumentum publ. scriptum manu Petri Buvaci notarii publ. sub anno Dñi M°CC°XC°, indic. x, VII° kalend. januarii, continens homagium ligium et fidelitatem ligiam prestitam dom° nostro dalphino per Johannem de Altovilario domicellum, et pro predict. homagio et fidelitate idem Johannes confessus fuit se habere et tenere et habere velle de feudo ligio et dominio predicti dom. dalphini quicquid habet, tenet, possidet vel quasi per se vel per alium seu alius ab ipso in tota valle Alavardi in plano et in monte, ab aqua que vocatur Bayncz usque ad Malam Fossam, excepto hoc quod tenet a dom° comite Gebennensi apud Chapellatam et in parrochia dicte Chapellete, et quicquid quoquo titulo habet vel aquisierit infra dict. terminos infuturum, dum tamen aquirenda per ipsum non essent, prout hec et plura alia in dicto instr^{to} continentur.

854. Item, qued. lictera tribus sigillis in pendenti sigillata, scripta sub anno Dñi M°CC°XC°IIII°, die jovis post quindenam appostolorum Petri et Pauli, continens compromissum quod. factum inter nobiles viros Syboudum de Castronovo ex una parte et Petrum de Bucurione et Berlionem ejus filium ex altera, super quibusdam discordiis et rancuris quas inter eos habebant, prout hec (*ut* 853).

855. Item, quod. al. instrumentum (*ut* 713), continens homagium de persona prestitum dom° nostro dalphino per Guigonetum Noers de Avalone et terminum...

856. Item, quod. al. instrumentum publ. manu Hug. Pinardi notarii publ. sub anno Dñi M°CCC°, indict. XIII\ua, XII° kalend. madii, continens quod dom\ua Eysilabella Raynauda de Bucurione dedit (donatione) pura que dicitur inter vivos, videl. Thome de Peladru nepoti suo, omnes res, possessiones, jura, census, servicia et alia usagia quecumque sint et quocumque nomine senceantur, que condam fuerunt Petri Reynoudi mariti sui condam, videl. in mandamentis Bucurionis et Montis Bonodi, retento sibi tantummodo usum fructum in dict. rebus ad vitam suam, prout hec (*ut* 852).

857. Item, quod. vidimus scriptum sub anno Dñi M°CC°XC°VII°, XIIII° kalend. decembris, continens quamd. confirmacionem factam per dom. H(umbertum) dalphinum Viennensem et dom. A(nnam) ejus consortem et per dom. Johannem primo genitum dom° dalphine antique, videl. de castro Terracie et ejus mandamento empto per eamdem et de omnibus quecumque emerit seu aquisierit in dicto mandamento Terratie et in mandamento Montis Bonodi et alibi, prout hec (*ut* 852).

858. Item, qued. lictera quod. sigillo inpendenti sigillata, scripta sub anno Dñi M°CC°LXXX°IX°, die lune post festum b\ui Johannis Baptiste, continens confirmacionem factam per dom. Annam dalphinam Viennensem ill\ui dom° B(eatrici) dalphine Viennensi et domine Fucigniaci, de castro Montis Bonodi et ejus mandamento domoque bastida sita super dictum castrum.

859. Item, quod. al. instrumentum scriptum sub anno Dñi M°CC° XXX°VI°, indic. IX\ua, dom° Frederico imperatore regnante, XII° kalend. januarii, continens quod. Hunbertus Chalvini vendidit dom° Berlioni de Castronovo omne jus quod habebat in campo sito ante grangiam Petri Raynoldi et in quod. tenemento quod vocatur tenementum Cornu, precio et mercato X et VIII librar. Viennen.; item vendidit et concessit dom. Hunbertus eidem dom. Berlioni omne jus quod habebat in tenemento de les Algrimenes et in tenemento Lantelmi Grassi, in IX solid. qui debentur apud Rovoyriam et apud Aquam Latam, precio VII librar. et X solid. Viennen.; item vendidit omne jus quod habebat in quad. vinea quam facit ad meeriam Guigo Cichais, precio XL et V solid. Viennen., prout...

860. Item, quod. publ. instrumentum scriptum manu Johannis Alamanda notarii publ. sub anno Dñi M°CC°LXII°, indict. vᵃ, die ɪxᵃ stante mense augusti, continens quod Petrus Chaunesii et Mabilia ejus uxor vendiderunt dom° Petro Aurucii militi, cui successit Dalphinus, ɪɪɪ quartalatas terre quas habebant pro indiviso cum vɪ sestariatis terre quas habebant Chaunesii in parrochia Sancti Ymerii; item vendicionem ɪ quartalis frumenti quod eisdem faciebant Petrus Charnerii. —
861. Item, al. instrumentum in eadem pelle connexum, scriptum manu dicti notarii, super *eodem* anno *et* indict., xɪɪɪɪ die septembris, continens quod Petrus Chaunesii et Mabilia ejus uxor vendiderunt dom° Petro Aurucii militi ɪ quartale frumenti, vɪ denar. census et ɪɪ solid. de placito quod eidem faciebat Ambrosia Pemiata.
862. Item, quod. instrumentum (*ut* 704), die xv mens. januarii, continens homagium prestitum per Johannem Raynoudi de Arenis dom° dalphino et terminum...
863. Item duo publ. instrumenta in una pelle confecta manu Petri Colleti notarii publ., quorum primum est sub anno Dñi M°CC° LXXV°, indic. ɪɪɪᵃ, xvɪɪ° kalend. aprilis, continens quod Laurentius Corderii confessus fuit tenere de feudo Syboudi de Castro Novo quamd. petiam prati sitam in parrochia de Meolano, pro qua faciebat eidem ɪ eyminam frumenti et xɪɪ denar. census, continens eciam recognicionem quarumd. aliarum rerum; — 864. Secundum vero est sub anno Dñi M°CC°LXXVI°, indic. ɪɪɪɪᵃ, ɪɪɪ° idus octobris, continens quod Guillelmus Chalvini vendidit Syboudo de Castro Novo ɪɪɪ partes duarum peciarum prati siti in parrochia de Meolano, confinati in dicto instrᵗᵒ.
865. Item, quod. vidimus exemplatum et publicatum coram dñis officiali Gracionopolis, judice Graysivodani et judice civitatis Gracionopolis signatumque signis Joh. (de) Frigida Villa, Joh. Amandrini, Guillⁱ Quinenc de Salonhia et Henrici Garini de Turre notariorum public., sigillatum in pendenti duobus sigillis, videl. domⁱ episcopi Gracionopolis et officialis curie dicti dom. episcopi, quod vidimus exempl. et in formam publ. redatum extractum extitit a quad. lictera papali emanata a domino nostro summo pontiffice papa Clemente, continens quamdam composicionem factam inter dom. episcopum Gracionopolis ex una parte et dom. Hunbertum dalphinum ex altera, super discordiis vertentibus inter ipsos super eo quod idem dom. dalphinus tenebat curias suas in civitate Grationopolitana, et fuit actum

inter ipsos in ipsa composicione quod curias majores Graysivodani, appellacionum, computorum et consilii residentes possit tenere in civitate Grationopol. et possit cognoscere de causis civilibus et criminalibus in dicta civitate Grationopol., et incarcerare et plura alia excercere ut in ipsa composicione continetur; et fuit actum quod cives Grationopol. non possint citari super contractibus et delitis per ipsos inhitis extra civitatem et territorium Grationopol. et pro rebus quas tenent extra civitatem dicti loci nisi per judicem comunem, castellanum et conrearium dicte civitati, et tunc requirantur in juris subsidium: prout hec et alia plenius continentur in ipsa composicione, et fuit scriptum predict. vidimus die xi^a mensis decembris, indic. xiii^a, anno a Nativit. Dñi M°CCC°XLIIII°, pontificatus dicti dom^i nostri pape Clementis anno iii° [1].

866. Item, quod. al. instrumentum scriptum manu Petri Ancelmi notarii publ. sub anno Dñi M°CC°LXXVII, indic. v^a, vi^a idus novembris, continens quod Hugo Reymondi, filius condam Petri Raynoudi, vendidit et titulo vendicionis concessit dom° Petro Aurucii militi, videl. x sestaria frumenti et viii gallinas census, de quibus debet Hugo Jordani de Cleymes iiii sestar. et iiii gallin. pro ii sestariatis terre in dicto instr^{to} confinatis, et qued. alia...

867. Item, quod al. instrumentum publ. scriptum manu Johannis de Barroducis notarii publ. sub anno Dñi M°CC°LXXV°, indic. iii^a, vi° nonas maii, continens quod Domengia Rollanda de Sancto Morutio vendidit dom° Petro Aurucii de Monte Bonodo x et viii denar. Viennen. census et vi solid. de placito, pretio vii solid. (!) Viennen. et qued. alia in dicto instr^{to} contenta et descripta.

868. Item, quod. al. instrumentum publ. scriptum manu Joh. Alamaini notarii publ. sub anno Dñi M°CC°LXII°, indict. v, die viii intrante octobri, continens quod Petrus de Sancto Ymerio vendidit dom° Petro Aurucii militi, cui successit dom. dalphinus, i sestarium vini puri quod percipiebat super iii petiis vinee quas habebat apud Corbonant et que in dicto instr^{to} sunt confinate, pro quibus rebus idem Petrus venditor confessus fuit et recognovit se tenere in feudum et nomine feudi a dicto dom. Petro. — 869. Item, quod. al. instrumentum publ. in eadem pelle connexum, scriptum manu predicti...

---

[1]. *En m.* Qualiter dom. dalphinus habere debet et tenere curias in civitate Gracionopolis.

notarii sub anno Dñi M°CC°LXIII°, indic. VI, die XIIII^a intrante mense septembris, continens vendicionem factam per Petrum Abo dicto (de) Sancto Ymerio et Margaritam ejus uxorem dom° Petro Aurucii, cui successit dominus, videl. de I sestario vini census recipienti super quad. petia vinee et super quad. petia prati et super II peciis terre confinatis in dicto instr^{to} et posite apud Montem Bonodum, pro quibus confessi fuerunt dicti conjuges tenere de feudo et nomine feudi predict. res a dicto dom. P. Aurucii.

870. Item, quod. al. instrumentum scriptum manu Garnerii de Correyo notarii publ., sub anno Dñi M°CC°LXV°, die sabati post festum bⁱ Stephani, continens homagium ligium prestitum Syboudo de Castronovo per Martinum Artoudi.

871. Item, qued. lictera scripta sub anno Dñi M°CC°LVI°, indit. XIIII, VIII kalend. aprilis, continens homagium ligium et fidelitatem prestitam dom° G(ulgoni) dalphino Viennensi per dom. G(onterium) de Brianczon, et (pro) predict. fidelitate et homagio idem dom. G. dalphinus dicto dom. G. de Brianczon dedit et concessit in augmentum feudi quod ab eo tenebat dominium sive feudum quod tenebat ab ipso dalphino Villelmus Guersi de Bella Comba et Odo, Berlio et Henricus, filii ejus, in domo de Bella Comba et in dicto castro de Bella Comba sub modis et condicionibus in dicta lictera contentis.

872. Item, quod. al. instrumentum publ. scriptum manu Hunberti Merleti notarii publ. sub anno Dñi M°CC°LXXXII°, indic. X^a, die sabati post Carniprivium vetus, continens quod Goras Palus de Monte Bonodo dedit, donavit donacione inter vivos Petro Aurucii domicello, cui successit dom. dalphinus, omnes res seu possessiones, mobilia et inmobilia et omnia jura que et quas habebat vel habere poterat et debebat in mandamento Montis Bonodi, sint terre, prata, nemora vel vinee seu servicia vel usagia quecumque sint vel reperiri possint a celo usque ad abussum, sub modis et condicionibus in dicto instr^{to} contentis.

873. Item, quod. al. instrumentum publ. scriptum manu Hunberti de Sancto Dalmacio notarii publ. sub anno M°CC°LXII°, indic. V^a, die XVI intrantis mensis decembris, continens quod Petrus Chounesius et Mabilia ejus uxor vendiderunt et tradiderunt dom° Petro Aurucii I quartale frumenti census quod dare et solvere tenetur Petrus Berlus et I eyminam avene, pretio et mercato XX solid. bonorum Viennen...

874. Item, duo publ. instrumenta in una pelle simul connexa, scripta manu Johannis Alamaini notarii publ., quorum primum est sub anno Dñi M°CC°LXIII°, indic. vi°, die viii° excente madio, continens homagium ligium et recognicionem prestitam per Petrum de Sancto Martino dom° Petro Aurucii, domino Montis Bonodi; —
875. Secundum vero est sub eodem anno et indic., die vi° exeunte mense octobris, continens quod Petrus Heustachii de Monte Bonodo confessus fuit et recognoscit se tenere a dom° Petro Aurucii, domino Montis Bonodi, in feudum et nomine feudi res et bona in dicto intr°° contenta, sub modis et condicionibus in ipso designatis.

876. Item, quod. al. instrumentum publ. scriptum manu Johannis de Valamanda notarii publ. sub anno Dñi M°CC°LXII, indict. v, die iiii intrante mense octobris, continens vendicionem quamd. factam dom° Petro Aurucii militi, domino Montis Bonodi, per Imbertum de Malario de iii eyminis avene census, pretio xx solid. bonorum Viennen.

877. Item, quod. al. instrumentum publ. scriptum manu Petri Ancelmi notarii publ. sub anno Dñi M°CC°LXXVII°, indic. v°, xiiii kalend. aprilis, contines quod Johannes Faideus de Monte Bonodo et Bona Femina ejus uxor recognoverunt dom° Petro Aurucii quod. pratum et grangiam confinatam in ipso instr°°.

878. Item, quod. al. instrumentum scriptum manu Petri de Avalone notarii publ. sub anno Dñi M°CC°XC°III°, indic. vi°, ii° kalend. septembris, continens quod ad instanciam Chaberti de Brianczono domicelli Dideretus, filius condam Aynardi de Crollis, confitetur et recognoscit et per sacramentum coram Vimano de Toveto et Fran. Boveti, ordinatis pro curia, se tenere et tenere velle in feudum et nomine feudi a dicto Chaberto res et bona que inferius continentur: primo confitetur dict. Dideretus quod ipse tenet a dicto Chaberto albergium Guillelmi Bosonis et Villermi Bosonis nepotis sui condam, et Martinum Bosonis et Johannem de Montabon et heredes Domengeti de Fontana condam et heredes Johannis Bosonis condam et Martinum Bosonis et heredes Melmeti de la Frayta et heredes Domengeti lo Juglat condam et heredes Johannis Bracheti, cum liberis ipsorum presentibus et futuris et cum omnibus rebus quas vel quibus dicti homines tenent de directo apud Fontanam et circa Fontanam de Bello Monte, et plura alia in dicto instr°° contenta.

879. Item, quod. al. instrumentum publ. scriptum manu Jacobi

de Buxeria notarii publ. sub anno Dñi M°CC°LXXIII, indic. II[a], VII° idus febroarii, continens quod Rodulphus dominus Intermontium, pro se et heredibus suis, imperpetuum albergavit et nomine contractus emphitetici tradidit et concessit Johanni de Cossonay, recipienti nomine suo et Artaude uxoris sue, quod. molendinum cum appenditiis et juribus ad ipsum pertinentibus et cum tenemento sito desuper, videl. terre, vinee et castaneti, quod tenementum tenebat a dicto Rodulpho Lambertus li Canayllons, quod molendinum jacet apud Buxeriam ; pro tenemento predicto debet dict. Lambertus I sestarium avene et I sestar. vini et I sestar. castanearum annuatim de servitio et v solid. de placito.

880. Item, quod. al. instrumentum scriptum manu Lantelmi Guenisii notarii publ. sub anno Dñi M°CCC°XIII°, indict. XI[a], VI kalend. junii, continens quod ad instanciam nobilis viri Rodulphi de Intermontibus et suorum heredum, Petrus Rasfini et Johannes et Petrus Freyneati fratres et plures alii in dicto instr[to] nominati confessi sunt et recognoverunt se tenere et tenere velle et debere a dicto nobili Rodulpho de Intermontibus res, possessiones et servicia in dicto instr[to] contentas, sitas in parrochia Sancti Petri de Alavardo : que omnia hodie pertinent ad dominum nostrum.

881. Item, quod. publ. instrumentum scriptum manu Jacobi Paneti notarii publ. sub anno Dñi M°CC(L°)VI°, VIII[a] kalend. octobris, continens quand. recognicionem factam Rodulpho de Intermontibus de quibusdam hominibus et rebus in dicto instr[to] contentis et designatis per Michaelem de Ferreria et Vincentium de Alavardo, in quibus rebus et feudis de presenti dom. noster dalphinus succedit.

882. Item, quod. al. instrumentum publ. scriptum manu Jacobi Panoti notarii publ. sub anno Dñi M°CC°LVI°, indict. XIIII[a], VIII[a] kalend. octobris, continens recognicionem factam domino de Intermontibus per Raymondam de Monte Evrardo et Johannem Perchi de Alavardo de hiis que tenebat ab ipso Rodulpho de Intermontibus : que omnia pertinent ad dom. nostrum dalphinum.

883. Item, quod. al. publ. instrumentum scriptum manu Humberti de Manso notarii publ. sub anno Dñi M°CCC°XXXIX°, indic. VII, die ultima mensis madii, continens recognicionem homagiorum nobilium infrascript. mandamenti Avinionis in Triviis, qui confessi fuerunt esse homines ligii dom[i] nostri dalphini, videl. Petrus Riverie nomine suo et Johannis fratris sui, etc.

884. Item, quod. al. instrumentum publ. scriptum manu Guig. Frumenti not. pub. sub anno Dñi M°CCC°XXXIIII°, indict. II², die XI² mensis januarii, continens homagium ligium prestitum dom° dalphino per Reymondum Riverie et terminum...

885. Item, quod. al. publ. instrumentum scriptum manu Humberti de Manso notarii publ. sub anno Dñi M°CCC°XL°, die xxx mensis madii, continens quod Guillelmus de Bruna, Johannes Rodulphi et Hugo Pipini, parrochie Sancti Pauli, mandamenti Clari Montis, nomine suo et universitatis dicte parrochie, dederunt et concesserunt dom° Humberto dalphino Viennensi taxam prout alie universitates Dalphinatus eidem facient et concedent [1].

886. Item, quod. instrumentum (*ut* 884), currente M°.., die VIII² januarii, continens homagium ligium prestitum dom° dalphino per Johannem Domengerie et assignacionem...

887. Item, quod. publ. instrumentum (*ut præced.*), continens homagium ligium prestitum dom° dalphino per Vionetum filium Petri Argoudi et terminum... [2].

888. Item, quod. publ. instrumentum scriptum et signatum manu Guig. Frumenti not. sub anno Dñi M°CCC°XXXIX°, indic. VII, die ultima mensis aprilis, continens composicionem et transactionem factam inter ill^{em} principem dom. Humbertum dalphinum Viennensem ex una parte et nobilem virum. dom. Henricum Berengarii, dominum de Ponte in Royanis, nunc vocatum dom. Henricum de Cassenatico, dominum dicti loci ex altera, super tota terra domⁱ Alberti de Cassenatico condam, in quo etiam continetur qualiter dom. dalphinus dict. dom. Henricum de tota terra Cassenatici investivit sub homagio et in feudo antiquo et reddibili, continens etiam plures pactiones et convenciones inhitas inter dictos dominos, prout hec et plura alia in ipso instr^{to} continentur.

889. Item, quod. vidimus factum coram officiali Dyensi, excemplatum anno Dñice Incarn. M°CCC°XX°, indic. III, videl. XI die mensis augusti, continens quod. instrumentum scriptum manu Aymonis de Tornafol notarii publ. sub anno Dñi M°III^cII°, die mercurii post festum bⁱ Anthonii XXII die mensis januarii, indic. I², continens homagium et recognicionem factum et factam per dom. Petrum

---

1. *En m.* In Triviis. — 2. *En m.* Morestelli et Goncelini. Sciatur qui successit eidem: tenet Glaudus Raineri et Aynardus Ysnardi nomine uxorum suarum.

Ysoardi, filium Guillelmi Arthaudi domini de Ayssio et de Gressa condam, dom° dalphino et recognovit tenere ab eo castra de Gressa, de Tochana, domum Castri Bernardi, unam de domibus Miribelli, medietatem eorum que habebat in castro de Esparione et in parrochiis de Claylliis, de Sancto Martino et quicquid tenet ab eo Reynaudus Berengarii et Galterius de Meyssennas et quicquid tenet Hugo de Aquis frater suus ab eodem apud Brusetum et quicquid tenet apud Altaretum.

890. Item, quod. publ. instrumentum scriptum manu Petri Guillelmi notarii sub anno Dñi M°CC°XLVII°, idus septembris, continens quod ill¹ᵃ princeps dom. Guigo dalphinus Viennensis tradidit Petro Aynardi nomine permutationis domum suam de Savello cum toto tenemento ejusdem, usagiis, hominibus et aliis juribus, item omnes census et placita mansi de Cloyose, excepta una somata vini, et dict. Petrus Aynardi tradidit eidem ex causa predicta quicquid habebat in castro et mandamento de Theysio et generaliter omnia que habebat a Geria usque Alavardum prout aqua et ruppes includunt.

891. Item, quod. publ. instrumentum scriptum manu Johannis notarii, sub anno Dñi M°CC°LXVI°, die dominica intrante mense aprilis, continens quod Bernardus Payni de Biviaco pro se et suis fecit fidelitatem et homagium Sadonio Auruc, filio dom¹ Petri Auruc, recipienti nomine dicti dom. Petri, salvo uno domino, et dedit eidem:... II solid. census super omnibus bonis suis que tenebat et possidebat in mandamento Montis Bonodi.

892. Item, quod. publ. instrumentum scriptum manu Hug. Chabruelli notarii publ. sub anno Incarn. M°IIᶜXC°VI°, VIII° kalend. octobris, continens quod Guigona Falcona, uxor Petri Seiat, de consensu dicti mariti sui vendidit ill¹ dom° B(eatrici) domine Fucignacii I sestarium frumenti et I gallinam census et IIII solid. de placito in mutacione domini et possessoris, quem censum faciebat Guillelmus Chabrerii, precio IIII librar. XI solid.

893. Item, quod. publ. instrumentum confectum manu Hug. Chabuellii notarii, in quo se subscripsit Petrus de Balma notarius, sub anno Dñi M°CC°XC°VII, XIII kalend. septembris, continens quod Berardus Leobardi domicellus confessus fuit se fecisse homagium ligium ill¹ viro dom. Hugoni Dalphini, domino Fucignacii, pro hiis que tenet in mandamento Montis Bonodi et Montis Fortis, et specialiter pro domo forti quam tenet apud Bregninum nomine Caterine

uxoris sue et veyeriam quam tenet nomine quo supra in dict. mandamentis.

894. Item, quod. publ. instrumentum manu Guig. de Sancto Martino, sub anno Dñi M°II^{c}LXI°, II° idus novembris, continens quod Guillelmus Veteris domicellus vendidit Siboudo de Castronovo, cui dominus successit, 1 quarterium meliud quod poterit invenire excepto uno in macello Grationopolis ante Nativitatem Domini, 1 quartale frumenti et 1 gallinam census, que faciebat eidem Guillelmo Guigo Charreria pro hiis que tenebat ab ipso in mandamento Bucurionis.

895. Item, qued. lictera quinque sigillis sigillata in pendenti, scripta sub anno Incarn. Dñi M°CC°XXV°, VII° idus octobris, continens quod dom. dalphinus de Alvernia vendidit dom° dalphino Viennensi castrum de Vorapio cum toto mandamento et castrum de Veracef cum ejus mandamento et generaliter quicquid habebat in toto comitatu Viennensi, pretio XXII^m solidorum Viennen.

896. Item, quod. publ. instrumentum (*ut* 884), continens homagium ligium prestitum dom° dalphino per Guillelmum de Comba et terminum...

897. Item, quod. publ. instrumentum scriptum manu Petri Anselmi notarii publ. sub anno Dñi M°CC°LXXV°, IIII° nonas decembris, continens quod Johannes Purs, civis Gracionopolis, vendidit dom. Petro Aurucii quicquid habebat ultra Aymias et specialiter in chanaveria de Craponout, pretio C solid. Viennen.

898. Item, qued. lictere sigillate in pendenti IIII°^{r} sigillis, videl. archiepiscopi Viennensis et episcopi Diensis, Petri Ysoardi et Johannis de Cassenatico, canonici Viennen., scripte sub anno Dñi M°CC°LV$_o$, XVI kalend. febroarii, continens composicionem factam per manum dicti dom. archiepiscopi Viennen. inter Johannem de Cassenatico, canonicum Viennensem predict., et Flotam filiam condam Aymari de Cassenatico, super bonis et hereditate que condam fuerunt ddom. Aymari et Alberti de Cassenatico, in qua composicione remansit dicte Flote hereditas predictorum in Cassenatico, quam permutavit postea dicta Flota dom° G(uigoni) dalphino.

899. Item, duo publ. instrumenta ejusdem tenoris, scripta manu Petri de Thoveto publ. notarii sub anno Dñi M°CC°LXVIII°, VIII idus maii, continens quod Albertus de Theysio, filius condam dom^i Lantelmi de Thesio militis, dedit donacione inter vivos Rodulpho de Theysio, filio dom^i Alberti de Thesio militi, jus quod habet ipse

Albertus pro indiviso cum ipso Rodulpho in domo fortalicii Montis Fortis, in parrochia de Crollis et quicquid habebat a rivo de Terratia usque ad rivum de Crollis et ab Ysera usque ad sumitatem montis.

900. Item, qued. lictera ab officiali Gracionopolis emanata, continens vidimus cujusd. publ. instrumenti, scripta ut in eo vidimus legitur manu Anthonii Chays notarii, sub anno Dñi M°CC°LXXXI°, die martis in festo b¹ Johannis Baptiste, continens plures requisitiones factas per dom. bayllivum Dalphinatus et dom. decanum Gracionopolis super expedicione et reddicione castri de Bucurione, continens eciam recognicionem de dicto castro per Petrum de Bucurione.

901. Item, quod. publ. instrumentum scriptum manu Petri Clocheyronis, sub anno Dñi M°CCC°V°, die lune post festum Penthecostes, continens quod Guigona relicta Petri Ferrati de Theysio vendidit Petro Viennesii quosd. census contentos in dicto instr°, qui percipiuntur in mandamento Montis Bonodi.

902. Item, quod. publ. instrumentum (*ut* 844), die XI³ mens. aprilis, continens homagium ligium prestitum dom° dalphino per nobilem Jaquemetum de Bossozello, dominum de Geria, et recognicionem per eundem factam de vicaria quam tenet apud Gracionopolim, dictam de Geria, et generaliter quicquid tenet et possidet infra muros Gracionopolis.

903. Item, quod. publ. instrumentum scriptum manu Petri Guillelmi, sub anno Dñi M°CC°XXXV°, XII° kalend. febroarii, continens vendicionem factam per Petrum de Molario Berlioni de Castronovo de IIII solid. Viennen. census quos eidem faciebat Johannes Hunberti et parerii sui.

904. Item, quod. publ. instrumentum (*ut* 886), continens homagium ligium prestitum dom° dalphino per Aynardum Veteris et terminum...

905. Item, quod. publ. instrumentum scriptum manu Thome Grevelli notarii, sub anno Dñi M°CC°LXXVII°, die lune ante festum b¹ Thome appostoli, continens quod. Hugonetus Reynaudi vendidit Siboudo de Castronovo, cui domina successit, quicquid juris habebat in parrochiis Sancti Nazarii, de Cleymes et de Bregnino, et specialiter XX^ti IIII sestaria aur(dei?), XV gallinas census et circa IIII^XX fossoratas vinee et quemdam celerum et omnes homines quos habebat in dictis parrochiis, pretio C et XVII librar. IX solid. — 906. Item, quod. al. publ. instrumentum scriptum manu dicti Thome Grevelli sub anno

Dñi M°II°LXXVII°, die martis in festo b¹ Thome apostoli, continens quod Hugonetus Reynoudi posuit et induxit in possessionem corporalem de rebus in preced. instr⁰ contentis Syboudum de Castro Novo.

907. Item, quod. publ. instrumentum scriptum manu Guillelmi sacri palacii notarii, sub anno Dñi M°II°LIIII°, die mercurii ante Ramos palmarum, continens quod domᵃ Jordana uxor condam Petri Rostagnii dedit Guillelmo de Castro Novo, patri suo, jus et requisicionem quod et quam habebat in hereditate patris sui et matris sue.

908. Item, qued. littera tribus sigillis in pendenti sigillata, continens quod Guillelmus de Intermontibus recognovit se tenere castrum de Intermontibus et mandamentum ejusdem et designacionem dicti mandamenti, continens eciam quod pro dicta recognicione dictus Guillelmus confessus fuit se habuisse a dicto d. dalphino Vᵐ solid.

909. Item, quod. publ. instrumentum manu Hug. Chabuelli, sub anno Incarn. Dñi M°CC°XC°VI°, vIIIᵃ idus novembris, continens quod Guillelmus Alberti, de parrochia Sancti Ymerii, vendidit domᵉ B(eatrici) domine Fucignacii I sestarium frumenti census, quod facere se constituit dict. venditor super rebus contentis in ipso instrᵗ⁰.

910. Item, quod. publ. instrumentum manu Petri Anselmi notarii, sub anno Dñi M°CC°XC°VI°, die lune ante festum bᵉ Caterine, continens quod dictus Meyssonerius, habitator parrochie Sancti Ymerii, confessus fuit se esse hominem ligium domᵉ B(eatricis dalphine) Viennensis et eidem debere pro recognicione xII denar. anuales.

911. Item, quod. publ. instrumentum scriptum manu Johannis Alamandi notarii sub anno Dñi M°II°LXIII°, die xvIᵃ mensis madii, continens quod Petrus Chaunes et Mabilia ejus uxor, filia domⁱ Guillelmi de Melano, vendiderunt dom⁰ Petro Aurucii, domino Montis Bonodi, quicquid habebant in parrochiis Sancti Martini de Miseriaco, de Biviaco et Sancti Ymerii, pretio xL solid.

912. Item, quod. publ. instrumentum manu Johannis sacri palatii notarii scriptum, sub anno Dñi M°II°LXX°, die jovis que fuit xxIII dies mensis octobris, continens quod Rodulphus de Theysio confessus fuit habuisse et recepisse a dom⁰ Petro Aurucii II° L libras bonorum Viennen. pro precio medietatis castri Montis Fortis et aliarum rerum eidem dom⁰ Petro venditarum per dict. Rodulphum.

913. Item quod. publ. instrumentum scriptum manu Anthonii imperialis aule notarii, sub anno Dñi M°II°XLVIII, indic. vI, Ixᵃ kalend. augusti, continens quod domᵃ Aynarda uxor domⁱ Lantelmi

de Meolano, de voluntate dicti dom' Lant. et filiorum suorum vendidit dom° Guigoni dalphino Viennensi quicquid juris habebat in mandamento de Theysio et de Petra, precio IIII^m solid. et xxv librar. Viennen., et est quod. sigillo in pendenti sigillatum.

914. Item, qued. lictera duobus sigillis in pendenti sigillata, scripta sub anno Dñi M°II^cLXI°, in vigilia b° Marie Magdalenes, continens composicionem factam inter dom. Guigonem dalphinum, nomine suo et universitatis hominum suorum parrochie de Herbeysio, ex una parte et dom. Guigonem Alamandi dominum de Uriatico, nomine suo et hominum suorum et universitatis de Uriatico, ex altera super pascuis et pasqueyragiis dicte parrochie et dicti mandamenti, et fuit concordatum inter partes predict. videl. quod homines mandamenti Visilie et specialiter illi de Herbeysio possunt et debent pasqueyrare cum animalibus suis usque crucem Ramis palmarum Ville Nove per mandamentum et territorium Uriatici in pascuis et locis comunibus a rivo labente ante domum Vassal usque ad aquam de Samiaut per totum appendentem de Aliquot, et possunt et debent inscindere ligna et mayerias et alia sibi neccesaria in nemore sito in loco qui vocatur Aliquot a via veteri superius qua protenditur a domo Vassalli versus casale Bruneti, et si homines de Visilia transibant ultra dictos terminos infra mandamentum Uriatici, dicti homines de Uriatico possunt et debent levare pignora et ipsa reddere castellano Visilie qui faciat facere eymendam dampno passe.

915. Item, quod. publ. instrumentum scriptum manu Joh. Juliani notarii, sub anno Incarn. Dñi M°II^cLXII, vi° nonas marcii, continens quod dom. Guillelmus de Morestello miles, filius dom' Petri de Morestello, vendidit dom° Petro Aurucii militi, dom° Montis Bonodi, vicariam quam idem d. Guillelmus habebat in mandamento et territorio Montis Bonodi, una cum pluribus serviciis, usagiis que percipiebat dictus d. G. in mansis, chabanariis et bordariis dicti mandamenti, qui quidem census et usagia in dicto instr^{to} nominantur et designantur.

916. Item, quod. publ. instrumentum scriptum manu Petri Amselmi notarii, sub anno Dñi M°II^cLXXVI°, IIII° idus aprilis, continens recognicionem factam dom° Petro Aurucii per Guelisium dyaconum de pluribus censibus contentis in ipso instr^{to}. — 917. Item, al instrumentum in dicta pelle scriptum manu dicti P. Amselmi, anno et die quibus supra, continens quod Hugo Rica et Helisabel ejus uxor

vendiderunt dom° Petro Aurucii ɪɪɪ denar. census quos faciebat Vincentius Garcini.

918. Item, quod. publ. instrumentum scriptum manu Bernardi de Secucia, habitatoris Montis Meliani, sub anno Dñi M°CC°LXXII°, die jovis ɪɪɪᵃ d. mensis martii, continens quod Jacobus Marescalci de Monte Meliano et Peronella, filia condam domˡ Heustachii Reynoudi, ejus uxor vendiderunt Siboudo de Castronovo, cui dominus successit, xʟ (solid.) census et placitum quos percipiebant in mandamento Bucurionis et apud Grationopolim, precio xxxɪ librar. Viennen.

919. Item, qued. lictera que videbatur fuisse in pendenti sigillata, scripta sub anno Dñi M°IIᶜLV°, ɪɪɪ° idus marcii, continens quod dom. Lantelmus Panerii mandabat Johanni de Balma et aliis suis hominibus de Varsia quatenus (de) censibus in quibus sibi tenebantur respondeant dom° G(uigoni) dalphino et sibi homagia faciant.

920. Item, quod. publ. instrumentum scriptum manu Aymonis Combri notarii, sub anno Dñi M°IIᶜLX.VII°, indict. xɪᵃ, ɪɪɪɪ° kalend. decembris, continens quod Herlinus de Chillino nomine Margarone, filie condam Guillelmi Disderii, uxoris sue confessus fuit se tenere a dom° Gonterio de Brianczone, cui domᵃ B(eatrix) successit, quosd. census et qued. homagia in dicto instr°. contenta, sita in mandamento Terratie.

921. Item, quod. publ. instrumentum scriptum manu Garnerii de Correyro, sub anno Dñi M°IIᶜLXX°, indict. xɪɪɪᵃ, die dominica post festum bᵉ Lucie virginis, continens vendicionem factam Siboudo de Castronovo per Albertum Maquardi et ejus socios, de eo jure quod habebant in quad. vinea sita in parrochia de Meolano, quam tenebat ab eis Petrus de Guenc et est juxta vineam Petri Pipeti et faciebat ɪ eyminam avene et ɪx denar. census dicto Siboudo.

922. Item, quod. publ. instrumentum scriptum manu Guarnerii de Correyo, sub anno Dñi M°CC°LXVI°, vɪɪɪ die mensis junii, continens quod Guigo de Serra et Michael Vennonis ac plures alii confessi fuerunt se esse homines ligii Siboudi de Castronovo.

923. Item, quod. publ. instrumentum scriptum manu Petri Polleti imperiali auctoritate publ. notarii, sub anno Dñi M°IIᶜLXXVI°, indict. ɪɪɪɪᵃ, idus decembris, continens quod Guigo Morardi domicellus nomine suo et suorum accepit in feudum et de feudo ac dominio Siboudi de Castronovo, cui dominus successit, quicquid ipse vel alius ipsius nomine habet et possidet vel quasi a rivo de Corbonanc usque

11

ad rivum de Ciczerino, exceptis feudis que idem Siboudus tenet a d⁰ Guigone, et promisit pro predictis esse fidelis dicto Siboudo ; item continet dict. instr^m quod dict. Guigo Morardi predicta omnia et singula vendidit dicto Siboudo vendicione pura, precio LXX librar. Viennen. ; item continet confirmacionem factam per Aymonem Morardi, fratrem dicti Guigonis.

924. Item, qued. lictera in pendenti sigillata sigillo dom⁰ abbatisse Ayarum, scripta sub anno Dñi M°CCC°XIX°, continens quod dicta dom. abbatissa et dom⁰ sanctomaniales ejusdem monasterii confesse fuerunt habuisse ab ill' viro dom. Henrico Dalphini, per manum Guigonis Pellicerii castellani Visilie, LXXI libras Viennen. pro dampnis datis et constamentis et aliis in quibus dictus dom. Henricus et ejus predeccessores dicto monasterio tenebantur.

925. Item, quod. publ. instrumentum scriptum manu Petri Gullelmi notarii, sub anno Dñi M°II^cLV°, VII° kalend. junii, sigillo Odonis Alamandi in pendenti sigillatum, continens quod Odo Alamandi, dominus de Campis, dedit donacione pura inter vivos castrum de Campis, et dictus dom. dalphinus dict. castrum eidem Odoni tradidit in feudum et ipsum confessus fuit dictus Odo tenere a dicto dom. dalphino.

926. Item, quod. publ. instrumentum scriptum manu Petri de Correnis notarii publ. sub anno Dñi M°CC°LXVIII°, indic. XI, V° idus maii, continens recognitionem factam dom⁰ Petro Aurucii, domino Montis Bonodi, per Rodulphum de Theyssio, filium olim dom^l Alberti de Theyssio militis, de hiis omnibus que h(ab)ebat in mandamento Montis Fortis et in mandamento Montis Bonodi et de juridicione quam habebat apud Montem Fortem, continens etiam plures pactiones inhitas inter dictum dom. P. et dictum Rod. prout hec et alia in dicto instr^to continentur.

927. Item, quod. publ. instrumentum manu Petri Polleti notarii confectum, sub anno Dñi M°II^cLXXV°, indit. III, XVII° kalend: aprilis, continens recognicionem factam per Guelisium de Rovoyria diaconum Siboudo de Castro Novo, de pluribus rebus contentis in dicto instr^to, et vendicionem factam dicto Siboudo de omnibus contentis in dicto ins^to, precio XV librar. Viennen. : que quidem res et census sunt in mandamentis Montis Bonodi et Montis Fluriti.

928. Item, duo publ. instrumenta in eadem pelle scripta manu dicti P. Polleti, sub anno Dñi M°II^cLXXVI° : videl. primum I^a die

kalend. novembris, continens quod Bernardus Comitis, civis Graclonopolis, vendidit Siboudo de Castro Novo, cui dominus successit, quosd. census et quand. petiam vinee site subtus Rochetam in parrochia de Meolano, pretio LX solid. Viennen. ; — 929. Secundum vero die mercurii post festum Omnium Sanctorum, continens donationem factam per Julianum Grassi Siboudo de Castronovo de quad. petia nemoris siti in parrochia de Meolano, loco dicto in Frayneto.

930. Item, quod. al. publ. instrumentum manu dicti Petri Polleti, sub anno Dñi M°II^{C}LX(X)VI°, indic. IIII, idus decembris, continens quod Siboudus de Castro Novo promisit vendere Guigoni Morardi res quas sibi G. vendiderat, que res sunt a Cobornant usque ad rivum de Cizerino, eodem precio, retento sibi feudo dict. rerum.

931. Item, quod publ. instrumentum scriptum manu Joh. Valamandi notarii publ. sub anno Dñi M°II^{C}LXII°, indict. V^a, die IIII^a intrante marcio, continens recognicionem factam dom° Petro Aurucii per Jacobum de Biviaco, de hiis que tenebat in closo de Chaurino, exceptis hiis que tenebat a Guiffredo de Monbuiol, pro quibus confessus fuit se debere V solid. de placito.

932. Item, duo instrumenta in eadem pelle scripta manu Johannis notarii dom^i imperatoris, sub anno Dñi M°II^{C}LXVI° : videl. primum die veneris I^a mensis januarii, continens recognicionem Domengie Revelle de hiis que tenebat in chavannaria de Moyseu ; — 933. Secundum vero XI die mensis januarii, continens vendicionem factam dom° Petro Auruscii per Perem de Biviaco de III quartalibus frumenti quos sibi faciebat Franconetus de Cartusia super quad. vinea sita in parrochia de Biviaco.

934. Item, quod. publ. instrumentum scriptum manu Anthonii imperialis aule notarii, sub anno Dñi M°II^{C}LIIII°, indic. XII, die VII^a exceumte mense augusti, continens quod Guigo Falasces miles vendidit Siboudo de Castronovo, cui dominus successit, quicquid habebat a Monte Bonodo usque ad portam Sancti Laurentii, pretio XXV librar.

935. Item, duo publ. instrumenta in eadem pelle scripta manu Johannis notarii dom^i imperatoris (primum), sub anno Dñi M°II^{C}LXV, indict. VIII, die XXII mensis julii, continens quod Guillelmus Raches et Guigonetus Raches et Guillelma Racheca vendiderunt dom° Petro Auruscii I sestarium frumenti census, quod dicti venditores percipiebant super quod. curtili sito in parrochia Meolani, in manso de Puteo,

quod curtile tenebatur de feudo dicti dom. Petri, pretio LX solid.;
— 936. Secundum vero anno quo supra, intrante madio, continens quod Andreas Chaurini vendidit dom° Petro Aurucii I eyminam avene census, precio x solid., super omnibus bonis suis.

937. Item, quod. publ. instrumentum scriptum manu Petri Amselmi notarii, sub anno Dñi M°II°LXXII°, indict. xv, xII kalend. aprilis, continens quod Nantelmus Nantelmi et Alisia ejus uxor vendiderunt dom° Petro Aurucii quosd. census quos percipiebant in parrochia de Biviaco, qui continentur in dicto instr^{to}, precio L librar. Viennen.

938. Item, quod. publ. instrumentum scriptum manu Petri Amselmi, sub anno Dñi M°II°LXXIIII°, indic. II^a, II° nonas febroarii, continens quod Ubaudus de Siczerino vendidit dom° Petro Aurucii xxv solid. census et x solid. de placito, super quad. vinea sita apud Siczerinum et super quad. vinea sita apud Villam et super nemore suo sito apud Siczerinum et super omnibus que habet in parrochia de Meolano, precio xvIII librar. census.

939. Item, quod. publ. instrumentum scriptum manu Petri Amselmi, sub anno Dñi M° II°LXXI°, indic. xIIII^a, xvI° kalend. septembris, continens quod Albertus de Theysio, filius condam Nantelmi de Theysio, confessus fuit se tenere a dom° Petro Aurucii medietatem domus fortalicii Montis Fortis, sub condicionibus et protestacionibus contentis in ipso instr^{to}.

940. Item, al. publ. instrumentum scriptum manu Gauterii Guiberti notarii, sub anno Dñi M°II°LXXII°, indic. xv, die martis post festum beate Marie augusti, continens quod Hugo Auruc confessus fuit se tenere a dom° Petro Auruc quicquid habebat infra mandamentum Montis Bonodi et pro predictis facere usagia consueta.

941. Item, quod. publ. instrumentum scriptum manu Johannis Margayl, sub anno Dñi M°II°LXIX°, indict. xII^a, vI° nonas augusti, continens quod dom. Guillelmus de Molario miles vendidit dom° Petro Aurucii, domino Montis Bonodi, vII sestariatas terre site in parrochia Sancti Martini de Miseriaco juxta rivum Creysent et Ruffus Seydey, item I peciam vinee in eadem parrochia juxta vineam a la Chanella et I sestarium frumenti census quod sibi faciebat Stephanus Sapeti, precio xxII librar. Viennen.

942. Item, duo publ. instrumenta in eadem pelle scripta manu Petri Amselmi notarii, sub anno Dñi M°II°LXXII, indic. xv, quorum primum vI° nonas maii, continens quod Petrus Dongera vendidit

dom° Petro Aurucii militi quamd. peciam vinee sitam in manso Ritiquei juxta vineam Amselmi Paluy, precio ix librar. Viennen. ; —
943. Secundum vero v° nonas julii, continens quod Johannes Oliverii de Bregnino prestitit homagium dom° Petro Aurucii quamdiu permaneret in mandamento Montis Bonodi.

944. Item, duo publ. instrumenta in eadem pelle scripta manu Petri Amselmi, sub anno Dñi M°II^{c}LXXV, indict. III^a, quorum primum v° kalend. decembris, continens quod Johannes Aloerii de Meolano vendidit dom° Petro Aurucii III quartalia frumenti census et II solid. de placito super quad. petia terre sita juxta terram Jacobi Berlionis et terram Johannis Ramusa, precio XL solid. ; — 945. Secundum vero IIII° nonas decembris, continens quod Fluria uxor condam Guigonis de Monte Gerio vendidit dom° Petro Aurucii homagium Petri Olmey et Martini fratris sui et heredum suorum, pretio XL solid.

946. Item, quod. publ. instrumentum scriptum manu Petri Amselmi, sub anno Dñi M°II^{c}LXXVI°, indict. IIII^a, XII kalend. julii, continens quod. Sebilla Falcona confessa fuit, nomine suo et filii sui, se tenere a dom° Petro Aurucii quicquid tenebat in mandamento Montis Bonodi, excepto feudo quod tenebat ab ecclesia Sancti Andree, ac promisit se solvere v solid. pro garda anno quolibet.

947. Item, quod. publ. instrumentum scriptum manu Petri Charvini, sub anno Dñi M°II^{c}LXVI°, indict. IX^a, VIII° kalend. junii, continens quod dom. Guillelmus Sibue miles, filius dom^i Guillelmi Sibue de Valle, confessus fuit se tenere a dom° Petro Aurucii, domino Montis Bonodi, in feudum reddibile bastiam subtus Sanctum Nazarium, que condam fuit dom^i Odonis Alamandi, cum pertinentiis ipsius bastide.

948. Item, quod. publ. instrumentum scriptum manu Petri Amselmi notarii, sub anno Dñi M°II^{c}LXXVII°, indict. v^a, IIII° idus septembris, continens quod Carletus molendinarius fecit homagium dom° Petro Aurucii et promisit observaturum franchesias Montis Bonodi.

949. Item, quod. publ. instrumentum scriptum manu Simeonis Sichardi notarii publ. sub anno Dñi M°II^{c}XC°III°, indict. v^a, die veneris post quindenam Penthecostes, continens vendicionem factam precio XII librar. dom° B(eatrici), dalphine dominoque Fucigniacii et Montis Bonodi, per Margaritam Reynouc de mistralia vocata mistralia Calnesia, que est in mandamento Montis Bonodi.

950. Item, quod. publ. instrumentum scriptum manu Johannis notarii dom¹ imperatoris, sub anno Dñi M°II°LXV°, die IX exceumte marcio, continens quod Guigo Arthoudi et Guillelma ejus uxor vendiderunt dom° Petro Aurucii, domino Montis Bonodi, II sestaria avene census precio LVI solid.

951. Item, qued. littera sigillata sigillo dom¹ G(uigonis) dalphini, scripta anno Dñi M°II°L, VII° kalend. novembris, continens quod idem dom. dalphinus recepit dominam Vallis Bonesiam cum castro suo Gerie in sua salva garda et condutu.

952. Item, quod. publ. instrumentum scriptum manu Petri de Portis, sub anno Dñi M°II°LXXII°, indic. XV, VI° kalend. novembris, continens quod Hugo Bectonis de Sancto Laurentio de Lacubus confessus fuit habuisse ab ill¹ dom. B(eatrice) dalphina Viennensi L. libras Viennen. pro questione in parte quam habebat in layda Sancti Laurentii predicti, pro quibus L. libris questionem quam habebat in dicta layda dicte domine solvit et quittavit.

953. Item, quod. publ. instrumentum scriptum manu Johannis notarii, sub anno Dñi M°II°LXV, IXᵃ die intrante mense augusti, continens fidelitatem prestitam dom° Petro Aurucii per Jaconetum filium P. Guillelmi.

954. Item, quod. publ. instrumentum scriptum manu Petri Amselmi notarii, sub anno Dñi M°II°LXVI°, indict. IXᵃ, IXᵃ die exceumte febroarii, continens quod Petrus Roberti, super omnibus bonis suis que confitebatur tenere a dom° P. Aurucii, vendidit eidem dom° I sestarium vini puri census precio XL solid.

955. Item, al. publ. instrumentum scriptum manu Petri Guillelmi notarii, sub anno Dñi M°II°XXXVII°, V° kalend. augusti, continens quod Vimanus, filius condam Petri Aynardi de Bucurione militis, dedit dom° Berlioni de Castronovo I sestarium frumenti census et III solid. de placito, que facit Bernardus Grep, item dedit eidem jus et dominium quod habebat in tenemento Berlionis Tayllac et qued. alia contenta in ipso instr^{to}.

956. Item, quod. publ. instrumentum scriptum manu Chabi notarii, sub anno M°II°LXXIII°, die XIII exceumte mense marcii, continens quod Guillelmus Chalniesii de Gracionopoli dedit Siboudo de Castronovo quicquid habebat in parrochia Sancti Martini Vinosi.

957. Item, qued. modica littera scripta sub anno Dñi M°II°XLIX°, nonas martii, continens quod Guillelmus de Vado confitebatur se

habuisse a dom° Guigone dalphino VI^{xx} libras pro cambio de Morestello.

958. Item, quod. publ. instrumentum manu Manti Philippensi, sub anno Dñi M°II^{c}LV°, indic. XIII^a, IIII° nonas julii, continens quod Domengia, filia condam Johannis Guigonis de Vencia, de volumtate mariti sui dedit filio Guillelmi de Castronovo quicquid juris habebat in quod. molendino quod dicitur novum, situm in mandamento Bucurionis apud Venciam, inter rivum de Vencia et viam publicam per quam itur versus Sapetum, sicut protenditur a duobus lapidibus magnis superius dicto molendino sitis usque ad Lecharenas.

959-60. Item, duo publ. instrumenta in eadem pelle scripta manu Johannis Alamandi notarii publ. sub anno Dñi M°CC°LXII°, die IIII^a intrante novembri, et secundum LXIII°, die XII exceumte mense aprilis, continencia quod Petrus Chauneys de Insula et Mabilia ejus uxor vendiderunt dom° Petro Aurucii, domino Montis Bonodi, certos census in dicto instr^{to} contentos.

961. Item, quod. publ. instrumentum scriptum manu Petri Amselmi notarii, sub anno Dñi M°II^{c}XC°VI°, indic. IX^a, die lune ante festum b^e Caterine, continens quod Hugo Mathey, parrochie Sancti Ysmerii, confessus fuit se debere dom^e B(eatrici) domine Fucigniacii 1 libram cere quolibet anno pro garda super omnibus bonis suis.

962. Item, qued. lictera in pendenti sigillata scripta M^o II^c octuag° I°, continens quod Lambertus prior et Caterina priorissa Prati Mollis confessi fuerunt a dom^a B(eatrice) Fucigniacii, pro aniversariis dom^i Guigonis dalphini et ipsius domine et pro pluribus aliis causis in littera contentis, III^{c}IIII^{xx} XVIII libras VI denar.

963. Item, quod. publ. instrumentum scriptum manu Petri Amselmi notarii, sub anno M°II^{c}LXXV, VII idus decembris, continens quod Petrus Vacherii et Margarita ejus uxor vendiderunt dom° Petro Aurucii militi, domino Montis Bonodi, quicquid juris habebat in domo Guillelmi de Cognino condam, excepto Carleto, precio LV librar. Viennen.

964. Item, quod. publ. instrumentum scriptum manu Guigonis de Sancto Martino, sub anno Dñi M°II^{c}LXXI°, indict. XIIII^a, XI kalend. augusti, continens quod Guigo(na) uxor Petri Pignaci vendidit Siboudo de Castronovo 1 quartale frumenti census, quod facit Amadors Boveti, precio XII solid.

965. Item, quod. publ. instrumentum scriptum manu Chaberti

Bastonis notarii, sub anno Dñice Incarn. M°II^cLXXIX°, xıı^a kalend. julii, continens quod dom. Petrus de Comeriis miles et Elisabel uxor Henriscii de Bossoczello, nomine Dionesii filii predicte Elisabelle et Petri Reynoudi condam, confessi fuerunt se debere Petro de Bucurione et Siboudo de Castronovo nomine Dionesii homagium ligium et xx solid. de placito et se tenere ab eisdem P. et S. quicquid tenet in parrochia Sancti Maurucii.

966. Item, quod. publ. instrumentum manu Guillelmi de Ulcio sub anno Dñi M°II^cLXIII°, indict. vı, xv kalend. julii, sigillatum in pendenti sigillo Flote de Cassenatico, continens quod dicta Flota in judicio confessa fuit se tenere a dom° dalphino quicquid ipsa tenebat vel alius ipsius nomine in toto mandamento et territorio de Cassenatico.

967. Item, quod. publ. instrumentum scriptum manu Nicolay Anglici, sub anno Dñi M°II^cLXVII°, ııı° kalend. julii, continens recognicionem factam dom° Petro Aurucii per Albertum de Theyssio, de medietate fortalicii domus Montis Fortis et de hiis que tenebat in mandamento Montis Fortis et Montis Bonodi.

968. Item, quod. instrumentum scriptum manu Aymonis Combri notarii, sub anno Dñi M°II^cLXVII°, indic. xı^a, die lune proxima post festum bⁱ Andree, continens quod. dom. Gonterius de Brianczone miles albergavit Guigoni de Sancto Johanne quod. casale et domum ibidem edifficatam sitam apud Thovetum, loco vulgaliter appellato lo Verger, una cum quibusd. possessionibus ibidem positis.

969. Item, quod. publ. instrumentum scriptum manu Petri Anselmi notarii publ. sub anno M°II^cLXXVII°, indic. v^a, xv kalend. augusti, continens quod Petrus Millef confessus fuit se tenere a Syboudo de Castro Novo, cui dominus successit, res infrascriptas, videl. medietatem ııı falcaturarum prati cum dy(midia) in parrochia Sancti Mauritii juxta pratum Ysmidonis Chapusii, item medietatem ı falcature prati juxta pratum Guillelmi Ville et plures alias res contentas in dicto instr^{to}, ad censum ıı sestariorum avene, ıııı sestarior. vini puri et quarte partis ı boyssie et dy(midie) canapis et ıx solid. de tallia.

970. Item, quod. publ. instrumentum scriptum manu Petri Amselmi, sub anno M°II^cLXXIII°, indic. ı^a, vıı° idus decembris, continens quod Aymarus Guichardi de Cassenatico et Alayssia ejus uxor vendiderunt Siboudo de Castro Novo ııı peticas vinearum sitarum in parrochia de Meolano, confrontatarum in dicto instr^{to}, item ıııı

denar. et obulum census, precio VIII librar. et II solid. Viennen.

971. Item, quod. publ. instrumentum scriptum manu Johannis notarii imperatoris, sub anno Dñi M°II LXVI°, die dominico quarto exceumte mense junii, continens recognicionem factam Siboudo de Castro Novo per infrascriptos homines de homagiis ad que tenentur, primo homagium Petri Pastoreti, Bernardi Chays, Johannis Peyreti, Johannis Breneu, Bruni Chapusii et Galvegnys et Cayrey, P. ejus fratris, Aynardeti Durandi et Johannis Durandi, Jo. Berlionis, Chayssins Bruneti.

972. Item, quod. publ. instrumentum scriptum manu Thome Grevelli notarii, sub anno Dñi M°II°LXXIX°, indict. VII², IIII° idus decembris, continens quod Johannes Gauliani confessus fuit se tenere a Siboudo de Castro Novo quad. petiam terre sitam in condamina dicti Siboudi, pro qua facit II sestaria frumenti, II gallinas, II solid. de placito.

973. Item, duo publ. instrumenta in eadem pelle scripta manu Gauterii Guilloci, quorum primum est sub anno Dñi M°II°LXXII°, indic. XV, VII die octobris, continens quod Genta Heurarda confessa fuit se tenere a dom° Petro Aurucii quicquid tenebat in mandamento Montis (Fortis) ad census debitos et consuetos, exceptis hiis que tenebat a Petro de Bucurione; — 974. Secundum vero sub anno Dñi M°II°LXXIII°, indic. I², die bⁱ Mathei appostoli, continens quod Guillelmus Bollii, civis Grationopolis, confessus fuit se tenere a dom° Petro Aurucii sex fossoratas vinee de chavanneria del Chastel, pro quibus promisit solvere usagia consueta.

975. Item, quod. publ. instrumentum scriptum manu Johannis Juliani notarii, sub anno Dñi M°II°LX°, indic. III², XVIII° kalend. octobris, continens quod Hugo filius condam Guillelmi de Herbesio confessus fuit se tenere a dom° Gauterio de Brianczone, tunc domino Belle Combe, res infrascriptas, videl. costam que jacet juxta castrum de Bella Comba prout protenditur usque ad molendinum et usque ad aquam que vocatur Cernouc, item quod. molendinum quod tenet Berlio de Bella Comba, item VI jornalia terre que jacent apud Bellam Combam, que tenet ab eodem Hugone Giroudus de Bella Combeta, item III jornalia terre que jacent apud Murs subtus quercum, item V solid. de servicio que jacent in molario Rolandorum apud Intermontes, pro quibus confessus fuit debere homagium ligium.

976. Item, quod. publ. instrumentum scriptum manu Guillelmi

Regis notarii, sub anno Dñi M°II°XC°V°, indic. vIII ª, III° kalend. aprilis, continens recognicionem factam dom° Rodulpho de Intermontibus per Hugonem de Capella de Barro, Alti Villaris, qui confessus fuit se tenere a dicto dom. Rod. possessiones in ipso instr⁰ contentas, ad v solid. de placito in mutatione domini et possessoris.

977. Item, al. publ. instrumentum scriptum manu Guillelmi Dedini notarii, sub anno Dñi M°II°LXXIII°, indict. Iª, VII° idus junii, continens quod Rodulphus dominus de Intermontibus albergavit et tradidit in emphiteosim Hugoni de Capella res et jura que condam fuerunt Petri filii condam Stephani Oyssenc, que quidem res in dicto instr⁰ confrontantur, ad XIIII solid. bonorum Viennen. de servicio et v solid. de placito quando contingerit.

978. Item, quod. al. publ. instrumentum scriptum manu Petri de Thoveto publ. notarii, sub anno Dñi M°II°LXX°, continens quod Henricus de Bella Comba, filius condam dom¹ Guersi de Bellacomba, accepit in feudum a dom° Rodulpho de Intermontibus domum suam quam habet apud Barralibus, et omnes res et jura que ipse Henr. habet circumcirca dict. domum et predicta tenet ad homagium, pro quibus confessus fuit habuisse xx libras; item continet ratifficationem dicte infeudacionis facte per Ranguisiam uxorem dicti Henrici, que res spectant dom° dalphino [1].

979. Item, qued. lictera in pendenti sigillata, scripta sub anno Dñi M°II°LXVI°, continens confirmacionem cujusdam clausule testamenti dom¹ Johannis condam Viennensis archiepiscopi facta per exequtorem ipsius testamenti, in qua clausula continebatur donacio facta per dictum dom. archiepiscopum dom° dalphino de hiis que habebat in parrochia de Sappeto.

980. Item, qued. littera sigillata in pendenti sigillo Hunberti Dei gratia Viennensis archiepiscopi, continens in se quamd. litteram seu instrumentum scriptum sub anno Dñi M°CC°XV°, mense septembri IIIª die ante festum Nativitatis beate Marie, in quo continetur donacio et assignatio facta per dom. Andream dalphinum dom° Beatrici condam uxori sue, de furno de Moraz et de furno de Sancto Donato, castrum Montis Bonodi et castrum de Revel, continens etiam plura alia ut in ipso continetur.

---

1. *En m.* Super recognit. Buxerie.

981. Postque, anno Dñi M·CCC·LXX, fuit facta qued. transactio inter dominum nostrum regem dalphinum ex una parte et dom. comitem Gebennensem ex altera, per quam ipse comes Gebennarum quictavit aliam convencionem dudum factam per ejus patrem, vigore cujus petebat castrum Morestelli et villam Goncelini et X^m florenorum, ut in licteris transactionis quas restituit et posite sunt in archivis cum scripturis Graysivodani plenius continetur ; et dominus concessit eidem comiti castrum Falaverii in terra Turris, pro V^c floren. si tantum valeat dict. castrum, alias debet sibi compleri etc., et debet tenere dict. castrum in feudum et homagium, et Petrus comes Gebenn. prestitit juramentum fidelitatis dom° Jacobo de Vienna, gubernatori Dalphinatus, die IIII^a mensis novembris M°CCC·LXX° ; homagium vero debet facere regi dalphino et fecit instrumentum Humbertus Graneti de Mencio notarius anno predicto, et debet habere ab alia parte IIII^m floren. et debet recognoscere terram suam quam tenet in Graysivodano quam primum poterit informari ¹; et inde de dicta transactione ultimo facta stant lictere sigillate una sigillo domⁱ nostri dalphini et alia sigillo dicti comitis, que posite sunt cum aliis suprascriptis.

982. Item, qued. instrumenta facta manu Johannis Richardi de Clavone notarii condam seu Berthonis de Masticone ejus comissarii, contenta in XI^{cim} pellibus, continentia recognitiones omnium censuum et feudorum quos et que percipiebat Aymonetus de Lenps in parrochia de Arenis in Oysencio, quos census idem Aymon. vendidit hominibus parrochie dicti loci de Arenis, et quia predicta tenebantur in feudum a domino et homagium dictique homines non erant habiles ad tenendum dict. feudum, fuit facta concordia cum dom° gubernatore quod dicti census remanserunt dicte parrochie, et dominus percipiet laudationes et vendiciones in rebus pro quibus fiunt census quando vendentur, de qua concordia recepit instrumentum Johannes Nicoleti M·CCC· LXX° vel circa.

983. Item, quod. al. instrumentum continens albergamentum noviter factum de nemore Rigaudi prope Morasium.

984. Item, qued. sentencia lata per dom. Jacobum de Montemauro, gubernatorem Dalphinatus, anno Dñi MCCCIIII^{xx}XIII et die XXIX octobris, signata signo Petri Chantarelli secretarii dalphinalis, in favorem domini nostri dalphini, per cujus tenorem apparet quod domus fortis Villieni Barralis sita in mandamento Avalonis, loco dicto in Vilari Nigro, tenetur cum suis juribus et pertinentiis de directo dominio et feudo domⁱ nostri dalphini suorumque heredum et successorum et sub censibus, oneribus et serviciis proinde dom° nostro pred. debitis, secundum formam antiquarum recognicionum productarum in processu super quo dicta sentencia lata fuit; in quibus cavetur quod chavaneira de Mal Borget, infra quam dicta domus

---

1. *En m.* Terre Theysii, Petre et Domene.

consistit, tenetur de feudo et directo dominio dalphinali ad censum XVIII denar. et pro tachia que potest valere annuatim VII solid. ; et ita fuit pronuntiatum in dicta sententia, non obstantibus quibusd. recognitionibus incontrarium productis per dom. Aymonem de Sancto Petro, salvo et reservato jure comissionis si quod competat dicto dom° nostro in dicta domo si et quando parti dalphinali videbitur expedire [1].

985. Item, quod. vidimus castelleti Parisius quarumd. licterarum regiarum et dalphinalium factum sub anno MCCCIIII××XIII et die veneris VI[a] febroarii, signatum per A. le Preu, a tergo cujus sunt plures signeti cera rubea dominorum camere computorum et thesaurariorum Francie, que quidem lictere fuerunt verificate per dict. dominos ut in dorso dicti vidimus scribitur ; in quibus licteris continetur quod dominus noster rex dalphinus, causis in ipsis expressatis, dedit dom° Francisco domino Cassenatici domum et edificia que habuerat dictus dom. noster causa permutationis a dom° Disderio de Cassenatico, sita prope castrum Cassenatici ipsius dom[i] Francisci, sub condicione quod predicta cum suis plassagiis dict. dominus Cassenatici suique heredes et successores tenebunt ad homagium a dicto dom° nostro suisque heredibus et successoribus ; quod quidem homagium dict. dominus Cassenatici fecit dom° Jacobo de Montemauro, gubernatori Dalphinatus, ut continetur in instrumento exinde recepto per Albertum Fabri et Artaudum Armueti ; cujus quidem vidimus copia fuit in fine computi castellanie Cassenatici anni finiti ad s(anctum) Jo(hannem Bapt.) MCCCIIII××XIII.

986. Die (*ut* 494)... de baylliviatu Graysivodani et aliis baylliviatibus Dalphinatus, qui libri ponuntur in turre thesauri.

987. Item, Jacobus Boyssonis (*ut* 495)... pergamineum...

988. Item, anno Nativit. Dñi M°CCC IIII××XVIII et die VI marcii, Petrus Panoti secretarius dalphinalis tradidit in dicta camera quod. processum agitatum coram ven[ti] consilio dalphinali inter dom. procuratorem et advocatum fiscalem, ex una parte agentem nomine dalphinali, et Johannem Bonnerii ex altera deffendentem, in quo processu continetur qued. pronunciacio facta de et pro quad. domo cum suo curtili, quad. grangia et quad. pecia vinee, vigulti et viridarii, sitatis in parrochia de Fontanis, loco dicto in hospicio nobilium, que de directo dominio et emphiteosi dalphinali moventur, esse et fuisse dicto dom° nostro dalphino comissas et appertas, licet dicte res dicto Joh. Bonnerii per Amedeum de Vercorcio anno MCCC LXXVII, de mense aprilis fuissent albergate et in emphiteosim tradite sub censu III eminarum frumenti et pro investitura C et L floren. auri, quas res idem Amedeus pro se et suis dicto Joh. Bonnerii de evictione promisit observare ; qui processus pronunciacionis reponitur in turri camere dalphin. computorum.

1. *En m.* Compellatur dict. Villienus ad faciendum dict. recognitionem.

REGISTRUM

INSTRUMENTORUM, LITTERARUM ET PRIVILEGIORUM BARONIARUM TERRE TURRIS ET VALLISBONE[1].

IN nomine Domini, amen. Anno Nativitatis ejusdem mill'o CCC°XLVI°, die xxiiij° mensis marcii, fuit incohatum presens registrum de omnibus literis, privilegiis, instrumentis et aliis documentis repertis in quodam coffino infra Sanctum Andream, tangentibus factum illustris principis domini nostri dom¹ Humberti dalphini Viennensis in baylliviatu terre Turris et Vallisbone, per nobiles et circumspectos viros dños Stephanum de Ruffo militem, legum doctorem judicemque majorem hospicii dalphinalis et tocius Dalphinatus, et Reymundum Falavelli jurisperitum, consiliarios dalphinales, vigore comissionis sibi verbothenus facte per rever. in Xpisto patrem et dominum dom. Henricum de Vilariis, archiepiscopum et comitem Lugdunensem, locumtenentem domini nostri dalphini supradicti in Turquiam in remotis agentis, convocatis cum eisdem Guillelmo de Ruffo, Johanne Textoris, Guillelmo de Portu et Andrea de Aurayca, notariis vacantibus cum ipsis in opere memorato.

1. Registre C, 2ᵉ cahier, ff. 72 à 112. *En marge du titre*: et sunt ibi aliqua de Graysivodano et aliqua de aliis partibus.

989. [Et primo] fuerunt reperta in dicta baronia terre Turris quatuor publica instrumenta scripta simul in una pelle pergaminea, scripta manu H(umberti) Pilati de Buxeria notarii publici, sub anno Domini M°CCC°XXXIIII°, indicione II\ue, die XXVII\ue mensis febroarii cum diebus sequentibus continuatis in ipsis (declaratis), continentia homagia ligia et non ligia prestita per personas infrascriptas domino nostro dom° H(umberto) dalphino Viennensi : et primo Guillelmus de Fabricis, item Guillelmus Rovoyri, it. Guionetus de Vireu, it. Alaysia de Anthone ; it. dom. Siboudus de Viriaco miles, pro septem libris reddituabilus quas tenet in Turre a domino ; it. dom. Hugo de Eriis miles, it. Johannes Alamandi ; it. Johannes de Balma, nomine uxoris sue filie dom' Jacobi Faber condam, (*add.* pro rebus quas tenet nomine ejusdem uxoris) ; it. Hugoninus de Broenc, it. Johonus de Broenc, it. Philippus de Jous, it. Pet(r)us de Broenc dicto Cotrux, it. Hugonetus Michailli, it. Dronnetus Rovoyri, it. Aymaretus Bordeti, it. Humbertus Rovoyri, it. Guillelmus de Torchifellon, it. Oliverius de Torchifellon, it. Beryllio de Osso, it. Johannes Ruffi, it. Hugonetus Bollaci ; it. Aguetha filia condam Johannis Ruffi, que confessa fuit se tenere a domino ea que tenet in mandamento de Turre ; it. Johanninus Athenulphi, it. Johannes Puti, it. Jacelmetus Prepositi, it. Soffredus Rovoyri, it. Boniffacius Michaylli ; it. Iuliana filia condam Aymari Michali, pro rebus quas tenet a domino in mandamento Dentheisiaci.

990. Item reperte fuerunt qued. litere facte coram dom° Petro judice majore terre Turris, continentes extimationem et valorem reddituum castri Crimiaci ; que litere debuerunt sigillari et non fuerunt sigillate, que litere nullius valoris videntur esse.

991. Item, qued. litere emanate ab officiali Lugdunensi, continentes valorem et extimationem reddituum castri Maximiaci, scripte XXX die mensis mayi anno Dñi M°CCC°XXXIX°.

992. Item, qued. alie litere facte coram officiali Lugdunen. et judice terre Turris et Vallisbone, continentes etiam extimationem valoris reddituum et emolumentorum castri Montis Lupelli, scripte XXXI\ue die mensis maii cum quibusdam diebus sequentibus anno Dñi M°CCC°XXIX°.

993. Item, qued. litere facte coram officiali curie Lugdunen. et coram judice baroniarum terre Turris, sub anno Nativit. Dñi M°CCC°

XXXIX°, die penultima mensis madii, continentes valorem et extimationem reddituum et perceptionum castri et mandamenti Sancti Saturnini de Cucheto.

994. Item, quod. publ. instrumentum confectum manu Humb^l Pilati de Buxeria not. pub. sub anno Dñi M°CCC°XXXVII°, indict. v^a, die xviii^a mensis septembris, continens quod dom. Humbertus dalphinus, in recomparsationem castri Balonis et Grandisconfort, reddidit et tradidit dom° Humberto domino de Thoria et de Vilariis castrum, villam et mandamentum Castillionis de Cornella cum ejus mandamento, territorio et pertinenciis suis; continens etiam quod dict. dominus de Vilariis dict. castrum Chastillionis recognovit se tenere in feudum a dicto dom. dalphino et eidem d. dalph. pro ipso castro fecit homagium, et de ipso castro ipsum promisit sequi de placito et de guerra, prout hec et alia plura in dicto instr^{to} sunt inserta ^{1}.

995. Item, qued. litere facte coram officiali Lugdunen. sub anno Dñi M°CCC°II°, que litere in aliquo non videntur tangere dominum nostrum dalphinum cum sint facte Lugduni et de rebus sitis Lugduni et inter privatas personas, continentes quod Guigo de Suronis et Alaysia ejus mater vendiderunt magistro Michaeli de Chatonay, habitatori Lugduni, medietatem pro indiviso domorum omnium que condam fuerunt magistri Guillelmi de Surrone sitarum Lugduni, precio II^c xx librarum et aliarum xx librar. pro dinariis.

996. Item, qued. littere scripte coram officiali Viennensi et judice terre Turris, scripte die xxix mensis maii anno Dñi M°CCC°XXIX°, continentes valorem et extimationem reddituum castri Perogiarum.

997. Item, quod. instrumentum scriptum manu Guig. Frumenti not. pub. sub anno Dñi M°CCC°XXXIIII°, indict. II^a, die xi^a mensis febroarii, continens homagium prestitum per dom. Theobaldum de Syes militem dom° dalphino.

998. Item, qued. litere seu instrumentum factum manu Hugonis Berlionis notarii, sub anno Dñi M°CCC°XXXIX°, die penultima mensis maii, indict. vii^a, continens extimationem valoris castri Sancti Laurencii.

999. Item, quod. publ. instrumentum (*ut* 997), die xvii^a mens.

1. *En m.* Vallis Bone. *De même aux n°* 997, 999, 1013, 1019, 1032, 1036, 1061, 1066, 1068, 1083, 1085, 1088-9, 1095, 1107, 1118, 1125, 1131, 1138, 1204, 1211.

febroarii, continens homagii prestationem factam per Guillelmum de Serrone Montis Lupelli dom° dalphino et terminum assignacionis ad recognoscendum infra certum tempus jam lapsum.

1000. Item, quod. instrumentum publ. confectum manu Aymonis de Tornafol notarii publ. sub anno Dñi M°CC°LXXVI°, indict. vª, nonas octobris, continens quand. concordiam factam inter dom. abbatem Ambroniaci et ejus conventum, ex una parte, et illem dom. Humbertum dominus de Turre et de Cologniaco, ex altera, super juridictione, bannis, guardis et pluribus aliis pertinentibus dicto domino de Turre in castro Ambroniaci.

1001. Item, quod. instrumentum publ. scriptum manu Bosoneti Bernardi notarii publ. sub anno Dñi M°CCC°XXXIX°, die sabbati videl. xxviª mensis junii, continens quod dom. Humbertus de Amaysinio miles, Stephanus de Amaysino domicellus, Guigo Carutz de Torgennas, Jaquemetus de Amaysino, Johannes de Balma, Peronetus Putreux, Guiotus Pogrens, Humbertus Cara, Johannes de Insula senior, Johannes junior, Guillelmus Pogrens, Henrricus de Quirief, Humbertus de Briordo, Johannonus d'Andero, Rostagnus Caras et Hugoninus de Lucerno, Andreas de Mayref confessi fuerunt se esse homines ligios domini nostri dalphini.

1002. Item, quod. instrumentum receptum manu Bosoneti Bernardi notarii publ. sub anno Dñi M°CCC°XXXIX°, videl. die xxviª mensis junii, continens quod Jaquemetus de Sancto Laurentio, Rossetus de Albrella, Philippus de Briordo, Henricus de Eriis, Guillelmus de Chimres, Johannes Pelleni et Soffredus de Quiriaco, habitatores mandamenti Sancti Andree de Briordo, confitebantur se esse homines ligios dicti dom. dalphini.

1003. Item, quod. instrumentum (*ut* 889), die vıª mensis marcii, continens homagium ligium factum per dom. Bartholomeum de Borseo militem dom° Humberto dalphino Viennensi.

1004. Item, quod. vidimus publicatum et in formam publ. redactum coram dom° officiali Gracionopolis, sub anno Dñi M°CCC° XXXI°, indict. xıııɪª, die vıɪª mensis madii, sigillatum in pendenti sigillo officialatus Gracionopolis, scriptum manu Petri de Portu notarii publ. condam, tangens ipsum instrumentum baylliviatum terre Turris, Viennesii et baroniarum Montis Albani et Medullionis, continens quod Johannes dominus Montis Lupelli condam quittavit castrum de Miribello condam dom° nostro dalphino et eidem Johanni traditum fuit castrum Sancti Donati et Belleguarde, necnon et quittavit totam terram Montislupelli dicto dom° nostro dalphino, prout hec et alia in ipso instr⁰ continentur.

1005. Item, quod publ. instrumentum (*ut* 989), die penultima mens. febroarii, continens homagium factum per dom. Henricum de Drens militem dom° dalphino et recognitionem L librar. Viennen. redditualium eidem datarum per dom. Johannem dalphinum et eidem assignatarum in mandamentis Quiriaci, Sabloniarum et Turris.

1006. Item, qued. litere in pendenti sigillate, scripte sub anno M°CC°LXXXXII°, die mercurii post Assumptionem beate Marie, continentes quod Hugo de Burgundia confessus fuit habuisse et recepisse pro dom° Humberto dalphino M libras, et quod idem Hugo convenit sequi (?) dictum dom. dalphinum de Geria contra comitem Sabaudie.

1007. Item, quod. instrumentum scriptum manu Guig. Frumenti not. pub. sub anno Nativit. Dñice M°CCC°XXXVII°, indict. v, die IIII^a mensis febroarii, continens quod Guigo de Cuffigno, procurator abbatisse Beate Marie de Deserta Lugdunensis, confessus fuit quo supra nomine tenere in emphitheosim a dom° dalphino quod. brocellum seu nemus situm in mandamento de Vallibus en Velleno, pro quo faciunt v solid. II denar. census [1].

1008. Item, qued. litera in pendenti sigillata, scripta sub anno Dñi M°CCC°XXVI°, die xxi^a mai, continentes quod Humbertus dominus de Thoyri et de Vilariis confessus fuit habuisse a dom° Heinrico Dalphini IIII^c LXV libras, de quibus eundem quittavit.

1009. Item, quod. instrumentum confectum manu Guig. Frumenti not. pub. sub anno Nativ. Dñi M°CCC°XXXVII°, indict. v^a, die IIII^a mensis febroarii, continens homagium prestitum dom° H(umberto) dalphino per dom. Guidonem de Grolea militem, videl. de corpore, et continens quod idem dom. Guido confessus fuit se tenere in et de feudo reddibili et sub homagio ligio castrum Montis Revelli et mandamentum suum, et plurium aliorum de quibus dicebat se tunc non esse formatum, continens etiam plures alias conditiones in instr⁰ pred. descriptas [2].

1010. Item, quod. publ. instrumentum scriptum manu Jacobi

1. *En m.* Perquiratur et tradatur castellano Vallium pro facto illorum de Monteluppello. — 2. *En m.* Perquiratur. *De même aux* n⁰ˢ 1018, 1020-1, 1024, 1161, 1197.

Faverii notarii publ. et signatum manu Guig. Frumenti not. pub. sub anno Nativ. Dñi M°CCC°XXXVI°, indict. IIII*, die XXVIII* mensis januarii, continens ultimam transactionem et concordiam factum inter dom. Humbertum dalphinum et dominum Montislupelli, continens etiam plures pactiones, conventiones et recognitiones factas inter predictos, prout predicta lacius in dicto instr^{to} continentur.

1011. Item, quod. instrumentum scriptum manu Aymareti Morellati notarii publ. sub anno ab Incarn. Dñi M°CCC°XXXIX°, XXVII* die mensis junii, continens quod nobiles infrascripti de Burgundio confitebantur se esse homines ligii domⁱ dalphini : primo Gualvagnus Leobardi, Amedeus Michailli, Berlio Dos et Dronnetus Paleux, Johannes Turelli, Jacelmonus Prepositi, Stephanus Richermi.

1012. Item, qued. litere scripte manu Guillelmi de Ambayref, die XXIII* mensis junii anno Dñi M°CCC°XXXIX°, facte coram dom° Petro Petri judice terre Turris, continentes coffessionem plurium nobilium confitentium se esse homines ligios domⁱ nostri dalphini, quorum nomina sequntur : primo Guionetus Bovis, Humbertus Burnonis, Petrus de Jetz, Jacobus Facerii, Jaquemonus Bruni, Guillelmus de Puteo, Guionetus de Pannosac, Johannes Alam(andi), Guillelmus de Calomente, Johannes de Borsiaco, Berlletus de Vallino, Petrus de Bren, Johannes Facerii, Humbertus de Romanis, Ludovicus de Poypia, Aymon(etus) Alaman(di), Humbertus de Sathonatz, dom. Henricus de Eriis miles, Guarinus de Laura, dom. Albertus Vetule miles, Johannes de Palaniso, Stephanus Berardi, Stephanus de Loras miles; Johannes Payllaronis, nomine domⁱ Humberti de Balma et Guillelmi de Balm(a); Johannetus Payllaronus predictus, nomine heredum domⁱ Guardi de Poypia, quod homines sunt dicti domⁱ dalphini; Peronetus Gualoberi dicit quod Symondus Ruchoudi est homo ut supra ; et quorumdam aliorum in dicto documento nominatorum.

1013. Item, quod. instrumentum scriptum manu Johannis de Petra sub anno Dñi M°CCC°XXIII°, indict. VII*, die VII* mensis januarii, continens homagium ligium factum dom° dalphino per Guigonetum de Palude, dominum Castellionis.

1014. Item, quod. instrumentum confectum manu Guig. Frumenti not. pub. sub anno Dñi M°CCC°XXXV°, indict. III*, die XXVII* mensis decembris, continens homagium ligium factum per Petrum de Gocia dom° dalphino et recognitionem de hiis que tenebat in mandamento Turris Pini et in mandamentis de Vourel, Albonis et Vallis, et terminum...

1015. Item, quod. instrumentum publ. scriptum manu Humb^t Pilati not. pub. sub anno Dñi M°CCC°XXXVII°, indict. v^a, die IIII^a mensis febroarii, continens homagium ligium prestitum per dom. Amedeum de Rossillone militem, condominum Boschagii.

1016. Item, quod. instrumentum (*ut praeced.*), die II^a mens. febroarii, continens homagium ligium prestitum per dom. H(umbertum) de Vilariis dom° dalphino et recognicionem per ipsum factam prout recognoverat pater suus, prout in quod. instrumento alio designato in eodem presenti instr^{to} continetur.

1017. Item, quod. publ. instrumentum scriptum manu Johannis de Sancto Denisio, habitatoris Bellivisus, sub anno Incarn. Dñice M°CCC°VIII°, die sabbati post festum b^i Luce, continens quod dom. Humbertus de Vilariis miles, dominus de Thoeria, dedit dom° dalphino Johanni bone memorie castrum de Vilariis et de Poncinis donatione simplici inter vivos, et idem dom. dalphinus predicta castra dedit in feudum dicto domino de Vilariis et idem dominus de Vilariis pro premissis fecit homagium legium eidem dom. Johanni dalphino.

1018. Item, quod. instrumentum publ. scriptum manu Humb^t Pilati, sub anno Dñi M°CCC°XXXV°, indict. III^a, die XXII mensis septembris, continens homagium ligium prestitum per dom. Amedeum de Rossillone, dominum Boschagii, dom° dalphino et recognitionem per ipsum factam de castro suo seu de domo sua forti Sancti Juliani de Boschagio, cum juribus et pertinentiis suis, et de hiis que habet in parrochiis Sancti Juliani predicti et de Bezeruncia, de Briuntz, de Creis.

1019. Item, quod. instrumentum scriptum manu Alberti de Brayda not. pub. sub anno Dñi M°CCC°IIII°, II indict., die ultima mensis madii, continens homagium et recognitionem factum per Hugonetum de Sancto Andrea, de Sancto Germano, dom° dalphino.

1020. Item, quod. publ. instrumentum scriptum manu Humb^t Pilati not. pub. sub anno Dñi M°CCC°XXXVII°, septima indict., die ultima mensis januarii, continens homagium ligium prestitum per dom. Guigonem de Rossillone militem, condominum Bochagii, dom° dalphino Viennensi et recognicionem per eum factam de domo sua forti Sancti Juliani et de pluribus aliis ut continetur in instr^{to} pred.

1021. Item, quod. literes emanate a dom° Heinrico de Burgundia, anno Dñi M°CCC°XXV°, die ultima madii, continens receptionem et quittationem XII^c librar. parvorum Turonen. de majori summa solutorum per dom. dalphinum eidem, pro homagio facto per eumdem Henr. dicto dom. dalphino, videl. Guigoni.

1022. Item, qued. litere sigillate duobus sigillis in pendenti, emanate et date sub anno Dñi M°CC°LXXII°, die veneris ante festum b^i Petri ad Vincula, continentes quod Guiffredus de Viriaco accepit in feudum a dom° Humberto, domino de Turre, c libras Viennen. in mandamento Montis Revelli, sub formis certis et conditionibus aliis pluribus descriptis in literis anted. [1]

1023. Item, quod. al. instrumentum scriptum manu Petri Ansermi notarii publ. sub anno Dñi M°CC°LXXVIII°, indict. VI^a, nonas augusti, continens quod Odonetus de Poypia, filius condam dom^i Petri de Poypia (....) [2].

1024. Item, qued. litere tribus sigillis in penditi sigillate, sub anno Dñi M°CC°LXXII°, die veneris ante festum b^i Petri ad Vincula, continentes quod Guiffredum de Viriaco, dominus Montis Revelli, juravit accipere in feudum a dom° dalphino omnia que tenebat in parrochia Beati Martini de Doysino et in toto mandamento castri Montis Revelli et etiam ultra multa alia contenta plenius in literis.

1025. Item, quod. publ. instrumentum confectum manu Bosoneti Charmellaci de Crimiaco notarii publ. sub anno Dñi ce Incarn. M°CC(C)° XIX°, die XIII^a mensis maii, continens presentationem factam per dom. Jacelmum Latardi militem et dom. P. de Apteno jurisperiti, auctores dom^i nostri Heinrici Dalphini, tutoris Guigonis dalphini Viennensis, factam dom° P(etro) de Sabaudia, Lugdunensi archiepiscopo, de prestandis homagiis debitis dicte ecclesie Lugdunensi, continens etiam quasd. alias presentationes factas dom° Lugdunen. predicto.

1026. Item, quod. publ. instrumentum confectum manu Guillelmi Burlodi notarii publ. sub anno Dñi ce Incarn. M°CCC°XXXIX°, die XXVIII^a mensis junii, in quo nobiles infrascripti et plures alii nominati in eodem instr^to confessi fuerunt se esse homines ligios dom^i nostri dalphini, coram notario suprascr., que nomina sunt hec : primo Heinricus de Muyssone, Humbertus de Bastida ; Rollandus, Guillelmus, Johannes Seveti, fratres ; Humbertus de Bastida, Girinus de Rupecisa, Johannes Prepositi, Johannes de Bastida, Martinus Prepo-

1. *En m.* Terre Turris. *De même au* n° 1197. — 2. *En m.* Graysivodani.

siti, Vincentius Belicentz, Hugoninus de Cologniaco, Humbertus de Bastida, Johannes de Montaneis.

1027. Item, quod. instrumentum publ. confectum manu Guillelmi de Savigniaco notarii publ. sub anno Incarn. Dñi M°CCC°XXV°, die XXIX^a decembris, indict. IX^a, continens donationem inter vivos factam per Johannem dominum Montislupelli dom° Henrico Dalphini, baroniarum Montisalbani et Medullionis domino, de castris de Montelupello, de Vallibus et de bastida de Monte Lupello prope Johannages cum ejus juribus et pertinentiis.

1028. Item, quod. al. instrumentum confectum manu Franc. de Montejoco, civis Papie, sub anno Incarn. Dñi M°CCC°XXVI° et die XII^a mensis januarii, continens permutacionem factam per dom. Henricum Dalphini cum Johanne de Montelupello, de castro Miribelli baroniarum Medullionis cum castro de Bellaguarda, cum pluribus pactionibus et conventionibus in dicto instr^{to} descriptis.

1029. Item, instrumentum publ. scriptum manu Franc. de Montejoco notarii publ. sub anno Dñi M°CCC°XXVI°, die videl. XII^a mensis januarii, continens donationem factam per Johannem de Montelupello dom° dalphino castrorum Sancti Donati et Belleguarde, sub pluribus conditionibus et pactionibus in dicto instr^{to} contentis.

1030. Item, quod. instrumentum scriptum (*ut præcedd.*) et subscriptum etiam et signatum manu Guillelmi de Savigniaco not. pub., continens permutationem factam inter dom. Henricum Dalphini ex una parte et Johannem de Monte Lupello ex altera, de castris Montislupelli, bastide Montislupelli et de Vallibus cum castris Sancti Donati Viennensis diocesis, de Loyetes Lugdunen. diocesis, Miribelli Vasionen. diocesis, cum pluribus pactionibus et conditionibus...

1031. Item, quod. al. instrumentum (*ut* 1029), continens quod Johannes de Montelupello confitebatur sibi plene recompensatum fore et solutum a dom° H(enrico) Dalphino de castro Miribelli Vasionen. diocesis, et plures alie pactiones continentur in ipso instr^{to}.

1032. Item, quod. al. instrumentum confectum manu Stephani Poyzac notarii publ., signatum signis Jacobi Martini et Guillelmi de Savigniaco nott. pubb., continens recognicionem factam per Johannem de Montelupello dom° Johanni dalphino de villis et parrochiis de Bayno, Sancti Mauricii de Bayno, de Chailleu, de Pisseu, de Sancta Cruce, de Breyssola, de Biligneu, de Nievro et de omnibus que

habet in dictis parrochiis seu villis, sub anno Incarn. Dñi M°CCC°
XVII°, die XVII° mensis decembris, indict. 1ª.

1033. Item, quod. al. instrumentum (*ut* 989), continens quod omnes et singuli nobiles infrascripti constituti in presencia magnifici principis dom. Humberti dalphini Viennensis, stipulantis et recipientis pro se et suis, confessi fuerunt se esse homines ligios dicti dom. dalphini, videl. homagia ligigia prestiterunt cum juramento fidelitatis et aliis clausulis debitis ; nobiles vero sunt hii : primo Guichardus Veutule, item Aynardus Prepositi, it. Johannes Lyobardi, it. Hugo Belesterii, it. Borchius de Sancta Julita, it. Guionetus Richarmo, it. Aymaretus Richermo, it. Symon de Voyssenc, it. Guigonetus Pastorelli, it. Johannes Charleti, it. Symondus de Serres, it. Albertus de Cols, it. Albertus dictus Gallar de Voyssent, it. Soffredus de Bayas, it. Guigo Caraz ; Guionetus Bovis, Humbertus Bornonis, parvus Johannes de Insula, Johannes de Insula, dom. Guido de Sancto Triverio, dom. Matheus de Sayo, dom. Henrisius Laure (*en m.* Labre) miles, Guillelmus de Chines, dom. Albertus Vetule, Hugo de Amayniaco, Humbertus de Briordo, Guichardus Fortis, dom. Aymarus de Pusigniaço miles.

1034. Item, quod. al. instrumentum scriptum manu Alberti de Brayda notarii publ. sub anno Dñice Incarn. M°CC°XC°V°, die martis post octabas Petri et Pauli, continens quod Johannetus de Langiis, filius condam dom' Humberti de Langiis militis, confessus fuit se tenere ab ill' et magnifico principe dom° Humberto dalphino Viennensi totum id quod habet et possidet apud Ciploz et apud Siligniacum, videl. XV solid. et I sestarium frumenti de servicio, et apud Ponchiens XVI solid. ab una parte et XII denar. et duas partes I bichete frumenti et duas partes de IIII meyteriis avene et II gallinas de servicio, pro quo feudo idem Joh. homagium ligium prestitit dicto dalphino et confessus fuit etiam quod omnia que pater suus habebat erant de feudo dicti dom' nostri dalphini, excepta parte quam habebat in domo de Langes [1].

1035. Item, quod. publ. instrumentum scriptum manu Guig. Frumenti not. pub. sub anno Dñi M°CCC°XXXI°, indict. KIIIIª, die Iª mensis aprilis, continens homagium ligium prestitum per Petrum de Molario domicellum, filium Falconis de Molario condam, dom°

---

1. *En m.* Sciatur si sit de terra Vallisbone.

dalphino ante omnes alias personas, exceptis tamen homagiis prestitis dominis de Claromonte et de Anjone, et fidelitatis debite prestitit juramentum et confessus fuit et recognovit se tenere in feudum a dicto d. dalphino xv libras de redditibus sibi assisis in mandamento de Turre, et omnia alia bona que habet in dicto mandamento que ab alio domino non tenentur.

1036. Item, quod. al. instrumentum publ. scriptum manu Humb^t Pilati not. pub. sub anno Dñi M°CCC°XXX°VIII°, indict. vi^a, die i^a mensis aprilis, continens quod Johannes de Jayeu dictus Retiz, de Perogiis, confessus fuit esse hominem ligium de persona et se tenere in feudum chassipollariam de Perogiis cum omnibus suis pertinentiis, et ibidem homagium ligium prestitit dicto dom. dalphino cum juramento fidelitatis.

1037. Item, quod. rotulum in pergameno scriptum, continens francheslas ville de Sayssieu.

1038. Item, quod. al. publ. instrumentum (ut 989), die xvi^a mensis marcii, continens homagium ligium prestitum dom° dalphino per Hugonem Tivelli de Turre.

1039. Item, qued. littera sigilio dom^i regis Francorum in pendenti sigillata, scripta sub anno Dñi M°CC°XC°, continens quod dom. Philippus Dei gratia rex Francie mandabat bayllivo suo Masticonis ut castrum de Monte Revello, quod tenebat ad manus suas, dom° dalphino Viennensi liberaret et traderet in continenti quod comes Sabaudie vel gentes sue moverent guerram dicto dom. dalphino.

1040. Item, qued. lictera scripta manu Peroneti de Latia, sub anno Dñi M°CCC°XXXIX°, continens extimationem factam de mandamento de Lueys, super rebus et juribus tocius mandamenti.

1041. Item, qued. lictera scripta manu Bosoneti Bernardi notarii publ. sub anno Dñi M°CCC°XXXIX°, continens extimacionem factam de mandamento Quiriaci, rerum et jurium pertinencium domino ibidem.

1042. Item, quod. publ. instrumentum scriptum manu Alberti Sachini notarii publ. sub anno Incarn. ejusdem M°CCC°XXXIX°, die xiii^a mensis madii, conti(nens exti)mationem factam mandamenti et reddituum domini et aliorum habitancium in mandamento de Turre.

1043. Item, quod. publ. instrumentum sub anno Dñi M°CCC° XXXV°, indic. iii^a, die xx^a mensis novenbris, scriptum manu Humb^t

Pilati not. pub., continens homagium ligium de persona prestitum domº nostro dalphino per nobilem virum dom. Guichardum de Loras militem; preterea confessus fuit idem d. G., ad instantiam dicti d. dalphini, se tenere et tenere debere in feudum nobile, francum et antiqum, et de feudo franco, nob. et ant. ad homagium ligium bastitam et domum ac fortalicium Sancti Marcellini cum mandamento, territorio et pertinentiis suis, et plura alia in dicto instrᵗᵒ contenta¹.

1044. Item, quod. al. instrumentum (*ut* 989), die ixᵃ mensis marcii, continens homagium ligium prestitum per Stephanum Lyobardi domicellum domº nostro dalphino.

1045. Item, quod. instrumentum scriptum manu Humbᵗ Pilati not. pub. sub anno Dñi MºCCCºXXXVIIº, indic. vᵃ, die vɪᵃ mensis aprilis, continens homagium ligium factum per Petrum Rovoyrie domº Humberto dalphino et recognicionem per ipsum P. factam (de) domo sua forti de Bufreyres cum sua juridictione, nec(non) et quorumd. reddituum et rerum quos et quas recognovit tenere a domº nostro predicto sub dicto homagio ².

1046. Item, quod. publ. instrumentum (*ut præced.*), die xxviiᵃ mensis januarii, continens quod. dom. Johannes Chandiaci dominus, procurator ut dicebat nobilis domº d. Sebillie de Palude, domine de Richimontis, ejus uxoris, sub convicta persona ejusdem confessus fuit quod ipsa dom. Sebillia tenet ab illᵗ principe dom. Humberto dalphino Viennensi et de feudo ipsius xv libras bonorum Viennen. annuales quas percipit in mandamento Richimontis, videl. in villa Publiana et territorio ejusdem, et pro dictis xv libris dicta domᵃ et heredes suos teneri ad homagium ligium eidem dom. dalphino, salva fidelitate comitis Sabaudie; continens etiam confirmacionem dicte recognicionis per dictam dom. Sibillam.

1047. Item, quod. publ. instrumentum scriptum manu Humbᵗ Pilati not. pub. sub anno Dñi MºCCCºXXXVIIIº, indic. vɪᵃ, die xxx mensis marcii, continens quod nobilis domicellus Humbertus Breyssent confessus fuit et publice recognovit, ad instanciam domᵗ Humberti dalphini, se tenere et tenere velle et debere in feudum francum, nobile et antiqum, et de feudo franco, nob. et ant. dicti d. dalphini ad homagium ligium et sub homagio lig. debitum et debᵒ dicto d.

1. *En m.* Bastida Sᵗ Marcellini Baroniarum. — 2. *En m.* Hugonetus Rey de Morestello tenet dict. domum; sciatur si fecit homagium.

dalphino ante omnes homines et personas, omnes res, possessiones, bona, census, servicia et jura quecumque que ipse tenet, habet et possidet in toto mandamento Montis Luppelli et olim in pertinentiis Giriaci, et plura alia in dicto instr⁺ᵒ contenta.

1048. Item, quod. al. instrumentum (*ut* 989), die x^a mensis marcii, continens quod Humbertus de Saysieu domicellus fecit homagium ligium de persona ill^i principi dom° nost. d. Humberto Viennensi dalphino, et promisit et juravit esse bonus et fidelis.

1049. Item, quod. publ. instrumentum scriptum manu Alberti de Brayda notarii publ. sub anno Dñi M°CCC°III°, scil. die veneris post festum beatorum Jacobi et Xpistofori, continens quod Albertus de Heres domicellus, ad requisitionem ill^{is} principis dom^i Humberti dalphini Viennensis, convenit et promisit bona fide dom° dalphino stipulanti pro se et suis quod quandocumque per dictum d. dalphinum vel aliquem ejus nomine eidem Alberto fuerit satisfactum, videl. de Lx^a libris monete currentis, quod. dicto dom. dalphino vel suis vel eorum speciali mandato integraliter reddet et restituet totum id quod tenet apud Heres sibi Alberto obligatum per predictum d. dalphinum qualicumque de causa, et deinde reddere et restituere dicto dom. dalphino vel ejus certo mandato omnia instrumenta sive litteras que et quas habet penes se idem Albertus [1]. — 1050. Item, quod. al. instrumentum scriptum simul in quad. pelle manu (*ut præced.*), die xix^a mensis aprilis, continens quod Andreas de Locha domicellus in presencia mei notarii, ad requisicionem ill^{is} principis dom^i nostri Humberti dalphini, de omni eo de quo ipsum Andream qualicumque de causa appellare vellet (....) [2].

1051. Item, quod. al. instrumentum scriptum manu Johannis Cymondi notarii publ. sub anno Dñi M°CCC°XXXIX°, die xxv^a mensis junii, continens quod Guionetus de Machimiaco et Hugoninus de Maychimiaco domicelli confessi fuerunt se esse homines ligii domini nostri dalphini et eidem prestitisse homagium.

1052. Item, quatuor instrumenta publ. in una pelle scripta manu Alberti de Brayda notarii publ. sub anno Dñi M°CCC°IIII°, die xi^a mensis junii, continentia homagia prestita dom° nostro dalphino per

---

1. *En m.* Heres situm in mandamento Crimiaci et videatur si fuerunt redempta predicta ; mitatur castellano quod se informet qui tenet predicta ; sciatur si sit in terra Vallisbone. — 2. *En m.* De Viennesio est et ideo vacat.

Albertum de Gumino domicellum, et recognovit se tenere ab eodem dom. dalphino domum suam seu bastidam sitam in mandamento castri de Guare, et insuper totum id quod habet, tenet et possidet in mandamento et districtu castri de Guare [1]. — 1053. Item, et al. scriptum *ut supra*, die XII^a mens. junii, continens homagium prestitum per Guionetum Revoyrie domicellum dom° nostro dalphino. — 1054. Item, al. homagium prestitum dicto dom. dalphino per Dragonetum Revoyri domicellum. — 1055. Item, quod instrumentum scriptum *ut supra* et die XXI^a mens. junii, continens quod ven^{lis} et rel vir dom. Andreas Dei gratia abbas monasterii Bonarum Vallium, Cistersiensis ordinis, fuit confessus et recognovit presente dom° nostro dalphino quod molare de Moteyo est et fuit in districtu et mandamento castri de Turre et quod dictus dom. dalphinus habet ibidem in baronia de Turre merum et mixtum imperium et omnimodam juridictionem, etc.

1056. Item, quod littera sigillo comitis Sabaudie in pendenti sigillata, continens quod dom. Amedeus comes Sabaudie mandabat per easdem baylio ducis Burgondie quod deliberaret dom° dalphino Viennensi medietatem castri de Cologniaco.

1057. Item, quod al. instrumentum (*ut* 989), die XVIII^a mensis aprilis, continens homagium ligium prestitum dom° nostro dalphino per Fran(ciscum) de Sancto Germano domicellum, filium condam domⁱ Jacobi de Sancto Germano.

1058. Item, quod littera duobus sigillis in pendenti sigillata, scripta manu Guillelmi dicto Chavallons de Cusello notarii publ. sub anno Dⁿi M°CCC°XVI°, die 1° mensis novembris, continens quod dom^a Katerina de Monte Luppello, domina de Cusello, confessa fuit se debere ex causa mutui illⁱ principi dom° Johanni dalphino Viennensi VI^c libras bonorum Turonen. parvorum, pro quibus erat fidejussor et principalis solutor Johannes de Monte Luppello.

1059. Item, quod littera sigillo domini de Vilariis in pendenti sigillata, scripta sub anno Dⁿi M°CCC°XXX, continens quod dom. Humbertus de Vilariis confessus (fuit) habuisse a dom° dalphino per manum domⁱ Guillelmi de Royno militis, bayllivi terre Turris, L^a libras grossorum Turonen. argenti, de quibus dictum dom. dalphinum solvit et quittavit penitus.

1. *En m.* Sciatur si fecit homagium.

1060. Item, quod. publ. instrumentum scriptum manu Johannis de Petra, de Monte Luppello, notarii publ. sub anno Dñice Incarn. M°CCC°XXIII°, indic. VII*, die V mensis januarii, continens quod Guigonetus de Palude, dominus Castillonis, vendidit dom° Henrico Dalphini Viennensi, recipienti nomine ill** principis dom. Guigonis dalphini Viennensis, castrum, villam et burgum Sancti Mauricii Remens cum ejus mandamento et territorio, hominibus, vassallis et juribus vassallorum, mero mixto imperio et omnimoda juridictione, domibus, fortaliciis, nemoribus, pascuis, pratis, vineis et aquarum decursibus, una cum aliis rebus ibidem existentibus, quibuscumque nominibus senceantur ; cui territorio et mandamento coheret ab una parte mandamentum dicti castri Castillionis, cum aliis suis coherenciis, precio finito VIII^m librarum bono. Viennen. quas confessus fuit habuisse ; continens eciam infeudacionem omnium rerum predict. factam dicto Guigoneto (per) dictum dom. Henricum, nomine dicti dom. dalphini ; continens eciam plures alias convenciones et pacta habitas et habita inter partes predictas, que quidem pacta et omnia predicta scripta sunt in tribus pellibus.

1061. Item, quod. al. publ. instrumentum (*ut* 989, *s. m. et d.*), continens homagium prestitum per dom. Hugonem de Moyriaco, canonicum majoris ecclesie Lugdunensis, dom° nostro dalphino, videl. de hiis omnibus que tenet seu possidet in mandamento Montis Luppelli, et terminum...

1062. Item, quod. al. instrumentum (*ut* 997), die XVII mens. febroarii; continens homagium ligium de persona prestitum dom° nostro dalphino per Perretum Salvagii de Varey et terminum...

1063. Item, quod. al. instrumentum publ. scriptum manu Aymonis de Torna Fol notarii publ. sub anno Dñi M°CC°LXX°VI°, X kalend. octobris, indict. V, continens recognicionem factam et homagium per Guiffredum de Viriaco, dominum Montis Revelli, dom° nostro dalphino de hiis que secuntur : primo recognovit idem Guiffredus tres partes castri et burgi Montis Revelli, item quicquit juris, dominii et usagii habet, possidet vel quasi per se vel per alium in toto mandamento dicti castri Montis Revelli, et homagia, feuda et retrofeuda quecumque habeat, teneantur et habeantur ab eo quocumque modo in dicto mandamento et in parrochiis Sancti Stephani, Sancti Germani de Cormorosa ; item feudum de Dolaymeu, eo modo ut Guido de Castellione tenet dictum feudium a dicto Guiffredo ; item quitquid habebat et tenebat et possidebat per se vel per alium dom. Martinus de Vireu in villa de Turre et in mandamento ipsius castri, eo tempore quo ipse dom. Martinus recognovit; item quartam partem de Vireu, item quitquid habet, tenet vel possidet et eciam dom^a Belengeria mater sua juxta lescheriam a parte Crimiaci, et plura alia in dicto instr^{to} contenta [1]. — 1064. Item, quod. instrumentum publ. scriptum manu predicti notarii, sub anno Dñi M°CC°LXX°VII°, indit. vi^a, die mercurii post festum Nativitatis Domini, continens quod nobilis Drodo, dominus de Bello Videre, filius condam dom^i Guillelmi de Bellovidere, prestitit homagium ligium dom^o nostro dalphino et recognicionem per ipsum factam eidem dom. dalphino castri de Bello Videre, burgi, mandamenti, territorii, dominii, gardis, feudis et aliorum contentorum in dicto instr^{to} : que instrumenta simul posita sunt in quadam pelle.

1065. Item, al. instrumentum publ. scriptum manu Petri de Mayriaco notarii publ. sub anno Dñi M°CCC°XXXIX°, indic. VII^a, die xx^a mensis junii, continens quod dom. Bartholomeus Athenoudi miles, Johannes Richermi, Berthetus Cheyns, Stephanus Richermi, Perronetus de Chucheto, Guigo de Chucheto, Arnaudus de Vigniaco et Peronetus de Cucheto prestiterunt homagium dom^o Jacelmo Ciriacii, in legibus licenciato, procuratori terre Turris, recipienti nomine dom^i nostri dalphini Viennensis.

1066. Item, duo publ. instrumenta in eadem pelle scripta manu Alberti de Brayda notarii publ. sub anno Dñi M°CC°XC°V°, silic. die quindena apostolorum Petri et Pauli, quorum primum continet quod Aymonetus et Petrus de Monteferrando fratres, filii condam Petri de Monteferrando domicelli, confessi fuerunt se tenere ab ill^i principe dom^o nostro d. Humberto dalphino Viennensi, domino de Turre, quidquit habent, tenent et possident vel quasi in parrochia de Cliseuz et in territorio ejusdem ville de feudo et dominio prefati dom. dalphini, et pro predictis homagia ligia dom^o dalphino fecerunt et dictus dom. dalphinus debebat eisdem assetare C solid. in redditibus prout in dicto instr^{to} continetur ; — 1067. Secundum vero... continet homagium prestitum per Johannetum de les Escloses domicellum.

1068. Item, quod. instrumentum scriptum manu Guig. Frumenti

---

1. *En m.* Fiat informatio de predictis et qui tenet ea.

not. sub anno Dñi M°CCC° quarto, indict. 11ª, die XVII mensis septembris, continens homagium ligium de persona factum per Nycolaum Reneverii de Monteluppello et fidelitatis debite prestitum juramentum dom° Humberto dalphino Viennensi.

1069. Item, quod. al. instrumentum scriptum manu dicti Guig. sub anno Dñi M°III°XXXVII°, indict. vª, die XXVIIª mensis julii, continens homagium de persona nobilis Alberti de Morestello, filii dom¹ Joffredi de Morestello condam, et fidelitatis debite prestitum juramentum prefato dom. dalphino.

1070. Item, quod. al. instrumentum seu littera scripta manu Johannis de Serveta notarii una cum Matheo de Martinasz, sub anno Dñi M°III°XXXIX°, die XXV mensis augusti, factum mandato dom¹ Petri Petri, ad instanciam dom¹ Jacelmi Quiriaci procuratoris dalphinalis terre Turris, de redditibus omnibus quos dominus percipit in loco de Crimiaco et de quibusdam proprietatibus ibi sitis, et confessiones quo(rum)d. nobilium quod erant homines dom¹ dalphini.

1071. Item, quand. al. (litteram) officialis Lugduni et judicis terre Turris scriptam manu Guillelmi Pellerii, sub anno Dñi M°CCC° XXXIX°, continens redditus et proventus castri Sancti Dyonisii et ejus decemarie.

1072. Item, quod. al. instrumentum (*ut* 997), die XXIII mensis julii, continens homagium ligium de persona et fidelitatis debite juramentum prestitum dom° dalphino Viennensi per dom. Guichardum de Loras militem, nomine suo et suorum.

1073. Item, quamd. litteram officialis Lugduni et judicis terre Turris, scriptam manu Peroneti de Roseriis una cum Johanne Symondi, sub anno Dñi M°III°XXXIX°, continentem declaracionem et extimationem reddituum castri de Loyes.

1074. Item, quod. al. instrumentum scriptum manu Humb¹ Pilati not. pub. sub anno Nativit. Dñi M°III°XXXIIII°, indit. 11ª, die XXVIIª mensis febroarii, continens homagiam et fidelitatis debite juramenta IIII^{xx} et XI nobilium terre Turris nominatorum in instr° predicto factam dom° dalphino ; nomina vero dict. nobilium sunt hec: et primo dom. Stephanus de Loyetis, dom. Johannes de Palaniso miles, dom. Johannes de Balma miles, dom. Amblardus Ferrandi miles, dom. Girinus Laure miles, dom. Henricus Vetule, P. Nigri, H. d'Almayssino, Johannes Vetule, Girardus de Poypia, H. de Puteo, Arthaudus Quadrati, Stephanus de Calomonte, Johannes de Loras,

Guido de Palanvera, Bartholomeus Athenulphi, Moronus, milites; Johannes de Fonte, Johannes de Rubeomonte, Ludovicus de Poypia, Guionetus Pejeuz, Guillelmus Pejeu, Johannes d'Anderdi, Guionetus de Panoysac, Hugonetus Chomar, Laurentius de Rubeomonte, Galvaygnus Leobardi, Johannes de Varilliis, Guichardus de Rubeomonte, Johannes Richermi, Guillelmus de Chalomonte, Matheus Pelerini, Rossetus de Albrella, Aynardus de Vigneu, Aymonetus Alamandi, Guichardus de Grolea, Stephanus de Amayssino, P(etrus) Revolli, Peronetus de Panozas, Johannes Pelerini, Guillelmus de Boenco, Pe(trus) Nigri, Guigo de Lustrino, Guigo Jacobi, Johannes de Sancto Genesio, Berlietus de Vallino, Aymarus de Panosas, Johannes Quarati, Guillelmus de Brens, Johannes de Cachinoys, domicelli; dom. Guillelmus Macheti miles; Peronetus de Cucheto, Aymericus de Ternys, domicelli; dom' Arthaudus Leotardi, Guiffredus de Sancto Genisio, milites; Soffredus de Quiriaco, Jaquemetus de Sancto Laurentio, Guichardus Leobardi, P. Prepositi, Guillelmus de Puteo, Bartholomeus Putreyn, Humbertus de Romanis, Albertus de Fonte, Stephanus de Fonte, Pilletus de Cheysseu, Humbertus de Fonte, Johannes de Fonte, Johannes Facerii, Jacobus Facerii, Johannes de Gres, Durandus de Rubeo Monte, Johannes de Latra, Humbertus de Mascon, Bertetus de Balma, Jaqueminus Bruni, Johannes de Heres, Paynetus Francisci, Humbertus Boyllati, Humbertus de Mayref, Guillelmus de Balma, Henricus de Quiriaco, Andreas de Mayriaco, Humbertus Chayn, Pe(trus) Capelli, Bertinus de Malatrayt, Guigo de Morestello, Stephanus Richelmi, Johanninus de Borseu, Johanninus d'Andert, Hugo de Sancto Mauricio, domicelli.

1075. Item, quod. (instrumentum) scriptum manu Johannis Amandrini notarii publ. sub anno Dñi M°III°XXXIX°, die 1ª mensis julii, factum ad instanciam dom¹ Disderii de Pellafollo jurisperiti, continens quod computa, rationes reddituum et obvencionum terrarum, provinciarum dom¹ dalphini, videl. terre Turris, Motis Luppelli, Grayssivodani, Brianczonensis et Campisauri, de annis Dñi M°III° XIII°, XIIII°, XV°, XVI°, XVII°, XVIII°, XIX°, XX°, XXI°, XXII° et XXVI° et XXXVI° in papiro descripta probabiliter timebatur de corosione ipsarum, fuerunt in formam publicam redacte et redacta per manum dicti Johannis, mandato dom¡ Bertrandi Laurentii, judicis Viennensis dalphinalis, ac eciam extimacio reddituum dict. terrarum ibidem continetur.

1076. Item, quod. publ. instrumentum scriptum manu Guig. Frumenti, sub anno Dñi M°(CCC°)XXXVII°, indic. vᵃ, die xxᵃ mensis januarii, continens quod Guigo de Cufingen, procurator et procuratorio nomine religiosarum sororum domᵉ abatisse Beate Marie de Deserta, ordinis Sancte Clare, recognovit dict. conventum tenere in emphitheosim perpetuam et de directo dominio domⁱ dalphini quod. brocellum seu nemus quod dicte sorores emerint a Petro de Bergonono et Margarita ejus sorore, situm versus Nerionem juxta aquam Rodani ex una parte et juxta brocellum Jochie ex altera et juxta brocellum Thome de Lengres ex altera in mandamento de Vallibus, pro quo brocello tenetur facere dict. conventus certum servicium domino, tamen non est in dicto instrᵗᵒ declaratum ¹.

1077. Item, qued. littere sine sigillo, scripte sub anno Dñi M°III°XXXVIII°, die xvIIIᵃ mensis marcii, continentes confirmationem franchesiarum Montisluppelli factam per dom. Guigonem dalphinum.

1078. Item, quod. instrumentum sigillatum in pendenti, scriptum manu Johannis de Sancto Dyonisio, sub anno Incarn. Dñice M°III°VII°, continens intimationem et donationem factas per nobilem virum Jacobum de Geresio illⁱ viro dom. Guidoni Dalphini de castro et mandamento de Viriaco, Viennensis dyocesis, situm supra castrum de Malavalle in pede montis de Monte Vieu, et domum suam de Chavanayt sitam juxta Rodanum, cum eorum castris et mandamentis, continens eciam plures pactiones habitas inter dict. dominos.

1079. Item, qued. littera scripta sub anno Dñi M°CC°XX°II°, in octavis Omnium Sanctorum, continens quod bone memorie condam dom. Andreas dalphinus confirmavit domui Bonevallis omnes donaciones eisdem factas usque ad dictam diem per predecessores suos, eisdem confirmavit et quedam alia in dicta littera contenta eisdem de novo donavit.

1080. Item, al. publ. instrumentum scriptum manu Alberti de Brayda notarii publ. sub anno Dñi M°CCC°IIII°, xIᵃ die mensis junii, continens quod Guionetus Gersii, filius Aymonis Gersii, confessus fuit se et suos tenere a magnifico viro dom. Humberto dalphino Viennensi et suis domum suam seu bastidam de Chapana et quidquit habet in districtu et mandamento castri de Turre, videl. a crosa Mali Boyson usque Turim, que domus est reddibilis et una cum predictis

1. *En m.* Tradatur copia castellano Vallium pro facto Miribelli.

tenentur de feudo et dominio domini predicti, pro quibus omnibus confessus fuit esse homo ligius dom¹ dalphini et homagium cum juramento fidelitatis prestitit, etc. ¹.

1081. Item, qued. littera scripta anno Dñi M°II°LXX°, continens quod inclita domª Beatrix dalphina Viennensis, de voluntate dom¹ Petri de Amayssino, recepit ad homagium ligium et fidelitatem, salva fidelitate comitis Sabaudie, Johannem filium predicti dom. Petri pro feudo del Frayno ².

1082. Item, quod. instrumentum scriptum manu Aymonis Burgensis notarii publ. sub anno Dñi M°CCC°XXXIX°, die XXVII mensis junii, continens quod nobiles infrascripti confessi fuerunt esse homines dom¹ dalphini Viennensis : primo dom. Arthaudus Machi miles, Johannes de Morestello, Aymaretus Richelmi, Aynardus Prepositi, Albertus Cleczuti, Petrus Prepositi, Arthaudus de Voyssenco, Symondetus de Voyssenco ; Jacelmetus Richelmi, nomine suo et ejus matris, Guionetus Richelmi ; Giraudetus filius dom¹ Guiffredi de Sancto Genisio militis, nomine suo et dicti patris suis, Johannes de Sancto Geneyssio, Peronetus de Monte Japeto, Arthaudus Labre, Humbertus de Voyssenco, Aymaretus Bolleti, Hugo de Sancto Moiricio, domicelli.

1083. Item, quod. instrumentum (*ut* 1074), die XXIª mensis febroarii, continens recognicionem factam per magnificum virum dom. Humbertum de Vilariis et de Thoyria, qui confessus fuit se esse hominem ligium illªˢ principis dom¹ H(umberti) dalphini ante omnes personas, excepto imperatore, et confessus fuit se tenere in feudum franchum et nobile a dicto dom. dalphino ad homagium ligium castrum et villam de Vilariis et quidquid est infra muros et circuitum minorem dict. castri et ville, item castrum et villam, territorium et totum mandamentum de Loyes, it. poypiam de Montelleys, it. poypiam de Monteris, it. donjonum de Moncubloncz, it. castrum, villam, mandamentum et territorium de Poncins.

1084. Item, qued. lictera dom¹ officialis Lugduni, scripta sub anno Dñi M°CCC°XXXVIII°, IIII° idus junii, manu Symonis de Marchia notarii publ., continens quod dom. Symon de Sancta Cruce, dominus Savicniaci et archidiacona (*leg.* a-nus) Masticonensis, procura-

---

1. *En m.* Sciatur qui tenet dict. domum : tenet Jo. de Valenciennes, habitator Crimlaci. — 2. *En m.* Sciatur si sit de terra Vallisbone.

tor et frater nobilis viri dom¹ Henrici de Antisinaco, domini Sancte Crucis, ut de sua procuracione fidem fecit per quasd. licteras in dicta lictera insertas, sciens nomine suo et dicti dom. Henrici fratris sui quittat nobili et potenti viro dom. Humberto de Vilariis totum feudum de poypia, de castro et de burgo de Vilars et omne jus dicti feudi et primam ligietatem ipsarum rerum, continens eciam plures conventiones habitas inter dictos dominos.

1085. Item, quod. instrumentum receptum manu Humb¹ Pilati not. sub anno Dñi M°CCC°XXXI°, indic. xiiii², die xxviii² mensis septenbris, continens quod Johannes de Ruppe Scisa confessus fuit se tenere ab ill¹ principe dom. Guigone dalphino Viennensi, ratione castri Montis Lupelli, de feudo et in feudum reddibile domum suam fortem sitam in mandamento Montis Lupelli apud Neyron et pro predictis esse hominem ligium domini Montis Luppelli, et ibidem sibi prestitit homagium.

1086. Item, quod. al. publ. instrumentum (*ut* 999), continens quod nobilis vir dom. Petrus de Loyes miles fecit homagium ligium, salva fidelitate domini de Vilariis, de persona dom° Humberto dalphino Viennensi racione castri Montis Luppelli.

1087. Item, quod. vidimus emanatum a circumspectis viris dd. officiali et judice comuni Gracionopolis, si(gil)latum in pendenti duobus sigillis, scriptum sub anno Dñi M°III°XXIX°, continens quod. compromissum factum inter ill^{em} principem dom. Johannem dalphinum Viennensem pro se et Johanne de Albepina et Guillelmo fratre suo et dom^a Caterina de Monte Luppello, domina Cuzelli, ex una parte et dom. Hugonem de Cabillone, dominum de Arlaco, ex altera super dominio et segnoria castri de Cuzel, continens eciam pronun-(cia)tionem factam super predictis, videl. quod dict. castrum et omnia alodia mandamenti ipsius castri remaneant dicto dom. Hugoni et quod predicta teneat dictus dom. Hugo a dicto dom. dalphino in feudum, continens eciam plures alias convenciones habitas inter partes predict.

1088. Item, quod. instrumentum (*ut* 999), continens homagium prestitum dom° dalphino per Hugonem de Columpniaco racione castri de Monte Luppello et terminum...

1089. Item, quod. publ. instrumentum scriptum manu Johannis de Petra et subscriptum manu Guidonis Asselini de Neyriaco, sub anno Dñi M°III°XXIII°, die xiiii² mensis decenbris, continens quod dom.

Jacelmus de Grolea confessus fuit se tenere castrum de Grolea cum mandamento et territorio ejusdem in feudum franchum, liberum et antiquum, reddibile et pro ipso castro tenetur facere guerram pro dom° dalphino, et homagium prestitum per ipsum dom. Jacelmum dicto dom. dalphino.

1090. Item, quod. instrumentum (*ut* 997), continens quod dom. Raynaudus de Syllu miles, dominus dicti loci, prestitit homagium ligium de persona, salvis aliis suis dominis quos nunc habebat, dom° H(umberto) dalphino Viennensi.

1091. Item, al. publ. instrumentum scriptum manu Alberti Sachini notarii, sub anno Incarn. Dñi M°III^CXXXIX°, die xix^a mensis junii, continens quod nobiles infrascripti fecerunt homagia ligia dom° Humberto dalphino Viennensi, videl. Aynardus de Fabricis, Petrus de Lacu, Guillelmetus Rovoyri de Suec, Humbertus Rovoyrii, Thomas Rovoyri de Suec, Guionetus de Viriaco, Aymaretus Bordeti, Guillelmus et Oliverius de Torchifellon, Peronetus Guenisii, Hugonetus Tivelli, Aynardus Veyherii, Guillelmetus de Fabricis, Dronetus Rovoyrii de Chausillino, Guionetus Rovoyri de Saysseu, Soffredus Rovoyri de Boinio et Dronetus Rovoyri de Busfeyrin.

1092. Item, quod. al. instrumentum (*ut* 1074), die ultima mensis marcii, continens homagium ligium prestitum dom° dalphino per Aynardum de Turre, dominum (de) Vinay, de parte quam habet in castro et mandamento Turris Spini, continens eciam recognicionem eidem. dom. dalphino factam de castro Vignayci reddibile.

1093. Item, quod. vidimus cujusdam littere sigillatum in pendenti, scriptum sub anno Dñi M°II^CXXIIII°, continens quod Petrus dominus de Cuzello est homo ligius domⁱ G(uigonis) de Vienna, excepta fidelitate domini de Comersis, et quod tenet ab eo casamentum et burgum Cuselli, excepto ciminterio et excepto burgo novo quod tenet ab imperatore.

1094. Item, al. instrumentum receptum manu Humbⁱ Pilati de Buxeria not. sub anno Dñi M°III^CXXXVII, die xxvii^a mensis januarii, continens quod nobilis vir dom. Johannes dominus de Chandef miles confessus fuit se tenere de feudo domⁱ Humberti dalphini Viennensis medietatem poypie seu castri in dicta poypia constructi de Meysseu, quod est deversus Genas, et quartam partem tocius mandamenti et territorii de Maysseu et de Baynuge, et pro predictis eidem domino fecit homagium ligium.

1095. Item, qued. littera sigillata in pedenti, scripta sub anno Dñi M.IICLXX, continens quod abas Sancti Theuderii convenit per juramentum dom^e B(eatrici) de Vienna facere confirmare donationem de Denteyzeu per conventum suum.

1096. Item, quod. publ. instrumentum (*ut* 999), continens quod dom. Humbertus de Mayriniaco miles, Johannes de Ruppe Scisa, Humbertus de Chaponay alias Pasera, Guionetus Goyfon Maachris, Falco de Montaneis, Rollandus Laveti, Johannes de Montaneis, Petrus Bigion et Bertrandus filius Reynerii de Bastida confessi fuerunt esse homines ligii domⁱ dalphini ratione castri Montis Luppelli.

1097. Item, quod. instrumentum (*ut* 1074), die IIII^a marcii, continens homagium prestitum dom^o dalphino Viennensi per Martinum Eymeraci de Brens et assignationem termini...

1098. Item, quod. instrumentum (*ut* 1074), die IIII^a aprilis, continens recognitionem factam dom^o dalphino Humberto per dom. Albertum de Viriaco, dominum de Fabricis, de villa et mandamento de Cosanicis, mandamenti Crimiaci, pro quibus fecit homagium dicto dom. dalphino.

1099. Item, qued. copia in pargameno continens libertates de Luyes.

1100. Item, qued. littera confessionis in pendenti sigillata, emanata ab officiali Lugduni, in qua continetur quod dom. Johannes dalphinus Viennensis tenebatur dom^o Humberto de Vilars in M II^c VII libris pro aquirimento feudi de Vilars, que littera videtur reddita in signum solucionis dicti debiti.

1101. Item, qued. littere pargaminea sigillata in pendenti sigillo bone memorie domⁱ Johannis dalphini, scripta anno Dñi M^oIII^cXVII^o, facta coram dom^o Petro de Eschalone, officiali curie Lugdunensis, continens quamd. compositionem et concordiam factas inter dom. Johannem dalphinum predict., Johannem de Albepina, Guillelmum ejus fratrem et dom. Caterinam de Monteluppello ex una parte et dom. Hugonem de Cabilone, dominum de Arlaco, ex altera super facto et castro Cuzelli, continens plures pactiones, conventiones et pecuniarum promissiones prout in ipsa littera plenius continetur.

1102. Item, quod. instrumentum scriptum manu Aymonis de Tornafol de Monteluppello et subscriptum manu magistri Petri Burgarelli notarii, sub anno Incarn. ejusdem Dñi M^oII^cLXXVII^o, die mercurii post Nativitatem Domini IIII⁴ kalend. januarii, indit. VI⁴, continens donationem factam de castro et mandamento Sancti Johannis de Bornay domᵒ Humberto dalphino, domino de Turre et de Columpniaco, per Drodonem dominum de Bellovidere et de Marco, et est sigillatum dict. instrumentum in pendenti.

1103. Item, quod. publ. instrumentum scriptum manu Aymonis de Tornafol notarii pybl. sub anno Dñi MᵒIIᶜLXXVIᵒ, indic. vᵃ, x kalend. octobris, continens homagium ligium prestitum per Guiffredum de Viriaco, dominum Montis Revelli, domᵒ Humberto dalphino dominoque de Turre, et recognovit idem Guiffredus se tenere in feudum a dicto dom. dalphino et de Turre, in primis tres partes castri et burgi Montis Revelli, quidquid possidebat in mandamento ejusdem, item feudum de Dolomef, it. quidquid habebat dom. Martinus de Viref in villa et mandamento de Turre, it. quartam partem de Viref, it. quidquid habebat infra leycheriam ; et continebat quod idem Guiffredus quittabat dicto dom. dalphino et de Turre plura feuda in terra Turris, prout in ipso instrᵗᵒ predicta plenius continentur.

1104. Item, qued. littera ab officiali curie Viennensis emanata, scripta manu Johannis Fellape, sub anno Dñi MᵒIIᶜXCᵒ, XI kalend. augusti, continens quod dom. Aymo de Boczosello, dominus de Malobosco, confitetur ex causa transactionis facte inter eum et dom. dalphinum per manus comunium amicorum, se tenere imperpetuum feudum non tamen reddibile ratione baronie de Turre res et castra infrascriptas et in-ta : primo castrum de Malo Becco et specialiter gardam seu custodiam de Artas, item castrum de Chesa Nova et totum mandamentum ipsius castri, it. castrum et mandamentum de les Espares, it. castrum seu poypiam de Monleupart, it. castrum seu fortalicium de Pusiniaco et totum feudum quod illi de Pusinia tenent a dicto Aymone ; item ratione dicti Dalphinatus Viennensis domum et feudum de Ruppe Baudrif, it. villam de Vermella ; item racione baronie de Turre Viref, Lesartors, it. magnum iter publicum Sancti Albani, it. quidquid Aymo habet et habere potest per se vel per alium infra castrum et parrochiam Burgondii ex quacumque causa, item omnia et singula que dictus Aymo habet in predictis et sub pluribus pactis contentis in ipsa littera.

1105. Item, qued. littera pargaminea sigillata in pendenti sigillo domᵉ Margarite de Cruce, domine Antone, scripta sub anno Dñi

M°III^CXVII°, continens quod dicta dom. Margarita confitebatur se habuisse a dom° Johanne dalphino per manum Johannoti Falconerii quingentos florenos auri.

1106. Item, quod. instrumentum factum manu Stephani Poysacz et subscriptum manu Guillelmi de Savigniaco notariorum, sub anno Dñi M°III^CXX°VI°, die v^a augusti, continens homagium prestitum dom° Guigoni dalphino Viennensi per dom. Henricum de Borgondia.

1107. Item, quod. memoriale sigillatum in pendenti, continens annua que tenet a dom° dalphino Johannes de Sacoygn, dominus de Viber, et est scriptum in romantio.

1108. Item, quod. instrumentum (*ut* 1074), die III^a martii, continens homagium nobilium infra script. et primo Guioneti Rovoyri, Pe(tri) de Lacu, Aymonis de Lay, Philippe de Buenco, Aynardi Veyherii dominii, Anthonii Segnoris.

1109. Item, qued. lictera in pendenti sigillata, scripta sub anno Dñi M°III^CXXIX°, die XIII julii, continens quod. dom. Guigo de Morgiis solvit Johanni de Vienna X libras grossorum nomine domⁱ dalphini de quodam debito XL librar.

1110. Item, quod. instrumentum scriptum manu Sil. de Costis notarii, continens homagium et fidelitatem prestitam dom° B(eatrici) dalphine per Johannem de Terinc, factum sub anno Dñi M°II^CLXXXVIII°, III idus marcii.

1111. Item, qued. lictera sigillata in pendenti, scripta sub anno Dñi M°III^CX°, die veneris post festum appostolorum Petri et Pauli, continens quod dom. Humbertus de Vilars confitebatur se habuisse a dom° Johanne dalphino M II^C VII libras de quodam debito III^m et V^C librarum.

1112. Item, quod. publ. instrumentum scriptum manu Peroneti de Rosser, sub anno Dñi M°III^CXXXIX°, die XXV mensis januarii, continens quod ad instanciam domⁱ Jacobi Ciriaci, procuratoris dalphinalis terre Turris, confessi fuerunt infrascripte persone homagia infra scripta : et primo nobilis vir dom. Mayolus Delsays et Stephanus Ramers, mistralis olim nobilis viri dom. Stephani de Chalomon militis, confessi fuerunt quod ipse dom. Stephanus est homo ligius domⁱ nostri dalphini ; item Martinus de Faramant, locum tenens apud Peroges pro Johanne Beicyrof dicti Retis, chacipello dicti loci de Peroges, confessus fuit quod dictus Johannes est homo ligius domⁱ dalphini ; item Johannes Focherii, olim mistralis Guillelmi Beloudi domicelli, confitetur ut supra quod dictus Guillelmus est homo dom' dalphini ; item Thomas Chapos, mistralis Johannis Berbudi de Peroges domicelli, confitetur ut supra quod supradictus Johannes Beroudi est homo ligius et esse debet dicti dom. dalphini ; item Johanninus Berlieti, mistralis Bertini et Guillelmeti de Malacrayt domicellorum, confitetur quod ipsi domicelli sunt homines et fideles dom' dalphini ; item Berlio Jacolaris, mistralis de Perogeus pro dom° Hugone de Morons, confessus fuit quod dictus dom. Hugo est et esse debet homo dom' nostri dalphini.

1113. Item, qued. copia in pargameno in tribus pellibus scripta, sub anno Dñi M°III°XXV°, indic. VIII°, die I° mensis aprilis, continens pactiones et conventiones factas et tractatas inter nobilem et potentem virum dom. Henricum Dalphini, nomine dom' Guigonis dalphini, ex una parte et dom. Herusium de Pusinyaco ex altera, continens eciam quod dictus dom. Heurisius accepit a dicto dom. dalphino domum suam fortem de Pusinef vocatam Chatelveyl, item burgum castri de Pusinia et pro predictis fecit homagium dicto dom. dalphino.

1114. Item, qued. (littera) emanata (a) judice majore terre Turris et Vallisbone, scripta sub anno Dñi M°III°XXXIX°, die XXIII mensis junii, manu Martini Albi, continens quod Guichardetus de Campursio et Soffredus de Bays et Hugonetus de Salomeys confessi fuerunt se esse subditos dom' dalphini sub modo et forma in littera contenta.

1115. Item, qued. littera seu instrumentum scriptum manu Guillelmi Pellerini, sub anno Dñi M°III°XXXIX°, XXVII die mensis junii, continens quod infrascripti nobiles confessi fuerunt se esse homines ligii dom' dalphini : primo Aynardus de Monte Ferando, item Hugonetus Chomardi, it. Johannes Grillonis, bastardus condam inclite recordationis dom. Johannis dalphini, it. Johannes de Martyniaco, domicelli ; it. nobilis dom° Agnessia de Balma, relicta dom' Guillelmi de Vatiliis militis quondam, nominibus liberorum suorum.

1116. Item, quod. instrumentum scriptum manu Petri Columbeti, sub anno Dñi M°III°XXXIX°, die XXVI° mensis junii, continens quod ad requisicionem procuratoris terre Turris pro dom° dalphino confessi fuerunt nobiles infra scripti, nomine suo et aliorum infra script., se esse homines dom' dalphini : primo dom. Petrus Nigri miles, Humbertus de Chissiaco, Durandus de Rubeomote, Guichardetus Leobar, Humbertus et Johannes de Fonte fratres, Guichardus de Rubeomonte,

Guichardus Fortis, Johannes de Fonte de Rossyeu, domicelli; item Guichardus et Durandus de Rubeo Monte domicelli confitentur eorum juramentis quod Lantelmus de Rubeomonte domicellus est homo dom' dalphini; it. Durandus de Rubeomonte domicellus confitetur quod Johannes de Rubeomonte ejus nepos est homo dom' dalphini; it. Johannes de Fonte et Johannes Milleti dicunt et asserunt quod Stephanus de Fonte domicellus est homo dom' dalphini; it. Johannes Leobardi et Girardus ejus frater dicunt quod ipsi sunt homines dom' dalphini.

1117. Item, qued. lictera in pendenti sigillata, continens quod Johannetus filius quondam Petri Ribaudi donavit donatione pura dom° Hugoni de Turre, senescallo Lugdunensi, quidquid juris habebat contra Nycolaum Ribaudi patruum suum, habitatorem Vienne, sub anno Dñi M°II°LXXXVIII°.

1118. Item, al. publ. instrumentum (*ut* 1074), die VII^a mensis decembris, continens homagium prestitum per dom. Guillelmum de Molope militem ill' viro dom. Humberto dalphino Viennensi dominoque Montisluppelli, continens etiam quod dictus dom. Guillelmus recognovit se tenere in feudum francum a dicto dom. dalphino in mandamento Montis Luppelli plures census et redditus et plures alias res quas particulariter alias declarabit, continens etiam protestaciones factas per dictas partes.

1119. Item, quod. al. publ. instrumentum (*ut* 1074), die XXII^a mensis februarii, continens recognicionem factam ill' principi dom° nostro d. Humberto Viennensi dalphino per ven^{lem} virum dom. Humbertum de Balma, canonicum Sancti Pauli Lugdunensis, qui confessus fuit se tenere in feudum francum et nobile a dicto dom. dalphino tanquam domino Montis Luppelli, omnia et singula que alias recognoverat ill' principi d'om° Hug. (*leg.* Guigoni) dalphino Viennensi, ut cavetur in quod. publ. instrumento confecto manu dicti Humbⁱ Pilati, sub anno Dñi M°CCC°XXXII°, die XIX^a mensis augusti, et pro predictis fecit homagium dicto dom. dalphino, tanquam domino Montis Luppelli, et pro dicto feudo confessus fuit se facere quitquid bonus vassallus et fidelis pro domino suo facere potest et debet.

1120. Item, quod. publ. instrumentum scriptum manu Johannis de Serveta de Leyrieu notarii publ. sub anno Incarn. Dñice M°CCC° XXXIX°, die XXIIII^a mensis junii et XVI^a dicti mensis, continens quod dom. Amblardus Ferrandi miles confitetur et publice reco(gno)scit se esse hominem ligium dom¹ dalphini; item Johannes Ruffi confitetur se esse hominem ligium dicti dom. dalphini; it. Aymonetus de Claromonte, die ultima mensis junii, confessus fuit se esse hominem ligium dicti dom. dalphini.

1121. Item, quod. vidimus a domº officiali Lugdunensi sub anno Dñi MºCCCºXVIIIº, continens tenorem quarumd. litterarum ipsius dom. officialis scriptarum sub anno Dñi MºCCCºXVIIº, in quibus continetur homagium dom¹ Hugonis de Cabilione, domini de Arlay, prestitum per eum domº Jo(hanni) dalphino Viennensi pro hiis que condam fuerunt dom¹ Johannis domini condam de Cusello, que confessus fuit tenere de franco alodio a dicto dom. dalphino, quod quidem vidimus sigillatum est in pendenti quod. sigillo.

1122. Item, quod. publ. instrumentum scriptum in romansio manu Jacobi Eschaqueti notarii publ. sub anno Dñi MºCCCºXXIIIIº, indic. VIIª, die XXVIª mensis julii, sigillatum inpendenti sigillo dom¹ Johannis de Clerenaus et de Viler Ceycel, continens quod idem dom. Johannes recognovit se tenere in feudum a domº Guigone dalphino Viennensi IIᶜ libras parvorum Turonen. annualium in parrochia de Soucie, in dyocesi Bessanconis, et quand. domum suam fortem vulgariter appellatam la Rocheta, sitam et edifficatam in dicta parrochia, cum omnibus juribus et pertinentiis earumdem, et pro predictis homagium ligium prestitit eidem dom. dalphino, salva fidelitate domini de Arlay et comitisse Burgondie, et promisit dictum dom. dalphinum et gentes suas receptare et recipere in dicta domo et territorio.

1123. Item, duo publ. instrumenta scripta in una pelle manu Alberti de Brayda notarii publ. sub anno Dñi MºCCºXCºIIIIº, die martis post festum Paschatis, continens quod dom. Humbertus de Bosossello, dominus de Chatonay, confessus fuit se tenere a domº Humberto dalphino Viennensi quitquit ipse dom. Humberto (*leg.* Htus) de Bossosello tenet et possidet vel quasi inter ripperiam de Borbor et castrum Crimiaci, excepto eo quod tenet in mandamento Dentheysiaci; pro quibus rebus feudalibus idem dom. Humb. de Bossosello homagium eidem dom. dalphino et sacramentum fidelitatis prestitit, salva fidelitate comitis Sabaudie. — 1124. Itᵉᵐ, secundum instrumentum scriptum manu predicti notarii, sub anno Dñi MºCCºXCºVº, die Iª mensis augusti, continens quod Hugonetus de Gorgia confessus fuit et publice recognovit ill¹ dom. Humberto dalphino Viennensi quod castra de Oriolis et de Remirans, et quitquid juris, dominii et juridictionis habet seu habere dignoscitur in predict. castris, item quitquid juris, dominii, actionis et proprietatis habet et habere dignoscitur in castro et mandamento de Turre, it. quitquid juris, actionis, dominii et proprietatis habet seu habere dignoscitur in castro et districtu de Vinay racione et ex causa hereditatis Alberti de Turre, canonici Vivariensis, sunt, fuerunt et debent esse de feudo ligio prefati dom. dalphini et predecessorum suorum tam in Dalphinatu quam in barronia de Turre : et pro predictis dict. Guigonetus eidem dom. dalphino homagium ligium prestitit et fidelitatis sacramentum [1].

1125. Item, quod. al. publ. instrumentum receptum per Humb. Pilati et signatum manu ipsius, sub anno Dñi M°CCC°XXVII°, indic. x^a, die v^a mensis julii, continens quod nobilis domicellus Guichardus dominus de Greolea prestitit homagium ligium et fidelitatem ill^i principi dom° Guigoni dalphine Viennensi, continens eciam quod dict. Guichardus recognovit se tenere a dicto dom. dalphino in feudo et de feudo reddibili ipsius dom. dalphini castrum de Greolea cum mandamento et territorio ejusdem, etc.

1126. Item, quod. al. instrumentum publ. scriptum manu Alberti de Billiaco notarii publ. sub anno Dñi M°CCC°XVIII°, indic. II, xv^a die mensis decenbris, continens quod Guichardus de burgo de Sancto Gionisio confessus fuit, ad instanciam dicti notarii stipulantis nomine ill^{is} principis dom. Johannis dalphini Viennensis, se habuisse et recepisse tam ab ipso dom. dalphino quam ab aliis personis nomine ipsius solventibus plenariam et perfectam solucionem de omnibus univ. et sing. mutuis obligacionibus debitis ac eciam aliis contractibus in quibus dictus dom. dalphinus per se vel per alium usque ad dict. diem eidem Guichardo erat obligatus, exceptis hiis in quibus reperiretur obligatus dict. d. dalphinus nomine dom^i Amedei de Cossaus, pactum faciens etc.

1127. Item, quod. al. publ. instrumentum (*ut* 1083), continens homagium prestitum per Berrardum de Laveu domicellum, dominum de Yseronce, dom° nostro d. Humberto dalphino Viennensi, excepta fidelitate dom^i archiepiscopi Lugdunensis s. comitis Forasiensis et dom^i Raynaudi de Foresio.

---

1. *En m.* Sciatur si infra dict. terminos est situatum castrum Montis Martini et si illud tenebat dict. dominus, eciam castrum Ruppis.

1128. Item, quod. al. instrumentum publ. scriptum manu Guigonis Coire notarii publ. sub anno Dñi M°CCC°X°, indit. VIIIª, die jovis post festum bᵉ Mandalenes, continens quod dom. Humbertus de Matafellon, capellanus domⁱ Humberti de Vilariis et procurator ejusdem, confessus fuit se habuisse nomine dicti domini sui ab Andrea Suppi notario et Peroneto Fabri, solvencium nomine illⁱᵉ viri dom. Johannis dalphini Viennensis, quantitates peccunie infrascriptas : primo XI libras et XIII solid. VI denar. grossorum de XXXᵗᵃ solidis bone monete veteris, item VII libr. V sol. et X den. grossorum Turonen. et pluras alias in dicto instrᵗᵒ contentas.

1129. Item, quod. al. instrumentum scriptum manu Bertheti de Gerneys notarii, sub anno Dñi M°CCC°XXXIX°, indic. VIIª, die XXXª mensis junii, continens quod Giletus de Balma, Bartholomeus de Sancta Jullita, Galterius de Gerbo et Guillelmus Rubaudi confessi fuerunt se esse homines ligios domⁱ dalphini Viennensis.

1130. Item, qued. lictera sigillo domⁱ dalphini in pendenti sigillata, scripta sub anno Dñi M°CCC°I, continens quod dom. dalphinus predict. confitebatur habuisse et recepisse a Johanneta filia condam nobilis Aymonis de Bososello, domini condam de Mal Bec, et recognicionem feudorum que tenebat ab eodem, pro quibus ipsum investiebat de dictis feudis.

1131. Item, quod. publ. instrumentum (ut 1119), continens homagium ligium prestitum domᵒ dalphino per dom. Thomam de Gleteriis militem, et quod dominus noster predict. sibi dedit X libras in redditibus et confessus fuit idem d. Thomas se tenere a domino predicto X libras de redditibus quas percipit in castro de Trenous et de Bello Reguardo.

1132. Item, quod. publ. instrumentum scriptum manu Aymonis de Torna Fol notarii publ. sub anno Dñi M°CCC°I°, indic. XIIIIª, die jovis in festo bⁱ Bartholomei apostoli, continens homagium et recognicionem factum et factam domᵒ Humberto dalphino per Johannam filiam nobilis Aymonis de Bososello, et recognovit se tenere a domᵒ dalphino castra de Chesanova, de Mal Bec, de les Esparres, Molaris, Montis Leopardi.

1133. Item, qued. lictera continens pacta et convenciones facta et factas inter illᶜᵐ virum dom. Humbertum dalphinum Viennensem ex una parte et fratrem Aymonem abbatem Sancti Theoffredi et ejus conventum ex altera.

1134. Item, quod. publ. instrumentum scriptum manu Humb¹ Pilati et subscriptum et signatum manu Stephani Marchisii, habitatoris Lugduni, notariorum public. sub anno Dñi M°CCC°XXX°, indict. XIII ͣ, die XIIII ͣ mensis augusti, continens composicionem factam super pluribus et diversis debitis et super terra Arvernie inter ill ͤᵐ principem dom. Guigonem dalphinum ex una parte et Johannem Raymondi, burgensem de Lugduno, ex altera, que quidem composicio et concordia in ipso instr ᵗᵒ plenius continetur.

1135. Item, quod. publ. instrumentum scriptum manu Humb¹ (Pilati) et subscriptum manu Guig. Frumenti et Jacobi de Vergeyo nott. pubb. sub anno Dñi M°CC(C)°XXXVIII°, die XXVII ͣ mensis junii, continens composicionem factam inter ill ͤᵐ principem dom. Humbertum dalphinum Viennensem et Johannem Raymondi, civem Lugdunensem.

1136. Item, quod. publ. instrumentum scriptum manu Humb¹ Pilati et subscriptum manu Johannis de Puteo nott. pubb. sub anno Dñi M°CCC°XXXIIII°, indic. II, die XII ͣ mensis marcii, continens quod ill ͤᵐ princeps dom. Humbertus dalphinus Viennensis tradidit in solutum Johanni Raymondi, burgensi de Lugduno, terram suam Alvernie, salvis sibi suis protestacionibus et jure sibi dicto d. dalphino competentibus in predictis.

1137. Item, quod. publ. instrumentum scriptum in sex pellibus pergamineis simul junctis manu Ponczoni Lichurieilli notarii pub. et signatum manibus Johannis Amandrini et Guigonis Leuczonis nott. pubb., sigillatum sigillo judicis terre Turris, data cujus est sub anno Dñi M°CCC°XXXIX°, die I ͣ mensis junii, continens publicationem computorum et rationum reddituum et obvencionum baronie terre Turris et Montis Lupelli ad eternam rei memoriam perhabendam.

1138. Item, quod. publ. instrumentum scriptum manu Guig. Frumenti not. pub. sub anno Dñi M°CCC°XXXV°, indic. III ͣ, die II mensis marcii, continens homagium ligium prestitum per Aymaronum et Stephanum de Charno dom° nostro d. Humberto dalphino Viennensi, et recognoverunt ab eo tenere illud quod habebant apud Sanctum Barbatum et res que condam fuerunt dom¹ Hugonis de Insula.

1139. Item, quod. al. publ. instrumentum scriptum manu Humb¹ Pilati not. pub. sub anno Dñi M°CCC°XXXVIII°, indic. VI ͣ, die ultima mensis marcii, continens quod ill ͤᵐ et magnificus princeps dom.

Humbertus dalphinus Viennensis recognovit se tenere in feudum a dom° Guillelmo archiepiscopo Lugdunensi, videl. castrum de Balma in Viennesio prope Crimiacum, reddibile dicto dom. archiepiscopo ; item insuper recognovit se tenere in feudum a dicto dom. archiepiscopo quitquid habebat dominus de Turre vel alius ab eo tempore recognicionis per eundem dominum terre Turris alias facte citra flumen de Charuys versus Rodanum et Lugdunum, excepto eo quod habet in terra Duinart, municiones quoque quas infra dict. terminum habel vel haberet in futurum teneretur eidem dom. archiepiscopo vel ecclesie reddere; item, etiam recognoscit se tenere in feudum et homagium ligium ab archiepiscopo et ecclesia predicta Lugdunensi castrum Perogiarum et eis fecit homagium dict. archiepiscopo et ecclesie, item medietatem ville et territorii de Vallibus, dicte dyocesis, et plura alia prout in dicto instrumento plenius continetur.

1140. Item, qued. lictera duobus sigillis in pendenti sigillata, scripta sub anno Dñi M°CC°XXVIII°, mense junii, continens recognicionem et infeudacionem factam per dom. Robertum Lugdunensem archiepiscopum et capitulum ejusdem dom° Alberto domino terre Turris de quibusdam castris et rebus sitis in terra Turris.

1141. Item, quod publ. instrumentum scriptum in x pellibus pergameneis simul junctis manu Anth. Mellureti de Ponte in Roanis publicatumque coram dom° Gerentono Bajuli, officiali Vienne apud Sanctum Donatum, ejus sigillo sigillatum sub anno Dñi M°CCC° XXXIX°, die III^a mensis augusti, indict. VII^a, continens publicacionem computorum et racionum reddituum et obvencionum baronie terre Turris, ad eternam rei memoriam ne deperire possint, prout in ipso instr^{to} continetur.

1142. Item, qued. littera ab officiali Vienne emanata ejusque sigillo in pendenti sigillata una cum sigillo Drodoneti domini Bellivisus de Marc, scripta sub anno Dñi M°CC°LXX°VIII°, kalend. aprilis, continens donacionem factam per dict. Drodonetum dominum Bellivisus del Marc dom° Hugoni domino terre Turris, de castro et mandamento Sancti Johannis de Bornay, Viennensis dyocesis, cum omnibus et singulis pertinentiis ejusdem et homagiis nobilium et innobilium et omnimoda juridictione.

1143. Item, quod publ. instrumentum scriptum manu Guig. Frumenti not. pub. sub anno Dñi M°CCC°XXXIIII°, indict. II^a, die XI^a mensis febroarii, continens homagium ligium de persona prestitum dom⁰ Humberto dalphino Viennensi per dom. Jacobum de Arguello, dominum de Rosey, Bysensis diocesis.

1144. Item, quod. al. instrumentum publ. scriptum manu Aymonis Burgensis de Morestello notarii publ. sub anno Dñi M⁰CCC⁰XXX.XL⁰, die xxᵃvIᵃ mensis aprilis, indic. vIIIᵃ, continens remissionem factam dom⁰ Humberto dalphino Viennensi per universitatem mandamenti Morestelli in terra Turris, de omnibus oppressionibus et gravaminibus sibi impensis per dict. dominum et ejus predecessores, et concessionem factam de v⁰ solidis pro bona moneta facienda.

1145. Item, vidimus cujusd. lictere date sub anno Dñi M⁰CCC⁰XXIX⁰, continens quod dom. Guillelmus Flote et dom. Guido Caprarii, milites domⁱ regis Francie, confitebantur habere ad manus suas nomine dicti dom. regis castrum Sancti Germani et quedam alia castra, racione ex causa in dicta lictera contenta.

1146. Item, quod. publ. instrumentum in pendenti sigillatum sigillo curie officiolatus Lugdunensis, scriptum manu Johannis de Sancto Dyonisio notarii publ. sub anno Incarn. Dñice M⁰CCC⁰V⁰, Iᵃ die mensis martii, continens quod dom. Ludovicus de Vilariis, prime Lugdunensis ecclesie archiepiscopus, constituit et ordinavit illᵉˢ viros dom. Johannem Dalphini, comitem Vapincensem, et dom. Guidonem ejus fratrem et quemlibet eorum insolidum custodes et garderios domus fortis de Beche Velley et tocius mandamenti ejusdem, et concessit eisdem durante garderia predicta fructus et obvenciones ejusdem, et promisit eisdem expensas reddere et solvere quas proinde fecerint custodiendo vel ediffcando domum predict., prout in ipsa littera continetur.

1147. Item, qued. lictera officialis curie Lugdunensis sigillata in pendenti sigillo ipsius officialis, scripta manu Gruilloni dicti Chavallii de Cusello, sub anno Dñi M⁰CCC⁰XVII⁰, die vIIᵃ mensis maii, continens quod nobilis et potens vir dom. Hugo de Scabilone, dominus de Arlaco, confessus fuit se recepisse corporaliter ab illⁱ principe dom. Johanne dalphino Viennensi tradente in feudum francum et nobile omnia bona quecumque sint, quas olim dom. Johannes dominus condam de Cusello habebat et tenebat in toto mandamento Cuselli vel alibi de franco allodio, pro quibus eidem dom. dalphino homagium ligium prestitit dictus dom. Hugo.

1148. Item, qued. littera sigillo domⁱ Octonis de Burgondia, domini Salinarum, scripta sub anno Dñi M₀CC⁰LXX⁰IIII₀, mense januarii, continens recognicionem factam per dom. Humbertum dominum de Turre dicto dom. Octoni, de quibusdam castris in ipsa littera contentis; continens etiam donationem eidem domino de Turre factam per dictum dom. Octonem, qui eidem dedit in augmentum feudi LX^a libras Viennen. annuales assetandas in propinquiori loco terre sue, item dedit ut supra feudum Sancti Amoris et feudum de l'Albespin, et quasdam alias convenciones continens inter eos, prout in ipso instr^{to} plenius continetur. — 1149. Item, littera missa domino Sancti Amoris de recognoscendo dicto feudo, ut supra dictum est.

1150. Item, qued. littera sigillo decani Masticonensis in pendenti sigillata, scripta sub anno Dñi M°CCC°XV°, die II^a mensis febroarii, continens quod dictus decanus confitebatur se habuisse a dom° Johanne dalphino Viennensi M libras bonorum Turonen. parvorum, certis de causis que ipsi erant ad invicem facturi, prout in ipsa lictera continetur.

1151. Item, quod. al. instrumentum publ. scriptum manu magistri Johannis Vachi notarii publ. sub anno Dñi M°CC°LX°IX°, continens quod dom. Jacelmus Richermi miles fecit homagium ligium Ancelmo domino Morestelli et recognovit tenere ab eodem quasd. vineas et quand. domum in mandamento Morestelli : quod mandamentum et castrum Morestelli nunc tenet dominus noster dalphinus; continens eciam plures recogniciones et homagia factas et prestita dicto domino Morestelli per quosdam nobiles in dicto instr^{to} contentos.

1152. Item, qued. littera sigillo domini Meolani in pendenti sigillata, sub anno Dñi M°CC°LXX°IIII°, die mercuri post festum beati Mathie apostoli, continens quod Ancelmus dominus Meolani mandabat universitati castri et mandamenti Morestelli in Viennesio, ut tanquam dominis responderent Guiffredo et Ancelmo filiis suis, quibus dict. castrum et mandamentum dict. dominus Meolani dederat et recognoverat.

1153. Item, qued. lictera tribus sigillis in pendenti sigillata, scripta sub anno Dñi M°CC°LX°VII°, mense augusti, continens quod Aynardetus de Cordons domicellus vendidit dom° Hugoni domino Morestelli res inscriptas quas tenebat ab eo in feudum : videl. Ruffum del Molar cum tenemento suo et plura alia prout in dicto instr^{to} continetur.

1154. Item, qued. lictera in pendenti sigillata, scripta sub anno Dñi M°CC°(L°)VII°, mense febroarii, continens quod Bernardus de

Mayreu domicellus vendidit Humberto domino Morestelli quosd. census in ipsa littera contentos.

1155. Item, quod. publ. instrumentum scriptum manu Johannis Vachi notarii publ. sub anno Dñi M°CC°LX°IX°, die mercurii post octabas sancti Michaelis, continens recognicionem et homagium factum et factam per dños Humbertum et Ancelmum Joffredi fratres domino Meolani et Morestelli in Viennesio, et plurium aliorum in dicto instr° contentorum.

1156. Item, quod. publ. instrumentum scriptum manu magistri Joh. Vachi sub anno Dñi M°CC°LX°IX°, continens homagium prestitum per Bernardum de Mayreu domino Meolani et Morestelli et recognicionem per eumdem factam de hiis que tenebat ab eo.

1157. Item, qued. littera in pendenti duobus sigillis sigillata, scripta sub anno Dñi M°CC°LX°VII°, die martis post Nativitatem beate Marie, continens recognicionem factam per Guiffredum de Viriaco dom° Alberto domino de Turre et homagium ligium eidem prestitum per eundem.

1158. Item, quod. publ. instrumentum scriptum manu Johannis Vache, sub anno Dñi M°CC°LX°IX°, indic. xii, die sabati in festo Sancte Crucis, continens homagium ligium prestitum per Guidonem Lyatardi et Joffredum Lyatardi dom° Ancelmo domino Meolani et Morestelli.

1159. Item, qued. lictera in pendenti sigillata, scripta sub anno Dñi M°CC°LX°IX°, continens quod administrator baroniarum de Turre et de Coloniaco mandabat dom° Aymoni de Rossillione et Petro ejus filio ut recognoscerent homagium, in quo tenebantur dicto domino de Turre, Guiffredo filio Ancelmi domino de Meolano et Morestelli.

1160. Item, quod. publ. instrumentum scriptum manu Dei Filii sacri imperii notarii, sub anno Dñi M°CC°LX°IIII°, indic. vii², ii° nonas maii, continens quod dom. Aymo de Rossillon promisit per juramentum suum acomodare et tradere Ancelmo domino de Meolano et Morestelli domum suam de Morestello et domum suam de Nemore quocienscumque requisitus fuerit ad faciendum guerram et ea que sibi necessaria fuerint.

1161. Item, qued. littera duobus sigillis in pendenti sigillata, scripta sub anno Dñi M°CC°(L°)VII°, mense decembri, continens recognicionem factam domino Morestelli per Petrum Aynardi et

Guillelmum de Masticone, de hiis que habebant in villa et parrochia Sancti Saturnini, exceptis hiis que tenebant a dom° Aynardo Alanaudi milite;

1162. Item, quod. publ. instrumentum scriptum manu Johannis de Sancto Dyonisio notarii publ. sigillatumque in pendenti sigillo curie officialatus Lugduni, sub anno Incarn. Dñi M°CCC°V°, 1ª die mensis marcii, continens quod rev^{dus} in Xpisto pater dom. Ludovicus de Vilariis, prime Lugdunensis ecclesie archiepiscopus, ad requisicionem illustrium dñorum Johannis et Guidonis Dalphini frañ (fratrum?), confessus fuit se debere eidem ex causa mutui II^m librarum Viennen.

1163. Item, qued. littera in pendenti sigillata, sub anno Dñi M°CC° octuag° V°, continens quod Johannes Ruboudi de Fabricis confessus fuit se esse hominem ligium Guiffredi domini Morestelli et promisit solvere quolibet anno eidem et suis, sub obligatione omnium bonorum suorum, v° solid. Viennen.

1164. Item, quedam publica instrumenta in numero XLVIII°, scripta in pluribus pellibus pergamineis simul suta, scripta manu Aymonis de Tornafol notarii publ., tangentia baylliviatum terre Turris, Graysivodani, Viennesii et Baroniarum, que instr^{ta} comode separari non possent et aliqua sunt utilia et aliqua ex ipsis inutilia, ut videtur. — Primum instrumentum scriptum est anno Dñi M°CC°XC° IIII°, indict. VIII^a, v kalend. julii, continens quod dom. Humbertus dominus Montis Lupelli ex una parte et dom. H(umbertus) dalphinus Viennensis ex altera fecerunt computum de omnibus que habebant facere ad invicem, et idem dominus Montis Lupelli eundem dom. dalphinum quittavit de omnibus de quibus eumdem posset appellare.

1165. Item II^{um} scriptum est anno Dñii M°CC°XC.III°, indict. VII^a, die jovis post Nativitatem Domini 11ª kalend. januarii, continens quod dom. Alam(andus) de Podio miles fecit computum cum dom. dalphino et dom. dalphinus sibi remansit debens M libras.

1166. Item III^m scriptum est anno Dñi M°CC°XC.IIII°, pridie kalend. octobris, continens quod magister Lambertus murator de Monte Lupello se tenebat pro contento de omnibus serviciis per eundem factis dom° dalphino.

1167. Item IIII^m scriptum est anno Dñi M°CC°XC.II°, continens plures promissiones et conventiones dudum factas inter dom. Humbertum dalphinum et dom. Annam ejus uxorem et pro dom° Dalphino

Hugone, continens etiam quod idem dom. H. omnes gabellas et omnia pedagia nova que erant levata debebat facere remanere et quod domino Sancti Triverii debebant reddi qued. littere, et plura alia in ipso instr^{to} continentur.

1168. Item super V° instrumento, scripto anno Dñi M°CC°XC°, non est insistendum quia continet quamd. assignationem factam dom° dalphino per archiepiscopum Lugdunensem ad recognoscendum.

1169. Item, al. instrumentum VI^m scriptum anno Dñi M°CC°XC°IIII°, mense decembri, continens tres literas concessas per tres imperatores successive, et in I^a concessit Fredericus imperator dalphino quod per terram suam de quolibet trosello vel sumata possit accipere xii denar., et in II^a Rod(ulphus) imperator fecit dalphinum senescallum Arlatensem, item in III^a continetur quod Philippus rex Francorum concordavit cum dom° dalphino quod idem dom. dalphinus et sui predecessores (!) eidem regi Francie homagium ligium facient, salvis fidelitatibus et homagiis imperatoris, regis Cicilie, archiepiscopi Vienne, Agniciensis, Grationopolis episcoporum, prout hec et plura alia in ipsis literis continentur.

1170. Item, VII^m instrumentum scriptum anno Dñi M°CC°XC°V°, die mercurii ante festum apostolorum Philippi et Jacobi, indict. VIII^a, continens recognitionem factam per Nantelmum de Grangia de Buxeria, qui confitebatur se esse hominem ligium dom^i dalphini et quod pro facto Bolleyte debebat dicto dom. dalphino C solidos Viennen. de placito in mutatione domini et possessoris. — 1171. Item, VIII instrum. script. eodem an. et die, continens homagium prestitum per Bosonetum Berlionis dom° dalphino. — 1172. Item, IX^m instrum. *ut supra*, continens homagium factum per Bosonetum Brordi de Bellacomba dom° dalphino. — 1173. Item, X instrum. *ut supra*, continens homagium ligium factum per dom. Arthaudum de Chalenderia militem racione castri Bellecombe dom° dalphino, et quod debet de placito domino XVI solid. Viennen. — 1174. Item, XI instrum. *ut supra*, continens homagium prestitum per dom. Lucium de Pauta dom° dalphino. — 1175. Item, XII instrum. *ut supra*, continens quod dom. Arthaudus de Chalenderia confitebatur se tenere a dom° dalphino quicquid habebat apud la Furbeirii. — 1176. Item, XIII instrum. *ut supra*, continens quod Guillelmus filius Petri Amblardi condam fecit homagium dom° dalphino, salvo homagio (domini) de Intermontibus, et quod tenebat a dalphino domum et grangiam quam habebat in Chavanners, cum terris et possessionibus quas ibi habet et quicquid habet in grangagio de Chavanners, et plura alia tenet a dalphino ut dicitur ad placitum v solid. Viennen. in mutatione domini et possessoris. — 1177. Item, XIIII instrum. *ut supra*, continens homagium prestitum per Amedeum filium condam domini Aymonis de Sancto Andree militis dom° dalphino et recognovit se tenere a dom° dalphino quicquid habebat apud Intermontes, in parrochia Sancti Petri de Intermontibus ad x solid. de placito in mutatione domini et vassalli, et plures homines quos ibi habebat nominatos in ipso instr¹⁰.

1178. Item, XV instrumentum scriptum anno Dñi M°CC°LXXXXV°, die veneris post festum b¹ Marci euvangeliste, continens quod Girardus de Bellacomba domicellus, pro se et Johanne fratre suo, fecit homagium ligium dom° dalphino pro hiis que tenebat in mandamento Belle Combe.

1179. Item, XVI instrumentum scriptum anno Dñi M°CC°LXXXX-III°, indict. VIIIᵃ, die mercurii post octabas festi b¹ Micahelis, continens compromissum factum inter dom. dalphinum et fratrem Aymonem magistrum Hospitalis Sancti Anthonii in quosdam amicos, qui dixerunt quod castrum Sancti Anthonii tenebatur reddibile a dom° dalphino et quod dictus frater Aymo confitebatur quod castrum de Bello Forti dependebat a dicta domo Sancti Anthonii, et ideo ordinaverunt dicti amici quod dictum castrum de Bello Forti recognoscatur a dom° dalphino teneri in feudum per ipsum magistrum Hospitalis Sancti Anthonii.

1180. Item, al. instrumentum XVII continens homagium prestitum per dom. dalphinum episcopo Agniciensi et recognitionem per ipsum dalphinum factam eidem episcopo de hiis que ab ipso tenebat in feudum, quod instrᵐ scriptum fuit anno Dñi M°CC°XC°IX°, die mercurii post dominicam qua cantatur *Invocaverunt me*, indict. XIIIᵃ.

1181. Item, al. instrumentum XVIII scriptum anno Dñi M°CCC°, die mercurii post octabas apostolorum Philippi et Jacobi, continens recognitionem factam per dom. Raymundum Aynardi dom° dalphino de hiis que aquisivit apud Thoillinum a Lantelmo de Thoillino, fratre Guidonis domini de Thoillino.

1182. Item, al. instrumentum XIX scriptum anno Dñi M°CCC°, die xv mensis mayi, continens homagium prestitum per Amedeum de Quincef domicellum dom° dalphino, et recognitionem per eumdem factam de hiis que tenebat ab eodem d. dalphino de pluribus rebus [1]. — 1183. Item, XX instrum. script. an. et die quibus supra prox., continens homagium et recognitionem factum et factam dom° dalphino per Pontium de Oza Vapincesii de hiis que tenebat ab ipso domino.

1184. Item, XXI instrumentum scriptum anno Dñi M°CCC°III°, continens homagium et recognitionem factum et factam dom° dalphino per Aymonetum filium Martini Alamandi de hiis que ab ipso tenet in terra Turris et Breyssie [2].

1185. Item, XXII instrumentum scriptum anno Dñi M°CCC°III°, die viiᵃ mensis mayi, indict. 1ᵃ, continens quod Petrus de Beraterio et Guillelmus de Rama, dictus castellanus Ebredunensis, fecerunt homagium dom° dalphino et ab eodem recognoverunt se tenere quicquid habebant et tenebant. — 1186. Item, XXIII instrum. scriptum *ut preced.*, continens quod Guigonetus filius condam domⁱ Guillelmi de Morestello militis fecit homagium ligium dom° dalphino et ratione baronie terre Turris recognovit se tenere plures res et census, homines et servicia contenta et nominata in ipso instrᵗᵒ.

1187. Item, XXIIII instrumentum scriptum anno Dñi M°CCC°, die xiiᵃ mensis septembris, indict. xiiiᵃ, continens homagium prestitum per Constancium filium Petri de Bardoneschia condam dom° dalphino et recognicionem de omnibus hiis que tenebat in Dalphinatu a dicto d. dalphino.

1188. Item, XXV scriptum anno Dñi M°CCC°I, die xiiᵃ mensis septembris, continens homagium factum per Albertum Bernundi dom° dalphino et recognicionem de hiis que tenet ab ipso apud Quayrenam, ut continetur in ipso instrᵗᵒ. — 1189. Item, XXVI scriptum an. quo supra prox., continens homagium et recognicionem factum et factam dom° dalphino per Hugonem Giraudi de hiis que tenet in mandamento Vallispute.

1190. Item, XXVII scriptum anno Dñi M°CCC°II°, die veneris in festo apostolorum Petri (et) Pauli, continens homagium et recognicionem factam dom° dalphino de hiis que tenet in mandamento de Revello.

1191. Item, XXVIII scriptum anno Dñi M°III°II°, die martis post festum Nativitatis bⁱ Johannis Baptiste, indit. xv, continens homa-

---

1. *En m.* Sancti Stephani et de Ysellis. — 2. *En m.* Sciatur qui tenet de presenti.

gium prestitum per Bertholomeum filium quondam domⁱ Raymundi de Morasio militis domᵒ dalphino. — 1192. Item, XXIX scriptum an. quo supra, die mercurii post fest. Nativit. bⁱ Johannis Bapt., ind. xv, continens quod Poncius dominus Albe Rippe, nomine Joffredi de Ylins, domini castri Mo(n)tis Buynoudi in Costis d'Arey, requisivit dom. dalphinum ut dictum castrum tamquam feudale suum recuperaret et teneret ad manum suam.

1193. Item, XXX instrumentum scriptum anno Dñi MºCCºLXXVIº, xı kalend. octobris, continens homagium ligium factum per Poncium Guenisii domicellum terre Turris domᵒ dalphino. — 1194. Item, XXXI scriptum an., die, loco quibus supra prox., continens homagium prestitum per Bernardum de Moyrenco domicellum domᵒ dalphino et recognicionem per eum factam de hiis que tenet apud Brencum et apud Creys, et plura bona prout in instrᵗᵒ continetur recognovit. — 1195. Item, XXXII script. *ut* supra, continens homagium factum per Petrum de Mayreu domicellum domᵒ dalphino et recognitionem factam per eumdem de hiis que tenet a domᵒ dalphino in terra Turris. — 1196. Item, XXXIII script. *ut* supra, continens homagium ligium factum domᵒ dalphino per Hugonem Guelisii de Loes et recognitionem factam de hiis que habet idem H. in castro et burgo de Quiriaco et de hiis que habet apud Brencum. — 1197. Item, XXXIIII script. *ut supra*, continens homagium ligium factum per dom. Guillelmum Rovoyri militem domᵒ dalphino et recognitionem per eum factam de hiis que tenet apud Suec, et recognovit aquirimentum per eum factum ab illis de Petra. — 1198. Item, XXXV script. *ut* supra, continens homagium factum per Jacobum de Palagnins domₒ dalphino.

1199. Item, XXXVI scriptum anno Dñi MºCCº, continens quod Aymo de Boczosello dominus de Malobecco, filius condam domⁱ Egidii de Boczosello, fecit homagium ligium domᵒ dalphino, salva fidelitate domⁱ comitis Sabaudie, et confessus fuit se tenere a domᵒ dalphino domino de Turre castrum de Malbec, Montem Leopardum et Chiesam Novam, et quicquid habet in mandamento Burgundi et forticium de Pusigniaco quod tenet ab eodem dominus dicti loci de Pusigniaco.

1200. Item, (XXXVII) scriptum anno Dñi MºCCºLXXVIº, indict. v, xı kalend. octobris, continens homagium ligium prestitum per dom. Guidonem de Rubeo Monte militem domᵒ dalphino ut domino de Turre et recognicionem per eum factam de hiis que tenet ab ipso domino in terra Turris. — 1201. Item, XXXVIII script. an., die et loco quibus supra prox., continens homagium ligium prestitum per dom. Pe(trum) Vetule militem dom° dalphino et recognovit domum suam fortem tenere a domino et quidquid habet et ab eo tenetur apud Ris et pro predictis debet domino II sestaria frumenti et II panes qui valent II solid. pro garda et LX solid. Viennen. in mutatione feudatarii. — 1202. Item, XXXIX script. *ut* supra, continens homagium ligium factum per Matheum de Insula dom° dalphino et confessus fuit se tenere a domino de Turre quidquid habet apud Marcilleu. —1203. Item, XL script. *ut* supra, continens homagium prestitum per Humbertum filium Martini de Monchalu dom° dalphino domino de Turre et recognicionem de hiis que ab eo tenebat apud Monchalin[1]. — 1204. Item, XLI instrum. script. *ut* supra, continens homagium ligium prestitum per Albertum de Heres domino de Turre et recognicionem per eum factam de turri sua de Heres et de hiis que habet in fortalicio de Heres, apud Balmam, apud Cachinis, apud Saletes, apud Brossia et homines de Proyles et de Marcillef et apud Ungles, apud Sareyres, apud Moncalencz, et aquirimentum quod habuit a Bosoneto de Briort. — 1205. Item, XLII script. *ut* supra, continens homagium ligium prestitum per Stephanum de Ruppe domino de Turre et recognicionem per eum factam de hiis que tenet ultra Rodanum a domino de Turre. — 1206. Item, XLIII instrum. script. *ut* supra, continens homagium ligium factum domino de Turre per dños Humbertum et Asselmum Joffredi milites fratres et recognoverunt se tenere ab eodem domino de Turre quidquid tenent in villa et parrochia de Loyes, excepta quad. vinea et quod. campo et tenemento Johannis Gizoletz. — 1207. Item, XLIIII instrum. script. *ut* supra, continens homagium ligium prestitum per Petrum de Quiriaco dom° Humberto domino de Turre et confessus fuit se tenere ab eodem dom° in feudum quidquid habet et tenet ubicumque sit.

1208. Item, XLV instrumentum scriptum anno Dñi M°II^{c}LXX-VII, indit. VI^a, die mercurii post festum Nativitatis Domini, continens homagium prestitum per nobilem Humbertum de Chasey dom° Humberto domino de Turre et ab eo recognovit tenere quidquid habet apud Eporton et quidquid habet in mandamento Columberii et

---

1. *En m.* Morestelli.

quidquid in mandamento Sancti Johannis de Bornay. — 1209. Item, XLVI scriptum an. et ind. quibus supra prox., v⁰ kalend. januarii, continens homagium ligium prestitum per dom. Guillelmum de Mayssiniaco militem domino de Turre Spini. — 1210. Item, XLVII scriptum ut supra, IIII⁰ idus januarii, continens homagium ligium prestitum per Joffredum Lyatardi domicellum, filium condam dom¹ Guigonis Lyatardi militis, dom⁰ Hugoni de Turre, domino dicti loci, senescallo Lugdunensi, et ab eodem recognovit idem Jof. se tenere in feudum quidquid habet in parrochia de Solomef prope Crimiacum et confess(us f)uit se debere dicto domino de Turre seycies viginti libras, pro quibus sibi obligavit dictas res recognitas ¹.

1211. Item, XLVIII instrumentum et ultimum predict. XLVIII⁰ scriptum anno Dñi M⁰II⁰LXXVIII⁰, indict. VI, die veneris in festo sancti Martini yhemalis, continens homagium prestitum per Soffredum de Briordo domicellum dom⁰ Humberto domino de Turre et recognovit ab eodem tenere in feudum partem suam quam habet in castro Sancti Andree de Briordo et domum suam Sancti Legerii et quidquid habet apud Sanctum Lagerium et quidquid habet apud Montaygnef et omnes possessiones quas tenet in valle de Briort, item quidquid tenet in juriditione et aliis in mandamento Sancti Andree de Briort et quidquid habet a ruppe Inymontis citra versus Rodanum prout in ipso ultimo instr¹⁰ plenius continetur.

1212. Item, quod. al. instrumentum publ. scriptum manu Johannis de Argenteria senioris notarii publ. sub anno Dñi M⁰CCC⁰XXXII⁰, indic. XVᵃ, die XIXᵃ mensis febroarii, continens inquisicionem, sentenciam et condempnacionem factas contra Johannem Raymondi, per dom. Raymondum Estoc, comissarium in Graysivoudano et Viennesio contra quoscumque officiales dictarum bayllíviarum.

1213. Item, instrumentum factum manu Johannis de Petra, sub anno Dñi M⁰CCC⁰XXIIII⁰, continens homagia, recognitiones et convenciones facte dom⁰ Guigoni dalphino per dominum Vassalliaci.

1214. Item, duo publ. instrumenta simul plicata confecta per Johannem de Petra, sub anno Dñi M⁰CCC⁰XXIII⁰, continencia homagia et recogniciones dom¹ Hugonis de Gebenna, de terra Anthonis et de Varey.

---

1. *En m*. Sciatur qui tenet et si recognovit.

1215. Item, quod. instrumentum factum manu Martini Gabeti, sub anno Dñi M°CCC°XXIIII°, continens certas pactiones habitas inter dom. Henricum Dalphini, Dalphinatum regentem, et Aymarum de Anthone.

1216. Item, plura alia instrumenta simul suta cum cordellis, super homagiis et recognicionibus plurium nobilium et aliis pluribus factis.

1217. Item, homagia, pactiones et recognitiones castri Belli Regardi in Dombis, unde est instrumentum confectum per Humb. Pilati not. sub anno Dñi M°CCC°XXXVII°.

1218. Item, recognicio facta per dominum Belliregardi de L libris reddituabilus in dicto mandamento, que tenentur a dom° dalphino.

1219. Die (*ut* 494)... d. n. dalphini de baylliviatu baronie terre Turris et Vallis Bone et aliorum baylliviatuum Dalphinatus.

1220. Item, Jac. Boyssonis (*ut* 495)... rac. baylliviatuum Dalphin.

1221. Item, duos processus, quorum unus inceptus fuit anno Nativit. Dñi M°CCC° octuag° V° et die XXV febroarii, et alter anno Nativ. M°CCC°XC° et die X novembris, ventilati in camera superiori Dalphinatus inter advocatum et procuratorem fiscalem dom¹ nostri dalphini ex una parte et dom. Aymonem de Amaysino militem ex altera, super juridictione hominum dicti dom. Aymonis degencium in mandamento Quiriaci, quam dicebat se habere idem dom. Aymo, diffinitos ad utilitatem dalphinalem, traditos in camera per Petrum Paneti secretarium dalphinalem.

REGISTRUM

INSTRUMENTORUM, LITTERARUM, PRIVILEGIORUM BARONIARUM MONTIS ALBANI, MEDULIONIS

ut sequitur infra [1].

IN nomine Domini nostri Jhesu, amen. Anno Nativitatis ejusdem mill'o III^{c}XL sexto, indictione xxiiii^a, die xi^a mensis marcii, nobiles et circumspecti viri dñi Stephanus de Ruffo miles, legum doctor, judex major hospicii dalphinalis et tocius Dalphinatus, et Raymundus Falavelli jurisperitus, consiliarii dalphinales, inceperunt perquirere et designare instrumenta, litteras et privilegia supradicta tangentia ipsas baronias, existentes et existentia in cofinis repositis in sacristia Sancti Andree Grationopolis, juxta mandatum et comissionem eisdem factam per rever. in Xpisto patrem dom. Henricum de Vilariis, Dei gratia archiepiscopum et comitem Lugdunensem et locumtenentem ill^{is} principis dom^i Humberti dalphini Viennensis versus Turquiam in remotis agentis, ajunctis cum eisdem dñis notariis infrascriptis ad predicta, videl. Johanne Sadoudi, mandamenti Montis Bonodi, Guillelmo Ruffi de Vapinco et Guillelmo de Portu de Varey, clerico notario dom^i nostri dalphini predicti, et Andrea de Aurayca; qui notarii et eorum quilibet juraverunt ad sancta Dei Euvangelia, in manibus dict. dñorum Stephani et Raymundi, in premissis se fideliter habere et nulla scripta de predictis aliis existentibus in dictis scofinis extraere seu deportare, nisi de voluntate et licentia dicti dom^i archiepiscopi seu dict. dñorum Stephani et Raymundi, et idem juramentum prestiterunt dicti dñi Stephanus et Raymundus.

---

1. Registre ✝, ff. j à xxxv.

1222. Et primo invenerunt inter dictas scripturas dict. baroniarum instrumentum emancipacionis nobilis Raymundi de Medulione, domini condam dicte baronie, et donacionis sibi facte de dicta baronia per dom. Raymundum ejus patrem, scriptum sub anno ab Incarnacione Domini nostri Jhesu Xpisti mill° CC° octuagesimo primo, scilicet pridie idus julii, manu Roberteti Roberti notarii publici condam et bullatum bulla plumbea.

1223. Item invenerunt quinque instrumenta connexa in duabus pellibus, continentia exequtiones, emendas et debitorum solutiones dom^i Roncelini condam Lunelli et Montis Albani domini, in baronia Montis Albani factam et factas per dom. Hugonem Aymarii de Montilio juxta ordinacionem exequtorum, scripta sub anno Dñice Incarnacionis M°II^{C}XC°VII°, scil. III° kalend. octobris, manu Alberti de Brayda notarii publ.

1224. Item, homagium et recognicio facta per dom. Poliam de castro de Vinsobris, recepta manu Guig. Frumenti not. pub. sub anno Nativ. Dñi M°III^{C}XXXIX°, die xx^a mensis marcii.

1225. Item, quod. instrumentum continens concordiam factam inter dom. Johannem dalphinum bone memorie ex una parte et dom. Beatricem de Avellino, uxorem quondam dom^i Guidonis Dalphini, domini baroniarum Montis Albani quondam, super dote ipsius dom. Beatrisie et super legatis et aliis pluribus peticionibus quas faciebat super bonis dicti dom. Guidonis, scriptum sub anno Dñice Incarn. M°III^{C}VII°X°, indict. xv, die ultima mensis januarii, manu Guillelmi Lamberti, Vayssionen. dyocesis, notarii publ.

1226. Item, recognicio castri de Podio Hugone facta per dños Baudonum et Alterinum de Podio Hugone cum aliis suis pareriis dom° Rondete domine Montis Albani, scripta manu Guillelmi de Podio notarii, sub anno Incarn. Dñi M°CC°LXXVI°, XIIII° kalend. febroarii.

1227. Item, recognicio Sancte Galle facta per dom. Ysodorum Raymundo de Medulione, scripta sub (anno) Incarn. M°CC°LXVI°, die lune ante Carniprivium novum, manu Raymundi Guigonis notarii in Baroniis.

1228. Item, al. instrumentum continens homagium nobilis Guillelmi de Agouto et recognitionem factam de medieta(te) castri Sancti Genesii et de bastida de Marmorea, receptum manu dom^s Humb^t Pilati sub anno Nativ. Dñi M°III^{C}XXXIIII°, die x mensis januarii [1].

---

1. *En m.* Vacat quia est in Vapincesio.

1229. Item, instrumentum donacionis facte per Raymundum de Medulione juniorem de tota baronia Medulionis et de tota terra sua et de feudis et retrofeudis suis dom° Humberto dalphino Viennensi bone memorie quondam, et dacio in feudum dicte terre facta per dictum dom. dalphinum Raymundo de Medulione de omnibus predictis, scriptum (*ut* 1242).

1230. Item, al. instrumentum recognitionis facte per bone memorie dom. Guigonem dalphinum et dom. Humbertum dalphinum nunc presentem, de auctoritate dom¹ Henrici Dalphini quondam tutoris ipsorum, dom° pape Johanni, recipienti nomine sancte Romane ecclesie, se tenere et velle in feudum ab ipso dom. papa et Romana ecclesia duas partes et jura vassallatica duarum parcium dominii, meri et mixti imperii ac juridicionis omnimode castri Ruppis Acute, pareriam, dominium et juridicionem, merum et mixtum imperium proprietatis et jura vassallatica castri Podii Guigonis, item medietatem dominii et juris vasallatici et quidquid Hospitale Sancti Johannis Jherusalem tenebat et possidebat a domino Montis Albani in castro de Navayssano, item quartam partem feudi, dominii, meri et mixti imperii ac juriditionis territorii Albaneti, item terciam partem feudi, juridicionis, meri et mixti imperii territorii Sancti Andree de Esperansano, item medietatem pro indiviso juriditionis et juris vassalatici et quidquid habebant in territorio bastide Sancti Maurisii et de Boqueto, et quidquid juris habent in dict. castris et territoriis Auraycunsis, Vasionen. dyocesium vel aliud seu alii pro eodem; et recognoverunt dicto dom. pape habere et habere debere majus dominium in dictis locis et calvagatas et omne servicium quod feudatarius tenetur facere pro feudo domino suo, et pro predictis feudis tenentur facere homagium : prout predicta et qued. alia continentur in predicto publ. instrumento scripto manu Guillelmi de Saguineto, clerici Viennen. dyocesis, notarii publ. sub anno Dñi M°III°XXI°, die ix³ mensis aprilis, indict. IIII³.

1231. Item, quod. instrumentum super quodam compromisso et concordia olim factis inter nobilem virum Raymundum de Medulione juniorem ex una parte et abbatem Insule Barbare ex altera, super juriditione loci de Turretis et castri Montis Maurini, Vincii et Sancte Marie et Carceris et Pomeyrol et Curnillon et Cornillani, Brucheti, Clarimontis et castri Ramusati, super pluribus condicionibus et pactis et recognitionibus seu confessionibus factis inter ipsos super predictis, scriptum manu Lamberti notarii publ. sub anno Dñi M°CC°LXIX°, XIIII³ kalend. maii, bullatum bulla plombea.

1232. Item, al. instrumentum continens recognicionem homagii Oliverii Lauderii, scriptum manu Guig. Frumenti not. sub anno Dñi M°III°XXXIIII°, die xxv mensis julii.

1233. Item, instrumentum continens quad. transactionem factam inter magnificum virum dom. Henricum Dalphini bone memorie, dominum Montis Albani, ab una parte et fratrem Albertum de Nigro Castro, Hospitalis Sancti Johannis Jherusalem preceptorem transmarinum, scriptum sub anno Incarn. Dñi M°III°XIII°, die IIII^a mensis junii, manu Belmondi Rafini de Nyoniis, in quo instrum. inter cetera continetur quod omnes homines et singuli castri Venteyrolii sunt in guidagio domini et quod quilibet qui cum arato laborabit debet dare I sestarium avene domino et alii innobiles cum personis laboraturi tamen I. eyminam; item continetur in dicto instr^{to} recognicio facta per dictum Hospitale dicto domino de castro de Grilone et de feudo ipsius domini in villa jacente et suo territorio ejusque juribus et pertinentiis universis, nec non recognitiones territorii et mandamenti Sancti Mauricii in feudum a dicto domino et omnia que tenent in dictis territorio et mandamento in feudum, et eciam recogniciones territorii et mandamenti de Bocheto, et recognicio territorii et mandamenti de Fraxino et quidquid in eo dictum Hospitale tenet: hoc acto quod pro predictis feudis preceptores seu baylivi, qui pro tempore fuerint dicti Hospitalis et sub quorum preceptoria erunt, teneantur in mutacione domini et in mutacione prioris Sancti Egidii recognicionem facere, et eciam semper cum locus afuerit et servire; et eciam continetur in ipso instr. quod dominus habet medietatem pro indiviso omnimode juridicionis, meri et mixti imperii in dictis territoriis et mandamentis de Sancto Maurisio, de Bocheto et de Fraxino, cetera sunt dicti Hospitalis, et quod comuniter debent esse officiales qui regant dictam juridicionem, et si in dictis territoriis vintenum levaretur a cultoribus territorii quod sit comune inter dict. dominum et Hospitale; et eciam continetur quod domus Sancti Johannis de Trivis et domus Sancti Laurentii in Royanis sunt dicti domini, ipse tamen dominus tenetur supportare onera dict. domorum.

1234. Item est quod. vidimus continens pactiones et transactionem olim factam inter dom. Humbertum dalphinum bone memorie ex una parte et dom. Johannem episcopum condam Valentinen. super facto Medulionis, super castris Deiajutorii, Criste et continet quomodo unus debet alium juvare de guerra et quomodo episcopus creandus et dalphinus debent ratifficare et confirmare contenta in ipso, et fuit factum anno Dñi M°III°VIII° et scriptum instrumentum a quo fuit ipsum vidimus sumptum manu Aymonis de Tornafollo de Montelupello.

1235. Item, quod. al. instrumentum factum manu Petri Romandi notarii sub anno Incarn. Dñice M°II° octuag° VI, super recognicionibus feudorum et castrorum de Autana, de Vercoyrano et Sancte Heufemie.

1236. Item, quod. al. instrumentum seu littera sigillatum quad. bulla plumbea et quod. sigillo cereo inpendenti, sub anno Incarn. Dñi M°II°XXXI°, xi kalend. maii, continens qualiter dom. Raymundus de Medulione aquisivit feuda Sancte Galle intus et extra, et de bastida de Colda et de tot afayre bastide Colli de Chabannis intus et extra.

1237. Item, quod. instrumentum continens testamentum dom' Guidonis Dalphini, in quo sibi heredem instituit dom. Humbertum Dalphini, nepotem suum, sub anno Dñice Incarn. M°CCC°XVII°, die xxiiii³ mensis januarii, manu Bertrandi Laurentii notarii publ.

1238. Item, al. instrumentum continens quod dom. Raymundus Raymbaudi miles confessus fuit nobile dom° Randone, Montis Albani domine, filie quondam et heredi dom' Draconeti Montis Albani domini, se tenere a dicta nobili et sub ejus dominio et segnoria in feudum francum omne id et quidquid habet et possidet et omnia bona et jura et dominia que habet, tenet et possidet seu quasi et alius seu alii ejus nomine in castris Sancte Heufemie et de Verduno, et quidquid habet in tenemento de Duro Forti et de Sancto Albano, scriptum manu Petri de Lacelmes publ. notarii, sub anno Dñice Incarn. M°II°LXXVII, iiii kalend. junii.

1239. Item, quod. instrumentum scriptum sub anno Dñi M°II°XLVIII°, continens comodo Bertrandus de Missone, dominus de Sancta Galla, dedit Bertrando filio suo quidquid habebat in castro de Sancta Jalla.

1240. Item, quod. instrumentum continens quamdam vendicionem factam per Raymundum dominum Medulionis, de castro Curnillionis sito in valle Ollc cum suis juribus et pertinentiis precio certo, ill' principi dom. H(umberto) dalphino Viennensi, scriptum manu Alberti de Brayda, sub anno Dñice Incarn. M°III°II°, die ultima mensis novenbris.

1241. Item, quod. instrumentum infeudationis castri de Mollanis facte per Raymundum dominum de Medulione Raymundo de Medulione ejus filio, scriptum manu Symondi de Riboudis notarii publ. anno Dñi M°II^C octuag° I°, xi kalend. augusti.

1242. Item, quod. al. instrumentum scriptum manu Alberti de Brayda notarii publ. sub anno Incarn. Dñi M°II^{C}XC°III°, indict. vi^a, x die mensis julii, continens donationem factam per Raymundum de Medulione ill^i principi dom. H(umberto) dalphino presenti et recipienti de castris infrascriptis que sunt hec : castrum de Mollanis, castrum de Buxo, castrum de Ruppe, castrum de Medulione, castrum de Villa Franca, castrum de Sedarono, mandamentum et bastidam de Costa; item que tenebantur in feudum a predicto Raymundo : medietas castri de Propriac cum duabus partibus territorii, castrum de Bellovicino, castrum de Beuvennay, castrum seu villa de Propriayssio, castrum de Penna, castrum de Petra Longua, castrum de Aguileriis, castrum de Aplayssiano et septem partes castellariis et territorii de Guiberto, castrum de Poyeto dum Percipia, castrum de Alasona, castrum de Rocheta, bastida de Governeto cum tertia parte territorii de Boysseto, medieta(s) castri de Autana, quedam pars juridicionis hominum extraneorum qui delinquerent in castro seu territorio Vercoyrani, castrum Sancti Salvatoris, afare de Vilari, medietas castri de Poyeto sito in valle Bedonensi, castrum de Businano, tres partes castri Sancte Galle, vii partes castri de Arpcione, tercia pars castri de Asseduna, medietas castri Montis Regalis, medietas bastide de Marquerino, bastida Colli Chabarini, due partes castri de Claromonte, castrum Cornerii; item continet dict. instrum^m quod prefatus dom. Humbertus in feudum predicta omnia dedit dicto Raymundo, sub certis pactis et condicionibus in instr^{io} contentis.

1243. Item, quod. instrumentum factum manu Guilielmi Rostagni, sub anno Incarn. Dñice M°II^{C}XC°IIII°, iiii° nona julii, super recognicione facta per Guillelmum de Arquana, condominum dicti loci, feudi dicti loci de Archana dom° Randone domine Montis Albani.

1244. Item, quinque instrumenta simul connexa scripta manu Johannis Tornatoris notarii de Systarone, sub anno Dñi M°III^{C}XVII°, continens inter cetera donacionem factam per dominum de Medulione dom° Johanni dalphino presenti et recipienti, de castris Medulionis, de Buxo et de Merendulio, continens eciam convenciones plurimas inter eos habitas et dom. Raymundum Aynardi, tunc dominum Comerii.

1245. Item, al. instrumentum scriptum manu Roberti Roberti notarii publ. sub anno Incarn. Dñi M°II(I)°XXXII°, die quina mensis maii, continens venditionem factam dom° Guigoni dalphino per dom. Agoutum de Bautio et ejus uxorem, de tribus partibus pro indiviso directi seu majoris immediate dominii tocius castri de Ruppecula Medulionis et ipsius castri mandamenti et districtus, precio II^c floren. habitorum et receptorum per ipsos conjuges.

1246. Item, quod. al. instrumentum scriptum (ut 1232), indit. II^a, continens homagium dom^i Petri Hugonis, prioris de Proyaco, prestitum ill^i principi dom° H(umberto) dalphino Viennensi.

1247. Item, quod. al. instrumentum scriptum manu Raymundi Guigonis notarii publ. sub anno Incarn. M°II^{c}LXX°II°, XVI kalend. aprilis, continens homagium et recognicionem factam dom° Raymundo de Medulione per Moncalinum de Pomeralio de dicto castro et mandamento ejusdem, cum confrontationibus sibi impositis.

1248. Item, quod. al. instrumentum confectum manu Rollandi de Manteyrio notarii, sub anno Dñi M°II^{c}LI°, mense aprilis, in festo Marcii evangeliste, continens compromissum et pronun(tia)tionem factas inter Guigonem dalphinum Viennensem et Raymundum dominum Medulionis, super castro de Lepina et de Sorberio et quorumdam aliorum.

1249. Item, quod. al. instrumentum scriptum manu Poncii Laurencii de Nyhoniis notarii publ. sub (anno) Incarn. Dñi M°III°XXVII°, die XXVI^a mensis junii, continens aquitiationem factam Johanni de Asseduna per Bartholomeum Symonis Florentie, de omnibus in quibus dictus Johannes tenebatur eidem occasione quacumque.

1250. Item, al. instrumentum continens recognicionem factam per dom. Guillelmum de Playssiano, militem et dominum de Vlnsobriis, qui confessus fuit dictum castrum tenere de dominio et segnoria ill^{is} principis dom. Humberti dalphini Viennensis, et homagium eidem domino factum pro predictis, scriptum manu Alberti de Breyda notarii publ. sub anno Dñice Incarn. M°CCC°XXXVI°, XXV die februarii.

1251. Item, al. instrumentum continens escambia facta per dominum Medulionis ex una parte et Guillelmum Malcapi de Buxo et Guillelmetam ejus filiam, uxorem Nycolerii Colerii domicelli, et ipsum Nycolerium ex altera, de quodam campo et quad. vinea contiguis sitis in territorio Buxi, loco vocato las Cassas subtus Pennas, qui campus et vinea ex una parte confrontatur cum itinere publico : que tradidit dict. dominus Medulionis predict. escambiantibus, et ipsi eidem domino tradiderunt quamd. vineam juxta iter.

1252. Item, quod. al. instrumentum scriptum sub (anno) Dñi M°II°LXVI°, ix kalend. decenbris, per magistrum Guillelmum notarium episcopi Vayssionensis, continens quand. concordiam factam inter abbatem Insule Barbare et dom. Humbertum (!) dalphinum, dominum Montis Albani, de dominio et segnoria quam habebat in Bertrando de Missone apud Leyns et Faram et de castro de Rosseu et de Xusol, cum suis pertinentiis, et de homagio prestito pro predictis dicto abbati.

1253. Item, quod. al. instrumentum scriptum manu Johannis Cotesii notarii, sub anno Dñi M°(CC°)XC°VI°, die II^a mensis septenbris, continens quomodo fuit traditum castrum Montis Albani pro parte domⁱ Hugonis Ademarii, domini dicti loci, dom° dalphino Viennensi.

1254. Item, quod. al. instrumentum receptum (*ut* 1232), II^a die mensis julii, super homagio Raymundi de Rossanis.

1255. Item, quod. al. instrumentum factum (*ut* 1232), continens homagium ligium factum dom° dalphino per dom. Bertrandum Oliverii, alias dictum Governet, militem,.. indic. II^a, die XVIII^a julii.

1256. Item, quod. al. instrumentum continens homagium Falconis de castro de Nyhoniis factum dom° dalphino, scriptum (*ut* 1232).

1257. Item, quod. al. instrumentum continens homagium factum per Hugonetum de Novayssano dom° nostro dalphino, sub anno Dñi M°CCC°XXXIIII°, ind. II^a, die XX^a mens julii.

1258. Item, quod. al. instrumentum scriptum sub anno M°II°IIII^{xx} et confectum manu Petri Michaelis notarii, continens vendicionem factam per Bertrandum Pelfel de Vinsobriis nobili dom° Beatrici de Medulione, domine Avisani, de territorio seu mandamento quod vulgaliter appellatur tenementum Sancti Mauricii, cum limitationibus ibi positis.

1259. Item, quod. al. instrumentum scriptum manu Roberti Roberti notarii, sub anno Incarn. M°II^c octuag° II°, XI kalend. julii, continens recognicionem et homagium Raymbaudi Gaufridi de Propriaco, de castro Propriaci et rebus quas tenebat in dicto castro.

1260. Item, quod. al. instrumentum confectum manu Bartholomei

Alberti notarii, sub (anno) Dñi M°IIᶜLXX°VI, continens quod Hugo de Monte Bruno, Rolandus domicellum confes(si) fuerunt se tenere a dom° Draconeto de Mote Albano castrum de Monteguerso, de valle Guina, dyocesis Vapincensis, et fecit homagium dictus Hugo pro dicto castro. — 1261. Item, al. instrumentum dicto instr⁰ annexum scriptum manu dicti notarii, anno predicto, continens quod dom. Rostagnus Amici miles, condominus Vercoyrani, (confessus fuit) se tenere in feudum a dicto dom. Draconeto quidquid tenebat et possidebat in toto castro Vercoyrani, pro quo fecit sibi homagium.

1262. Item, al. instrumentum scriptum manu Poncii Saunelli, sub anno Dñi M°IIᶜ octuag° VI°, continens venditionem factam per Rogerium de Monte Brando Johanni de Asseduna de castro de Esparono in baronia Asedune.

1263. Item, quod. instrumentum continens recognicionem factam per nobilem Hugonem de Monte Bruno dom° Randone domine Montis Albani, de castro et fortalicio de Rovont et de castro et fortalicio Montis Guersi, factum manu Petro Rainaudi sub anno Dñi M°IIᶜ LXXVI°.

1264. Item, quod. al. instrumentum scriptum manu Johannis del Aselinis notarii, sub anno Incarn. M°IIᶜLXXVIII°, 11 kalend. novenbris, continens quod dom. Guillelmus de Colins, dominus in parte de Alausone, recognovit dom° Raymundo Gaufridi de Castellana, domini Motis Albani, in feudum franchum et nobile quidquid habebat in dicto castro et pro hoc fecit homagium et prestitit fidelitatis sacramentum.

1265. Item, quod. instrumentum continens homagium domⁱ Petri de Monte Brisono militis, domini de Chovaco, per eum factum dom° dalphino et recognicionem per eum factam de dicto castro de Chovaco cum suo mandamento et omnimoda juridictione, scriptum (*ut* 1232), die ixᵃ mens julii.

1266. Item, quod. al. instrumentum scriptum manu Johannis Corteyssii, sub anno Dñi M°IIᶜXC°VI°, die III mensis septenbris, continens quod castra de Riomis et Montis Guersi fuerunt tradita in manibus discreti viri dom. Benevenuti de Compeyssio, legum professoris, recipientis nomine domⁱ Humberti dalphini Viennensis, tamquam majori domino dict. castrorum.

1267. Item, quod. al. instrumentum scriptum manu Bertrandi Ysnardi notarii publ. sub anno Dñi M°IIᶜXC°V°, xii die mensis novembris, continens ordinaciones et convenciones habitas inter dom. Humbertum dalphinum bone memorie ab una parte et virum nobilem dom. Hugonem Ademarii, dominum (de) Lumberiis et Montis Albani, ex altera super facto dicte baronie et juribus ejusdem et aquisicione ipsius.

1268. Item, quod. al. instrumentum scriptum manu dom¹ Humb¹ Pilati de Buxeria not. pub. sub anno Dñi M°III°XXXVII°, indict. v³, die vª mensis maii, continens quod nobilis domicellus Bertrandus de Baucio, filius dom¹ Agouti de Baucio, fecit homagium ligium de corpore dom° nostro H(umberto) dalphino Viennensi, volente et presente dom° patre suo.

1269. Item, quod. al. instrumentum scriptum manu Guillelmi de Sanguineto notarii Nyvernen. diocesis, sub anno Nativit. Dñi M°III°XXI°, die ixª mensis julii, continens recognicionem factam dom° Johanni pape summo pontiffici, recipienti nomine Romane ecclesie, per dños Guigonem dalphinum bone memorie et dom. H(umbertum) presentem de castris de Nihoniis et de Miribello et de majori dominio de Vinsobrio, sub pensione annua seu censu unius marche et unius uncie argenti operati in festo Nativitatis Domini, sub multis condicionibus et formis in dicto instrᵗᵒ contentis, presente dom° Henrico Dalphini bone memorie et volente.

1270. Item, quod. vidimus transumptum de quod. instrumento mandati dom¹ Guillelmi de Royno officialis Gracionopolis, originali instrᵗᵒ scripto manu Girardi de Brayda notarii, continens quod dom. Guigo Alamandi remissit Raymundo de Medulione omne jus et racionem sibi acquisitum et quod et quam habebat in castro Cornillionis, virtute donacionis sibi facte per dictum R. de dicto castro cum juribus eidem spectantibus ad predict. castrum et totam vallem Ollc, et inde habuit M libras.

1271. Item, quod. instrumentum continens quamd. remissionem factam per prioressam et monachas monasterii de Aleyraco, Diensis dyocesis, domino de Medulione de iiiiᵒʳ libris piperis et vi libris de cumino anualibus, scriptum manu Rostagni Saramandi notarii publ. sub anno Dñi M°III°XXIII°, videl. ixª die mensis januarii.

1272. Item, quod. instrumentum continens recognitionem medietatis castri Montis Olivi factam per dom. Raymundum de Rastello militem domino Montis Albani et homagium per ipsum dom. R. factum, scriptum per Petrum de Lantelmes notarium, sub anno Dñice Incarn. M°II°LXXVIII°, scil. iiiᵒ kalend. augusti.

1273. Item, quod. al. instrumentum concordie facte inter inclite recordacionis dom. Johannem dalphinum ex una parte et principem Aurayce et dom. Annam ejus consortem, filiam dom¹ Guidonis Dalphini, domini Montis Albani condam, ex altera super hiis que tenebant dicti princeps et ejus uxor, super bonis et hereditate dicti dom. Guidonis Dalphini et super feudo de Avisano et de Monte Brisono, scriptum sub anno Dñice Incarn. M°CCC°XVII°, indic. xvª, sil. die ultima mensis januarii, manu Guillelmi Lamberti de Valriaco notarii publ. et subscriptum manu Johannis Bovardi.

1274. Item, quod. al. instrumentum recognicionis facte et homagii prestiti per dom. Hugonem Ademarii, dominum baronie Montis Albani, dom° Humberto dalphino de castris infrascriptis, videl. de Monte Albano, de Sancto Albano, Sancte Eufemie, in castro Montis Guersi, de Rions, de Vercoyrano et de Nyonis, scriptum manu Aymonis de Tornafol, de Monte Luppello, notarii publ. sub anno Dñi M°CC°XC°IIII°, indic. vIIIª, die IIª mensis marcii.

1275. Item, quod. al. instrumentum donacionis facte de Avisano dom° Humberto dalphino Viennensi condam a domª Beatrice de Medullione, domina de Avisano predicto, scriptum et signatum manu Alberti de Brayda notarii publ. sub anno Dñi M°CC°XC°IIII°, indic. vIIª, mensis augusti vIIª die.

1276. Item, quod. al. instrumentum continens compromissum factum inter dom. abbatem Insule et conventum ejusdem ex una parte et dom. Raymondum Gaufredi, dominum Montis Albani, nomine suo et dom° Randone uxoris sue, et Petrum de Misone ex altera et pronunciatio facta super castris de Lencio, de Monte Ferrando, de Fara et de Rosseo et quibusdam aliis juribus, scriptum manu Raymondi Guigonis notarii publ. sub anno Dñi M°CC°LXX°III°, ix calend. madii.

1277. Item, quod. al. instrumentum continens recognicionem factam per Rostagnium de Duroforti, de castro ejusdem et de omnibus que tenet et possidet in castro de Sancta Eufemia, Vapincensis dyocesis, facta dom° Raymondo Gaufredi de Castellana, domino Montis Albani, et homagium factum per eundem, scriptum manu Bartholomei Ariberti notarii publ. sub anno Dñi M°CC°LXX°VII°, vI° ydus marcii.

1278. Item, quod. instrumentum continens donacionem factam per dom. Beatricem supra dictam et est supra registratum.

1279. Item, al. instrumentum continens recognicionem factam

per ill^em principem dom. Humbertum dalphinum Viennensem et dominum baronie Montis Albani, existens in presencia dom¹ Benedicti divina providencia pape XII, anno III° pontificatus ejusdem, recognovit se tenere in feudo a dicto dom° nostro papa ac sancta Romana ecclesia, sub annuo censu unius marche et unius uncie argenti operati in festo Nativitatis Domini annis singulis persolvendarum, videl. castra de Nyonis, de Mirabello et majus dominium castri de Vinsobriis, Vasionensis dyocesis, et quicquid habet vel habiturus est in predictis castris et recognicionem homagii facti de predictis, scriptum manu Humb¹ Pilati not. pub. sub anno Dñi M°CCC°XXXIII°, die xv mensis marcii.

1280. Item, quod. al. instrumentum continens quandam sentenciam latam per dominum Medullionis, continentem franchesias quorumdam hominum de Buxo, scriptum manu Guillelmi de Tornone notarii publ. anno ab Incarn. Dñi M° ducent. tricentesimo VII°, pridie ix^a junii.

1280 bis. Item, quod. al. instrumentum continens homagium ligium factum et prestitum per Petrum de Sancto Lagerio...

1281. Item, quod. al. instrumentum continens vendicionem factam per Albertum Medici et ejus filium de castro Avisani dom° Beatrici de Medullione, scriptum manu Alberti de Brayda notarii publ. sub anno Dñice Incarn. M°II°XC°IIII°, VIIe indic., die VII^a mensis augusti.

1282. Item, quod. al. instrumentum continens transactiones quorumdam castrorum vallis Olle facte inter viros nobiles Raymondum Medullionis dominum ex una parte et Ysoardum de Chalancone, factum manu Poncii Orseti notarii publ. sub anno Dñi M°CC°LXX°II°, VIII^a kalend. aprilis.

1283. Item, quod. al. instrumentum continens recognicionem castri de Avolan factam domino Medullionis per Hugonem de Monte Bruno, scriptum manu Boni Amici notarii publ. sub anno Dñi M°CC° quatrag° III°, ydus maii.

1284. Item, quod. al. instrumentum continens exequcionem factam super testamento nobilis et potentis viri dom. Ronsolini condam Lunelli et Montis Albani domini, ad instantiam nobilis et potentis viri dom. Hugonis Audemarii, Montulionis, Lumbercii ac Montis Albani domini heredisque ipsius dom. Ronsulini condam, continens eciam taxaciones et emendas factas et cognitas per exequtores ipsius testamenti, scriptum manu magistri Guillelmi Cavallerii notarii publ. sub anno Dñice Incarn. M°CC°XC°VII°, III caul. octobris.

1285. Item, quod. al. instrumentum continens vendicionem factam per Petrum de Saysio et Armandam ejus uxorem de pluribus censibus et serviciis sitis in mandamento Buxi curie dicti loci et bajulo dicti loci Buxi, scriptum manu Bartholomey Aliberti notarii publ. sub anno Dñi M°II°C octuag° III°, die lune post festum sancti Martini.

1286. Item, quod. al. instrumentum continens donacionem factam per Raymondum de Medullione juniorem ill¹ principi dom. Humberto dalphino Viennensi de tota terra sua et castrorum et jurium suorum; continentur eciam homagium factum per dictum Raym. dicto domino et infeudacio dicte terre dicto Ray. facta per dict. dominum, scriptum manu Alberti de Brayda auctor. imper. notarii publ. sub anno Incarn. Dñice M°CC°XC°III°, indic. VI°, x° die mensis julii.

1287. Item, quod. al. (instrum^m) continens limjtaciones castrorum de Molanis et de Malaut., scriptum manu Raymondi Olverii seu Arnaudi notarii publ. sub anno Dñi M°CC°LXX.VII, kalend. julii.

1288. Item, quod. al. instrumentum continens permutacionem factam per episcopum Vasionensem cum dom° nostro d. Humberto dalphino, de hiis que percipiebat et habere dicebat episcopus seu ecclesia Vasionensis in castro de Propiaco, scriptum manu dom¹ Humb¹ Pilati not. pub. sub anno Dñi M°CCC°XXXVII°, die IIII° mensis junii.

1289. Item, quod. al. instrumentum continens plures confessiones factas et recepta manu plurium notariorum et confessatas per diversas personas nominatas et contentas in ipsis instr¹¹⁸, super emendis forefactorum nobilium virorum dom¹ Dragoneti condam domini de Monte Albano et dom¹ Ronsolini domini de Lunello condam et dom° Randone matris condam dicti dom. Ronsolini filieque dicti dom. Dragoneti, scriptum manu Raymondi Bruni notarii publ. sub anno Dñice Incarn. M°CCC°VII°, IIII° die mensis aprilis.

1290. Item, quod. al. instrumentum continens vidimus factum per dom. episcopum Vasionensem super privilegio concesso per dom. Fredelicum condam Romanum imperatorem dom° Raymondo condam Medullionis domino et ejus successoribus in baronia Medullionis, continens libertates eidem et successoribus suis concessas, scriptum manu Nicholay de Compendio notarii publ. sub anno Dñice Incarn. M°CC°LXX°II°, pridie ydus aprilis.

1291. Item, quod. al. instrumentum continens homagium factum per Raymondum de Remusaco dom° nostro d. Humberto dalphino Viennensi, scriptum (*ut* 1232).

1292. Item, quod. al. instrumentum continens recognicionem et homagium factam per Bertrandum Raybaudi domine Montis Albani condam, de hiis que tenebat in castris de Lyonis, Sancte Heufemie, de Bastida, scriptum manu Guillelmi Audeguardi notarii publ. sub anno Dñi M°CC°LXXVII°, II° nonas decenbris.

1292 *bis*. Item, quod. al. instrumentum continens homagium Bertini de Noveysiano per eundem factum dom° nostro dalphino Viennensi, scriptum (*ut* 1232).

1293. Item, quod. al. instrumentum continens confirmacionem nobilis comitisse dom. Anne dalphine condam Viennensis super recognicione facta per dom. Rosolinum condam Lunelli dominum et Montis Albani, videl. dom° Humberto dalphino Viennensi, scriptum manu Petri de Lacelmes auctor. imper. publ. notarii, sub anno Dñi M°CC°LXXXXI°.

1294. Item, quod. al. instrumentum continens homagium nobilis Joffredi Tyvoleys de Mota Galabri per eundem factum dom° nostro dalphino Viennensi, scriptum manu Guig. Frumenti not. pub. sub anno Dñi M°CCC°XXXIIII°, indict. II°, die III° mensis januarii.

1295. Item, quod. publ. instrumentum continens homagium et recognicionem Petri et Guillelmi de Duro Forti fratrum factam dom° nostro dalphino de omnibus hiis que tenebat et possidebat in tota baronia Montis Albani, scriptum (*ut* 1294), die XXIIII° mensis julii.

1296. Item, quod. al. instrumentum continens quand. recognicionem et homagii prestationem factam per Guaufredum de Arreliis, Falconem de Nionis, Petrum Gerentes et Raymundum de Arreliis domino Montis Albani condam, de omnibus hiis que tenebant in castro et mandamento de Nionis, scriptum manu Humberti de Valriaco notarii publ. sub anno Dñi M°CC°XLII°, videl. XV° kalend. octobris.

1297. Item, quod. al. instrumentum continens recognicionem factam per dom. Raymondum Andree militem, Hospitalis Sancti Johannis Jerosolomitani preceptor vallis Venterollii et Novayssani, dom° nostro dalphino de omnibus hiis que dictus preceptor nomine domus sue preceptorie tenet in mandamento et territorio de Novayssano, scriptum manu Raymondi Raphini notarii publ. sub anno Dñi ice Incarn. M°CCC°XX°, die IIII° augusti.

1298. Item, al. instrumentum continens quand. quitationem M

librarum factam per dom. Aguedum de Baucio, dominum Brantuli, domo Johanni dalphino in quibus eidem dom. Agoudo tenebatur idem dom. dalphinus tam racione homagii quam racione juris quod habebat idem dom. Agoudus in terra domini Medullionis, scriptum manu Guillelmi Gruer de Beduino notarii publ. sub anno Incarn. Dñi MoCCCo XVIIIo, sil. xxiiiio die mensis aprilis.

1299. Item, quad. al. littera in pargameno scripta, sigillata in sigillo pendenti cera rubea, emanata a patre revdo dom. Galberto Aralatensi archiepiscopo, camerario domi pape Johannis, sub anno MoCCCoXXXIIIo, die xxixa mensis maii, continens solucionem undecim unciarum argenti factam dicto archiepiscopo, nomine dicti dom. pape, per dom. Bertrandum Euchachii pro castris de Nionis, de Miribello et de Vinsobrio.

1300. Item, quod. al. instrumentum continens vendicionem medietatis castri de Ubrilis facta domo Raymondo de Medullione majori, domino Buxi, per dom. Guillelmum Flota precio Vm soludorum, bullatum bulla plumbea curie Auraycensis, factum manu Boni Amici notarii publ. sub anno Incarn. Dñice MoCCoXL.VIIo, calend. marcii.

1301. Item, quod. al. instrumentum continens homagium et recognicionem factum et factam per dom. Nicholaum Constantii de Alba, legum doctorem et militem, de castro et territorio Castri Novi de Bordeta Vasionen. diocesis, et castri sive bastide Coste Calide ejusdem dyocesis, item de medietate et tricesima sexta parte castri de Arboribus pro indiviso, dicte diocesis, item de territorio de Braquosa cum turri dicta Braquosa sita supra Menea, in diocesi Dienci, una cum hominibus, vassallis, feudis, homagiis, mero mixto imperio et omnimoda juridictione, scriptum manu Humbi Pilati not. pub. sub anno Nativit. ejusdem MoCCCoXXXIIIIo, indic. IIa, die xiiia mensis januarii.

1302. Item, quod. al. instrumentum continens homagium et recognicionem factum et factam per nobilem Johannem Alamandi, filium domi Gileti Alamandi militis, domini de Sancta Jalla, domo Humberto dalphino de tota et universa parte quam habet seu visus est habere et debet in mediate in castro, territorio, districtu de Sancta Galla et in castro, territorio et districtu in mediate Ruppis Brunci, et inde seu de predict. omnibus homagium fecit et sacramentum prestitit fidelitatis; scriptum (ut 1301), die xva mensis januarii.

1303. Item, quod. al. instrumentum continens homagium et

recognicionem factam dom° dalphino, ut domino Baroniarum, per dom. Poncium de Remusato militem, alias dictum Cornilhanum, primo de tribus partibus castri et juridictionis de Duro Forti Vapincen. diocesis, et de omnibus que tenet in dicto castro vel alius pro eo, item de octava parte castri et juridicionis castri de Autana siti in dyocesi Sitariensi et de omnibus que tenet in dicto castro, et de medietate pro indiviso castri Penne Fortis dicte diocesis, item de quod. deffenso de erbis et nemoribus, quod deffensum vulgariter appellatur Alauso, et de juridictione castri de Fara et de omnibus hiis que tenet in castro Sancto Eufemie et de v° sestariis avene et VIII denar. censualibus que percipit in castro de Leborello : que predicta lacius declarantur in dicto instr'° quod scriptum est (*ut* 1294), die XVIII^a mensis julii.

1304. Item, quod. al. instrumentum continens recognicionem factam dom° Humberto dalphino Viennensi et Albonis comiti dominique de Turre per nobilem dom. Rocelinum dominum Lunelli et Montis Albani, asserens se tenere et tenere debere et velle in baronia Montis Albani et tenuisse, prout nobilis vir dom. Dragonetus condam tenebat, castra infra scripta cum terris, viris, pertinentiis et mandamentis eorumdem, de feudo et sub dominio memorati dom. dalphini et predecessorum suorum, et eciam fidelitatem fecit eidem ; castra sunt hec, videl. castrum Montis Albani, castrum de Ryomis, castrum Montis Guersii, castrum Sancte Eufemie et castrum Verceyrani, et omne jus quod sibi competit et competere potest et debet in futurum in castro Sancti Albani, mandamento, territorio et pertinentiis ejusdem, factum manu Aymonis de Chessinis publ. notarii, sub anno Incarn. ejusdem Dñi M°CC°XC°I°, indic. IIIIe, die lune post Epiphaniam Domini.

1305. Item, quod. al. instrumentum continens quand. recognicionem factam nobili viro dom. Dragoneto Montis Albani domino et ab ejus predecessoribus et ab heredibus et successoribus ejusdem dom. Dragoneti per religiosum virum dom. Ronsolinum, magistrum sancte domus milicie Templi in Provincia, asserens se tenere et tenere debere in feudum francum et honoratum quidquit dicta domus Templi seu alius seu alii nomine dicte domus T. habent, tenent seu possident vel quasi et habere, tenere seu possidere vel quasi debent in castro de Vinsobris intus et extra seu in tenemento seu tenementis, territorio seu districtu quantumcunque se extendant, quoquo nomine appellentur seu senseantur, licet predicta bona sint sive consistant in staribus sive fortaliciis, domibus, ediffíciis, casalibus, areis, hominibus, mulieribus, justiciis, bannis, trezenis, laudimiis, accapitis et eschaementis, comissionibus, firmanciis, serviciis censualibus, dominiis sive dominacionibus vel dominaturis seu quibuslibet juridictionibus, patronatibus ecclesiarum, caminis, pedagiis, usaticis, furnis, furnagiis, emplechiis, coroadis, molendinis, emolumentis, feudis, alodis, terris, ortis, vineis, viridariis, pratis, insulis, pascuis, paludibus, nemoribus, salcibus, heremis, patuis et venacionibus, rubinis, alveis, aquis aquarumve decursibus, piscariis et piscatis, et generaliter in omnibus cultis et incultis; promisit eciam dictus dom. Ronsolinus per stipulacionem sollempnem quod de predictis fiet recognicio in mutacione domini seu vassalli ut superius facta est, quod instr^m scriptum est manu Guillelmi Audegaudi notarii publ. sub anno Incarn. M°CC° LXXIIII°, scil. IIII kalend. junii.

1306. Item, quod. al. instrumentum continens vendicionem quam fecit dom. Guillelmus de Altana, dominus Besignani, dom° Reymondo de Medullione de omnibus hiis que habebat, tenebat et possidebat et alius nomine ipsius in castro et villa de Pugeto, vallis Badonensis, et territorio ejusdem, scriptum manu Guillelmi Rostagnii notarii, sub anno Dñi M°CC°LXXV°, xv° kalend. septenbris.

1307. Item, quod. al. instrumentum scriptum manu Guig. Frumenti de Gronopoli, sub anno Dñi M°III°XXXIIII°, indic. II^a, die v^a mensis julii, continens quod nobilis Hugo Adamarii, filius dom^i Hugonis Adamarii condam, recognovit et confessus fuit se tenere in feudum franchum sub et de dominio et segnioria dom^i dalphini, domini Medulionis, medietatem videl. partem inferiorem fortalicii et castri de Mollanis siti in dyocesi Vayssionensi, item castrum Petre Longe ejusdem dyocesis cum toto territorio, et pro predictis fecit homagium et prestitit fidelitatis sacramentum.

1308. Item, quod. al. publ. instrumentum scriptum manu Alberti de Brayda notarii publ. sub anno Dñice Incarn. M°CC° nonagess° IIII°, die mercurii post octabas apostolorum, continens donacionem quorumd. serviciorum donatorum dom° Humberto dalphino Viennensi per Hugonem de Alta Ripa, que quidem servicia eidem Hugoni permutata extiterant Rodulphus de Lento.

1309. Item, quod. al. instrumentum scriptum (*ut præced.*), die merc. post octab. apostol. Petri et Pauli, continens quod Jordanus filius condam Percevalli de Brosio confessus fuit se tenere ab ill^i viro dom. Humberto dalphino Viennensi castra de Brossio et Sancte Marie cum eorum mandamentis, territoriis et districtibus ejusdem ville de Rosanis, et prestacionem homagii pro predictis facta per dict. Jordanum dom° dalphino.

1310. Item, al. instrumentum scriptum manu Guillelmi Lanberti notarii publ. sub anno Dñi M°CCC°XXIII°, die XIII^a mensis octobris, continens quod dom. Hugo de Carsano miles confessus fuit se habuisse a dom° Petro de Turre de Laclusa et omnium illorum de Nyoniis et de Avissano, qui eidem dom° Hug. una cum dicto d. Petro (tenebantur), videl. quingentas libras Viennenses, computato Turono argenti pro xx denar.

1311. Item, quod. publ. instrumentum confectum manu Guillelmi Chalvayrion, extractum a notulis Elissiarii Chabionie notarii, sub anno Dñi M°II^{c}XXXV°, IX° kalend. febroarii, continens homagium prestitum per Nycolaum Aculcrini Draconeto et recognicionem per eum factam dicto Drac. de hiis que tenet in mandamento Montis Albani et in castro de Arboribus et in castro Valriaci, continens eciam recognicionem plurium aliarum personarum descriptarum in eodem instr^{10}.

1312. Item, quod. publ. instrumentum confectum manu Petri de Lacelmes, sub anno Incarn. Dñice M°II^{c}LXX°VIII°, VII° idus decembris, continens quod Dalmacius de Blacoso miles, condominus dicti loci, recognovit domino Montis Albani tenere de feudo ejusdem medietatem territorii pro indiviso quod habet in Blacoso, et inde debere homagium domino predicto.

1313. Item, quod. publ. instrumentum scriptum et signatum manu Guillelmi de Petrellia et subscriptum et signatum manibus Guillelmi de Bos, Johannis de Almellio, Mich. Recomaygñ, notariorum public. sub anno Nativit. Dñi M°III^{c}XLII°, indic. secunda, die XXVIII^a mensis junii, continens quod dom. Humbertus dalphinus Viennensis recognovit tenere a dom° papa castra de Nyhoniis, de Miribello et majus dominium castri de Vinsobrio, sub censu unius marche et unius uncie argenti.

1314. Et inter scripturas in dicto scofino repertas, tangentes dictas baronias, fuit repertus sequens caternus continens multa instrumenta alia que superius non sunt descripta nec inventa, et ea videtur habere Robertus Roberti notarius de Buxo vel scire ubi sunt, qui dictum caternum videtur scripsisse.

1315. Item, quod, instrumentum confectum manu Petri de Lacolmis notarii publ. sub anno Incarn. Dñice M°CC°LXXXIIII°, IIII° nonas novembris, continens insinuationem donationis faciende per dom. Randonam, filiam et heredem nobilis Draconeti domini Montis Albani condam, nobili viro Roncelino domino de Lunello, filio suo, coram dom° Bermondo de Monte Ferrerio, legum doctore, tenente locum ill[ta] viri dom. Jacobi regis Majoricarum, de tota baronia Montis Albani, videl. Montis Albani, de Chausaco, de Nihofii, de Mirabello, de Valriaco, de Baino, et dominia et jura que habet in castris infrascriptis : primo in castro de Cayrano, de Repeacuta, de Dalcozo, de Grillone, de Taulignano, de Montebrisono, in bastida de Brecona, in castris de Balma, de Monte Jovis, de Audefredo, de Taysseriis, de Novayson, de Castro Raterio, de Ventoyrolio, de Arboribus, de Podio Guigo, de Aulane, de Mensolio, de Castronovo de Bordeta, de Rupeblava, de Rupe Bruna, de Sancta Jalla, de Anseduna, de Monte Regali, de Marseu, de Penna Forti, de Cerrendol, de Guigniaco, de Autana, de Vercoyrano, de Sancta Eufemia, de Delion, de Duroforti, de Monte Gerso, de Rions, de Lemps, de Fara, de Monte Ferrando, de Rossevo, de Rosanis, de Sancto Andrea, de Riberiis, de Balma, de Rizone et bastida de Verdun et de Governet et Petri Ruffi et eorum territoriorum; continens etiam plura alia factura et completura in donatione futura et de dominio quod habet in castro de Vinsobriis, continens etiam donationem omnium premissorum.

1316. Item, quod. publ. instrumentum confectum manu Guillelmi de Conni notarii publ. sub anno Incarn. Dñice M°CC°LXIII°, IIII° kalend. junii, continens testamentum et ordinationem fratris Raymundi senioris domini Medullionis, novicii ordinis Predicatorum, in quo quidem heredem universalem sibi instituit Raymundum filium suum.

1317. Item, quod. al. publ. instrumentum duobus sigillis et una bulla plumbea in pendenti sigillatum, scriptum manu Ruffi Perdris de Albignem' notarii publ. sub anno Dñice Incarn. M°CC°XCIIII°, die XV[a] mensis julii, continens vendicionem factam per dom. Ronczolinum Montis Albani dominum, de castro et pertinentiis Valriaci, dom° Humberto dalphino Viennensi.

1318. Item, quod. publ. instrumentum confectum manu Petri

Bessonis notarii publ. sub anno Dñice Incarn. M°CC°LXXXIII°, nonas julii, continens quod Raymundus Guaufredi et Castellana, Montis Albani domina, fecerunt procuratorem suum dom. Guiffredum de Autana jurisperitum, ad recognitionem faciendam dom° dalphino de hiis que tenebant ab eodem dom. dalphino et ejus consorte; qui procurator apparet recognovisse in eodem instr¹⁰ a dom° dalphino et ejus consorte castra de Monte Albano, de Monte Gerso, de Noniis et de Sancto Albano, de Sancta Eufemia, de Vercoyrano cum omnibus pertinentiis, appendiciis et juribus eorumdem.

1319. Item, quod. publ. instrumentum confectum manu Bertrandi Ysnardi notarii, sub anno Dñi M°II°XC.VI°, 1ª die mensis septembris, continens expedicionem castri Montis Albani et plurium aliorum factam dom° Benevento de Compesio, legum professori, nomine dom¹ nostri dalphini.

1320. Item, quod. publ. instrumentum confectum manu Bartholomei Ariberti sub anno Dñi M°CC°LXXVIII°, II° idus marcii, continens recognicionem dudum factam per Raymundum Gaufredi et Castellanam ejus uxorem, qui recognoverunt se tenere a dom° dalphino vallem Myne, castra de Montealbano, de Montegerso, de Noniis, de Sancto Albano, de Sancta Eufema, de Vercoyrano et territoria eorumdem, et inde fecit homagium dom° predicto dict. Raymundus Gauffredi.

1321. Item, quod. instrumentum confectum manu Raymundi de Sancto Andrea notarii publ., extractum de cartulariis Hugonis Roboudi, super diversis questionibus dudum habitis inter dom. Raymundum de Medullione ex una parte et dom. Galbulgiam Ysonis dominam et Raymbaudum de Calma, dominum Vallis Barreti, ex altera, super quibus fuit amicabiliter concordatum et pronunciatum quod Raymbaudus de Calma teneat a domino de Medullione et de dominio inmediato castrum de Arzilis, castrum de Celeone, castrum de Pometo, de Ysone, et dominium Castri Novi de Capra, de Monteayglino, de Aigueanis, quod instrᵐ plures condiciones et pacta alia sonat et continet.

1322. Item, quod. publ. instrumentum confectum manu Alberti de Brayda notarii publ. sub anno Dñi M°CC°XC°VI°, die mercurii post festum b¹ Andree, continens compromissionem et pronunciationem inde sequtam super questionibus dudis ventilatis inter nobilem dom. Beatricem de Gebenna, dominam Mirabelli, ex una parte et Hugonem

Aymarii Lumbercii ex altera, continens multas pronunciationes, condiciones et pacta in eodem contenta.

1323. Item, qued. litera sigillata in pendenti uno sigillo, sub anno Dñi M°CC°LXII°, die mercurii post. Apparitionem Domini, continens quod Rostagnus de Saltu, filius dom¹ Bartholomei de Saltu, dominus de Buffanumel, pro se et suis promisit dom° Guigoni dalphini esse fidelis perpetuo, ejus honorem et comodum procurare et inutilia pretermittere.

1324. Item, tria publ. instrumenta confecta manu Bartholomei Ariberti notarii publ., quorum primum confectum est sub anno Dñi M°CC°VII°, vi° nonas marcii et continet quod Petrus de Urbanno miles et Petrus et Durbannus domicelli, nepotes ipsius, salvo jure et dominio nobilis dom* d. Randone Montis Albani domine, confessi fuerunt se tenere in feudum a dominis Montis Albani, sub certa forma in dicto instr¹⁰ contenta, quicquid ipsi habent et tenent in castro de Podio Hugone, Vasionen. diocesis, et inde eidem homagium prestiterunt. — 1325. It. aliud confectum est anno predicto, v° nonas marcii et continet quod Hugo de Valriaco, dominus Castri Novi de Bordeta, confessus fuit se tenere a domino Montis Albani castrum predict. Castrinovi de Bordeta, cum mandamento et territorio ejusdem ; — 1326. Tertium vero confectum est an. et die proxime dictis et continet quod dom. Raymundus de Rastello, dominus Rupis Blave, confessus fuit se tenere a domino Montisalbani castrum Rupis Blave, cum mandamento et territorio ejusdem, et castrum de Bastida de Ruffis, Sistarionen. diocesis, et territorium et mandamentum ejus, et terciam partem castri de Monteolivo et octavam partem dominii vallis Montis Olivi, et inde fecit homagium eidem domino.

1327. Item, quod. publ. instrumentum confectum manu Raymundi de Sancto Andrea, sub anno Dñice Incarn. M°III°VI°, die IIIa mensis octobris, continens et faciens mencionem quarumd. controversiarum dudum ventilatarum inter Raymundum de Medullione et dom. Galburgiam, dominam Ysonis, et ejus virum ex altera ; in quo instr¹⁰ fit mencio quod Raymbaudus de Chalma teneat pro domino Medullionis castrum de Pometo, castrum de Arzilis, castrum de Celeone, castrum de Ysone et quidquid habent in Castro Novo de Capra, de Monte Ayglino et de Aygueanis ; in quo instr. continentur multe alie declarationes et pacta que fere sunt utilia.

1328. Item, quod. instrumentum confectum manu Guillelmi Audegaudi, sub anno Dñi M°CC°LXVIII°, III kalend. septembris, continens quod Ysoardus de Chalancone, dominus Chalanconi, suscepit in feudum a domino Montis Albani sextam partem castri de Bruscheto et mandamenti et territorii ejusdem, et inde debere fieri homagium domino supra dicto.

PRINCEPISSE AURAYCE.

1329. Item, quod. publ. instrumentum scriptum in quinque pellibus pagamineis collatis manu Johannis Amandrini de Gracionopoli dicti Mostarda, et subscriptum et signatum etiam manu Bertrandi Gilii, sub anno Nativit. Dñice M°III^{C}XLI° et die x^a mensis novembris, continens viditionem factam dom° principi Aurayce de baronia Ansedune per dominum nostrum dalphinum, retento sibi dom. dalphino feudum et superioritatem dicte baronie, et plura alia ut in ipso instr^{to} plene continetur.

1330. Item, quod. al. instrumentum scriptum et signatum manu Joh. Amandrini de Gracionopoli notarii publ. sub anno Nativit. Dñi M°CCC°XLI°, die x° mens. novembris, continens infeudacionem factam per dom. nostrum dalphinum principi Aurayca de castris Montis Brisonis, Novaysani et de Curnierio baronie, retentis pluribus condicionibus et pactis descriptis in eodem instr^{to} utilibus dom° nostro dalphino.

1331. Item, quod. publ. instrumentum scriptum et signatum manu Raymundi Esmini notarii, sub anno Incarn. Dñice M°CCC°XXIIII°, die xxI^a mensis julii, continens homagium dom^i Rollandi de Rosanis militis prestitum dom^a dalphino et recognicionem sibi de medietate castri de Sorberiis.

1332. Item, duo publ. instrumenta in una pelle scripta manu Bertrandi Vallesa notarii publ., quorum primum confectum est sub anno Dñi M°II^{C}XC°VIII°; III° nonas januarii, continens quod Raymundus Mans, procurator universitatis de Vingula, confessus fuit habuisse a dom° Dacroneto domino Montis Albani III^c marchas argenti occasione cujusd. legati facti dicte universitati per ipsum dominum; — 1333. Aliud vero confectum est sub anno M°II^{C}XC°IX°, V° kalend. aprilis, continens quod Guillelmus Odegerii confessus fuit se habuisse ab exequtoribus dom^i Roncelini xxx^a libras.

1334. Item, quod. publ. instrumentum confectum manu Bernardi Rafini notarii, sub anno Dñi M°CCC°XIIII°, die xx mensis madii, continens quod Guillelmus de Graygnano dedit dom° Guigoni Dalphino omnia jura et bona que habebat in castro et territorio de Balmis.

1335. Item, quod. publ. instrumentum factum manu Raymundi Esmini notarii, sub anno Incarn. Dñice M°III^CXVI°, die XXVI mensis septenbris, continens quod Guigo de Podio confessus fuit se tenere a dom° dalphino quidquid juris et partis habet in territorio de Rossanis.

1336. Item, quod. publ. instrumentum confectum et signatum manu Petri de Lacelmis, sub anno Dñi M°II^C octuag° IIII°, continens quod nobilis Raymundus Guillelmi, condominus Pelletorti, confessus fuit se tenere a dom° Draconeto domino Montis Albani duodecimam partem dominationis in castro et territorio de Blacoso.

1337. Item, quod. publ. instrumentum confectum manu Petri de Lacelmis notarii, sub anno Incarn. Dñice M°II^CLXX°VII°, kalend. marcii, continens quod nobilis Nycolaus Derdono, condominus Ruppis Sancti Segreti, confessus fuit se tenere a Randona Montis Albani domina medietatem pro indiviso castri et territorii de Ruppis Sancti Segreti sub homagio.

1338. Item, quod. publ. instrumentum confectum manu Girardi Armandi de Triclinio notarii, sub anno Dñice Incarn. M°II^CLX°VIII°, indic. XI^a, III° nonas febroarii, continens quod nobilis Ysoardus dominus de Chalencono confessus fuit se tenere a Raymundo de Medulione castra de Curnilliano et de Curnillione.

1339. Item, qued. littere duobus sigillis in pendenti sigillate, scripte sub anno Dñi M°II^CXLIX°, VII° idus septenbris, continentes quod Bertrandus de Medulione et Bertrandus Raymbaudi fratres recognoverunt se tenere a dom° Guigone dalphino castrum de Barreto superius et Ribers et Sanctum Stephanum et Creyssent, cum territoriis et pertinenciis suis, sub homagio.

1340. Item, quod. publ. instrumentum confectum manu Johannis Muratoris notarii, sub anno Dñi M°III^CXIIII°, VIII^a die mensis febroarii, continens quod nobilis Hugo Raterii confessus fuit se tenere a dom° Guigone Dalphino factum suum de Frayssio confinatum in dicto instr^to.

1341. Item, quod. instrumentum scriptum ad modum antiquorum, scr. anno Incarn. Dñice M°II^CXIII°, in Anuncione beate Marie, continens quod nobilis Poncius dominus de Blacoso confessus fuit se tenere a dom° Raymundo de Medulione castrum et territorium de Bracoso.

1342. Item, quod. publ. instrumentum confectum manu Johannis notarii, sub anno M°II°LXV°, die dominico post festum b° Caterine, continens quod presente domino Montis Albani Stephanus Alcornaci, Bertrandus Talonis et Bernardus Alcornaci (et) alii in dicto instr⁰ nominati fecerunt homagium Petro de Missone.

1343. Item, quod. publ. instrumentum confectum manu Petri de Lacernis notarii sub anno Dñi M°II°LXX°VIII°, vII° kalend. augusti, continens quod nobilis Jordanus dominus de Rossanis confessus fuit se tenere a nobili Randona domina Montis Albani quidquid habet in castro et territorio supra dicto de Rossanis, et omne quod habet in castro et territorio de Risenio, et omne quod habet in castro et territorio Balme de Rissono et castra et fortalicia que habet in dictis castris.

1344. Item, quod. publ. instrumentum confectum manu Boni Amici notarii, sub anno Nativit. Dñi M°II°XLII°, v° nonas madii, continens approbacionem cujusd. compromissi facti super questione dudum vertenti inter dom. principem Aurayce ex una parte et dom. Draconetum de Monte Albano ex altera; quod instrᵐ eciam comprehendit declaracionem pronu(ncia)tionis inde sequte et facit mencionem de pluribus utilibus et magnis negociis.

1345. Item, quod. publ. instrumentum confectum manu Petri de Lacelmis notarii, sub anno Dñi M°II°LXXVIII°, II° kalend. novenbris, continens quod dom. Hugo de Vaesco, dom. Petrus Posani miles, Arnaudus de Vaesco, Lagerius et Bertrandus filii emancipati domⁱ Falconis de Monte Jovis confessi fuerunt se tenere in feudum a domino Montis Albani castrum et territorium Montis Jovis sub homagio.

1346. Item, qued. littere duobus sigillis in pendenti sigillate, scripte sub anno Dñi M°II°XLII°, IIII° nonas junii, continentes quamd. composicionem factam inter abbatem Insule Barbare ex una parte et dom. Raymundum de Medulione ex altera, super multis castris et territoriis nominatis in ipsis licteris.

1347. Item, quod. publ. instrumentum confectum manu magistri Michaelis notarii, sub anno Dñi M°II°L°IX°, kalend. julii, continens quod nobilis Jordanus de Rossanis confessus fuit se tenere in feudum a Raymundo domino Medulionis id quod habet apud Aygletam, apud Clarummontem, apud Joncham, apud castrum Ramusatum, apud Brusquetum, apud Mons Jovet.

1348. Item, quod. publ. instrumentum confectum manu Roberti Roberti notarii, sub anno Incarn. Dñice M°II° octuag. III°, xviii° kalend. januarii, continens quod dom. Bertrandus de Baucio, comes Avellani, concessit in feudum Raymundo de Medulione quartam partem castri de Brantulis et illam partem castri que fuit dom° Agnetis de Dozera et octavam partem castri de Guiberto, sub pluribus et diversis aliis condicionibus.

1349. Item, quod. instrumentum publ. confectum manu Raymundi Guigonis, sub anno Dñi M°II°LXX°VIII°, VII° idus madii, continens quamd. composicionem diu factam inter dominum Medullionis et dominos de Brandulis.

1350. Item, quod. al. instrumentum factum manu Petri de Lacelmis notarii, sub anno Dñi M°II°LXXVIII°, II° kalend. novembris, continens quod nobilis Guichardus dominus de Colinis confessus fuit se tenere in feudum francum omne quod habet et possidet vel alter pro eo in castro de Quinceriis.

1351. Item, quod. instrumentum confectum manu Guillelmi notarii, sub anno Dñi M°II°XXXI°, II° kalend. marcii, continens quod Gertutus de Asseduna accepit in feudum a dom° Raymundo de Medulione quidquid habet in castro de Asseduna et in castro de Monsreal et in bastida de Marti, in castro de Arpoun, in castro de Currerio, in castro de Herolis.

1352. Item, quod. publ. instrumentum confectum manu Petri Vallete notarii et signatum et subscriptum manu Raymundi Ruffini notarii, sub anno Dñi M°III°IX°, die XXIIII° mensis aprilis, continens vendicionem factam per Petrum Fauri dom° procuratori dalphinali de quod. tenemento quod fuit Rostagni Fauri de Condorcesio, quod tenementum appellatur lo Janeccos et est infra districtum de Traycheris.

1353. Item, quod. publ. instrumentum sigillo dom¹ episcopi Valentinen. in pendenti sigillatum, scriptum manu Guillelmi de Ruppe notarii, sub anno Dñi M°II°XC°III°, IIII° nonas decenbris, continens quod rev^{dus} pater dom. episcopus predict. confessus fuit se habuisse a Raymundo de Medulione VI^m librar. Turonen. ex causa quorumd. tractatuum habitorum inter eos et contentorum in dicta lictera.

1354. Item, duo publ. instrumenta in una pelle, quorum primum scriptum manu Petri de Sancto Quintino, sub anno Incarn. M°CCC° XL°III°, XXV die mensis marcii, continens quod dom. noster dalphinus in recompensationem cujusd. domus habite per eumdem in Villanova Sancti Andree prope Avinionem reddidit et dedit II^C L floren. auri census dom° decano et capitulo ecclesie Beate Marie prope Avinionem; — 1355. Secundum vero confectum est manu Arnaudi Stephani notarii, sub anno Dñi M°III^{C}XLIII°, die IX^a mensis aprilis, continens assignacionem de qua supra fit mentio et assignacionem factam dom°. decano per dños Stephanum de Ruffo et ejus sortes de XCVII som(atis) cum dy(midia) bladi laudaverit et approbavit.

1356. Item, quod. instrumentum confectum manu Lant. de Romanis notarii sub anno Dñi M°II^{C}XC°V°, IIII° nonas maii, continens quod dom. Aymarus de Pictavia, comes Valentinus, recognovit tenere in feudum a dom° Hugone Aymarii, domino Montis Albani, medietatem castri de Teolignano sub homagio.

SEQUNTUR MULTA LUMBARDORUM
SUPER FACTO ASSEDUNE
reddita domino dalphino in signum solucionis.

1357. Et primo, quod. publ. instrumentum confectum manu Poncii Laurentii, continens quod dom^a Saura et Johannes ejus vir, domini Ansedune, confessi fuerunt sibi realiter numeratum fore II^c floren. auri a Johanne Manfrey Lumbardo, et est scriptum sub anno Incarn. Dñi M°III^{C}XXXV°, die I^a mensis aprilis.

1358. Item, quod. al. instrumentum confectum manu Moducii Jacobi notarii, sub anno Dñi M°III^{C}XXXIII°, continens quod Philippus Barbici et ejus consortes vendiderunt Jacobo de Campi Floro et ejus consortibus omnia jura et actiones que habebant erga dominum de Anseduna. — 1359. Item, quod. publ. instrumentum factum manu Moducii Jacobi, sub anno *eodem*, die IX^a mensis januarii, continens cessionem de dicto debito proximo factam.

1360. Item, quod. publ. instrumentum factum manu Geppi notarii, sub anno Dñi M°III^{C}XXXVIII°, die XXVIII mensis januarii, continens quamd. pactionem de mille quingentis floren. nundum debitis per dominum de Aseduna quibusdam Lumbardis.

1361. Item, quedam procuratio Lumbardorum.

1362. Item, quod. publ. instrumentum confectum manu Johannis Rosseti, sub anno Dñi M°III^{C}XXXV, die V^a mensis septenbris, continens quamd. protestacionem factam in curiam Romanam per dominum de Aseduna.

1363. Item, quod. publ. instrumentum scriptum manu Soffredi

Oliverii notarii, sub anno M°III°XX°, die xi mensis novenbris, (continens) debitum III^{m}VII^c L^a floren. auri debitorum per dominum de Asseduna et multas alias personas nominatas in instr^{to}.

1364. Item, quod. instrumentum scriptum manu Divi notarii, sub anno Dñi M°III°XXVII°, die xvi^a mensis novenbris, continens quamd. desamparacionem jurium factam per quosd. Lumbardos in alias personas.

1365. Item, undecim instrumenta simul connexa, confecta diversis diebus et annis, quorum primum confectum est sub anno Dñi M°III^{c}XXVII, indic. x^a, die vii^a mensis novenbris, manu Guillelmi Coterii de Montilio notarii, continencia plura debita que debebat domina de Anseduna Lumbardis in ipsis nominatis.

1366. Item, quatuor instrumenta in una pelle scripta manu Modicii Jacobi, sub anno Dñi M°III^{c}XXXII°, sub diversis diebus, quorum I^{um} est notatatum die xxii^a mensis maii, continentia debitum IIII^m floren. auri debitorum per dominum de Anseduna et alios homines de Anseduna Symoni Philippo et ejus sociis Lumbardis.

1367. Item, (ut 1363)... Syfredi... an. Incarn. Dñi... in pluribus pellibus, continens quod Johannes dominus de Anseduna et plures alii nominati in ipso instr^{to} confessi fuerunt debere Bernardo Clerici et ejus sociis Lumbardis III^{m}VII^c L^a floren. auri.

1367 bis. Item, quod. al. instrumentum confectum manu Poncii Laurentii notarii, sub anno Incarn. Dñi M°III^{c}XXXIII°, die xvii^a mensis augusti, continens quod Johannes dominus de Asseduna et plures ejus consortes confessi fuerunt debere Philippo Symoni et ejus sociis Lumbardis II^c somatas avene.

Item est sciendum quod omnia predicta instrumenta fuerunt reddita per Lumbardos predict. dom° nostro dalphino, tamquam domino Ansedune, in signum solutionis et quictationis omnium et singulorum debitorum predict.

1368. Item, quod. publ. instrumentum scriptum manu Aymonis de Torna Fol notarii publ. sub anno Dñi M°CC°XC°IIII°, indic. VIII^a, die ii^a mensis marcii, continens recognicionem factam per dom. Hugonem Ademarii dom° Humberto dalphino Viennensi, qui confessus fuit se tenere ab eodem in feudum castrum et territorium Montis Albani, dominium quod habet in castris et territoriis Montis Guersii et de Ryons, de Vercoyrano, de Sancta Eufemia, de Sancto Albano et de Lionz, pro quibus idem dom. Hugo eidem dom° dalphino homagium ligium prestitit; item accepit de novo in feudum idem d.

H. a dicto d. dalph. castra infrascripta que tenebat in purum et merum allodium, videl. castrum de Chalsaco, dominium castri de Rosanis, it. pareriam que sub ejus dominio est apud Ribers, it. dominium quod habet in castro de Balma de Rusone, it. affare seu dominium quod habet apud Sanctum Andream : que dominia tenet Guillelmus Augerius pro dom⁰ Hugone in feudum, exceptis illis quod tenet idem Guil. Augerii pro dicto dom. dalphino de patrimonio dicti G. ; item dominia castrorum de Anseduna, de Marcenno et de Monte Regali ; item dominium quod habet in castro de Arboribus, it. dominium quod habet in quad. pareria apud Babosinz, it. dominium quod sucepit dom. Bertrandus de Toloniano pro domino Montis Albani, scil. medietatem de Toloniano, excepta duodecima parte dicte medietatis; item dominium castri de Theycheriis et dominium castri de Duro Forti, it. medietatem Autane et Bastide de Verduno, it. castrum de Pereria Forti et illud quod habet in castro Sancte Galle : que quidem castra et dominia dict. d. Hugo accepit a dicto d. dalphino sub modis, formis et condicionibus in pres. instr⁰ contentis.

Est suprascript. instr⁰ cum quod. alio instr⁰ annexatum in bayllivia *Graysivoudani* et *non potest separari, et ydeo non est registratum in Graysivoudano.*

1369. Item, quod. instrumentum scriptum manu Maymonis Ortolani notarii, sub anno Incarn. Dñice M⁰CCC⁰III⁰, die v augusti, continens transactionem et concordias factas inter dom. Raymundum de Medullione ex parte una et nobiles dom. Gualburgiam et Reymbaldum de Calma ex alia, in qua pronunciatum continetur quod castra de Pometo, de Arzilerio, de Celeone, de Ysone, de Capra, de Monteaygluno, de Ayguianis teneantur de feudo inmediato Raymundi de Medullione.

Infrascripta instrumenta serenissimi principis domini nostri dom. dalphini Viennensis, que cum pluribus aliis instr⁽⁾ tangentibus diversa negocia dicti dom¹ nostri et antiquitates de factis baroniarum Medullionis et Montisalbani, ill⁽ˢ⁾ vir dom. Henricus Dalphini inclite recordationis, dict. baroniarum dominus, tradidit michi Rotberto Rotberti de Buxo notario custodienda, ego prefatus Rotbertus portavi ad dominum nostrum predict. pretextu cujusd. preconizationis facte apud Buxum de ipsius dom¹ nostri mandato, quod quicumque notarius haberet aliqua instrumenta pro eodem dom⁰ nostro faciencia eadem ipsi dom⁰ nostro infra certum terminum assignaret, videl. —

1370. Tria instrumenta in eadem petia pargameni, tangencia venditionem factam nobili Guillelmo domino tunc de Montebrisone seu alii pro eo, de quadam pareria in Valriaco. — 1371. Item, quod. instrumentum super eo quod dom. Guillelmus de Montebrisone dict. pareriam et qued. alia transtulit in magnifficum virum dom. Guidonem Dalphini, baronie Montisalbani dominum felicis recordationis. — 1372. It. instrumentum convencionum inter dom. papam et dom. nostrum predict. et inclite recordationis dom. Guigonem dalphinum nec non et ejusdem recordat. dom. Henricum Dalphini, tunc Dalphinatum regentem, super recognicione feudorum antiquorum que ipse dom. noster dalphinus tenet ab ecclesia Romana. — 1373. It. instrumentum concordie facte inter dictum dom". Guidonem Dalphini seu ejus bayllivum et Hospitale, cujus virtute castrum de Grillone et qued. alia feuda teneri et recognosci debent pro domº nostro predicto. — 1374. It. septem instrumenta tangencia factum de Novaysano. — 1375. It. aliqua scripta in papiro tangencia questionem que vertebatur in curia Romana inter officiales domi nostri dalphini et officiales curie Ven(ayssini) super quibusd. feudis. — 1376. It. sex pattentes litteras a domº camerario domi pape emanatas, super solutionibus pro pluribus annis factis de servicio debito Romane curie pro castris de Nihoniis, Mirabello et Vinczobriis. — 1377. It. qd. instrumentum super recognicione et homagio factis illi principi domº Johanni dalphino viennensi incl. record. per virum magnifficum dom. Guidonem Dalphini predict. de terra sua, et super cessione qua(m) fecit ipsi dom. dalphino de jure quod habebat in Dalphinatu, et super donatione quam fecit ipsi dom. dalphino de terra et bonis suis omnibus, si decederet absque liberis masculis a suo corpore legitime procreatis. — 1378. It. transcriptum in publica forma conventionum factarum inter dom. dalphinum et dom. principem Aur(ayce). — 1379. It. quod. instrumentum faciens mentionem de erectione furcarum in territorio de Boqueto (et) de Frayse per dom. tunc bayllivum baronie Montis Albani. — 1380. It. qd. instrumentum super recognitione facta dicto dom. bayllivo per Hugonem Raterii de quod. prato quod habebat in territorio de Fraysio. — 1381. It. qd. instrumᵐ faciens aliquam mencionem de facto de Blacosa, licet parum sit. — 1382. It. transcriptum in publica forma privilegii imperialis sub bulla aurea concessi domino tunc Medullionis pro se et successoribus suis.

Sunt etiam plurima alia instrumenta infra hospitium curie Buxi in custodia mei ipsius Rotberti, tangencia tam factum Avisani quam concordiam factam cum abbatissa Arelatensi et solutiones et emendas de forefactis et debitis domini de Lunello et alias diversas antiquitates de factis dict. baroniarum, que non curavi portare ad dom. nostrum predict. quia non credo expedire, advideat tamen idem dom. noster quid dominationi sue placuerit super hoc faciendum.

Infrascripta instrumenta faciencia pro domino nostro predicto habeo ego dict. Rotbertus in cartulariis meis per me notata, que tamen nondum per me fuerunt grossata, videl. — 1383. Instrumentum super donatione facta ill[i] principi dom. Johanni dalphino pred. inclite recordat. per bone memorie dom. Raymundum Medullionis dominum de baronia Medullionis et super pluribus pactis inter eosdem dominos habitis. — 1384. It. instrumentum super recognitione et homagio factis ipsi dom. Johanni dalphino per nobilem virum Raymundum de Monte Albano, dominum Montis Mauri, valituris post obitum domini Medullionis predicti, de castro Petrellonge et directo dominio medietatis castri de Poieto in valle Bodonensi et duarum parcium castri de Claro Monte et ejus fortalicii et territorii. — 1385. It. instrumentum super homagio et recognitione factis ipsi dom. dalphino, eodem modo valituris, per dom. Jarente de Plaziano de hiis que habebat apud Plazianum. — 1386. Item, super homagio facto ipsi dom. dalphino per Bonifacium de Alauzone pro hiis que habebat apud Plazianum et Guilbertum. — 1387. Item, super homagio facto ipsi dom. dalphino per Giraudum Medici et recognitione in feudum de medietate castrorum de Mollanis et de Poieto dan Percipia. — 1388. Item, super recognicione et homagio factis ipsi dom. dalphino per Richanum de Insula, de castro de Argueleriis. — 1389. Item, super recognicione et homagiis factis ipsi dom. dalphino per dom. Hugonem de Podio et Bastetum fratres de castro Relhanie. — 1390. Item, super recognicione et homagio factis ipsi dom. dalphino per Richanum de Spina, de majori dominio castri de Montealto et quad. pareria quam habebat apud Sorberiis. — 1391. Item, super recognicione facta per Nicholetum de Arlo quondam, de pareria quam habebat apud Prupiacum et xx libris censualibus quas percipere debebat ab hominibus de Rocheta. — 1392. Item, super recognicione et homagio factis per Gaufridum dominum Besignani de et pro castris de Besig(n)ano et de Sancto Salvatore et tenemento de Vilari. — 1393. Item, super recognitione facta per Bert. Oliverii, dominum Governeti, de facto Governeti et homagio inde sequto. — 1394. Item, super recognitione facta per Johannem Aynardi, filium quondam dom¹ Raymundi Aynardi, de castro Curnerii. — 1395. Item, super eo quod plures homines Buxi ibi presentes confessi fuerunt se esse homines ligios dicti dom. dalphini post obitum dicti dom. Medullionis et eidem dom. dalphino prestiterunt juramenta fidelitatis.

Subsequenter vero, prefato domino Medullionis sicut Deo placuit vita functo, recepi et notavi pro ill¹ principe dom. Guigone dalphino Viennensi inclite recordacionis instrumenta infra scripta. — 1396. Primo, instrumentum super assignatione facta per ipsum dom. dalphinum magniffico viro dom. Agouto de Baucio, de IIIᶜ libris reddituacionibus apud Buxum percipiendis juxta pacta que inhita fuerant inter prefatum ill^{em} principem dom. Johannem dalphinum Viennensem incl. record. et ipsum nobilem Agoutum, et super homagio proinde facto ipso dom. dalphino per ipsum nobilem Agoutum. — 1397. It. instrumentum super apprehensione possessionis castri Medullionis facta per ipsum dom. dalphinum et tradicione sibi facta de clavibus per Tibaudum de Leone castellanum. — 1398. Item, super sacramento fidelitatis facto ipsi dom. dalphino per canonicos prioratus Medullionis, quod fecerunt ut homines ligii quamdyu moraturi erant in prioratu predicto. — 1399. Item, super eo quod dictus dom. dalphinus suum castellanum ibidem constituit dict. Tibaudum de Leone, et super apprehensione possessionis et tradicione dicte possessionis sibi facta per Guillelmum Poncii domicellum, tunc castellanum Merindolii, de ipso castro Merindolii. — 1400. Item, super eo quod idem dom. dalphinus constituit suum castellanum in castris de Merindolio et de Ubrilis dict. Guillelmum Poncii, et etiam ipsum constituit castellanum superiorem et rectorem supra Tibaudum de Leone, castellanum Medullionis, et Poncium Guillelmi, bajulum Buxi, et supra omnes nobiles et vassallos suos baronie Medullionis. — 1401. Item, super recognitione facta ipsi dom. dalphino per Guillelmum Poncii de pararia quam habebat apud Poletum et homagio inde sequto. — 1402. Item, super recognitione facta ipsi dom. dalphino per Oliverium Larderii de Merindolic, de omnibus que habet apud Merindolium, et homagio inde sequto.

Postmodum vero, translata dicta baronia Medullionis per dictum dom. dalphinum in ill^{em} virum dom. Henricum Dalphini, patruum suum, recepi pro ipso dom. H. Dalphini, Montis Albani et Medullionis baroniarum domino, instrumenta infrascripta : — 1403. Et primo, instrumentum super recognitione facta ipsi dom. H(enrico) ut domino Medullionis per nobilem virum Raybaudum de Chalma, de castris de Ysone, de Stella, de Arzeleriis, de Celeone et de Pometo, et de dominiis castrorum de Leborello, de Villabosco, de Monteayglino, de Aygueanis et de Castro Novo de Capra, et homagio inde sequto. — 1404. Item, super recognitione facta per dom. Philippam relictam dom' Raymundi Aynardi militis ac dom. Lantelmum Aynardi de castro Curnerii. — 1405. Item, super recognitione facta ipsi dom. H(enrico) per Gaufredum dominum Besignani, de castris de Besignano et de Sancto Salvatore, et de facto de Vilari et de omnibus que habebat in castro et territorio de Autana. — 1406. Item, super recognitione facta ipsi dom. H. per dom. Hugonem de Podio, de castro Relhanie. — 1407. Item, super recognitione facta ipsi dom. H. per Giraudum et Guillelmum Ventayrolii de Prupiaco, de omnibus que habent in castris et territoriis de Merindolio et de Prupiaco, que tenebant pro domino Medullionis. — 1408. Item, super recognitione facta ipsi dom. H. per dom. Giletum Alamandi de hiis omn. que habebat in castris et territoriis Sancte Galle et Ruppisbrune, et homagio. — 1409. Item, super recognitione ipsi dom. H. facta per Poncium Malivicini, dominum Penne, de castro de Penna et homagio sequto. — 1410. Item, super recognitione ipsi dom. H. ut domino Medullionis facta per Bertetum Oliverii, dominum Governeti, de fortalicio cum quarta parte castri de Governeto et de quarta parte territorii de Boyseto, et super homagio sequto. — 1411. Item, super recognitione ipsi dom. H. facta per Agnetem de Autana, de omnibus et singulis que consuevit tenere apud Vercoyranum et Autanam pro domino Montis Albani, et de omnibus et singulis que consuevit tenere apud Medullionem pro domino Medullionis. — 1412. Item, super recognitione ipsi dom. H. facta per dom. Agoutum de Baucio, de castro Plaziani et fortalicio de Guitberto cum eorum territoriis, salvo et retento et protestato jure quod habet dom. papa in fortalicio et territorio de Guitberto, et de castro de Spina et de castro de Villafranca et de tribus partibus castri de Rupe supra Buxum et de tribus partibus majoris dominii castrorum de Alauzone et de Rupeta et medietatis castri de Autana, et fecit homagium. — 1413. Item, super recognitione et homagio non ligio factis ipsi dom. H. per dom. Marquesium de Plaziano, de hiis que tenebat apud Plazianum. — 1414. Item, super donatione facta per dictum dom. H(enricum) Lantelmo Aynardi de feudis et retrofeudis omnibus que habebat in castro et territorio Montis Olivi, retentis homagiis quorumdam nobilium, ita quod predicta teneret idem Lant. sub dominio ipsius d. H. sub modo et forma quibus tenebat id quod habebat apud Curnerium. — 1415. Item, super eo quod prefatus dom. H. investivit religiosum virum dom. Petrum Hugonis, monacum monasterii Sancti Andree de Avinione, priorem Proacii, de rebus temporalibus dicti prioratus, recepto fidelitatis juramento et homagio ligio a dicto priore. — 1416. Item, super recognitione facta ipsi dom. H. per dom. P(etrum) Ysoardi de medietate majoris dominii de Autana. — 1417. Item, super donatione facta per ipsum dom. H. dom° Nicholao Constancii de medietate et tricesima sexta parte castri et territorii de Arboribus et de turri, territorio de Blacosa, ita quod teneatur inde facere homagium ligium et sit dicta donatio in augmentum feudi Castri Novi. — 1418. Item, super venditione facta ipsi dom. H. per Isnardum Rigaudi de octava parte fructuum proventurorum in terris sitis in territorio Leborelli. — 1419. Item, super homagio et sacramento fidelitatis factis ipsi dom° H. per Guillelmum de Vaesco pro hiis que pro ipso d. H. tenebat in baronia Montis Albani. — 1420. Item, super recognitione facta ipsi dom. H. per dom. Bartholomeum de Morocio, de majori et directo dominio castri et territorii de Monte Alto. — 1421. Item, super permutatione facta ipsi dom. H. per Henricum de Montealto, de sexta parte castri et territorii Leborelli. — 1422. Item, super quitatione facta ipsi dom. H. per Jacelmum Burbacii Florentie de VI^c floren. auri restantibus ad solvendum de quod. debito II^m floren. auri.

1423. Item recepi et notavi instrumentum super recognitione facta prefato ill^i principi dom. Guigoni dalphino Viennensi per Guigonem Rosseti, de castro de Rihomis et homagio subsequto. — 1424. Item, super eo quod dictus dom. dalphinus ex causa permutationis dedit dom° Guigoni de Morgiis homines quos habebat cum posteritatibus eorum in parrochia Sancti Baudilii in Triviis, pro eo quia dictus dom. Guigo de Morgiis promisit ipsi dom. dalphino infra terram Triviarum tot homines et vassallos quot idem d. dalphinus habebat in dicta parrochia et tot. censuset servicia, usagia et gardas et res alias et ultra valorem C librar. semel, ad cognitionem Guigonis Pellicerii et Mermeti Collaudi.

Infra scripta sunt instrumenta domini nostri dalphini diu celata et nuper revelata, et reddita M°CCC°LIX° dom° Guillelmo de Vergeyo, domino Miribelli, locumtenenti dom! nostri dalphini, per Poncium Burgondionis de Nihoniis et quosdam alios qui ea habebant, et sunt ipsa instr^{ta} de pluribus castris et feudis que tenentur a dom° nostro dalphino occupata per dominum nostrum papam et plures alios:

1425. Primo, quod. instrumentum confectum M°CC.XIII°, signatum per alphabetum, tribus bullis bullatum, continens quod. compromissum et concordiam factum et factam inter Dragonetum de Monte Albano et Raymundum ejus filium, ex una parte, et Raymundum de Medullione nomine dom° Saure uxoris sue, super controversiis vertentibus inter eos de castro Varriaci et de castro Montis Brisonis et pluribus aliis. — 1426. Item, quod. al. instrumentum confectum M°CC°XIIII, unica bulla bullatum, continens mencionem de predict. controversiis factis inter predict. Dragonetum et Raymundum de Monte Albano et Raymundum de Medullione et Sauretam ejus uxorem, que concordia fuit facta per manum domⁱ Guillelmi de Baucio. — 1427. Item, quod. al. instrumentum duabus bullis bullatum, confectum sub anno Dñi M°II°XIIII°, faciens mencionem de compromisso et concordia predict. facta per manum dicti dom. Guillelmi de Baucio.

1428. Item, quod. instrumentum factum sub anno Dñi M°CC LXXVI, continens quod dom. Guillelmus Falconis senior miles, dominus castri de Audefredo, Dyensis diocesis, fecit homagium et recognicionem dom° Randone Montis Albani domine, filie domⁱ Dragoneti condam domini Montis Albani, pro et de castro de Vinterolio, Vasionen. diocesis, et pro medietate pro indiviso predicti castri de Audefredo. — 1429. Item, al. instrumentum factum M°II°LXXVII°, continens recognicionem factam per dictum dom. G. Falconis de medietate castri Audefredi et quarta parte castri de Venteyrollio. — 1430. Item, al. instrumentum factum M°II°LXXVII°, continens recognicionem factam per Bertrandum Hugolerii de IIII^a parte castri de Opegue in eadem pelle.

1431. Item, quod. instrumentum factum sub anno Dñi M°CC. XC°II°, die veneris ante festum bⁱ Bartholomei, continens qualiter dom. frater Guido de Vilareto, prior Sancti Egidii, fecit dom° Roncelino Lunelli et Montis Albani domino recognicionem de castris de Quayrana, de Venteyrolio, de Castro Raterio, de Novaysano et de Sancto Maingoro.

1432. Item, quod. instrumentum confectum per manum Guillelmi de Podio notarii, sub anno Dñiee Incarn. M°II°LXXVI°, continens recognicionem Raymundi Venterolii domicelli, pro parte domini castri de Vinsobriis, Vasionen. diocesis, factam dom° Randone predicte domine Montisalbani, de XVII parte juridictionis et seignorie, meri et mixti imperii quam habet in castro de Venterolio.

1433. Item, quod. instrumentum factum manu Guil¹ de Podio notarii publ. sub anno Dñi M°II°LXXVI, XIII kalend. februarii, continens quod Hugo Poncii de Venterolio et Falco de Monteyson confessi fuerunt tenere a domª Randona domina Montis Albani in feudum francum quicquid habent in castro et territorio de Venteyrolio, et dict. Hugo quicquid habet in castro et territorio de Varriaco et quicquid habet in castro et territorio de Alausone.

1434. Item, quod. instrumentum factum manu Petri de Lacermis, notarii publ. sub anno Dñi M°II°LXXVIII, continens recognicionem factam per dom. Guillelmum de Monte Rupho et Giraudum ejus filium dom° Raymundo Gaufredi, domino Montis Albani, racione dotis sibi constitute per dom. Randonam dominam Montis Albani, heredem dom¹ Dragoneti, de omnibus juribus que habebant in castris Varriaci et de Raterio.

1435. Item, al. instrumentum confectum manu dicti Petri de Lacermis, anno Dñi M°II°LXXXIII, continens recognicionem factam per fratrem Guillelmum de Vilareto, priorem Sancti Egidii domus Hospitalis, dom° Raymundo Gaufredi, domino Montis Albani, occasione dotis constitute per dictam dom. Randonam de castro et territorio de Quayrana, et de proprietate et dominio quod habet dict. Hospitale in castris de Venteyrolio et de Castro Raterio et de Novaysano et in bastida Sancti Mauricii et territoriis eorumdem.

1436. Item, quod. instrumentum signatum per alphabetum, scriptum per Bertrandum Emponici sub anno Dñi M°II°I°, mense junii, continens quand. concordiam factam inter dominos Montis Draconis et dominos Petrelate, in qua inter cetera continetur quod domini Petrelate teneantur dominis Montis Draconis et eorum successoribus succedentibus in feudo Petrelate debeant duas albergas in anno quolibet cum quinquaginta equitantibus, videl. unam a festo Pasche usque ad festum b¹ Michaelis et aliam a festo b¹ Michaelis usque ad festum Pasche.

1437. Item, due littere auctentice ejusdem tenoris in pendenti bullate tribus bullis plumbeis et signate per aphabetum, sub anno M°CC°

XIIII, 1° kalend. maii, continentes quad. compositionem factam inter Dragonetum de Monte Albano nomine suo et Raymundi ejus filii, ex una parte, et Raymundum de Medullione nomine suo et dom° Saure ejus uxoris, ex altera, in qua petebat dictus Ray. de Medul. nomine dicte dom. Saure a dictis Drag. et Ray. ejus filio medietatem dominacionis et honoris quem predictus Drag. et ejus filius habebant in castro de Valreas, ejus territorio et tenemento seu alii tenebant nomine ipsius, et medietatem Montis Brisonis, medietatem Grilonis et totum castrum de Rosseuf et quartam partem Quayrane, et dominacionem Villermi de Mirabel et duas condaminas, quarum una est a Rore Bel et alia ad Mezalon, et Girardum Fabrum cum suo tenemento: que predicta asserebat esse Meteline, matris dicte dom. Saure; item petebat castrum Opigii, quod fuerat Rogerii de Clayriaco, avi predicte Saure; et econtra dictus Drag. nomine suo et dicti Ray. ejus filii negabat predictum Ray. et dict. d. Sauram in predictis nullum jus habere; et fuit dicta controversia sedata per dom. Guillelmum de Baucio, scil. quod dictus Drag. et Ray. ejus filius dent et cedant dicto Ray. de Medul. quicquid habebant per se vel per alium in castro de Sancto Marcellino, ejus territorio et tenemento.

1438. Item, qued. scriptura per modum littere facta, signata per aphabetum manu Poncii Stephani, sub anno Dñice Incarn. M°CC°XXII°, mense julii, continens quod dominus de Medullione dat, donat in acatum perpetuum Petro Ruphi et ejus successoribus in feudum francum totum illud affaire quod habebat vel habere debebat in castro de Montolio, videl. quartam partem de Vilario et ejus territorio et totum illud affaire quod habebat Hugo Nicolay condam in castro de Pilis intus et extra, in terris cultis et non cultis, taschiis et aliis dominationibus, pro quibus dict. Petrus Ruphi eidem domino Medullionis fecit homagium.

1439. Item, quod. publ. instrumentum per modum littere factum manu Petri Bernardi notarii, sub anno M°CC°XXVIII°, II° nonas februarii, dom° Fredelico Remanorum imperatore regnante, signatum per aphabetum et bullatum bulla plumbea dom¹ Dragoneti de Monte Albano, continens quod dictus dom. Dragonetus senior dedit Latilo de Mirmurione et filiis ejus Ysnardo et Latilo sextam partem quam habebat in castro de Cayrana; quam donationem Dragonetus filius Raymundi de Monte Albano, nepos dicti dom. Dragoneti, laudavit et confirmavit, et dict. Latilis et ejus filii pro dicta donacione fecerunt homagium et fidelitatem dictis d. Dragoneto et ejus nepoti Dragoneto.

1440. Item, quod. publ. instrumentum factum et signatum manu Raymundi Bermondi notarii publ. sub anno M°CC°LI°, v° idus maii, continens in effectu quod dom. Anflosius filius dom' regis Francie, comes Pictavensis et Tholose ac marquio Provincie, recognoscebat se donasse dom° Dragoneto domino Montis Albani et suis imperpetuum omnia jura et rationes que et quas habebat in castro seu villa Sancti Pantaleonis et ejus districtu seu mandamento, salvo sibi et retento majori dominio, et dictus dom. Dragonetus confessus fuit se accepisse et tenere in feudum ab eodem dom. comite castrum Podii Guigonis.

1441. Item, quod. publ. instrumentum per modum littere factum et signatum manu Poncii Conii notarii publ. et bullatum bulla plumbea divisa per medium dom' Bertrandi episcopi Tricatrensis, sub anno M°CC°LII°, xiiii° kalend. julii, continens quod Raymundus de Medullione confitebatur quod castra inferius scripta fuerunt data dom° Dragoneto domino Montis Albani in dotem et nomine dotis Almuse, uxori dicti dom. Dragoneti et sorori ipsius Raymundi, per dom. Raymundum de Medullione condam, patrem dict. Raymundi et Almuse, videl. jus quod habebat in castro de Pilis et in castro de Monte Olivo et in valle, in castro de Rochabruna, in castro de Avalono, in castro Sancti Marcellini et castri Roche Sancti Segre et castri de Blacos, et pro predictis dicta dom. Almusia confitebatur se contentam esse de bonis paternis et frarechiam suam habuisse de bonis paternis et maternis.

1442. Item, quod. al. publ. instrumentum factum et signatum manu Guillelmi Arnaudi de Miribello notarii publ. et sigillatum in pendenti sigillo dom' Dragoneti domini Montis Albani, sub anno M°CC°LXXII°, idus aprilis, continens quod domᵃ Sancia uxor condam dom' Reynerii de Coardo et nobilis domicellus Giraudus dominus de Gusans confitebantur coram ipso dom. Dragoneto, quod ipsa dom. Sansia vendiderat dicto Giraudo dominium et juridictionem, homines, servicia et redditus et quicquid ipsa domina habebat in castro et territorio de Vinsobriis et nominatim territorium et tenementum Sancti Mauricii cum suis pertinenciis, quod territorium confrontatur cum ripperia Ecaris et cum via publica qua itur de Varriaco versus Vasionem, et ab alia parte cum alio territorio de Vinsobriis et Sancti Mauricii et eorum districtu, salvo jure et dominio dicti dom. Dragoneti a quo predicta tenentur in feudum: rogantes ipsum dom. Dragonetum ut dict. Giraudum deberet investire, quod hec fecit; et dict. Giraudus confessus fuit et recognovit predicta tenere a dicto dom. Dragoneto in feudum francum et sub ejus dominio, et inde sibi fecit homagium et fidelitatis sacramentum.

1443. Item, quod. al. publ. instrumentum confectum et signatum manu Guillelmi Audegandi notarii publ. sub anno M°CC°LXXVIII°, die lune ante festum b¹ Laurentii, continens in effectu quod dñi Pon(tius) de Sancto Justo, Bertrandus de Sancto Pastore, Pon(tius) de Bellomonte, Cibaudus Armandi de Mirmanda, Adhemarius de Petra Lapta et Pon(tius) Cornilliani, domini Petre Latte, confessi fuerunt ac recognoverunt nobili viro dom. Raymundo Gaufridi de Castellana, domino Montis Albani, se tenere et predecessores suos tenuisse a dicto domino Montis Albani, nomine nobilis dom° Randone uxoris sue, filie dom¹ Dragoneti domini Montis Albani condam, in feudum francum et honoratum quartam partem tocius castri et fortalicii Petrelapte, tenementi et territorii ejusdem pro indiviso quantumcumque se extendant; pro qua quarta parte omnes simul predicti domini Petre Lapte et quilibet eorum per se fecerunt dict. recognicionem cum sacramento fidelitatis, et recognoverunt facere et facere debere imperpetuum occasione dicti feudi quolibet anno a festo Paschatis usque ad festum b¹ Michaelis unum albergam de xxv equitantibus cum equitaturis et de dicto festo b¹ Michaelis usque ad Pascha alium albergum de aliis xxv equitantibus cum equitaturis: sub hac conditione quod nisi dict. dominus Montis Albani dict. albergum reciperet infra dicta tempora, quod ad ipsum albergum non receptum dicti domini in tempore successivo solvere non teneantur, nisi solummodo debitum albergum secundum tempora superius declarata; et eidem facere promiserunt, ac eciam recognicionem in mutacione domini et vassalli.

1444. Item, quod. al. publ. instrumentum confectum et signatum manu Pon. de Salva publ. notarii, sub anno Dñi M°CC°XCIII°, III° kalend. julii, continens quod Amedeus de Rosanis et Petrus Reynerii cum magna comitura gencium armorum, equitum et peditum, obsederant castrum et villam Ville Dei et in tantum expugnaverant quod amplius municiones dictorum castri et ville se tenere non poterant, nisi supervenisset dom. Guillelmus Transquerii miles, bajulus et procurator missus per dom. Rossilinum Lunelli et Montis Albani dominum, qui precibus et ob reverenciam et potestatem dicti dom. Rosselini dictos Amedeum et Petrum cum eorum exercitu retrahi fecit, et ipsis retractis venit ad predict. castrum et villam Dei que fuerunt eidem apperte per astantes, et fuit dict. castrum positum in manu dicti procuratoris et redditum pro bono dominio per religiosum virum dom. Rostagnum de Sabrano, preceptorem dicti castri et ville Dei, et per dños fratres Reynerium, preceptorem Varriaci et Belli Loci, et Lambertum de Montilio, Pelestortum, Guillemum Raymundi, milites et fratres Hospitalis Sancti Johannis Jherusalem, et per quosdam alios fratres et donatos dicti Hospitalis, qui una cum quibusdam aliis erant in munitione dicti castri, dicto procuratori recipienti nomine dicti domini Montis Albani; deinde dictus dom. preceptor Ville Dei, de consilio, voluntate et assensu predict. fratrum et donatorum dicti Hospitalis, fuit receptum et recognitum teneri et esse de feudo et in feudum dicti dom. Rossilini cum ejus territorio et mandamento per dictum dom. procuratorem, et in signum dicti feudi et majoris dominii dictus preceptor voluit quod vexillum dicti dom. Rossilini poneretur supra dict. castrum, et promisit idem preceptor predicta facere confirmari per preceptorem Sancti Egidii.

1445. Item, quod. al. publ. instrumentum receptum manu Bertrandi Ysnardi notarii publ. condam de Nihoniis, sub anno Dñi M°CC°XC°VI°, XXII die mensis octobris, et in formam publ. redactum manu Vincensii Fabri publ. notarii, continens in effectu quod frater Guigo Adhemarii dictus de Tornello, domorum milicie Templi in provincia Provincie magister, veniens ad presenciam domⁱ Hugonis Adhemarii militis, Liberonis et baroniarum Montis Albani domini, recognovit se et dictam miliciam Templi tenere ab eodem dom. Hug. ut herede universali in dict. baroniis domⁱ Ronselini Lunelli et baroniarum Montis Albani domini et ut domino dict. baroniarum, in feudum francum, nobile, honoratum et antiquum totum castrum de Grilone Tricatrensis diocesis, cum juribus et pertinenciis suis, mero et mixto imperio et juridictione omnimoda, sicut protenditur videl. a territorio castri de Coroncellis et cum territorio castri de Graignano et cum territorio castri de Varriaco; de quo quidem feudo dictus dom. Hugo dict. magistrum retinuit et investivit, et dict. magister dicto dom. Hug. tanquam domino dict. baroniarum fecit homagium et recognicionem.

1446. Item, quod. al. publ. instrumentum confectum et signatum manu Fran. de Monte Joco notarii publ. sub anno Dñi M°CCC°XXI°, die xxixa mensis maii, continens quod dom. frater Stephanus de Chavelluco, preceptor domorum de Aureyca et Sancti Mauricii, ordinis Sancti Johannis Jherusalem, recognovit se tenere in feudum francum, antiqum et honoratum domum seu bastidam Sancti Mauricii cum toto tenemento et territorio ejusdem, mero et mixto imperio et juridictione omnimoda, et etiam territoria de Bocheto et de Frays: que quidem territoria, tenementa et bastida confrontantur cum territoriis Avisani, Tuellete, de Vinsobriis et ripperia Ycaris.

1447. Item, quod. al. publ. instrumentum confectum manu Giraudi de Lavario notarii publ. sub anno Dñi M°CCC°XVIII°, die xxiiii mensis marcii, super quod. processu facto contra Bertrandum de Novaysano de Turre, qui dicebatur recognovisse a domino nostro papa quicquid habebat in castro et territorio de Novaysano; qui quidem Bertrandus dict. recognitionem se fecisse negavit, dicens quod poterat esse quod quidam alter, qui vocabatur Bertrandus de Navaysano, filius Guillelmi de Navaysano, dict. recognitionem fecerat; qui Bertrandus vocatus in curia dalphinali dixit et confessus fuit dict. recognitionem fecisse, et inter cetera fuerunt producta duo publ. instrumenta inserta in dicto instrto: ipse vero Bertrandus de Novaysano de Turre recognovit se tenere et predecessores suos tenuisse a domino Montis Albani omnia et singula que habebat in dicto castro et territorio Novaysani.

1448. Item, quod. publ. instrumentum confectum manu Raymundi Ortolani, sub anno Dñice (Nativit.) M°CCC°LIII°, die Ia mensis octobris, continens quod nobilis Fran(ciscus) Arnaudi, filius nobilis Petri Arnaudi de Varreacio, confessus fuit se tenere a dom° nostro dalphino servicia, taschias et alia dominia que habet in territorio Montis Brisonis comunia cum Petro Aytardi et plures alios census et dominia que habet inter metas Varriaci et Montis Brisonis, et quitquid tenent tenementarii seu facherii in quod. tenemento ibibem situato, quod confrontatur cum itinere publico quo itur a Ponte Oiardo versus Varriacium, item quartam partem juridictionis alte et basse et meri et mixti imperii quo(d) habet in territoriis Mantigniacii et Lugnari, que territoria confrontantur cum territoriis Varriaci et Montis Brisonis, et inde debet servire pro dicta juridictione et facere XII denar. de servicio dom° nostro dalphino et tenetur eidem ad sacramentum fidelitatis; continentur eciam in dicto instrto clausule recognicionis facte per patrem dicti Fran.

REGISTRUM

PRIVILEGIORUM ET LICTERARUM BARONIE TERRE FUCIGNIACI[1].

In nomine Domini, amen. Anno Nativitatis ejusdem mill'o tercentesimo quadragesimo sexto, die penultima mensis marcii, fuit incohatum presens regestrum de omnibus et singulis instrumentis privilegiis, licteris et aliis documentis repertis in quodam scofino in revesterio Sancti Andree Grationopolis, tangentibus factum seu jus ill[s] principis dom[i] Humberti dalph[ini Viennensis] baronie terre Fucigniaci, per nobiles et c[ircumspectos viros] dños Stephanum de Ruffo militem, legum doctorem, jud[icem majorem hosp]icii dalphinalis et tocius Dalphinatus, et R[aymundum Falavelli jurisperi]tum, consiliarios dalphinales comissariosque [ad hoc specialiter depu]tatos a rever. patre in Xpisto et domino [dom. Henrico de Vil]ariis Dei gratia arc[hiepiscopo et] comite Lug[dunense locumque tenente illustris et magnifici principis] dom[i] Hum[berti dalphini Viennensis in Turquiam in remotis agentis, convoca]tis cum eisdem (*fere ut p. 216*).

---

1. Registre C, 1ᵉʳ cahier, ff. 26 à 70.

1449. Et primo fuit [repertum quoddam instrumentum] publicum receptum manu Guigonis Frumenti notarii, sub anno Domini M°III^c XXXIIII°, indicione secunda, die xi^a mensis febroarii, continens quod Petrus de Buegio domicellus pro se et successoribus suis fecit homagium ligium de personâ dom° Humberto dalphino Viennensi.

1450. Item, quod. aliud instrumentum scriptum manu Humberti Pilati de Buxeria, sub anno Dñi M°III^cXXXVI, indic. IIII^a, die xv mensis febroarii, continens quod nobilis Jacobus de Aneriis domicellus prestitit homagium ligium de persona dom° Humberto dalphino Viennensi, domino Fucigniaci, [et] confessus fuit se tenere a dicto domino in feudum francum octo libras Genbennen. census prope castrum de Basseu in territorio Armencie, et fuit sibi terminus xL dierum assignatus ad particulariter recognoscendum.

1451. Item, qued. lictera in pendenti sigillata, scripta sub anno Dñi M°II^cLXXXVIII°, die martis post octabas Penthecostes, continens quod dom^a B(eatrix) domina Fucigniaci mandabat dom° Petro de Castellione in Michayllia quod feudum et homagium in quibus sibi tenebatur recognosceret dom° Humberto dalphino.

1452. Item, qued. lictera pargaminea scripta sub anno Dñi M°II^c LXXXVIII, indic. I^a, xIII kalend. julii, continens constitucionem et dotacionem domus monialium de Melanis in Gebennesio factam per dom. B(eatricem) dalphinam Viennensem et dominam Fucigniaci, et confirmacionem domⁱ Humberti dalphini Viennensis et dom^e Anne ejus uxoris.

1453. Item, quod. publ. instrumentum sigillo curie officialis Gebennensis sigillatum in pendenti, scriptum manu Johannis de Monte notarii publ. sub anno Dñi M°III^cIIII°, indit. III^a, II° nona decenbris, continens quod Roletus filius domⁱ Jacobi de Tracort militis confessus fuit se esse hominem ligium ill^{is} viri dom. Hugonis Dalphini, domini Fucigniaci, excepto homagio domini de Gayio, et confessus fuit se tenere in feudum et de franco alodio ipsius domini C solidatas terre assignatas et positas super rebus et possessionibus contentis in ipso instr^o.

1454. Item, quod. publ. instrumentum scriptum manu Petri Palleti notarii, sub anno Dñi M°II^cIIII^{xx}I°, indit. ix^a, idus (........), continens recognicionem homagiorum Marqueti de Thoyria, filii domⁱ Petri de Thoyria, Melmeti filii condam domⁱ Rodulphi de Thoyria militis condam,..

1455. Item, quod. vidimus scriptum sub anno Dñi M°CCC°XVII°, die XI mensis febroarii, manu Stephani Cheurerii de Calvomote, continens quod. instrumentum in quo continetur quod dom. Rod(ulphus) comes Gebennensis fecit fidelitatem et homagium ill¹ viro dom. Petro comiti Sabaudie, salva fidelitate imperatoris et episcoporum Gebennensis ubique et Lausanie ultra Albonam et salva fidelitate Guigonis dalphini in terra ejusdem.

1456. Item, quod. publ. instrumentum (*ut* 1450), die XVIª mensis febroarii, continens homagium prestitum dom° dalphino Viennensi per dom. Johannem dominum castri de Nernyer et recognicionem factam per eumdem, qui recognovit se tenere de feudo dicti domini Fucigniaci castrum suum de Nernyer et omnia alia et singula que ipse et ejus predecessores alias confessi fuerunt tenere a dicto domino Fucigniaci et assignacionem termini ad recognosc. particul. et distin. infra cert. temp. jam elaps.

1457. Item, quod. publ. instrumentum scriptum manu Petri Leyderii notarii et signatum signo magistri Guillelmi de Saviniaco not., sigillatum in pendenti duobus sigillis, sub anno Dñi M°III°XXI°, indict. IIIIª, XXIIII die mensis febroarii, continens confirmacionem factam per dom. Hugonem Dalphini de donacionibus per eum factis dñis Guigoni et Humberto dalphino fratribus de tota terra sua, continens eciam plures condiciones et convenciones inhitas inter ipsas partes, ut continetur in ipso instr¹º.

1458. Item, quod. vidimus factum manu Petri Gauterii de Clusis et subscriptum manu Anselmi de Hospitali et manu Roleti Pugini notariorum public. sub anno Dñi M°II°LXXVII°, indic. vª, pridie nonas febroarii, que est receptio instrumenti, vidimus vero factum fuit sub anno Dñi M°CCC°XXIX° ; et continet ipsum instrum quod nobilis Lyoneta domina de Jasz, de voluntate Petri filii sui, imperpetuum vendidit ill¹ dom° B(eatrici) Viennensi comitisse et domine Fucigniaci feudum castri de Nernyer, cum omnibus que domª Lyoneta habebat in dicto castro et mandamento ipsius, item quidquid dominus castri de Arlo tenebat et habere debebat in feudum a dicta dom. Lyoneta in castro de Arlo et ejus mandamento, precio II^C librarum Viennen. et XI librar. Gebennen.

1459. Item, quod. publ. instrumentum scriptum manu Humb¹ Pilati not. sub anno Dñi M°III°XXXIIII°, indict. IIª, die XXª mensis decenbris, continens homagium prestitum per dom. Johannem de

Thoria militem dom° H(umberto) dalphino racione terre Fucigniaci et confessus fuit se tenere ab eodem quasdam res que condam fuerunt dom¹ Humberti de Thoyria ejus patrui.

1460. Item, quod. publ. instrumentum scriptum manu Bruneti de Monte de Cersenay, sub anno Dñi M°III°II°, indict. xv$_a$, vii die mensis aprilis, continens quod Stephanus de Visonscy confessus fuit se esse hominem ligium dom° B(eatricis) Fucigniaci et dom¹ Hugonis filii sui, et confessus fuit se tenere plures res contentas in ipso instr¹° et pro predictis confessus fuit se habuisse xl libras bonorum Viennen., quod quidem homagium prestitit salva fidelitate trium dominorum.

1461. Item, quod. publ. instrumentum confectum manibus Humb¹ Pilati, Johannis Merleti et Francisci Bermundi, sub anno Dñi M°CCC°LIII°, continens redditionem factam dom° archiepiscopo Lugdunensi, locumtenenti dom¹ Karoli dalphini Viennensis, de castris de Gayo et de Florido Monte, per quod apparet quod dicta castra sunt reddibilia, et fuit in dict. castris positus castellanus nomine dalphinali dom. Nicoudus de Glando.

1462. Item, quod. publ. instrumentum scriptum manu Guig. Frumenti sub anno a Nativit. Dñi M°III°XXXVI, indict. IIII^a, die VI^a mensis febroarii, continens quod nobilis Henricus de Vesoyre confessus fuit se esse hominem ligium de persona dom¹ H(umberti) dalphini, domini Fucigniaci.

1463. Item, quod. publ. instrumentum scriptum manu Andree Ruffi notarii publ. sub anno Dñi M°III°XXX°, indic. XIII^a, die XII mensis maii, continens quod Richardus de Cruce confessus fuit se habuisse a dom° dalphino per manum Roleti Pugini L^a solid. grossorum Turonen. pro remuneracione servicii sui impensi dom° Hugoni Dalphini.

1464. Item, quod. publ. instrumentum scriptum manu Hugonis Chabueylli notarii publ. sub anno Dñi M°II°LXXXVII°, indict. XI^a, die III° nonas febroarii, continens emancipacionem factam per dom. Humbertum dalphinum Viennensem dom° Hugoni Dalphini filio suo, et donacionem eidem factam de castro Montis Bonodi et Montis Fortis et de bastida que est supra Montem Bonodum et plurium aliorum feudorum. — 1465. It. vidimus dicte emancipationis in alio instrumento.

1466. Item, quod. vidimus scriptum manu Aselmondi de Hospitali notarii sub anno Dñi M°III°XXIX°, indict. XII, xv die mensis maii, et subscriptum manu Peroneti de Sancto Nycolao de Clusis, continens tenorem cujusd. publ. instrumenti scripti manu dicti Stephani, in quo continebatur quod doma Johanneta domina de Jas recognovit se tenere a domino Fucigniaci quidquid habet in villa et terra Sancte Marie de Pusyef, de Ornay, de Manyes, de Roseyres, de Breconeria, de Visinef, de Brucinef, de Vilar Tecon, de Vilar Tresineras, de Vilar Cellant et de Maynt, et super hominibus prioris de Paternay et habitantibus in dicta terra [1].

1467. Item, quod. al. publ. instrumentum scriptum manu Stephani de Siyes, sub anno Dñi M°II^{c}XC°VI°, indic. IX^a, die jovis in crastinum Assumpcionis beate Marie, Petrus de Coisyer domicellus recognovit se tenere in feudum a dom^a B(eatrice) domina Fucigniaci plura homagia contenta in dicto instr^{to} et omnes res quas dict. Petrus habet in baronia Fucigniaci a Bona superius.

1468. Item, quod. publ. instrumentum scriptum manu Petri Biviaci notarii publ. sub anno Dñi M°III^c, indict. XIII^a, XVI die septembris, continens quod Petrus de Chisse condam confessus fuit se esse hominem ligium dom^a B(eatricis) domine Fucigniaci et confessus fuit se tenere de dominio et feudo dicte domine quidquid dom. Emericus de Chisse et Johannes pater ipsius Petri tenebant in baronia Fucigniaci.

1469. Item, quod. al. publ. instrumentum scriptum manu Stephani de Deseye notarii publ. sub anno Dñi M°II^{c}XC^{o}V°, indict. IX^a, die martis post octabas Epiphanie Domini, continens quod Amedeus Dardelli, filius condam dom^i Amedei Dardelli militis, res, census et homagia infrascriptas et in-ta, que et quas tenebat ut asserebat de puro et franco alodio, accepit in feudum ab ill^i domina dom. B(eatrice) Fucigniaci et ea confessus fuit tenere ab eadem, et pro ipsis eidem homagium ligium prestitit et pro predictis confessus fuit se habuisse ab eadem xx libras Gebennen., supradicte res et census continentur in dicto instr^{to}.

1470. Item, qued. litera in pendenti sigillata sigillo curie officialis Gebenne, scripta manu Amedei de Vondores clerici dicte curie, sub anno Dñi M°II^c octuag° I°, continens quod dom^a Alissia relicta dom^i Guillelmi de Greyssiaco militis solvit et quittavit ill^i dom. Beatrici domine Fucigniaci inpignoracionem seu ypothecam quas habebat in castro et mandamento de Nernyaco et in fidelitate in qua tenebatur

---

1. *En m*. De hoc multum indigeret castellania Alingii.

eidem Boso de Nernyaco domicellus, que quidem sibi obligata erant et ypothecata pro dote sua in C libras quas confessa fuit se habuisse a dicta domina Fucigniaci.

1471. Item, quod. publ. instrumentum (*ut* 1449), die VIII^a mensis januarii, continens quod Eymionetus de Lapra terre Fucigniaci prestitit homagium ligium de persona dom° H. dalphino Viennensi et terminum assignac. ad partic. recognoscendum, quod non fecit.

1472. Item, al. publ. instrumentum scriptum manu Johannis Nycoleti de Crimiaco, sub anno Dñi M°III^cXXXIX°, die XXI^a mensis maii, continens extimationem et valorem proprietatis castri de Flumeto.

1473. Item, quod. vidimus a curia officialis Gebenne emanatum, sub anno Dñi M°CCC°XVIII°, continens quod anno Dñi M° II^c octuag., die mercurii post festum b^e Lucie virginis, in presencia domⁱ officialis Gebennen. Guillelmus Dugnoyns venit homo ligius Aymoni de Jarse dicto de Langins et recognovit dictus Guil. se tenere a dicto Ay. plures res in ipso instr^{to} contentas et eidem Ay. homagium ligium prestitit, pro quibus confessus fuit habuisse L^a libras Gebennen. et unum roncinum bay bausans.

1474. Item, novem instrumenta simul suta, quorum primum scr. est manu Stephani Saselli, sub anno Dñi M°III^cXXX°, indict. XIII^a, die XVIII^a mensis augusti, que quidem instrumenta continent plures et diversas soluciones factas nomine domⁱ nostri dalphini tam pro cabilicis quam equis per eum datis quam aliis diversis causis, tam per nobilem virum dom. Humbertum de Chaulay quam alias personas in dict. instr^{tis} contentas et nominatas.

1475. Item, quod. vidimus scriptum manu Hugonis Chabuelli notarii, sub anno Dñi M°II^cXC°VI°, indict. IX^a, scil. III° idus maii, continens tenorem cujusd. scripti manu Petri Biviaci not. pub. sub anno Dñi M°II^cXC°V°, die sabbati post festum bⁱ Michaelis, in quo quidem instrumento (sunt) cumcordia et compositio facte inter dom. B(eatricem) Fucigniaci ex una parte et dom. Guillelmum de Noyareto curatum de Salanchia ex altera, super pluribus et diversis questionibus contentis in ipso instr^{to}.

1476. Item, qued. littera officialis Viennensis et ipsius curie sigillo sigillata, in qua continetur tenor cujusd. littere illⁱ dom. B(eatrici) Vienne et Albonis comitisse per Lyonetam dominam de Jas, Petrum et Guillelmum fratres, ejus filios, requirentes dictam dom. comitissam ut ipsorum nomine traderet et deliberaret Oberto de Montibus eorum dilecto M V^cIIII^{xx} et xiii libras xv solid. iii denar. de Viennen. in quibus eisdem tenebatur dom^a comitissa pro gageria de Versoy et de Clusa, et de ipsa pecunia quam dicta dom. B. traderet dicto Oberto dicti fratres eamdem quittabant.

1477. Item, quid. magnus rotulus tam in pargameno quam papiro scriptus, continens litteras confessionum et receptorum computi domⁱ Humberti de Chaulay, baylli terre Fucigniaci, redditi anno Dñi M°III^cXXX°, mesis septenbris.

1478. Item, qued. littera duobus sigillis in pendenti sigillata, scripta sub anno Dñi M°II^c octuag° V°, continens compositionem et concordiam factas inter dom. B(eatricem) dominam Fucigniaci ex una parte et dom. Amedeum comitem Sabaudie ex altera, super hereditate domⁱ Petri comitis Sabaudie et pluribus aliis contentis in ipsa littera.

1479-a. Item, quid. rotulus licterarum continentium quod dom. dalphinus concessit ordini de Reposatorio quod possit emere super feudo suo vi modia frumenti census ; alie vero littere continent solutiones pecunie factas dom° episcopo Tiburtino de valore sigilli, laudimiorum et venditionum terre Fucigniaci.

1480. Item, quod. vidimus scriptum per Raimundum de Pilo et subscriptum manu Petri Goyriaci et manu Humbⁱ Acardi, sub anno Dñi M°III^cXXXVI°, indict. v^a, die veneris post octabas bⁱ Michaelis, continens tenorem cujusd. littere concesse per dom. H(umbertum) dalphinum dom° H. de Cruce de confirmacione eidem dom. Humberto facta super quad. littera que dicitur annexa dicte confirmacioni, continens eciam donationem factam per dictum dom. dalphinum dicto dom. H. ad vitam suam de tercia parte laudationum et venditionum mandamenti Montis Gaudii et in parrochia Sancti Gervassii, Sancti Nycolay de Veracia et Beate Marie de Gorgia.

1481. Item, quod. vidimus scriptum manu Roleti Pugini notarii et subscriptum manu Petri Valterii et manu Guillelmi Luysserii de Clusis, sub anno Dñi M°III^cXXIX°, die xv mensis maii, continens tenorem cujusd. littere ad modum vidimus facte per officialem Viennen., in qua quidem inter cetera continetur quod Leona domina de Jas, Petrus et Guillelmus de Jas, filii bone memorie domⁱ Symonis domini condam de Jas, confessi fuerunt in summa debere illⁱ dom. B(eatrici) dalphine Fucigniaci VI^m librarum Viennen., pro quibus quilibet ipsorum in solidum tradiderunt nomine pignoris seu ypothece eidem d. comitisse recipienti pro se et heredibus suis castrum de Versoy et castrum de Clusa, cum eorum mandamentis et territoriis, et feudum castri de Castellione de Michellis, una cum aliis convencionibus in dicta littera contentis.

1482. Item, qued. littera sigillata in pendenti sigillo dom° B(eatricis) domine Fucigniaci, sub anno Dñi M°II^c octuag° IX°, continens mandamentum factum per eamdem dominam dom° Petro domino Castellionis et de Michellia, ut homagium in quo eidem tenebatur ill^i viro dom. Humberto dalphino Viennensi et feudum quod ab eadem tenebatur recognosceret et eidem deinde obediret sicut sibi.

1483. Item, qued. lictera quinque sigillis sigillata, scripta sub anno Dñi M°II^c sextuag. IX°, continens quod Aymo de Prangins, dominus de Nyduno, recepit in feudum ab ill^i dom. B(eatrice) dalphina Viennensi omnia que ipse tenebat et possidebat seu alter ipsius nomine in villa de Ver, pro quo feudo eidem domine prestitit homagium ligium, salva fidelitate unius domini.

1484. Item, quid. rotulus in papiro scriptus, continens homagia et recogniciones homagiorum terre Fucigniaci factorum dom° Humberto Dalphini, domino terre Fucigniaci.

1485. Item, quod. publ. instrumentum (*ut* 1456), continens homagium prestitum dom° H. dalphino Viennensi per Girardum de Sallion, salva fidelitate comitis Gebennensis.

1486. Item, quod. publ. instrumentum in pendenti sigillatum, continens tenorem cujusd. littere officialis curie Gebennen. notifficantis pacta, convenciones et transactiones et eciam plures quictationes inter ill^{em} dom. B(eatricem) dalphinam Viennensem et ill^{em} virum Johannem Dalphini, ejus filium, ex una parte et dom. Amedeum comitem Gebennensem ex altera, super remissione per dict. dominum et dominam eidem comiti facta de quad. gageria quorumdam castrorum in dicta littera contentorum, continens eciam remissionem factam per dict. comitem dict. domine et domino de feudo de Gayio, et plura alia pacta inter eos habita.

1487. Item, al. littera in pendenti sigillata, scripta sub anno Dñi M°CC° octuagess. V°, continens homagium Raymondi de Bons et recognicionem per eumdem factam ill^i dom. Beatrici domine Fucigniaci de albergo Orseti de Grossa Piru et de albergo Tranberti de Lueys, que confessus fuit tenere de feudo dicte domine.

1488. Item, qued. littera a curia dom^i officialis curie Gebennen.

emanata, duobus sigillis in pendenti sigillata, scripta sub anno Dñi M°CCC°IIII°, pridie nonas julii, continens quod Guillelmus de Ounyon domicellus recognovit se esse hominem ligium ill'° dom. d. B(eatricis) dalphine, domine Fucigniaci, et se tenere in feudum ab eadem res infrascriptas que extimantur valere in redditibus annualibus xv libras Gebennen., videl. in decimis de Matrinigio, de Yuvrey, de Myssie, de Leye, de Quintie xx^{ti} ix oytane frumenti et xL^a vi octane avene ad mensuram Clussarum annualibus, item in decimis vacentium locorum predict. vi solid. Gebennen. annualium, it. in placitis dict. decimarum xii solid. Geben. censualium, it. in parrochia de Ougnions de albergo seu tenemento dicti Guillelmi, quod albergum jacet in loco de Combis, C. solid. dicte monete census, it. pro albergo dicti Vigniet hominis dicti Guillelmi de tayllia dicti albergi xL^a solid. Geben. census, it. pro bosco dicti Guillelmi dicto delz Cuynz ix solid. Geben. : que omnia accepit dict. Guillelmus in feudum a dicta domina.

1489. Item, quod. vidimus sigillatum sigillo curie officialis Grationopolis, scriptum sub anno Dñi M°III^cXXXIII°, continens sponsalia olim contracta inter dom. Hugonem Dalphini ex una parte et filiam dom' Johannis de Cabilone ex alia.

1490. Item, quod. publ. (ut 1450), continens homagium ligium prestitum per Petrum de Mentone domicellum dom° Humberto dalphino, domino Fucigniaci, et terminum... sub pena feudi...

1491. Item, quod. publ. instrumentum sigillatum in pendenti sigillo curie officialis Gebennen., scriptum manu Johannis de Monte Antrati notarii publ. sub anno Dñi M°III^cIIII°, indict. III^a, II° kalend. decenbris, continens homagium ligium prestitum per Chabertum de Vileta domino Fucigniaci et recognicionem per eum factam de C solidatis terre et de quibusd. peciis terre, pratorum et nemorum et plurium rerum, ut in ipso instr^{to} continetur.

1492. Item, tria instrumenta scripta in una pelle manu Petri Paleti notarii publ., primum sub anno ab Incarn. Dñi M°II^cLXXVIII°, indict. vi^a, continens homagium prestitum per Petrum de Arenton et Aymonetum ejus fratrem dom° Beatrici domine Fucigniaci ; — 1493. It. secundum script. ut supra, continens homagium prestitum dicte domine Fucigniaci per Guillelmetum filium condam Petri Martini de Salanchia ; — 1494. It. tercium scriptum manu dicti notarii, sub anno Dñi M°II^cLXXIX°, continens homagium ligium prestitum dom° dalphino per Melmetum de Loyes, filium quondam dom' Petri de Loyes.

— 1495. Item, quod. instrumentum scriptum manu dicti Petri Peloti sub an. Dñi M°II°LXXIX°, indict. VII, continens homagium ligium prestitum domino Fucigniaci per Mermetum Dardelli et recognovit se tenere a domino Fucigniaci bastitam de Artas et quidquid tenet in villa de Bruyssen.

1496. Item, quod. publ. instrumentum in romancio scriptum per manum Peroneti Nyrot notarii publ. et subscriptum manu Arsernoudi de Hospitio et Petri Ogerii de Clusis et Peroneti de Sancto Nycolao de Clusis notariorum public. sub anno Dñi M°IIIc X°, IIa die junii, indit. XV, continens donacionem et assetamentum factos per illem dom. d. Hugonem Dalphini, dominum Fucigniaci, viro nobili dom. Guillelmo de Janvile, domino de Jas, de IIIc libris Gebennen. census eidem domino de Jas datis in augmentum feudi et homagii ligii in quo eidem dict. dominus de Jas tenetur, quod assetamentum factum fuit in locis et mandamentis designatis in dicto instrto, sub formis et condicionibus in ipsis instrttis contentis et spesificatis.

1497. Item, quod. vidimus scriptum manu Asselmondi de Hospicio, subscriptum et signatum manibus Roleti Pugini et Petri Vauterii notariorum public. sub anno Dñi M°IIIc XXIX°, XV die mensis marcii, cujus originale continet quod doma Lyona domina de Jas confitebatur tenere a domina Fucigniaci castrum de Prengins et quidquid habet in eo a parte ventris et plura alia in ipso vidimus continentur.

1498. Item, quod. publ. instrumentum confectum manu Henriqueti Sybaudi de Florentia, sigillatum in pendenti quatuor sigillis sub anno Dñice Incarn. M°IIc sextuag° VII°, indict. Va, die veneris pridie nona februarii, continens quod Lyona domina de Jas, de consensu Petri filii sui, accepit in feudum a doma B(eatrice) Vienne (et) Albonis comitissa res infrascriptas et eadem recognovit se tenere in feudum a domina supradicta sub homagio ligio, videl. castrum de Castellione de Michalia et quidquid habet in ipso, item castrum de Clusa, castrum de Pomier, item domum castri de Esporent, it. dominium rerum quas dom. Rod(ulphus) de Lurone tenet ab eadem, it. dominium castri de Sancto Johanne et de Govellis, castri de Fleyre, castri de Poulie, castri de Gerlyef, castri de Prengins, castri de Gentiles, castri de Monte Recherio et domus fortis de Polanis, cum omnibus juribus eorumdem et quidquid habet in dyocesibus Lausannensi et Gebennen. — 1499. It. quod. vidimus dicti instrumenti.

1500. Item, qued. lictera in pendenti sigillata, scripta sub anno

Dñi M°II°XC°VI°, continentes quod doma B(eatrix) domina Fucigniaci dedit Humberto Dalphini filio suo baroniam Fucigniaci, cum omnibus suis juribus, retento sibi per dict. dominam usu fructu ad vitam suam. — 1501. Item, qued. al. parva lictera dicte lictere annexa, sigillata in pendenti quod. sigillo cereo, scripta die lune ante festum bi Andree, continens quod doma B(eatrix) domina Fucigniaci mandabat Petro de Castellione, quod homagium in quo sibi domine tenebatur et feudum pro quo (....) recognosceret se tenere a dom° dalphino Viennensi.

1502. Item, qued. littera papirea sigillata in pendenti quod. sigillo cereo, continens quod. vidimus scriptum sub anno Dñi M°II°XC°I°, in cujus originali continebatur quod doma B(eatrix) domina Fucigniaci (dabat) mandamentum hominibus et personis castri et mandamenti de Versoy, ut facerent homagia dom° Humberto dalphino et ab (eo) recognoscerent se tenere possessiones quas in dicto castro et mandamento habebat, occasione donacionis facte per dict. dominam dom° Humberto predicto de dicto castro.

1503. Item, qued. littera in pendenti sigillata, scripta sub anno Dñi M°III°XXXVI°, continens confirmacionem factam per dom. Humbertum dalphinum Viennensem monasterio Altecombe de quodam somerio dicto monasterio donato per inclite recordacionis dom. Aymonem dominum Fucigniaci quondam.

1504. Item, quod. instrumentum publ. scriptum manu Johannis Nicholeti de Crimiaco notarii publ. sub anno Nativit. Dñi M°CCC° XXXIX°, die xva mensis mayi, continens extimationem reddituum et valoris castrorum Fucigniacii.

1505. Item, quod. publ. instrumentum (ut 1462), die xvia mensis febroarii, continens homagium ligium prestitum per nobilem Henrricum de Sergie, filium Stephani de Sergie condam, dom° Humberto dalphino, domino Fucigniaci.

1506. Item, quod. al. instrumentum (ut 1450), die xx mensis junii, continens homagium ligium prestitum per nobilem Perretum de Lucingio, dictum Bastardum, dom° dalphino et donationem xxxa librarum bonorum Gebennen. reddituialium percipiendarum super leyda Salanchie.

1507. Item, quod. instrumentum scriptum manu Petri Leyderii, sub anno Dñi M°CCC°XXI°, indict. IIIIa, die xxiia mensis febroarii, continens quasdam conventiones factas inter dom. Henrricum Dalphini ex una parte et dom. Mariam de Sabaudia, uxorem condam dom' Hugonis Dalphini, domini Fucigniaci, super dote et doario ipsius dom° Marie. — 1508. Item, quod. al. instrumentum manu dicti P. Leyderii scriptum, an. et ind. quibus supra proxime, IIᵃ die mensis marcii, et in eadem pelle cum prox° instrᵒ, continens quod dictus dom. Hugo Dalphini confessus fuit se habuisse a dicto dom. Henrico Dalphini XIIIᵐ et IIIIᶜ libras Gebennen.

1509. Item, quod. instrumentum publ. confectum manu Humb' Pilati not. pub. sub anno Dñi M°CCC°XXXVII°, indict. v, die XIIIIᵃ mensis decembris, continens homagium ligium Nicoleti de Mentone.

1510. Item, quod. instrumentum publ. confectum manu H. Pilati n. p. sub anno Nativit. Dñi M°CCC°XXXV°, indic. III, die xvᵃ mensis febroarii, continens homagium ligium Petri de Buego prestitum dom° dalphino.

1511. Item, quod. al. instrumentum confectum manu Guillelmi de Elemosina notarii publ. sub anno Nativit. Dñi M°CCC°XXII°, indic. vᵃ, die xxIᵃ mensis junii, continens solucionem decies novies centum xxᵘ VII librar. VIII solid. II denar. factam per Guigonem de Vilarereto, nomine dom' dalphini dom° Humberto de Chaulay militi, quam summam idem mistralis recuperaverat de fogagiis.

1512. Item, qued. litere in pedenti sigillate IIII sigillis, sub anno Dñi M°CC°LXXVIII°, pridie kalend. octobris, continentes quod Leona domina Jacii et Petrus et Guillemus de Jacio ejus filii confessi fuerunt debere dom° B(eatrici) Viennensi comitisse VIᵐ librarum Viennen., unde obligaverunt eidem castra de Versoya et de Clusa et feudum castri de Castillione et de Michalia, continens etiam plures alias pactiones in eodem instrᶦᵒ descriptas.

1513. Item, quod. publ. instrumentum confectum manu Stephani de Dysie notarii publ. sub anno Dñi M°CC°XC VI°, indict. IXᵃ, die sabbati post Assumptionem beate Marie, continens quod Roletus et Philipus, filii Petri Martini, quittaverunt dom° B(eatrici) de Fucigniaco tenementum Thomosseti Chaignei et deinde asseruerunt eidem homagium debere, et confessi fuerunt tenere ab eadem omnia que habent in terra Fucigniaci.

1514. Item, quod. instrumentum confectum manu Bruneti de Monte Cercennay notarii publ., sigillatum duobus sigillis in pendenti sub anno Dñi M°CCC°II°, indict. xv, die vIIIᵃ mensis octobris, continens quod Verducus de Sancto Genisio confessus fuit se esse hominem ligium et vassallum dom¹ Hugonis Dalphini Viennensis et recognovit se tenere ab eodem plures res et bona confinata in dicto instr⁽ᵗᵒ⁾ quas enarrare lungum esset, continens etiam confirmationem inde factam per dominum de Jacz et per Gebennensem episcopum.

1515. Item, qued. litere scripte sub anno Dñi M°CCC°XXVII°, die Xª mensis julii, continentes unionem, ligam et federationem factas inter dños Henricum Dalphini, Guigonem Dalphini et Hugonem Dalphini ex una parte et episcopum Sedunensem ex altera sub multis formis in dict. literis contentis.

1516. Item, quod. instrumentum publ. confectum manu Petri de Sersonay notarii publ. sub anno M°CCC°XVIII°, indict. 1ª, die 1ª mensis julii, continens homagium Perreti filii dom¹ Ramusii de Chissie.

1517. Item, qued. litere in pendenti sigillate sub anno Dñi M°CC° LXXXI°, die jovis ante festum b¹ Andree, continens venditionem XX librar. Gebennen. factam per Aymonem de Languins domᵉ B(eatrici) Viennensi comitisse.

1518. Item, quod. instrumentum confectum manu Alberti de Brayda notarii sub anno Dñi M°CCC°XI°, XI indict., die mercurii post festum b¹ Nicholay, continens quod procurator dom¹ Hugonis Dalphini nomine ipsius mutuo accepit a Guigone de Morgiis II^m floren. et ideo videtur debitum solutum pro redditione instrumenti.

1519. Item, qued. litera duobus sigillis in pendenti sigillata, sub anno Dñi M°CC°LXX IIII°, die in vigilia b¹ Johannis Baptiste, continens vidimus quarumd. literarum in quibus Amedeus dominus de Jacz dedit domᵒ Petro de Sabaudia, filio Thome Sabaudie comitis condam, castrum de Jacz et deinde idem dominus de Jacz accepit ipsum castrum in feudum a dicto Petro de Sabaudia et eidem fecit homagium pro dicto castro dictus dom. de Jacz, que originali(a) continent plures alias condiciones in ipsis descriptas.

1520. Item, quod. instrumentum confectum manu Alberti de Montoutz notarii publ. sub anno Dñi ice Incarn. M°CC°XC.II°, indic. vª, XVII° kalend. decembris, continens quod ad instanciam judicis Gebennesii confessi fuerunt et recognoverunt dom. P. de Marens canonicus et Giroudus et Thomas ejus fratres se esse homines domini Fucigniaci et recognoverunt se tenere ab eodem certas res et bona contenta in dicto instrᵗᵒ, quod instrumentum plures condiciones utiles et recognitiones in eodem contentas continet et est sigillatum sigillo uno in pendenti.

1521. Item, quod. instrumentum confectum manu Johannis Nicholeti notarii publ. sub anno Dñi M°CCC°XXXIX°, die ultima mensis maii, continens extimationem castri de Monteucz.

1522. Item, quod. instrumentum (*ut præced.*), die XIXª mens. maii, continens valorem et extimationem castri Salanchie.

1523. Item, quod. instrumentum *ut præced.*, die XX mens. maii, continens extimacionem castri Montis Gaudi.

1524. Item, quod. publ. instrumentum confectum manu Bruneti de Monte de Cercennay, sub anno Dñi M°CCC°II°, indict. XVª, die VIIª octobris, continens recognicionem Guillelmi de Viscencie confitentis se esse hominem ligium domini Fucigniaci et se tenere ab eodem multa bona et res nominatas et confinatas in dicto instrᵗᵒ, sigillatum duobus sigillis in pendenti.

1525. Item, quod. instrumentum confectum manu Petri Buviaci notarii publ. sub anno Dñi M°IIᶜXC°IIII°, indict. VIª, IIª nonas junii, continens vendicionem factam per Petrum de Greyssiaco de IX libris Gebennen. et recognicionem censuum eorumdem factam per tenementarios eorumdem.

1526. Item, vidimus quarumd. literarum continentium quod domⁱ Humbertus et Johannes dalphinus fratres confessi fuerunt debere domᵉ B(eatrici) eorum matri XXᵐ librar. Asten. et fuit originale dict. literarum scriptum anno Dñi M°CCC°III°, sigillatum in pendenti sigillo officialis curie Bone Ville.

1527. Item, quod. instrumentum publ. confectum manu Guig. Frumenti not. pub. sub anno Dñi M°CCC°XXXVI, die XVII mensis febroarii, continens quod nobilis Petrus Lontelmi, habitator de Molas in mandamento de Credo, fecit homagium ligium domᵒ dalphino moderno.

1528. Item, quod. publ. instrumentum confectum manu Petri de Monte de Cercennay notarii publ. sub anno Dñi M°CCC°IX°, V idus septembris, indict. VII, sigillatum in pendenti sigillis comitis Sabaudie et comitis Gebennensis et quinque aliorum sigillorum, continens quod comes Aymo de Sabaudia reddidit et deliberavit domᵒ Hugoni Dalphino castrum Bellifortis terre Fucigniaci, et quod dictus dom. Hugo constituit castellanum in dicto loco dom. Humbertum de Boczosello, dominum de Malobecco, qui dom. Humbertus promisit dict. castrum fideliter servare et restituere eidem domino et hoc cavit per multos nobiles, prout in dicto instrᵗᵒ continetur.

1529. Item, tria publ. instrumenta scripta manu Johannis de Monte de Cercennay notarii publ. in una pelle, primum sub anno Dñi M°CCC°III°, indict. II°, ultima die mensis febroarii, continens homagium prestitum per Humbertum de Menton dom° Hugoni Dalphino ; — 1530. It. secundum *ut* supra, XIIII° kalend. febroarii, continens homagium ligium prestitum per Franc(iscum) dominum de Nernie dom° Hugoni Dalphini et recognovit se tenere ab eodem in feudum aulam, turrim, peycheriam, pedagium de Nernie et generaliter omnia alia que ipse et sui predecessores tenere solebant de feudo dom° dalphine domine Fucigniaci, et illud quod habet in Eythona, pedagium, ambleriam, questam, piscationem, bastimentum castri Bugi et mandamenti, fenum et paleam, usagium dictum camponiam ; — 1531. It. tercium et ultimum script. *ut* supra, IX die mensis marcii, continens homagium ligium prestitum domino Fucigniaci per Humbertum filium domⁱ Humberti domini de Vilariis condam et recognovit se tenere a dicto domino Fucigniaci castrum de Balaon et omnia alia que dictus dom. Humbertus tenebat a dom° dalphina domina Fucigniaci condam.

1532. Item, quod. instrum. confectum et grossatum manu Gileti de Costis notarii publ. (*ut* 1569).

1533. Item, quod. publ. instrumentum scriptum manu Bernardi Juliani notarii publ. sub anno Nativit. ejusdem M°CCC°XIX°, indict. II°, die XVII mensis maii, continens quod plures nobiles de Gebennesio confitebantur se esse homines ligios domⁱ Guillelmi comitis Gebennensis et tenere ab eodem castra sua et feuda plura, et idem comes Gebennen. per dict. homines castra et feuda recognoscebat se tenere a dom° dalphino Viennensi et volebat quod dicti nobiles recognoscerent se esse de retrofeudo domⁱ dalphini; continens quod universitas hominum de Aneyssiaco jurabat ad sancta Dei Euvangelia eidem dom. dalphino esse fideles eidem et eumdem dom. dalphinum juvare ante omnes personas, excepto rege Francie ; eodem modo juraverunt homines universitatis Romilliaci in Albanesio, et volebat idem comes Gebennen. quod omnes homines comitatus Gebennensis jurarent dicto dom. dalphino eodem modo quo alii juraverunt et quod recognoscerent se esse de retrofeudo domⁱ dalphini, prout hec et plura alia utilia dom° nostro dalphino pred. in dicto instr⁰ continentur.

1534. Item, quod. publ. instrumentum (*ut* 1456), continens homagium ligium prestitum per dom. Petrum de Vullie militem dom°

Humberto dalphino tanquam domino Fucigniaci, et recognovit se tenere a dicto domino de feudo reddibili domum suam fortem d'Avollue et x libras in redditibus, et confirmationem sibi factam de aliquibus rebus aquisitis per eumdem, continens etiam quod idem dom. P. domum suam predict. debebat fortifficare et plures alie conditiones prout in ipso instr⁰ continetur.

1535. Item, quod. publ. instrumentum scriptum manu Aymonis de Tornafol notarii publ. et signatum manu Hemriqueti de Florencia sub anno Dñi M°CCC°I°, die jovis post festum Circumcisionis Domini IIII die intrante mense januarii, indict. xv, continens homagium ligium prestitum per dom. G(uillelmum) de Jantvile, dominum de Jatz, dom⁰ Humberto dalphino et recognicionem per eumdem factam de hiis que a domino tenebat, et ratifficavit idem dominus de Jatz omnia instrumenta et literas olim facta et factas inter dom. Leonam ejus matrem et suos predecessores et dom. dalphinum et suos predecessores, continens etiam in fine recognitionem factam per dictam dom. Leonam ejus matrem.

1536. Item, quod. publ. instrumentum scriptum manu Johannis Nicholeti, sub anno Dñi M°CCC°XXXIX°, die xiiiᵃ mensis maii, continens extimationem valoris annui castri Castelleti de Credo, Gebennen. diocesis. — 1537. Item, quod. (instrum.) manu dicti notarii script. anno quo supra prox., die xiiiiᵃ mens. maii, continens extimationem annui valoris castri Bone Ville.

1538. Item, qued. litere in pendenti sigillate, date sub anno Dñi M°CC°IIII^XX I, die sabbati post festum b¹ Michaelis, continentes quod Leona domina de Jacz confessa fuit habuisse ex causa mutui a domᵃ B(eatrice) dalphina Viennensi VIᵐ librar. Viennen. in bona pecunia numerata exceptis quatringentis libris Gebennen., pro quibus solvendis obligavit eidem castrum de Versoya et castrum de Clusa et feudum castri Castillionis in Michalia.

1539. Item, quod. publ. instrumentum scriptum manu Petri de Monte de Cercennay, sub anno Dñi M°CCC°XXXIX°, indict. viiᵃ, vi° idus septembris, continens quandam donationem et cessionem factam per dom. Beatrisiam dominam Fucigniaci condam dom⁰ Hugoni Dalphini de quibusdam debitis eidem dom. dalphine per dom. dalphinum.

1540. Item, qued. litera in pendenti sigillata, emanata die lune ante festum b¹ Andree, continens quod domᵃ B(eatrix) de Fucigniaco mandavit Aymoni de Prangino quatenus feudum et homagium in quibus tenebatur eidem faceret et recognosceret dom° Humberto dalphino.

1541. Item, quod. publ. instrumentum continens quod. vidimus scriptum manu Petri Biviaci notarii publ. et subscriptum manibus Guillelmi Luysardi, Peroneti de Sancto Nicholao et Petri Ogerii, in cujus originali continetur qued. composicio dudum facta inter dom. Hugonem Dalphini ex una parte et dom. Guillelmum de Jancvile, dominum de Jatz, ex altera, virtute cujus compositionis dict. dominus de Jatz recognovit castrum de Jacz a dom° H. predicto et ultra III^c libras quas dict. dominus dedit domino de Jacz pred. recognovit ab eodem, quod instrum. continet etiam plures alias conditiones... et est scriptum sub anno Dñi M°CCC°XXIX°, indic. xii, xv^a mensis maii et incipit secunda linea « de Sancto Nicholao ».

1542. Item, quod. vidimus scriptum manu Stephani de Deysie et signatum manu Roleti de Roguis et Petri Valteri de Clusis et Guillelmi Luyser. sub an. Dñi M°CCC°XXIX°, ind. xii^a, die xv mens. maii, continens quod. instrumentum in quo dom^a Leona de Jacz et dom. G(uillelmus) de Jancvile ejus filius confitebantur tenere a dom° Guigone dalphino, domino Fucigniaci, villas et territoria de Previssins, de Ornay, de Magnie, de Cosseyres, de Brecoyners, de Visignie, de Brisignie, de villa Tacon, de Vileu de Treneyros, de villa Accelem, Aneliam, Annalen; et continens quod predict. villas dictus dom. Hugo tamquam comissas dederat dom° Johanne de Sabaudie, domine de Jayo, et dom^a Johanneta predicta ratifficavit, ut hec et plura alia lacius in dicto instr^{to} continentur.

1543. Item, quod. instrumentum (*ut* 1450), continens recognicionem Francisci de Lucingio qui recognovit se a domino tenere quicquid tenebat Johannes avunculus suus et fecit homagium domino, qui cert. sibi terminum assignat. ass...

1544. Item, quod. publ. instrumentum scriptum manu Bruneti de Monte de Cercennay notarii publ. sub anno Dñi M°CCC°II°, indict. xv^a, ix die mensis octobris, sigillatum in pendenti sigillis episcopi Gebennensis et Guillelmi de Jancvile, domini de Jatz, continens quod Petrus de Livron domicellus fecit homagium ligium dom^e B(eatrici) de Fucigniaco et dom° Hugoni ejus filio et accepit ab eadem domina Fucigniaci quasdam res alodiales quas tenebat; videl. molendinum suum de Farges, item molendinum et batustorium de Colunges, et plures alias res accepit in feudum a dicta domina Fucigniaci et pro predictis habuit idem P. xlv libras Gebennen., prout hec...

1545. Item, quod. publ. instrumentum continens homagium Johannis de Viries factum domino Fucigniaci, salva fidelitate comitis Gebennensis, quod instrum. factum fuit M°CCC°IIII°, sigillatum sigillo officialis curie Gebennen.

1546. Item, quod. publ. instrumentum scriptum manu Johannis de Monteaturte notarii publ. sub anno Dñi M°CCC°IIII°, indict. III^a, pridie kalend. decembris, sigillatum in pendenti sigillo officialis Gebenne, continens homagium ligium prestitum per nobilem Richardum de Virie dom° Hugoni Dalphino, domino Fucigniaci, et recognovit ab eo tenere C solidatas terre assignatas per ipsum Richardum super pluribus rebus et hominibus in ipso instr^{to} contentis.

1547. Item, quod. publ. instrumentum scriptum manu Johannis Maynardi de Argenteria sub anno Dñi M°CCC°XXVIII°, xi^a indic., die xv^a mensis aprilis, continens quand. transactionem factam inter dom. dalphinum et Thisetum Roerii super administratione terre Fucigniaci, et promisit dictus dom. dalphinus se soliturum dicto This. VI^m IIII^{xx} viii libras viii solid. vi den. bonorum denariorum Gebennen. pro baylliviatu terre Fucigniaci et ex aliis certis causis, prout...

1548. Item, quod. publ. instrumentum scriptum manu Guidonis Vileti de Aneyssiaco notarii publ. sub anno ab Incarn. Dñi M°CCC° XIII°, indict. xi^a, ix kalend. augusti, continens homagium prestitum per nobilem virum dom. Johannem de Ponte Vitreo militem dom° Hugoni Dalphini, domino Fucigniaci, pro quo homagio idem dominus Fucigniaci dedit dicto dom. Johanni xv libratas terre annui redditus assignandas in mandamento Castillionis, sub modis, formis et condicionibus contentis in ipso instr^{to}.

1549. Item, quod. instrumentum publ. scriptum manu Henrigueti filii Sinibaldi de Florentia notarii publ. sub anno ab Incarn. Dñi M°CC°LXXVI°, indict. IIII^a, die lune viii° idus marcii, continens quand. transactionem factam inter dom. dalphinam dominam Fucigniaci ex una parte et dom. Elinor uxorem condam domⁱ Guillelmi de Lucingio et Humbertum et Aymonem, filios et heredes dicti dom. Guillelmi, super pluribus questionibus motis per dictam dom. dalphinam contra dict. Guillelmum et remiserunt dicte dom. dalphine predicta dom. Elienors et ejus filii castrum de Rovoria, et nichilominus fecerunt homagium ligium dicte dom. dalphine et recognoverunt se tenere ab eadem quicquid tenebant in tota terra Fucigniaci, prout predicta (*ut* 1542).

1550. Item, quod. publ. instrumentum scriptum manu Jacobi Valterii notarii publ. sub anno Dñi M°CC°XCIX, indict. xiiiª, xiª kalend. febroarii, continens quod dom. Girardus de Lilins miles et domª Peroneta ejus uxor confessi fuerunt se tenere a domª B(eatrice) domina Fucigniaci medietatem   ¹ de Sancto Eugendio, in parrochia seu territorio de Lulins, et terciam partem parvi dominii de Lulins in quibuscumque rebus consistat et proinde debere homagium eidem dom. B. de Fucigniaco et proinde habuerunt dicti conjuges a dicta domina Fucigniaci xx libras Gebennen. et est dict. instru^m sigillatum in pendenti uno sigillo.

1551. Item, qued. litere in pendenti sigillate uno sigillo sub anno Dñi M°CC°XCIII°, die lune post quindenam Omnium Sanctorum, continens quod Heinricus de Lucingio confessus fuit se esse hominem ligium domᵉ B(eatricis) dalphine, confitens se tenere ab eadem quicquid habet et tenet vel alius pro ipso a nanto de la Chamoussa usque ad nantum de Flumen et in tota baronia Fucigniaci.

1552. Item, quod. al. instrumentum scriptum manu Humbᵗ Pilati not. pub. sub anno Dñi M°CCC°XXXVI°, indict. iiiiª, die xviiª mensis febroarii, continens homagium ligium prestitum domº nostro dalphino per nobilem domicellum Melmetum de Serveuz.

1553. Item, quod. al. instrumentum scriptum manu Guig. Frumenti not. pub. sub anno Dñi M°CCC°XXXVI°, indict. iiiiª, die viª mensis febroarii, continens homagium personale prestitum domº nostro dalphino per nobilem Aymonetum de Chissiaco, procuratorem et procuratorio nomine ut dicebat nobilium mulierum Leonete et Agnete de Lucingio sororum, filiarum domᶦ Amedei de Lucingio condam.

1554. Item, quod. al. instrumentum (*ut* 1552), die xxixª mensis aprilis, continens homagium ligium corporale et personale prestitum domº nostro dalphino per nobilem domicellum Roletum filium Fran(cisci) de Fracia.

1555. Item, quod. publ. instrumentum scriptum manu Guig. Frumenti not. pub. sub anno Dñi M°CCC°XXXIIII°, indic. iiª, die xiª mensis januarii, continens homagium ligium prestitum domº nostro dalphino per Roffonum de Clusa et terminum...

---

1. *En m.* Non potest legi.

1556. Item, quod. al. instrumentum (*ut* 1552), die xv mensis febroarii, continens homagium et recognicionem prestitam per nobilem domicellum Petrum de Langinis dom° nostro dalphino, et tenere ac se et suos heredes et successores in castro de Langiis debere tenere in feudum et de feudo francho et nobili dicti dom. dalphini Lxª solid. Gebennen. de redditibus annuis quos percipit in parrochia de Myoncia, item vii libras Geben. de censibus seu de redditibus, et plura alia ut in dicto instr¹⁰ continetur; confitens etiam idem Petrus quod ipse et ejus heredes debent et tenentur pro predicto feudo dictum dom. dalphinum et ejus heredes et successores juvare et deffendere de castro pred. de Langiis et toto ipsius mandamento ac de tota alia terra sua ipsumque dom. dalphinum in dicto castro de Langiis quocienscumque neccesse fuerit acceptare contra omnes.

1557. Item, quod. al. instrumentum (*ut* 1556), continens homagium ligium personale et corporale prestitum per nobilem domicellum Johannem de Castro dom° nostro dalphino.

1558. Item, quod. al. instrumentum (*ut* 1553), continens homagium ligium de persona pro se et heredibus suis prestitum per nobilem Mermetum Martini, filium Philippi Martini condam, dom° nostro Humberto dalphino Viennensi, domino Fucigniaci.

1559-*a*. Item, quod. al. instrumentum publ. scriptum manu Petri Leyderii notarii publ. sub anno Dñi M°CCC°XXI°, indit. iiiiª, die xxii mensis febroarii, continens homagia et fidelitates nobilium et potentium virorum dom¹ Guillelmi Alamandi et dom¹ Guillelmi de Toria militum et plurium aliorum nobilium usque ad Lª hom. nob.; et in quod. al. instrumento in eadem pelle scripto *ut* supra continentur xv homagia nobilium prestita prout supra.

1560. Item, quod. al. instrumentum (*ut* 1552), continens homagium prestitum ill¹ principi dom° Humberto dalphino Viennensi per nobilem domicellum Guichardum de Ponte Vitreo, dominum Calve Ruppis, excepto homagio in quo tenetur comiti Gebenne, et recognicionem prout predecessores ipsius alias fecerunt, que decl(ar)are promisit particulariter et distincte infra certum tempus assignandum jam elapsum.

1561. Item, quod. al. instrumentum (*ut* 1553); an. D. M°CCC° XXX°(VI°)..., continens quod nobilis Nicholetus de Glay, filius Johannis de Glay, (con)fitens se esse et debere esse et velle esse hominem ligium de persona dom° Humberto Viennensi dalphino.

1562. Item, al. publ. instrumentum scriptum manu Aymonis de Tornafol de Monteluppello notarii publ. sub anno Dñi M°CCC°I°, die jovis que fuit IIII² d. mensis januarii, continens alliaciones et confederaciones factas inter ill⁓ principem dom. Humbertum dalphinum Viennensem, dom. Annam dalphinam et Johannem, Hugonem et Guiotum, eorum filios, ex una parte et nobilem virum dom. Guillelmum de Jam Vila, dominum de Gayo, nomine suo et heredum suorum ex altera, continens eciam quod unus tenebatur sequi alium et receptare in terra sua cum armis vel sine armis.

1563. Item, quod. al. publ. instrumentum (*ut* 1555), die XII² mensis februarii, continens homagium ligium de persona prestitum dom° nostro dalphino per nobilem Petrum Dardelli, filium Fran(cisci) Dardelli condam, etc.

1564. Item, quod. al. instrumentum (*ut* 1555), die XVI² mensis januarii, continens homagium ligium de persona dom° nostro dalphino prestitum per Petrum de Bello Forti juniorem, domicellum, de omni feudo et rebus quod et quas tenet dict. Petrus et tenere debet in dicto loco de Bello Forti et tota ejus castellania ante omnes alias personas, excepto dumtaxat episcopo Tarentaslensi, et assignac. communem...

1565. Item, quod. instrumentum scriptum manu Ancelmi de Chesiz notarii publ. sub anno Nativit. Dñi M°CCC°XIX°, indic. II², die XXI² mensis madii, continens quod ad requisicionem illⁱᵉ viri dom. Guillelmi comitis Gebennensis et de ejus speciali mandato, Hugonetus de Druyseu una cum aliis mandamenti, burgi et castri de Claromonte promiserunt super sancta Dei Evangelia Ancelmo de Chicis predicto, more publice persone stipulanti et recipienti vice, nomine et ad opus illⁱᵉ principis dom. Humberti (!) dalphini Viennensis, heredum et successorum suorum in Dalphinatu, quod ipsi et singulares persone ipsius universitatis perpetuo observabunt, manutenebunt, custodient et deffendent dalphinum predict., heredes et successores suos et jura Dalphinatus, et ipsum et suos juvabunt contra quamcumque personam et sibi et suis adjutorium facient quocienscumque fuerit oportunum, et plura alia promisserunt eidem dom. dalphino facere que in dicto instrᵗᵒ continentur; continens etiam simile sacramentum modo quo supra et de mandato dicti dom. comitis prestitum per Girardum de Compeysieres et aliorum de villa Ruppi in Geben(e)sio et mandamento ejusdem.

1566. Item, quod. al. publ. instrumentum scriptum manu Guig. Frumenti not. pub. sub anno Dñi M°CCC°XXXVII°, indic. v\ die xx\ mensis decenbris, continens homagium ligium prestitum dom° nostro dalphino per nobilem virum Petrum Jordani de Ayma, pro rebus et bonis que habet, tenet et possidet in mandamento et territorio castri et castellanie Bellifortis; quas res nuper particulariter et distincte recognovit et declaravit coram dom° Johanne de Palaniso milite, Guigone Borrelli et fratre Bertrando de Verduno, comissariis in terra Fucigniaci, salvo et retento homagio quod debet comiti Sabaudie:

1567. Item, al. publ. instrumentum scriptum manu Petri Bosonis notarii publ. in romancio, sub anno Dñi M°CCC°V°, xii\ die julii, continens quod d. Guillelmus de Jamvila, dominus de Gayo, confessus fuit se tenere a dom° Johanne dalphino Viennensi domum suam fortem de Clusa de Gayo, nomine dom' Hugonis Dalphini, domini Fucigniaci, et promisit dictum dom. Hug. et gentes suas quocienscumque necesse fuerit in dicta domo receptare, quod quidem instr^m sigillatum est sigillo domini de Arlay et quod. alio parvo sigillo.

1568. Item, quod. al. instrumentum publ. scriptum manu Petri Viviaci notarii publ. sub anno Dñi M°CC°XC°IIII°, indit. vii\, iiii° kalend. januarii, continens quod Henricus de Lucingio domicellus, filius condam dom' Aymonis de Lucingio militis, confessus fuit publice et recognovit ad instanciam et requisicionem predicti notarii, recipientis nomine ill\ dom. B(eatricis) dalphine domine Fucigniaci, se esse hominem ligium dicte domine et heredum et successorum suorum et se tenere et tenere velle de feudo seu dominio dicte domine quitquid ipse possidet per se vel per alium in terra seu infra baroniam Fucigniaci a nanto de la Chanyosa usque ad nantum de Flerum versus Flumenc: pro qua quidem confessione, recognicione et homagio dict. Henricus confessus fuit et recognovit se habuisse et recepisse a dicta domina x libras Gebennen. census seu eciam annuales, promictendo dictus H. sub obligacione omnium bonorum se nunquam contra predict. confessionem per se vel per alium venire nec consentire, etc.

1569. Item, quod. al. publ. instrumentum scriptum manu Petri de Platea de Corvo notarii publ. sub anno Dñi M°CC°LXXX.VIII°, indic. i\, xvi\ kalend. octobris, continens quod Aymo de Greyssiaco prestitit fidelitatem et homagium ligium ill\ dom. B(eatrici) Vienne et

Albonis comitisse ac domine Fucigniaci, pro omnibus bonis et rebus que et quas ipse tenebat, habebat et habere poterat et debebat ex successione paterna et materna vel ex quacumque alia causa in terra et baronia Feuc(igniaci): quas res et bona confessus fuit se tenere dict. Aymo in feudum a dicta domina et pro predictis fecit sibi dict. fidelitatem et homagium et prout in ipso continetur.

1570. Item, quod. al. instrumentum scriptum manu Guigonis de Avalone notarii publ. et receptum per Anth. Guersi not. pub. condam; sub anno Dñi M°CC°LXXVII°, indit. vi^a, die veneris ante festum Omnium Sanctorum, continens quod Jaquetus de Bueygio fuit confessus et publice recognovit se tenere in feudum a dom^a B(eatrice) Vienne et Albonis comitissa ac domina Fucigniaci quand. domum suam que dicitur Ruppis Fortis, sitam in territorio de Bueygio, et quitquid habet et tenet ipse Jaq. inter duas aquas apud Buego, etc.

1571. Item, quod. al. instrumentum publ. scriptum manu Petri de Monte de Sersonay notarii publ. sub anno Dñi M°CCC°XV°, indit. xiiii^a, die dominica ante festum b^i Martini yhemalis, continens quod Richardus Martini de Salanchia dictus Monachus confitetur et asserit et publice recognovit se esse velle et debere esse hominem ligium ill^is viri dom. Hugonis Dalphini, domini Fucigniaci, et dict. dominum Fucigniaci et suos sequi, juvare, deffendere et anparare toto posse contra quascumque personas et sacramentum fidelitatis et per omnia imparari.

1572. Item, quod. al. instrumentum (*ut* 1553), die xxv^a mensis madii, continens homagium ligium de persona prestitum per nobilem Stephanum de Ponnie dom° nostro dalphino, salvo homagio et fidelitate quibus tenetur domino de Gayo.

1573. Item, qued. littera quod. sigillo in pendenti sigillata et suscripta manu Johannis Amandrini, facta sub anno Dñi M°CCC°XL°, indic. viii^a, die iii^a mensis madii, continens quod Petrus dominus de Langino, constitutus in presencia ill^is principis dom. Humberti dalphini Viennensis, eidem dom. dalphino pro se et suis stipulanti per se et suos successores promicit bona fide quod ab inde in antea usque ad unum annum nullas alligaciones, convenciones, pacta, confederaciones, pactiones et qued. alia in ipsa contenta.

1574. Item, qued. al. littera quod. sigillo in pendenti sigillata, scripta sub anno Dñi M°CC°XC°I°, die lune in vigilia Nativitatis Domini, continens quod Guillelmus dominus de Viriaco constituit se hominem vassallum et fid(el)em dom° B(eatrici) Vienne et Albonis comitisse ac domine Fucigniaci et eidem prestitit homagium ligium et fidelitatem, salva fidelitate et homagio quibus tenetur dom° Aymoni comiti Gebennensi et rev^{do} patri dom. R(oberto) episcopo Gebennensi, et accepit ab eadem domina et habere voluit in feudum ab eadem comitissa x libras annuales quas promicit assignare et assetare ad dictum et arbitrium Fran(cisci) de Lucingio, canonici Gebennensis, pro quibus voluit esse homo et vassallus dicte dom. comitisse ut supra.

1575. Item, qued. lictera sigillo domⁱ officialis Gebennensis in pendenti sigillata, scripta sub anno Dñi M°CC°LXX°II°, continens confessionem et recognicionem factam per Johannem de Mayreus et homagium prestitum per eumdem, salva fidelitate domini (de) Gayo.

1576. Item, qued. littera a curia domⁱ officialis Gebenne emanata, scripta sub anno Dñi M°CC° octuag. IX°, manu Amedey de Vendones, clerico dicte curie, continens quod Petrus de Terniaco domicellus confessus fuit se tenere in feudum ab inclita dom. B(eatrice) domina Fucigniaci hereditatem domⁱ Ramusii de Terniaco militis condam, avi ipsius Petri, qui dom. Ramusius eidem domine tenebatur ad homagium ligium et dictus Petrus non poterat facere ligium homagium eidem, nisi salva fidelitate domⁱ comitis Gebennensis et domⁱ episcopi Lingoniensis; idem Petrus fecit eidem domine homagium et fidelitatem, salvo homagio per ipsum facto dom° episcopo et comiti supradict., et promisit homagium ligium per primum filium suum et servire ut ligius donec dict. filius venerit ad etatem, et confessus fuit se tenere in feudum a domina predicta villam de Crueys et generaliter quicquid dict. Ramusius tenebat in villa predicta et de Artaz.

1577. Item, quod. al. publ. instrumentum scriptum manu Humbⁱ Pilati not. pub. sub anno Dñi M°CCC°XXXV°, indic. III, die XXIIII mensis novembris, continens quod Raymondus filius condam Humberti de Faramancio, jurisperiti confessus fuit se esse hominem ligium ill^{is} principis dom. Humberti dalphini Viennensis et domini terre Fucigniaci, excepto homagio in quo tenetur abbati Alte Combe, et confessus fuit se tenere ab eodem x libras Gebennen. annui redditus quas percipit in mandamento castri Castillionis, sita in terra Fucigniacii, continens eciam terminum jam elapsum sibi prefixum ad recognoscendum.

1578. Item, quod. publ. instrumentum (ut 1556), continens homagium ligium de persona prestitum ill¹ principi dom. Humberto dalphino Viennensi per Girardum filium condam Raymundi de Corcler et terminum...

1579. Item, quod. publ. instrumentum (ut 1564), continens homagium ligium prestitum dom° Humberto dalphino Viennensi per Rouletum de Thoyria domicellum et terminum assign. comunis...

1580-a. Item, duo publ. instrumenta in eadem pelle scripta manu Rouleti Pugini notarii publ. sub anno Dñi M°CCC°XXXIX°, continencia videl. primum confessionem dom¹ Raymondi de Thoria militis, tunc castellani castri de Credo, qui confessus fuit se habuisse et recepisse pro arresta computi sui dicti castri a Bartholomeo Asinarii, Lumbardo habitatore Ruppis, solvente nomine dom¹ Humberti dalphini Viennensis, IIII^{c}IIII^{xx}I libras XVII solid. II denar. et obol. Gebennen. de quibus dict. dominum solvit et quitavit ; et secundum continet quod nobilis dom. Humbertus de Thoyria miles, tunc castellanus castri de Fucigniaco, confessus fuit habuisse a dicto Bartholomeo solvente quo supra nomine pro resta computi sui dicti castri II^{c}IIII^{xx} XVII libras VI solid. IX denar. et obol. Geben. de quibus solvit et quittavit predict. dominum.

1581. Item, quod. publ. instrumentum scriptum manu Fran. de Monte Joco, sub anno Dñi M°CCC°XXII°, die XXIX mensis septembris, continens quod dom. Girardus de Ponte Vitreo miles et dom. Lant(elmus) Boudri jurisperitus, procuratores nobilis dom. Annecis de Scabillone, comitisse Gebennensis, confessi fuerunt se habuisse nomine dicte dom. comitisse ab Alberto de Brayda, procuratore ill^{is} viri dom. Henrici Dalphini, electi Metensis, regentis Dalphinatum, pro certis causis videl. M libras bonorum Gebennen. de quibus dict. dominum dicta domina solvit penitus et quictavit.

1582. Item, quinque instrumenta publ. scripta in una pelle manu Johannis de Monte de Sercenay notarii publ. sub anno Dñi M°CCC°III°, indic. II^a, VII^a die mensis januarii, continentia homagia ligia prestita per dom. Guillelmum de Voysurie militem, Petrum et Jaquetum de Vosurie, Raymondum de Cupilliris, Raymondum de Muro et Jaquetum Marchis domino Fucigniaci.

1583. Item, quatuor instrumenta scripta in una pelle pargamenea manu (ut precedr), xi° kalend. marcii, continentia homagia ligia prestita dom° Hugoni Dalphini, domino Fucigniaci, per Aymonem filium

Petri de Lulliis, Jordanum filium Petri de Lullins, Johannem de Lullins et Johannem de Anneyres.

1584. Item, tria publ. instrumenta scripta (ut 1582), XVIII^a kalend. febroarii, continencia homagia ligia prestita dom^o Hugoni Dalphino, domino Fucigniaci, per Stephanum de Vosurle, Rodulphum dominum de Menton et Johannem de Curnillione.

1585. Item, quatuor publ. instrumenta scripta (ut 1583), VI^a mensis januarii, continentia homagia ligia prestita dom^o Hugoni Dalphino, domino Fucigniaci, per Jaquetum de Bella Garda, Berrardum de Bella Garda, Humbertum de Flumeto, Tanellum de Flumeto.

1586. Item, duo publ. instrumenta scripta (ut praeced.), continentia homagia ligia prestita dom^o Hugoni Dalphino, domino Fucigniaci, per Johannem le Rous de Lullins et Jaquemetum filium condam Raymondi de Bello Forti.

1587. Item, duo publ. instrumenta scripta (ut 1585), continentia homagia prestita dom^o Hugoni Dalphini, domino Fucigniaci, per Jaquemetum de Fracia et Aymonem de Fracia.

1588. Item, quod. al. instrumentum scriptum manu Amsermodi Durandi de Salanchia notarii publ. sub anno Dñi M^{o}CCC^{o}X^o, indic. IX^a, VI° idus januarii, continens quod Petrus de Lulins domicellus, filius condam dom^i Girardi de Sisterna fecit fidelitatem ligiam hore et manu dom^o Roberto Vagn(ardi) militi, bayllivo tunc tempus terre Fucigniaci, recipienti nomine, vice et ad opus ill^{ie} viri dom. Hugonis Dalphini, domini terre Fucigniaci, et accepit in feudum et de feudo et de dominio dicti dom. Fucigniaci omnia que habet, tenet vel possidet per se vel per alium in tota parrochia de Ullino, videl. omnia que accipere potest in feudo ab aliquo domino; et pro dicta fidelitate confessus fuit dict. Petrus se habuisse et recepisse a dicto domino Fucigniaci per manum predicti d. Roberti, solventis et deliberantis nomine dicti domini Fucigniaci, XXV libras bonorum Gebennen.

1589. Item, quod. al. publ. instrumentum scriptum manu Petri Chauvini notarii publ. sub anno Dñi M^{o}CC^{o}LX.VIII, indic. XI^a, die jovis XIIII^a febroario intrante, continens quod dom. Petrus de Bueygio milles, ad instanciam et requisicionem ill^{ie} dom. G(uigonis) dalphini Viennensis et Albonis comitis ac domini Fucigniaci, fuit confessus et publice recognovit eidem dom. G. dalphino quod ipse dom. Petrus tenet et tenuit in feudum ab ipso d. G. et dom^a Beatrice ejus uxore, comitissa Viennensi et Albonis ac domina Fucigniaci, nomine albergi Fucigniaci videl. castrum de Ruppe Forti quod est in terra Fucigniaci apud Buegium, et quod ipsum castrum est et fuit de feudo et dominio albergii Fucigniaci et quod ejus antecessores ipsum castrum tenebant in feudum et quod pro dicto feudo ipsius castri debet habere dominus Fucigniaci hominem ligium, unde dictus d. Petrus ibidem reddit predicto dom. G. pro homine ligio pro dicto homagio filium suum Jaquerium.

1590. Item, qued. littera in pendenti sigillata, sub anno Dñi M°CC°LXX°VIII°, die x^a kalend. novenbris, continens quod dom^a Lyoneta domina de Gas confessa fuit realiter recepisse a dom^a B(eatrice) de Fucigniaco III^C libras Gebennen.

1591. Item, qued. littere in pendenti sigillate, date sub anno Dñi M°CCC°I°, in festo Nativitatis beate Marie Virginis, in quibus episcopus Gebennensis asseruit quod Amedeus comes Sabaudie indebite occupavit piscacionem diei mercuri quam domina Fucigniaci habebat in flumine Rodani Gebennen., que piscacio ad eandem jure hereditario pertinebat.

1592. Item, qued. al. littere duobus sigillis in pendenti sigillate, sub anno Dñi M°CC° ottuag. IIII°, die dominica post octabas Trinitatis, continentes quod Guillelmus de Rossillion recognovit se tenere in feudum a domina Fucigniaci decimam Designaci, quam decimam tenet ab eo Jaquetus Senescalli, que decima valet circa xxx^a octavas bladi.

1593. Item, quod. vidimus emanatum ab officiali Viennensi et ejus sigillo in pendenti sigillatum, sub anno Dñi M°CC°XC°I°, in vigilia Natalis Domini, cujus originalia continent quod dom B(eatrix) domina Fucigniaci dedit Humberto filio suo castra de Cleys, de Meudon, Romontis, de Roas et plura alia que in dicta littera continentur.

1594. Item, quod. al. vidimus scriptum manu Durandi Robini de Salanchia, sub anno Dñi M°CC°XC°I°, in quo continetur quod nobilis dom^a Leona domina de Jayz fuit confessa et publice recognovit ad instanciam et requisicionem dom^i Humberti dalphini et Albonis comitis se esse vassallam et hominem ligiam predicti dom. dalphini, et tenere et velle tenere ab ipso dom. dalphino in feudum et de feudo castrum et mandamentum de Jayz cum tota baronia, appendiciis et pertinenciis de Jayz, exsepta aya et domo forti in qua meiatur Johannes de Albona apud Divonanz, et ipsum dom. dalphinum debere juvare de persona et de hominibus et rebus suis contra omnes alias personas.

1595. Item, quod. instrumentum scriptum manu Johannis de Balma notarii publ. sub anno Dñi M°II°XC°I°, die lune post Purificacionem beate Marie, in quo continetur quod Aymo de Greyssiaco confessus fuit esse hominem ligium dom° B(eatricis) domine Fucigniaci racione feudi quod tenebat ab ea et quod eam tenebatur sequi: quod si facere recusaret, ipsum feudum caderet eo ipso in comissum.

1596. Item, quod. al. instrumentum publ. scriptum manu Petri Ougerii de Clusis et subscriptum manu Peroneti de S° Nicholao de Clusis et Ansermodi de Ospicio, continens quasd. convenciones factas inter dom. Petrum comitem Sabaudie ex una parte et dom. Amedeum dominum de Jayz ex altera super facto de Jayz, que quidem convenciones facte fuerunt inter ipsos sub anno Dñi M°CC° LXX°IIII°.

1597. Item, qued. lictera tribus sigillis in pendenti sigillata, scripta sub anno Dñi M°CCC°XXII°, continens permutacionem factam inter ill^{em} principem dom. Guigonem dalphinum ex una parte et dom. Guillelmum Contort, dominum de Apchon, de hiis que habebat idem dom. dalphinus in parrochia des Veyscheyrz et dictus dom. Guillelmus reddidit eidem dom. dalphino escambia in mandamento de Montou, et designantur in littera predicta census et feudatarii et res pro quibus fiunt dicti census per dict. dominos permutati.

1598. Item, quod. publ. instrumentum scriptum manu Petri Biviaci notarii publ. sub anno Dñi M°CC°XC°V°, indict. VII°, IIII° idus aprilis, continens homagia ligia prestita illⁱ dom. B(eatrici) dalphine domine Fucigniaci per Guiffredum, Petrum et Guillelmum de Curnillione fratres, continens eciam plures alias conveciones inter ipsos factas cum domina predicta, prout in ipso instr^{to} continetur.

1599. Item, quod. al. instrumentum scriptum manu Petri Polleti notarii publ. sub anno Dñi M°CC.XC°I°, continens copiam testamenti ill^{is} viri dom. Petri comitis Sabaudie.

1600. Item, qued. littera sigillo comitis Sabaudie in pendenti sigillata, scripta sub anno Dñi M°CC.XC°V°, continens pacta et convenciones factas inter potentem virum dom. Amedeum comitem Sabaudie ex una parte et inclitam dom. B(eatricem) dominam Fucigniaci ex altera, super assignacione eidem comiti facta per dict. dominam super castro de Versoya et mandamento ejusdem et super feudis que ab eadem tenebant dom° Leona de Jacyo et dom. Guillelmus ejus filius, dom. Johannes dominus Montis Falconis, dom. Petrus dominus Castillionis in Michallia, dom. Guido de Monteluppello, dominus Castillionis in Chautannia, et pluribus aliis que a dicta domina tenebantur : que quidem feuda tradita fuerunt dom⁰ comiti per dict. dominam sub certis modis et condicionibus in ipsa littera contentis et designatis, et dictus comes eadem reddere debebat dicte domine vel suis prout in ipsa littera continetur.

1601. Item, quod. publ. instrumentum scriptum manu Jacobi Cheurerii notarii publ. sub anno Dñi M°CC° octuag° VII°, indic. XIIII⁴, mense novembri, die lune ante festum b' Andree apostoli sil. VIII° calend. decembris, continens donacionem factam per ill⁰ᵐ dom. B(eatricem) dalphinam dominam Fucigniaci ill' viro dom. Humberto dalphino Viennensi de castro de les Cleyes et castro de Verdo et plurium aliorum castrorum, feudorum et dominiorum in dicta lictera contentorum, sub modis et condicionibus in ipso contentis.

1602. Item, qued. lictera duobus sigillis in pendenti sigillata, scripta sub anno Dñi M°CC°LXX°VII°, die dominico ante festum apostolorum Symonis et Jude, continens quod d⁰ Leona domina de Jatz et Petrus ejus filius mandabant Petro domino de Castillone in Michallia ut homagium et fidelitatem, in quibus eidem tenebatur, prestaret et faceret ill' viro dom. Humberto domino de Turre.

1603. Item, quod. publ. instrumentum scriptum manu Humb' Pilati not. pub. sub anno Dñi M°CCC°XLIIII°, indic. XII⁴, die XIIII⁴ mensis aprilis, continens quittacionem quod nobilis vir dom. Guillelmus de Compesio miles solvit et quictavit dom. dalphinum de II⁰ floren. Florentie vel circa et de aliis omnibus et singulis debitis et obligacionibus quibuscumque, in quibus dictus dom. dalphinus eidem dom. Guillelmo tenebatur vel erat obligatus, et ipsum d. dalphinum de omnibus solvit et quitavit et castrum Chastillionis eidem pro predictis obligatum remisit penitus et quictavit.

1604. Item, quod. publ. instrumentum (ut 1601)... Chaurerii... obtuag° VII°, indic. XV,..., continens remissionem factam dom⁰ Humberto dalphino Viennensi et donacionem per dom. Beatricem dominam Fucigniaci de VI⁰ librar. Viennen. quas habebat supra castrum de Versoy et supra castrum Cluse, et ipsa castra et obligacionem quam dicta domina habebat in dictis castris.

1605. Item, qued. littera tribus sigillis in pendenti sigillata, scripta sub anno Dñi M°CC° octuag° VI°, die martis ante festum b' Petri a(d)

Vincula, continens convenciones factas et pacta facta et inhita inter nobiles et potentes dom. B(eatricem) dominam Fucigniaci ex una parte et dom. Humbertum et dom. Annam ejus consortem ex altera, que quidem convenciones facte fuerunt videl. quod dicta dom* B. tradidit et concessit eisdem conjugibus quitquit juris habebat in castro de Versoya et in Clusa de Gayo et generaliter in tota gageria quam habebat a dom* Elyenoria de Gayo, continens eciam plures alias convenciones habitas inter ipsos prout in ipsa lictera plenius continetur.

1606. Item, quod. publ. instrumentum (*ut* 1459), die XII* mensis aprilis, continens homagium ligium prestitum ill' principi dom° nostro d. Humberto dalphino Viennensi per potentem virum dominum de Gayo et recognicionem per ipsum factam summarie, prout pater suus alias recognoverat.

1607. Item, quod. vidimus in formam publicam redactum per manum Johannis Congrearii notarii publ., continens citacionem factam licteratorie per dom. B(eatricem) dominam Fucigniaci dom° Leone domine de Gayo ad recognoscendum feudum de Gayo dom° dalphino.

1608. Item, qued. lictera sigillo fratris Aymonis Gebennensis episcopi in pendenti sigillata, scripta sub anno Dñi M°CC°LXX°II°, die martis ante festum cathedre sancti Petri, continens quod Guillelmus de Anullier domicellus recognovit se tenere ab ill' domina B(eatrice) domina Fucigniaci quitquid ipse tenet vel alius ab ipso in tota parroghia de Vilari, et pro hiis debet homagium ligium domine supra dicte et unum de liberis suis reddere ad fidelitatem.

1609. Item, transcriptum cujusd. compromissi et pronunciacionis factorum inter dom. Amedeum comitem Sabaudie et comitem Gebennensem.

1610. Item, pactiones (nove) et confederationes facte inter dom. Johannem Francorum regem et dom. Karolum ejus primogenitum, dalphinum Viennensem, ex una parte et dom. Amedeum comitem Gebennensem ex altera, eorum sigillate sigillis, in quibus dict. comes Gebennen. fecit homagium dicto dom. dalphino et dictus dom. dalphinus dedit sibi V^c libras Gebennen. annuales et X^m floren. semel, pro quibus V^c libris dict. dalphinus tradidit ipsi comiti per modum pignoris et assecuracionis castrum Morestelli et villam Goncelini in Graysivodano, quousque alibi eidem assignaverit dict. V^c libras; que pactiones facte fuerunt anno Dñi M°III°LIII°, mense decembri. — 1611. Item, quod. instrumentum confectum sub anno Dñi M°CCC°LIII°, die XXVI* januarii, per manum Johannis Alberti de Albiano, sigillatum in pendenti sigillo dicti dom. comitis, continens ratifficationem dict. pactionum factam per Aymonem de Gebenna, primogenitum dicti comitis. — 1612. Item, duo transcripta seu vidimus, sub sigillo Castelleti Parisius, de certis specialibus clausulis contentis in dict. pactionibus. — 1613. Item, quod. publ. instrumentum confectum anno Dñi M·CCC·LIII·, die VII· aprilis, manu Bertheti Vassoneti de Albiaco, continens quod dom. Girardus de Terniaco se constituit fidejussorem pro dicto comite erga dictum dom. dalphinum pro dict. pactionibus observandis et specialiter propterea hypothecavit castra sua. — 1614. Item, quod. al. publ. instrumentum confectum anno Dñi M·CCC·LIII·, XVII· die aprilis, manu dicti Berteti, continens quod dom. Thomas dominus de Mentone se et bona sua obligavit pro dicto comite de dict. pactionibus observandis.

1615. Item, qued. pactiones inhite inter dom. Johannem Francorum (regem) et dom. Karolum ejus primogenitum, dalphinum Viennensem, ex una parte et dom. H(umbertum) patriarcham Alexandrinum antiquioremque dalphinum ex altera, eorum sigillis sigillate, facte anno Dñi M·CCC·LII·, mense decembri, super restitutione castrorum que sibi retinuerat in Dalphinatu dictus dom. antiquior, fienda dicto dom. Karolo dalphino. — 1616. Item, qued. alie pactiones facte inter dominos predict., anno et mense predict., eorum sigillate sigillis, super eorum (....) [1].

1617. Item, qued. litera in romancio scripta sub anno Dñi M·CC· XC, die mercurii post octabas Annunciationis beate Marie, quondam parvo sigillo in pendenti sigillata, continens pacta et convenciones factas inter dom. Lionetam de Jacz et Guillelmum ejus filium cum domº Humberto dalphino Viennensi, et est similis registrata et ideo minus scriptum est.

1618. Item, qued. litera tribus sigillis in pendenti sigillata, sub anno Dñi M·CC·LXX.IXº, die mercurii ante festum bⁱ Johannis apostoli, continens quod domª Leona domina de Jacz et Petrus et Guillelmus ejus filii confessi fuerunt debere eidem domº (Beatrici) Vᵐ et Vᶜ vi libras xi solid. iii denar. obolum Viennen. pro guageria de Versoy et de Clusa et feudo castri Castillionis in Michala.

1619. Item, quod. vidimus in formam publicam scriptum manu Stephani de Disie, sub anno Dñi M·CC·XC VIº, die veneris ante festum bⁱ Michaelis, cujus originale continet recognitionem castri de Jacz et fuit alias originale registratum, ideo breviter transitur.

1620. Item, qued. litere sigillate in pendenti sigillo curie officialis

---

1. *En m.* Reposite in coffino privilegiorum.

Gebenne et sigillo Petri de Greyssie, date II³ nonas julii, anno Dñi M°CCC°IIII°, continentes quod Petrus de Greyssie, habitator de Langins, et Ysabella ejus uxor confitebantur se tenere a dom³ dalphina domina Fucigniaci in feudum XVI libras in redditibus super pluribus hominibus et rebus nominatis in ipsis literis, et confitebantur se habuisse pro dicta recognitione facienda a dicta dom. dalphina XL libras Gebennen.

1621. Item, quod. publ. instrumentum scriptum manu Ranconis Sacristonis notarii publ. sub anno Dñi M°CCC°XXIX°, indict. XII³, die III³ mensis aprilis, continens procurationem factam per dom. episcopum Gebennensem quibusdam personis ad alienandum in dom. dalphinum homagia Sabaudie et Gebenne comitum dom° dalphino et ad permutandum sibi quedam castra, prout hec et plura alia in ipso instr⁰ continentur.

1622. Item, quod. publ. instrumentum scriptum manu Humbⁱ Pilati de Buxeria not. pub. sub anno Dñi M°CCC°XXXVI°, indict. IIII³, die XIIII³ mensis febroarii, continens homagium prestitum dom° Humberto dalphino, domino Fucigniaci, per Petrum de Troches et recognovit se tenere a dicto domino Fucigniaci in feudum ligium quitquid tenet apud Buegium et in tota valle de Bogio, una cum jur(i)dictione sibi concessa per dict. dominum Fucigniaci.

1623. Item, quod. publ. instrumentum scriptum manu Martini de Frayca et signatum manu Humbⁱ Pilati not. pub. sub anno Dñi M°CCC°XXXIIII°, indict. II³, die XII³ mensis aprilis, continens homagium ligium prestitum per dom. Hugonem de Jamvile, dominum de Jacz, dom° Humberto dalphino, domino Fucigniaci, et recognicionem per eumdem factam dicto d. dalphino ut in ipso instr⁰ continetur.

1624. Item, quod. publ. instrumentum confectum manu Mich. Ranulphi notarii publ. sub anno Incarn. Dñi M°CC°LXXIIII°, indict. II³, die dominico in octabis Penthecostes, continens quod dom. Raymundus Figueti de Alingio fecit homagium ligium dom° B(eatrici) dalphine Viennensi, recognoscens tenere ab eadem quicquid tenet in parrochia de Umcie et quicquid habet in valle Castillionis.

1625. Item, quod. publ. instrumentum scriptum manu Bruneti de Monte sub anno Dñi M°CCC°II°, VIII³ die mensis octobris, cum duobus sigillis in pendenti, continens homagium Johanneti de Pognier et recognicionem quarumd. rerum factam dom° B(eatrici) dalphine ut domine Fucigniaci.

1626. Item, quæd. litera tribus sigillis in pendenti sigillata, die lune post festum Invencionis Sancte Crucis, sub anno Dñi M°II°XC. IIII°, continens quod Heinricus de Lucingio confessus fuit se esse hominem ligium domᵉ (Beatricis) dalphine domine Fucigniaci, confitens se tenere in feudum ab eadem quicquid habet et tenet a nanto de la Chamoussa usque ad nantum de Flumeto dictum Flori et generaliter in tota terra Fucigniaci.

1627. Item, quæd. litera pergaminea duobus sigillis sigillata, sub anno Dñi M°CC°LXXIX°, die martis post festum Annunciationis Dominice, continens quod cum Asselmus (de) Aneriis teneret a domᵃ B(eatrice) domina de Fucigniaco IIII°ʳ libras census in feudum, pro quibus eidem domine ad homagium tenebatur, dictasque IIII libras vendiderit Hugoni de Margensado, burgensi de Clusis, quod dict. Anselmus et Jacobus ejus frater promiserunt et confessi fuerunt se esse et (esse velle) homines dicte domine non obstante vendicione predicta.

1628. Item, tria publ. instrumenta in una pelle modica scripta, confecta manu Gil. de Costis notarii publ. sub anno Dñi M°CC°LXXVII°, indict. Iᵃ, XVII° kalend. septembris, quorum primum continet recognitionem factam per Aymonem de Julaens, qui confessus fuit se tenere nomine uxoris sue, filie condam Petri de Curnillion, a domina Fucigniaci in feudum heredes Bosonis et Aymonis de Cruce Vilarorum et tenementa eorum et feudum quod ab eodem Aymone tenent heredes Giroudi del Gradit, item feudum quod ab eodem tenet Hugo Baro, it. IIII°ʳ solid. forcium et III cartas bladi quod sibi debent P. Gaymelli et P. Franconis, et alia plura que in dicto instrⁱᵒ continentur, videl. quicquid ipse Aymo tenet in mandamento Belli Fortis; unde confessus fuit se esse hominem ligium dicte domine Fucigniaci, salva fidelitate domᵢ Humberti de Conflens, et confessus fuit se mansionem debere contraere in castro Bellifortis per III menses quolibet anno incipiendos a Nativitate Domini; — 1629. Secundum vero continet recognicionem Raymbaudi de Conflens, qui confessus fuit se tenere ab eadem domina quicquid per se vel alium tenet apud Bellam Villam, asserentis se hominem ligium dicte domine, salva comitis Sabaudie fidelitate, et L. solid. forcium de placito et domum suam apud Bellum Fortem bene guarnitam; — 1630. Tertium vero confectum... eod. an., pridie kalend. septembris, continet quod Petrus filius domᵢ Vidonis de Cinys confessus fuit se tenere in feudum a domino Fucigniaci quicquid tenet per se vel per alium apud Laiam in mandamento Bellifortis et inde se esse hominem ejus, salva fidelitate comitis Gebennensis.

1631. Item, qued. litere sex sigillis in pendenti sigillate, late sub anno M°CCC°VIII°, II^a die aprilis, continentes quod Hugo Dalphini recepit a mutuo a dom° Girardo del Frayney III^c libras Gebennen., que litere in signum solucionis debiti predicti videntur reddite fore.

1632. Item, quod. instrumentum confectum manu Humberti Aguardi notarii publ. sub anno Dñi M°CCC°XXIX°, XIIII_o kalend. novembris, continens quod Bartholomeus Asmerii confessus fuit recepisse a mistrali Bellifortis LX libras Gebennen. — 1633. Item, al. confectum manu Petri Valterii, sub anno quo supra, die mercurii ante festum b^e Caterine, continens quod Ronletus de Amancie recepit a mistrali Bellifortis L libras Geben.

1634. Item, al. instrumentum confectum manu Jaquemeti Griveti, anno currente M°CCC°XXX, continens quod Villelmus Fiola confessus fuit recepisse a mistrali Bellifortis XXXV libras Gebennen. — 1635. Item, al. confectum *ut præced.*, die XVI^a febroarii, continens quod Villelmus Fiola recepit a mistrali Bellifortis XXXV libras Geben.

1636. Item, quod. publ. instrumentum confectum manu Jacobi Valterii notarii publ. sub anno Dñi M°CCC°II, VII kalend. madii, continens quod dom^a Jordana relicta domⁱ Girardi de Compesio confessa fuit quod quicquid ipsa habet et tenet per se vel per alium patris vel matris successione in senescallia Alingii Veteris et apud Mezingium, apud Puibertier, apud Moisier et apud Alingium, et albertum Johannis Fancza et albergum dels Ponsars de feudo dom° B(eatricis) de Fucigniaco et tenetur ad homagium pro premissis; quod instr^m sigillatum est in pendenti sigillo officialis Vienne.

1637. Item, qued. litere uno sigillo in pendenti sigillate, sub anno M°CC°LXXXII, die veneris post festum sancti Martini, continentes quod dom^a Leona domina de Jacz quittavit dom. B(eatricem) dominam Fucigniaci de C libris Gebennen. receptis a dom^a B. supradicta.

1638. Item, qued. litere in pendenti tribus (sigillis) sigillate, sub anno M°CC°LXXVIII, die lune ante festum Symonis et Jude, quibus dom^a Leona domina de Jac requirebat dom. B(eatricem) de Fucigniaco quatenus solveret Ybleto de Montibus M.V^c et IIII^{xx} XIIII libras et XV solid. et III denar. Viennen., quas summas dicta domina eidem debebat pro guagia de Versoy et de Clusa.

1639. Item, qued. litera pergamenea in pendenti sigillate sub anno Dñi MºCCCºXXXº, die 1º septembris, qua continetur quod Raynaudus de Septenay domicellus confessus fuit habuisse a Petro Morgerii, castellano Bellifortis, xv libras Gebennen. semel et xx solid. Geben. census, in quibus sibi tenebatur dominus racione homagii sibi prestiti per eumdem.

1640. Item, qued. litere pergaminee sigillate in pendenti duobus sigillis, scripte anno Dñi MºCCCºIII, continentes debitum XXᵐ librar. quod debebant dom. Humbertus dalphinus et dom. Johannes ejus filius domᵉ Beatrici domine Fucigniaci; que litere sunt inutiles, hodie actiones sunt confuse.

1641. Item, qued. litere que sigillate fuerunt in pendenti, sub anno Dñi MºCCºXCº, in festo bⁱ Mathie apostoli, continentes quod Aymo de Greyssiaco dedit domᵉ B(eatrici) de Fucigniaco Jaquetum filium Giroudi Bugnon d'Ormaret.

1642. Item, quod. vidimus scriptum manu Laurentii de Duce, sub anno Dñi MºCCCºXV, indict. xIIIᵃ, IIIº kalend. septembris, cujus originale continet quedam negocia, transactiones et pacta diversa et quedam utilia visu dudum habita inter dom. B(eatricem) dominam Fucigniaci et Johannem ejus filium ex una parte et comitem Gebennensem ex altera, que omnia lungum esset enarrare.

1643. Item, quod. instrumentum continens quod. vidimus exemplatum et publicatum coram revᵈᵒ in Xpisto patre dom. Guillelmo miseratione divina sancte Viennensis ecclesie archiepiscopo, scriptum in decem cartis pargamineis simul ligatis manu Aymonis de Tornafol de Monte Luppello et signatum signo aliorum trium notariorum, et eciam publicatum coram revᵈⁱˢ in Xpisto patribus archiepiscopo Ebredunensi (et episcopis) Vapincensi, Dyensi et Valentinensi, sigillatumque in pendenti quatuor sigillis dict. dd. archiepiscoporum Vien. et Ebr. et episcoporum Vap., Val. et Dyen. nec non et sigillo domⁱ Johannis de Alneto militis, comissarii regii, sub anno Dñi MºIIⁱCⁱOº, indic. xvᵃ, pontifficatus domⁱ Bonifacii pape VIIIⁱ anno vIIº, continens plures licteras et instrumenta; et in prima carta ipsius vidimus continetur preambulum domⁱ archiepiscopi Viennensis; — 1644. In IIᵈ, vero carta continetur qued. littera scripta anno Dñi MºIIºCXXXº, mense februarii, in qua continetur quod Aymo dominus Fucigniaci dabat in uxorem Agnetam ejus filiam Petro filio condam comitis Sabaudie et ejus terram et totam baroniam Fucigniaci in dotem, et dictus Petrus filius comitis Sabaudie promitebat facere heredem seu heredes liberos quos haberet a dicta Agneta; — 1645. In III^a, IIII^a et V^a cartis continetur testamentum dom^i Petri de Sabaudia, comitis Sabaudie, in quo idem dom. Petrus sibi heredem instituit dom. Beatricem filiam suam, dominam Fucigniaci quondam, in tota terra quam habebat in Gebennesio, in Vaudo usque ad Mosterneus et in Alamannia, et plura alia legata fecit et plures alias ordinationes Dalphinatui si servarentur; — 1646. Item in VI^a carta continetur qd. littera emanata a dom° Philippo comite quondam Sabaudie, in qua continetur quod nulla prescriptio curreret domine Fucigniaci de hiis que tenebat idem dom. Philippus de jure dicte domine Fucigniaci; — 1647. It. qd. al. lictera in qua continetur quod dictus comes Sabaudie dedit dom° Alberto domino de Turre quidquid dom. Pe(trus) de Sabaudia aquisiverat apud Bergondium; — 1648. It. qd. al. lictera in qua continetur quod dom^a Lyoneta domina de Jas recognovit se tenere in feudum a dom^a B(eatrice) domina Fucigniaci, in primis dominium castri de Castellione in Michallia, item castrum de Clusa, it. castrum de Ponye, it. dominium castri de Escurrent, it. dominium castri de Sancto Johanne et de Gevollis, castri de Fleye, de Pollie, de Grilye, de Prengins, de Janolye, de Monte Richerio et domus fortis de Colay, et generaliter quidquid habebat alodii in dyocesibus Gebenne et Losane; — 1649. It. qd. al. lictera in qua continetur quod domina Fucigniaci donavit dom° H(umberto) dalphino feudum terre et baronie de Jas; — 1650. It. in VII^a quarta continetur qued. lictera in qua continetur quod domina Fucigniaci dedit dom° dalphino VI^a librar. Viennen. quas sibi debebat dom^a Lyoneta; — 1651. It. in VIII^a carta continetur qued. lictera in qua continetur quod dom^a B(eatrix) domina Fucigniaci dedit dom° H. dalphino castrum de les Cleyes, de Verdone et plura alia castra et feuda ut in ipsa lict. continetur; — 1652. It. IX^a carta continentur septem lictere emanate a dicta domina Fucigniaci, quarum 1^a dicit quod domina Fucigniaci dabat dom° dalphino baroniam Fucigniaci; — 1653. II^a lictera continet quod domina Fucigniaci mandabat Petro de Castellione quod faceret homagium dom° dalphino et ei recognosceret; — 1654. In III^a lict. continetur quod mandabat Ay. de Prangins quod faceret homagium dom° dalphino; — 1655. IIII^a continet quod mandabat Johanni de Morii quod faceret homagium dom° dalphino; — 1656. It. v^a continebat quod mandabat Guillelmo de Montynef quod faceret homagium dom⁰ dalphino; — 1657. vi³ lict. continebat quod mandabat universitati de Versoy ut facerent homagium dom⁰ dalphino; — 1658. vii³ lict. continebat quod dom. Ay(mo) comes Sabaudie promitebat juvare et deffendere domino Fucigniaci et ejus terram; — It. X³ carta continentur subscriptiones notariorum predict.

1659. Item, quod. publ. instrumentum scriptum manu Petri de Monte de Sercenay notarii publ., continens homagium prestitum dom⁰ Hugoni Dalphini, domino Fucigniaci, per Stephanum filium condam Petri de Chaulay, quod instrᵐ est sub anno Dñi M⁰III⁰XV, indic. XIIII.

1660. Item, quod. lictera emanata a dom⁰ Amedeo comite Sabaudie, ejus sigillo sigillata, scripta sub anno Dñi M⁰II⁰XC IIII⁰, continens quod dictus dom. Amedeus promisit domine Fucigniaci reddere castrum de Versoy et plura alia feuda, sub modis et condicionibus diversis ut in ipsis licteris continetur.

1661. Item, quod. instrumentum scriptum manu Stephani de Dyse notarii, sub anno Dñi M⁰II⁰XC⁰V⁰, indict. IX³, die veneris post Purificationem beate Marie virginis, continens homagium et recognitionem factam domine Fucigniaci per Amedeum de Cignis in Tarantayssia.

1662. Item, quod. publ. instrumentum scriptum manu dicti notarii sub anno Dñi M⁰II⁰XCVI⁰, indict. IX³, IIIo kalend. junii, continens homagium et recognitionem factam magistro Richardo de Chasta, recipienti nomine domine Fucigniaci, per Johannem de Aneriis mandamenti de Bona.

1663. Item, quod. publ. instrumentum scriptum manu Guigonis de Lacu publ. notarii, sub anno Dñi M⁰III⁰XV⁰, indic. IIII³, VI³ mensis novenbris, continens homagium Amedei d'Amel(lino) mandamenti Charuscie prestitum domine Fucigniaci.

1664. Item, quod. publ. instrumentum scriptum manu Johannis de Monte publ. notarii, sub anno Dñi M⁰CCC⁰IIII⁰, indict. III³, II³ kalend. decenbris, continens homagium ligium et recognicionem factam per Johannem de Doyrie dom⁰ Hugoni Dalphini, domino Fucigniaci.

1665. Item, quod. al. publ. instrumentum factum manu Aymonis de Tornafol notarii, sub anno Dñi M⁰ III⁰ III⁰, die mercurii ante festum Assumpcionis beate Marie, continens donacionem factam per dom. B(eatricem) de Vienna de omnibus bonis suis paternis et maternis dom⁰ Humberto dalphino et Johanni ejus filio.

1666. Item, qued. lictera in pendenti sigillata sigillo dom¹ Hugonis Dalphini, domini Fucigniaci, sub anno Dñi M°III°XXI°, continens quod dict. dominus Fucigniaci promissit dare et cedere dom° Guigoni dalphino et Humberto fratri ejus homagium et fidelitatem nobilis viri dom. Guillelmi de Janvile, domini de Gayio, et successorum suorum et omnia ea ad que dict. dominus de Gayio eidem erat astrictus et obligatus, continens eciam quod dict. dominus Fucigniaci mandabat eidem domino de Gayio ut recognoscere(t) omnia que ab eo tenebat a dictis fratribus et eis homagium faceret.

1667. Item, qued. lictera sigillo dom° B(eatricis) domine Fucigniaci sigillata, sine anno et data die lune ante festum b¹ Andree apostoli, continens quod domᵃ B. domina Fucigniaci mandabat Johanni de Mons, filio Humberti de Mons, quatenus feudum, homagium et fidelitatem in quibus eidem tenebatur dom° Humberto dalphino Viennensi recognosceret, quia predicta omnia eidem dom. dalphino dederat.

1668. Item, qued. lictera in pendenti sigillata sigillo dom° Lyone de Jas, scripta sub anno Dñi M°II°C octuag. VIII°, continens quod dicta domᵃ Lyoneta confitebatur habuisse a dom° Radulpho de Cossonay, solvente nomine dom° (Beatricis) domine Fucigniaci, III° libras Gebennen. — 1669. Item, al. littera in qua continetur quod dicta domᵃ Lyona confitetur habuisse a dicta domina Fucigniaci C libras Geben. de majori summa in qua eidem tenebatur domina Fucigniaci pro gageria de Versoy.

1670. Item, qued. lictera (vidimus) sigillata in pendenti sigillo dom¹ episcopi Gronopolitani, continens tenorem cujusdam confirmacionis facte per dom. Petrum de Sabaudia super matrimonio contracto per verba de futuro inter dom. Guigonem dalphinum ex una parte et Beatricem filiam ejusdem dom. Petri ex alia, continens eciam plures alios tractatus habitos inter eos.

1671. Item, quod. publ. instrumentum in pendenti sigillatum, scriptum sub anno Dñi M°II°C octuag. VII°, indict. vᵃ, x die mensis novenbris, manu Jacobi Chaurerii notarii publ., continens quod domᵃ B(eatrix) domina Fucigniaci dedit ill¹ principi dom. Humberto dalphino Viennensi universum feudum universe baronie de Gayio, que pro ipsa tenetur (et) teneri consuevit, una cum omnibus et singulis juribus pertinentibus ad ipsum feudum, et homagium quod ab ipso feudo tenetur, sub modis et conditionibus in ipso instrᵗᵒ contentis. — 1672.

Item, vidimus super dicto facto, scriptum sub anno Dñi M°II°XC°I°, sigillatum sigillo curie officialis Vienne.

1673. Sequntur solutiones facte per Giraudum Peyllardi et Johannem Cellerii, nomine domini nostri Humberti dalphini, personis infrascriptis sub anno Dñi M°III°XXVIII°: et primo Johannodo Tarini VIII^a libras grossarum, ut constat quod. instrumento scripto manu Asselini de Chissim, facto sub anno predicto; item, Ufredo Saboudi octa libras VI solid., VIII gross. Turonen., u(t con)stat qd. instr^{to} scripto manu dicti notarii in una pelle cum preced. et sub eod. .an. ; it. Johanni de Jas XXX sol. III den. grossos, constat quad. littera papirea suo sigillo sigillata ; it. Stephano Rebati et Ramaneto Sybaudi X libr. gros., constat al. littera papirea suo sigillo sigillata ; it. dom° Matheo Leobardi, cap(ellano) dom^e dalphine, VI libr. gross. Turon., reddidit litteram confessionis; it. Humberto Villeti IIII^c libr. grosso pro XX denar.; it. Henrico Chotardi VIII° libr. gross., constat littera suo sigillo sigillata; it. dom° Rad(ulpho) condomino de Alta Villa, recipienti nomine domⁱ Johannis Alamandi domini de Revello et de Uriacata, XLI libr. et V^e sol. gross., constat littera papirea suo sigillo sigillata.

1674. Item, qued. littera officialis curie Gebenne, sub anno Dñi M°II°XC°, continens quod Nycolaus condominus Castellionis in Michalia confessus fuit et recognovit in judicio se esse hominem ligium ill^{is} dom^e domine Fucigniaci et se tenere ab ipsa in feudum terciam partem dicti castri Castellionis cum dominio et seygnoria ejusdem, item et quidquid tenet a domino de Jas.

1675. Item, qued. littera in pendenti sigillata sigillo dom^e Agnessie de Cabilione, comitisse Gebennensis, scripta sub anno Dñi M°III° XXII°, continens procuratorium per ipsam dominam factum dom° Girardo de Ponte Vitreo militi et Valterio Bone Dyey jurisperito ad recuperandum M.III^c libras Geneven. quas sibi debebat dom. Henricus Dalphini, tutorio nomine Amedei filii dicte domine.

1676. Item, qued. littera duobus sigillis in pendenti sigillata, scripta sub anno Dñi M°III°XL°, continens compositionem factam per dom. Rollandum de Vienna, bayllivum terre Fucigniaci, et dom. Guigonem Falavelli, judicem dicte terre, cum dom° abbate de Sys super comissis per eum et subditos suos, ut in dicta littera continetur.

1677. Item, quod. al. publ. instrumentum scriptum manu Guillelmi de Petris, sub anno Dñi M°II°XC°II°, continens homagium ligium prestitum per Richardum de Chilye dom° B(eatrici) domine Fucigniaci.

COMITIS GEBENNE.

1678. Item, quod. al. instrumentum scriptum manu Petri Pellerii de Quiriaco notarii publ. sub anno Dñi M°CCC°XVI°, indict. XIIII[a], die XVI[a] mensis junii, continens quod constituti personaliter ill[es] principes dom. Johannes dalphinus Viennensis ex una parte et dom. Guillelmus comes Gebennensis ex altera, dictus dom. Guillelmus comes Gebennen. sine aliqua violentia, considerans grata servicia sibi et predecessoribus suis impensa a predicto domino et suis progenitoribus, dedit donatione irrevocabili inter vivos pro se et suis predicto dom. dalphino recipienti pro se et suis, tanquam bene merito, castra, mandamenta, territoria, feuda, retrofeuda, allodia que et prout inferius continetur, et specialiter et expresse comitatum Gebennensem, cum omnibus juribus et pertinenciis competentibus racione comitatus predicti, exceptis hiis que per ipsum ab alio domino tenentur, et de dicto comitatu se devestivit et dictum dom. dalphinum investivit; quibus peractis et completis, predictus dom. dalphinus predicto dom. comiti Gebennen. presenti et recipienti predicta omnia donavit in feudum antiqum ipsumque per tradicionem baculi de predict. universis et singulis investivit, et sibi donavit eciam pro suis oneribus suportandis XV[m] librar. parvorum Turonen., quas confessus fuit dictus dom. comes Geben. se habuisse et recepisse a dicto dom. dalphino in peccunia dicto d. comiti realiter numerata : hoc acto expresse inter predict. dños comitem Geben. et dalphinum quod quicumque fuerit successor et heres dicti comitis Gebennen., ille successor et heres universalis te(ne)atur eandem recognicionem facere dicto dom. dalphino vel suo successori et heredi universali quam facit in hoc pres. instr[to] dictus dom. comes supra vel infra, pro quibus dictus d. comes confessus fuit ab antiquo se esse hominem ligium dicti d. dalphini et nunc de novo sibi fecit homagium, interveniendo osculo pacis et fidelitatis juramento, salvo tamen quod si idem dom. comes Geben. tenebatur ad homagium ligium dom° episcopo Gebennensi prius quam dom° dalphino pro aliquo feudo, si quod tenet ab eodem d. dalphino, possit eidem d. episcopo de ipso feudo deservire, dicto d. comite semper remanente in homagio ligio dicti d. dalphini et heredum ipsius ; promisit etiam idem d. comes juramento se facturum et curaturum cum effectu quod omnes vassalli predicti d. comitis qui aliquid tenent in feudum ab ipso, quod ad requisicionem predicti d. dalphini vel ejus procuratoris omnia que tenent de feudo predicti d. comitis recognoscent esse de feudo ipsius et de retrofeudo pro concequens dicti d. dalphini; et si ita esset, quod absit, quod heres et successor universalis in dicto comitatu Gebennen. nollet predicta recognoscere de feudo dicti d. dalphini et que sibi donavit predictus d. dalphinus in feudum antiqum et illa que (sunt) de feudo dicti d. comitis Geben. et ea que sunt de retrofeudo ipsius d. dalphini, in illo casu predicti homines et vassalli non teneantur obedire predict. heredibus et successoribus predicti d. (comitis) Geben., set predicto d. dalphino et heredibus suis in dicto Dalphinatu ; item fuit actum quod dictus dom. dalphinus nec ejus successores aliquo tempore possint nec debeant directum dominium dicti comitatus vel quodcumque jus eis competens in feudis et retrofeudis predictis alienare nec tranferre in aliquam personam extraneam, set semper penes dalphinum et Dalphinatum remaneant ut sit visibilis unio inter ipsos. Item eadem unio facta fuit per eos super baronia Fucigniaci : fuit actum et conventum inter partes predict. et dom. Hugonem Dalphini, dominum Fucigniaci, pro se et heredibus suis quod unus teneatur de tota terra sua alium adjuvare, sequi et deffendere toto posse quocienscumque fuerint requisi(ti); castra vero que erant de proprietate et allodio predicti dom. comitis Gebennen. et que predictus dom. dalphinus dedit sibi in feudum directum, dominium retinendo, sunt hec : primo castrum de Duyno, castrum de Crusilli, item Chaceuz en Semana, it. Bastida et (*leg.* de) Balma, it. les Clees, it. Grusfies et qued. alia in dicto instr^{to} contenta, quod instr^{m} sigillatum est in pendenti duobus sigillis.

1679. Item, quod. al. instrumentum scriptum manu Bernardi Juliani notarii publ. sub anno Dñi M°CCC°XIX°, indict. 11^a, die xvii^a mensis maii, continens quod ad instantiam et requisicionem ill^{is} viri dom. Henrici Dalphini, regentis Dalphinatum, tutoris et tutorio nomine ill^{um} pupillorum Guigonis et Humberti dalphini, filiorum et heredum recolende memorie dom^i Johannis dalphini, in presencia Bern. Juliani notarii stipulantis nomine quo supra, ill^{is} vir dom. Guillelmus comes Gebennensis requisivit nobiles infra scriptos ut sibi recognoscere deberent ea que ab ipso tenebant, qui nobiles recogniciones infra scriptas fecerunt ; quibus recognicionibus factis, dictus d. comes infra script. nobilibus et omnibus aliis in dicto comitatu existentibus, nobilibus et innobilibus, tam presentibus quam absentibus junxit quatenus nullo alio mandato super hoc expectato predict. recogniciones faciant, videl. quod sunt de retrofeudo dicti d. dalphini, facere debeant dicto tutori vel dom° Guigoni dalphino. Nobiles vero sunt : dom. Petrus de Terniaco, dom. Thomas de Compesio, dom. Robertus Vagnardi, milites et plures alii. — 1680. Item, anno, indic. et loco predict., videl. xix^a mensis maii, ad instanciam et de mandato quo supra, Petrus de Crancio, Michael Francisci, Johannes de Viges, Johannes de Fronsonay, notarii et sindici ut dicunt burgi Aneyssiaci, nec non omnes et singulares persone in dicto instr^{to} nominate pro se et aliis dicte universitatis juraverunt quod perpetuo servabunt et manu tenebunt, custodiant et deffendent predict. dalphinum et suos et jura Dalphinatus, cum pluribus aliis modis eisdem preceptis per dictum dom. comitem Geben. — 1681. Item, an., die et ind. predictis, apud Rumilliacum en l'Albanes, ad requisicionem et instantiam qua supra et de mandato quo supra, dom. Girardus Porterii miles et plures alii de Rumilliaco qui in ipso instr^{to} nominantur promiserunt similiter dicto tutori, recipienti nomine quo supra, ut supra sindici, burgenses et consules Aneyssiaci promiserunt et juraverunt, et hoc idem fecerunt plures alii in dicto instr^{to} contenti et nominati.

1682. Item, quod. al. vidimus manu Guillelmi de Elemosina scriptum et signatum sub anno Dñi M°CCC°XXIII°, die xvii^a mensis januarii, continens tenorem supra scripte prime recognicionis facte per dom. comitem Gebennen., continens eciam tenorem cujusd. alt. instrumenti in quo continetur quedam retenta per dict. d. comitem in infeudacione comitatus predicti.

1683. Item, quod. publ. instrumentum scriptum manu Petri de Sarsonay notarii publ. sub anno Dñi M°CCC°XVIII°, xi^a die mensis junii, sigillis nobilium et potentium virorum dd. Guillelmi comitis Gebennen. et Hugonis Dalphini, domini Fucigniaci, in pendenti sigillatum, continens confirmacionem, ratificacionem et approbationem per dict. dominos factas de omnibus convencionibus et pactis olim habitis inter eorum predecessores, continens eciam pacta et convenciones de novo inter eosdem factas et facta, sacramenta et promissiones super dict. convencionibus observandis et penam M marcharum argenti contra alterum ipsorum in contrarium venientem, continens eciam obligacionem certorum castrorum per quemlibet ipsorum obligatorum pro dicta pena recuperanda si contrarium fieret et qued. alia utilia domino, prout in dicto instr⁰ continetur.

1684. Item, quod. al. publ. instrumentum scriptum manu Petri Pellerini de Quiriaco, sub anno Dñi M°CCC°XVI°, die XVI° mensis junii, continens in effectu recognicionem et infeudacionem factam que supra in presed. recognicione, videl. prima littera recognicionum dom¹ comitis Gebennarum, idem dom. comes fecit dom° Johanni dalphino Viennensi.

1685. Item, quod. publ. instrumentum scriptum manu Anselmi de Sychins notarii publ. sub anno Dñi M°CCC°XIX°, indic. II², die XXI² mensis madii, continens promissionem et sacramentum factum et factam mandato ill¹⁸ viri dom. comitis Gebennensis, ad instantiam dicti Anselmi notarii, recipientis nomine dom¹ dalphini, per Hugonetum de Druycie, Johannem Humberti et plurium aliorum mandamenti Clarimontis in Gebennesio nominatorum in pres. instr⁰, eorum propriis nominibus et vice et nomine universitatis singularumque personarum present. et futur. mandamenti castri Clarimontis, videl. de juvando et sequendo Dalphinatum et dalphinum prout in ipso instr⁰ continetur.

1686. Item, quod. al. publ. instrumentum scriptum manu Symondi Vimberti de Monteuls notarii publ. sub anno Dñi M°CCC°XXVI°, indic. X², die sabati ante festum sancti Andree, continens requisicionem factam per dom. Guigonem Borrelli, procuratorem dalphinalem, dom° comiti Gebennensi, de faciendo homagium dom° dalphino.

1687. Item, qued. lictera in pargameno scripta sub anno Dñi M°CCC°IIII°, die martis in quindena b¹ Michaelis, que olim fuit duobus sigillis in pendenti sigillata, continens composicionem, transactionem et concordiam amicabilem factam inter potentes viros dom. Amedeum comitem Gebennarum et dom. Hugonem Dalphini, dominum Fucigniaci, super querela que inter ipsos vertebatur super construccione castri Gallardi, continens etiam quasd. alias convenciones super predictis inter ipsos factas prout in eadem littera continetur.

1688. Item, qued. littera scripta sub anno Dñi M°CCC°XI°, die lune post dominicam qua cantatur Remissere, continens quod dom. Guillelmus comes Gebennensis promisit dom. Johannem dalphinum indempnem observare de fidejussione in qua pro ipso erat erga dom. matrem dicti comitis de duerio ipsius domine.

1689. Item, quod. vidimus plurium litterarum continencium pacem et convenciones factam et factas inter nobiles et potentes viros dom. comitem Gebennarum et dom. Aymonem dominum Fucigniaci, pacem factam inter dict. d. comitem et dom. B. dalphinam; continens eciam plures al. litteras super contractibus dict. dñorum, scriptum in quatuor pellibus manu Petri de Sersonay notarii publ. sigilloque domⁱ comitis Geben. signatum.

1690. Item, qued. littera a serenissimo rege Francorum Philippo emanata ejusque sigillo in pendenti sigillata, data Parisius die XVII^a februarii anno Dñi M°CCC°XIX°, continens quod prefatus dom. rex Franc. per ipsas litt. mandabat dom° Guillelmo comiti Gebennensi quatenus dom° dalphino filio suo homagium seu homagia in quibus sibi tenebatur racione castrorum Clarimontis, Anayssiaci, Castri Gallardi et de Ruppe in Gebennesio, in quibus eidem tenebatur tanquam comiti Burgondie, de voluntate et ascensu dom° Johanne regine Francie et Burgondie comitisse, in dilectum dom. Guigonem dalphinum transtulerat, que eidem recognosceret prout in ipsa lict. continetur.

1691. Item, quod. publ. instrumentum scriptum manu Petri Pellerini de Quiriaco notarii publ. sub anno Dñi M°CCC°XVI°, sil. XIIII^a indic., die XVI^a mensis junii, continens pacta et convenciones factas inter ill^{em} principem dom. Johannem dalphinum Viennensem ex una parte et dom. Guillelmum comitem Gebennensem, super infeudacione castrorum Anayssiaci, Clarimontis, Castri Gallardi et ville Ruppis, et super hiis que dñi Amedeus et Hugoninus fratres dicti dom. comitis Geben. tenebant ab alio quam a dicto comite; qui tractatus erat quod dict. comes predicta omnia debebat accipere in feudum a dicto dom. dalphino pro VIII^m librar. Turonen., quas dict. d. dalphinus dicto d. comiti debebat dare facta prius concordia et transactione cum dom° Philippo rege Francorum, qui questionem movebat super dict. castris et villa, prout in ipso instr^{to} plenius continetur.

SEQUNTUR PRIVILEGIA OLIM CONCESSA PER DOMINOS IMPERATORES ROMANOS DÑIS DALPHINIS VIENNENSIBUS ET EORUM PREDECESSORIBUS, A QUIBUS CAUSAM HABUERUNT IN DALPHINATU, TERRA TURRIS, BARONIIS MEDULLIONIS ET MONTIS ALBANI, ET ALIIS TERRIS EORUM.

Guy ALLARD, *Documents mss.*, t. VII, f° 5 : Analyse des n°s de l'*Invent.* 4, 26, 8, 2, 9 ; v° : 3, 10, 1, 14, 22 ; — f° 6 : 21, 17, 20, 18, 12, 5, 11 ; v° : 7, 25, 30, 32.

IN nomine Domini, amen. Noverint universi quod anno Nativitatis Domini M°CCC° quinquagesimo, indictione tercia, die IX^a mensis madii, fuerunt extracta de archivo dalphinali apud Sanctum Andream Gracionopolis privilegia, instrumenta et lictere infrascripta et in-te et recepta et r-te per dom. Dionisium Flaconis, clericum thesaurarii et domini nostri dalphini, de mandato rever. in Xpisto patris dom^i Johannis Dei gracia episcopi Gracionopolis ibidem presentis.

Guy ALLARD, *Documents mss.*, t. VII, f° 370 : n°s de l'*Invent.* 3,

1692. Item, quod. al. privilegium antiquissimum sine sigillo et facit mencionem de Morasio, quod fidem non facit, sub anno M°IX, VIII ydus januarii, regnante dom° Rod(ulpho) rege.

5, 4 ; v° : 30, 15, 14, 6 ; — f° 371 : 17, 8, 84, 12 ; v° : 26,

1693. Item, qued. lictera emanata a domo fratre Matheo, tituli Sancti Laurencii in Damaso presbitero cardinali, continens absolutionem novi pedagii et gabelle, sigillata in pendenti sigillo dicti dom. cardinalis cera rubea, data et concessa VIII° ydus maii, pontificatus dom^i Nicolay pape IIII anno secundo.

Item quedam cayssia in qua sunt quinque lictere de proximo et continue designate : n°s 23, 9 ; — f° 372 : 11, 21, 10.

1694. Item, qued. lictera continens formam quittacionis faciende per comitem Sabaudie de feudo et homagio Fucigniaci, sigillata sigillis dom^i Humberti dalphini et comitis Sabaudie, que fuit posita in precedenti cayssia.

1695. Item, quinque instrumenta continentia soluciones factas comiti Sabaudie, que ascendunt circa XII^c florenor. pro facto pacis.

1696. Item, quod. rotulum pargamineum in quo continentur peticiones quas faciebat dom. dalphinus pro se et domᵃ Beatrice dalphina contra comitem Sabaudie.

1697. Item, quod. lictera composicionis facte per dom. A(lbertum) dominum de Turre et dom. Guillelmum dominum de Bello Visu, super castris de Bello Visu, de Pineto, de Sancto Johanne et de Ambornay, sigillata septem sigillis in pendenti : remansit.

1698. Item, quod. lictera continens formam quittacionis faciende per dom. Mariam de Brebantio, comitissam Sabaudie, domᵒ Humberto dalphino Viennensi : que etiam fuit posita in dicta cayssia.

Et predicta tradita fuerunt eidem d. Dionisio per dictum dom. episcopum, presentibus dñis G(uillelmo) de Manso, legum doctore, Raymundo Falavelli jurisperito, Johanne Mathei, Francisco Bermundi notario et me Stephano Girardi, in sacristia ecclesie Sancti Andree Gracionopolis ubi tenentur scripta dalphinalia.

———

Memoriale sit quod anno Nativitatis Domini mill'o CCC°XLVI°, die XXVIIIᵃ januarii, reverendus pater dom. Henricus, Dei gratia archiepiscopus et comes Lugdunensis, recepit a gentibus domini nostri pape et domⁱ vice comitis Bellifortis bullas et litteras infra designatas [1] :

1699. Primo, unam bullam que dirigitur priori et conventui Fratrum Predicatorum de Veneciis, quod depositum XXXIIᵐ ducatorum auri, quod habent ad opus domⁱ nostri pape et ejus camere depositos penes eos, tradant per dom. Gregorium episcopum tunc electum Cenadiensem et Paulum juvenem aule domⁱ ·· regis Ungarie magistro Johanni de Amelio, Forojuliensis, et Petro de Pereto Vindocinensi, Carnotensis ecclesiarum archidiaconis. — 1700. Item, aliam bullam directam dictis archidiaconis, in qua datur eis potestas recipiendi dictum depositum et quittandi dictos priorem et conventum. — 1701. Item, al. bullam per quam dominus noster papa mandat dictis archidiaconis, quod dict. quantitatem XXXᵐ ducatorum tradant et assignent domᵒ Leuczoni de Lemps, priori Sancti Donati, decretorum doctori, et Rodulpho de Chissiaco, canonico Lausannensi, procuratoribus seu nunciis domⁱ ·· dalphini a dicto dom. archiepiscopo,

---

1. Guy Allard, *Documents mss.*, t. IV, fᵒ 278, papier du temps.

locumtenente ipsius dom. dalphini, deputatis. — 1702. Item, al. bullam directam universis patriarchis, episcopis, comitibus, baronibus et aliis, de securo conductu prestando prefatis dñis priori Sancti Donati et Rodulpho de Chissiaco.

1703. Item, tres litteras patentes sigillatas sigillo dicti dom. vice comitis Bellifortis : unam videl. in qua continetur quod dictus dom. vice comes fecit et constituit procuratores suos suprascriptos dños Johannem de Amelio et Poncium de Pereto, archidiaconos, ad recipiendum a fratribus Maurino priore, Alberto de Vincencia, Gotfredino Mantuano et Nicolao de Cavarigo, conventus ordinis Predicatorum de Veneciis, XX^m florenor. auri de Ungaria, depositos penes eos, per supra dict. dom. Gregorium episcopum tunc electum Cenadiensem et Paulum juvenem aule dom^i regis Ungarie. — 1704. Item, al. litteram per quam ipse dom. vice comes mandat prenominatis fratribus Maurino, Alberto, Gotfredino et Nicolao quod dicta XX^m floren. tradant et deliberent prenominatis dñis Johanni et Poncio archidiaconis. — 1705. Item, al. litteram per quam ipse dom. vice comes mandat dictis dñis Johanni et Poncio archidiaconis quod predicta XX^m floren. tradant suprascriptis dñis priori Sancti Donati et Rodulpho de Chissiaco.

RECOGNICIONES COMITIS FORESII
FACTE DOMINO NOSTRO DALPHINO.

Reg. *Plura registra licterarum de tempore d. Humberti dalph. recept. per Guig. Frumenti*, f° 77 : n°s 109, 289, 372, 233, 319, 181, 243, 295, 290, 1124.

EXTRACTA PRO PARTE DALPHINALI CONTRA DOM. COMITEM VALENTINENSEM FACTA PRO FEUDO ARNAUDI DE LA FAURA, de quo feudo contenditur [1].

1706. Primo, anno Domini M°II°LXVI, Arnaudus Guallini de Rochichinart accepit in feudum liberum a dom° G(uigone) dalphino Viennensi quidquid habebat in toto castro de Bello Respectu et mandamento ejusdem, recognoscendo quod in sumitate vel syma castri

---

[1]. Reg. *Plures informationes et scripture Viennesii et Valentin.* (B. 296), f° xxxvij.

predicti nichil habet; accipit enim in feudum quidquid habet in mandamento ejusdem, sive sint homines, prata, pascua, nemora, justicie, etc.

1707. Item, M°II^{c}XC°IIII°, dom. Houstachius de Houstaduno, canonicus Romanis, de concessu et voluntate expressis Hugonis de Houstaduno, fratris sui presentis, recognovit dom° Humberto dalphino Viennensi quidquid habet, tenet et possidet et sui predecessores habuerunt in mandamento et districtu Belliregardi de feudo et senoria dom^i nostri dalphini, hiis condicionibus, modis et formis quibus Guillelmetus de Belloregardo tenet id quod habet in castro predicto et ejus districtu, pro quo feudo fidelitatis prestitit juramentum.

1708. Item, dom. Gontardus qui fuit filius dom^i Geyllini, prior Sancti Jo(hannis) in Royanis, Guigo Rostagni, Arnaudus Gayllini, Lambertus de Outuon, Humbertus Pillossi, Guillelmus de Beregart dominus deposuerunt interrogati per eorum juramenta, quod domini de Royanis quidquid habent in Royanis, in castris vel in mandamentis in Royans, sive sit in motanis de Roysier sive aliis montanis vel in plano ubicumque sit, totum tenent et habent a dom° comite Viennensi et viderunt teneri tempore patris eorum: reperitur hoc in thesauro domini.

1709. Item in registris et recognicionibus antiquis jurium domini nostri dalphini, comitis Albonis et Vienne, reperiuntur recogniciones ut sequitur: dom. Lambertus de Housteuno est homo ligius comitis et tenet de eo quartam partem dominii castri de Hosteduno reddibile et tenet de eo quidquid habet in castro et mandamento, et debet placitum ad misericordiam ita quod ex quo semel fecerit placitum, licet dominus multocies mutetur, non debet facere amplius placitum quamdiu vixerit et quamdiu vixerit dominus cui fecit placitum; item tenet de comite tam ipse quam alii castri supradicti quidquid habent in Royanis a rivo qui dicitur Borna usque ad Flandines et similiter illud quod habent apud Balmam, et quod ipsi parerii sui debent sequi comitem in cavalgatis suis cum expensis eorum; item quod comes debet habere quartam partem in omnibus que continentur a Rivo Sico usque ad Bornam, et totum illud quod domini de Royanis habebant infra dict. terminos est de feudo comitis. — Lantelmus Martinus confessus est et recognovit idem per omnia quod dom. La(m)bertus et eodem modo. — Dom. Chabertus Chanavas, tercius parerius castri de Hosteduno, confessus fuit et recognovit idem per omnia et eodem modo quod dom. Labertus.

1710. Item, anno Dñi M°III°XXVII, die xvi mensis novembris, nobilis Johannes de Podio, filius dom' Eynerii de Podio militis, vendidit et permutavit, cessit et concessit ac tradidit vel quasi ill' dom. Guigoni dalphino Viennensi, pro se et ejus successoribus stipulanti et recipienti, omnia univ. et sing. jura, actiones utiles et directas, etc.

INVENTARIUM
INSTRUMENTORUM ET LICTERARUM CASTELLANIARUM ALAVARDI, AVALONIS ET MORESTELLI IN GRAYSIVODANO.

CASTELLANIE ALAVARDI.

Die quinta febroarii, anno Nativitatis Domini M°CCCIIII^{xx}IX, fuit incohatum presens inventarium per Johannem de Marolio et Andricum Garini, auditores, Stephanum Chalveroni et Aubertum Fabri, clericos dalphinalium computorum, de litteris et instrumentis repertis in camera dalphinalium computorum castellanie Alavardi ejusque ressortus.

Reg. original in-4° en papier, f° j, n° 767; v°, 776, 881; — ij, 882; — iij v°, 926, 628; — iiij, 518; v°, 625, 818; — vj, 516, 584, 853; v°, 692; — vij, 844; v°, 780; — viij, 819; v°, 671, 1711; — xj, 880; v°, 977; — xij v°, 809; — xiij, 976; v°, 602.

1711. Item, quod instrumentum receptum per Johannem de Sancto Denisio notarium et grossatum per Guillelmum Jomari not. publ. ex comissione sibi facta per dom. Guigonem de Amaysino, judicem majorem Dalphinatus, sub anno Incarn. Dñi M°CCCVII°, continens quod Johannes de Alto Vilari dom° Johanni dalphino homagium ligium et fidelitatem ligiam (fecit) sub forma a nobilibus consueta..; et ibidem et incontinenti.. Petrus Bigoti pro se et suis fecit homagium et modo et forma quo facere tenetur dom° dalphino.

CASTELLANIE AVALONIS.

F° xiiij, 756, 684; v°, 604, 649, 855; — xv, 682, 703; v°, 611, 1712, 717; — xvj, 671, 814; v°, 1713; — xvij v°, 513, 1714; — xviij, 1715, 1716; v°, 1717, 1718; — xix, 1719, 1720.

1712. Item, instrumentum receptum per Guig. Frumenti notarium, sub anno Nativit. Dñi M°CCCXXXIIII, indic. 11ª, die xiª mensis januarii, continens quod Guillelmus de Champiogeres pro se, heredibus et successoribus suis fecit homagium ligium de persona dom° dalphino Viennensi... salvis aliis dominis suis quos nunc habet.

1713. Item, quod. publ. instrumentum sub anno Incarn. Dñi M°CCCVII°, indic. v^a, die xx^a III^a mensis aprilis, receptum per Johannem de Sancto Denisio notarium.., continens quod Anthonius Guersi, Guillelmus de Chavanna, Hugo Guersi, Guillelmetus Guersi, Berthonius Guersi, Lantelmus Cardurelli, Odo Guersi, Andreas Philacef, Johannes et Albertus de Coardo, Johannes de Ega, Guiffredus de Clarfay, Soffredus Gunardi et Humbertus de Clarfail confessi fuerunt et recognoverunt per juramenta ab eisdem super sancta Dei Euvangelia corporaliter prestita se esse et velle ac debere esse homines ligios ill^{ie} principis dom^i Johannis dalphini Viennensis et Albonis comitis dominique de Turre, et homagium ligium et fidelitatem fecerunt sub forma a nobilibus consueta.

1714. Item, quod. instrumentum sub anno Dñi M°CCCXX°V°, indic. VIII^a, die xxv mensis januarii receptum per Johannem de Platoa notarium, continens concordiam et transationem factas inter dom. Draconem rectorem domus seu grangie de Breyda, ordinis Stamedei, ex una parte et Johannem et Guigonem Barralis, dalphinali nomine et ut castellanos Avalonis, ex altera super quadam grangia et rebus que fuerunt de Gorie Cordoris, designatis in dicto instr^{io} existentibus in mandamento Avalonis, et in quo instrum. continetur recognicio facta de grangia et rebus suprascriptis.

1715. Item, quod. instrumentum sub anno Dñi M°CC octuag° VII° et IIII° kalend. maii, receptum per Guigonem de Avalone et grossatum per Guig. Vibaysii notarium, continens quod Guillelmus de Itracueres, castellanus de Avalone, albergavit Guillelmo de Bardoneschia duo jornalia terre sub censu I sestarii frumenti et v solid. bone monete de placito.

1716. Item, quod. instrumentum sub anno Dñi M°CCCXXXII°, die x^a mensis augusti receptum per Petrum de Avalone notarium.., continens quod ad instanciam et requisitionem Johannis de Coardo... Guillelmus Maseti... recognovit se et suos heredes.. tenere debere in emphyteosim a dict. fratribus et suis res infrascript.., pro quibus se debere IIII solid. bonor. Vien. de servicio census et XVIII denar. de placito quando contingit.

1717. Item, quod. instrumentum (rec.) per Guig. Villaysii notar.

et grossatum per Guig. Vilaysii sub anno Dñi M°CC(IIII^xx) VII, die xii maii, continens quod ad instantiam et requisicionem Johannis de Coardo, pro se et fratribus suis.., confessus fuit et recognovit Guigo de Oysencio, prior prioratus domus Vilarii Benedicti, nomine dicte domus se tenere et velle tenere in albergamentum ab ipsis fratribus primo medietatem omnium taschiarum de manso Roberti ubicumque sint et plura alia in dicto instr^to designata.

1718. Item, al. instrumentum sub anno Dñi M°CCLX°V°, v^a idus aprilis, continens quod Bosonetus de Cohardo et Johannes Gauterii, maritus Raynaude de Crollis, albergavit dom° Johanni Richardi, conreario domus Vilarii Benedicti, tales taschias quas dicta domus tenebat ab ipsis de manso Roberti... in una pecia terre continente circa vi jornalia, et plura alia...

1719. Item, quod. instrumentum sub anno Dñi M°CC XC°III°, die IIII^a decembris, grossatum per Rodulphum de Valle de prothocollis Aymonis Juvenis notarii, continens quod dom^a Guigona domina Sancti Petri de Alavardo, uxor viri nobilis Stephani Cayra, de consensu et voluntate dicti Stephani mariti sui, et idem Stephanus miles... retinuerunt Guillelmum Guers de Avalone, stipulantem nomine suo et Anthonie filie condam dom^i Johannis de Alto Vilari militis, uxoris dicti Guillelmi,.. de talibus juribus, feudis, actionibus, petitionibus, seignoriis et hominibus que vel quas habebat seu visus erat habere dom. Johannes de Alta Villa condam miles in valle de Alavardo..., pro xxx solid. de placito solvendis et pro uno homagio, excepto homagio dom^i dalphini.

1720. Item, quod. instrumentum sub anno Nativit. Dñi M°CCCXI, xv kalend. julii, signatum per Lantelmum Guenisii de Alavardo, continens quod ad instanciam et requisitionem Stephani Arthoudi de Rupecula, stipulantis.. ad opus sui et Anthonie filie condam bo. me. dom^i Johannis de Altavila uxorisque dicti Stephani.., dom. Villenus dominus castri Sancti Petri ac condominus vallis Alavardi... retinuit et.. investivit de omn. bonis, rebus ac juribus, censibus, serviciis et placitis.. que et quas eadem Anthonia percipit.. occasione patrui sui ..in tota valle Alavardi, videl. a rivo dicto de Bay citra.., ad hoc quod.. teneretur solvere in perpetuum xxx solid. bone monete et veteris seu antique... de placito in mutatione domini et vassalli.

CASTELLANIE MORESTELLI IN GRAYSSIVODANO.

F° 21, 591, 193, 519; v°, 715, 887, 1721; — 22, 714, 659, 1722; v°, 559, 690; — 23, 790, 754, 1723.

1721. Item, quod. instrumentum sub anno Incarnac. M°CCCXIIII°, indic. xII°, die lune ante festum b° Marie Magdelenes, receptum per Johannem de Sancto Dyonisio notar., continens quod Hugo Chapelli domicellus de Morestello, alias dictus le Vitos, fecit homagium ligium et fidelitatem ligiam dom° Johanni dalphino Viennensi et Albonis comiti dominoque de Turre... sub forma a nobilibus consueta.

1722. Item, quod. instrumentum sub anno Dñi M°CCCXXXIIII, indic. II°, die VIII° mensis januarii, receptum per Humb. Pilati notar., continens quod Petrus Argoudi et Lantelmus Argoudi confessi fuerunt in presencia ill¹⁵ principis dom. Humberti dalphini Viennen... se teneri in medietate duarum parcium cujusd. homagii ligii pro feudo quod tenent ab ipso; item dict. Petrus confessus fuit se debere homagium ligium dicto d. dalphino ratione emptionis facte per dict. d. dalphinum a dom° Villeno domino de Bellosimili... : et fuit prefixum terminum festi Pasche... ad recognoscendum..., sub pena amissionis eorum que tenent.

1723. Item, qued. lictera ab ill¹ principe dom. Johanne dalphini emanata et ejus sigillo sigillata, data die xxvII mensis octobris, anno Dñi M°CCCXVI°, continens quod idem dom. dalphinus Petro Fabri de Romanis, appothecario, civi Gracionopolis, dedit et concessit mistraliam castri et castellanie Morestelli et Goncelini, cum juribus, emolumetis et pertineciis ejusdem. Cui lictere sunt annexe plures lictere a dñis dalphinis successoribus ejusdem emanate et in quibus continetur quod idem P. Fabri dict. mistraliam transtulit in personam Heustachoni Pinelli et in heredes et successores ejusdem.

BUXERIE.

Anno Domini M°CCC°XC°V° et die xI° mensis maii, fuit inchoatum presens inventarium per Andricum Garini, Johannem de Marolio, auditores, Stephanum Chalvetonis et Aubertum Fabri, clericos dalphinalium computorum, de instrumentis et litteris facientibus pro castellania Buxerie.

Guy ALLARD, *Documents mss.*, t. IV, f° 19: n° 499; — f° 20: 587, 623, 908; — f° 21 : 537, 650, 848; v°: 716, 634; — f° 22: 570; — f° 23 : 968; v°: 920; — f° 24 v°: 1724; — f° 25: 1725, 207; v°: 899, 745; — f° 26: 551, 815; v°: 1726, 675; — f° 27: 641; v°: 525, 506;

— f° 28 : 567, 526; v° : 878; — f° 29 v° : 1727; — f° 30 : 1728; — f° 31 : 531; v° : 552, 879; — f° 32 v° : 842, 533.

1724. Item, quod. instrumentum receptum per Johannem de Sancto Guionesio et grossatum per Guillelmum Jomaris nott. pubb. sub anno Dñi M°CCC°VII°, die xx^a II^a aprilis, continens homagium ligium factum et prestitum per nobiles Perretum Broardi, Petrum Salvanii de Intermontibus et Petrum Salvanii de Buxeria dom° Johanni dalphino Viennensi, filii et heredis domⁱ Humberti dalphini.

1725. Item, al. instrumentum (*ut præced*)... Dyonesio..., continens homagium lig. factum dom° Johanni dalphino Viennensi per nobile dom. Lantelmum de Grangiis militem, Humbertum de Barralibus, Eynardetum filium Johannis de Bellacomba.

1726. Item, quod. instrumentum per Guig. Frumenti receptum et grossatum sub anno Dñi M°CCC° trisceso IIII°, die VIII^a januarii, continens homagium ligium factum pro se et suis more nobilium per Johannem Poeta dom° Humberto dalphino Viennensi et assignacionem sibi factam ad recognoscendum particulariter et distincte infra Pascha omnia que tenet quomodolibet a dicto d. dalph. sub pena amissionis eorum.

1727. Item, quod. instrumentum receptum per Jacobum Gorgie de Buxeria et grossatum per Johannem Pascalis de Alenis nott. pubb. sub anno Dñi M°CCC°XX°VIII°, die XI octobris, continens recognicionem factam per Humbertum Barralis, filium Aymonis Barralis dom° nostro dalphino de rebus infrascriptis...

1728. Item, quod. instrumentum per Petrum de Thoveto publ. notarium confectum, sub anno Dñi M°CC. LXXX, XIIII calend. octobris, continens quod Henricus de Bellacomba, filius condam domⁱ Guersi de Bellacomba militis, pro se suisque liberis et heredibus accepit de novo in feudum et habere voluit a Rodulpho domino Intermoncium ejusque successoribus imperpetuum domum suam quam habet apud Barralibus aut in parrochia de Barralibus, apud Fontem Egara...

BELLE COMBE.

Anno *ut supra p. 307*... pro castellania Belle Combe.

Ibid., f° 33 : n° 500; v° : 501, 502; — f° 35 : 871, 527; v° : 711; — f° 36, v° : 1729; — f° 37 : 975; — f° 38 : 1170, 1171-2; v° : 1173, 1176; — f° 39 : 1177; v° : 1178.

1729. Item, quod. instrumentum per Humb. Pilati confectum sub anno Dñi M°CCC°XXX°III°, die vi° mensis januarii, continens recognicionem factam per nobilem Rondetum de Monteforti dom° Guigoni dalphino...

INVENTARIUM
FACTUM PER DOMINOS COMMISSARIOS
DE SCRIPTURIS EXISTENTIBUS IN CASTRO VIGNAYCI [1].

1730. Item, qued. lictera signata per Mar. Albi, M° tercent° XVII°, continens transactionem factam inter dominum Costarum d'Arey et Alizandram de facto pretacto.

1731. It. qd. instrumentum confectum M°CCC°XLV, super facto cujusd. clamoris facte per dominum (de) Vallebonesio.

1732. It. qd. pellem pargameni scriptam continentem leydas menutas quas accipit rex de Maglorges in villa Montis Pesullani, que leyde recipientur anno quolibet ut in dicta pelle pargameni declaratur, que incipit « Aquestas sont laudas, venduces » et finit « Aquest crallat et trays del registre del seignours rey per Johan Ysort scriptorem thesaurarie ».

1733. It. qd. instrumentum seu lictera vidimus sigillo dom¹ Mich. Francisci, officialis curie Vivariensis, super limitibus dom¹ Disderii domini Bellivisus et de Pineto una parte et Guiffredum de Edmo dominum (de) Costis d'Arey, sub M°CCC°II°, vi° kalend. septembris.

1734. It. qd. computum pedagii Vignayci, cujus computi summa accendit CC LIIII floren. v grossos.

1735. Primo, quod. instrumentum receptum per Pon. de Puteo M°CC°XC°, continens transactionem factam inter dom. Albertum de Turre, nomine suo et nobilis dom. Margarite matris sue, et dominum pro tunc de Vignayco.

1736. It. qd. instrumentum receptum per Guillelmum Poteti de Vers, M°CCC°XXXIX, continens libertates super facto furni Vignayci.

1737. It. qd. instrumentum sigillatum sigillo judicis comitatuum Vienne et Albonis, continens quod anno Dñi M°CC°XC°IX°, xv°

---

1. Reg. *Secundus liber scripturarum Viennesii et Vallentin.* (B. 281), ff. V^c lix à lxxvj : Copia Inventarii facti per... Vig. facta ad opus domini dicti loci. — Copie partielle dans le V° reg. des *Mss.* de VALBONNAIS, n° 162, qui fournit en sus (après le n° 1735) les n°⁵ 1796 et 1797.

kalend. augusti, domᵃ B(eatrix) Viennensis et Albonis comitissa et domina Fucigniaci et dom. Johannes dalphinus laudaverunt et approbaverunt, salvo tamen in omnibus juribus, dominiis et segnoriis dicti dom. dalphini et jure Agnectis de Villariis, uxoris Aynardi de Turre domini Vinayci, et jure in omnibus alieno, quand. donacionem factam per dict. Aynardum Henrico filio primogenito suo, emancippato legitime ab eodem in presencia dict. dd. dalphine et dalphini, medietatis Turris Pini, item de castro et feudo Vinayci, de castro Armeivi, it. de castro de Vatilleu, cum eorum juribus et pertinenciis, it. de feudo cum juribus et pertinenciis suis quod tenet Guillelmus de Sancto Regergio in castro quod dicitur Nerpo, it. de medie(tate) feudi de Murinay quod tenet G. de Merinnay : que omnia lacius declarantur in qd. publ. instrumento recepto per Mich. Ranulphi, instrᵗᵒ confirmacionis anno et die predict.

1738. It. qd. instrumentum receptum per Johannem Morreti M°CCC°XLVI, die IIIIᵃ decembris, continens quand. quittationem concessam domᵒ Aynardo domino Vignayci nomine Johannis de Crista.

1739-a. It. duo instrumenta in una pelle simul scripta pargameni, sub anno Incarn. Dñice M°CCC°V°, super donacione xx librar. currencium donatarum per dom. episcopum Viennensem (Vivariensem ?) et capitulum suum nobili viro dom. Bertrando de Turre (canonico) Vivariensi, percipiendarum anno quolibet ; et aliud instrum. continet ratifficationem factam per dict. capitulum Vivariense.

1740. It. qd. instrumentum lasseratum in parte, sub anno M°CCC° XXX°IIII°, continens inventarium factum per Guillelmum, Johannem et Petrum Goyne fratres, heredes Andree Goyne de Sancto Anthonio, de bonis dotalibus Illiane matris eorumdem quondam.

1741. It. qd. instrumentum sumptum manu Nycolay Chalveyronis notarii, sub anno M°CCC°XXII et die xxᵃ IIIIᵃ mensis febroarii, continens limitationem factam super facto de Mayniis inter dom. Henricum de Turre, dominum Vinayci, et Hugonetum de Turre ejus filium ex parte una, et Odubertum de Castro Novo, dominum dicti loci. — 1742. Item allegaciones super dicto debato facte pro parte dicti domini Vignayci simul ligatas cum dicto instrᵗᵒ. — 1743. It. qd. lictere domⁱ Humberti dalphini, date M°CCC°XLV, annexe aliis licteris predict., continentes confirmacionem dict. licterarum, nisi tamen in contrarium per ipsum aut predecessores suos pacta vel convenciones facte fuerint vel inhite. — 1744. It. vidimus ipsarum licterarum.

1745. It. copia quarund. licterarum dom¹ Humberti dalphini datarum die x ͣ vi ͣ aprilis M°CCC°XLI, per quas concessit domino Vignayci ut iter antiquum inferius situatum, per Hospitale protendens a domo Bone Femine Alegreri usque ad vadum de Teychia, possit mutari per locum superiorem per burgenses dicti castri Vignayci suum, et per inibi transsitum dicti itineris et itineracionem assignare et fieri facere per quoscumque itinerantes, quamdiu ipsi dom. dalphino placuerit et fuerit voluntatis : ita quod nemo, exceptis famulis ipsius dom. dalphini, per dict. iter antiquum sit ausus transire.

1746. It. qd. lictera imperatoris super facto pedagii Vignayci.

1747. It. qd. scriptura in pargameno scripta super usagiis que predicti dominus Alte Rippe apud Mayns.

1748. It. qd. inquisicio facta super juribus de Yserone.

1749. It. qd. instrumentum continens recognicionem feudi factam per fratrem Anthonium de Castro Novo, dominum de Vatilleriis, de toto feudo quod emit sito apud Columberium.

1750. It. qd. rotulum computi castellani Retondi Montis, de anno M°CCC°XXXVIII, in pergameno scriptum.

1751. Primo recogniciones dom¹ Aymoni de Lay censuum quos habet in mandamento Vignaci.

1752. It. qd. allegaciones super facto armorum.

1753. It. qd. instrumentum super dotalicio dom ͤ Aymarone de Turnone.

1754. It. qd. lictera facta M°CC°XXXV°, super transactione facta inter B(erlionem) de Turre ex una parte et A(ymarum) Sancti Georgii ex altera, super domanorio domorum de Vignay et de Nerpo ac castri Armeui.

1755. It. qd. instrumentum cujusd. sentencie late per dominum Vignayci, in quo est qd. alia sentencia.

1756. It. instrumentum concordie illorum de Mornas et domini Vignayci.

1757. It. qd. instrumentum receptum per Girardum Marthini M°CCC°XXXIIII, die 1 ͣ aprilis, continens quod castellanus Capriliarum posuit ad manus dom¹ dalphini in custodiam ad salvagardiam castrum, villam ac totum mandamentum (cum) pertinenciis (et) appendenciis de Vignayco, et super turrim dicti castri posuit penocellum dicti d. dalphini, virtute quarumd. litterarum dom¹ nostri dalphini in ipso inst ͭᵒ descriptarum.

1758. It. qd. testamentum Jacellini de Turre, vicarii de Romanis.

1759. It. qd. instrumentum in quo Aynardus de Turre emancipavit Henricum ejus filium.

1760. It. qd. lictera tribus sigillis sigillata, facta M°CC°LX, mense junii, continens quod Aynardus de Turre domicellus accepit in feudum a nobili viro Alberto domino de Turre quicquid habebat et possidebat in castro Turris Pini et in mandamento ipsius, et quicquid juris racione dominii habiturus erat imposterum in predictis et inde fecit homagium, excepta fidelitate dom¹ dalphini, et pro predictis dict. dominus de Turre dedit eidem III^m et V^c solid. Viennen.; et declaratur etiam in dicta lictera quod dictus dom. Aynardus habet medietatem dominii in castro Turris et in villa et in mandamento ipsius, excepta domo ipsius domini de Turre et poypia et pedis quas idem dominus de Turre ibidem aquisivit et exceptis gardis ipsius domini de Turre et custodiis quas habet in mandamento et villa Turris proprias.

1761. It. qd. littera sigillata sigillo dom¹ dalphini, continens vidimus cujusd. alt. littere que continet quand. pacem pronunciatam inter dom. Berlionem de Turre et Odobertum dominum Castrinovi et quosd. alios de pluribus in ea contentis.

1762. It. qd. littera sigillata sigillo nobilis Berlionis de Turre, data M°CCXLIIII, continens quod dict. Berlio villam quand. quam habebat in mandamento de Turre, que vulgo vocatur Quinsonas, cum juribus suis donavit Jacermo de Turre, vicario Romanis, fratri suo et declaratur lacius in ipsis licteris et ad vitam ipsius.

1763. It. qd. lictera continens quod Chabertus de Mirinaysio fuit datus curator dom° Aynardo domino Vignayci.

1764. It. qd. lictera IIII^{or} sigillis sigillata, continens quand. transactionem factam super nonnullis ibidem declaratis inter dominum Vignayci et dominum Castri Novi protunc, in qua declarantur limitaciones terrarum ipsorum dominorum, data M°CCXC°III°.

1765. It. qd. littera duobus sigillis sigillata, data MCCXXXVIII, in qua Poncius de Chavagnis miles accepit in feudum a Berlione de Turre domum suam et domin(i)um quod in castro mandamenti de Dognay habet et inde fecit homagium ligium, salva fidelitate illius domini cujus melius debet esse.

1766. It. qd. littera VI sigillis sigillata, data M°CC°XXXIII, continens quod Odobertus de Castro Novo recognovit tenere a Berliono de Turre castrum de Armeuo et idem fecit homagium et fidelitatem eidem, salva fidelitate dom¹ dalphini et sub placito IIIᶜ solid. Viennen. in mutacione domini et possessoris.

1767. It. qd. littera v sigillis sigillata, data M°CC°XC°III°, continens limitaciones terrarum domini Vignayci et de Castro Novo.

1768. It. qd. instrumentum grossatum per Durandum Corderii, continens quamd. transactionem habitam inter Poncium dominum Alterippe et dominum Castri Novi, super facto de Nerpo et quorumd. aliorum locorum.

1769. It. qd. instrumentum continens emancipationem factam per dom. Aynardum dominum Vignayci Henrico filio suo.

1770. It. qd. instrumentum receptum per Phil. de Sancto Johanne M°CC°XC°VII°, continens quod dominus Castri Novi recognovit tenere a domino de Vignayco et de' dominio suo Vatilliacum et totam parrochiam dicti loci, cum suis pertinentiis, in feudum rendablo et sub placito xxv librar. Viennen. ad mutacionem domini vel vassalli, et inde fidem sibi prestitit.

1771. It. qd. testamentum nobilis Armanne Chamite, relicte Guillermi Guinan. — 1772. It. qd. testamentum domᵉ Margarone de Rossillione, domine Viri Ville.

1773. It. donacio facta per Aynardum de Turre, dominum de Vignayco, Henrico filio suo de certis castris ibidem declaratis coram judice Avignionis.

1774. It. qd. emancipacionem factam coram judice majore Dalphinatus in Viennesio, MCCCXIIII, per Guillelmum condominum de Ylino Hunberto ejus filio, in qua dedit eidem illa que habe(b)at in castro et mandamento de Ylino, et partem quam habet in castro et mandamento de Suyriaco, et castrum suum de Costis d'Arey.

1775. It. constitucio dotis Beatrici de Baucio, uxoris Henrici de Turre. — 1776. It. donacio facta per Aynardum de Turre Henrico filio suo de certis castris.

1777. It vidimus... M°CCC°LIX, d(i)e X*IIIª mensis julii,.. quarumd. licterarum imperialium datarum Metis M°CCC°L°VII°, continencium quod dom. imperator, actentis gratis serviciis sibi impensis per Aynardum de Turre dominum Vignayci, eidem et suis heredibus et successoribus dominis Vignayci de speciali gracia concessit facultatem theoloneum seu pedagium imponendi, levandi et recipiendi in villa vel territorio dicti castri Vignaci ubi ipsos melius videbitur expedire, videl. ut a quolibet animali grosso onerato, vid. equo vel equa, mulo vel mula, VI denar., ab animali ac asino vel asina oneratis IIII den., ab animali vero vacuo et non onerato cum basto seu clitella II den.

monete Dalphinalis per predict. villam seu territorium Vignayci dumtaxat transeuntibus, prout hujusmodi theolonea seu pedagia in Viennesio levari seu recipi sunt solita, levare seu recipere valeant temporibus affuturis.

1778. It. testamentum in scriptis Humberti de Sancto Georgio, domini de Nerpo, de Doray, de Aneyr(o)nis et de Armouo.

1779. It. qd. lictera dom^i Karoli primogeniti Francorum regis, dalphini Viennensis, date die X^{a}VII^a octobris M·CCC·XL·IX·, (continens) inter alia quod propter novitates et maleficia preparata per dom. Aynardum de Turre dominum Vignaci, contra dominos Castri Novi et de Geria et suos complices, idem dom. dalphinus castrum Vignaci, castrum Vatilliaci et de Quinczonas ad manum suam posuit, cum mandamentis eorum, in eisdemque mandavit per judicem Viennesii constitui custodes sui parte.

1780. It. qd. atestaciones continentes quod a quolibet piscatore seu naviculam ducente racione cujuslibet navis seu navicule XII denar. semel in anno, dum piscantur in Ysera infra mandamentum et territorium, castrum de Armeuo, dominus dicti castri debet recipere. —

1780 a. It. qd. processum super dict. attestacionibus in curia Viennensi super factum de Armeuo.

1781. It. qd. lictera v° sigillis sigillata, data M°CCXXXIII, mense januarii die sancto sancti Yllarii, que continet homagium et recognicionem factas per Odobertum de Castronovo, de castro de Armeuo cum suis juribus, dom° Berlioni de Turre, salva fidelitate dom^i dalphini.

1782. It. testamentum factum M°II^{c}LVI Berlionis de Turre, domini de Vignaico.

1783. It. vidimus cujusd. homagii domini Castri Novi, de facto Armeui, facti domino Vignaici M°CCXXXIII.

1784. It. qd. lictera dom^i Humberti dalphini Viennensis, data. M^{c}CC(C)°I°, directa Johanni de Goncellino majori cui comittebat causam appellacionis ad ipsum dom. dalphinum emise per Petrum Grassi, nomine suo et nomine Hugoneti Cellarii de Armeuo, a quad. sentencia condempnatoria contra ipsos lata per judicem majorem Dalphinatus super facto de Armeuo et fine debito terminandam.

1785. It. copia declaracionis facte per dom. dalphinum inter universitates de Murinaysio et ville Roybon(l)s, super facto nemoris de Chambarant.

1786. It quictacio facta per dictum Gilet de Romanis Girardo Boneysii, recipienti nomine domini Vignayci, de LXII florenis.

1787. It. qd. copia instrumenti continentis quod. Girardus de

Vollino domicellus recognovit tenere in feudum a dom° dalphino mansum de Chastegnerio situm in parrochia Sancti Vittoris, excepto homagio in quo tenetur domino de Vignayco.

1788. It. qd. instrumentum scriptum manu Johannis Trollioti notarii, sub anno M°CCC°XL°VI°, die xv mensis octobris, continens quamd. vendicionem factam per Johannonum Ramusii et Margaronam ejus sororem et Johannem Gauterii filium suum Andrevono de Castro alias Barleti de II sestar. frumenti census cum eorum directo dominio, que moventur de feudo domini Vignayci, precio XI floren. et VIII grossor. currencium.

1789. It. instrumentum sumptum manu Bartholomei Valensani, sub anno Dñi M°CC°XC°I° et die v° mensis maii, continens quitationem factam de x libris Viennen. habitis per Jordanam relictam quondam Bertrandi Blani de Montillio a dom° Aynardo de Turre, domino Vinayci, ex causa empcionis Vivi.

1790. It. qd. lictera data per felicis recordacionis dom. (Beatricem) de Vienna, Arbonis comitissam, dominam Fuciniassii, ejus sigillo sigillata, data die sabbati post Pasca M°CC° octuag°, dom° Aynardo de Turre, domino Vinayici, continens quod dictum dom. Aynardum servare promisit indampnem a fidejuscione per eum facta nomine dicte (domine) et ill[te] principis dom. Johannis dalphini de quingentis libris Viennen. domino Montis Lipelli conventis.

1791. It. qd. instrumentum parvum sumptum manu Jodani de Moyrenco notarii sub anno M°CC°LXX°IIII°, indic. II[a] et die dominico in festo b[i] Johannis Baptiste, continens homagium factum et recognicionem dom° Aynardo de Turre, domino Vignayci, per Guillelmum de Sancto Juers, tanquam heredi Humberti fratris sui, de his que tenebat infra mandamentum de Nerpo.

1792. It. qd. lictera sigillata sigillis reverendorum Guidonis miseracione divina Arvernorum et Guillelmi eadem gratia Aniciorum episcoporum [1], super concordia per eos facta de questione existenti inter nobiles viros B(erlionem) de Turre ex una parte et A(ymarum) Sancti Georgii ex altera, super dominio domorum de Vinay et de Nerpo, per quam dixerunt et ordinaverunt quod A. de Sancto Georgio pro domibus de Vinay et de Nerpo et aliis que ipse et fratres sui tenebant in dict. mandamentis, exceptis illis que aquisivit de feudo

1. *Le texte porte*: ... Guid. m. d. Cli'ciarum et Guil. e. g. episc...

vel rebus Lamberti Francisci et Amedey de Chasta, homagium faceret ligium tam per se quam heredes suos Berlioni de Turre et heredibus suis, et quod homines ipsius A. veniant ad clausuram burgi de Vinay, data anno Dñi M°CC°LX°IX°.

1793. It. qd. instrumentum scriptum manu Johannis Elbaudici notarii, sub anno M°CCC°X°III°, indic. xiiª et die vª mensis marcii, continens transationem et concordiam inhitas inter dom. Henricum dominum de Turre et Vatilleui ex parte una et religiosum fratrem Anthonium de Castro Novo, preceptorem Trecensem, ordinis Sancti Anthonii ex altera, in quo continetur quod fortalicium vocatum Mon Elegio et ea que dict. frater Anth. habebat infra proelpam de Vatillieu sunt de feudo franco dicti domini Vinayci et dict. fortalicium reddibile, et inde fecit recognicionem prefato dom. Henrico.

1794. It. qd. lictera sex sigillis in pendenti sigillata, concessa per dom. A(lbertum) sacristam Romanis, arbitratorem super questione que vertebatur inter dom. Berlionem de Turre et Jasermum vicarium Romanum, ex una parte, et Odobertum dominum Castri Novi et dom. Guillelmum et Boniffacium ex altera, qua continetur quod teneat dict. dominus Castri Novi a dicto d. Berlione castrum de Armeui et illud teneatur reddere pro suo dominio, data die martis post festum bⁱ Luce M°CC°L°II°.

1795. It. qd. instrumentum sumptum manu Humberti Putoudi notarii sub anno Dñi M°CCC°XL°II°, indic. xª et die xiª mensis junii, continens homagium factum dom° Aynardo de Turre domino Vinayci per nobilem Eymonetum de Lemps et recognicionem factam (....) omnes homines, res et census ac servicia que ipse Eymonetus habet infra parrochiam de Byol.

1796. Item, quod. vidimus officialis Viennensis factum anno MCCCXXXIII per Jaquamonum Turrichelli de Romanis, de quod. publ. instrumento recepto per Humbertum Lagerii notarium aulæ imperialis,..........., iiiiº die intrante novembri, continens quod cum lis existeret inter dom. Aynardum de Turre, dominum de Vinayco, et nobilem virum dom. Aynardum dominum de Castro Novo et dominum Motæ Beati Andreæ ex altera, occasione castrorum de Vatilliaco et de Armeuo et de dict. castrorum juribus : quæ castra dict. dominus de Castronovo dicebat esse sua jure hereditario, dictus vero dominus de Vinayco asserebat dicta castra et jura sibi tanquam comissa tenere et possidere pro dom° dalphino et curia dicti d. dalphini et etiam tanquam majori domino immediate fore commissa et se ea ut commissa tenere et possidere pro dom° dalphino et curia ejusdem; et esset inter dict. partes orta, non tamen occasione præmissa sed ex occasionibus aliis discordia, dictæ partes mediantibus quibusdam amicis ad transactionem devenere, videl. inter alia quod dict. castrum de Armeuo cum suis juribus esse debeat dicti domini Vinayci, et ulterius dict. dominus de Castro Novo solvere teneatur III^m solid. semel; item quod dict. castrum de Vatiliaco cum suis juribus esse debeat dicti domini Castri Novi, tali conditione quod ipse et ejus heredes teneantur facere in mutatione domini seu vassalli pro dicto castro de Vatiliaco homagium ligium præ omnibus, excepto homagio dom^i dalphini, dicto domino Vinayci et solvere xxv libras et sequi eundem in guerra cum quinque hominibus armatis in equis ad expensas ipsius domini de Castro Novo.

1797. It. qd. instrumentum receptum per Humb. Pilati M.CCC.XXXVIII, die xiiii decembris, continens quand. transactionem factam inter Humbertum dalphinum ac nobilem virum Petrum de Turre et dominum Castillionis' in Valesio, super quibusdam in ipso instr^{to} declaratis.

(FRAGMENTUM INVENTARII DOMUS ALAMANDORUM)[1].

1798. . . . . quod dom. Guillelmus Bertrandi miles recognovit tenere a dom° Odone Alamandi omnia que tenet in parrochiis de Vallebonesio, de Interaquis, de Capella, de Piro, de Chantalova, de Auriis, de Sevol, de Valeta, Vallisdentis et de Manta, item plus xx sestaria avene census que capit annuatim in parrochia Sancti Martini de Ornone.

1799. Item, aliud instrumentum M.II^{C}XC°VIII° factum manu Romei Mosnerii notarii, continens quod Joffredus Bertrandi recognovit in feudum et dominium dom^i Guigonis Alamandi, domini Vallis Bonesii, quartam partem montanee de Puydurant et quicquid dict. Joffredus habet in dicta montanea, it. quartam partem cujusdam domus quam habet apud Engelacoz.

1800. It. qd. instrumentum MII^{C}L.VII factum, per Lambertum de Eschalione notarium receptum, inter cetera in ipso contenta continens

---

1. Reg. *Liber intitulatus ex pluribus baillivatibus*, cah. liiij (XVe s.).

quod Villiermus de Clays, filius dom! Amblardi de Clays militis, vendidit Odoni Alamandi, domino castri de Campis, precio xxvi librar. Viennen. omne illud quod ipse habebat in valle Vallisbonesii.

1801. It. al. instrumentum M II^CXC°IIII° factum per Romeum Mosnerii notarium, continens quod dom° Guigoni Alamandi, domino Vallis Bonesii, homagia ligia fecerunt Johannes Clareti de Deserto et Petrus Clareti de Clusa et homines del Faye et Johannetus del Faye et Michael Clara et Johannes del Faures et Bartholomeus Ponz et Peyrardus Ponz et Guillelmus Ponz et Jacobus filius Giraudi del Faye et Guillelmus filius Petri Audierii condam.

1802. It. qd. instrumentum per Johannem Bonagni notarium MII^CIIII^{xx}V receptum, continens quod Guillelmetus de Clayriaco albergavit Lantermo de Sancto Bonito medietatem domus pro indiviso quam habet in civitate Gracionopolis, que domus sita est juxta domum dom! dalphini, pro censu annuo xxx solid. Viennen.

1803. It. qd. appellacionem pro parte dom! 'Guigonis Alamandi, domini Vallisbonesii, factam anno MCCCXV coram dom° Rodulpho de Moyrenco, judice majore in Graysivodano dom! nostri dalphini, continentem quod nonnulli homines ligii ipsius dom! Guigonis per curiam Oysenci fuerunt condempnati, de quibus sentiebat se gravatum.

1804. It. qd. instrumentum anno M.II^CLXXVI, continens quamd. retentionem et investituram factam per Guillelmum de Cleyriaco Odoni Alamandi, de quad. domo sita apud Gracionopolim in platea Beate Marie.

1805. It. qd. instrumentum MII^CLXX factum, continens quod Guillelmetus filius quondam Chaberti de Clayriaco investivit dom. Stephanum de Goncellino, priorem de Ruppe, sindicum capituli ecclesie Beate Marie Gracionopolis, nomine ejusdem capituli de quad. domo, que quondam fuit predicti Chaberti, pro xxx solid. census quas dict. Chabertus legaverat anniversariis dicte ecclesie.

1806. It. qd. lictera in anno MIII^CVI facta, que continet qualiter dom. Raymondus de Montealbano, dominus Montismauri, mandabat Guillelmo Margallani, mistrali apud Mesaticum, quod cum ipse vendidisset dom° Guigoni Alamandi (.....)

1807. It. al. instrumentum M II^CIIII^{xx}VI factum per Thomam Grevelli notarium, continens (quod) Nantelmus de Platea vendidit Odoni Alamandi, domino de Campis, quand. domum sitam in civitate

Gracionopolis juxta domum dom! episcopi, precio xL librar. Viennen.

1808. It. qd. instrumentum MII°XC°VII°, continens (quod) Petrus Bethonis de Sancto Laurentio de Lacu vendidit dom° Guigoni Alamandi, domino Vallisbonesii, omnia universa et singula bona, jura et res que et quas habebat in tota terra predicti dom! Guig. precio C librar. Viennen.

1809. It. qd. al. instrumentum M II^{c}LXVI, continens quod dom. Guigo Bertrandi confessus fuit habuisse ab Odone Alamandi, domino de Campis, pro precio emptionis cujusd. domus vocate de Aynardis, sita in loco Vallisbonesii.

1810. It. qd. instrumentum per Romeum Mosnerii receptum in anno MCCCII°, continens plures recogniciones de manso de Revesto facte dom° Guigoni Alamandi, domino Vallisbonesii.

1811. It. al. instrumentum anno M°CCC°II° factum, quod continet plures recogniciones factas dom° Guigoni Alamandi de pluribus mansis.

1812. It. qd. al. instrumentum factum anno MCC°LVII, continens quod nonnulli homines in ipso nominati juraverunt quod in parrochia de Ornone Odo Alamandi habet plures census in ipso instr^{to} designatos.

1813. Item, al. instrumentum anno MCC°XC°IIII°, continens quod Disderius des Angomos vendidit dom° Guigoni Alamandi, domino Vallisbonesii, III solid. Viennen. et VIII denar. census quos sibi faciebant Michael Boerii et Aymarus Ruella.

1814. It. qd. al. instrumentum MII^{c}LXVI, continens quand. permutationem factam Odoni Alamandi, domino de Campis, per Beatrisiam uxorem Petri de Auriis, de pluribus censibus et rebus in ipso designatis.

1815. It. qd. copia cujusd. testamenti facti anno MII^{c}XL per dom. Guigonem Alamandi, continentis inter alia quod suos heredes instituit videl. Odonem filium suum in castro de Rater et Guigonem filium suum in castro del Perer.

(INVENTARIUM PARVUM TERRAE TURRIS).

Reg. *Octavus copiarum Viennesii et terre Turris* (B. 277), f° Cvj: n^{os} de l'*Invent*. 1201, 1203, 1204, 1207, 1197, 1196, 1195, 1194, 1816, 1035, 1045, 1049, 1052, 1063, 1066, 1080, 1098, 1123, 1124, 1151, 1153, 1161, 1163, 1200, 1202.

1816. Item, Berliatus Roveyrie, dominus Fabricarum, plura alienavit; et etiam quam plures alii nobiles, qui tenent de juribus dicti loci Fabricarum, alienaverunt plures redditus et possessiones plures Sabaudie et nonnullis aliis.

SEQUNTUR DONACIONES FACTE ET CONCESSE PER DOM. HUMBERTUM CONDAM DALPHINUM ET CONFIRMATE PER DOM." DALPHINUM MODERNUM DOM° PRIORISSE ET CONVENTUI SALETARUM [1].

1817. Primo quedam lictera continens donum ville de Bays cum redditibus, in qua erant tempore concessionis quid. certus numerus hominum et reddituum qui non sunt de presenti, una cum jurisdicione dicti loci, sub data mill'o CCC^{mo} XL° tercio, de quibus redditibus numero et valore constabit per cartularia computorum, quia singulis annis deducuntur in computo.

1818. Item, qued. lictera continens donum vinteni Quir(iaci) supra flumen Rodani et quarumd. tailliarum apud Ulcium, Exillias in Brianczon(e)sio, sub data M°CCC°XXX°VIII°.

1819. It. al. lictera continens quod nullus baillivus, judex, procurator vel alius officialis dalphinalis aliquid de bonis monasterii predicti audeat seu possit saysire, arrestare vel pignorare, banna levare, multas et penas religiosis et familiariis domus imponere nec ad judicium evocare, sub data M°CCC°XL°VIII°.

1820. It. al. lictera continens quasdam donaciones, videl. stagni de Lancino, forestarum seu nemorum de Servayrino et lovarecie lescherieque dicte lovarecie contigue et quorumd. jurium quos habebat dictus dom. dalphinus a quadrivio de Amblayrieu descendendo juxta lovareciam versus Rodanum, sub data M°CCC°XL°VIII°; et sunt confirmate in dicta lictera omnes donaciones quas unquam dedit dict. priorisse et conventui, et omnia confirmata sunt per dom. dalphinum modernum.

1821. It. qd. al. lictera continens quosd. redditus de Arveleo, Brianczonesii et Ulcii, sub data M°CCC°XL°VIII°.

1822. It. qd. al. lictera continens juridicionem altam et bassam, excepta dumtaxat pena corporali, in hominibus dict. priorisse et conventus, sub data M°CCC°XXX°IX°.

1823. It. et al. littera continens summam ducentarum librar. annualium assignatarum dom° Marie de Vienna, priorisse Saletarum ad vitam suam in castellania Quadracii, sub data M°CCC°XL°III°.

---

1. Guy ALLARD, *Documents mss.*, t. V, f° 235-6.

1824. It. qd. al. lictera continens exempcionem pedagii, gabelle et vinteni per totum Dalphinatum, et quod dom.ª priorissa et ejus conventus sint inmunes a predictis, sub data M°CCC°XLIII°.

SEQUUNTUR QUEDAM ALIE LICTERE EIDEM DOM° PRIORISSE CONCESSE PER DÑOS " REGEM ET KAROLUM EJUS PRIMOGENITUM, DALPHINUM MODERNUM.

1825. Et primo, qued. littera concessa super imposicione penarum pro assignacione sibi facta in Sesana, et quod omnes officiales dalphinales firmiter observent contenta in eadem, sub data M·CCC·L·IIII·. — 1826. Item, al. lictera ejusdem tenoris concessa super debito suo Crimiaci, sub data qua supra et sub imposicione pene privacionis officii et C marcharum argenti.

1827. It. al. lictera continens assignacionem factam dicte dom. priorisse ac eciam confirmacionem dom. regis et dalphini super quadrigentis floren. auri assignatis prefate dom. priorisse ad vitam ipsius super castellania Sesane, sub data M·CCC·L·IIII·.

1828. It. al. lictera continens assignacionem ipsi dom. priorisse factam de castro et castellania Crimiaci pro M XVI floren. et VIII° grossis eidem dom. priorisse debitis pro erragiis quadrigentorum floren. ad vitam ab una parte et pro II° floren. qui eidem dom. priorisse debebantur pro C floren. quos debebat habere ad perpetuitatem, que assignacio fuit confirmata et roborata per dños regem et dalphinum, sub data M°CCC·L·IIII·, et sunt due lictere.

1829. It. al. lictera continens assignacionem eidem priorisse factam ac confirmationem dom. regis et dalphini de X libris V solid. et V denar. grossorum Turonen. solutorum per dom. Mariam Guichardo de Morestello, olim castellano Crimiaci, quod debitum fuit assignatum dicte dom. Marie super castro et castellania Crimiaci, sub data qua supra.

MEMORIALE de notis que habeo, de quibus facere debeo instrumenta dom° dalphino ego Albertus de Brayda [1].

DE infrascriptis not[is] receptis per me Albertum de Brayda not[arium con]fecta sunt et grossata instrumenta et reddita dom° dalphino : — 1830. In primis de donatione facta per ill°⁽ᵘⁱ⁾ dom. Annam dalphinam bone memorie dom° Johanni Dalphini [2]. — 1831. Item, de infeudatione dominii baronie Medullionis [3]. — 1832. It. de venditione castri de Avisano facta per nobilem dom. Beatricem de Medullione [4]. — 1833. It. de vendictione castri Cornilionis vallis Olle. — 1834. It. de conventionibus adhibitis inter dictum dom. dalphinum et dominum Medullionis super vendictione vallis Olle [5]. — 1835. It. cessionem juris Perini de Berniçono de eo quod habebat apud Ulcium et apud Sesanam. — 1836. It. de desemparatione jurium que habebat dom. Benevenutus de Campex' in mandamento Castri Vallis et domo de Vienna, sita in parochia Sancte Columbe 6. — 1837. It. de homagio dicti dom. Benevenuti et filiorum suorum 6. — 1838. It. de recognicione et homagio Arn(audi) de Balma de castro de Balma et de castro Bellivideris 5. — 1839. It. de responsione facta per dominum dom° Niverniensi episcopo, nuncio dom¹ Francorum regis.

De infrascriptis notis conficienda sunt instrumenta et reddenda ill¹ dom° dalphino per me Albertum notarium : — 1840. In primis de quibusd. convencionibus promissis per nobilem Raymundum de Medullione quando infeudatio facta fuit 7. — 1841. Item de convencionibus factis inter exequtores domini de Lunello condam ex parte una et dom. Hugonem Adhemarii, dominum de Lamberclis, ex altera, de quibus habuit instrumentum dominus per manum mag¹ Guill¹ Cavalarii, notarii episcopi Tricastrinen. 7. — 1842. It. instrumentum cujusd. ordinationis facte per dict. dños exequtores in solucionibus debitorum faciendis et legatis persolvendis 7. — 1843. It. confessio facta per nob. dominum Medullionis et dom. Beatricem ejus sororem de IIII^m librar. Turonen. solutis eisdem per dom. dalphinum de pretio castri de Avisano 7 8. — 1844. It. revenementum castri de Pisencano et pedagio Sancti Pauli 7. — 1845. It. appellationes factas amonitione dicto dom. dalphino facta per dom. Vasionensem episcopum super detentione castrorum Nyonius, Miribelli et de Vinçobriis. — 1846. It. al. appellationem factam per Lapach. de Sufflafi, procuratorio nomine ejusdem dom. dalphini, et processu inde facto per dom. Arelatensem archiepiscopum 7. — 1847. It. de venditione facta per Albertum Medici et G. ejus nepotem, dom° B. de Avisano, de juribus que habebant in castro Avisani 7. — 1848. It. de quad. requisitione facta comiti Sabaudie de quibusd. dampnis emendandis. — 1849. It. confessiones duas de certis peccunie quamtitatibus solutis per dom. Alam(andum) P. de Lanselmis 9 8. — 1850. It. de homagio Guillelmeti de Monte Orserio. — 1851. It. de homagio Johannis Boni Filli 10. — 1852. It. de aliquibus conventionibus per G. de Monte Orserio factis dom° dalphino 11. — 1853. It. de homagio Guillelmeti de Laya 9. — 1854. It. de homagio Guillelmi Rochacii, Lantelmi Salicum, Johannis Olinum et Jacometi Martini. — 1855. It. qued. presentatio facta per dom. G. de Monte Orserio 11. — 1856. It. qd. cessio facta per Franciacum d'Amel(lino) de Sesana dom° dalphino 9. — 1857. It. quod.

homagium dom¹ Rich. de Petra militis nomine liberorum Richardeti filii sui condam. — 1858. It. qd. homagium Petri Cludi. — 1859. It. de homagio Guioneti Guersii. — 1860. It. qued. requisitio facta Alberto de Gumino et recognitio facta per dict. Albertum 9. — 1861. It. de homagio Guioneti Rovoyre et Drag. Rovora 9. — 1862. It. qued. recognitio facta per dom. abbatem Bone Vallis de molari de Moteyo 9. — 1863. It. qd. requisitio facta gentibus comitis Sabaudie per procuratores domini ¹¹. — 1864. It. de tenore cujusd. littere misse per dom. Odoardum de Sabaudia Hugoni de Saysello. — 1865. It. qued. promissio facta per dom. Lantelmum Aynardi de redditione Hugoneti de Portatruana ¹¹. — 1866. It. homagium Henr. de Turre, domini de Vinay ¹. — 1867. It. recognitio qued. facta per Falconem dominum Montis Canuti de bonis uxoris filii sui. — 1868. It. de homagio Johannis filii condam Gaufridi de Bardoneschia et Petri de Foresta et Hugoneti de Bardoneschia. — 1869. It. promissio presentandi Giraudo de Lyems, burgensi Romigliaci, facta per Guillelmum de Camera ¹¹. — 1870. It: qued: presentatio facta Lugduni per gentes domini gentibus comitis Sabaudie ¹¹. — 1871. It. de homagio Baldoini Lombardi de Avisano ¹¹. — 1872. It. de fidelitate Rambaldi Olivarii. — 1873. It. de homagio Francisci de Lanselmis. — 1874. It. de homagio Pautri de Chiglins. — 1875. It. de quad. recognicione Johanneti de Langes. — 1876. It. de cessione jurium que habebat dominus Montis Lauri in castro Pisançani 7. — 1877. It. de cessione jurium que habebat Hugo de Altaripa cujusd. servicii quod habuerat a Rodulpho de Lento. — 1878. It. de recognitione facta per Jordanetum de Brosio 9. — 1879. It. qued. promissio facta per Andream de Valle Navigio et Odonetum Berardi super prioratu Bellimontis. — 1880. It. de recognitione facta per Petrum Rostagni de Sancto Crispino. — 1881. It. de homagio Arnulfi de Ponte. — 1882. It. de recognitione dom¹ Eustachii de Osteduno. — 1883. It. de recognitione Guidonis, Guillelmi, Ysoardi, Petri et Henrici fratrum, filiorum condam Rufi Turpini de Ponte. — 1884. It. de recognicione Berti Turpini de Ponte. — 1885. It. de recognitione Alexandris Asta de Ponte. — 1886. It. de recognitione Bonifacii Asta de Ponte. — 1887. It. de recognitione Aymoneti et Petri de Monte Ferando fratrum. — 1888. It. de recognitione Johanneti de les Escloses. — 1889. It. de recognitione Guioti domini Turnonis 9. — 1890. It. de quad. permutatione facta inter dom. dalphinum et procuratórem domus Ulciensis, de maladeria d'Ayben et de prioratu Sancti Arigii de Vapinco. — 1891. It. de recognitione Hugoneti de Gorga. — 1892. It. de recognitione dom¹ Humberti de Boçosello, domini de Chatonay ⁹. — 1893. It. conventiones facte inter dom. dalphinum et Joselmetum Bertrandi 7. — 1894. It. recognicio facta per eùm de facto dom¹ Raymundi Bertrandi condam 7. — 1895. It. de quibusd. conventionibus factis inter nobilem dom. Beatricem de Medullione ex parte una et dom. H. dalphinum condam bone memorie super facto Pisanciani 7.

1. Guy ALLARD, *Documents mss.*, t. VI, fᵒ 14, parch. écrit sur 2 col. — 2. *Add.* Dictus dom. Jo. habet eandem. — 3. *Add.* Tradita fuit Lapach. — 4. *Add.* Reddita fuit domᵉ Alam. — 5. *Add.* Habet dom. Jo. dal. — 6. *Add.* Habuit dom. Alam. — 7. *En m.* Gro(ssata). — 8. *Add.* Fiant. — 9. *En m.* Facta. — 10. *Add.* Fiat. — 11. *Add.* Non.

INVENTARIUM SCRIPTURARUM
APPORTATARUM A DOMO FRATRUM PREDICATORUM GRACIONOPOLIS PER FRANCISCUM NICOLETI,

computorum dalphinalium clericum, in mense augusti MCCCCXXVIII¹.

1896. Primo, quod. instrumentum vendicionis facte per Peronetum de Bello Forti, de omni dominio et juridictione que habebat in loco seu villa de Sancto Maximo, receptum per Jacobum Valteri et grossatum per Ansermum de Hospitali notarios sub anno MCCC XIII, viᵒ idus aprilis.

1897. Item, quod. instrumentum bullatum continens pacta certa habita inter dom. Raymondum de Medulione condam ex una parte et dom. Beatricem de Medulione ejus sororem ex altera, super quampluribus traditis dicte domine per dictum dom. Bertrandum (!) pro certis pecuniarum quantitatibus cum reachatto, quod reachattum dedit domᵒ nostro dalphino per modum in instrᵗᵒ declaratum, recepto per Robertum Roberti notarium sub anno MCCXCᵒIXᵒ, xix marcii ab Incarnacione; in quo instrᵗᵒ fit mencio de jure levandi vectigal seu pedagia in ponte de Romanis, ibidem de Pisanciano, de Avisano et pluribus aliis.

1898. Item, instrumentum continens concessionem factam per dictam dom. Beatricem domᵒ nostro dalphino de castro Pisanciani,

1. Guy ALLARD, *Documents mss.*, t. XV, fᵒ 282.

quod tradiderat dom. dalphinus dicto dom. Raymondo de Medulione pro loco Avisani et dictus dom. Raymondus illud Pisanciani castrum tradiderat pro certa summa dicte dom. Beatrici, videl. de tenendo ipsum castrum per modum declaratum et pactis declaratis in eodem, quod recepit Albertus de Breyda notarius sub anno MCCCVI post novum Carniprivium. — 1899. Item, transcriptum ipsius instr^{ti} cum quad. ratifficatione.

1900. Item, quid. quaternus papiri continens recognitiones Montis Luppelli per modum memorialium.

1901. Item, quod. instrumentum seu litteras officialatus Lugdunen. continens concordiam factam inter nobiles Guidonem dominum Castillionis en Chotaigny ex parte una et Humbertum dominum Montis Luppelli fratrum, super divisione hereditatis Petri domini Montis Luppelli eorum patris, sub anno MCCLXVI, mense januarii. — It. al. instr^m super eodem.

1902. Item, quod. instrumentum compromissi inter comitem Sabaudie et comitem Gebennensem, modici valoris.

1903. Item, quod. instrumentum receptum per Burgondionem de Privatio sub anno MCCCI°, lune post festum Magdelenes, continens quod dom^a Beatrix relicta domⁱ Sicardi Alamani, domini Sancti Simplici, remictebat omnia jura sibi competencia per successionem amborum, comunia ipsorum conjugum in bonis dicti dom. Sicardi, dom^e Margarite de Gebenna, comitisse Valentinen. et Dyensi, consanguinee sue. — It. simile instrum. — Aliud super eodem.

1904. Item, instrumentum seu vidimus donationis facte per Sicardum Alamani, dicti dom. Sicardi filium, Margarite sorori sue de omnibus bonis suis, sub sigillo vicarii Tholose.—Aliud super eodem.

1905. Item, quod. transcriptum in uno rotulo pergameni insertum, continens quamplures litteras et tractatus habitos inter dominos Fucignyaci et comitem Gebennensem, sub anno MCCCVIII, signatumper Petrum de Sersonay notarium publ.—[46]... domini Fucignyaci (l)...

INVENTARIUM
QUORUMDAM INSTRUMENTORUM DOMINI DALPHINI[1].

Anno Domini M°CCC°XXXIX°, die vicesima octava mensis aprilis, religiosus vir frater Symon de Vienna, prior conventus Fratrum

1. Reg. *Tercius liber copiarum concernen. patrimonium domⁱ nostri dalphini in plur. balliviatibus patrie Dalphinatus* (B. 311), f° III^c lxxiiij v°.

Predicatorum Gracionopolis, et Humbertus Pilati, presentibus Johanne de Argenteria, fratre Petro Egidii, de ordine predicto, et Anthonio de Sancto Johanne, clerico, reposuerunt in archivo Sancti Andree Gracionopolis instrumenta et litteras que secuntur :

1906. Primo, homagium et recognicionem dom! Aymari de Pictavia factas dom° dalphino qui nunc est. — 1907. Item, instrumentum permutacionis facte dom° dalphino per dom. Guig. de Morgiis, de parte sua Tollini. — 1908. It. transcripta plurium litterarum de terra Bellivisus de Marco. — 1909. It. tria instrumenta super facto pacis et concordie factarum inter dom. dalphinum qui nunc est et dom. comitem Sabaudie. — 1910. It. copia testamenti dom! Johannis dalphini. — 1911. It. unum instrumentum sigillatum sigillis dd. Guillelmi comitis Gebennen. et Hugonis Dalphini, domini Fucigniaci. — 1912. It. copia unius instrumenti sub sigillo d. officialis Gracionopolit. super donatione comitatus Gebennen. facta dom° dalphino. — 1913. It. copia permutacionis facte olim inter dños Amedeum comitem Sabaudie et Amedeum comitem Gebennen. per dd. Percevallum de Lavania et dom. Humbertum dalphinum quondam. — 1914. It. copia cujusd. littere continentis quittaciones plures factas hinc inde per dom. B. dalphinam et Johannem ejus filium et dom. Amedeum comitem Gebennen. — 1915. It. qd. instrumentum sigillatum sigillis dd: G. comitis Gebennen. et Hug. Dalphini, domini Fucigniaci, super pactionibus habitis inter eos. — 1916. It. forma cujusd. compromissi facti inter dños Amedeum comitem Sabaudie et Amedeum comitem Gebennen. — 1917. It. instrumentum unius donacionis facte de comitatu Gebennen. dom° dalphino Johanni et infeudacionis facte per dict. d. dalphinum eidem comiti. — 1918. It. transcripta plurium litterarum in uno rotulo de pace olim facta inter dom. comitem Gebennen. et dom. Aymonem dominum Fucigniaci. — 1919. It. qd. licteram sigillatam duobus sigillis super donacione comitatus Gebennen. et aliquorum castrorum facta dom° dalphino. — 1920. It. qd. requestam factam in instrumento publ. gentibus comitis Sabaudie per gentes dom! dalphini super turri Gebenne et aliis de inceptione guerre. — 1921. It. duo instrumenta super pluribus homagiis et recognicionibus factis dom° Guillelmo comiti Gebennen. in presencia dd. Henrici Dalphini, Guigonis et Humberti Dalphini. — 1922. It. duo instrumenta super eo quod nonnulli homines castri de Claromonte Gebennesii promiserunt et juraverunt manutenere et deffendere jura Dalphinatus. — 1923. It. copia cujusd. lictere sub signo publ. et quod. sigillo sigillate, super quittacione olim facta vicissim inter dom. B. dalphinam et Johannem ejus filium et dom. comitem Gebennen. — 1924. It. unam licteram sigillatam in pendenti sigillo comitis Gebennen. quod fractum est in una sui parte, super requisicione facta per dict. comitem dom° Henrico Dalphini, dom° Guigoni dalphino contra comitem Sabaudie. — 1925. It. unam licteram comissionis facte per dom. dalphinum qui nunc est episcopo Bellicensi et abbati Sancti Anthoni, super questione vertente inter ipsum d. dalphinum et comitem Sabaudie. — 1926. It. copia sub signo publ. cujusd. instrumenti super homagio facto per comitem Gebennen. dom° Petro comiti Sabaudie, salva fidelitate dom' Guigonis dalphini condam. — 1927. It. qd. licteram sigillatam duobus sigillis, super concordia facta inter dños comitem Gebennen. et Hugonem comitem Fucigniaci super facto castri Gayllardi. — 1928-9. It. duos vidimus sub sigillis officialis Gracionopolis super permutatione et quibusd. aliis pactis habitis inter dom. Henricum Dalphini et Johannem de Monte Luppello. — 1930-1. It. duas licteras diversis sigillis sigillatas de permutacione facta inter dom. dalphinum et Eymericum de Brianczone, de castris de Bella Comba et de Varsia, in quibus dict. Eymericus fecit homagium dom° dalphino de castro Varsie et de facto de Ebeno et de Geria. — [816]. — 1932. It. instrumenta homagiorum et recognicionum plurium baronum, castellanorum et aliorum nobilium usque ad numerum XI^{xx} et XVI, que fuerunt extracta de prothocollis Humberti Pilati predicti.

Quibus instrumentis, litteris et copiis repositis in dicto archivo in presencia testium prescriptorum, dict. frater Symon claves recepit sigillatas sigillo curie dalphinalis.

MEMORIALE
De hiis que reperiuntur de facto terre quam habet dom. comes Gebennensis in Graysivodano[1].

[890. — 913... Petra, tam in proprietate quam in juridicione, et a loco de Toschia usque ad castrum de Domena. — 816.]

1933. M°II°LII° fuerunt recepte recogniciones particulares dicti dom. Guigonis dalphini in predict. locis de Thesio, de Petra et de

---

[1]. Reg. *Liber copiarum factum civitatis Grationopolit. tangentium* (B. 307), f° II° IIII^{xx} xv v°.

Domena. — 1934. It. eodem anno fuit recognita per dños Asselmum et Humbertum de Valle bastida Vallis Sancti Stephani, cum juribus et pertinenciis suis. — [719].

1935. M°II°LV recognovit dom. Rodulphus comes Gebennen. a dom° Falcone episcopo Gracionopolitano castrum de Domena usque ad aquam que currit subtus dict. castrum que vocatur Domena, et pro hoc fecit eidem dom° episcopo homagium, salvo homagio dom¹ dalphini.

1936. It. reperiuntur in quod. cartulario rubeo duo computa reddita per dom. Girardum de Bellacomba, castellanum Thesii.

EXTRACTA
DOCUMENTORUM PRODUCTORUM PRO PARTE DOM¹ COMITIS GEBENNENSIS CONTRA INTENTIONEM DALPHINALEM UT INFRA ET SUNT IN EFFECTU NUMERO L ¹.

1937. Iª littera habet quod Ufredus abbas de Intermontibus atestatur quod Vuillermus comes Gebennen. penitus in lecto egritudinis confessus fuit coram eo in sua confessione et periculo sue anime, quod castrum de Praboys debet esse suum ligium, castrum de Follans similiter; et quod dom. Raymondus Berengarii, qui dicta castra detinebat, in infirmitate de qua decessit recognovit eidem comiti quod dicta castra erant sua et quod male ea tenuerat, et dicta castra reddidit ipsi comiti et rogavit eum quod amore Dei sibi parceret peccatum et quod de ipsis castris retineret heredes suos; item quod credit quod castrum de Morgiis sit de feudo suo, excepta turre Alamandorum et rebus illorum, et quod credit quod castrum de Pellafol et de Tresmenis et vallis de Chaysillina sint de feudo suo : data MªCCLII.

1938. Secunda littera habet quod Vullelmus comes Gebennen. scribit dom° F(alconi) episcopo Gracionopolitano, quod ipse dedit Rodulpho primogenito suo feudum quod ab eo tenebat, rogavitque eum ut usagium feudi ab eo reciperet et retineret et contra omnes ut homini suo auxilium et consilium prestaret : data M°CCLII.

1939. IIIª littera continet certas libertates et privilegia concessas per Aymonem comitem Gebennensem, Petrum Alamani, dominum de Revello, incolis et civibus de Domena, et inter alia statuta de penis apponendis super quolibet casu contingente; data M°II°LXXIII°.

---

1. Guy ALLARD, *Documents mss.*, t. VII, f° 429 et 433, original en papier.

1940. IIII[ta] littera continet sententiam latam per dom. Petrum de Goncelino, judicem terre dicti comitis Amedei in Graysivodano, contra liberos Cayni de Petra, instante procuratore comitis, super comissione cujusd. castaneti: (M°) II[c] LXXXXVI. — 1941. V et VI litere continet sententiam super comissione rerum certarum, latam per dict. judicem.

1942. VII littera continet certas permutationes factas inter comitem Guillelmum et priorem Taluerie, de certis hominibus et rebus consistentibus in parrochiis de Meturyn et de Rianges, et convenit prior facere ratifficari et approbari permutationem per conventum et abbatem, et dict. comes per dom. Agnetem de Sabaudia ejus uxorem et Amedeum et Hugonem fratres suos; actum apud Oleres M°CCC° et X. — 1943. VIII littera continet quod Agnes de Sabaudia, comitissa Gebennensis, et Amedeus et Hugo de Gebenna ratifficaverunt dict. permutationem, data M°CCC°X.

1944. IX littera continet quod dom. Hugo de Comeriis promisit dom° Guillelmo comiti Gebennen. infra biennium facere quod frater Guigo de Comeriis, ejus frater, homines suos quos habet in castris Thesii, Petre et Domene donabit dicto dom. comiti donatione inter vivos, et ipse comes convenit sibi dare in feudum, anno M°III[c]XV.

1945. X littera continet quod comes Amedeus mandat castellano Thesii quod, cum de jure comuni juridicio ordinaria in tota sua terra Grayssivodani (...) et dom. Rodulphus de Comeriis et fratres sui excerceant jurisdicionem in hominibus suis vigore cujusd. concessionis facte dom° Hugoni de Comeriis per dom. G(uillelmum) comitem Gebennen. patrem ipsius Amedei, quam facere non potuit in prejudicium ipsius Amedei comitis, cum ante diu dicta terra et comitatus Gebennen. data fuisset eidem comiti per dom. Amedeum comitem, avum suum, ideo mandavit ipsam juridictionem recipi ad manus suas et gubernari, etc. ; data M°CCC°XXVI[to].

1946. XI littera vidimus officialis curie dom[i] Roberti decani Sancti Andree in Sabaudia, quod dñi Amedeus comes Sabaudie et Amedeus comes Gebennensis, cum assererentur fecisse conventiones de matrimonio contrahendo inter Guillelmum primogenitum dicti comitis Gebennen. et Agnesiam dicti comitis Sabaudie filiam, ea conditione quod primogenitus ex ipso matrimonio succedat in comitatu Gebennen. post ejus mortem, prout asserebant esse vera, dictus siquidem comes Gebennen. per juramentum suum promisit dicto comiti Sabaudie et notario stipulanti et recipienti etc. dare dicto Guillelmo filio suo primogenito et filiis ex dicto matrimonio nascituris, videl., primogenito superstiti, comitatum Gebennens. cum omni baronia, juriditione omnimoda, castris, villis et aliis rebus, apendenciis et pertinenciis quibuscunque, et ex nunc dedit etc., retento usufructu, it. salvo jure legitimarum aliorum liberorum ; datum M°II^c nonag° VII°, (indict.) x^a, pridie kalend. septembris. Et quia sine sigillo et subscriptione notarii non valet nec constat de comissione notarii qui dicitur grossavisse instrumentum unde factum fuit vidimus de papiris et abreviaturis Petri Francici.

Les actes numérotés XII à L sont postérieurs à l'année 1349.

1947. Foleo Cj continetur littera producta ad docendum quod Agnes de Sabaudia fuit uxor comitis Guillelmi et ad probandum XVI, XVII et XVIII articulos ; tenor in effectu : Agnes de Sabaudia, comitissa Gebennensis, castellanis de Fabricis, de Conflens et de Turnono salutem, precando et requirendo quatenus Berserinum camerarium carissimi filii nostri Amedei comitis, per terram domini nostri carissimi comitis Sabaudie vobis subjectam secure per vos et gentes vestras ire, stare, redire, etc.; data M°CCCXXI. Collatio facta cum originali.

1948. De eodem f° continetur littera quod Guillelmus comes Gebennen. pro se et ejus heredibus et successoribus solvit et quictavit Johannem de Malbosson, parrochie de Cusie, et heredes dicte Blanchi de Curoyssona perpetuo ab omni cohroata, sehargayta, charamento, bastimeto et ab omni missillia, hoc salvo quod venire debeant calvagatis, etc.; datum apud Anisiacum VI callend. octobris anno M°CCC°XX.

INVENTARIUM INSTRUMENTORUM
PRO PARTE UNIVERSITATIS HOMINUM ET PERSONARUM EBREDUNI
in causa Petri de Barardo productorum [1].

1949. Et primo, licteras protectionis et salvagarde dictis hominibus et personis concessas per dom. Fredericum imperatorem semper augustum, Jherusalem et Cecilie regem, datas Verone anno Dñice Incarnac. M°CC°XXX°VIII°.

Les actes suivants ne concernent que des intérêts particuliers.

---

1. Guy ALLARD, *Documents mss.*, t. IV, f° 15.

1950. Anno Domini M°II^cX, primo fuit facta infeudacio comitatus Ebredunensis per Raymundum archiepiscopum dom° Andree dalphino, fratri dom' Othonis ducis Burgundie, qui fecit fidelitatem, regnante Othone imperatore.

1951. Anno Dñi M°II^cXXII, in festo b^e Lucie, Almaricus dux Narbone, comes Tholose, vicecomes Biterrensis et dominus Montis Fortis, fecit fidelitatem dom° Bernardo archiepiscopo de omnibus que habebat in Ebreduno, Caturicis et aliis locis in Ebredunen. archiepiscopatu, racione dotis uxoris sue, filie dom' Andree dalphini : ista fuit Beatrix, filia dom^e Beatrisie separate a dicto dom. Andrea.

1952. Anno Dñi M°II^cXXXVII, dom^a Beatrix comitissa Viennensis et tutrix Guigonis filii sui, dalphini, fecit homagium dom° Aymaro archiepiscopo a pertuso Rostagni inferius in diocesi Ebredunen.

1953. Anno Dñi M°II^cXLVII, IIII nonas junii, presidente dom. Humberto electo, dom. Guigo dalphinus facta per dom. Andream approbavit.

1954. Anno Dñi M°II^cXLV, dom. Guigo dalphinus fecit homagium dom° Humberto archiepiscopo.

1955. Anno Dñi M°II^cXLVII, fuit facta secunda composicio inter dños Humbertum archiepiscopum et Guigonem dalphinum apud Vapincum, IIII nonas junii.

1956. Anno Dñi M°II^cLVII, die martis ante festum Marie Magdalenes, dom. Guigo recognovit dom° Karolo regis Francie filio, comiti Provincie, omnia que habebat in Ebredunesio.

1957. Item, anno Dñi M°II^cLIII, dom. Henricus archiepiscopus et dom. Guigo dalphinus approbaverunt pactiones factas per dom. Humbertum cum dom° Guigone.

1958. Anno Dñi M°II^cLXXXVIII, XIIII kalend. februarii, in Viterbio Karolus secundus, rex Secilie, comes Provincie, mandavit dom° Humberto, filio dom' Guigonis, quod non obstante juramento prestito dom° Karolo patri suo, quod debitum et consuetum homagium faciat dom° archiepiscopo.

1959. Item, anno Dñi M°II^cXCVII, die XIIII marcii, fuit requisitus dom. Johannes Dalphinus, filius primogenitus dom' Humberti et dom^e Anne dalphine, quatenus faceret suum homagium et renuit pro tunc.

1960. Anno Dñi M°II^cXCVIII, XXVIII marcii, mandavit Karolus secundus, rex Secilie, comes Provincie, dom° Johanni predicto quod, non obstantibus juramentis prestitis per suos predecessores Guigonem et Humbertum, faceret homagium dom° archiepiscopo.

1961. Item dom. Guigo (dalphinus), anno Dñi M°III^cXXXII, ultima junii, fecit homagium dom° Bertrando (archiepiscopo).

1962. Anno Dñi M°III^cXXXIIII, dom. Humbertus dalphinus approbavit pactiones et fecit homagium dom° Bertrando et ibi enumeravit loca comitatus, xx augusti, in Avinione.

1963. Anno Dñi M°III^cXL, xi die octobris, dom. Humbertus dalphinus in Avinione fecit homagium dom° Pastour archiepiscopo.

1964. Anno Dni M·III^cLV, die IX novembris, in villa de Romanis, dom. comes Valentinus, locumtenens domⁱ Karoli primogeniti Francorum regis, comitis Pictavie, pactiones predictas nomine Dalphinatus firmavit et fecit (homagium) dom° G(uillelmo) archiepiscopo : instrumentum recepit dom. H. Pilati.

1965. Anno Dñi M°III^cXXI, dom. Henricus Mettensis (electus), regens Dalphinatum pro dom° Guigone nepote suo, filio domⁱ Johannis dalphini, fecit homagium dom° archiepiscopo.

Arch. de l'Isère, reg. *Ebredun. Briancon. Vapinc. Baroniar.* GGG (B. 303), f° IIc vij.

1340 bis. Item, quod. publ. instrumentum confectum manu Raymundi Esmini notarii publ. sub anno M III^c XI°, die XIIIIe mensis augusti, ix° indic., continens quod nobilis... (vacat).

CORRECTIONS ET ADDITIONS.

N° 4, l. 6, firmata?; 25, 12, ab; 58, 5, K.; 61, 4, libris redditualibus; 72, 2, Jomarii; 132, 3, Charvini; 141, 3, et aliis?; 165, 8, Buserio = Breyseu; 225, 8, scr. (sub) sig.; 228, 1, A. de T.; 275, 3, Sarreriis; 288, 6, Raymundo = Rogerio?; 319, 3, reddidit; 341, 21, eo (tenebat) in.; 347, 3, Philosio = filio suo;, 410, 4, Laviel; 426, 5, S., de v.a.ut; 427, 7, Vatil.; 433, 4, Chauvaco; 445, 3, con. (Vienne) et. — P. 98, INSTROM... BAILLIVIAT. N° 548, l. 5, tenebat; 550, 4, gnovit; 565, 3, num; 724, n. 812, 828, 891 = 813, 819, 891-3-7; 736, 1-2, *simples initiales* G. F. *dans le reg.*; 755, 4, aug. cum quibusd. diebus sequentibus; 787, 5, V., d.; 850, 8, dal. (tenebatur), ut; 855, 1, h. ligium; 860, 7, Chaurerii, 873, 3, Chau.; 930, 1, ins. scriptum m.; 935, 2, imp., (p.) s.; 921, 2, IIe. — N° 992, 5, XXXIX°; 1006, 5, sequi d. d. d. (de castro) de; 1084, 5, Autls.; 1108, 4, V., domⁱ A. S.; 1139, 11, habet. — N° 1223, 10, tantum?; 1242, 10, Benneuvay; 1244, 7, Cornerii; 1303, 11, Sancte; 1315, 16, Terr., 19, B. de R.; 1318, 9 *a* 1320, 5, Riomis; 1368, 17, Marcenno; 1438, 6, ter., et. — P, 257, l. 7, ins., pri., 14, dunensi; 1481, 9, n-ne pig.; 1565, 5, cum pluribus al.; 1666, 4, dal. Viennensi et. — N° 1725, 2, nobiles; 1779, 3, perpetrata?

INDEX ALPHABETICUS

PERSONARUM, LOCORUM, RERUM.

[*Les chiffres non précédés d'un p. (page) renvoient aux numéros de l'Inventaire; le trait supérieur (-) supplée à la répétition des lettres intermédiaires du mot ou des premiers chiffres du nombre précédents : dans ce dernier cas les numéros compris entre ceux qui sont indiqués ne sont point sous-entendus. Les noms des départements suivants : Ardèche, Basses-Alpes, Drôme, Gard, Haute-Loire, Haute-Savoie, Hautes-Alpes, Isère, Loire, Rhône, Savoie, Vaucluse, sont remplacés par leurs initiales; la commune et, s'il y a lieu, le canton et l'arrondissement, sont indiqués par les sigles c°, c. et a.]

ABO (Petrus), venditor, 869.
Abreviaturæ notarii, 1946. (Duc.)
ACARDI (Humbertus), notarius, 1480.
Acatum, 1438. (D. v° Accapitum, I, 40).
Accelem, villa, 1542.
Achayæ princeps, 50, 58-9, 60, 95-7-9, p. 1 [Phil. de Sabaudia]. *Achaïe* (Gr.).
AGULGRINI (Nicolaus), 1311.
ADAMARII, ADEM-I, ADHE-I (Guigo), 1445; (Hugo), 194, 836, 1223, 1253-67, 1274-84, 1307-22, 1356-68, 1445; 1841; 194, 1307.
Adestris (in), 719. *Les Adrets* (I.).
Advocatus et procurator fiscalis, 492-3, 1221.
ÆGIDII (Petrus), ord. FF. PP., p. 326.
Afayre, Affaire, Affart, Affayre, 170, 348, 1236-42, 1368, 1438. (D. I, 125, 1°).
AGNESIA, AGNETA, filia Aim. de Fucig. et uxor Petri de Sabaud. [févr. 1234], 1644; domina Fucigniaci [† 11 août 1268], 44; — uxor P. Montanii, 839.
AGNETHA, filia Joh. Ruffi, 989.
Agniciensis = Aniciensis.
Agouto (Guillel. de), 1228. *Agoult* (Prov.).
AGUARDI (Humbert.), not., 1632.
Aguileriis (castrum de), 1242, 1388. *Eygaliers* (D.).
Aigueanis = Aygueanis.
ALAMAINI, A-ANDA = Alamandi.
ALAMANDI (Amed.), 652; (Aymon.), 1012-74, 1184; (Aynard.), 1161; (Falco), 408; (Francisc.), 752; (Giletus), 1302, 1408; (Guigo), 752, 914, 1815; 340, 683-5, 830, 1270, 1799, 1801-3-6-8, 1810-1-3-5; (Guillel.), 613, 685, 1559; (Hugon.), 685; (Jacob.), 424; (Johan.), 739, 989, 1012, 1302, 1673; 578, 813, 860-1-8, 874, 911, 919; (Martin.), 1184; (Odo), 158, 476, 752, 768, 925, 947, 1798, 1800-5-7-9, 1812-4-5; 663; (Petrus), 484; (Reymb.), 718; (Siboud.), 663.
Alamandorum turris, 1937. *Les Allemands*, c° St-Honoré (I.).
ALAMANI (Petrus), 1939; (Sicard.), 1903.
Alamannia (in), 1645. *Allemagne*. [4.
Alanconem (versus), 390. *Alançon*, c° Roche-St-Secret (D.).
ALASIA, ALAYSIA, A-SSIA = Alis.
Alasona, Alausone (de) Bonifac. 1386; castrum, 1242-64, 1412-33; deffensum, 1303; dominus, 1264. *Alauzon*, c° Roche-sur-Buis (D.).
Alavardo (de), 559, 625-8, 722, 818-9, 882, 1720; — castellania, p. 304; communitas, 826; condominus, 1720; vallis, 692, 767, 776, 780, 809, 817-9, 853, 1719-20; Vincent. 881; cf. S¹ Petri. A-dum (apud), 767, 817; (usque), 890. *Alleyard* (I.).

— 334 —

Alba (de), 1301. *Albe.*
Albam (script. apud), 9. *Alba (Italie).*
ALBANELLI (Guillel.), venditor, 582.
Albanes (en l'), 1681. A-sio (in), 1533. *L'Albanais (H. S.)*; Rég. gen. *p.* 448.
Albaneti (territorium), 1230. *Albagnonet, c° Rochegude (D.).*
ALBARES (Guillelmus), 696.
Alba Ripa (de), 244; — territorium, 324. *Auberives-en-Royans (I.).*
Alba Rippa (de) Pontius dominus, 1192; pedagium, 130. *Auberive, c. Rous. (I.).*
Alben (villa de l'), 211. *L'Albenc (I.).*
Albepina (de) Guilleimus et Johannes, 1087, 1101. *L'Aubépin (Rh.).*
Albergamentum, 663, 983, 1717. (D. *I,* 168).
Albergare, 879, 977, 988, 1715-8, 1802
Albergium, 878. Habitation. [(*Id.* 169).
Albergium, A-gum, 1589.
ALBERJONI (Guillel.), nobilis, 270.
ALBERTI (Bartholom.), 1260; (Guillel.), 909; (Johan.), 1611.
ALBERTUS, Roman. rex [I*er*, 24 août 1298-1*er* mai 1308], 5, 6, 12, 18; decanus Valentinen. [de Chabeuil, 1237-1256], 440; sacrista Romanis [le même, 1235-47], 1794.
Albespin (feudum de l'), 1148. *L'Aubépin, c. St-Amour (Jura).*
ALBI (Mart.), 1114, 1730; (Richar.), 516.
Albiaco (de), 1611-3. *Alby (H. S.).*
Albignem' (de), 1317. *Aubignan (V.).*
Albona (Johan. de), 1594. A-nam (ultra), 1455. *Aubonne, c. de Vaud (Suis.).*
Albone (de); 119, 120, 159, 237, 352; — Andreas, 298; castellanus, 431; castrum, 196; comitatus, I, 375; comites, 18, 197, 1709 : Guigo VII et VIII, Humbert. I et II, Johan. I et II; comitissæ : Anna, Beatrix; judex comit. 1737; litteræ, p. 39; mandam. 196, 1014. *Albon (D.).*
Albrella (Rossetus de), 1002, 1074. *L'Arbrèle (Rh.).*
Albussonio (de), 29. *Aubusson (P. de D.).*
ALCORNACI (Bernar. et Stephan.), 1342.
ALCOS (Petrus), vend. 725.
ALEGRERI (Bona Femina), 1745.
Alemo, Aremo (domus et parrochia de), 840. *Allemond (I.).*
Alenis (de), 1727. = *Arenis?*
ALEXANDER, papa [IV, 25 déc. 1254-25 mai 1261], 317.
Aleyraco (monasterium de), 1271. *Aleyrac, Bénéd. fem. (D.).*
ALFONSIUS, Roman. rex [X de Léon et Castille, 1257-1273], 15.
ALGOUDI = Argoudi.
Algrimenes (tenem. de les), 859.

ALIBERTI = Ariberti.
ALIENDI (Petrus), not. 583.
Alingii Veteris (castellania), p. 360; (senescallia), 1636. *Châteauvieux, c° Allinge (H. S.).*
Alingio (de), 1624. A-gium (apud), 1636. *Allinge (H. S.).*
Aliquot, appendens, locus, 914.
ALIS, A-SIA, A-SSA, A-SSIA, 146, 464, 588, 847, 937, 970, 995, 1470; uxor comitis Forezii [de Viennois, 1396, † 14 nov. 1309], 54, 63.
ALIZANDRA, transigens, 1730.
Allegatio, Alliatio, Alligatio, 400, 484, 1562-73.
Allodium, Alo-m, Alodum, 1, 2, 233, 1087, 1121-47, 1305-68, 1453-69, 1648-78. (D. *I,* 198).
ALMARICUS, dux Narbon*æ* [1222], 1951.
ALMUSA, A-SIA, uxor Dragoneti, 1441.
Alneto (Johannes de), 1643.
Alniello (Johan. de), 1313.
Alodialis res, 1544. Bien en alleu.
ALOERII (Johannes), vend. 944.
Aloudo (homines de), 490. *Allan (D.).*
Aloy (rivus de), 641. *Alloy, riv. affl. de l'Isère r. d. (I.).*
Alphabetum (sign. per), 1425-36-7-8-9.
Altæ Combæ abbas, 1577; monasterium, 1503. *Hautecombe, Cît., c° St-Pierre-de-Curtille (Sav.).*
Altana = Autana.
Altareto (montanea de), 652. A-tum (apud), 652, 889. *Le Lautaret, c° Villard-d'Arène (H. A.).*
Alta Ripa, Rippa (de) castrum, 292, 378; dominus, 1747; feudum, 116; Hugo, 1308, 1877; Johan. 498; Pontius dominus, 1758; parrochia, 296. *Hauterive (D.).*
Altisiadorensis comes, 338. *Auxerre (Y.).*
Alto Vilari, V-rio (de) Johan. 692, 844, 853, 1711-9-20; Petrus, 844; Stephan. 602, 692. Alti Villaris, 976. *Arvillard (S.).*
Alta Villa (Radulphus condominus de), 1673. *Hauteville (H. S.).*
Alucio (Guillel. de), not. 217.
Alvernia (de) baillivis, 92; b-vus, 62; — dalphinus, 895; redditus, 61; terra, 29, 477, 1134-6, p. 2. *Auvergne (Fr.).*
Amancie (Rouletus de), 1633. *Amancy (H. S.).*
AMANDRINI (Johan.), 338, 385, 430, 472, 486, 619, 865, 1075, 1137, 1329-30, 1573.
AMANDRUCI (Johannes), 578.
Amayniaco (Hugo de), 1033.
Amaysinio, A-no, A-ssino (de) Aymo, 1221; Guigo, 1711; Humbert. 1001;

— 335 —

Jaquem. 1001; Johan. 1081; Petrus, 1081; Stephan 1001-74. *Amaysin, fam.*
Ambariaco, A-ayref (de) Guillel. 1012; Guionet. 549. *Ambérieux* (Ain).
Ambello (de), 595, 669; — Ambellus, 496; Franco, 749; Petrus, 515, 573. *Ambel-en-Trièves* (I.).
AMBLARDI (Guillel. et Petrus), 1176.
Amblayrieu (quadrivium de), 1820. *Amblérieu, c° La Balme* (I.)
Ambleria, 1530.
Ambornay (castrum de), 1697. *Bournay, c° St-Jean-de-Bournay* (I.).
Ambroniaci abbas, castrum et conv. 1000. *Ambronay, Bén.* (Ain).
AMCELMI, ANCELMI = Anselmi.
AMEDEUS, comes Gebennen. [II, 1280-22 mai 1308], 23, 1486, 1574, 1687, 1913-4-6, 1640-5-6; [III, 1320-18 *janv.* 1367], 1610-1-7; 1945-7; — comes Sabaudiæ [V, 1285-16 oct. 1323], 37, 491, 1056, 1478, 1591, 1600-9-60, 1916-46.
Amelio (Johan. de), 1699, 1703-4-5.
Amellino (de) Amedeus, 1663; Franciscus, 1856.
AMICI (Rostagnus), 1261.
AMICUS (Bonus), not. 1283, 1300-44.
AMSELMI, AMSERMI = Anselmi.
Anderdi, A-ro, A-rt (d') Johan. 1074; Johanninus, J-non. 1001-74. *Andert* (Ain).
ANDREÆ apost. (b¹) festum [30 *nov.*], 549, 968, 1323, 1501-17-40, 1601-4, 1667-86.
ANDREÆ (Raymund.), miles, 1297.
ANDREAS, abbas Bonarum Vallium [1304], 1055; — delphinus Viennen. [dit Guigues VI, 1192-13 ou 14 mars 1237], 27-8, 49, (51), 56, (150, 173, 324-8), 371, (380, 400), 499, 500, (550), 624, 673-9, (766, 784, 895, 908), 980, 1079, 1950-1-3; — filius Humberti delph. [† oct. 1335], 36.
Aneliam, villa, 1542.
Aneriis (de), Anselm. 1627; Jacob. 1450, 1627; Johan. 1583, 1662. *Anières, c. de Genève* (Suis.).
Aneyronis (dominus), 1778. *Anneyron* (D.)
Aneyssiaco (de), 1548; — castrum, 1690-1; consules, 1681; syndici, 1680; universitas, 1533. *Annecy* (H. S.).
ANFLOSIUS, filius regis Franciæ [de Louis VIII, † 21 août 1271], 1440.
ANGLICI (Nicolaus), not. 539, 967.
Angonios (Disderius des), 1813. *Les Angonnes, c° Brié* (I.).
Aniciensis, Anisc-s civitas, 327; diocesis, 317, 327, 431; episcopus, 327, 1169-80, 1792; vallis, 327. *Cf. Bæ Mariæ. Le Puy* (H. L.). °

ANIFFOSSERTI (Guionetus), 236.
Anisiacum (apud), 1948. *Annecy* (H. S.).
Anjo, A-one (de) dominus, 240, 1035; Girard. 297; Guigo, 54; Symond. 368. *Anjou* (I.).
ANNA, 807; — consors Humberti I [1ᵉʳ sept. 1273] et delphina Viennen. [24 sept. 1282, † 130.], 54, 57, 64, 74-5-7, 82-6, 154, 170, 183-4, 325-7, 383, 475, 501, 549, 568, 601, 623, 683, 857-8, 1167, 1293, (1318), 1452, 1562, 1605, 1830, 1959; — filia Guidonis Dalphini et consors principis Auraycæ [1317], 1273.
Annalen, villa, 1542.
Anneyres = Aneriis.
Anniversarium delphini et dominæ, 962.
Annonay, A-oyniaco, Anonay, A-yico, Anoniaco, A-nnyaco (de) castrum, 398-9, 400-1-2; — domini: Aimarus, 128, 233, 389; Artaudus, 54. *Annonay* (A.).
Annunciatio Dominica [25 *mars*], 1627.
Anseduna (de) baronia, 1262, 1329; castrum, 1242, 1315-51-68; domina, 1365; domini, 1357-8, 1360-1-3-6, p. 242; Gertutus, 1351; Johan. 1249-62, (dominus) 1357-67 *b. Sahune* (D.).
ANSELMI, A-ERMI° (Petrus), 433, 720-6, 760, 773-4, 783-6-8, 797, 801, 811-2, 839, 866, 877, 897, 910-6-7, 937-8-9, 942-4-6-8, 954, 961-3-9, 970, 1023.
Anthone, Antone (de) Alaysia, 989; Aymarus, 1215; domina, 1105; terra, 1214; Yssabella, 111. *Anthon* (I.).
ANTHONIA, filia J. de Alto Vilari, 1719-20.
ANTHONII (s¹) festum [17 *janv.*], 85, 362, 889.
ANTHONIUS, not. imper. aulæ, 913, 934.
Antisinaco (Henricus de), 1084.
Anullier (Guillel. de), 1608. = Avollue.
Apchon (dominus de), 1597.
Aperitio, Appar-o Domini [6 *janv.*], 346, 1323.
Aplayssiano = Playssiano.
APOTHECARII (Durandus), 299.
Aptevo (Petrus de), 1025.
Aqualata (de), 725. Aquam Latam (ap.), 859. *L'Egala, c°* (I.).
Aquayæ, Aquayiæ = Achayæ.
Aquirimentum, 414, 436, 1100-97, 1204.
Aquis (Hugo de), 889. *Aix, c. Die* (D.).
Aquitiatio, 1249. Quittance.
Arayka (castrum de), 12. *Orange* (V.).
Arboribus (castrum de), 1301-11, 1315-68, 1417. *Aubres, c. Nyons* (D.).
Archana, Arquana (Guillel. condominus de), 1242. *Archianne, c° Treschenu* (D.).
Arciis (de), 680, 693, 729; — domus fortis, 693; hospitium, 753; Soffre-

— 336 —

dus, 93. *Arces, c° Saint-Ismier* (I.).
Arcisona (Johan. de), 225. *Arcisse, c° St-Chef* (I.)?
Aregrandis castrum, 81. *Lagrand* (H. A.).
Arelatensis, Aral-s, Arl-s abbatissa, p. 245; archiepiscopus, 1299, 1846; regnum, 23; senescallia, 6; s-lus, 17, 23, 1169. *Arles* (B. du R.).
Arenerio (Peronetus de), 518.
Arenis (de), 862; — parrochia, 982. *Les Arrènes, c° Gières* (I.).
Arenis (Benevenut. de), 91. *Villard-d'Arène* (H. A.).
Arenton (Aymonet. et Petrus de), 1492. *Arenthon* (H. S.).
Argentas, A-atz, A-aut, A-ux (de) castrum, 319, 398-9, 400-1-2, p. 62; domina, 290; dominus, 319. [*Bourg-*]*Argental* (L.).
Argenteria (de), 1547; — Johan. 1212, p. 336. *L'Argentière* (H. A.).
ARGOUDI (Humbert.), 193; (Lantelm.), 627, 1722; (Petrus), 627, 887, 1722; (Vionet.), 887.
Argueleriis = Aguileriis.
Arguello (Jacob. de), 1143. *Arguel* (Doubs).
ARIBERTI (Barthol.), 1277-85, 1320-4.
Arlaco, Arlay (de) Beatrix, 65; domina, 66-7-8-9, 70-1; dominus, 53, 1087, 1101-21-2, 1147, 1567. *Arlay* (Jura).
Arlo (castrum de), 1458. *Arlod* (Ain).
Arlo (Nicholetus de), 1391.
ARMANDA, uxor P. de Saysio, 1285.
ARMANDI (Cibaud.), 1443; (Girard.), 1338.
Armannono (Bernardus de), 498.
Armef, A-eivo, A-evo (de), 1784; — castrum, 1737-54, 1766-78, 1780-1, 1794-6; dominus, 1778; factum, 1780 a-3-4; mandam. 300. *Armieu, c° St-Gervais* (I.).
Armencie (territorium), 1450. *Hermance, c. de Genève* (Suis.).
ARMUETI (Artaudus), 985.
ARNAUDA, uxor Rich. Berardi, 397.
ARNAUDI (Francisc.), 1448; (Guillel.), 1442; (Johan.), 662; (Petrus), 1448.
Arpcione, Arpoun (castrum de), 1242, 1351. *Arpavon, c. Nyons* (D.).
Arrellis (Guaufredus et Raymundus de), 1396. *Eyroles* (D.).
Artas, A-az (de) garda, 228, 1104; homines, 142. *Arias* (I.).
Artas (de) bastida, 1495; villa, 1576. *Arthaz* [*-Pont-Notre-Dame*] (H. S.).
ARTAUDI, ARTHA-I (Guil.), 687, 698, 889; (Malinus), 647; (Vallenus), 750.
ARTHAUDA, uxor Aym. de Anonay, 128; — Joh. de Cossonay, 879.
ARTHOUDI, ARTO-I (Guigo), 950; (Martin.), 870; (Stephan.), 1720.

Artoys (comitatus d'), 88. *Artois* (Fr.).
Arveleo (redditus de), 1821. *Arvieux*
Arvernia = Alvernia. [(H. A.).
Arzeleriis, Arzilerio, A-lis (castrum de), 1321-7, 1369, 1403. *Arzéliers, c° Laragne* (H. A.).
Ascentio, Asse-o Domini, 275, 621.
Aselinis (Johan. de), 1264.
ASINARII, A-NERII (Barthol.), 1580, 1632.
Asperis (de) Petrus, 618; Raymbaud. 91. *Aspres-les-Corps* (H. A.).
Asseduna, Ase-a = Anseduna.
ASSELINI, A-LMI, A-LNI (Guido), 1089; (Nicolaus), 538; (Petrus), 540-2-8, 554, 562-7, 576-7, 580-8.
Assumptio Bæ Mariæ [15 août], 256, 288, 591, 612, 1006, 1467, 1513, 1665.
ASTA (Alexand.), 1885; (Bonifac.), 1886.
ASTRUA, uxor P. Gentonis, 722.
ATHENES (Petrus), 534.
ATHENOUDI (Bartholom.), 1065.
ATHENULPHI (Bartholom.), 1074; (Johan.), 124; (Johannin.), 989.
ATOERII (Lantelmus), 242.
Audefredi castrum, 1315, 1428-9; feudum, 388-90. *Audifred, c° Valouse* (D.).
AUDEGAUDI, A-GUARDI (Guill.), 1292, 1305-28, 1443.
AUDEMARII = Ademarii.
AUDIERII (Guillelm. et Petrus), 1801.
AUGERII, A-RIUS (Guillelm.), 1368.
AUJARDA, filia G. de Cassenatico, 590.
Aulane (castrum de), 1315. *Aulan* (D.).
Auraycæ, A-censis, Aureyca (de) Andevon. p. 98; Andreas, p. 173, 276; curia, 1300; diœcesis, 1230; Petrus, 792; præceptor, 1446; princeps [*Raymond des Baux*], 1273, 1329-30, 1344-78, p. 2. *Orange* (V.).
Aureaco (Hugo de), 481. *Auriac, c° La Rochette* (H. A.).
Auriis (de), 845; — Johan. 748; parrochia, 1798; Petrus, 748, 1814. *Auris-en-Ratier* (I.).
Auripetra (castrum de), 268. *Orpierre* (H. A.).
AURUG, A-CII, A-USCII (Guillel.), 841; (Hugo), 940; (Petrus), 540-1-2-a-8, 553-4-5, 562, 576-8, 580-8, 689, 693, 720-1-9, 732, 760-1-2-3, 772-3-4-5-8, 783-6-8, 792-7-8, 801-5, 813, 839, 860-1-6-7-8-9, 872-3-4-5-6-7, 851-7, 911-2-5-6-7, 926, 931-3-5-6-7-8-9, 940 à 949, 953-4-9, 963-7, 973-4; (Sadonius), 891.
Austheduno = Osteduno.
Austruvo census, 776. Autour.
Autana (de) Agnes, 1411; castrum, 268, 1235-42, 1305-15-68, 1405-12; dominium, 1416; Guifredus, 1318; Guil-

lel. 1306. A-nam (ap.), 1411. *Autanne, c° Vercolran* (D.).
Auteveone : *vid.* S¹ Johannis de A.
Avalone (de), 503, 604, 671, 682, 717, 855, 1719; — castellania, p. 304; c-nus, 1714-5; Franc. 730; Guigo, 1570, 1715; habit. 649; Henr. 612; Hugo, 609; mandam. 513, 984, 1714; Petrus, 611, 878, 1716; Villel. 784. A-nem (ap.), 653, 756. *Avalon, c° St-Maximin* (l.).
Avalono (castrum de), 1441. *Olion* (D.).
Avana (bastida d'), 741. *La Bâtie d'Avane, dans le Trièves* (l.).
Avelio (Johan. de), 433.
Avellani (comes), 1348. *Avellino, roy. de Naples* (Italie).
Avellino (Beatrisia, B-ix de), 1225. *Ibid.*
Aversano (Mandonus de), 39. *Avers, c° St-Maurice-Lalley* (l.)?
Avignionis, Avinione (de), 644; — Johan. 614; mandam. 88; *Avignonet*(I.).
Avignionis, Avinionen. civitas, 349; judex, 1773. A-no (in), 1962-3. A-nem (prope), 1354. *Avignon* (V.).
Avisanis, A-no (de), 1871-97; — castrum, 268, 439, 433, 1281, 1832-43-7; domina, 1258-75; feudum, 1273; habit. 441; illi, 1310; locus, 1898; territ. 1446. *Visan* (V.).
Avolan (castrum de), 1283. *Aulan* (D.).
Avollue (domus fortis d'), 1534. *Avully, c° Brenthonne* (H. S.).
Aya, 1594. Haie (D. r° Ayes, I, 516).
Aya (Raymun. de), 796.
Ayarum (abbatissa et monast.), 924. *Les Ayes, Cit., c° Crolles* (l.).
Ayben, A-no (de) castrum, 501-2; factum, 571; maladeria, 1890; parrochia, 771. *Eybens* (l.).
Aygletam (apud), 1347. *Aigret, c° Sorbiers* (H. A.).
AYOLIENDI (Petrus), not. 582.
Aygueanis, A-nia-s (castrum de), 1321-7-69, 1403. *Aiguians* (H. A.).
Ayma (de), 1566. *Aime* (S.).
AYMARI, A-RII (Joceran.), 375. *Cf.* Ademarii.
AYMARUS, archiepiscopus Ebredunensis [*de Bernin*, 1237-24 mai 1245], 1952.
Aymias (ultra), 897. *Les Aimes, c° St-Nazaire* (l.).
AYMO, abbas S¹ Theoffredi [1288-1320], 1133; — comes Gebennensis [II, 1265-18 nov. 1280], 1939; dominus Fucigniaci [II, 1202-1253], 1503, 1644-89, 1918; — episcopus Gebennen. [*de Grandson*, 1215-21 oct. 1262], 1608; magister Hospitalis, 170, 475, 1179.

Aymo (Guillel. de), 408.
AYMO, A-ONETUS, comes Sabaudiæ, 317 [*Amédée IV*, 1233-13 juill. 1253]; 1528, 1658 [= Amedeus V].
AYNARDA, uxor A. de Breysseu, 165; — L. de Meolano, 913.
AYNARDI (Guigo), 705; (Johan.), 1394; (Lantel.), 646, 1404-14, 1865; (Petrus), 260, 598, 601, 619, 765, 890, 955, 1161; (Raymund.), 1181, 1244, 1394, 1404; (Vivianus), 598, 955.
Aynardis (domus de), 1809.
AYNARDUS, archiepiscopus Viennensis [*de Moirans*, 1195-1205], 165.
Aynez (aqua), 86. *Ain, afft. du Rhône.*
Ays, Ayssio (dominus d'), 575, 889, (castri) 750. *Alx* (D.).
AYSELINI, AYSS-I (Humbertus), 76; (Imbertus), 100-1; (Jobert.), 77-9.
AYTARDI (Petrus), 1448.

Babosinz (pareria apud), 1368.
Badonensis = Bodonens.
Baetre (Johan. de), 274.
Baino (castrum de), 1315.
BAJULI (Gerentonus), 827, 1141; (Godovernus), 711; (Humbert.), 281.
Balaon (castrum de), 1531. = Balonis.
Balma (de) Agnessia, 1115; Arnaud. 1838; Aynard. 590; Bertetus, 1074; castrum, 1139, 1838; Giletus, 1129; Guil. 1012-74; Humb., 222, 1019, 1119; Johan. 989, 1001-74. B-am (ap.), 1204. *La Balme* (l.).
Balma (de) Johan. 919, 1595; Petrus, 893.
Balma (Bastida de), 1678. *La Balme-de-* (H.-S.).
Balmæ Ostoduni (castrum et mandam.), 369. B-am (apud), 1709. *La Baume-d'Hostun* (D.).
Balma de Oysencio (Odo de), 677. *La Balme, c° Auris-en-Oisans* (l.)
Balmæ de Rissono, Rizone, Rusono castrum, 1315-43-68. *La Baume-de-Rison, c° St-André-de-Rosans* (H.-A.).
Balmis (castrum de), 1334. *La Baume-de-Transit* (D.)
Balmis (Henric. de), 207.
Balonis castrum, 994. *Ballon, c° Lancrans* (Ain).
Banna (de), 349.
Bannum, 198, 422-3-8, 628, 1000, 1305 (D. I, 568).
BAQUELLERII (Petrus), 567.
Barardo (Petrus de), p. 330.
BARBA (Assayllinus), 274.
BARBICI (Philippus), vend. 1358.
Bardis (Barthol. et Johan. de), 179. *Bard* (Piémont).
BARDO, nomen Florentini, 349.

— 338 —

Bardoneschia (de) Constan. 1187; Gaufrid. 1868; Guil. 1715; Hugon. et Joh. 1868; Petrus, 1187. *Bardonenche, c° La Tour (H.-S.).*
Bardorum societas, 336 (D. II, 117).
BARGARELLI (Petrus), mag. 147.
BARLETI, cognomen, 1788.
BARNARDI (Guillel.), not. 437.
Barnolis (Albertus de), 351.
BARO (Hugo), feudat. 1628.
Baroniæ [*Mévouillon et Montauban*], 836, 1222-7, 1314. B-larum bayliviatus, 1164; dominus, 1303; litteræ, p. 41, 184.
Barralibus, Baralis (de), 842, 978; — Humb. 1725; parrochia, 1728. *Barraux (I.).*
BARRALIS (Aymo), 1727; (Guigo), 1714; (Humb.), 1727; (Johan.), 1714; (Villien.), 984.
Barreti (Vallis) dominus, 1321. *Barret-le-Bas (H.-A.).*
Barreto superius (castrum de), 1339. *Barret-le-Haut (H.-A.).*
Barroducis (Johan. de), 867. *Bar-le-Duc*
BARROT, cognomen, 498. [(*Meuse*).
BARTHOLOMÆI apost. (b¹) festum [24 *aodt*], 228, 330, 466, 581, 719, 1132, 1431.
Bassamerolii castrum, 81. *Les Biassons, c° Mereuil (H.-A.).*
Basseu (castrum de), 1450.
BASTARDI (Johannes), nob. 492.
BASTARDUS, cognomen, 1506.
Bastida (de) Bertrand. 1096; Humbert. (3) et Johan. 1026; Reyner. 1096. *La Bâtie...*
Bastidæ de Ruffis (castrum), 1326. *Roux, c° Sainte-Jalle (D.).*
Bastida de Verduno, 1368; — castrum, 1292. *La Bâtie-de-Verdun, c° de St-Sauveur (D.).*
Bastimentum, 1530, 1948. Servitude.
BASTONIS (Chabertus), not. 37, 965.
Batorium, 828. *Batustorium*, 1544 (D. I, 623).
Baucio, Bautio (de) Agoutus, Agued. 1245-68-98, 1396, 1412; Barralis dom. 317; Beatrix, 1775; Bertrand. 1268, 1348; Guillel. 1426-7-37; Maria, 80; Sebilla, 481. *Les Baux (B.-*
BAUDOYNI (Amedeus), 244. [*du-R.).*
Bay, Bayncz, Baytz (de) aqua, 844, 853; rivus, 1720. *Le Breda de St-Hugon ou Beins, riv. affl. de l'Isère, r. g. (I.).*
Baybausans (roncinus), 1473 (D. VII, 59).
Bayas, Bays (de) Soffredus, 1033, 1114; villa, 1817. *Baix, c° St-Baudille (I.).*
Bayno (parrochia de), 1032. *Beynost (Ain). Cf. S¹ Mauritii.*

Baynuge (territ. de), 1094. *Jonage (I.)?*
BEATRISIA, BEATRIX, B-xs, duchissa, delphina et comitissa Viennensis [*fille du dauphin Guigues V, épouse 2° Hugues III, duc de Bourgogne, † 16 déc. 1238*], 28, 371; — uxor Andreæ delphini [*de Claustral, séparée pour consanguinité en 1210*], 51, 980, 1951; — filia Beatricis et Andreæ delph., uxor Amalrici ducis Narbonæ, comitissa Montisfortis, 49, 51, 1951; — filia Guillelmi march. Montisferrati, uxor Andreæ delph., delphina Viennen. et comitissa Albonis [† 7 *avril* 1251], 9, 47, 56, 200, 320, 340, 445, 804, 1952; — de Fucigniaco, filia Petri comitis Sabaudiæ, uxor Guigonis delph., delphina Viennensis, comitissa Viennæ et Albonis, domina Fucigniaci (*la grande Dauphine*, † 16 ou 21 avril (Nécrol. St-Robert, 26 *mars*) 1310], 23, 44, 85, 96-8, 102, 134, 158, 169, 174, 207, 274, 288, 295, 301, 312-5, 326, 364, 481, 537-8, 568, (571), 585-6-7, 596-7, 612, 621-3, 661, 691, 779, 847, 858, 892, 909-10, 920, 949, 952, 961-2, 1081-95, 1110, 1451-2-8, 1460-7-8-9, 1470-5-6-8, 1481-2-3-6-7-8, 1492-3-8, 1500-1-2, 1512-3-7, 1526, (1530-1)-8-9, 1540-4, 1550-1, 1568-9, 1570-4-6, 1589-90-3-5-8, 1600-1-4-5-7-8, 1618(20-) 4-5-6-7, 1636-7-8, 1640-1-2-5-8, 1651-65-7-8-9, 1671-7, 1689-96, 1737-90, 1914-23; — filia Humberti delph. et uxor Hug. de Cabilone, 68-9, 100-1, 121; — filia A. de Sᵗᵒ Juerts, 248; relicta, 709; — S. Alamani, 1903; — G. de Sᵗᵒ Georgio, 247; uxor, 788; — Karoli filii regis Franciæ, 43; — P. de Auriis, 1814; — J. dom. Jarresii, 474. *Cf.* Baucio, Hungaria, Sabaudia, Sicilia, Vienna.
Beche Veliey (domus fortis de), 1146.
Bechevelin, c° La Guillotière (R.).
BECTONIS (Hugo), 952; (Petrus), 684.
Bedonensis = Bodonensis.
Beduino (de), 1298. *Bedouin (Vaucl.).*
BEICYROP (Johannes), 1112.
BELENGERIA, mater G. de Viriaco, 1063.
BELESTERII (Hugo), 1033.
BELICENTZ (Vincentius), 1026.
Bellobonis (Bartholomæus de), 58. *Boulbon (Bouches-du-Rhône).*
Bellicadri senescalliæ (curia), 100-1; senescallus, 62. *Beaucaire (G.).*
Bellicensis episcopus, 1925. *Belley (Ain).*
Bella Comba (de), 527, 871, 1171; — Aynard, 570; Berilo, 842, 975; Brunellus, p. 107; castellania, p. 308;

castrum, 500-1-2, 871, 975, 1173, 1930; domus, 871; Eynard. 1725; Girard. 1178, 1936; Guersus, 978, 1728; Guigo, 712; Henric. 842, 978, 1728; Johan. 1178, 1725 ; mandam. 608. *Bellecombe, c° Chapareillan (I.).*
Bella Combeta (de), 975. *Bellecombette, c° Chapareillan (I.).*
Belli Crescentis castrum, 206, 297; mandam. 152. *Beaucroissant (I.).*
Belli Fortis vicecomes, 1703-4-5, p. 301. *Guillaume Roger, frère du pape Clément VI, vicomte de Beaufort(M.-et-L.).*
Bello Forti (de) castellania, 1564-6; c-nus, 1639; castrum, 1528-66, 1628; domus, 1629; mandam. 1628-30; mistralis, 1632-3-4-5; Jaquem. 1586; Peron. 1896; Petrus, 1564; Raymund. 1586. *Beaufort-sur-Doron (S.).*
Belli Fortis castrum, 1179; limitationes, 318. *Beaufort (I.).*
Bellus Fortis et territ. 390. *Beaufort (D.).*
Bella Garda, Guarda (de) Ancelm. 450; castrum, 375, 754-5, 1004-28-9; Humbert. 450; Petrus, 375. *Bellegarde (I.)*
Bella Garda (Berrard. et Jaquet. de), 1585. *Bellegarde, c° Reposoir (H.-S.).*
Bellijoci domina, 367, 370; dominus, 313, 367, 451. *Beaujeu (R.).*
Belli Loci præceptor, 1444. *N.-D. de Beaulieu, c° Mirabel-les-Bar. (D.).*
Bello Monte (de) 557, 878; — Amblardus dom. 108, 490, 716; Charlo, 745; Guigo, 513. *Beaumont, auj. St-Michel, c° Touvet (I.).*
Bello Monte (de) Pontius, 1443; prioratus, 1879. *Beaumont, c. Valence (D.).*
Belli Prandii domina, 109. *Beaudiner(A.).*
Bello Regardo, B. Respectu, Beregart (de) castrum, 161, 311, 321, 326, 448, 1706-7; Guillel. 1707-8. *Beauregard (D.).*
Bello Reguardo — Bello Videre.
Belli Regardi in Dombis (castrum), 1217; dominus, 1218. *Beauregard (Ain).*
Bello Repaire, R-ario, R-ayrio (de), 195, 226; Johan. 263. *Beaurepaire (I.).*
Bellisellierii condamina, 424.
Bellisilis, B. Similis castrum, 493; — domini : Artaudus, 493; Villencus, V-nus, 627, 1722. *Beausemblant (D.).*
Bellovicino (castrum de), 1242. *Beauvoisin, c. du Buis (D.).*
Bello Videre, B. Visu, B. V. de-del Marc, M-co, Belver, Belveyr (de), 229; — Aymaret. 147; burgum, 423; castrum, 111, 127, 138, 147, 166, 198, 234, 250, 285, 308, 322, 351, 423-4, 686, 1064, 1131, 1697, 1838;

Cyboud. — Syb.; Disderius dom. 1733; dominus, 114, 129, 183-7, 340, 351, 413-6, 428; — Drodo, 149; dom. 127, 135-9, 142, 239, 275, 308, 330, 361-5-6, 422, 1064, 1102; Drodonet. dom. 1142; Drodonus, 449; Dronetus, 285; — Guigo, 135, 239, 361; dom. 111, 198, 201, 316, 322, 350; — Guillelmus, 151 (2), 204, 212, 257, 267, 285, 323 (2), 340-7 (2), 438, 458, 1064; dom. 131, 147, 186, 197, 423, 1697; — mandam. 185,422-4; Rando dom. 199; — Syboudus, 234, 323; dom. 267, 344; — terra, 1908. *Beauvoir-de-Marc (I.).*
Bello Videre, Bellovisu in Royanis (de), 202, 265 ; — Alamandus, 171, 406; habitat. 45, 290, 322, 1017. *Beauvoir-en-Royans (I.).*
Bellivo (Guillel. de), not. 56.
Bellam Villam (apud), 1629. *Belleville, c° (S.).*
BELMUNDI (Guionetus), nob. 229.
BEMONDI (Johan.), 522; (Lantel.), 544.
BENEDICTI (Johan.), 155; cleric. 566.
BENEDICTUS, papa [XI, 27 oct. 1303-6 juill. 1304], 121; papa XII [8 janv. 1335-25 avr. 1342], 1279. (D.).
Benneuvey (castrum de), 1242. *Bénivay*
BERARDI, BERRA-1 (Bertrand.), 244; (Humb.), 244; (Johan.), 259; (Odo), 314; (Odonet.), 1879; (Richard.), 397; (Steph.), 1012.
Beraterio (Petrus de), 1185. *Baratier (H.-A.).*
BERENGARII (Bertrand.), 654; (Fromund.), 589, 617; (Guigo), 691; (Henric.), 220, 888; (Hugo), 244; (Johan.), 521; (Petrus), 830; (Raymund.), 303, 617, 741, 769, 770, 816, 1937; (Raynaud.), 589, 889; (Rodulph.), 536; (Rondet.), 830.
BERENGARIUS, capell. Montis Bonodi, 783.
BERENGUETA, relicta A. dom. Bellisilis.
BERGERII (Athenulphus), 41. [493.
Bergondium (apud), 1647. *Bourgoin (I.).*
Bergonovo (Petrus de), 1076.
BERLIETI (Johanninus), 1112.
BERLIONIS (Bosonet.), 1171; (Hugo), 998; (Jacob.), 944; (Jo.), 971; (Reyner.), 282.
BERLUS (Petrus), 873.
BERMUNDI (Franc.), 65-8, 1461, p. 301; (Herlinus), 580; (Hugo), 202, 580; (Petrus), 376; (Raym.), 1440; (Rogerius), 376.
BERNARDI (B¹) festum [20 août], 815.
BERNARDI (Boson.), 1001-2-41; (Petrus), 1439.

BERNARDUS, abbas S¹ Andreæ Viennen. [*Gallia*, 1237-1246], 267; archiepiscopus Ebredunen. [*I*ʳ *Chabert, avril 1213-1235*], 1951; — obedientiarius S¹ Justi Lugdun. 410.
Bernenc (Franc. de), 311. *Pernin (I.)*.
Bernicono (Perinus de), 1835.
BERNUNDI (Albertus), 1188.
BEROARDI (Guill.), vend. 777.
BEROUDI (Guillel. et Johan.), 1112.
BERSERINUS, camerarius comit. 1947.
BERTETI (Guigo), 542.
BERTHOLENC (Guillelmus), 851.
BERTHOUDUS, dominus Burgundiæ [*Berthold IV, duc de Zæhringen,* 1152-13 *sept.* 1186], 26.
BERTRANDI (Guigo), 1809; (Guil.), 91, 849, 1798; (Jacelm.), 794(2)-5; Josfred.), 1799; (Joselm.), 1893; (Odo et Petrus), 738; (Raym.), 710, 738, 794, 1894.
BERTRANDUS, archiepiscopus Ebredunen. [*de Daux,* 5 *sept.* 1323-18 *oct.* 1337¹, 1961-2; episcopus Tricatren. [*III de Clansayes,* 1251-1288], 1441.
Besignani castrum, 1242, 1392, 1405; dominus Gaufredus, 1392, 1405. *Bésignan (D.)*.
Bessanconis dyocesis, 1122. *Besançon*.
BESSONIS, BETHO-a (Petrus), 1318, 1808.
Bestris (Chaschiarum de) mandam. 738. *Besse-en-Oisans (I.)*.
BEYMUNDI (Aymar.), 793; (Raym.), 618.
Bezeruncia (parrochia de), 1018. *Vézeronces (I.)*.
Biardi (vicecomes) Gasto [*VII,* 1239-90], 568. *Béarn (Fr.)*.
Bicheta, 1034. — *Bichetus,* 828 (D. I, 674).
Bletoveria (in), 628.
BIGION (Petrus), 1096.
BIGOTI (Petrus), 1711.
Biligneu (parrochia de), 1032. *Béligneux (Ain)*.
Billiaco (Albertus de), 1126. *Billieu (I.)*.
Biterrensis vicecomes, 1951. *Béziers (H.)*.
BIVIACI (Petrus), 587, 722, 853, 1468-75, 1525, 1541-98.
Biviaco (de), 799, 891; — Jacob. 772, 931; parrochia, 911, 933-7; Peres, 938. B-cum (ap.), 588. *Biviers (I.)*.
Blacos, B-sa, B-so (de) castrum, 1341, 1441; condominus, 1312-36; Dalmac. 1312; factum, 1381; Poncius dom. 1341; territor. 1301 (et turris), 1417. *Blacons, c° Roche-St-Secret (D.)*.
BLANCHA, filia Philippi regis Navarræ, 36.
BLANI (Bertrandus), 1789.
Boceu (rua) apud Viennam, 480.
Bochagil — Boschagio.
BOCHARDI (Hugo), not. 478.

Bocheto (de) mandam. 1233; territor. 1330, 1379, 1446. *Bouchet (D.)*.
BOCHI, Boci (Eymldo), 149; (G.), 803.
BOCORIONIS (Petrus), 720.
Boçosello, Boczo-o (de) Ægidius, 1199; Albert. 186; Aymo, 341, 1104-30-2, 1199; Henricus, 965; Humbert. 1123, 1528, 1892; Jacob. 186; Jaquem. 902; Johanna, J-neta, 1130-2. *Boczosel, c° du Mottier (I.)*.
Bodonensis vallis, 1242, 1306, 1384. *Vallée de Bodon, de l'abbaye de ce nom à Saint-May (D.)*.
Boenco (de) Johan. 260, 447; Perrinus, 115. *Fam. de la Bresse, v. le suiv*.
Boenco (Guil. de), 1074. *Hautecour (Ain)*.
BOERII (Michael), 1313.
Bogio (vallis de), 1622. — *Buego*.
Boinio (de), 1091.
BOLLACI (Hugonetus), 989.
BOLLETI (Aymaretus), 1082.
Boileyta (factum), 1170.
BOLLII (Guillelmus), civis, 974.
BONA, duchissa Normandiæ [*épouse du roi Jean II,* † 11 *sept.* 1349], 93; — Femina, 801, 877.
Bona (a), 1467; (de) Ayilioudus, 799; mandam. 1662. *Bonne-sur-Menoge (H.-S.)*.
BONE DYEY (Vallerius), jurisp. 1675.
BONI FILII (Johannes), 1851.
Bonæ, Boni Vallis, Bonarum V-ium abbas, 343, 438, 449, 1055, 1862; domus, 1079; prior, 453. *Bonnevaux-la-Côte, c° Villeneuve (I.)*.
Bonæ Villæ castrum, 69, 1537; (curiæ) officialis, 1526. *Bonneville (H.-S.)*.
BONAGNI (Johan.), not. 1802.
Boneron (mansus), 814.
BONETI (Hugonetus), 731.
BONEYRI (Anthonius), 306.
BONEYSII (Girardus), 1786.
BONIFACIUS, papa VIII [2 *janv.* 1295-11 *oct.* 1303], 1643; marchio Montisferrati [*III,* 1192-1307], 47(-8).
BONNERII (Johannes), 988.
Bons (Raymond. de), 1487. *Bons (H.-S.)*.
Boqueto — Bocheto.
Borbonii dux, 106. *Bourbon-l'Archamb*.
Borbor (ripperia de), 1123. *Bourbre, riv. affl. du Rhône, r. g. (I.)*.
BORDETI (Aymaretus), 989, 1091.
Borgondia — Burgondia.
Borgondiæ — Burgundiæ.
BORGORELLI (Petrus), 197, 416, 432.
Borna, rivus, 1709. *Bourne, riv. affl. de l'Isère, r. g. (D.)*.
BORNONIS (Humbertus), 1033.
BORRELLI (Guigo), 1566, 1686; (Hugo, Poncius, Robertus), 849.

Borzeo, B-eu, B-siaco (de) Barthol. 1003; Dronetus, 408; Johan. 408, 1012-74. *Bourcieu, c° Hières (I.).*
Bos (Guillel. de, del), 433, 1313.
Boschagio (de) condominus, 1015-20; dominus, 1018; vina, 531; — (S! Juliani) castrum et parrochia, 1018; domus fortis, 1020. *Le Bouchage (I.).*
Bosco (Johan. de), 108, 450.
Bosco Vano (Petrus de), 416.
Bosonis (Guillel., Johan., Martin.), 878; (Petrus), 1567; (Villerm.), 878.
Bosozello, Bozzoczello, B-ose-o, B-oze-o, Boazule-o = Boçosello.
Boudeti (Anceimetus), 408.
Boudri (Lantelmus), jurisp. 1581.
Bovardi (Johan.), 50, 99, 294, 1273.
Bovet, B-ti (Amadors), 964; (Francisc.), 878; (Johan.), 554.
Bovis (Guionetus), 1012-33.
Bovoyriam (apud), 775. = Rovoyria.
Boyllati (Humbertus), 1074.
Boylloudi (Aymo), not. 789.
Boynco = Boenco.
Boysseto (territor. de), 1242, 1410. = Rosseo.
Boyssia canapis, 969.
Boysson (mansus de), 828.
Boyssonis (Jacobus), 495, 987, 1320.
Brabantio, Breb-o (de) Johan. 498; — Maria, comitissa Sabaudiæ [*épouse d'Amédée V*], 93, 1698. *Brabant.*
Bracheti (Johannes), 878.
Bracheto (castrum de), 652.
Bracoso (castrum de), 1341. = Blacos.
Brantulis (de) castrum, 1348; dominus, 1298, 1348. *Brantes (V.).*
Braquosa = Blacos.
Brayda, B-as, Breyda (de) Albertus, 53, 75, 268, 302, 311, 334, 341, 360, 397, 404, 421-5, 456, 701, 794, 834, 1019-34, 1049-50-2, 1066-80, 1123, 1233-40-2, 1250-75-81-6, 1308-9-22, 1518-81, 1898, p. 321-2; Girard. 1270; grangia, 1714.
Brecona (bastida de), 1315. *Béconne (D.).*
Breconeria, B-oyners (terra de), 1466, 1542. *Bretonnières, c. de Vaud (Suis.).*
Bregnino, Bren-o (de), 943; — a l'estontour, 768; Bermund. 580; domus fortis, 893; Martin. 839; parrochia, 905. B-num (ap.), 653. *Bernin (I.).*
Bren, B-ns (de), 1097; — Guillel. 1012-74; Petrus, 1012. B-ncum (apud), 1194-6. *Brangues (I.).*
Brenru (Johannes), 971.
Bretio, B-tz (de) parrochia, 831; Ruffus, 878. *Brié (I.).*
Breyces, B-yssia, Bricia (terra de), 86, 276, 1184. *La Bresse (Fr.).*

Breyseu, Breysseu = Brissiaco.
Breyssendis, mater V. Eustachii, 803.
Breyssent (Humbertus), nob. 1047.
Breyssola (parrochia de), 1032. *Breyssoles (Ain).*
Brianczon, B-ne, B-no (de) Aymo, 502; Chabert. 537, 585, 878; Eymeric. 499, 500-1-2, 587, 673, 1930; Gauterius, 871, 975; Gonter. 920, 968; Guigo, 499, 673; Guil. et Odo, 502. *Briançon (H. S.)*
Brianczonesii, B-ensis bayllivus, 91; castellan. 314; redditus, 1075, 1821. B-nesio (in), 1818. *Briançonnais (Fr.)*
Briandus, archiepiscopus Viennens. [*de Lavieu, 18 juill. 1306-1317*], 198, 478.
Brilleti (Peronetus), 625.
Brione, B-no (Guillelmus de), 566, 589, 640, 713. *Brion (I.)*
Briordo, B-rt (de) Bosonet. 1204; Humbert. 1001-33; Philip. 1002; Soffred. 1211; vallis, 1211. *Briord (Ain).*
Brisignie = Brucinef.
Brissiaco (de) archipresbyter, 427; Audemarus, 165 (2); Aymar. 286; curia, 165; dominus, 124. *Bressieux (I.).*
Briuntz (parrochia de), 1018. = Bren.
Briva (Atthenois et Aymarus de), 701. *La Brive, fam. (Arm. de Dauph.)*
Broardi (Perretus), nob. 1724.
Brocia (de) Falco, F-onetus, 166, 428; Syboudus, 166.
Brocolhia (villa de), 29. *Le Broc (P. de D.)*
Broenc (Hugonin., Johannon. et Petrus de), 989. *Bron (I.)*
Brognino = Bregnino.
Brolio, B-llio (de) mercatum, 92; pedagium, 29, 477. *Le Breuil (P. de D.)*
Broneync, Brunenc, mansus, 541, 732.
Brordi (Bosonetus), 1172.
Brosio, B-ssio (de) castrum, 1309; Jordan. 1309, 1878; Percevallus, 1309. *Bruis, c. Rosans (H. A.)*
Brossia (apud), 1204.
Brossii (Guigo), 393.
Brucheti (locus), 1231. = Bruscheto.
Brucinef (terra de), 1466, 1542. *Bursinel, c° Rolle, c. de Vaud (Suis.).*
Bruna (Guillelmus de), 885.
Brunerii (Jacobus), 52.
Brunetii casale, 914; Cheyssins, 971.
Bruni (Aymo), 512; (Jaquemon.), 1012-74; (Raymund.), 1289.
Bruscheto (castrum de), 1328. B-squetum (ap.), 1347. *Le Brusquet, c° Ballons (D.)*
Brusetum (apud), 889.
Bruyssen (villa de), 1495. *Bursins, c. de Vaud (Suis.)*
Bruyssone (rivus de), 641. *Le Brusson, affl. de l'Isère, r. d., c. Touvet (I.).*

Bucurione (de), 560, 583, 856, 955; Berllo, 854; castrum, 713, 900; ecclesia, 599; Guillel. 505; mandam. 579, 725, 836, 894, 918, 958; mistralis, 699, 758; m-is, 808; Petrus, 779, 811-7, 854, 900, 965, 973; Raymund. 505 (2). B-nem (subtus), 724. *Bouqueron, c° Corenc (I.).*

Buegio, B-go, Bueygio (de) aquæ duæ, 1570; Jaquerius, 1589; Jaquetus, 1570; Petrus, 1449, 1510-89. B-lum (ap.), 1589, 1622. *Boëge (H. S.).*

Buenco (Philippa de), 1108. = Boenco.

Buffanumel (dominus de), 1323.

Buffeyres, B-rin (de), 1091; domus fortis, 1045. *Buffières, c° Succieu (I.).*

Buga [Briga?] (de), 701.

Bugi (castrum), 1530. = Buegio.

BUGNON (Giroud. et Jaquetus), 1641.

Bulla aurea, 1, 2, 1382; cera alba, 4; cerea, 19, 21; magna, 5; plumbea, 121, 204, 257, 317, 420-9, 491, 1232-31-6, 1300-17, 1437-8-41.

BURBACII (Jacelmus), 1422.

BURGARELLI (Guillel.), 439; (Jacob.), 212, 439; (Johan.), 439; (Petrus), 322, 1102.

BURGENSIS (Aymo), not. 1082, 1144.

Burgondi, B-ii, B-gundii castrum, 37, 341, 1104; domus Hospitalis, 475; mandam. 1199; nobiles, 1011; parrochia, 341, 1104. B-lum (ap.), 436. *Bourgoin (I.).*

Burgondia, B-gun-a (de) Henric. 414, 1021, 1106; Hugo, 1006; Robertus,

BURGONDIONIS (Poncius), p. 249. 1104.

Burgundiæ comes, 19, 436, 1690; comitissa, 1122, 1690; dominus, 26; ducatus, 88; dux, 77, 85-6-7-8, 104, 184, 288, 401-2, 1950; ejus baylius, 1056. *Bourgogne (Fr.)* (S.)

Buringio (Perrinus de), 649. *Boringe (H.*

BURLODI (Guillelmus), not. 1026.

BURNONIS (Humbertus), 1012.

Businano = Besignani.

Buvaci, Buviaci = Biviaci.

Buxeria (de), 65, 89, 138, 213, 297, 313, 531, 634, 676, 685-93, 989-94, 1094, 1170, 1268, 1450, 1622, 1724-7; — castellania, p. 307; Jacob. 879; Lantel. 717; recognit. p. 170; villa, 552. B-am (ap.), 879, 1396, p. 243. *La Buissière (I.).*

BUXERIE (Johannes), 244.

Buxo (de), 1314; p. 243; — bajulus, 1285, 1400; castrum, 1242-4; curia, 1245; dominus, 1300; homines, 1280, 1395; territor. 1251. Buxum (ap.), 492. *Le Buis-les-Baronnies (D.).*

Byol (parrochia de), 1795. *Biol (I.).*

Bysensis diœcesis, 1143. *Besançon.*

Cabeolo, Cabiolo (de), 167, 223, 235-8, 242-6, 353, 371, 281, p. 55; — Albertus, 133, 145, (dom.) 419; castrum, 133, 145, 231, 280, 353, 383, 419, 467; domini, 154; habit. 157; homines, 330; Lambertus, 133, 145, 156, 162, 363, (dominus) 355, 419, 440; mandam. 348, 411. *Chabeuil (D.).*

Cabilicus, 1474. Cavalier.

Cabilione, C-llone, C-llone, Cabul-e (de), Agnes, A-ssia, Annes, comitissa Gebennen. [fille de Jean le Sage, épouse Amédée .ii, 1285], 648, 1581, 1675; Hugo [fils du même, épouse Beatrix de Viennois, 1302], 100-1, 121, 1087, 1101, 1121-47; Johannes [le Sage], 53, 121, 1489; [fils de Hugues], 66, 100-1. *Chalon-sur-Saône.*

Cachinis (apud), 1204. C-noys (Johan. de), 1074. *Cachenuis, c° La Balme (I.).*

Cafusam (dat. ap.), 5, *Schaffhouse.*

Calma (Raymbaudus, Reymbaldus de), 1321-7-69, 1403. *Lachau (D.).*

Calnesia (mistralia), 949.

CALNESII (Raymundus), 679.

Calomente, C-monte = Chalomon.

Calvæ Rupis dominus, 1560. *Chavaroche, c° Chavanod (H. S.).*

Calvagata, 1948. Chevauchée.

Calvomote (de), 1455. *Chaumont (H. S.).*

Cambone (Villelmus de), 778. *Chambon, c° Mont-de-Lans (I.).*

Camera computorum, 492-4-5-6, p. 142.

Camera (Guillel. de), 1569. *LaChambre (S.)*

Camerarius delphini, 22; papæ, 1299, 1376, 1699.

Campagnia (prior de), 54. *Champagne (A.)*

Campex = Compesio.

Campis (de) castrum, 925, 1800; dominus, 925, 1807-9-14. *Champ-près-Vizille (I.).*

Campis (dictus de), 260.

Campisauri ducatus, 827; redditus, 1075. *Le Champsaur (H. A.).*

Campo (de), 849; (in), 719. *Le Champ-près-Froges (I.).*

Campo Floro (Jacobus de), 1358. *Champfleury, c° Vedenes (V.).*

Camponia, usagium, 1530.

Campursio (Guichardetus de), 1114.

Canail (Guigo de), 822.

CANAYLLONS (Lambertus II); 879.

Capella (parrochia de), 1798. *La Chapelle, c° Valjouffrey (I.).*

Capellam Albam (apud), 628. *La Chapelle-Blanche (Sav.).*

Capella de Barro (Hugo de), 976. *La Chapelle-du-Bard (I.).*

CAPELLI (Petrus), 1074.

CAPICLINI (Johannes), 163.

Capra (castrum de), 1369. = Cast. Nov.
CAPRARII (Guido), 1145. (de C.
Capriliis (de) castellanus, 1717; litteræ,
  p. 29, 30; Poncius, 498; Rodulphus,
  108. *Chevrières (I.).*
Capua (Rao de), 22. *Capoue (Ital.).*
CARA (Humb. et Rostagnus), 1001.
CARATZ, C-AZ (Guigo), 1001-33.
Carceris (locus), 1231. *La Charce (D.)*
CARDURELLI (Lantelmus), 1713.
Carleto (aqua et loya de), 779.
CARLETUS, 963; molendinarius, 948.
Carniprivium, 399; novum, 171, 723,
  1227, 1898; vetus, 260, 803, 872;
  duo, 796.
Carnotensis archidiac. 1699. *Chartres.*
Carreria (Ysmido de), 480.
Carsano (Hugo de), 1310. *Carsan (Gard).*
Carsata stagni, 351.
Carthusia, C-tu-a (de), 760; Francon. 933.
  St-Pierre-de-Chartreuse (I.).
Cartularium, 1817, p. 245; rubeum, 1936.
Cartusiæ capitulum et prior major, 287.
  La Grande-Chartreuse (I.).
CARULUS = Karolus.
Casa Nova (castrum de), 228. *Chèse-
  neuve (I.).*
Casæ Novæ (monasterii) abbas, 96.
Cassas (las), locus subtus Pennas, 1251.
  Cos, c° la Penne (D.) ?
Cassenatico (de), 970; — Albertus, 672,
  701, 898; Aymarus, 417, 698, 756,
  (dominus) 424; castellania, 985; cas-
  trum, 558, 698, 985; Disderius, 158,
  846, 985; dominus, 529; Flota, 558,
  966; Francisc. 985; Guigo, 300, 590;
  Guillelm. 300; Henric. 888; Johan.
  898; mandam. 672, 966. *Sassenage(I.).*
Castaneyl (homines in), 422.
CASTELLANA, uxor Raym. Gaufredi,
  1318-20.
Castellana (de), 1264-77, 1473. *Castel-
  lane (B. A.).*
Castelleti de Credo (castrum), 1536. *Le
  Châtelet (du Credo), c° Cornier (H.S.).*
Castellione (Guido de), 1063. = C-nis 1°.
Castellionis, C-til-s, C-lo-s castrum, 1060;
  dominus, 1013-60. *Châtillon-la-Palud
  (Ain).*
Castillionis castrum, 69, 1577; mandam.
  1548; vallis, 1634. *Châtillon [-sur-
  Cluses] (H. S.).*
Castillionis en, in Chautannia, Chotalgny
  (Guido dominus), 1600, 1901. *Châtil-
  lon(-en-Chautagne), c° Chindrieux (S.).*
Castillionis de Cornella (castrum, 994.
  Châtillon-de-Corneille (I.).
Castellione, C-til-e de, in Michala, M—lia,
  M—llia, Michellia, M-is, Mychallia (de)
  castrum, 1481-98, 1512-38, 1603-18,
  1648-74; dominus, 1600; Nycolaus
  condom. 1674; Petrus, 1451, 1501,
  1653, (dominus) 1482, 1600-2. *Chd-
  tillon-de-Michaille (Ain).*
Castillionis in Valesio (dominus), 1797.
  Châtillon-en-Valais (Suis.).
Casteliutz (castrum de), 220. *Châtelus(I.).*
Castelucio (castrum de), 109. *Les Châ-
  tellus, c. Saint-Galmier (Loire).*
Castro (Andrevonus de), 1788.
Castro (Johannes de), 1557.
Castri Bernardi (domus), 652, 889. *Châ-
  teau-Bernard (I.).*
Castro Duplo (de), 231, 279, 348. *Chd-
  teaudouble, c. Chabeuil (D.).*
Castro Forti (Martinus de), 369.
Castro Novo (de) Anthon. 1749-93;
  Aynardus, 211, 249, 362, 1796, (dom.)
  170, 217; Berlio, 598, 699, 758, 806,
  859, 903, 955; Cyboudus = Syb.; dominus, 1764-7-8, 1770-9-83; Francisc.
  249, (dom.) 211; Guillelm. 907, 958,
  581; Odobertus, 1766-81, (dom.) 125,
  363, 1761-94, 205, 489, 1741; Syboudus, 501, 539, 546, 560-9, 581-2-3,
  599, 600, 620, 702-9, 719, 723-5-6,
  731, 743, 753, 803-8, 811, 852-4,
  863-4, 870, 894, 905-6, 918, 921-2-3-
  7-8-9, 930-4, 956, 964-5-9, 970-1-
  2; Villel. 743. *Châteauneuf, c° l'Albenc (I.).*
Castri Novi, C. N. de Bordeta (castrum,
  268, 1301-15-25; dominus, 652, 1325;
  feudum, 1417. *Châteauneuf-de-Bor-
  dette (D.).*
Castri Novi de Capra (dominium, 1321-7,
  1403. *Châteauneuf-de-Chabre (H. A.).*
Castri Novi de Gualauro (castrum), 460.
  Châteauneuf-de-Galaure (D.).
Castri Novi Viennensis (donatio), 217.
  Idem.
Castro Raterio (castrum de), 1315, 1431-
  5. *Château Ratier, c° Venterol (D.).*
Castri Villani (castrum), 492. *Château-
  Villain, c. Bourgoin (I.).*
CATERINA, CATHE-A, priorissa Prati Mol-
  lis, 962; relicta R. de Toyna, 653;
  uxor, 893. *Cf. Viennesio.*
CATERINÆ (b^æ) festum [25 nov.], 426,
  910, 961, 1342, 1633.
Caturicis (in), 1951. *Chorges (H. A.).*
CAVALARII, C-LLERII (Guillel.) 1284, 1841.
Cavarigo (Nicolaus de), 1703-4.
CAYRA (Stephanus), 1719.
Cayrana, C-no (castrum de), 1315, 1431-
  5-9; pars, 1437. Qua-am (ap.), 1188.
  Cayranne (Vaucl.).
Ceciliæ, Ciciliæ = Sicilia.
Celeone (castrum de), 1321-7, 1369,
  1403. *Saléon, c. Orpierre (H. A.).*

Celin (comba), 628.
CELLARII, C-LERII (Hugon.), 1784; (Joh.). 1673.
Cenadiensis episcopus, 1699. *Csanad (Hongrie)*.
Census, 341, 427, 641, 780, 849, 901,
Cernoue, rivus, 975. [1118, 1285.
Cervia (castrum et eccles. de), 397. = Cezerino = Cizerino. [Serviæ.
Chabarini, C-is (Collis de) bastida, 1336-42. *Chapeiran, c° Rosans (H. A.)*.
Chabannaria, 740. Métairie.
CHABERTI (Petrus), 497, 804.
CHABIONIS (Elissiarius), not. 1311.
CHABRERII (Guillelmus), 892.
CHABRETS (Lantelmus), 235.
Chabuel (castrum de), 146. = Cabeolo.
CHABUELLI, C-LII, C-EYLLI (Hugo), not. 596, 734, 770, 847, 892-3, 909, 1464-75; (Hugonet.) 227.
Chaceuz en Semana, castrum, 1678.
Chacipellus, 1112. = Chacipollus.
CHAIONEI (Thomassetus), 1513.
Chailleu (parrochia de), 1032. *Jailleux, c° Montluel (Ain)*.
CHALA (Guigo), Curnillionis, 504.
Chalancone, C-len-no (Ysoardus de), 1282, dom., 1328-38. *Chalancon (D.)*.
CHALANI (Johannes), 566.
Chalenderia (Arthaudus de), 1173-5.
Chalma = Calma.
Chalmen (feudum de), 216. *Charmes (D.)*.
Chalmespina (Guigo de), 762.
CHALNESII, C-NIESII (Guigo), 810; (Guil.), 956.
CHALOM (Hugo), 408.
Chalomon, C-nte (de) Guillel. 1012-74; Steph. 1074, 1112. *Chalamont (Ain)*.
Chalon (villa de), 135. *Le Chalon (D.)*.
Chalsaco (castrum de), 1368. = Chauvaco?
CHALVAYRION, C-RONIS, C-VER-S, C-BYR-S (Guil.), 1311; (Nicol.), 211, 349, 305, 1741; (Steph.), p. 304-7.
CHALVINI (Guil.), 699, 758, 864; (Humb.), 699, 758, 806, 859; (Petrus), 543, 600, 751; (Will.), 806.
CHALYN (Raybaudus), 655.
Chambarant (nemus de), 1785. *Bois de Chambaran, a. St-Marcellin (I.)*.
CHAMBLARDI (Villelmus), 173.
Chambone (dominus de), 29. *Chambon, c° Lavoute-Chilhac (H. L.)*.
CHAMITE (Armanna), 1771.
Chamo (Maronus de), 408. *Chamond, c° St-Chef (I.)*.
CHAMONDI (Guillelmus), 553.
Chamoudo (Eymio de), 563. *Chamouz, c° Montbonnot (I.)*.
Chamoussa, Chanyosa (nantum de la), 1553-68, 1626.

Champiogeres (Guillel. de), 1712. = Chaurogeres.
CHANAVACI, C-ACII, C-AS (Chabertus), 244, 1709; (Guillelmonus), 604.
Chanaveria, 897. = Chanevaria.
Chandel, C-diaco (Johannes dominus de), 1046-94. *Chandieu (I.)*.
Chanella (a la), 941.
Chantalova (parrochia de), 1798. *Chantelouve, c. Valbonnais (I.)*.
Chantamerio (castrum de), 454. *Chantemerle, c. Tain (D.)*.
CHANTARELLI (Petrus), 984.
Chapana (bastida de), 1080.
Chapaversa (Humbertus de), 365. *Chapeverse, c° Presles (I.)*.
Chapellatæ, C-letæ parrochia, 853. *La Chapelle-du-Bard (I.)*.
CHAPELLI (Hugo), domic., 1721.
Chapilliano (de), 393. *Chabrillan (D.)*.
Chaponay (Humb. de), 1096. *Chaponay (I.)*
CHAPOS (Thomas), mistralis, 1112.
CHAPUSII (Brunus), 971; (Ysmido), 969.
Charamentum, 1948. Charroi.
Charanella (medietas de), 451.
CHARBONELLI (P.), de Bellovidere, 422.
CHARCOSSAT (Martinus), 726.
CHARLET, cognomen, 518.
CHARLETI (Johannes), 1033.
CHARMELLACI (Bosonetus), not. 1025.
Charmer (apud), 149.
CHARMES (Martinus), 427.
Charno (Aymaronus et Stephanus de), 1138. *Charnoz (Ain)*.
Charnosco (Mathæus de), 850.
CHARRERIA (Guigo), 894.
Charuscle (mandamentum), 1663. *Charousse, c° Passy (H. S.)*.
Charuys (flumen de), 1139. *Le Chéruy ou la Bourbre = Borbor*.
CHARVINI, CHAURINI, C-UVINI (Andreas), 936; (Hugo), 446 b; (Petrus), 132, 357, 368, 444, 679, 842, 947, 1589.
Chaschiarum de Bestris: v. h. v.
Chasey (Humbertus de), 1208. *Chazey-sur-Ain, c. Lagnieu (Ain)*.
Chassenage (mistralia de), 628. = Cassenatico.
Chassipollaria, 1036. = Chacipolleria.
Chasta (Amedeus de), 1792. = Chata.
Chasta (Richardus de), 1662.
Chastel (Chavanneria del), 974.
Chata (de) Amedeus dominus, 339; castrum, 230, 339; Franco, 339. *Chatte (I.)*.
Chastegnerio (mansus de), 1787.
Chastillionis = Castellione.
Chatelveyl, domus fortis de Pusinel, 1113.
Chatonay (de) dominus, 1123, 1892; Michael, 995. *Chatonay (I.)*.
Chaulay (de) Humbertus, 1474-7, 1511;

Petrus et Stephanus, 1659. *Choulex*, c° *Brens* (H. S.).
CHAUNEIS, C-ES, C-ESII, C-SIUS, C-EYS (Guill.), 751; (Petrus), 860-1, 873, 911, 958; (Raym.), 751.
CHAURERII (Jacobus), 216, 362, 432, 483-5, 1601-4, 1671; (Petrus), 860.
Chaurino (closus de), 931.
Chaurogeres (Guill. de), 572.
Chausaco (castrum de), 1315. = Chauvaco.
Chausillino (de), 1091. [(H. S.)
Chautannia (in), 1600. *La Chautagne*
Chauvaco, C-viaco (de) Bertrandus, 433; castrum, 268. *Chauvac* (D.).
Chavagnis (Poncius de), 1765. [St-Bonnet-de-]*Chavagne* (I.)
CHAVALLII (Gruillo dictus), 1147.
CHAVALLONS (Guillelmus dictus), 1058.
Chavanay, C-yt, C-nnay (domus de), 290, 379, 1078. *Chavanay* (A.).
Chavanners (domus in), 1176. *Chenevez*, c° *St-Pierre-d'Entremont* (I.)
Chavannes (Guillelmus de), 1713. *Charannes, fam.* (Arm. de Dauph.).
Chavelluco (Stephanus de), 1446. *Chauvel*, c° *Roussieu* (D.).
Chavessa (partes de), 619.
CHAYN (Humbertus), 1074. [723.
CHAYS (Anth.), 900; (Bern.), 971; (Guil.),
Chaysillina, C-ss-a, Chey-a (de) parrochia, 510-1; vallis, 1937. *Chichiliane* (I.).
CHAYSSINS Brunetus, 971.
Chenins (Johannes de), 675.
Cheolorone (Fromundus dom. de), 850.
Chesa Nova (castrum de), 1104-32. *Chéseneuve* (I.).
Chesiz, Chicis (Ancelmus de), 1565. *Chissé* (Reg. gen. p. 468; A. de D.).
Chessinis (Aymo de), 1304. = Chisse.
CHEURERII (Stephanus), not. 1455.
Cheyney (Guiffredus de), 472.
CHEYNS (Berteius), 1065.
Cheypia, locus, 174. [St-Jean-de-]*Chépy*, c° *Tullins* (I.).
Cheysseu (Pilletus de), 1074.
Chiesa Nova, 1199. = Chesa Nova.
Chiglino, C-ns (de) Panconus, 834; Pautrus, 1874.
Chillino (Herlinus de), 920.
Chilye (Richardus de), 1677. *Chilly* (H. S.).
Chimres, Chines (Guillel. de), 1002-33.
CHIPER. (Guillelmus), not. 219.
Chisse, C-sie, C-Iaco (de) Emeric. 1468; Johan. 1468; — episcopus Gratianopol. [1338-50], p. 142; Perret. 1516; Petrus, 1468; Ramusius, 1516; Rodulph. 1701-2-5. = Chesiz.
Chissim, Chussins (Ancelmus, Asse-s de), 850, 1673.
CHOMAR, C-RDI (Hugonetus), 1074, 1115.

Chotaigny (en), 1901. = Chautannia.
CHOTARDI (Henricus), 1673.
Chovaco (castrum et dominus), 1265. = Chauvaco.
CHRISTOPORI (b¹) festum [25 juill.], 1049.
Chucheto (Guigo et Perrouet. de), 1065. = Cucheto.
CICANDI (Orato) de Albone, 237.
CICHAIS (Guigo), 859.
Cignis, Cinis (de) Amedeus, 1661; Petrus
Ciploz (apud), 1034. [et Vido, 1630.
Circumcisio Domini [1er janv.], 1535.
CIRIACI (Jacelm.), 1065; (Jacobus), 1112.
Cisterciensis ordo, 343. *Cîteaux* (C. d'Or).
Civerius, 847. = Civerium (D. II, 369).
Cizerino, Cicz-o (de) Arthaud. 689; Guillelmon. 564; Hugo, 565, 633; Jacob. 783; Margarita, 620; rivus, 923, 930; Ubaudus, 938. *Cizerin*, c° CLARA (Michael), 1801. [*Corenc* (I.).
Clara (Philippus de), 168.
Claræ Vallis (Petrus), 244.
CLARE (Hugo), 428; (Hugonin.), 166.
CLARETI (Hugo), 652; (Johannes), 1801; (Petrus), 514, 789, 1801.
Clarfail, C-fay, C-ye, C-feye (de) Guiffred. 1713; Humbert. 650, 1713; Johan. 848.
Clariaci = Clayref.
Clarimontis castrum, 1242, 1384; locus, 1231, 1347; mandam. 824. *Clermont*, c° *Verclause* (D.)
Clarimontis burgum, 1565; castrum, 1565, 1685-90-1, 1922. *Clermont* (H. S.).
Clarimontis, C-rom-tensis episcopus, 204, 257, 458. *Clermont-Ferrand* (P. de D.).
Claro Monte (de) Aymonet. 1120; — Aynardus, 293; dom. 115, 333; 292-6; vicecomes, 378; — castrum, 291; dominus, 143, 360, 418, 457, 1035; Francisc. 706; Guillel. 476; Joffredus dom. 294; mandam. 885. *Clermont*, c° *Chirens* (I.)
Clavaysonis (Arthaudus dom.), 213. *Claveyson, c. St-Vallier* (D.)
CLAVELLI (Johannes), 187, 408.
Clavone (de), 982. *Clavans* (I.).
Clay (bona apud), 189, 203. [Notre-Dame-de-]*Clay*, c° *St-Just-de-Claix* (I.).
Claylles, C-llis, C-lis, Cleel-s (parrochia de), 511-2, 652, 889. *Clelles* (I.).
Clayref, C-riaco, C-ro (de) baronia, 182, 384, 446; castrum, 376, 387, 454; Chabert. 1805; dominus, 355; Guillel. 1802-4-5; Rogerius, 1437; 158, 288, 332, 415; Silvo, Sylvo, 331-2, 377; terra, 388, 390. *Clérieux* (D.).
Clays, C-sio (de) Amblardus, 1800; dom. 835; — castrum, 683, 835; feudum, 685; Villierm. 1800; Ysnardus dom. 835; Ysoard. 683. *Claix* (I.).

24

— 346 —

Cleczuti (Albertus), 1082.
Clees, Cleyes (castrum de les), 1601-51, 1678. *Les Clées, c. de Vaud (Suis.)*
Clemens, papa [*V*, 14 nov. 1305-20 avr. 1314], 420; — [*VI*, 19 mai 1342-6 déc. 1352], 429, (433), 865, (1313, 1699, 1701).
Clementia, regina Franciæ [de Hongrie, ép. de Louis X, † 12 oct. 1328], 40-2.
Clerevaus (Johannes de), 1122. *Clairvaux-les-Vaux-Dain (Jura).*
Clerici (Bernardus), 1367.
Cleymes (de), 866; mansus, 553, 734; parrochia, 905. *Clêmes, c° St-Nazaire (I.)*
Cliseuz (parrochia de), 1066. *Clésieu (Ain).*
Clocheyronis (Petrus), 96, 435, 612, [724, 901.
Closa (Ysmido de), 560.
Cloyose (mansus de), 890.
Cludi (Petrus), 1858.
Clusa, C. de Gayo (de) castrum, 1481-98, 1512-38, 1604-48; domus fortis, 1567; gageria, guagia, 1476, 1618-38; (in), 1605. *L'Ecluse, c° Collonges (Ain).*
Clusa, C-sis (de), 561, 1458-81, 1542; — Aymo, 207, 560, 661; burgensis, 1627; Roffonus, 1555. *Cluses (H. S.).* Cf. S° Nicolao.
Clusa (de), 1801; — Humbert. 644. *Cluze-et-Pâquier (I.).*
Clusa (de la), 1310. *La Cluse (H. A.)*
Coardo, C-ti, Cohardo (de) Albert. 1713; Bosonet. 1718; Johan. 1713-6-7; Octo, 1148; Petrus, 814; Reyner. 1442.
Cobornant = Corbonant.
Cochini (Petrus), 187.
Cognerio (Vincentius de), 434.
Cogneto (Johan. de) 561, 605. *Cognet (I.)*
Cognino (Guillel. de), 963. *Cognin (I.)*
Coire (Guigo), notar. 1128.
Coisyer (Petrus de), 1467. *Cusy (H. S.)*
Colay (domus fortis de), 1648. *Colex, c. de Genève (Suis.)*
Colda (bastida de), 1236. = Costa Cal.
Colerii (Nycolerius), domic. 1251.
Coligniaco = Cologniaco.
Colinis, C-ns (Guichardus dom. de), 1350; (Guillel. de), 1264.
Collaudi (Mermetus), 1424.
Colleti (Petrus), notar. 863.
Collis de Chabarinis : v. h. v.
Colluci (Bertr., Disder. et Domen.), 544.
Cologniaco, C-on-o (de) baronia, 37, 1159; castrum, 1056; dominus, 162, 260, 1000; Hugonin. 1026; Humbert. 17, dom. 1102. *Coligny (Ain).*
Cois (Albertus de), 1033.
Columberii feudum, 1749. *Colomblère, c° Montaud (I.)* [*Saugnieu (I.)*
Columberii mandam. 1308. *Colombier-*

Columbeti (Petrus), not. 115, 1116.
Columpniaco (de) dominus, 1102; Hugo, 1088. = Cologniaco.
Colunges (molend. de), 1544. *Collonges (Ain).*
Comba (de) Guillel. 896; Humb. et Johan. 642. *La Combe-de-Lancey (I.)?*
Comba (de) Johan. 660; Raim. 603; Steph. 509. *La Combe, c° Mens (I.).*
Combeti (Vincentius de), 598.
Combis (Emenjarda de), 778. *Les Combes, c° ? (I.).*
Combis (locus de), 1488. *Les Combes, c° Onion (H. S.)*
Combri (Aymo), 920, 968; (Steph.), 755.
Comeriis (de) Guigo, 1944; Guillel. 835; Hugo, 1944-5; Petrus, 965; Rodulph. 430, 1945. [*Notre-Dame-de-*] *Commiers (I.)*
Comersis (dominus de), 1093.
Comissio, 984, 1305, 1542, 1796, 1940-1.
Comissum (cadere in), 1595.
Comitis (Bernardus), civis, 928.
Compendio (Nichol. de), 1290. = *Suiv.*
Compesio, C-eyssio (de) Beneven. 38, 1266, 1319, 1836-7; Girard. 1636; Guillel. 1603; Thomas, 1679. *Compois, c. de Genève (Suis.)*
Compeysieres (Girard. de), 1565. *Compesières, c. de Genève (Suis.)*
Complaynia, 844. = Complainta.
Compromissio, 1322; C-sum, 88, 854, 1087. (D. II, 503).
Computum, 118, 592, 827, 1075, 1137, 1477, 1734.
Condamina, 972, 1437. (D. II, 516).
Condamina (Mathæus de), 568.
Condorcesio (de), 1352. *Condorcet (D.)*
Condriaco (Guillel. de), 261. *Condrieu (R.)*
Conductus, C-utus, 19, 951, 1702.
Confederatio, 109, 479, 1562-73, 1610.
Conflaare, 231, 743, 808, 820, 864-6-8, 970, 1524.
Conflens (de) castellanus, 1947; Humbert. 1628; Raymbaud. 1629. *Conflans-sur-Lanterne (H. S.)*
Congrerarii (Johannes), not. 1607.
Conni (Guigo), 735, 894, 918, 958.
Conni (Guillelmus de), 1316.
Conradus, Romanorum rex [*III*, 13 mars 1138-15 févr. 1152], 452.
Consilium delphinale, 158, 488.
Constantiæ (script.), 7. *Constance (Bade).*
Constantii (Nicholaus), 652, 1301, 1417.
Contingent = Octingen.
Contort (Guillelmus), 1597.
Coperii (Petrus), notarius, 498.
Coperiis (Andreas, Guil., Humb., Petrus, Poncz, de), 244. *Copier, fam. (I.)*
Coponay (de), 1251; — Guillel. et

Rodulph. 648. *Copponnex* (*H. S.*)
Corbonant (apud), 868; (clausa de),
555; (rivus de), 719, 923. *Corbonne,
c° St-Ismier* (*I.*)
Corcier (Girard. et Raymund. de), 1178.
Corsier, c. de Genève (*Suis.*)
Cordeilis (sutum cum), 1216.
CORDERII (Durandus), 1768; (Laurentius),
863; (Stephanus), 803.
Cordons (Aynardetus de), 1153. *Cordon,
c° Bregnier, c. Belley* (*Ain*).
CORDORIS (Gorie) 1714.
Corenco, C-nx (parrochia de); 569, 753.
Corenc (*I.*)
Cormarossa : vid. S¹ Germani.
Cornata, 628. = Corvata (D. *II*, 629).
Cornatis (in), 356.
Cornella : vid. Castillionis.
Cornerii castrum, 1242. = Curnerii.
CORNETI (Aymarus), 408.
CORNILHANUS, cognomen, 1303.
Cornilliani locus, 1231. *Cornillac* (*D.*)
CORNILLANI (Pontius), 1443.
Cornillionis = Curnillonis.
CORNILLO (Villelmus), emptor, 759.
Cornu, C-utz (le mas de le), 766; tenement. 859.
Coroncellis (castrum de), 1445. *Colonzelle,
c. Grignan* (*D.*)
Correntis (Petrus de), 926. = Corenco.
Correyo, C-yro (de) Garnerius, Gua-s,
546, 560, 581, 599, 870, 900, 921-2;
Guarinus, 702-9, 719, 725, 803-8.
Cors (Johannes de), 201. *Cour* (*I.*)
CORTEYSSII (Johannes), not. 1266.
Corvo (de), 543, 1569. C-vum (ap.),
795. *Corps, c. Grenoble* (*I.*)
Cosanicis (villa de), 1098. = *Suiv.*
Cossans (Amedeus de), 1126. *Cousance* (*I.*)
Cossonay (de) Arthaud. 531; Johan. 879;
Rodulph. 1668. *Cossonay, c. de Lausanne* (*Suis.*)
Costa (Guichardus de), 241. *La Côte-St-André, a. Vienne* (*I.*)
Costa (mandam. de), 1242. = C. Calida.
Costa Calida (castrum s. bastida de),
1301. *Coste-Chaude, c° Montauliu* (*D.*)
COSTE (Guillelmus), burgensis, 118.
Costhana (castrum de), 652. = Thorana.
Costis (Giletus de), 1532, 1628.
Costis (Sil. de), not. 1110.
Costis d'Arey (de) castrum, 1774; dominus, 1730-3; (in), 1193. *Les Côtes-d'Arey* (*I.*)
Coteone (castrum de), 109. *Bouthéon* (*L.*)
COTERII (Guillelmus), not. 1365.
COTESII (Johannes), not. 1253.
COTRUX, cognomen, 989.
COYRATERII (Jacobus), burg. 122.
COYRETA (Guigona), 702.

COYRETI (Petrus), 583; (Reymb.), 702.
Crancio (Petrus de), 1680. *Crans, c. de Vaud* (*Suis.*)
Craponoudo, C-ut (de) chanaveria, 897;
mansus, 797. *Craponoz, c° Bernin* (*I.*)
Credo (de) castrum, 1580; mandam.
1527. Cf. Castelleti de C.
Creis, Creys (ap.), 1194; (de) Humb.
422; parrochia, 1018. *Creys* (*I.*)
Creypol (de), 307, 427. *Crépol* (*D.*)
Creysent, rivus, 941.
Creyssent, locus, 1339.
CREYSSENTI (Vincentius), 621.
Crimiaco (de), 1025, 1472, 1504; — castellania, 1828-9; castrum, 990,
1123, 1828-9; debitum, 1826; Guillel.
851; habit. p. 192; locus, 1070; mandam. 1098, p. 185; pars, 1063. C-cum
(prope), 1139, 1210. *Crémieu* (*I.*)
CRISPINI (Berengarius), not. 373.
Crista (de) castrum, 406, 1234; Johannes,
1738. *Crest* (*D.*)
Croilio, C-is (de), 820; — Aynard. et
Dideret. 878; Guil. 503; Johan. 671;
parrochia, 576, 899; Raynauda, 1718;
rivus, 899. *Crolles* (*I.*)
Cruce (de) Anthonius, 434; Johan. 373;
Margar. 1105; podium, 324.
Cruce (de) Humb. 1480; Richard. 1463.
La Croix (*H. S.*)
Cruce Vilarorum (Aymo et Boso de), 1628.
Crucis (S⁹⁷) festum [14 sept.], 1158; inventio [3 mai], 301, 501, 1626.
Cruciolo (domina de), 109. *Crussol, c°
St-Péray* (*A.*)
Cruczolo (Stephanus de), 766.
Crueys (villa de), 1576. [(*H. S.*)
Crusilli (castrum de), 1678. *Cruseilles,
c° St-Sorlin-de-C.* (*Ain*).
Cuchelo (Peronetus de), 1065-74. *Cuchet,
c° St-Sorlin-de-C.* (*Ain*).
Cuffigno, Cufingen (Guigo de), 1007-76.
CUICHE (Guillelmus), 310.
CUMRADUS, C-ANDUS, miles, 245.
Cupilins (Raymond. de), 1582. *Cupelin,
c° St-Gervais* (*H. S.*)
Cura ad causas et lites, 210.
Curia (de) Johan. 226; Petrus, 396.
Cour, c. Beaurepaire (*I.*)
CURNELLUS (Petrus), 805.
Curnerii, C-nie-i, C-rre-i castrum, 1330-51-94, 1404; dominus, 1244. C-ium
(ap.), 1414. *Curnier* (*D.*)
Curnilliano (castrum de), 1338. *Cornillac* (*D.*)
Curnillion, C-ne (de) Guiffred. et Guil.
1598; Johan. 1584; Petrus, 1598,
1628. *Cornillon, c° St-Laurent* (*H. S.*)
Curnillione (de), 504; — mandam. 509,
660, 777. *Cornillon-en-Trièves* (*I.*)
Curnillonis, C-lon castrum, 1240-70,

1338, 1833; locus, 1331. *Cornillon(D.)*
Curnillonis mandam. 800, C-nem (sp.), 320. *Cornillon, c° Fontanil (I.)*
Curnillonis castrum, 109. [*St-Paul-en-*] *Cornillon, c. Chambon (L.)*
Curoyssona (Blanchus de), 1948.
Cusello, Cuzello (de) burgum, 1093; castrum, 1087-1101; domina, 1058-87; Guillel. 1058, 1147; Johan. dom. 1121-47; mandam. 1147; Petrus dom. 1193; Poncius dom. 461. *Cuiseaux (S. et L.)*
Cusiaco (castrum de), 109. *Cuzieu (Loire).*
Cusie (parrochia de), 1948. *Cusy (H. S.)*
Cuynz (boscus delz), 1488.
CYMONDI (Johannes), not. 1051.
CZUPPI (Andreas), 336, 592; (Petrus), 555.

D alcozo (castrum de), 1315. = Blacos.
DALPHINA (d.), 736, 748, 756, 799, 814-5; — antiqua, 722-4, 734, 857; ejus capellanus, 1673.
Dalphinatus, 4, 5, 6, 7, 14, 63-4-5-6, 74-5, 82-5-6, 104, 268, 1124-87, 1377, 1565, 1615-45, 1678-80-5, 1824, 1922-64; — baylliviatus, 495, 986-7, 1219-20; b-vus, 900, 1819; camera super. 1221; consiliarii, p. 2, 25, 98, 173, 256; curia, 1447; feudum, 830; gubernator, 491-6, 981-2-4-5; judex, 825, (major) 1711-74-84; locumtenens: Henr. de Vilariis, 490; milites, 90; monetæ, 108; nobiles, 78; procurator, 827, 1352, 1686; receptor gener. 498; rector, 222; regens, 110-8, 245, 851, 1215, 1372, 1581, 1679, 1965; secretarius, 492-4-5-6, 984-6-8, 1221; universitates, 885; Viennen. 1104. *Le Dauphiné.*
DALPHINUS (rex), 981-4-5; Viennen. 92, 420 : *cf.* Vienna; ejus curia, 1796.
Dapiferis officium, 15.
DARDELLI (Amedeus), 1469; (Franc.), 1563; (Mermet.), 1495; (Petrus), 1563.
Darna (de) castrum, 617, 741; Chabert. 511, 695; Heustach. et Johan. 695. *Darne, c° Clelles (I.)*
Davana (bastia de), 617. = Avana.
DEDINI (Guillelmus), not. 977.
Defensum de herbis, 1303. (D. II, 776).
Dei Ajutorii (castrum), 1234. *Divajeu (D.)*
DEI FILIUS, notarius imper. 1160.
Delion (castrum de), 1315.
DELSAY (Mayolus), nobilis, 1112.
Denteyzeu, D-theisiaci, D-eys-i donatio, 1094; mandam. 989, 1123. *Demptézieu, c° St-Savin (I.)*
DERDONO (Nycolaus), nobilis, 1337.
Dersu (Stephanus de), not. 814.
Deserta = Bæ Mariæ de D. [*Morte (I.)*
Deserto (de), 1801. *Le Désert, c° La*

Deseye, Deysie = Disie.
Desiguaci decima, 1592. *Desingy (H. S.)?*
DIDERII (Guillelmonus), 244.
Diensis comes, 388, 390, 470, 488, 497; comitatus, 497; comitissa, 481, 1903; diœcesis, 220, 378, 1271, 1301, 1428; episcopus, 23, 390, 468, 470, 497, 898, 1643; officialis, 889. *Die (D.)*
DILARDIE (Petrus), mercator, 225.
Dinarium, 995. = Dinarium ? (*D. II,*
DISDERII (Guillelmus), 920. [878].
Disie (Stephanus de), not. 1466-9, 1513-42, 1619-61. *Disy, c. de Vaud (Suis.)*
Dispensatio juramenti, 169, 455.
Districtus, 290, 646, 1245, 1309, 1442.
Divisino, D-so (de) bastida, 378; domus fortis, 292-6. *La Bâtie-Divisin (I.)*
Divonanz (apud), 1594. *Divonne (Ain).*
DIVUS, notarius, 1364.
Doarium, Dua-m, Duea-m, Duer-m, 93, 1507, 1688, p. I (D. II, 895, 1°).
Dognay (castrum de), 1765. *Dionay (I.)*
Dolaymeu, Dolomei (feudum de), 1063, 1103. *Dolomieu (I.)*
Domanorium, 1754. = Domanium.
Dombis (in), 1217. *Les Dombes (Fr.)*
Domena (de) castrum, 816, 1935-44, p. 327; cives, 1939; locus, 1933; prior, 804; terra, p. 171. D-nam (ap.), 765. *Domène (I.)*
Domena (aqua de), 1935. *Domène, ruis. affl. de l'Isère r. g., c. dudit (I.)*
Domengec (Petrus del), 622.
DOMENGERIE (Johannes), 886.
DOMENGIA, filia Joh. Guigonis, 958.
Dominatio, 1305-36, 1437-8. D-*iura*, 1305 (D. II, 908-9).
Dominium, passim; (bonum), 288, 1444; directum, 804, 844, 984-8, 1076, 1245, 1420, 1678, 1788; immediat. 1321; majus, 1230-45-69-79, 1313-90, 1412-6-20-40-4; parvum, 1550; utile, 804.
Domno, Dompno Martino (Stephanus de), 41, 117. *Dommartin....*
DONGERA (Petrus), venditor, 942.
Donnay, Doray (de) castrum, 258; dominus, 258, 1778. *Dionay (I.)*
DORERII (Armannonus), 498.
Dos (Berlio), nobilis, 1011.
Doyric (Johannes de), 1664. *Doucy (S.)*
Doyseu (castrum de), 181. *Doizieu (L.)*
Doysino (B¹ Martini de) parrochia, 1024. *Doissin, c° Montrevel (I.)*
Dozera (Agnes de), 1348. *Donzère (D.)*
DRACO, rector domus de Breyda, 1714.
Drens (Henric. de), 1005. *Drens, fam.*
Druycle, D-yseu (Hugonetus de), 1565, 1685. *Droisy (H. S.)*
Ducatus auri, 1699, 1701.

Duce (Laurent. de), 1642. = Doyric ?
Dueymo (parrochia de), 285. *Diémoz* (I.)
Dugnovns (Guillelmus), 1473.
Duinart (terra), 1139.
Durandi (Anselm.), 815; (A-erm.), 1588; (Aynard. et Johan.), 971; (Petrus), 238.
Durbannus, domicellus, 1324.
Durnayssii (Geraldus), miles, 305.
Duro Forti (de) castrum, 1277, 1303-15-68; Guill. et Petrus, 1295; Rostagn. 1277; teriem. 1239. *Durfort* (G.)
Duyno (castrum de), 1678. *Duing* (H. S.)
Dyensis = Diensis.
Dyse, Dysie = Disie.

Ebeno (factum de), 1930. = Ayben.
Eboudiți (Johannes), not. 118.
Ebredunensis, E—esii archiepiscopatus, 4, 1951; a-pus, 1643, 1950-1-2-4-5-7-8, 1960-3-4-5; castellanus, 1185; comitatus, 1, 49, 1950-62; diœcesis, 65-8, 1952; electus, 1953; universitas, p. 330. E-esio (in), 1956. *Embrun* (H. A.)
Ecaris (ripperia), 1442. *Aigues, riv. affl. du Rhône r. g.* (D., V.)
Edmo (Guillelmus de), 1733. = Illino.
Eduensis diœcesis, 104. *Autun* (S. et L.)
Ega (Johannes de), 1713.
Egilabentz, uxor Hug. Rica, 788.
Elbaudici (Johannes), not. 1793.
Elemosina (Guillel. de), 1511, 1682.
Elienore, Elinor, ux. G. de Lucing. 1549.
Elisabel, E-lla, ux. H. de Boccocz. 965.
Emancipatio, 211, 227, 1464-5, 1737-59, 1769-74.
Emenda, 146, 851, 1223-84-9. *E-are*, 128, 1848 (D. III, 36 et 38).
Emplechia, 1305. = Emplecha (D. III, 42).
Emponici (Bertrandus), not. 1436.
Enaperii (Anthonius), 593.
Engelacoz (apud), 1799. = Enjalatis.
Engonlis (Johan. de), 630. = Angonios.
Enjalatis (de) Bertrand., Guigo, Guil. et Raim. 140. *Les Engellas, c° Valbonnais* (I.).
Epiphania Domini [6 janv.], 793, 1304.
Eporton (apud), 1208. [1469.
Equorum mercatores, 225.
Erasio, Eraz = Heras.
Ergoudi (Petrus) de Creypol, 307.
Eriis (de) Henricus, 1002-12; Hugo, 989. = Heres.
Erragium, 1828. = Areragium (D. I, 385).
Escalone, Eschalione, E-lone (de) Lambert. 1800; Petrus, 478, 1101. *Echallon* (Ain).
Eschaementum, 1305. = E-aam-m (D. III, 82).
Eschaqueti (Jacobus), not. 1122.

Escloses (Johannet. de les), 1067, 1888. *Eclose, c. St-Jean-de-Bournay* (I.)
Escoferii (Aymon.), 187; (Joh.), 725.
Escurrent (castrum de), 1498, 1648. *Ecorins, c° Collonges* (Ain).
Esmini (Raym.), 177, 388, 390, 470, 1331-5-40 b.
Espares, E—rias, E—rras, E—res (castrum de las, les), 228, 341, 1104-32. *Les Eparres* (I.).
Esparione, E—rono (castrum de), 514, 889. E—rronem (ap.), 652. *Esparon, c° Chichiliane* (I.).
Esparono (castrum de), 1262. *Esparron-la-Bâtie* (B. A.)
Espeluchiæ homines, 490. *Espeluche* (D.)
Esperansano (S¹ Andreæ de) territor. 1230.
Esperenchia : vid. S° Jeorgio de E.
Espineti = Pineto.
Espinosa (parrochia de), 345. *Epinouze, c° Moras* (D.).
Esporent = Escurrent.
Estoc (Raymondus), commiss. 1212.
Estorna (Guillelmus), 562.
Estovementum, 806.
Euchachii (Bertrandus), 1299.
Eustachii (Guil.), 427; (Villel.), 803.
Eustoira, filia P. Chaberti, 804.
Eveste (pons), 351. *Pont-l'Evêque* (I.)
Exillias (apud), 1818. *Exilles (Piém.).*
Eycheuta, 628. = Eycheyuta (D. III, Eymarici (Guionetus), 418. [174].
Eymenda, 914. = Emenda (D. III, 36).
Eymeraci (Martinus), 1097.
Eymina, 582, 726, 820-73, 921, 988, Eyserant (de), 374. = Yserant. [1233.
Eythona (in), 1530.

Faber, Fabri (Albertus, Aub-s), 985, p. 304-7; (Andreas), 849; (Girard.), 1437; (Guil.), 849; (Jacob.), 989; (Peron.), 1128; (Petrus), 735, 1723; (Roulet.), 413; (Vincent.), 1445.
Fabricis (de), 1163; — Aynard. 1091; castellanus, 1947; dominus, 1098, 1816; Guill. 989, 1091. *Faverges* (I.).
Facerii (Jacob. et Joh.), 1012-74.
Faideus (Johannes) de M. B. 877.
Falacef, F—eus, F—chef, Falasces (Aymar.), 689; (Guigo), 934; (Guil.), 689, 797.
Falasterii (Johannes), miles, 653.
Falavelli (Ambl.), 110; (Guigo), 529, 1676; (Raym.), p. 2, 25, 98, 173, 216, 256, 301.
Falaverio (de) castrum, 204, 257, 340, 458, 981; dominus, 257; Guil. 340. *Falavier, c° St-Quentin* (I.)
Falco, episcopus Gratianopolitanus [1250-11 juin 1266], 1935-8.

Falcona (Guigona), 892; (Sebilla), 946.
Falconerii (Johannotus), not. 1105.
Faneasa (Johanna dicta), 722.
Fancea (Johannes), 1636.
Fara (castrum de), 1276, 1303-15. F-am (ap.), 1352. *La Fare* (D.)
Faramanclo, F-nt (de) Humb. 1577; Mart. 1112; Raym. 1577. *Faramans*
Farges (molendinum de), 1544. ¦(*Ain*).
Farreti (Guil.), nobil. 379. — Jarreti.
Faura (Arnaudus de la), p. 303.
Faures (Johannes del), 1801. *Faures,* c° (*I.*)
Fauri (Petrus et Rostagnus), 1352.
Faverii (Jacob.), 488, 1010; (Petrus), 851.
Faye (Girard., Jacob., Johan. et hom. del), 1801.
Fayia, Feia (castrum de la), 319, 327. *La Faye,* c° *St-Genit-Malifaux* (L.)
Fayno (Gaudemarus de), 109. *Fay* (A.)
Felicerii (Petrus) de Aybeno, 771.
Felisia, relicta M. Quiusveno, 278.
Fellape (Johannes), not. 1204.
Ferautz (Berlio et Petrus), 774.
Ferlay (Guiotus), domicel. 342.
Ferrandi (Amblardus), 1074, 1120.
Ferrati (Petrus) de Theyslo, 901.
Ferreria (Michael de), 881. *La Ferrière* (I.)
Feucigniaci = Fucignaci.
Feudale, 1193. — *Feudalis,* 1123.
Feudatarius, 295, 583, 1201-30, 1597.
Feudum, passim; annuum, 14, 22; antiquum, 292, 641-5, 888, 1372, 1445-6, 1678; francum, 194, 230, 322, 421, 608, 1043, 1118, 1238, 1305, 1433, 1556, 1793; honoratum, 1305, 1443-5-6; immediatum, 1369; jurabile, 415; liberum, 1089, 1706; ligium, 170, 853, 1124, 1622; nobile, 280, 353, 608, 1119, 1264, 1445, 1556; perpetuum, 1104; reddibile, 174, 211, 375, 415, 686, 733, 888, 1009, 1125, 1534; non —, 341, 1104. F-di augmentum, 453, 871, 1148, 1417.
Feydef, Fredef (Jacob.), 783; (Joh.), [1801.
Figueyi (Raymundus), 1624.
Filipensi (Martinus), not. 505.
Filum rubeum et croceum, 121; sericum et viride, 94.
Finenc, lacus, 784. *L'un des trois lacs de Laffrey* (I.)?
Fiola (Villelmus), 1634-5.
Flaconis (Dionisius), cleric. p. 300.
Flandi (Guiffredi) mansus, 766.
Flandines (usque ad), 1709. *Flandines,* c° *Saint-Martin-le-Colonel* (D.)
Flerum, Flori (nantum de), 1568, 1626. *Flérier,* c° *Taninges* (H. S.)
Fleye, F-yre (castrum de), 1498, 1648.

Flie, c° *Pouilly-Saint-Genis* (Ain).
Florentia (de), 1249, 1450-98; — Gentilis, 177; Henriq. 1335-49; Hugon. 415; Sinibald. 415, 1549; societas Bardorum, 336; Thomas, 177. *Florence*
Florentinus mercator, 26a, 314. ¦(*Ital.*)
Florenus, passim; auri, 58, 69, 104, 262, 337, 433, 988, 1105, 1354, 1422, 1703, 1827; de Florentia, 93, 104, 337, 1603.
Florido Monte (castrum de), 1461. *Florimont, près Gex* (Ain).
Flota, filia A. de Cassen, 698, 898; mater A. de Pictavia, 309; uxor, 274, 750; — (Guil.), 1300.
Flote (Guillelmus), miles, 1145.
Flumen, F-nc, F-eto (castrum de), 1472; (nantum de), 1551, 1626; (Humb. de), 1585; (versus), 1568. *Flumet* (H. S.)
Fluria, ux. G. de Monte Gerio, 945.
Focherii (Johan.), mistralis, 1112.
Fodina argenti, 3, 4. [337, 2°].
Fogagium, 559, 826, 1511. (D. *III*,
Foilans (castrum de), 1937. *Foillans,* c° *Tréminis* (I.)
Follapays (Johannes), not. 285.
Follosa (castrum de), 109. *La Fouillouse*
Fontanis (de), 592. [(L.).
Fons (Johannes de) Triviarum, 637.
Fontana (Domengetus de), 878. F-am (ap.), 878.
Fontane (Anthonius), 596. [(L.)
Fontanesio (castrum de), 109. *Fontanès*
Fontanis (de) parrochia, 988; Petrus, 843. *Fontaines* (I.). Cf. S' Martini de F.
Fonte (de) Albert. 1074; Humb., Johan., Steph. 1074, 1116.
Fontem Egara (apud), 1728.
Forasiensis, F-ssii, Forensis, F-esii comes, 54, 233, 367; 54, 63, 109, 175, 258, 284, 337, 1127, p. 302; comitissa, 367, 370. *Le Forez* (Fr.).
Forcalquerii, Folqua-i, Forq-i comitatus, 43, 51, 81-3, 325. *Forcalquier* (B. A.)
Foresio (Raynaudus de), 1127.
Foresta (Petrus de), 1868. *La Forêt..…*
Forojuliensisarchidiac. 1699. *Fréjus* (Var)
Fortalitiæ (domus), 399.
Fortareciæ dnus, 359. *La Forteresse* (I.)
Fortis (Guichardus), 1033, 1116.
Fossorata, 628, 905, 974. (D. *III*, 384).
Fracia (de) Aymo, 1587; Franc. 1554; Jaquem. 1587; Roletus, 1554. *La Frasse* (H. S.)
Franchesia, ux. J. de Monte Mirato, 232.
Franchesia, 134, 423, 690, 1037-77, 1280.
Francia (Ysabella de), 88-9, 90, 105, 117.
Franciæ, F-corum reges, 43, 1440; 86-7, 334, 421, 1039, 1169, 1939;

— 351 —

61, 88, 92, 105, 117, 1533, 1690-1; 62; 1145; 1610-5, 1779, 1964; 493-7-8;—reginae, 40 : Johanna; regnum, 54, 62; thesaurarii, 985. *France.*
FRANCISCI (Guig.), 614; (Guil.), 256; (Lamb.), 1792; (Michael) 1680, 1733; (Paynet.) 1074; (Petrus), 1946.
FRANCONIS (P.), 1698.
Francus auri, 498. (D. *III,* 393 c).
Frarechia, 1441.
Fraxino (mandament. de), 1233. *Fraissinet, c° Pierrelaite* (D.)
Frayca (Martinus de), 1623.
Frayneto (locus in), 939.
Frayney (Girardus del), 1631. *Fraynet* (H. S.) Reg. gen. p. 485.
Frayno (feudum del), 1081. *Frêne-Mont-Jean, c° La Pérouse* (Ain).
Frays, F-sio, F-ssio (de) factum, 1340; territor. 1380, 1446. *Le Fraysse, c° Montjoyer* (D.)
Frayta (Melmetus de la), 878. *La Frette, c° du Touvet* (I.)
FREDELICUS, FRELINUS : vid. Saluc.
FREDERICUS, Roman. rex [I, 9 mars 1152], 8, 26; imperator [18 juin 1155-10 juin 1190], 2, 4, 452, 1290; — Roman. rex [II, 6 déc. 1212], 452; imperator [22 nov. 1220-13 déc. 1250], 1, 3, 9, 10, 14, 22, 499, 673, 859, 1169, 1439, 1949.
FREYNEATI (Johan. et Petrus), 880.
Freyneto (mansus de), 548.
Frigida Villa (Johan. de), 865. *Froideville, c. Chaumergy* (Jura).
Fromental (sorbaut de), 351. *Fromenteaux, c° Saint-Georges-d'Espér.* (I.)
Fronsonay (Johannes de), 1680. *Frontenex, c° Annecy-le-Vieux* (H. S.)
FRUCHERII (Petrus), not. 748.
FRUMENTI (Guigo), 66-9, 111, 122, 219, 276, 391-2-4-6, 457, 754, 888, 1007-9-10-4, 1035-76, 1135-8, 1224, 1566.
Fucignaci, F-niaci, F-cii, F-nyaci, Fuciniassii albergum, 1589; baronia, 1467-8, 1500-51-68, 1644-52-78, p. 256; baylliviatus, 1547; b-vus, b-lus, 1477, 1588, 1676; castra, 1504; c-rum, 1580; comes, 1927; domina, 44; 734, 1497, 1549-89, 1591-2, 1628-46-9, 1650-2-3, 1660-1-2-3-74, p. 1: Beatrix; — domini, 161, 321, 1466-91-5, 1520-4-31, 1545-82, 1630-58, 1905 : Aymo, Guigo, Hugo Dalph., Humbertus ; — feudum, 1694; judex, 1676; terra, 54, 69, 276, 1459-71-7-9-84, 1513-28-47-9, 1566-77-89, 1626. *Le Faucigny* (H. S., S.). [cher.
Punzcheria (bastida de), 161. — Junc-

Purbeirii (apud la), 1179.
Purquerquerii = Forcalquerii.

GABETI (Martinus), not. 1215.
GABI (Johannes), venditor, 207.
Gageria, 1476-86, 1605 (D. *III,* 456).
GALERATUS, archiepiscopus Arelaten. [*Gaubert du Val,* 1324-1341], 1299.
GALBURGIA, domina Ysonis, 1321-7.
GALIFII (Eymarus), nobilis, 244.
GALLAR (Albertus dictus), 1093.
Gallardi, Gayl-i (castrum), 374, 1687-90-1, 1927. *Gaillard* (H. S.)
Gallico (instrumentum in), 39.
GALTERII (Jacobus), 826 ; (Petrus), 552.
GALTEROCTI, G-OTI (Ph. Andreas), 262, 425.
GALVAGNII, G-AYON (Guil.), 669; (Jacobus), 595; (Petrus), 543.
GALVEGNYS, feudator, 971.
GARCINI (Aymar.), 566 ; (Vinc.), 917.
Garda, 20, 470, 946, 961, 1064, 1104, 1201, 1424, 1760. (D. *III,* 479).
Gardæ dominus, 194. *La Garde-Adhémar* (D.)
Gardaria, 174; garderia, 1147. *Garderius,* 1146. (D. *III,* 480).
GARENC, GUA-C (Falco, Lanteim., Raynaud.), 244.
GARINI, GUA-I (Andricus), p. 304-7; (Henric.), 433, 865 ; (Pontius), 589.
Gas, cf. Gaylo : vid. Jac.
GASTO, vicecomes Biardi, 568.
GAUFFREDI, GAUFR-I, G-RIDI, GUAUFREDI (Raymbaud.), 1259 ; (Raymund.), 1264-76-7, 1318-20, 1434-5-43.
GAULIANI (Johannes), 972.
GAUTERII (Hugo), 254; (Johannes), 1718-88 ; (Petrus), 1458.
Gay (Petrus de), 533. *Gay, fam.*
GAY (Bonus et Guil.), 395; (Rolet.), 498.
Gaylo, Gayo : vid. Jac.
GAYLLINI, GUAL-I (Arnaudus), 1706-8.
GAYNELLI (P.), 1628.
Gebenna, G-nis (de) Amedeus, 1691, 1942-3 ; Aymo, 1611; Beatrix, 1322; Guillel. 1946; Hugo, 90, 276, 1214, 1942-3 ; Hugonin. 1691; Margarita, 1903-4. —G-narum, G-nensis canonicus, 1574; capitulum, 648; comitatus, 1533, 1678-9-82, 1912-7-9, 1945-6;—comites, 1689, 1918-37-8; 1455, 1902-26-35; 1609, 1923-39, p. 130; Amedeus II, 853, 1545, 1630-42; Guillel. III, 374, 1528, 1684-5, 1924-7; Amed. III, 161, 321, 844, 1485, 1560, 1621-82-6; 981; — comitissa, 648, 1581, 1943-7; dioecesis, 661, 1498, 1535, 1648; — episcopi, 1608; 1574; 1576; 1514-44-91; 1455, 1621-

78; —officialis, 98, 1453-70-3, 1486-8-91, 1545-6-75-6, 1620-74; turris, 1920. — G-nesio (de) judex, 1520; nobiles, 1533; (in), 1452, 1565, 1645-85-90, 1922. *Genève, le Genevois* (Suis.) Geireysio = Jarresio.
Geissanis (bastida de), 416. = Jaychan.
Genas (deversus), 1094. *Genas* (I.)
Genevensis diœcesis, 561. *Genève*.
GENEVES (Petrus), 847.
Genta (D. III, 508, 1ᵃ) ou GENTA, 798.
Gentiles = Janolye.
GENTONIS (Petrus) de Alav. 722.
GEPPUS, notarius, 1360.
Gerbo (Galterius de), 1129.
Gereno (de) Hugo, 199. = Geresio.
GERENTES (Petrus), 1296.
Geresio (Jacob. de), 1078. = Jarresio.
Geria (a), 890; (de) castrum, 499, 501-2, 673, 816, 951; dominus, 902, 1779; factum, 1930; Johan. 664; vicaria, 902. *Gières* (I.)
Geria (castrum ? de) 1006. *Ibid.?*
Gerlyel = Grilye.
Gerneys (Berthetus de), 1129.
GERSII (Aymo et Guionetus), 1080.
Gevollis = Govellis.
Geylini (Arnaudus), 448.
GEYLLINUS (dom.), 1708.
GIBOSIUS, venditor, 808.
GILBERTI (Guil.), 819; (Joh.), 113, 244.
GILETA, GILLETA, ux. G. de Morg. 676.
GILII (Bertrandus), not. 1329.
GIRARDI (Guil.), 195; (Stephan.), p. 301.
GIRAUDA, filia G. de Bellovicère, 131.
GIRAUDETUS, fil. Tassietæ de Mont. 490.
GIRAUDI (Hugo), 1189.
GIRAUSII (Lancelmus), not. 820.
Giriaci (pertinentia), 1047. *Givry, près Montluel* (Ain).
GIRINI (Authon.), 192; (Hugo), 166; (Hugon.), 428; (Johan.), 354; (Lantel.), 224; (Rostagnon.), 273.
GIROUDUS (Hugo) de Bella Comba, 975.
GISOLETI (Johannis) tenem. 1306.
Glando (Nicoudus de), 1461. *Gland, c. de Vaud* (Suis.)
Glay (Johan. et Nichol. de), 1561.
Gleterlis (Thomas de), 1131.
Gocia (Petrus de), 1014.
Goncelino, G-llino, G-luno (de), 256, 659, 709, p. 155; —castellania, 1723; castrum, 1610; Francisc. 524; gentes, 559, 780; homines, 690; Johan. 158, 398-9, 401, 553-71, 825, 1784; Petrus, 1940; recognit. p. 114; Stephan. 1803; villa, 981. *Goncelin* (I.)
GONELLI (Guiffredus), 815.
GONTARDUS, filius d. Geyllini, 1708.
Gorga, G-gia (Hugonetus de), 1124,

1891. *La Gorge, cᵉ* (I.)
Gorgia : vid. Bæ Mariæ de G.
GORGIE (Jacobus) de Buxeria, 1737.
GOTAFREDI (Petrus) de Baralis, 843.
Govellis (castrum de), 1498, 1648. *Gonville* (Ain). *Cf.* Sᵗ Johannis.
Governet, G-to (de) bastida, 1315; castrum, 1242, 1410; dominus, 1393, 1410. *Gouvernet, c. du Buis* (D.)
GOYFON (Guionetus), 1096.
GOYNE (Andr. Guil. Joh. Petrus), 1740.
GOYRAUDI (Petrus), 574.
GOYRIACI (Petrus), not. 1480.
Gradit (Giroudus del), 1628.
Grainhano, Grayn-o (de) castrum, 1445; Guillelmus, 1334. *Grignan* (D.)
Grandisconfort (castrum), 994. *Confort, cᵉ Lancrans* (Ain).
Granenc (Petrus de), 577. *St-Romans* (I.)
GRANETI (Humbertus), not. 981.
Grangagium, 1176. = Grangiægium.
Grangia, G-iis (de) Lantelmus, 709, 1725; Nantelm. 1170; Peronet. 506, 634. *Les Granges, cᵉ La Buissière* (I.)
GRASSI (Julianus), 734, 802, 929 ; (Lantelm.), 859; (Petrus), 38, 159, 1784.
Gratalops (domus de), 327.
Gratiæ (annus), 461.
Gratianopoli, G-litan., Gration. (de), 193, 754, 787, 856, 1307-29-30; —capitulum, 537, 585, 835; castellanus, 865; civis, 725, 734, 802, 865, 897, 928, 974, 1723; civitas, 1802-7; comitatus, 1; conrearius, 865; curiæ, 865 : cf. offic.; diœcesis, 220-7, 297; domus delphini, 1802; — episcopi, 825, 1807; episcopus, 340, 765; 1670, 1935-8; 587, 585, 835, 1169; 787; 865, p. 300; judex, 865, 1087; macellum, 894; mandam. 676; muri, 902; officialatus, 448, 683, 1004; officialis, 321, 385, 448, 683, 865, 900, 1004-87, 1270, 1489, 1912-28; sedes episcop. 825. — G-lim (apud), 435, 502, 576, 735, 755, 902-18, 1804, p. 110; (versus), 801. *Cff.* Sᵗ Andreæ, Bæ Mariæ. *Grenoble* (I.)
Graysivodani, G-oud-i, G-ssivod-i baylivia, 1212; b-atus, 592, 986, 1164, p. 98, 243; comitatus, 827; judex, 108, 490, 553, 612, 865, 1940; —major, 1803; judicatura, 612; scripturæ, 981; terra, 1075, 1945. — G-no (de), p. 42, 173, 180; (in), 619, 653, 754-5, 844, 981, 1212, 1610, p. 307. *Le Graisivaudan, a. Grenoble* (I.)
Greboudam (a), 628.
GREGORII (bi) festum [12 mars], 247.
GREGORIUS, episcopus electus Cenadiensis [1346], 1699, 1703; IX papa [19

— 353 —

mars 1227-21 *août* 1241], 499, 673.
Greolea = Grolea.
GREP (Bernardus), 955.
Gres (Petrus de), 1074.
Gressa (castrum de), 652, 889. *Gresse* (*I.*)
GREVELLI (Thomas), 905-6, 972, 1807.
Greyssiaco, G-ie (de) Aymo, 1569-95, 1641; Guillel. 1470; Petrus, 1525, 1620. *Grésy-sur-Aix* (*S.*)
Grillonis, Grilo-z castrum, 368, 1233, 1315-73, 1445; medietas, 1437. *Gril-*
GRILLONIS (Johannes), 115. *Ilon* (*V.*)
Orilye (castrum de), 1498, 1648. *Grilly*
GRINDE (Petrus), 546. [(*Ain*).
GRIVETI (Jaquemetus), 1634.
Grolea (de) castrum, 1089, 1125; Guichard. 1074, 1125; Guido, 1009; Jacelmus, 1089. *Grolée* (*Ain*).
Grossa Piru (Orsetus de), 1467.
GRUBA (Guillel.) de Beduino, 1298.
Grusfies (castrum de), 1678. *Gruffy* (*H.S.*)
Guageria, 1618. *Guagia*, 1638. *Guajeria*, 806 (D. *III*, 577).
Guslauro (de), 460. = Castri Novi.
GUALBURGIA et R. de Calma, 1369.
GUALOBERI (Peronetus), 1012.
Guarda, 54, 422, 1000 (D. *III*, 580):
Guare (castrum de), 1052.
GUARINUS, notarius, 409.
Guarnita (domus bene), 1629.
GUELINI (Arnardus), 326.
GURLISII (Hugo) de Loes, 1196.
GURLISIUS, diacon. 916. *Cf.* Rovoyr.
GUELLI (Thomas), not. 731.
Guenc (Petrus de), 921.
GUENISII, GUEYN-I (Arnaud.), 344; (Hugo), 818; (Lantel.), 559, 880, 1720; (Peronet.), 1091; (Poncius), 1193.
GUERCII, GUERS, G-si, G-sii (Anthon.), 1570, 1713; (Berlio), 871; (Berthon.), 1713; cognomen, 513; (Gulchard.), 283; (Guil.), 1713-9; (Guionet.), 1859; (Henr.), 871; (Hugo), 1713; (Odo), 871, 1713; (Vil.), 871.
Guerra, 146, 184, 239-40, 329, 338, 374, 423, 443-54, 994, 1796, 1920 (D. *III*, 585).
GUIBERTI (Gauterius), not. 940.
Guiberto (de) castellarium, 1242; castrum, 1348; fortalicium, 1412. G-tum (ap.), 1386.
GUICHARDI (Aymarus), vend. 970.
GUIDO, archiepiscopus Viennensis [*II de Clermont*, 1266-*févr.* 1279], 197; — Dalphini, dominus Montisalbani [*fils d'Humbert I*er, † 1317], 11, 81-2, 239, 268, 361, 379, 1078, 1146-62, 1225-37-73, 1371-(2)-3-7; — episcopus Arvernorum [*de la Tour*, 1250-28 *févr.* 1286], 1792.

GUIDONIS (Falco) de Cabeolo, 253.
Guiers (Lancelotus dei), 643. [753.
GUIFFREDA, mat. A. et G. Morard. 693.
GUIFFREDI (Guigo), 550; (Humbertus), 606; (Johannes), 530.
Ouigniaco (castrum de), 1315.
Guigo, delphinus [*V*, 1142-1162], 3, 4, 8, 26; delphinus [*VI* = Andreas], 47, 453, 462, 700; — delphinus, d. Viennensis, comes Viennæ et Albonis, dominus Fucigniaci [*VII*, 1237-*fin* 1269], 1, 3, 9, 14, 27-8, 43(-7), 125-6, 132 (-3), 140-4-5-6, 153, 164-9, 176, 180-1, 217, 233, 243, 288-9, 291-8, 300(-3-9), 317, 329, 331-2-3(-5)-9, (340)-5(-6), 356-7, 363-7-8, 372-6, 387, 398-9, 401-2-3, 424, 431-7, 440-3(-4)-5-6-b-8, 450(-5), 460-6, 479, 481, (553), 590, (617), 698, 740-1, 751-2-7, 765-7-9, 770, 780, 793, (800)-9, 916, (925)-9, (940-2), 871, 890-8, 913-4-9, (925), 951-7, 962(-6), (979, 1169), 1248, 1313-39, 1455, 1589, 1670, 1706, 1926-33, 1952-3-4-5-6-7-8-60; — delphinus, d. Viennen., comes Albonis, dom. Fucigniaci [*VIII*, 1319-29 *juil.* 1333], 41-6, 72, 88-9, 90, 104-5-9, (117), 123, 163, 188, 210, 225, (255), 262, 284, 337-8, 374, 388-90, 441, 462, 479, 608, 787, 1021-5-60, 1077-85, 1106-13-9, 1122-5-34, 1213-30, 1245-69, 1372, 1423-57, 1515-65-97, 1666-79-90, 1710-29, 1921-4-61-5; — notarius, 464.
GUIGONA, dom. S¹ Petri de Alavardo, 1719; relicta, 901; uxor, 964; — B. de Brognino, 580; — R. Montis Fortis, 569; — G. de Vienna, 461.
GUIOONIS (Johan.), 958; (Raymund.), 1227-47, 1276, 1349.
GUILLELMA, uxor, 726, 950.
GUILLELMI (Jaconet.), 953; (P.), 953; (Petrus), 125, 598, 890, 903, 925, 955; (Poncius), 1400; (Raymund.), 1336.
GUILLELMUS, abbas Bonæ Vallis [1220], 343; — archiepiscopus Ebredunensis [*VII des Bardes*, 16 *févr.* 1351-1361], 1964; — archiepisc. Lugdunens. [*I*er *de Sure, janv.* 1333-20 *sept.* 1340], 1139; — archiepisc. Viennensis [*II de Livron*, 1283-1305], 137, 1643; — comes Gebennensis [*II*, 1219-25 *nov.* 1252], 1937-8; [*III*, 1308-26 *nov.* 1320], 1533-65, 1678-9(-80)-3-8, 1390-1, 1911-5-21, 1942-4-5-7-8; — decanus Viennen. [*IV de Clermont*, 1308-*févr.* 1334], 350; — episcopus Aniciorum [*II de la Roue*, 22 *févr.* 1263-

25

9 avril 1282], 1792; episcop. Gratianopolit. [III de Royn, 1281-1302], 835, [IV de Royn, 1302-37], p. 142; — marchio Montisferrati [VI, 1207-35], 9, 56; notarius, 802-9, 907, 1252, 1351; prior de Domena, 804.
GUILLOCI (Gauterius), not. 973.
Gulna (vallis), 1260.
GUIOTI (Petrus), 668.
GUIOTUS, 1562. = Guido Dalphini.
GUMAN (Guillermus), 1771.
Gumino (Albertus de), 1052, 1860. Gumin, fam. (Arm. de Dauph.)
GUNARDI (Soffredus), 1713.
GUORELLI (Thomas), not. 852.
Gusans (Giraudus dominus de), 1442. Guisans, c° Bouvières (D.)

H ELINOR, relicta J. Bastardi, 492. HELISABEL, uxor H. Rica, 917.
HEINRICUS, HEN-S, archiepiscopus Ebredunensis [de Suze, 1250-6 nov. 1271], 1957; — Dalphini [fils d'Humbert I°], electus Metensis [1318-24], regens Delphinatum, dominus Montissalbani et Medullionis [1324, † mars 1329], 41-6, 110-8, 177, 222, 245, 262, 305, 851, 924, 1008-25-7-8, 1030-1-60, 1113, 1215-30-3-69, 1372, 1403-5 à 1422, 1507-8-15-81, 1675-9, 1921-4-8-65, p. 243-6-7; — Roman. rex [VII, 6 janv. 1309], 7, 11, 130; imperator [29 juin 1312-24 août 1313],25.
Heras, H-sio (de) castrum, 126; domus, 243; Jocerand. 168; Silvio, S-vo, Sylvo, 126, 243. Arras (A.)
Herbesio, H-eysio (de) domus, 818; Guillel. et Hugo, 973; parrochia, 914; Soffredus, 736. Herbeys (I.)
Heres (apud), 1049; (de) Albertus, 1049, 1204; fortalicium, 1304; Johan. 1074; Mathæus, 277. Hières (I.)
Herolis (castrum de), 1351. Eyroles (D.)
HEURARDA (Genta), 973.
HEUSTACHII (Petrus), 875.
Homagium, passim; — corporale, 626, 1009, 1268, 1554-7; legium, lig-m, 112, 202, 341, 418, 560, 701, 810, 965, 1017-23, 1169, 1200, 1368, 1469, 1549, 1608, 1765; non-, 989, 1413; personale, 352-4, 454, 610, 845, 1553; remissum, 124.
Homo delphinalis, 496, 1070; ligia, 1594; ligius, 166, 239, 428, 597, 641, 883, 910, 1001, 1170, 1468, 1551, 1626, 1709; — de corpore, 454; de persona, 1036.
Hospitalarius, 491. H-io, 1373, 1435, 1745. Vid. Burgondii, S' Anthonii, S' Johannis Jerus.

Hospitali, H-tio (Amselmus, etc. de), not. 1458-66-96-7, 1596, 1896.
Hospitil delphinalis (judex major), p. 2, 25, 98, 173, 216, 256.
Hospitium nobilium, locus, 988.
Hostagiamentum, 394 (D. III, 706).
Hosteduno, Houstad-o, H-teuno = Otted.
Hugo Dalphini, dominus Fucigniaci, etc. [fils d'Humbert I°°, 1304-21], 98, 102, 237, 592, 661, 893, 1167, 1453-7-60-3-4, 1489-96, 1500-7-8-14-5-8, 1528-9-30-9, 1541-2-4-6-8, 1562-7-71, 1583-4-5-6-7-8, 1631-59, 1664-6, 1678-83-7, 1911-5-27; — dux Burgundiæ [IV, 1218-72], 401-2; episcopus Clarimontis [de La Tour, 1227-28 déc. 1249], 458.
HUGOLERII (Bertrandus), 1430.
HUGONIS (Petrus), 1246, 1435.
HUMBERTI(Joh.),802,903,1685;(Raym.), 392.
HUMBERTUS, HUM-s, archiepiscopus, electus Ebredunen. [1245-1250], 1953-4-5-7; archiepisc. Viennensis [II, 1206-19 nov. 1215], 980; castellanus de Plana, 825; — Dalphini, 407; delphinus, d. Viennensis et comes Albonis dominusque de Turre [de La Tour-du-Pin, I° en 1282, † 18 avr. 1307], 5, 6, (12)-8-9, 20-1-3, 37, (53)-4-7, 63, 79, 82-6-7, 95-7, 100-1, 121, 137, 154, 168, 170-1, 182-3-4, 211 (-6), 227, 239, 240-9, (256), 302, (311)-9, 327, 330-4, 341, 361, (373), 382-3-7, (395-7), 421, 432-9, 467-8, 476, 482(-3)-5, 501, 549, 568, 591, 601, 623, 683, 701, (771, 791)-4-5-6, 830(-4)-5(-7, 853)-7, 1006-34(-9), 1049-50(-2-3-4-5-6), 1066-80, 1123-4-32-3, 1164(-5-6)-7(-8-9-70, 1176 à 1199), 1229-34-40-2, (1253)-66-7, 1274-5-86-93, 1304-8-9, 1317(-8-9)-68, 1451-2-64-82, (1501)-2-26-35, 1540-62-93-4, 1601-4-5-17, 1640-9-51, 1665-7-71-94-8, 1707-24-84, 1895, 1913-58-9-80; — delphinus, d. Viennensis [II, 1333-16 juill. 1349], 16, 24-9, 30-1-6, 40, 52-5, 65, 72, 94, 106, 111, 122, 152, 161, 292, 369, 378, 393-6, 410-4, 429, 430, 454-7, 472, 484, 614-5, 625-6-9, 632-3-4-6-8, 640-1-2-9, 652-3, 661-3, 703, 710, 737, 754, 826-8, 865, 885-8, 989, 994, 1003-9, 1010-33, 1045-6-7-8-68, 1083-6-90-1-4-8, 1118-9-27, 1135-6-8-9-43-4, 1246-50-68, 1279-88-91, 1302-13, 1449-50-9-62, 1471-80-5-90, 1503-5-34, 1558-60-1, 1573-7-8-9-80, 1606-22-3-73, 1722-6-43-5-97, 1962-3, p. 2, 25, 173,

216, 256; et dominus Fucigniaci [1321], 1450-6-62, 1484-90, 1505-34, 1518-77, 1622-3; patriarcha Alexandrinus [1349, † 22 mai 1355], 1615.
Hungaria (de) Beatrix [fille du roi Charles Martel, mariée au dauphin Jean II, mai 1296, † 1354], 38-9, 72; rex, 1699, 1703 : Karolus Martellus. Hongrie.
Hylino = Illino.
HYSIABELLA = Ysabella.

ILLIANA, uxor And. Goyne, 1740.
Illino (de) castrum, 313, 357, 1774; Girard, 451; Guigo, 313; Guillel. 357, 1774; Humbert. 1774; Joffred. 1192; moenia, 451. Illins, cᵉ Luzinay (I.)
Illuriaco (Stephanus de), 358. Loirieu, cᵉ Nerpol (I.)
Imperator, 1083-93, 1169, 1455, 1746.
Imperialis aula, 825, 913, 934.
Imperium, 2; — merum et mixtum, 230-2, 390, 422, 641-5-6, 663, 830, 844, 1055-60, 1230-3, 1301, 1432-45-6.
Incarcerare, 865 (D. III, 788 c).
Incarnatio Dominica [25 mars], 8, 109, 171, 225-7, 323-4, 337, 409, 468, 499, 673, 738, 770, 794, 816-8, 915, 1028, 1060-78, 1146-62, 1225-6-7-35-7, 1250-73, 1300-4-37-8, 1341-54, 1432-92-8, 1549, 1711-39, 1897, 1949.
Incisa (A. de), abbas Casæ Novæ, 96.
Infeudatio, 146, 217, 480, 978, 1060, 1140, 1241-86, 1330, 1682-4-91, 1831-40, 1917-50.
Ingalatis, Inja-s (Bertrandus de), 710, 752. — Enjalatis.
Innobiles, 1142, 1233 (D. III, 839).
INNOCENTIUS, papa IV [28-9 juin 1243-7 déc. 1254], 419.
Inquisitores hæreticæ pravitatis, 420.
Inscindere, 914. Couper (du bois).
Insula de Scabeolo (Petrus de), 218.
Insula (de), 959. L'Ile au N. de Grenoble.
Insula (de) Hugo, 1138; Johan. 1001-33 (2); Mathæus, 1202.
Insula (Richanus de), 1388.
Insulæ, l. Barbaræ (abbas, 1231-52-76, 1346; prior, 451. L'Ile-Barbe, Bénéd., au N. de Lyon (R.)
Interaquis (parrochia de), 1798. Entraigues, c. Valbonnais (I.)
Intermontibus (de), 1724; — castrum, 361, 624, 908; dominus, 1176; Dronetus, 641; Guillel. 624, 700, 908; Rodulphus dominus, 361, 817-8(-9), 820, 879, 880-1-2, 976-7-8, 1728; Roletus, 361, 641, 700. I-tes (ap.), 975, 1177. Entremont, cᵉ Sᵗ Petri de Int. (I.)

Intermontibus (abbas de), 1937. N.-D. d'Entremont, Augustin. (H. S.)
Investire, 125, 343-9, 376, 683, 765, 888, 1330, 1415-42-5, 1678, 1720, 1805. I-itio, 170. I-itura, 206, 663, 988, 1804 (D. III, 883). [1180.
Invocaverunt me, dominica [1ʳᵉ de Carême], Inymontis (rupis), 1211. Inimont (Ain).
ISOARDI (Petrus), dom. d'Ayz, 575.
Itracueres (Guillel. de), 1715.

JAC, Jacio, Jacyo, Jacz, Jas, Jasz, Jatz, Jayo, Jayz (de) Amedeus dominus [II, 1225-14-6 févr. 1247], 1519-96?; baronia, 1594, 1649-71; castrum, 1461, 1519-41-94, 1605-19; domina, 1542; dominus, 321, 1458-96, 1514-35-41-4, 1562-7-72-5, 1606-23-66-74; Elyenoria, 1565; factum, 1596; feudum, 1486, 1607; Guillelmus [voy. Jam Vila], 1476-81, 1512, 1600-17-8; Johan. 1673; Johanneta domina = J. de Sabaudia; Leona, Lioneta, Lyona, L-neta domina [Léonette, ép. Simon de Joinv., 1251-16 nov. 1302], 1458-76, 1481-97-8, 1512-35-8, 1542-90-4, 1600-2-7-17-8, 1637-8-48, 1650-68-9; Petrus [fils de Léonette,? 1297-1288?], 1458-76, 1481-98, 1512, 1602-18; Symon dom. [de Joinville, ép. Léonette janv. 1252-3 juin 1277], 1481. Gex (Ain).
JACOBI (bⁱ) festum [25 juil.], 1049.
JACOBI (Guigo), 1074; (Modicius, Moducius), 1358-9-66.
JACOBUS, rex Majoricarum [Jayme Iᵉʳ, 1262-fin juin 1311], 1315.
JACOLARIS (Berlio), mistralis, 1112.
Jairia (Sᵗ Stephani de) parrochia, 831. Haute-Jarrie (I.)
JAMENCELLI (Giraudus), 732.
Jam Vila, J.-le, Jancvile, Janv-e (de) Guillelmus [fils de Simon et de Léonette, sire de Gex, 1302-nov. 1324], 1496, 1535-41-2-4-62-7, 1666; Hugo [Hugard, fils de Guill. et de Jeanne, sire 1324-13441, 1623. Joinville (H. M.)
Janeccos, tenementum, 1352.
Janolye (castrum de), 1498, 1648. Genollier, c. de Vaud (Suis.)
JAQUE (Johanninus), 119.
JAQUETE (Hugona), 799.
Jarceu (apud), 368. Jarcieu (I.)
Jarresio (Jacobus dom. de), 290, 379, 474. Le Jarez, dans la vallée du Gier (R.)
JARRETI (Guil.), 231, 348; (Jacob.), 231.
Jarse (Aymo de), 1473. Jarsy (S.)
Jarzins (villa de), 275. Jardin (I.)
JASSEMUS, vicarius de Romanis, 1794.
Jasliiaci (castellanus), 136. Chasselay (I.)

JAUCERANDI (Petrus), 738.
Javifillacii (Rossi de), 349. [Geyssans (D.)
Jaychanis, Jayssa-s (bastida de), 138, 256.
Jayeu (Johannes de), 1036. Jailleux, c⁰ Montluel (Ain).
JAYMETUS, frater G. Jarreti, 279, 348.
Jeresio = Jarresio.
Jerusalem reges, 73 : Fredericus II, Karolus, Robertus. Cf. S¹ Johannis. Jérusalem (Palest.)
JESUS CHRISTUS, 420, 1222, p. 216.
Jetz (Petrus de), 1012. = Jac.
Jochle (brocellum), 1076.
JOFFREDI (Ancelm.), 1155, 1206; (Bertrand.), 638; (Humbertus), 1155, 1206.
JOHANNA, filia ducis Borbonii [fiancée à Humbert II, ép. Charles V en 1350, † 1378], 106; — A. de Bososello, 228; regina Franciæ et comitissa Burgundiæ [de Bourgogne, ép. Philippe V en 1306, † 21 janv. 1329], 41, 88, 90, 1690.
Johannages (prope), 1027. Jonage (I.)
JOHANNAYRES (Petrus), not. 349.
JOHANNES, archiepiscopus Viennensis [de Bernin, 1218-17 avr. 1266], 479, 979; comes Foresii [Iᵉʳ, 1278-3 juil. 1333], 109, 284, 337; — delphinus, d. Viennensis, comes Vien. et Albonis [Iᵉʳ, 1270-†24 sept. 1282], 174, 184, 295, 314, 406, 451, 475, (810), 849, (1034, 1320), 1486, 1642, 1737-90, 1914-23; — Dalphini, 5, 38, 64, 74-5-9, 81-2, 137, 361 (com. Vapinc.), 683, 857, 1146 (c. Vap.)-62, 1526-62, 1640-65, 1830, 1959; delphinus, d. Viennensis, comes Albonis et dominus de Turre [II, 1307-† 4 mars 1319], 7, 13, 25, 45, 50, 83, 91-5-7-9, 136, 179, 268, 287, 316, 322, 336, 387, 425-6, 459, 474-8, 641, 690, 735, 1005-17-32, 1058-87, 1100-1-5-11-5, 1121-6-8-47-50, 1225-44, 1272-98, 1377-83-4-96, 1567, 1678-9-84-8-9!, 1711-3-21-3-4-5, 1910-7-65; — episcopus Grationopolis [II de Chissé, 17 déc. 1337-déc. 1350], p. 300; episc. Valentinen. [II de Genève, 13 févr. 1283-1297], 1234; notarius, 732, 805-91, 953, 1343; — imper. 689, 841, 932-5, 950-71; — s. palat. 912; papa [XXII, 5 sept. 1316-4 déc. 1334], 1230-69-99; rex Francorum [II, 22 août 1350-8 avr. 1364], 1610-5.
JOHANNIS apost. (b¹) festum [6 mai], 1618; — Baptistæ Decollatio [29 août], 240; festum [24 juin], 104 (m. jun.), 137, 406, 858, 900, 985, 1519, 1791; Nativitas [24 j.], 546, 1191-2.
JOMARDI, J-RI, J-RII, J-RIS (Guillel.), 72, 545, 1711-24-5; (Hugo), 579.

Jonchani (apud), 1347. Les Jonchiers, c⁰ Beauvoisin, c. du Buis (D.)
Jons (Philippus de), 989. Jons (I.)
JORDANA, relicta, 1636, 1789; uxor, 907.
JORDANETE (Arthaudus), 113.
JORDANI (Guillel.), 578; (Hugo), 866; (Johan.), 720; (Petrus), 1566.
Jornale, 618, 975, 1715-8 (D. III, 898).
Jornis (Petrus de), 163.
JOVENCELLI (Giroudus), 786.
Jovis sancta (dies) [Jeudi-saint], 133.
Jubilate (dominica qua cantatur) [3ᵉ après Pâques], 146.
JUDICIS (Guillelmus), not. 83.
JUGLAT (Domengetus Io), 878.
Julaens (Aymo de), 1628.
JULIANA, filia, 989; uxor, 802.
JULIANI (Bernard.), not. 613, 1533, 1679; (Johan.), not. 541, 816, 915, 975.
Junccheres, Juncherie (castrum de), 321. La Jonchère, c⁰ Beauregard (D.)
Jurensis : vid. S¹ Eugendi.
Juridictio alta et bassa, 645, 1822.
Justitiæ, 423, 1706; grossæ, 422.
JUVENIS (Aymo), not. 1719.

KAROLUS, comes Provinciæ [fils de Louis VIII (roi de France), roi de Sicile 1266], 43, 1956; — delphinus Viennensis [fils du roi Jean II, 16 juil. 1349-8 avr. 1364], 32(-3-4, 108, 490), 1461, 1610-5, 1779, 1964, p. 321; imperator [IV, 11 oct. 1347-29 nov. 1378], 32, 108, (1777); rex Hungariæ, Martellus [1290-95], 38, 72; — et princeps Salernitanus [Charobert, 1300-16 juil. 1342], 13, 425; rex Jerusalem et Siciliæ [II le Boiteux, 7 janv. 1285-5-6 mai 1309], 25, 38, 81-2, 325, 1958-60.
KATHERINA = Caterina.

LABRE (Arthaudus), 1082.
Lacelmes, L-ermis (Petrus de), 1238-93, 1312-5-36-7, 1343-5-50, 1434-5.
Lacu (Petrus de), 1091, 1108. Le Lac, c⁰ Chábons (I.)
Lacu (Guigo de), 1663. Lac, c⁰ Servoz
Lacubus : vid. S¹ Laurentii. [(H. S.)
LAGERII (Humbertus), not. imp. 1796.
Lagier (porta de), 351.
Laiam (apud), 1630. Léaz (Ain).
Lambercius = Lumbercii.
LAMBERTI (Guillel.) not. 1225-73, 1310.
LAMBERTUS, notarius, 1231; prior Prati Mollis [1281], 962.
Lancino (stagnum de), 1820. Lancin, c⁰ Courtenay, c. Morestel (I.)
Landrins, L-rus (domus de), 345, 444. Landrin, c⁰ Moras (D.) [CASSINI].

— 357 —

Landuf (feudum de), 327. *Landos (H.L.)*
Langes, L-gils (de) domus, 1034; Humbert. 1034; Johannet. 1034, 1875. *Mont-de-Lange, c° Clézieu (Ain).*
Langiaco (locus de), 29, 92. *Langeac (H. L.)*
Langiis, L-giais, L-no, L-ns, L-guins (de) Aymo, 1517; castrum, 1556; dictus, 1473; habitator, 1620; Petrus, 1556-73 (dom.). *Langin, c° Bons (H. S.)*
Lanselmis (de) Francisc. 1873; P. 1849.
Lantelmes (Petrus de), 1272.
Lapra (Eymionetus de), 1471. *Lapraz, c° Mieussy (H. S.)* [1401.
LARDERIE, L-II (Hugo), 353; (Oliver.),
Larnaje (castrum de), 454. *Larnage (D.)*
Las (Poncius de), 213.
LATARDI (Jacelmus), miles, 1025.
Latia (de) Johan. 1074; Peronet. 1040.
LAUDERII (Oliverius), 1232.
Laura (Guarinus de), 1012. *Lauras, c° Montluel (Ain).*
LAURE (Girinus), 1074; (Henricus), 1033.
LAURENTII (b¹) festum [10 août], 387, 1443.
LAURENTII (Bertrandus), 1075, 1237; (Poncius), 1249, 1357-67 bis.
Lausaniæ, L-nnensis canonicus, 1701; diœcesis, 1498, 1648; episcopus, 1455. *Lausanne (Suisse).*
Lavania (Percevallus de), 1953. *Lavagna, au S. E. de Gênes (Ital.)*
Lavario (Giraudus de), 1447. *Lavars (I.)*
Lavautz (Ysmido de), 434.
LAVETI (Rollandus), 1096. [*Lavieu (L.)*
Laveu, Lavief (Berardus de), 410, 1127.
Lay, Laya (de) Avmo, 1108, 1751. *Laye, c° St-Clair-de-la-Tour (I.)*
Laya (Guillelm. de), 1853. *Laye (H. A.)*
Layriaco, Layvi-o (Briandus de), 109, 181. = Laveu.
Leborelli castrum, 1303, 1403-21; territorium, 1418. *Laborel (D.)*
Lecharenas (ad), 958.
Lemps (de) Aymonet. 982, 1795; Leuczo, 1701. *Le Grand-Lemps (I.)*
Lemps, Lencio (castrum de), 1276, 1315. *Lemps (D.)*
Lengiaco = Langiaco.
Lengres (Thomas de), 1076. [(*Ain*).
Lent (factum de), 370. *Lent-en-Dombes*
Lento (Rodulphus de), 1308, 1877. *Lens-Lenuta*, 173. [*Lestang (D.)*
LEOBARDI (Berard.), 893; (Galvagnus), 1011-74; (Girard.), 1116; (Guichard.), 1074, 1116; (Johan.), 1116; (Mathæus), 1673.
Leone (Tibaudus de), 1397-9, 1400. *Léoux, c° Villeperdrix (D.)*

LEOTARDI (Arthaudus), 1074.
Lepina (castrum de), 1248. = Spina.
Les, aqua, 388, 390. *Lez, riv. affl. du Rhône au S. de Montdragon (I., V.)*
Lesartors, Lessa-os, feudum, 341, 1104. *Les Essarts, c° Chatonnay (I.)[IV, 71).*
Lescheria, Leyc-a, 1063, 1103, 1820. (D.
Letare Jerusalem (dominica) |4° de Carême!, 462.
LEUCZONIS (Guigo), not. 1137.
Leyda, 423, 544, 1506, 1732 (menuta).
LEYDERII (Petrus), not. 1457, 1507-8-59. [*sy (H. S.)*
Leye (decimæ de), 1488. *Lay, c° Mieussy*
Leyns (apud), 1252. = Lemps 2°.
Leyrieu (de), 1120. *Leyrieu (I.)*
Liberone (de) dominus, 445; Johan. 246; Ponczonus, 223. *Livron (D.)* [1290.
Libertates, 6 (delph.), 134, 423, 690,
Libra annualis, 1046, 1568; censualis, 1391; ceræ, 431, 961; cumini et piperis, 1271; reddiutalis, 475, 989, 1005, 1218, 1396, 1506.
Librata terræ, 88, 1548 (D. IV, 101).
LICHURIKILLI (Ponczonus), not. 1137.
Lilins = Luliis.
Limitatio, 185, 198, 206, 1287, 1764-7.
Limons (Lambertus de), 466. *Limons, c° Simandre (I.)*
Linga gallica, 87, 92-3; layca, 92.
Lingoniensis episcopus, 1576. *Langres (H.*
Lionz (castrum de), 1368. = Rihomis. [*M.)*
Lisle (Petrus de), 497.
Littera auctentica, 184, 412, 1437; imper. 1777; modica, 957; papalis, 317, 429, 865; papirea, 1502, 1673; pargaminea, 27, 92, 199, 200-33, 300, 491, 690-1, 782, 1101-5, 1299, 1452, 1627-39-40-87; parva, 314, 1500; patens, 1376; regia, 489, et delphin. 493, 985.
Livron (Petrus de), 1544. *Livron, auj. Château-Vy, c° Collonges (Ain).*
Locha (Andreas de), 1050.
Loes (de), 1196. = Loyes 1°.
LOMBARDI (Baldoinus), 1871.
LONTELMI (Petrus), nobilis, 1527.
Loras (de) Guichard. 1033-72; Johan. 1074; Stephan. 1012. *Loras, c° St-Marcel-de-Bonaccueil (I.)*
Losanæ = Lausaniæ.
Louppeyo, L-pi, Luppeyo (Rodulphus dominus de), 108, 490-1. *Louppy-le-Lovarecia*, 1820. [*Château (Meuse).*
Loyes (de) castrum, 1073-83; parrochia, 1206; Petrus, 1086. *Loyes (Ain).*
Loyes (de) Melmetus et Petrus, 1494; Tranbertus, 1487. *Loëx (H. S.)*
Loyetes, L-tis (de) castrum, 1030; Stephanus, 1074. *Loyettes (Ain).*

Lucæ evangel. (b¹) festum [18 oct.], 318, 722, 1017, 1794.
Lucerno (Hugoninus de), 2001.
Luciæ virg. (bæ) festum [13 déc.], 467, 921, 1473, 1951.
Lucingio (de) Agnes *et* Amedeus, 1553; Aymo, 1549; Francisc. 1544-74; Guillel. 1549; Heinricus, Hen-s, 1551-68, 1626; Humbert. 1549-68; Johan. 1543; Leoneta, 1553; Perretus, 1506. *Lucinge* (H.S.) [*Haute* (D.)]
Lucio (Guillel. de), 698. *Lus-la-Croix*-
Ludovicus, archiepisc. Lugdunen. = Vilariis; junior, comes de Octingen [1335], 30-1, 55, 94; Roman. rex et imperator [*V de Bavière,* 20 oct. 1314-11 oct. 1347], 16, 24, 30-1, (55), 94.
Lueys (mandam. de), 1040. *Lhuis (Ain).*
Lueys = Loyes 2°.
Lugdunense, L-sis archiepiscopus et comes, 318, 400, 1140; 257; 1168; 290, 379, 1146-62; 1025; 1127-39; 1461, Henr. de Vilar.; — capitulum, 399, 400, 1140; civis, 1135; curia = official.; decanus, 399; diœcesis, 828, 1030; ecclesia, 398-9 (prima), 401, 1025-61 (major), 1139, 1146-62 (1ª); electus, 398-9, 401-2; officialatus, 1146, 1901; officialis, 130-1, 204, 298, 379, 991-2-3-5, 1071-3-84, 1100-1-21-47-62; senescallus, 1117, 1210. L-ni factum, 995; habitator, 995, 1134; præsentatio, 1870. L-no (de), 163; burgensis, 1134-6. L-num (apud), 419; (versus), 1139. *Lyon (R.)* Cff. S¹ Justi, B. Mariæ de Deserta, S¹ Pauli.
Lugnari (territor. de), 1448.
Lullis, Lulins, Lull-s (de), 1586; — Aymo, 1583; Girard, 1550; Johan. et Jordan. 1583; parrochia, 1550; Petrus, 1583-8. *Lullin, Lully (H. S.)*
Lumbardi (Guillel.), not. s. pal. 176.
Lumbardus, 179, 1357-60-1-4-5-6-7-*b*, 1580, *p.* 242.
Lumbercii, L-riis (de), 1522; dominus, 1267-84, 1841. *Lombers, a. Albi (Tarn).*
Lumbino (rivus de), 813. *Lumbin (I.)*
Lunelli (Aymarus) de Valle, 266.
Lunello (de) dominus, 1841, p. 245; Roncelinus, Ronsol-s, R-sul-s dom. 1223-84-9-93, 1304-15, 1431-44-5. *Lunel-Viel (Hér.)*
Luppi (Henricus), 166.
Lurone (Rodulph. de), 1498. = Livron.
Lustrino (Guigo de), 1074.
Luyes (libertates de), 1099. = Loyes 1°.
Luysardi (Guillel.), not. 1541.
Luyserii (Guillel.), not. 1481, 1542.
Lyatardi (Guido, Guigo), 1158, 1210; (Joffredus), 1158, 1210.

Lyems (Giraudus de), 1869.
Lymone (Almaricus de), 144.
Lyobardi (Johan.), 1033; (Steph.), 1044.
Lyonis (castrum de), 1293. = Rihomis.

Maachris ?, 1096.
Mabilia, uxor, 860-1, 873, 911, Macelli (Petrus), not. 832. [959.
Machenda, uxor A. Beymundi, 792.
Machera (dictus), 609.
Macheti (Guillelmus), 1074.
Machi (Arthaudus), miles, 1082.
Machimiaco = Maximiaco.
Maeria, Mayeria, 449, 914 (D. *IV,* 173.
Maffleco (Johannes de), 43. [3°).
Maffredus, Mapr-s = Manfredus.
Magdalenes = Maria Magdal.
Magistri (Johannes), 539.
Maglorges = Majoricarum.
Magnallit (Johannes), not. 729.
Magnin, M-ni (Guiffredus et Hugo), 768; (Jacobus), 427.
Maineroni (Hugonetus), 166.
Mairleu (habit. de), 187. = Mayref.
Majoricarum rex, 1315, 1732. *Majorque (Iles Baléares).*
Mal Bec, Malo Becco, M. Beco, M. bosco (de) castrum, 228, 341, 1104-32-99; dominus, 341, 1104-30-99, 1528. *Maubec (I.)*
Mal Borget (chavaneira de), 984. *Malbourget, c° Pontcharra (I.)*
Mali Boyson (crosa), 1080.
Malam Fossam (ad), 853.
Malacrayt, M-atr-t (de) Bertinus, 1074, 1112; Guillel. 1112. *Malatrait, c° Janneyrias (I.)*
Malario (Imbertus de), 876. [(V.)]
Malaut. (castrum de), 1287. *Malaucène*
Malaval, M-lle (castrum de), 233, 290-5, 379, 431, 1078. M-am V-em (domus ap.), 295. *Malleval (L.)*
Malavicini (Poncius), 1409.
Malbosson (Johannes de), 1948. *Malbuisson, c° Grésy (S.)*
Malcapi (Guillel.) et filia, 1251.
Malivolentia, 164.
Malleni (Johan.) de Oysencio, 510.
Malles, M-liis (de) Guillel. 591; Oberjonus, 166. *Malles, c° Morêtel (I.)*
Mancini (Johannetus), 262.
Manffredus, marquio Saluciarum [*Mainfroi IV,* 1299-1336], 91-6-8, 102.
Manfrey (Johannes), 1357.
Mangnoni (Falco), 408; (Hugon.), 428.
Mans (Raymundus), 1332.
Manso (de) Guil. p. 301; Humb. 883-5.
Manta (parrochia de), 1798. *Nantes (I.)*
Manteyrio (Rollandus de), 1248. *Manteyer (H. A.)*

Mantigniacii (territorium), 1448.
Mantuanus (Gotfredinus), 1703-4.
Manuel Canapis, 849.
Maquardi (Albertus), 921.
Marca, M-cha argenti, 56, 176, 371, 1269-79, 1313-32, 1683, 1826 (D.
Marcelli (Guillelmus), 566. [IV, 271].
Marcenno (castrum de), 1368.
Marcha (Georgius de), 188. *Marches* (D.)
Marchia (Symon de), 1084.
Marchis (Bernard.), 762; (Jaquet.), 1582.
Marchisii (Stephanus), not. 1134.
Marci evangel. (bⁱ) festum [25 avr.],
Marci (bastida de), 1553. [1178, 1248.
Marcillef, M-eu (apud), 1202; (homines de), 1204. *Marcillia*, c^e *St-Vulbas*
Marco : vid. Bello Videre. [(Ain).
Marens (Giroudus, P. et Thomas de), 1520. *Marin* (H. S.)
Marescalci (Jacobus), 918.
Margallani (Guil.), mistralis, 1806.
Margalli (Alamandus), 847; (Johannes), 693; (Petrus), 847.
Margarita, filia Beatricis duchissæ, 371; mater Alb. de Turre, 1735; soror P. de Bergonovo, 1076; uxor, 542 a, 869, 963; — marquionis Montisferrati, 176;
— Frelini de Saluciis [en 1302, *fille d'Humbert Ier et d'Anne*], 91-6-8, 102, 305; — Berl. de Turre, 116.
Margarona, soror, 1788.
Margayl (Johannes), not. 941.
Margensado (Hugo de), 1627. *Margenssel*, c^o *Cluses* (H. S.)
Maria, priorissa Saletarum, 1823-9; uxor Aym. de Pictavia, 57 *[de Viennois, fille d'Humbert Ier et d'Anne*, *ép. A. de Poit.* 1297, prieure 1334, † 27 oct. 135.].
Mariæ virg. (Beatæ) Annunciatio [25 mars], 234, 1341, 1617; Assumptio, 709 : *v.h.v.*; Nativitas [8 sept.], 333-3, 980, 1157, 1591; Purificatio [2 févr.], 315, 401, 765, 1595, 1661;—
(festum) augusti [15], 732, 940; decembris [8], 176.
Mariæ Magdalenes (bæ) festum [22 juil.], 43; 53, 311, 421, 502, 914, 1128, 1721, 1903-56.
Marjais (castrum de), 454. *Margès* (D.)
Marmorea (bastida de), 1228.
Marnant (domus de), 318. *Marnans* (I.)
Marolio (Johannes de), p. 304-7.
Marquenno (castrum de), 1242.
Marronis (Aymaronus), 244.
Marseu (castrum de), 1315. [tyniaco.
Martinasz (Mathæus de), 1070. = Mar-
Martini (bⁱ) festum [11 nov.], 395, 586, 600, 731, 809, 1285, 1637; hiemalis, 377, 475, 1211, 1571.

Martini (Girard.), 1757; (Guillel.), 15, 1493; (Jacob.), 1032; (Jacom.), 1854; (Jaquem.), 456; (Lantelm.), 1709; (Mermetus), 1558; (Petrus), 1493; (Philip.), 1513-58; (Richard.), 1371; (Rolet.), 1513.
Martras (las), locus, 29. *Martres-de-Veyre* (Puy-de-Dôme). [gnat (Ain).
Martyniaco (Johannes de), 1115. *Marti-*
Mascon, M-ne, Mastic-e (de) Berthonus, 982 ; Guillel. 1161; Humbert. 1074; Stephan. 393. *Mâcon* (S. et L.)
Maseti (Guillelmus), 1716.
Masticonensis, M-nis archidiaconus, 1084; bayllivus, 62, 1039; decanus, 1150; senescallus, 334. = Mascon.
Matacena (in), 642, 676. *La Matésine, capit. La Mure* (I.)
Matafellon, M-no (Humbert. de), 735, 1128; *Matafelon* (Ain).
Matæi, Mathæi apost. (bⁱ) festum [21 sept.], 443, 974.
Mathæi (Hugo), 961; (Joh.), 108, p. 301.
Mathæus (fr.), cardinalis Sⁱ Laurent. in Dam. [d'*Aqua Sparta*, 1288-1302], 1693. [1152, 1641.
Mathiæ apost. (bⁱ) festum [24 févr.], 683.
Matrinigio (decimæ de), 1488. *Matringe, c^o Mieussy* (H. S.)
Mauricii (sⁱ) festum [22 sept.], 431.
Maurini (Antonius), not. 58.
Maurinus, prior de Veneclis, 1703-4.
Maximiaco, Maychi-o (de) castrum, 991; Guionet. et Hugonin. 1051. *Meximieux*
Mayfredus = Manfredus. [(Ain).
Maynardi (Johannes), not. 1547.
Mayniis, M-us (ap.), 1747; (factum de), 1741.
Maynt (terra de), 1466. *Moens* (Ain).
Mayref, M-eu, M-riaco (de) Andreas, 1001-74; Bernard. 1154-6, 1194; Humbert. 1074; Petrus, 1065, 1195. *Meyrieu* (I.)
Mayreus (Johannes de), 1575. *Meyrin, c. de Genève* (Suisse).
Mayriniaco (Humbert. de), 1096. *Marinieu, c^o La Balme* (I.)
Mayssenas = Meyssennas.
Maysseu, Mey-u (castrum de), 1094. *Meyzieux, a. Vienne* (I.) [ximiaco.
Mayssimaco (Guillel. de), 1209. = Ma-
Mederu (Guillelmus), nobilis, 214.
Medici (Albertus), 1281, 1847; (Giraudus), 1387, 1847.
Medulione, M-ll-e (de) baronia, 46, 1004-27-8, 1222-9-90, 1384, 1400, 1831, p. 216, 243-6-7, 300; Beatrix, 1258-75-8-81, 1832-43-7, 1895-7-8; Bertrand. 1339; castellanus, 1400; castrum, 1242-4, 1397; dominus, 46, 194,

1027, 1244-51-71, 1280-3-98, 1307-21-7, 1349-82-4-95, 1403-7-10-1-38, 1834-43, p. 246; factum, 1234; prioratus, 1398; Raymundus dom. 2, 1290; 1341, 1425-6; 1236-48 (d.), 1300-46-7 (d.), 1351, 1441, 1316 (senior, novic. ord. Prædic.); 1441, 1222-7-31 (junior), 1241-7-82 (d.), 1306-16-38; 240 (jun.), 1222-9-40-1-2, 1270-86, 1321-7-48, 1353-69-83(-4), 1840-97-8. M-cm (ap.), 1411. *Mévouillon (D.). Cf.* Ruppecula.

Meeriam (vinea ad), 859 (D. *IV*, 343).
Melanis (domus monialium de), 1452. *Mélan, c° Taninge (H. S.)*
Melano (Guillel. de), 911. == Meolano.
Meldis (Theobaldus de), 40. *Meaux (S. et* MELLURETI (Anthonius), not. 1141. [*M.*]
Memoriale, 185, 374, 1107, 1900 (D. *IV*, 354).
Mencio (de), 981. *Mens (I.)*
Menea (supra), 1301. *Menée, c° Treschenu (D.)* [(*D.*)?
Mensolio (castrum de), 1315. *Montaulieu Mensura*, 423 ; — Clussarum, 1488; Goncelini, 608.
Menton, M-ne (de) Humbert. 1529; Nicolet. 1509; Petrus, 1490; Rodulphus, 1584; Thomas dom. 1614. *Menthon (H. S.)*
Meolano (de), 944; — Ancelmus, 1152, (dom.) 1152-8-9-60; dominus, 1155-6; Guiffred. 1152-9; Guigo, 705; Lantelm. 913; parrochia, 702, 723, 753, 807, 863-4, 921-89, 935-8, 970. *Meylan (I.)*
MERCATORIS (Castellus), 314; (Guigo), 713; (Guillelmus), 295, 312.
Mercatum, 847-9, 859, 873. (D. *IV*, Mercurii sancta (dies), 834. [366).
Mercuriolo, M-rol (de) castrum, 332, 454; Symond. 408. *Mercurol (D.)*
Merendulio, Merindolio (de), 1401 ; — castrum, 1244, 1399, 1400-7. *Merindol (D.)*
Merinnay == Murinay. [1461.
MERLETI (Humb.), 621, 799, 872; (Joh.),
Mesatico (de) mistralis, 1806; parrochia, 831. [*Notre-Dame-de-*]*Mésage (I.)*
METANI (Conradus), not. 60.
METELINA, mater Sauræ, 1437.
Metensis electus, 245, 262, 1305, 1581; ej. capellanus, 435 ; — episcopus, 851. Metis (dat.), 1777. *Metz (Mos.)*
Meturyn (parrochia de), 1942.
Meudon (castrum de), 1593. *Moudon, c. de Vaud (Suisse).*
MEYLLIRETI (Pontius), not. 827.
Meysennas (de) Oakerius, 889; Gonetus,
MEYSSONERIUS (dictus), 910. [639.

Meyterium, 142, 422, 1034. (D. *IV*, Mezalon (ad), 1437. [346).
Mezingium (apud), 1636. *Mesinge, c° Allinge (H. S.)*
MICHAEL (magister), not. 1347.
MICHAELIS (bi) festum [29 *sept.*], 115, 311, 538, 735, 808, 1155-79, 1436-43-75-80, 1538, 1619-87.
MICHAELIS (Petrus), not. 1258.
MICHAILLI, M-ALI, M-LLI, M-AYLLI (Amedeus), 1011; (Aymar. et Bonlffac.), 989; (Hugo), 367; (Hugon.), 989.
Michala, M-lla, M-illa, M-ayllia, M-hellia, M-is (de), 1481-2-98, 1512; (in), 1451, 1538, 1600-2-18-48-74. (*Ain*)
MIGUETI (Aymo), not. 53.
MILLEF (Petrus), 969.
Millef (de) Hugo, 697; villa, 285. *Millieu, c° Monsteroux (I.)*
MILLETI (Johannes), 1116. [*cin (I.)*
Millian (Agnellus de), 838. *Millia, c° Bur-*
Mirabel, M-llo (de), 1442 ; — castrum, 268, 1004-28-30-1, 1269-79-99, 1313-5-76, 1845; domina, 1322; Villerm. 1347. *Mirabel, a. Nyons (D.)*
Mirandollum (apud), 492. == Merendulio.
Miribelli dominus, p. 249. *Mirebeau (C. d'Or).*
Miribello (de) dominus, 342; factum, p. 191; Humbert. 365-6. *Miribel (Ain).*
Miribello (de) Guillel. 459; Petrus, 556. *Miribel-les-Echelles (I.)*
Miribello (domus fortis de), 652, 889. *Miribel-Lanchâtre (I.)*
Miribello == Mirabel.
Mirinaysio == Murinay.
Mirmanda (de), 1443. *Mirmande (D.)*
Mirmurione (Latilus et Ysnardus de), 1439. *Mormoiron (Vaucl.)*
Miseriaco : *vid.* Sᵗ Martini.
Misone, Miss-e (de) Bertrand. 1239 (2)-52; Petrus, 1276, 1342. *Mison (B. A.)*
Missillia, 1948.
Mistralia, 135, 197, 207, 234, 949, 1723.
Mistralis, 1112, 1511 (D. *IV*, 417).
MISTRALIS (Ouillel.), 632; (Hugo), 629; (Odo), 667; (Petrus), 527.
Modium, 586, 1479 (D. *IV*, 456).
Moirenc == Moyrenco.
Moisier (apud), 1636. *Moisy, c° Frangy (H. S.)*
Molanis, Moll-s (castrum de), 11, 1241-2-87, 1307-87. *Mollans (D.)*
Molar (Ruffus del), 1153.
Molario (de) Falco, 1053; Guillel. 763-4, 813, 941; Petrus, 678, 903, 1035.
Molaris (castrum), 228, 1132. *Le Mollard, c° Fours (I.)*
Molas (habitator de), 1527.
Molendino (Petrus de), 598.

Molendinum delphin, 496; novum, 938.
Molino (Hugo de), 664. [(Ain).
Molone (Guilielmus de), 1118. *Mollon*
Mon Elegio (fortalicium de), 1793. *Le Mont, c° La Forteresse (I.)*
Monachi (Petrus), 703; (Vionet.), 682.
Monachus (dictus), 1571.
Monasterii castrum, 385; factum, 390. *N.-D. du Monestier, c° Beaufort (D.)*
Monasterii Clarimontis (patrochia), 711. *Monestier-de-Clermont (I.)*
Monasterio (Petrus de), 825. ibid.
Monbuiol (Guiffredus de), 931.
Moncalencz, M-chalin, M-lu (apud), 1203-4; (Humbert. et Martin. de), 1203. *Monchalin, c° Courtenay (I.)*
Moncnblôncz (donjonus de), 1083. *Montribloud, c° St-André-de-Corcy (Ain).*
Moneta Astensis, 96-8, 102, 1926; bona, 91, 790, 1128-44, 1720; cudenda, 3, 4, 8; currens, 1049, 1739; Delphinalis, 571, 1777; Gebennensis, 791, 1450-8-69, 1473-88-96, 1506-8-17-25, 1538-44-7, 1550-6-68-77, 1580-1-5-90, 1610-20-31-2-3-4-5-7-9, 1668-9-75; de Hungaria, 1704; Lugdunen. 735; Parisien. 225; Podiensis, 327; Turonensis, 92, 101, 284, 383, 414, 467, 836, 1021-58-9, 1122-8-50, 1353, 1463-73-8-91, 1829-43; Viennensis, 9, 99, 110-8, 123-8, 163-8, 170-7, 180, 204-45, 305-20, 333, 340-1, 356-64-5-6-7, 397-9, 413-24, 437-46 b, 541-5-9, 576, 608-20-1, 673, 719-32-4, 757-8-9, 809-47-9, 851-9, 867-73-6, 895-7, 903-12-3-8, 923-4-7-8, 937-41-2, 952-63, 970-7, 1005-22-46-60, 1148-62-3-70-3-6, 1201, 1310, 1458-60-76-81, 1552-38, 1604-18-38-50, 1716-60-6-70-89-90, 1800-2-7-8-13. M-tis (de), 33, 108,
Monfera = Montis Ferrati 2°. [833.
Monjogo (Jacob. de), 440. *Montjoux (D.)*
Mons (Humbert. et Johan. de), 1667. *Le Mont l (H. S.)*; *cf*. Rég. gen. p. 509.
Mons, Monte (de) Brunetus, 1625; Johan. 1453, 1664.
Montabon (Johannes de), 878. *Montabon, c° La Terrasse (I.)*
Montaigno (Petrus), not. 474.
Montanea (affayre de), 170. *Montagne (I.)*
Montaneis (de) Falco, 1096; Johannes, 1026-96. *Montanay (Ain).*
Montanii (Petrus), 839.
Montantzonc (domus fortis de), 740.
Montaygnef (apud), 1211. *Montagnieu (Ain).*
Monte Albano (de) baronia, 46, 836, 1004-27, 1223-5-67, 1274-9-95, 1304-79, 1419, p. 216, 243-7, 300; baylivus, 1373-9-80; Castellana domina, 1318; castrum, 268, 1253-74, 1304-15-8-9, 1320-68; domina, 1292; — Draconetus, Drago-s, 45, 1260-1, 1311-44, 1425-6-37-9; dom. 1338-89, 1304-5-15-32-6, 1428-34-9-40-1-2-3; — dominus, 836, 1230-52-64-7, 1272-6-7-84-96, 1312-24-5-6-8, 1342-5-56-68, 1411-34-5-43-5-7 ; Guido Dalph., Henricus Dalph.; mandam. 1311; Randona domina, 1238-43-63, 1324-37-43, 1428-32-3-4-5-43; Raymundus, 1384, 1425-6-7-39, 1806; Roncelinus, R-czolinus, Ronsolinus, Rossel-s dom. 1223-84-93, 1304-17-33, 1431-44-5 ; Rondeta domina, 1226. *Montauban (D.)* [(I.)
Montis Allodii domus, p. 116. *Montallieu*
Monte Alto (de) castrum, 1390, 1420; Henricus, 1421. *Montaut, c° Laux (D.)*
Monte Antrati (Johan. de), 1491. *Montandras, c. La Chambre (H. S.)*
Monte Aschardo (Villenus de), 493.
Monteaturie (Johannes de), 1546.
Monte Ayglirio, A-luño (castrum de), 1321-7-69, 1403. *Montaiglin (H. A.)*
Montis Aynardi (castrum et dominus), 619. *Monteynard (I.)*
Monte Bonodo, B-oudo (a), 934; (de), 654, 813, 867, 872-5-7, p. 98, 147;— bastida, 1464; capellanus, 781; castellanus, p. 127; castrum, 227, 661, 722, 757, 837, 838, 980, 1464; domina, 799, 949; dominus, 227, 541, 689-93, 729-60-1-3-4, 801, 972-97, 874-5-6, 911-5, 926-41-7, 950-9-63; domus, 757; franchesiæ, 948; mandamentum, 529-40-1-8, 553-79, 689-93, 763-72-92, 807-11-3-29, 841-56-7, 872-91-3, 901-15, 926-40-5-6-9, 967, p. 216; miles, 813; recognitiones, p. 102, 127-9; territor. 732. M-em B-dum (ad), 768; (ap.), 653, 869. *Montbonnot (I.)*
Montis Bonum de Costis (bastida s. castrum), 357. *Cf*. M. Buynoudi.
Monte Brando (Rogerius de), 1262. *Montbrand (H. A.)*
Monte Brisone (de), 175. *Montbrison (L.)*
Monte Brisone, B-no (de) castrum, 1315-30, 1425; feudum, 1273; Guillel. 1370-1 (dom.); medietas, 1437; Petrus, 1265; territor. 1448. *Montbrison (D.)*
Monte Bruno (Hugo de), 1260-3-83. *Montbrun, c. Séderon (D.)*
Montis Buynoudi (dominus), 1192.
Montis Calvi (castrum), p. 62. *Montchal, c° Burdignes (L.)*
Montis Canuti, Cha-i (castrum, 454;

dominus, 263, 493, 1867; Falco dominus, 360. *Montchenu (D.)*

Monte de Cercennay, Sercenay, Sersonay (de) Brunetus, 1460, 1514-24-44; Johan. 1529-82 *d* 87; Peronet. 98, 102; Petrus, 1528-39-71, 1659. *Mont-Saxonnex (H. S.)*

Montis Clari (castrum), 385-7-8, 390-1-2, 698, 750. *Montclar (D.)*

Monte Cuchie (podium de), 324.

Montis Draconis (dominus), 1436. *Montdragon (Vauc.)*

Monte Evrardo (Raymonda de), 882.

Montis Falconis (castrum), 222. *Montfalcon (I.)*

Montis Falconis (Johannes dom. 1600. *Montfalcon, c° La Biolle (S.)*

Monte Ferrando (de) Aymon. 1066, 1887; Aynard, 1115; Petrus, 1066, 1887. *Montferrand, c° Torcieu (Ain).*

Monte Ferrando (castrum de), 1276, 1315. *Montferrand (D.)*

Montis Ferrati marquio, 9, 47-8, 56, 376; marquionatus, 47. *Montferrat (Ital.)*

Montis Ferrati dominus, 143; Humbert. dom. 457. *Montferrat (I.)*

Monte Ferrerio (Bermondus de), 1315. *Montferrier (Hér.)*

Montis Fluris, F-ti (castellania, 850; castrum, 661; mandam. 927. *Montfleury, c° Corenc (I.)*

Monte Forti (de) Albertus, 581, 612, 719; castrum, 86, 227, 661, 912; 1464; domus, 576, 612; fortalicium, 899, 939, 967; mandam. 893, 926, 967, 973; Ramussius, 569; Rondetus, 608, 1729. *Montfort, c° Crolles (I.)*

Montis Fortis comitissa, 49; dominus, 1951. *Montfort-l'Amaury (S. et Oise).*

Montis Gaudi, G-ii (castrum, 1523; mandam. 1480. *Montjoie, dans le c. de Saint-Gervais (H. S.)*

Montis Gersi, Guersi, G-ii (castrum, 1260-3-6-74, 1304-15-8, 1320-68. *Montguers (D.).*

Monte Japeto (Peronetus de), 1082.

Monte Joco (Francisc. de), 210, 268, 441, 1028-9-30-1, 1446, 1581.

Monte Jovet, Jovis (apud), 1347; (de) Bertrand. 1345; castrum, 1315-45; Falco, Lagerius, 1345; Petrus, 388, 390. *Montjoux (D.)*

Montis Lauri dominus, 1876; Poncius dom. 404. *Montlaur (D.)*

Montis Leonis castrum, 138, 250; locus, 114. *Mont-Léans, c° Jardin (I.)*

Montis Leopardi, Lyop-i, Moni-rt (castrum, 228, 341 (s. poypia), 1132-99. *Montléopard (Arm. de Dauph.)*

Monte Lupellio, L-lo, Lupp-o (de), 54, 127-37, 168-70, 228-40, 308-41, 999, 1060-8, 1102, 1234-74, 1362, 1643; bastida, 1027; castrum, 342, 828, 992, 1027-30-85-6-8-96; Caterina, 1058-87, 1101; dominus, 1010-85, 1118-9, 1790; franchesiæ, 1097; Guido, 1600; Humbertus dom. 398-9, 1164, 1901; illi, p. 177; Johannes, 1004-27 (dom.). -8-9, 1030-1-2-58, 1928; mandam. 1047-61-85, 1118; murator, 1166; Petrus dom. 1901; recognit. 1900; redditus, 1075; terra, 1004, 1137. *Montluel (Ain).*

Montis Majoris abbas, 110. *Montmajour-lès-Arles, Bén. (B. du R.)*

Montis Martini castrum, p. 201.

Monte Mauro (de) dominus, 1384, 1806; Jacobus, 984-5. *Montmaur (D.)*

Montis Maurini castrum, 1231. *Montmorin, c. Serres (H. A.)* [Ilan (S.)

Montis Meliani habitator, 918. *Montmélian*

Monte Meyrano (Bertrandus de), 353. *Montmeyran, c. Chabeuil (D.)*

Monte Mirato (de), 124; — Athenulphus, 232; Guionet, 124; Johan. 232. *Montmiral, c. Romans (D.)*

Montis Olivi castrum, 1272, 1326, 1414-41; vallis, 1326. *Montaulieu (D.)*

Monte Orserio (de) Guillel. 549, 1850-2-5; Peulluus, 507. [*St-Jean-St-Nicolas-de-] Montorcier (H. A.)* [(Hérault).

Montis Pesullani villa, 1732. *Montpellier*

Monsreal, Montis Regalis (castrum, 1242, 1315-51-68. *Montréal (D.)*

Monte Recherio, Ric-o (castrum de), 1498, 1648. *Moutricher, c. de Vaud (Suis.)*

Montis Revelli castrum, 334, 1009-24-39-63, 1103; dominus, 1024-63, 1103; jus, 268; mandam. 1022. *Montrevel (I.)*

Montis Rigaudi, p. 146. *Montrigaud, c° Seyssins, c. Sassenage (I.)*

Montis Rotundi castrum, 109. *Montrond, c° Meylieu-M. (Loire).*

Monte Rupho (Giraud. et Guil. de), 1434.

Montis Sancti Angeli (honor, 425.

Montis Scanuti = M. Canuti.

Monte de Sornay = M. de Cercennay.

Monte Vieu (mons de), 1078. *Montvieux, c° ? (L.)* [(H. A.)

Montelino (castrum de), 646. *Montéglin*

Montelleys (poypia de), 1083. *Le Montellier, a. Montluel (Ain).*

Monteneriis ? (castrum de), 308. [(Ain).

Monteris (poypia de), 1083. *Monthieux*

Monteucz, M-uis = Montou. [(D.)

Monteyson (Falco de), 1433. *Montoison*

Montibus (Ybletus de), 1638. *Mont, c° Bugnaux, c. de Vaud (Suis.)*

Montilis, M-llio (de), 1789; — Ponczomus, 411. *Montelier (D.)*

— 363 —

Montilio (de), 1223, 1365; castrum, 21; homines, 490; Lambertus, 1444; Tassléta domo, 490. *Montélimar* (D.) [(D.)]
Montolio (castrum de), 1438. *Montaulieu*
Montonio (de) castrum, 477; locus, 29. *Monton, c° Veyre-M.* (P. de D.)
Montou, M-utz (de), 1686; — Albert. 1520; castrum, 1521; mandam. 1597. *Monthoux, c° Véiraz-M.* (H. S.)
Montroc (mons de), 290. = Monte Vieu?
Montullonis dominus, 1284. = Montilio.
Montynel (Guillelmus de), 1656. *Montigny, c° Maxilly* (H. S.)
Morardi (Aymo), 753, 923; (Guigo), 694, 729, 923, 930; (Hugo), 680, 694.
Morasio, M-ssio, M-az (de) Bertholom. 1191; Fulpo, 225; furnus, 316, 980; mandam. 851; mencio, 1692; Raymund. 1191. M-ium (prope), 983. *Moras* (D., I.)
Morellati (Aymaretus), not. 1011.
Morelli (Petrus) de Albone, 352.
Morestello (de), 714, 1144, p. 155, 184, 213; — Albert. 1069; Ancelmus dom. 1151-8-9-60; cambium, 957; castellania, p. 132, 307; castrum, 981, 1151-2, 1610, 1723; Chabertus condom. 754-5; domicellus, 1721; dominus, 1155-6-61; domus, 1160; feudum, 291; gentes, 559; Guichard. 1829; Guiffredus dom. 1159-63; Guigo, 1074; Guigonet. 1186; Guillel. 915, 1186; Hugo dom. 1153; Humbert. dom. 1154; Joffred. 1069; Johan. 519, 1082; mandam. 754-5, 1144-51; Petrus, 915; Prullet., Richard. 714. *Morestel* (I.)
Moreta, locus, 174. *Morette* (I.)
Morgerii (Petrus), castel. 1639.
Morglis (de) castrum, 793, 1937; dominus, 521, 691, 793, 816, 830; Fromund. 769, 770; Guigo, 152, 670-6 (2), 1109, 1424, 1518, 1907; Petrus, 589, 741, 769. *Morges, c° Cordéac* (I.)
Moril (Johan. de), 1655. *Mourex, c° Grilly* (Ain).
Mornas (illi de), 1756. *Mornas, c° St-Victor-de-Cessieux* (I.)
Morocio (Bartholom. de), 1420. *Moroce, fam. de Gapençais.*
Morons (Hugo de), 1112.
Moronus, miles, 1074.
Mosnerii (Romeus), 1799, 1801-10.
Mostarda, cognomen, 1329.
Mosterneus (ad), 1645. *Montreux, c. de Vaud* (Suis.)
Mota (castrum de), 601, 676. *La Motte-Saint-Martin* (I.)
Mota, M. Cálabri (de), 160, 1294. *La Motte-de-Galaure, c. St-Vallier* (D.)
Mota Sancti Andreæ (dominus), 1796.

Mota S' Anthonii : v. h. v.
Moteyo (molare de), 1055, 1862. *Le Mottier* (I.) [(H. A.)]
Moydanis (castrum de), 676. *Moidans*
Moydies (parrochia et villa de), 199, 267. *Moydieu* (I.)
Moyrenco (de), 155, 215, 254, 264; — Berilio, 460; castrum, 174, 460; dominus, 174, 414; Guaffred. dom. 460; Jodanus, 1791; lenuta, 173; Rodulph. 1803. M-cum (ap.), 312. *Moirans* (I.)
Moyriaco (Hugo de), 1061. *Moiré* (R.)
Moysens (Petrus), 852.
Moyseu (chavannaria de), 932.
Muaylli (Guillel.), not. 790.
Mura (de), 488; — castellanus, 748, 851; Guichard. 828; habitat. 618; leyda, 544, p. 126; mandam. 561, 789; Mathæus, 828. M-am (ap.), 700. *La Mure* (I.)
Muratoris (Johan.), not. 1340.
Murinay, M-ysio (de) Chabert. 1765; feudum, 1737; G. 1737; Petrus et Thomasius, 244; universitas, 1785. *Murinais* (I.)
Muro (Raymond. de), 1582.
Murs (apud), 975.
Murz (charpena de), 351.
Mutatio, 146, 892, 976, 1170-6-7, 1201-33, 1305, 1443, 1720-66-70-96.
Mutuum, 123, 177, 437-67-74, 1058.
Muysant, cognomen, 232. [1518-38.
Muyssone (Henricus de), 1026.
Mynæ (vallis), 1320f [(H. S.)
Myoucia (parrochia de), 1556. *Mieussy*
Myssie (decimæ de), 1488. *Ibid.*

Nantelma, abbatissa Ayarum [*Domengent*, 1289-1300], 586.
Nantelmi (Nantelmus), 588, 937.
Nantum, 1551-68. Ruisseau.
Narbonæ dux, 1951. *Narbonne* (Aude).
Nasserium, 141 (D. IV, 602).
Natalis, Nativitas Domini [Noël, 25 déc.], 127, 147, 308, 330, 383, 561, 691, 894, 1064, 1102-65, 1208-69-79, 1593, 1638. N-atis annus, 46, 119-20, 148-79, 191, 202-3, 223, 259-63, 349, 447-96, 682, 710, 988, 1007-9-10-74, 1221-4-8, 1301, 1462, 1510, 1712, p. 173, 216, 301-4.
Navarræ rex, 36. *Navarre* (Fr.)
Navaysano, N-ssano. = Novayson.
Nemore (domus de), 1160.
Nerionem, Neyron (domus fortis ap.), 1085; (versus), 1076. *Neyron* (Ain).
Nernie, N-yaco, N-yer (de) Boso, 1470; castrum, 1456-8-70; Francisc. dom. 1530; Johan. dom. 1456; pedagium, 1530. *Nernier* (H. S.)

Nerpo (de) castrum, 1737; dominus, 1778; domus, 1754-92; factum, 1768, p. 68; mandam. 1791. *Nerpol* (I.)
Neyriaco (de), 1089. *Neyrieux* (L.)
NICHOLAI (b¹) festum [6 *déc.*], 28, 404, 1518.
NICHOLAUS, Nico-s, papa IV [2 *févr.* 1288-4 *avr.* 1292], 1260, 1693.
NICHOLETI, Nico-i (Franc.), p. 324; (Johan.), 30, 52-5, 94, 492-4-6, 982-6, 504-21-2-3-36.
NICOLAY (Hugo), 1438. [(Ain)
Nievro (parrochia de), 1032. *Niévroz*
NIGRI (Petrus), 1074, 1116.
Nigro Castro (Albertus de), 1233.
Nihoniis, Nionis (de), 1233-49, 1445; p. 249; — castrum, 11, 368, 1256-69, 1274-9-96-9, 1313-5-76, 1845; Falco, 1256-96; illi, 1310. *Nyons* (D.)
Niverniensis comes, 402; diœcesis, 1269; episcopus, 1839. *Nevers* (N.)
NOERS (Guigonet.) de Avalon. 855.
Normandiæ duchissa, 93. *Normandie*.
Novayson, N-ssano, Noveysiano (de) Bertin. 1292 b; Bertrand. 1447; castrum, 1230, 1315-30, 1431-5-47; factum, 1374; Guillel. 1447; Hugon. 1257; mandam. 1297; præceptor, 1297. *Novelzan, c° Venterol* (D.)
Noyareto (Guill. de), 1475. *Noyarey* (I.)
Nundinæ delphini [Viennæ], 471.
NUSTERLETI vinea, 829.
Nycoleti (Johan.), not. 1473.
Nyduno (dominus de), 1483. *Nyon, c. de Vaud* (Suis.)
Nyhoniis, N-nis, Nyonlis, N-is=Nihon.
NYROT (Peronetus), not. 1496.

OBERTUS, manescalcus, 784.
Octana, O-ava, Oytana, 1488, 1592. Mesure de capacité (*Rég. gen.* n° 599).
Octingen, O-nt, O-glen (comes de), 30-1, 55, 94. *Ottinghen (Bavière)*.
ODEGERII (Guillelmus), 1333.
ODO, comes Nivernien. [1250-69], 402; dux Burgundiæ [IV, 1315-49], 104.
OGERII, OUG-I (Petrus), 1496, 1541-96.
Oleres (act. ap.), 1942. *Les Ollières* (H.
OLINUM, OLMIUM ? (Joh.), 456, 1854. [S.)
OLIVARII, O-VERII, OLV-I (Bertet.), 1393, 1410; (Bertrand.), 1255; (Joh.), 943; (Rambald.), 1872; (Raymund.), 1287; (Soffred.), 1363-7.
Oliæ (vallis), 1240-70-82, 1833-4. *Vallée de l'Oulle, c. Remuzat* (D.)
OLMEY (Martinus et Petrus), 945.
Omnium Sanctorum festum [*Toussaint, 1er nov.*], 360, 450-1-2, 702, 929, 1079, 1551-70. [*Le Pègue* (D.)
Opegue (de), Opigii castrum, 1430-7.

Oriolis (castrum de), 1124. *Oriol-en-Royans* (D.) ou *Uriol, c° Vif* (I.)
Ormaret (d¹), 1641. *Ormaret, c° Demi-Quartier* (H. S.) [(Ain)
Ornay (terra de), 1466, 1542. *Ornex*
Ornone (S¹ Martini de) parrochia, 1798, 1812. *Ornon-en-Oisans* (I.)
ORSELLI (Johannes), 525.
ORSETI (Poncius), not. 1282.
ORTOLANI (Aymo), 386; (Maymo), 1369; (Raymundus), 1448.
Ospicio ⸺ Hospitall.
Osso (Beryllio de), 989. ⸺ Ous.
Osteduno, Ostod-o (de) castrum, 203, 232, 1709; Eustachius, He-s, 311, 1707, 1883; Hugo, 1707; Joh. 244; Lambert. 1708-9; Lantelm. 232, 244; mandam. 326. *Hostun* (D.)
OTHO, dux Burgundiæ [III, 1192-6 *juil.* 1218], 1950; Imperator [IV, 4 *oct.* 1209-19 *mai* 1218], 1950.
Ougnions, Ounyon (de) Guill. 1488; parrochia, 1488. *Onion* (H. S.)
Ous (parrochia d¹), 840. *Oz-en-Oisans*
Outuon ⸺ Osteduno. [(I.)
OYANDI, O-NI (Pet.), 723; (Thom.), 818.
Oysencii castrum et mandam. 568. *Le Bourg-d'Oisans* (I.)
Oysencio, O-co (de), 510, 615, 629-32, 665-7, 677, p. 129, 145; — curia, 1803; Guigo, 1717; (in), 982. *L'Oisans, a. Grenoble* (I.)
Oysio (Hugo de), 652.
OYSSENC (Petrus et Stephan.), 977.
Oysseu (de), 594.
Oza (Pontius de), 1183. *Oze* (H. A.)

Paduensis diœcesis, 349. *Padoue* (It.)
PAGANI (Guigo), 319, 399; (Joh.), 258.
Palaguins, P-aniso (de) Jacob. 1198; Johan. 1012-74, 1566. *Palagnin, fam. de Morestel* (I.)
Palanvera ? (Guido de), 1074.
PALARINI (Guillelmus), 131. [12-3.
Palatii (s.) notarius, 768-72, 802, 907-
Palatio (de), 139. *A Vienne* (I.)
PALEUX (Dronnetus), 1011.
PALLETI, PELOTI (Petrus), 1454-95.
Palmæ (script.), 10. ⸺ Parma.
PALSERS, P-RT (Johannet.), 166, 428.
Palude (castrum de), 147, 308. *La Palud, c° St-André-le-Gaz* (I.)
Palude (de) Guigonet. 1013-60; Sebillia, 1046. [*Châtillon-*]*la-Palud* (Ain)
PALUS (Goras), 872; (Ouonad.), 689.
PALUY (Anselmus), 942.
PANERII (Lantelmus), 919.
PANETI, PANOTI (Jacob.), 817-9, 881-2; (Petrus), 988, 1221.
Pannosac, Panosas, P-oysac, P-oxas

(de) Aymar. 1074; Guionet. 1012-74; Peronet. 1074. *Panossas (I.)*

PAPA (d.), 55, 1372, 1412-47, p. 249. Papiæ (civis), 441, 1028-30. *Pavie (It.)*

Papiri, 1946. P-ro (script. in), 1375.

Pararia, Pareria, 1230, 1368-70-1, 1390-1, 1401 (D. V, 95 c).

Parasac (nasserium de), 141.

Parerius, 187, 849, 903, 1226, 1709.

PARIOL (Johannetus), 187.

Paris, P-sius (dat.), 1690; (de) castelletum, cha-m, 88, 985, 1612; Johan. 260; præpositura, 93, 225, 497. *Paris (Seine)*.

Parisius (de) Chastellars, 528; Francisc. 616, 733; mandam. 561, 701, 727, 733. *Pariset (I.)*

Parma (Francisc. de), 52. *Parme (It.)*

PASCALIS (Joh.), 1727; (Petrus), 852.

Paschatis festum [*Pâques*], 412, 1123, 1436-43, 1722-6-90; octabæ, 175.

PASERA, cognomen, 1096.

Pasqueragium, 142, 198-9, 914. P-*are*, 351, 465, 914 (D. V, 119-20).

Pasquerilis (de), 635, 657. *Pâquier (I.)*

PASTORELLI (Guigonetus), 1033.

PASTORETI (Petrus), 971.

PASTORIS (Johannes), not. 433.

PASTOUR, archiepisc. (Ebredunen.) [*de Sarrats*, 27 *janv.* 1338-17 *déc.* 1350].

PASTURELLI, cognomen, 109. [1963.

Paternay (prior de), 1466. *Payerne, Bénéd., c. de Vaud (Suis.)*

Patronatus ecclesiarum, 1305.

PAULI (s¹) conversio [25 janv.], 86.

PAULUS, juven. reg. Hungar. 1699, 1703.

Pauta (de) Leuczo, 759; Lucius, 1174. *La Paute, c° Bourg-d'Oisans (I.)*

PAYANI (Guigo), 398. = Pagani.

Payis (mansus de), 645.

PAYLLARONIS, P-NUS (Johannet.), 1012.

PAYNI (Bernardus) de Biviaco, 398.

Payrino, P-rono (de), 306, p. 54; — castrum, 256; domicellus, 282; Francisc. 437; homines, 158; mandam. 269, 465; (pro), 741. *Peyrins (D.)*

Pecia, 553, 620, 723, 801, 928, 1491, 1718 (D. V, 162). *Petica*, 970.

PECTA (Johannes), not. 688.

Pedagium, 9, 11, 33, 1167, 1305, 1693, 1824-97. P-*iis* (de), 33 (D. V, 169).

PEIEU, P-UZ (Guil. et Guionet.), 1074.

Peladruco (de) castrum, 115, 292-4-6, 378; Humbert. 143; Thomas, 579. *Paladru (I.)*

Pelafollo, Pellafol, P-llo (de) castrum, 1937; Disderius, 1075; dominus, 507.

PELATI (Stephanus), 52. [*Pellafol (I.)*

PELERINI, PELL-I, P-ENI, P-ERII (Bernard.), 743; (Guillel.), 1071, 1115;

(Johan.), 1002-74; (Jordan.) 47; (Mathæus), 1074; (Petrus), 1678-84-91.

PELESTORTUS, frater Hospitalis, 1444.

PELFEL (Bertrandus), 1258. [1434.

PELLECERII, P-LIC-I (Guigo), 95-7, 924.

Pelletorii condominus, 1336. *Pelleautier (H. A.)*

Pellis magna, 468; modica, 797, 1628; pargam. 4, 262, 299, 755, 989, 1137-41-64, 1329, 1732-9.

PELVIATA (Ambrosia), 861.

Penna (de) castrum, 1242, 1409; dominus, 1409. P-as (subtus), 1251. *La Penne (D.)*

Pennæ Fortis castrum, 1303-15-68. *Pennafort, c° Bellecombe (D.)*

Penthecostes festum [*Pentecôte*], 41, 582, 769, 901; octabæ, 128, 733, 835, 1451, 1624; quindena, 959.

Perau (castrum de), 372. = Peyraudi.

PERCHI (Johan.) de Alav. 882.

PERDRIS (Ruffus), not. 1317.

Perer (castrum del), 1815. *Le Périer (I.)*

Pereria Forti, 1368. = Pennæ Fort.

Pereto (de) Petrus, 1699; Poncius, 1703-4-5.

Perogeus, P-giis (de), 1036, 1112; — castrum, 996, 1139; chassipol. 1036; locus, 1112. P-ges (ap.), 1112. *Péronella*, uxor, 808, 918. [*rouges (Ain)*.

PERONETA, uxor G. de Lilius, 1550.

PERRINI (Nicolaus), 498.

Petra (de), 541; — castrum, 816, 1944; Caynus, 1940; Guaydin. 744; locus, 1933; mandam. 913; Richard. 1857; terra, p. 171. P-am (ap.), 765. *La Pierre (I.)* [89, 1213-4.

Petra (de) illi, 1197; Johan. 1013-60—

Petra Fixa (medietas de), 451.

Petra Lapta, Lata (de) Adhemar. 1443; castrum, 1443; domini, 1436-43; feudum, 1436. *Pierrelatte (D.)*

Petræ Longuæ, P-æli-gæ castrum, 1242, 1307-84. *Pierrelongue (D.)*

PETRI (s¹) cathedra [22 *fevr.*], 1608; ad Vincula (festum [1ᵉʳ *août*], 158, 814, 1022-4, 1605; — et b. Pauli apost. (fest. [29 *juin*], 701, 1111-90; octabæ, 1034, 1308-9; quinden. 854, 1066.

PETRI (Petrus), 827, 1012-70.

Petris (Guillelmus de), 1677.

PETRONILLA, uxor G. Chays, 723.

PETRUS, comes Gebennen. [1370—mars 1394], 981; comes Sabaudiæ [*II*, 1263-19 *mai* 1268], 96, 317, 398-9, 436, 661, 1455-78, 1596-9, 1645-7, 1926; dux Borbonii [*Iᵉʳ*, 1342-19 *déc.* 1356], 106-7; episcopus Gratianop. [*Equa*, 1237-22 *nov.* 1248], 765; filius com. Sabaud. 1644; judex Turris, 990.

Peycheria, 1530. = Piscaria.
PSYLLARDI (Giraudus), 1673.
Peyraudi dominus, 54. *Peyraud* (A.)
PEYRETI (Johannes), 971.
PHILACEF (Andreas), 1713.
PHILIPPA, comitissa Valentina [*de Fay, ép. d'Aimar II*], 376; relicta, 1404; uxor H. de Miribello, 365.
PHILIPPENSI (Mantus), not. 958.
PHILIPPI et JACOBI apostt. (bb.) festum [1.er mai], 753, 1170-81.
PHILIPPO (Symon), lumbard. 1366.
PHILIPPONI (Philipponus), 715.
PHILIPPUS, comes Sabaudiæ et Burgundiæ [1268-15 *août* 1285], 436, 1646 (-7); ejectus eccl. Lugdunen. [*de Savoie*, 1246-1268], 398-9, 401-3; rex Franciæ, F-corum [*IV le Bel*, 1285-29 *nov*. 1314], 86-7, 1039, 1169; [*V le Long*, 1317-3 *janv*. 1322], 102, 1690; — et Navarræ [*VI de Valois*, 1328-22 *août* 1350], 36, 88.
Phiriburci advocatus et bayllivus, 17.
Pictavensis, P-viæ comes, 1440, 1964. *Poitiers (Vienne)*.
Pictavia (de) Ademarius, Aym-s, A-rus, comes Valentinen. et Diensis [*II*, 1189-1230], 380; [*III*, 1230-1277], 146, 164, 309, 329, 332, 381, 406, 443-6; [*IV*, 1277-1329], 57, 280, 388, 390-1, 470, 488, 1906; — Guillelmus, dom. S' Valerii (*fils d'Alm. IV*), 387, 390, 454; — Ludovicus, comes Valentin. et Dien. [*Ier*, 1339-1345], 392, (481); [*II*, 1373-1419], 497. *Ibid*.?
PIGNACI (Petrus), 964.
PILATI (Humbertus), not. 29, 36, 65-6-8-9, 89, 93, 104-6-8, 138-43, 152-61, 188-91, 203-21, 292-7, 338-91, 454, 484-7, 490, 619, 652-3, 676, 685-6, 692, 716, 994, 1015-8-20-36, 1043-5-6-7, 1085-94, 1119-25, 1134-5-6-9, 1217-28, 1268-79-88, 1450-61, 1509-10-77, 1603, 1729, 1932-64, p. 46, 326.
Pills (castrum de), 1438-41. *Les Pilles (D.)*
Pilo (Raymundus de), 1480.
PILOSI, P-II, PILLOSI (Guil.), 628; (Humbert.), 146, 1708; (Petrus), 146, 171.
PINARDI (Hugo), notar. 856.
PINELLI (Heustachonus), 1723.
Pineto (de) castrum, 127, 138, 147, 198, 234, 250, 285, 299, 308, 322, 1697; Disderius dom. 1733; Drodo dom. 127; Guigo dom. 198; Joh. 250; mandam. 147-9, 183; redditus, 201; Stephan. 198, *Pinet, c° Byzin (I.)*.
PIPETI (Petrus), 921.
Pipeto (factum de), 452. *Pipet, à Vienne*.
PIPINI (Hugo), 885.

Piro (parrochia de), 1798. *Le Pirier (I.)*
Piru (feudum de), 685. *Ibid*.
Pisançani, P-ciani, P-czani, P-nsani, P-siani (castrum, 122, 162, 260-8, 362, 464, 1844-76-98; domus fort. 156, 162, 304, 362, 412; factum, 355-9, 1895-7; mandam. 404 *Pisançon, c° Chatuzanges (D.)*
Pisanum (ad), 326. = *Précéd.*
Pisseu (parrochia de), 1033. *Pizay (Ain)*.
Placitum, 146, 239, 414, 548, 620, 719, 808, 994, 1170, 1488, 1629, 1715; ad misericordiam, 1709.
Planæ castellanus et castrum, 825. *La Plaine, c° St-Martin-d'Hère (I.)*
Planeysia (castrum de), 409; nomen Regalis Montis, 221. *V. h. v.*
Platea (de) Johan. 1714; Nantelm..1807; Petrus, 1569.
Playni (via de), 351.
Playssiano, P-yzi-o (de) castrum, 1242, 1412; Guil. 1250; Jarente, 1385; Marques. 1413. P-num (ap.), 1385-6, 1413. *Plaisians (D.)*
PLISSINDUS, notarius, 172.
Podio (de) Alamand. 1165; Bastet. 1389; Eyner. 1710; Guigo, 1335; Guillel. 1226, 1432-3; Hugo, 1389, 1406; Johan. 161, 1710.
Podio (Furchæ de), locus, 431.
Podii Acuti castrum, 385. *Plégu, c° St-Nazaire-le-Désert (D.)*
Podio Bosone (de) castrum, 793; dominus, 691; Petrus, 517. *Puy-Boson, en Trièves (I.)*
Podio Guigone, Hugone (de) Alterin. et Baudon. 1226; castrum, 268, 1226-30, 1324, 1440. *Piégon (D.)*
Pœna feudi, 680, 1490.
POETA (Joh.), 552, 1726; (Petrus), 552.
Pognier (Johannetus de), 1625. *Pougny*
POGRENS (Guillel. et Guiotus), 1001. [*(Ain)*.
Poieto (castrum de), 1242, 1384. P-tum (ap.), 1401. *Poët-Sigillat (D.)*
Poieto dan, dum Percipia (castrum de), 1242, 1387. *Poët-en-Percip. (D.)*
Polanis (domus fortis de), 1498. = Colay.
POLETI, POLL-I (Petrus), 620, 923-7-8, 930, 1492, 1599; (Joh.), 175.
Polia (dom°), 1224.
Poille = Poulie.
Polongis (Johannes de), 377.
Pomeralio, P-eyrol (de) castrum, 1247; locus, 1231; Moncalinus, 1247. *Pomerol (D.)* [*(I.)*
Pomeriis (castrum de), 489. *Pommiers*
Pometo (castrum de), 1321-7, 1369, 1403. *Pomet (H. A.)*
Pomier = Ponnie.
Ponchiens (apud), 1034. = Poncinis.

— 367 —

Poncii (Guil.), 1399, 1400-1; (Hugo), 1433. [*Poncins (Ain).*
Poncinis, P-ns (castrum de), 1017-83.
Ponczonatis (Guil. de), 785. *Ponsonas*
Ponczonus (dom.), 213. §(*I.*)
Ponnie, Ponye (de) castrum, 1498, 1648; Stephan. 1572. *Pougny (Ain).*
Ponsars (albergum dels), 1636.
Ponte (de), 305, 1883-4-5-6; — Arnulf. 1881; Petrus, 840; Raynard. 626.
Pons Aujart, locus, 388-90. *Pontaujard, c° Montbrison (D.)*
Pontis Castri locus, 29, 61. *Pont-du-Château (Puy-de-Dôme).*
Ponte Ojardo (a), 1448. = P. Aujart.
Ponte, P. in Roanis, Roya-s (de), 211, 1141; — dominus, 220, 888; pars, 303. *Pont-en-Royans (I.)*
Ponte Vitreo (de) Girard. 1581, 1675; Guichard. 1560; Johan. 1548. *Pont-verre (H. S.)*
Ponz (Barthol., Guil., Peyrard.), 1801.
Porta (de), 656.
Porta Truana, Truinia (Hugo de), 679, 1865. *La porte Traine, à Grenoble (I.)*
Porteau (Girardus), miles, 1681.
Portis (de) baronia, 472; Petrus, 952.
Portu (de) Guillel. p. 98, 173, 216; Petrus, 1004.
Portulis (Petrus), not. 477.
Posani (Petrus), miles, 1345.
Poteti (Guillel.) de Vers, not. 1736.
Poulie (castrum de), 1498, 1648. *Pouilly[-St-Genis] (Ain).*
Poyaci (Petrus), 694; (Reymbaud.), 665.
Poyeto: *vid.* Poieto 1° *et* 2°.
Poypia (de) Girard. *et* Ludovic. 1012-74; Odonet. 540, 1023; Petrus, 1023. *La Poype, fam. de Bresse.*
Poysace, Povzac (Stephan.), 1032, 1106.
Poysiani (Maurellus), 681.
Poyssorium, locus, 312.
Praboys (castrum de), 1937. *Prébois (I.)*
Præceptoria domus, 1297 (D. V, 392).
Prædicatorum (FF.) ordo, 1316, 1699, 1703; Gratianopolis domus, p. 324; prior, p. 325. *Dominicains.*
Præpositi (Aynard.), 1033-82; (Iacelm.), 989, 1011; (Johan.), 1026; (Martin.), 1026; (Petrus), 1074-82.
Prangino, P-ns, Pren-s (de) Aymo, 1483, 1540, 1654; castrum, 1497-8, 1648. *Prangins, c. de Vaud (Suis.)*
Prati Mollis (domus) prior et p-rissa, 962; vicarius, 851. *Priémol, Chart., c° Vaulnaveys-le-Bas (I.)*
Pratis (de) Franciscus, 704; Lagerius, 636. *Les Prés, c°? (I.)*
Prayvellum (Jacelmus de), 373.
Præu (A. le), 985.

Previssins (villa de), 1542. *Prévessin (Ain).*
Prina? (Bartholom. de), 167.
Privatio (de) Bartholomæus, 387; Burgondio, 1903. *Privas (A.)*
Privilegium, 1 à 26, 30 à 35, 80 à 84, 94, 108, 130, 452, 710, 782, 1290, 1382, p. 300.
Proacii, Proyaci prior, 1246; prioratus, 1415. *Proyas, c° du Buis (D.)*
Propiaco, P-priac, P-co (de), 1259, 1407; — castrum, 1242-59-88, 1407. *Propositi (Anselmus), 129. [*plac (D.)*]
Propriayssio (castrum de), 1242.
Provincia (in), 1305. P-iæ comes, 169, 1956-8-60; marquio, 1440; provincia, 1445; senescallus, 325. *Provence (Fr.)*
Proyles (homines de), 1204. *Proulieu (Ain).*
Prupiacum (apud), 1391. = Propiaco.
Publiana villa, 1046. *Bublanne, c° Châtillon-la-Palud (Ain).*
Pugeto (castrum de), 1306. = Poleto 1°.
Pugini (Roletus), 1458-63-81-97, 1580; (Stephanus), not. 207.
Pulbertier? (apud), 1636. *Publier (H. S.)*
Pupa (Petrus de), 434, 484.
Purs (Johannes), civis Gratian. 897.
Pusigniaco, P-inef, P-niaco (de) Aymar. 1033; castrum, 341, 1104-13; fortalic. 1199; Herulius, 1113; nobiles, 228. *Pusignan (I.)*
Pusyei (Sæ Mariæ de) villa, 1466.
Puteo (de) Guillel. 1012-74; H. 1074; Johan. 1135; mansus, 935; Petrus, 483; Pon. 1735; Raymund. 810.
Puti (Johannes), 989.
Putoudi (Humbertus), not. 1795.
Putrenx (Peronetus), 1001.
Putrevn (Bartholomæus), 1074.
Puydurant (montanea de), 1799.

Quadracii (castellania, 1823. *Queyras (H. A.)*
Quadrati, Quar-i (Henric., Johan.), 1074.
Quartalata, 860. Q.-le, 142, 847-52, 860-1, 873-94, 933, 944, 964. (D.
Quaternus papiri, 435, 1900. [V, 547).
Quatuormalia, canonicus, 589.
Quayrana, Q-rena = Cayrana.
Quetz (Jaquemet. de), 666. *Quaix (I.)*
Quincef (Amedeus de), 1182. *Quincieu (I.)*
Quincerlis (castrum de), 1350.
Quinczonas, Q-nso-s (de) castrum, 1779; villa, 1762. *Quinsonnas, c° Château-*
Quinenc (Guillelmus), 865. [*villain (I.)*]
Quintenas (ecclesiæ et villæ de) custodia, 289. *Quintenas (A.)*
Quintie (decimæ de), 1488. *Quincy, c° Mieussy (H. S.)*
Quintini (Guillel.), not. 755.
Quiriaco, Q-ief (de), 1678-84-91; —

burgum et castrum, 1196; Henric. 1001-74; Jacelm. 1070, Joffred. 1002-74; mandam. 1005-41, 1221; Petrus, 1207; vintenum, 1818. *Quirieu (I.)*
Quitare et Quitatio, passim.
QUIUSVENO (Molenus), 278.

RABIE (Johannes) de Sals, 707.
RRACHECA (Guillelma), 935.
RACHES (Guigonet., Guillel.), 935.
RAFINI (Belmond.), 1233; (Bernard.).
RAIMUND., RAINAUD. = Ray. [1334.
RAINALDUS, comes Forensis [1259-13 nov. 1270], 367.
RAINERI (Claudus), p. 155.
Rama (de) argenti fodina, 3, 4, 8; Guillel. 1185. *Rame, c° Champcella (H. A.)*
RAMERE (Stephanus), mistralis, 1112.
Ramis Palmarum (crux), 914; (dominica in), 90, 446, 907.
RAMUSA (Johannes), 944.
Ramusati castrum, 1231, 1347. = Re-
RAMUSII (Johannonus), 1788. [musaco.
RANCURELLI (Gononus), 160.
Rancurello (de) castrum, 200, 220, 300; domini, 200, 445. *Rencurel (I.)*
RANDE (Bertrandus), 737.
RANDETI (Jaquemetus), 827.
RANDONA, filia Dragoneti, 1289, 1315; uxor R. Gaufredi, 1276.
RANGUIBLA, uxor H. de Bellacomba, 978.
RANULPHI (Anthon.), 600; (Martin.), 787; (Michael), 1624, 1737.
RAPHINI (Raymondus), not. 1297.
RASCHECII (Johannes) de Clusis, 561.
RASPINI (Petrus), 880.
Rastello (Raymundus de), 1272, 1326. *Rasteau (V.)?*
Rater (castrum de), 1815. *Ratiers, c° Nantes-en-R. (I.)*
RATERII (Hugo), 1340-80.
Rateriis (castrum de), 460. *Ratières (D.)*
Raterio (castrum de), 1434. = Castro R.
RAUTRU (Jacobus), 566.
Ravenna (Guil., Willel. de), 757, 829.
RAVERE (Jaymetus, Petrus), 726.
RAYBAUDI, RAYMB-I (Bertrandus), 1292, 1339; (Raymundus), 1238.
RAYBI (Bytheyrius), miles, 473.
RAYMUCII (Franciscus), 262.
RAYMUNDA, soror P. Alcos, 725.
RAYMUNDI (Franco), 244; (Guil.), 599, 1444; (Joh.), 1134-52, 1212; (Lantelm.), 157, 244; (Raymundet.), 599.
RAYMUNDUS, archiepiscopus Ebredunen. [II Sedu, 1208-env. 1213], 1950.
RAYNAUDA (Rylisabella), 856. [1263.
RAYNAUDI (Hugo), 271; (Petrus), 280,
RAYNOLDI, R-OUDI (Joh.), 862; (Petrus),
REBATI (Stephanus), 1673. [859, 866.

RECOMAYONI (Michael), not. 1313.
Reddibile, 125-6-7, 133, 300, 459-87, 617-93, 741-67-76, 840, 1080, 1179, 1461, 1709. [427.
REFORCZONI (Hugo), 766, 427; (Peronet.).
Regalia, 824 (D. V, 661). [mont (I.)
Regalis Montis mandament. 221. *Réau-
REGIS (Guillel.), not. 976.
Relhaniæ castrum, 1389, 1406. *Rellha-
Remens : vid. S¹ Mauritii. [nette (D.)
Reminiscere (dominica) [2ª de *Carême*], 370, 1688. [c° *Vif (I.)*
Remirans (castrum de), 1124. *Reynoure,
Remis (Martinus de), 325.
Remusaco (de) Poncius, 1303; Raymundus, 1291. *Remuzat (D.)*
Rencurello = Rancurello.
RENEYRII (Nicolaus), 1068.
Repeacuta = Ruppis Acutæ.
Reposatorio (ordo de), 1479. *Le Reposoir, Chart. (H. S.)*
Requetel, R-uletli mansus, 621, 799, 801. *Cf. Ritiquel.*
Rescriptum apostolicum, 121, 420.
Responderia, 850.
Resurrectio Dominica [*Pâques*], 14.
Retentio, 170, 206, 830, 1803-4 (D. V, 740).
Retinere, 376, 683, 765, 1445, 1720.
RETIS, R-IZ, cognomen, 1036, 1112.
Retondi Montis (castellanus), 1750. *Montrond, c° Gresse (I.)*
RETORTI (Guononus), 196.
Retrofeudum, 454, 1063, 1229, 1414, 1533, 1678-9, p. 62, 90 (D. V, 749).
Revel, R-llo (de), 621; — Bertrand. 747; castrum, 980; dominus, 1673, 1939. *Revel, c. Domène (I.)*
REVELLA (Domengia), 933.
Revello (mandament. de), 1190. *Revel, c. Beaurepaire (I.)*
Revemont, R-ermos (terra de), 86, p. 2. *Le Revermont, en Bresse (Ain).*
Revenementum, 1844.
Revesterium, p. 2. = R-tiarium.
Revesto (mansus de), 1810.
REVOLLI (Petrus), 1074.
REVOYRI, R-IE = Rovora.
REY (Hugonetus), p. 184.
REYMONDI (Hugo), 866; (Joh.), 845.
REYNERII (Petrus), 1444.
REYNERIUS, præceptor Varriaci, 1444.
REYNOUC (Margarita), 949.
REYNOUDI (Dionisius), 579, 965; (Heustach.), 918; (Hugon.), 905-6; (Petrus), 579, 856, 965.
Rianges (parrochia de), 1942.
RIBAUDI (Johan., Petr., Nicol.), 1117.
Riberiis, R-rs (apud), 1368; (castrum de), 1315-39. *Ribiers (H. A.)*

Riboudis (Symond, de), 1241. *Riboux*
Rica (Hugo), 788, 917. [(*Var*).
Richardi (Guill.), 375, 538; (Guigo), 295; (Hugo), 372, 615, 840; (Joh.), 982, 1718; (Richard.), 295.
Richarmi, R-helmi, R-ermi (Aymar.), 1033-82; (Gulonet.), 1033-82; (Jaceim.), 1082, 1151; (Johan.), 1065-74; (Stephan.), 1011-65-74.
Richimontis doma et mandam. 1046.
Richonis (Petrus), not. 318.
Rigaudi uemus, 983.
Rigaudi (Isnardus), 1418.
Rihomis, Rio-s, Rions (castrum de), 1266-74, 1304-15-8, 1320-68, 1423. *Rioms (D.)*
Ripis (de) castrum, 206, 297; domini Aymar. et Johan. 206; feudum, 174. *Rives (I.)* [(*I.*)
Rippa Boudrieu (domus de), 341. *Roche*
Ris (apud), 1201. [*Moidans (H. A.)*
Risenio (castrum de), 1343. *Rison, c°*
Rissono, Rizone = Balme de R.
Ritiquei (mansus), 942.
Riverie (Joh., Petr.), 883; (Reym.), 884.
Riveriis (Raymund. de), 244. *La Rivière*
Rivo Sico (a), 1709. [(*I.*)
Roaco (parrochia de), 646. *Roac, c° Mar-*
Roanis = Royans. [*cieu (I.)*
Roas (castrum de), 1593. *Rue, c. de Fribourg (Suis.)*
Roberti (aliàs), 498; (Bernard.), 689, 721; (Guil.), 788; (Joh.), 596; mansus, 1717-8; (Petrus), 596, 775, 954; (Robert.), 1222-45-59, 1314-48, 1897, p. 243-5; (Stephan.), 378.
Robertus, archiepiscopus Lugdunen. [1227-7 *janv.* 1234], 1140; decanus S¹ Andreæ in Sabaudia [1297], 1946; dux Burgundiæ [*II*, 1272-9 *oct.* 1305], 86(-7); episcopus Gebennen. [*de Genève*, 1276-14 *janv.* 1287], 1574; rex Jerusalem et Siciliæ [8 *sept.* 1309-19 *janv.* 1343], 25, 45, 80-3-4, 425.
Robini (Durandus), not. 1594.
Roboudi (Guigo), 577; (Hugo), 1321.
Rocca (Nicholaus de), 14. *Rocca... (Ital.)*
Rocha Blauna (castrum de), 332. *Rocheblaine, c° Pailharès (A.)*
Rochabruna = Rupis Brunæ.
Rochachinart (de), 448, 1706. = *Ruppis Chin.*
Rochacii (Guillel.), 456, 1854.
Rochæ S¹ Segre = Ruppis S¹ Secreti.
Rocheta (la), domus fortis, 1122.
Rocheta (de) castrum, 1242; homines, 1391. *La Rochette, c. du Buis (D.)*
Rochetam (subtus), 928.
Rochifort (bastida de), 268. *Rochefort, c. Montélimar (D.)*

Rodani aqua, 1076; flumen, 431, 1591 (Geben.), 1818; pedagium, 213; ripa, 390. R-num (inter), 399; (juxta), 1078; (ultra), 1205, p. 29, 48-9, 57; (versus), 1139, 1211, 1820. *Le Rhône, fl.*
Rodulphi (Johannes), 885.
Rodulphus, comes Gebennensis [1253-29 *mai* 1265], 1455, 1935-8; rex [*III de Bourgogne*, 993-6 *sept.* 1032], 1692; Roman. rex [*I de Habsbourg*, 24 *oct.* 1273-15 *juil.* 1292], 17-8-9, 20-1-3.
Rokrii (Thisetus), 1547. [1169.
Rogationes [5° sem. ap. Pâques], 197.
Rogerii (Berengarius), 63, 900-1; (Guillel.), 29; (Johan.), 781.
Roignes, Rug-s (vallis de), 45, 83. *Ruegnes, c° Montauban (D.)*
Rolandorum molarium, 975.
Rolandus, domicellus, 1260.
Rollanda (Domengia), 867.
Rollandi (Guil.), 256; (Joh.), 709.
Rolomono (castrum de), 646. *Remollon (H. A.)*
Romana curia, 262, 349, 1362-75-6; ecclesia, 1230-69-79, 1372. *Rome.*
Romanali (Thomas de), 64, 74.
Romandi (Petrus), not. 1235.
Romanensis, R-anis (de), 498, 1723-96; — burgensis, 118, 122, 498; canonicus, 311, 1707; capitulum, 122, 162, 304, 465; condomini, 498; ecclesia, 122, 162; Gilet, 1786; homines, 393-4-5, 486; Lantelm. 1356; mandam. 430; platea cleric. 498; pons, 1897; sacrista, 1794; universit. 396; vicarius, 1758-62-94; villa, 429, 430-3, 486. *Romans (D.) Cf.* S¹ Barnardi.
Romani (Guigo), 631; (Joh., Petr.), 244.
Romanis (Humbertus de), 1012-74. *Romans (Ain).*
Romanorum imperatores : Fredericus I; 1950; Freder. II; 25; Ludovicus; Karolus; — reges : 452; 8, 26; 452; 15; Rudolphus; Albertus; Henricus.
Romantio (in), 1107-22, 1496, 1567, 1617.
Rometam (apud), 325. *'Romette (H. A.)*
Romigliaci burgensis, 1869. = *Suiv.*
Romilliaci = Rumilliaci.
Romontis castrum, 1593. *Romont, c. de Fribourg (Suis.)* [1305.
Ronsolinus, magister militiæ Templi.
Rore Bel (a), 1437. *Rourebeau, c° Mollans (D.)*
Rosanis, Ross-s (de), 1347; — Amedeus, 1444; castrum, 1315-35-43-68; Jordanus dom. 1343; Raymund. 1254; Rolland. 1331; villa, 1309. *Rosans (H. A.)* [1112.
Roseriis, Rosser (Peronet. de), 1073,

Rosey (dominus de), 1143. *Roset-Fluans, c. Boussières (Doubs)*.
Roseyres, Ross-s (terra de), 1466, 1542.
Rossada, territorium, 327.
Rosseo, R-eu, R-uf, R-evo (castrum de), 1252-76, 1315, 1437. *Roussieu (D.)*
Rosseti (Guigo), 1423; (Johannes), 1362; (Reymundus), 674.
Rossi (Johannes condam), 349.
Rossilion (Guillel. de), 1592.
Rossilione, R-lon, R-ne, R-ilon (de) Amedeus, 1015-8; Arthaudus, 153, 164, 228, 403, 444, dom. 54, 240, 345; Aymar. dom. 252; Aymo, 1159-60; castrum, 403; domin. 54; Girardus, 109, 328; Guigo, 240, 1020, dom. 196; Guillelmus, 128, 153, 164, 288, 301, 331-5, 403, 444; Margarona, 1772; Petrus, 1159; Poncius, 328. *Roussillon* (I.)
Rossyeu (de), 1116.
Rostagni, R-ii (Durand.), 592; (Guigo), 1708; (Guillel.), 1243, 1306; pertusum, 1952; (Petrus), 907, 1880.
Rotulus, 1479, 1750, 1918; papireus, 221, 1477-84; pargam. 359, 1037, 1477, 1905.
Roux (Johan. le) de Lullins, 1586.
Roveyrie (Berilatus), 1816.
Rovone (de) castrum, 300; mandam. 496.
Rovont (castrum de), 1263. [*Rovon (I.)*
Rovora, R-oyera, R-yri, R-ie, R-ii (Dragonet.), 1054, 1861; (Drouet.), 989, 1091; (Guil.), 989, 1091, 1197; (Guionet.), 1053-91, 1108, 1861; (Humb.), 989, 1091; (Petr.), 1045; (Soffred.), 989, 1091; (Thomas), 1091.
Rovoria (castrum de), 1549. *Ravorée, entre Yvoire et Excenevex (H. S.)*
Rovoyria (de), 851; — Guells, 927. R-am
Rovoyroles (pars de), 213. [(ap.), 659.
Royani (Lantelmus), 244.
Royanis, R-ns (de), 148; — domini, 178, 1708-9; terra, 388, 390-1-2; (in) 244, 1233, 1708; — castra, 1708. Cf. Ponte. *Le Royans, a. St-Marcellin (I.)*
Roybonis villa, 134, 1785. *Roybon (I.)*
Roybonis (Lantelmus), not. 222.
Roynis (illi de), 711.
Royno (Guillel. de), 850, 1059, 1270. *Roin, fam. de Sassenage (I.)*
Roysier (montanæ de), 1708.
Roysies (parrochia de), 233. *Roisey (L.)*
Royssanis (de), 378; — domus fortis, 619. *Roissard en Trièves (I.)*
Rubeomonte (de) Durand. et Guichard. 1074, 1116; Guido, 1200; Johan. 1074, 1116; Lantelm. 1116; Laurent. 1074. *Rougemont (C. d'Or)*
Ruboudi (Guill.), 841, 1129; (Joh.), 1163.
Rubricæ instrumentorum, 435.

Ruchoudi (Symondus), 1013.
Rudolfus, R-lphus = Rodulphus.
Ruella (Aymarus), 1813.
Ruffi, Ruphi (Andreas), 1463; (Guigo), 148; (Guil.), p. 216; (Johan.), 989, 1130; (Petrus), 621, 1315, 1438; (Stephan.), 659.
Ruffini (Raymundus), not. 1352.
Ruffis : vid. Bastidæ de R.
Ruffo (de) Guil. p. 98, 173; Stephan. 1355, p. 2, 25, 98, 173, 216, 256.
Rumilliaco en l'Albanes, in A-sio (de), 1681; — universitas, 1533. *Rumilly-en-Albanais (H. S.)*
Ruppe (de) Guillel. 1353; Hugon. 442.
Ruppe (Stephan. de), 1205. *Roche (I.)*
Ruppis castrum, p. 201.
Ruppis castrum, 1690; habitat. 1580; prior, 1805; villa, 1565, 1691. *Roche-sur-Foron (H. S.)* [*chegude (D.)*
Ruppis Acutæ castrum, 1230, 1315. *Ro-*
Ruppe Baudrif (domus de), 1104.
Rupis Blavæ castrum, 1315-26; dominus, 1326. *Rocheblave, c° Montaulieu (D.)*
Rupis Brunæ castrum, 1302-15, 1408-41. *Rochebrune (D.)*
Ruppis de Buen (redditio), 132.
Ruppe, Rupe supra Buxum (castrum de), 1242, 1412. *La Roche-sur-le-Buis (D.)*
Ruppis Chinardi dominus, 326. *Rochechinard (D.)*
Rupécisa, Ruppe Scisa (de) Girinus, 1026; Johan. 1085-96. *Rochetaillée (R.)*
Ruppis de Cladio, Clues, C-ey, Cluy (castrum, 153-8, 164, 288, 301, 331-5, 415; dominus Sylvo, 156; feudum, 384-7. *La Roche-de-Glun (D.)*
Rupe, Ruppe Forti (de) Arnaud. 203, dom. 189; castrum, 146, 171; dominus, 146, 171, 464; fortalicia et mandam. 146. *Rochefort-Samson (D.)*
Ruppis Fortis castrum, 1589; domus, 1570. *Rochefort ! (H. S.) [Molière (L.)*
Ruppis Moleriæ castrum, 109. *Roche-la-*
Ruppis Sancti Secreti (castrum, 1337, 1441. *La Roche-St-Secret (D.)*
Rupecula, Rupp-a (de), 1720; — Guigo, 767, 776, 780, 809. *La Rochette (S.)*
Ruppecula Medullionis (castrum de), 1245. *La Rochette-sur-St-Auban (D.)*
Rupeta (castrum de), 1412. *Ibid.*
Ryomis, Ryons = Rihomis.

Sabaudia (de) Agnes, A-sia [*fille d'Amédée V, ép. 1297 Guillaume c° de Genève*], 1942-3-6-7; Beatrix [= B. de Fucigniaco], 317, 1670; — comites, 93, 104 : Thomas; Aymonetus; Petrus, 169, 1645; Philippus, 19, 85, 1081, 1199; Amedeus, Aymo, 239, 374, 1006-

39, 1123, 1528, 1629-94-5-6, 1849-63-70, 1902-9-20-4-5-47; 1621; 286, 1046, 1566; eor. bayllivus et judex, 351; — comitissa, 93, 1698; Johanna, J-neta [*fil. de Louis de Vaud, ép.* 1294 *Guil. de Joiny.,* † *oct.* 1360], 1466-81, 1542; Maria [*fil. d'Amédée V, ép.* 1309 *Hugues Dauphin*], 93, 1507; Odoardus [*fils du même,* 1284-4 *nov.* 1329], 1864; Petrus, archiepiscop. Lugdunen. [*III, déc.* 1308-*nov.* 1332], 1025; [= P. com. Sab.], 1519, 1670; — Philippus, procurator ecclesiæ Valentinæ [*fils du c*t*e Thomas,* 1242-1267], 443; princeps Achayæ [*fils du comte de Piémont*], 50, 95-7-9; redditus, 1816; (in), 1946. *Savoie.* [*c° Crémieu* (I.)
Sabloniarum mandam. 1005. *Sablonières,*
SABOUDI (Joh.), p. 98, 216; (Ufred.), 1673.
Sabrano (Rostagnus de), 1444. *Sabran*
SACHET (Nantelmus), 577.   ‖(G.)
SACHINI (Albertus), not. 255, 1042-91.
Sacoygn (Johannes de), 1107.
SACRISTANA, relicta F. Bereng. 589.
SACRISTONIS (Joh.), 498; (Ranco), 1621.
Sagnie (Guillel. de), 425. *Sagnes (A.)*
Sala (de), 707; — Hugo, 610. *La Salle*
SALAMONIS (Bertrandus), not. 36.   ‖(I.)
Salanchia (de), 1493, 1571-88-94; — castrum, 1522; curatus, 1475; leyda, 1506. *Sallanches (H. S.)*
Salatata prati, 542.
Salces, 1305. = Salices.
Saleriæ dominus, 54. *Serrières (A.)*
Salerni, S-itanus princeps, p-cipatus, 425. *Salerne (Naples).*
Saletarum conventus et priorissa, p. 320-1. S-tes (ap.), 1204. *Salettes, Chart., c° La Balme (I.)*
Saleyri (castrum de), 233. = Saleriæ.
SALICII, S-CUM (Lantelm.), 456, 1854.
Salinarum dominus, 1148. *Salins (Jura).*
Salion, Sali-n (de) Girard. 1485; Petrus,
Salomeys (Hugonet. de), 1114.   [547.
Salonhia (de), 865. *Salagnon, c° St-Chef (I.)*
Saltn (Bartholomæus et Rostagnus de), 1323. *Sault (V.)*
Saluciarum marquio : Manfredus. S-ciis (Frelinus de) [*fils de Mainfroi, ép. Marguerite fil. d'Humbert I*], 91-6, 102,
Salva (Pon. de), 1444. *Sauve (G.)* [315.
Salvagarda, S-dia, 19, 395, 471-90, 951, 1757, 1949 (D. VI, 46).
SALVAGII (Perretus) de Varey, 1062.
SALVANII (Petrus), 1724 (2).
SALVAYGNI (Aymonetus), 551.
Samcinato (Guil. de), 46. = Saviniaco.
Samiaut (aqua de), 914.
Samoenc (castrum de), 69. *Samoëns (H.*
SANCIA, uxor R. de Coardo, 1442.   [S.)

Sancti Ægidii præceptor, 1444; prior, 1233, 1431-5. *St-Gilles-les-Boucheries* (G.)   [*de-Roche (I.)*
S¹ Albani iter public. 341, 1104. *St-Alban-*Sum Albanum (apud), 379. *St-Alban-du-Rhône (I.)*
S¹ Albani castrum, 1274, 1304-18-20-68; tenement. 1238. *St-Auban (D.)*
S¹ Amoris dominus, 1149; feudum, 1148. *St-Amour (Jura).*
S° Andrea (Hugonet. de), 1019.
S° Andrea (Amedeus et Aymo de), 1177.
S¹ Andreæ de Avinione (monasterium, 1415. *St-André, Bénéd., à Villeneuve-lès-Avignon (G.) Cf.* Villa Nova.
S¹ Andreæ de Briordo (castrum, 1211; mandam. 1003. *St-André-de-Briord* (Ain). *Cf.* Briordo.
S¹ Andreæ Grationopolis archiva, 435, p. 326; canonici, p. 2; capitulum, 340; ecclesia, 755, 946; præpositus, p. 131; revestiarium, p. 2, 98, 256; sacristia, 108, p. 25, 216, 301. S. A-eam (ap.), p. 300; (infra), p. 173. *St-André, parois. de Grenoble.*
S¹ Andreæ, S° A-ea in Rosanis (de) castrum, 1315; mandam. 676; Raymund. 1321-7. S. A-eam (ap.), 1368. *Saint-André-de-Rosans (H. A.)*
S¹ Andreæ in Royanis (dominus, 244. *St-André-en-Royans (I.)*
S¹ Andreæ in Sabaudia (decanus, 1946. *St-André, c° des Marches (S.)*
S¹ Andreæ Viennensis abbas, 199, 267, 422; monasterium, 422. *St-André-le-Bas, Bénéd., à Vienne.*
S¹ Anthonii (Mota), S° A-io de Mota, Viennens. (de), 1740; — abbas, 136, 191, 487, 1935; castrum, 125, 170, 180, 191, 487, 1179; domus, 179; — Hospitalis capitulum, 170; magister, 170, 475, 1179; — mandam. 150; ordo, 1793; villa, 180. *Saint-Antoine, August. (I.)*
S¹ Arigii de Vapinco (prioratus, 1890. *St-Arey, à Gap (H. A.)*
S° Avicto (Johan. de), 110. *St-Avit (D.)*
Sanctum Barbatum (apud), 1138.
S¹ Barnardi ecclesia, 132, 498. *A Romans.*
S¹ Baudilii in Trivits (parrochia, 1424. *St-Baudille, c. Mens (I.)*   [net....
S° Bonito (Lantelm. de), 1802. *St-Bon-*Sanctæ Claræ ordo [*fondé en* 1212], 1076.
Sæ Columbæ factum, 434; parrochia, 1836. *Ste-Colombe (R.)*
S° Crispino (de), 1880. *St-Crépin (H. A.)*
Sa Cruce (de) dominus, 1084; parrochia, 1032; Symon, 1084. *Ste-Croix (Ain).*
Sancto Dalmacio (Humbert. de), 873.
S° Denisio, Dyon-o (Johan. de), 45, 136,

239-90, 322-61, 426, 575, 830, 1017-78, 1146-62, 1711-3-21-5.

S¹ Donati castrum, 1004-29; furnum, 980; officialis, 827; prior, 1701-2-5. S. D-tum (ap.), 171, 1141. *St-Donat* (D.)

S¹ Dyonisii castrum, 1071. *St-Denis-le-Chosson* (Ain).

Sanctæ Eufemiæ castrum, 268, 1235-8-74-7-92, 1303-4-15-8-20-68. *Ste-Euphémie* (D.)

S¹ Eugendi Jurensis monasterium et villa, 20. *St-Oyen-de-Joux*, *Bénéd.*, *à Saint-Claude* (Jura). [S.]

Sᵒ Eugendio (... de), 1550. *St-Oyen ?* (H.

Sᵃ Eugenia (affayre de), 645. *Ste-Eugénie*, c° *Prébois* (I.) [(Corrèze).

S¹ Exuperii dominus, 29. *Saint-Exupery*

Sancti Fergeoli parrochia, 753, 802. *St-Ferjus*, c° *La Tronche* (I.)

Sanctæ Gallæ castrum, 1239-42, 1302-15-68, 1408; dominus, 1239, 1302; feuda, 1236; recognitio, 1227. *Ste-Jalle* (D.) |*Dégoulx* (H. A.)

S¹ Genesii castrum, 1228. *St-Genis-le-*

Sᵒ Genesio, G-eyssio (de) Giraud, 1082; Guifred. et Johan. 1074-82. *St-Genix-sur-Guier* (S.)

Sᵒ Genisio (Verducus de), 1514. *St-Genis*, c° *Pouilly-St-G.* (Ain).

S¹ Georgii parrochia, 831. *St-Georges-de-Commiers* (I.)

Sᵒ Georgio (de) Ademarus, Aymar. 144, 247-8, 1792; Alisia, 144, 247-8; burg. castrum, 247; Folco, 356; Guells. 247; Guil. 1737-91; Humbert. 1778-91; Jasselm. 244; poypia, 356. *St-Geoirs* (I.)

Sᵒ Germano (de), 1019; — castrum, 104, 1145; Francisc. et Jacob. 1057. *Saint-Germain*, c° *Ambérieux* (Ain).

Sᵒ Germano (Arthaudus de), 109. *Saint-Germain-Laval* (L.)

S¹ Germani, S. G. de Cormorasa, C-rosa (parrochia, 292-4-6, 378, 1063. *Cormerouze*, c° *Le Passage* (I.)

S¹ Gervasii parrochia, 1480. *St-Gervais-sur-Arve* ou *les-Bains* (H. S.)

Sᵒ Gionisio (de burgo de) Guichard. 1126. *St-Genis* ..... (I.)

Sᵒ Guionesio (Johan. de), 1724.

Sanctæ Heufemiæ = Sᵃᵉ Eufemiæ.

Sᵒ Heulaterio (de), 157, 244; — castrum, 268, 462. *St-Lattier* (I.)

Sancta Jalla = Sᵃᵉ Gallæ.

Sᵒ Jeorgio de Esperenchia (castrum de), 351. *St-Georges-d'Espéranche* (I.)

Sᵒ Johanne (de) Andreas, 535; Anthon. p. 326; Guigo, 968; Johan. 206; Philip. 1770.

S¹ Johannis castrum, 1498, 1648. *Saint-Jean-de-Gonville* (Ain).

S¹ Johannis de Auteveone, 272. *St-Jean-d'Octavéon*, c° *Châtillon-St-J.* (D.)

S¹ Johannis, S. J. de Bornay (castrum, 1102-42, 1697; mandam. 1208. *St-Jean-de-Bournay* (I.)

S¹ Johannis Jerusalem, Jherosolimitani Hospitale, 1230, 1973, 1435-44; ordo, 222, 497, 1446; — ej. baylivus, 1233; præceptor, 491, 1233 (transmar.)-97; p-ria, 1233. *Hospitaliers*.

S¹ Johannis in Royanis (prior, 1708. *St-Jean-en-Royans* (D.)

S¹ Johannis in Trivis domus, 1233. *St-Jean-d'Hérans* (I.) [les (S.)

Sᵒ Jorio (Aymo de), 791. *St-Jeoire-Chal-*

Sᵒ Juers, J-rtz = Sᵒ Georgio 2ᵒ.

Sᵃ Julita (de) Bartholomæus, 1129; Borchius, 1033. *Ste-Julie* (Ain).

S¹ Justi Lugdunen. obedientiarius, 401. *St-Just*, abb. *hors Lyon*.

Sᵒ Justo (Pontius de), 1443. *St-Juste*, c° *St-Paul-trois-Châteaux* (D.)

Sancto Lagerio, Leg-o (de) domus, 1211; Petrus, 1280 b. L-lum (ap.), 1211. *St-Léger*, c° *Serrières-du-Briord* (Ain).

Sᵒ Laurentio (de) castrum, 998; Jaquemet. 1002-74. *St-Laurent-de-Mure* (I.)

S¹ Laurentii in Damaso cardinal. 1693.

S¹ Laurentii Gratianopolis porta, 934; prior, 652. *St-Laurent*, parois. *à Grenoble*.

Sᵒ Laurentio de Lacu, L-ubus (de), 952, 1808; — layda, 952. *Le Bourg-d'Oisans* (I.)

S¹ Laurentii in Royanis (domus, 1233. *St-Laurent-en-Royans* (D.)

Sancto Maingoro (castrum de), 1431. = S¹ Mauritii 2ᵒ.

S¹ Marcellini bastida, p. 184; castrum, 1437-41; fortalicium, 1043. *St-Marcellin* (V.) [*tres-de-Veyre* (P. de D.)

Sᵒ Marciali (de), 29. *St-Martial*, c° *Mar-*

Sanctæ Mariæ castrum, 1235, 1309. *Ste-Marie*, c. *Rosans* (H. A.)

Bᵃᵉ Mariæ Aniciensis (ecclesia et altare, 327. *N.-D. du Puy* (H. L.)

Bᵃᵉ Mariæ prope Avinionem (capitulum et decanus, 1354 (-5). *Notre-Dame*, collég. *à Avignon*.

Bᵃᵉ Mariæ de Deserta (abbatissa, 1007-76. *N.-D. de la Déserte*, Clar., *à Lyon*.

Bᵃᵉ Mariæ de Gorgia (parrochia, 1480. *N.-D. de la Gorge*, c° *Contamines* (H.S.)

Bᵃᵉ Mariæ Gratianopolis altare, 787; capitulum, 685, 1805; decanus, 683, 835, 900; platea, 1804. *Notre-Dame*, cathéd. *à Grenoble*.

S¹ Martini de Fontanis (parrochia, 818. *St-Martin-de-Fontaines* (R.)

Sᵒ Martino de Miseriaco (de) Guigo, 894,

964; Guil. 807; parrochia, 911, 941; Petrus, 807, 874. St-Martin-de-Misère (I.)
S¹ Martini, S¹ M. in Triviis (parrochia, 511, 589, 652, 824, 889. St-Martin-de-Cleiles (I.) [tin-le-Vinoux (I.)
S¹ Martini Vinosi parrochia, 956. St-Mar-
S¹ Mauritii, S⁰ M-rutio, Mor-o (de), 867; — parrochia, 753, 965-9. St-Mury, c⁰ Meylan (I.)
S¹ Mauritii bastida, 1230, 1435-46; mandam. 1233; præceptor, 1446; tenem. 1258; territor. 1442. St-Maurice (D.)
S⁰ Mauritio, Moir-o (Hugo de), 1074-82. St-Maurice..... (Ain).
S¹ Mauritii de Bayno (parrochia, 1032. St-Maurice-de-Beynost (Ain).
S¹ Mauritii Remens parrochia, 1060. St-Maurice-de-Réman (Ain).
S¹ Mauritii Viennæ altare, 431. St-Maurice, cathédr. d Vienne.
S⁰ Maximo (villa de), 1896.
S⁰ Michaele (Rolland. de), 128.
S⁰ Michaele (de) Jacob. 526; parrochia, 589. St-Michel-les-Portes (I.)
S¹ Michaelis capella, 327.
Sancti Nazarii, p. 54; castrum, 268, 387; molendinum, 141. Saint-Nazaire-en-Royans (D.)
S⁰ Nazario (de) Guil. et Jacelm. 597; parrochia, 550, 905. S. N-ium (bastia subtus), 947. St-Nazaire (I.)
S⁰ Nicolao de Clusis (Peronet. de), 1466-96, 1541-96. St-Nicolas, c⁰ Cluses (H. S.) [St-Nicolas-de-Véroce (H. S.)
S¹ Nycolai de Véracia (parrochia, 1480.
Sancti Pantaleonis castrum, 1440. Saint-Pantaléon (D.)
S⁰ Pastore (Bertrand. de), 1443.
S¹ Pauli monialium (monasterii) priorissa, 320. St-Paul-d'Izeaux (I.)
S¹ Pauli parrochia, 885. St-Paul-lès-Monestier (I.) [Romans (D.)
S¹ Pauli pedagium, 1844. St-Paul-lès-
S¹ Pauli Lugdunen. canonicus, 1119. St-Paul, collég. à Lyon.
S⁰ Petro de Alavardo (de) Aymo, 984; castrum, 1720; domina, 1719; parrochia, 880. St-Pierre-d'Allevard (I.)
S¹ Petri de Intermontibus (parrochia, 880. St-Pierre-d'Entremont (I.)
S¹ Petri foris Portam, Viennensis (abbas, 114; 379. St-Pierre, Bénéd., à Vienne.
S⁰ Prejeto (Stephanus de), 109. St-Priest, c. St-Héand (L.)
Sancti Quintini ultra Iseram (castrum, 431; domina, 462; feudum, 174. St-Quentin-sur-l'Isère (I.)
S⁰ Quintino (Petrus de), 1354. Ibid.
Sancto Regergio = S⁰ Georgio.
S¹ Roberti monasterium, 782; prior, 800;

p.ratus, 810. St-Robert, Bénéd., c⁰ Ste-Egrève (I.) [St-Savin (I.)
Sancto Sabino (Johannes de), 38, 240.
S¹ Salvatoris castrum, 1242, 1392, 1405. St-Sauveur, c. du Buis (D.)
S¹ Saturnini parrochia, 1161. St-Sorlin (I.)
S¹ Saturnini de Cucheto (castrum, 993. St-Sorlin [-de-Cuchet] (Ain).
S¹ Simforiani pedagium, 234. St-Symphorien-d'Ozon (I.)
S¹ Simplicii dominus, 1903.
S¹ Stephani (.....), p. 211. = S¹ Steph. 5⁰.
S¹ Stephani [locus], 1339.
S¹ Stephani parrochia, 1063. St-Etienne-d'Envelump, c⁰ Le Passage (I.)
S¹ Stephani de Jairia : v. h. v.
S¹ Stephani de S⁰ Juers (homines, 442; mandam. p. 71. St-Etienne-de-St-Geoirs
S¹ Stephani de Volum : v. h. v. [(I.)
Sancti Theoffredi, T-ofr-i abbas, 317. St-Chaffre, Bénéd., ou Le Monastier (H. L.)
S⁰ Theoffredo (de), 65. St-Chaffrey (H. A.)
S¹ Theuderii abbas et conventus, 1095, 1133. St-Chef, Bénéd. (I.)
S⁰ Triverio (de) dom. 1167; Guido, 1033. St-Trivier-sur-Moignan (Ain).
Sancto Valerio (de), 2843 — castrum, 453; dominus, 454; ecclesia, 258; villa, 453. S. V-ium (script. ap.), 247. St-Vallier (D.) [Loire (L.)
S¹ Victoris castrum, 109. St-Victor-sur-
S¹ Victoris parrochia, 1787. St-Victor-de-Cessieux (I.)
S¹ Vincentii ultra Voraptum (ecclesia, 431. St-Vincent-du-Plâtre (I.)
Sancto Ymerio, Ysm-o (de), 869; — parrochia, 847, 860, 909, 910-1, 961. St-Ismier (I.)
Sanguineto (Guil. de), 1230-69. Sangué, c⁰ Lucy-le-Bourg (Nièvre).
SAPETI (Stephanus), 941.
Sapo (Arnaudus de), 566.
Sappeto (parrochia de), 979. Sapetum (versus), 958. Le Sappey (I.)
SARAMANDI (Rostagnus), not. 1271.
Sareria (de), 295. Serrières (A.)
Sareyres (apud), 1204. Serrières-du-Briord
SARNIERS (Petrus), 578. [(Ain).
Sarreriis (Hugo de), 275. = Sareria.
Sarsonay = Sersonay.
SASELLI (Stephanus), not. 1474.
Sathonatz (Humbert. de), 1012. Satonay
SATURNINI (Andreas), not. 284. [(Ain).
SAUNELLI (Poncius), not. 1262.
SAUNERII (Franco), 532.
SAURA, S-RETA, uxor, 1357; — R. de Medullione, 1425-6-37.
Savello (de) castrum, 601; domus, 890; vallis, 646. Savel (I.)

Savicniacidominus, 1084. *Savigneux(Ain).*
Savigniaco, S-in-o (Guillel. de), not. 1027-30-2, 1106, 1457.
Saxiolo (Johan. de), 451. *Seyssuel (I.)*
SAYETI (Guilielmus), not. 586.
Sayo (Mathæus de), 1033.
Saysello (Hugo de), 1864. *Seyssel (H. S.)*
Saysieu, S-sseu (de), 1091; — Humbert, 1048; villa, 1037. [*St-Benoît-de-*] *Sayssieu (Ain)*
Saysio (Petrus de), 1285. *Sias (D.)*
Sayssinium (apud), 590. *Seyssins (I.)*
Scabeolo, S-biolo = Cabeolo; *cf.* Insula.
Scabillone, S-lone = Cabilione.
Scoffinus, Scofi-s, 1314, p. 2, 25, 98, 216, 256. = Cophinus.
Scolatio = Sancto [Heu]laterio.
Sechillinæ castrum et dominus, 739. *Séchilienne-en-Trièves (I.)*
SECLETUS, nepos Guil. de Illino, 357.
Secucia (Bernard. de), 918. *Suse (Piém.)*
Sedarono (castrum de), 1242. *Séderon (D.)*
Sedumeni, 576.
Sedunensis episcopus, 1515. *Sion (Val.)*
Segnoria, S-nio-a, Seigno-a, Sen-a, Seygna, 194, 213, 387, 646, 679, 830 (maj.), 1087, 1238-50-2, 1307, 1432, 1674, 1707-19-37. (*D. VI,* 162).
SEGNORIS (Anthonius), 1108.
Sehargayla, 1948.
SELAT (Petrus), 892.
Semana (en), 1678. *Sémine (H. S.)*
SENESCALLI (Jaquetus), 1592.
Senescallia, 6, 1169, 1936 (*D. VI,* 183).
Septemi, S-timi castrum, 340, 351, 398-9, 401-2, 453; factum, p. 78; mandam, 185, 399; territor. 351. *Septème (I.)* [(*H. S.*)
Septenay (Raynaud. de), 1639. *Settenex*
Sergie (Henric. et Stephan. de), 1505. *Sergy (Ain).*
Sericum album et rub. 47; rubeum, 1, 2, 3, 43; — et croceum, 10, 82-4; — et viride, 5, 6; varium, 48. [*Serre (D.)*
Serra (Amedeus dom. de), 230. *Le Grand-Serra* (Guigo de), 922. *Serre, c° Nerpol*
Serres (Symond. de), 1033. [(*I.*)
Serris (castrum de), 81. *Serres (H. A.)*
Serro (Arthaud. de), 508.
Serrone (Guillel. de), 999.
Sersonay (Petrus de), 1516, 1683-9, 1905. = Monte de Cercennay.
Servayrino (nemora de), 1820. *Forêt de Serveirin, c° Amblagnieu (I.)*
Serveta (Johan. de), 1070, 1120.
Serveuz (Melmet. de), 1552. *Servoz (H. S.)*
Serviæ castrum, 213, 297, 466; furnum, 168, 213; pedagium, 213, 473. *Serves (D.)*
Sesana (de), 1856; — castellania, 1827;

marquisatus, 827; (in), 1825. S-am (ap.), 1835; — moneta, 3, B. *Césane (H. A.)*
Sestariata, 860-6, 941. = Sext-a.
Sestarium avenæ, 950-69; frumenti, 847-66, 931-55-72; vini, 841-68, 954-69 (*D. VI,* 231).
SETIS (Bartholus condam), 349.
SEVETI (Guil., Joh., Rolland.), 1026.
Sevol (parrochia de), 1798. *Siévoz (I.)*
SEYDEY (Ruffus), 941.
Seye (Stephan. de), 538. = Siyes.
SIBOUDI (Henriquet.), 1498; (Humbert.), 823; (Johan.), 244; (Siboud.), 821; (Ramanet.), 1673.
SIBUE (Guillelmus), 947 (2).
SICHARDI (Petrus), 831; (Simeo), 949.
Sicilia (de) Beatrix [= B. de Hungaria], 287; reges, 1169: Fredericus II, Karolus II, Robertus. *Sicile.*
SICILIA, filia Barralis dom¹ de Baucio [*ép. Amédée IV de Savoie*], 317.
Siczerinum (apud), 938. = Cizerino.
Sigillum, passim; authenticum, 114, 146, 165, 170-a, 200; cereum, 12-4-8, 37, 51, 129-42-9, 150-64, 319, 424, 1236, 1501-2; — cera alba, 3, 6, 7, 17, 23-4-5, 47-8, 61, 83; rubea, 55, 65-8, 80-1-2-3-4, 93-4, 284, 337, 1299, 1693; viridi, 87; — infixum, 26; magnum, 173, 423-4; parvum, 123, 1567, 1617. S-li valor, 1479.
Signetum cera rubea, 985 (*D. VI,* 249).
Siliguiacum (apud), 1034. *Silignat, c° Si-*
SILLARDI (Stephanus), 562. [*mandre(Ain)*
Silucta (a), 576.
SILVESTRI (Guelisius, Joffred.), 773.
SILVONIS (Petr.), 807; (Richard.), 541.
Sistarionensis, Sitarien. diœcesis, 1303-26. *Sisteron (B. A.)*
Sisterna (Girard. de), 1588. *Féterne(H. S.)*
Siyes (Stephan. de), 1467. *Sciez (H. S.)*
SOFFREDI (Henricus), 708.
Solagium, 628 (*D. VI,* 280).
Solidata terræ, 1453-91, 1546.
Solidus, passim. S-di forcium, 1628-9.
Solomer (parrochia de), 1210. *Soleymieu (I.)*
Somata avenæ, 1367 b; bladi, 1355; vini, 890 (*D. VI,* 27 a).
Somerium, 1503 (*D. VI,* 295).
Sonna (de), 192, 273, 310, 354; — capella, 110; furni, 426; Hospitale, pons, 110; prior, 110, 426. [*St-Hilaire-de-]La Sône (I.)*
Sorberiis, S-rio (apud), 1390; (castrum de), 1248, 1331. *Sorbiers (H. A.)*
Soucia (parrochia de), 1122. *Soucia (Jura).*
Sperenchia (villa de), 399. [*St-Georges-d']Espérandre (I.)*

Spina (de) castrum, 1412; Richanns, 1390. *L'Epine* (H. A.)
Spinosa (parrochia de), 444. = Espinosa.
Stamedei ordo, 1714. *Tamié, Citeaux, c° Plancherine (S.)*
Stellæ burgum, 381-7, 391, 406; castrum, 381-7-8, 390-1-2, 406; turris, 387. *Etoile* (D.)
Steilæ castrum, 1403. *Etoile (H. A.)*
STEPHANI (b¹) festum [26 déc.], 870.
STEPHANI (Arnaud.), 1355; (Pont.), 1438.
Suec (apud), 1197; (de), 1091.
Sufflań (Lapach. de), 1846.
Sumata, 1169. = Somata.
SUPPI (Andreas), 1129.
Suronis, Surrone (Guigo et Guil. de), 995.
Suyriaco (castrum de), 1774. [*St-Romain-de-*]*Surieu (I.)*
SYBAUDI, SYBOUDI = Siboudi.
SYCARDI (Girard.) de Albone, 120.
Sychius (Anselmus de), 1685.
Syes (Theobald. de), 997.
Syllu (Raynaud. de), 1090.
Syma castri, 1706. = Cima.
SYMONDI (Johannes), 1073.
SYMONI (Philippus), lumbard. 367 b.
SYMONIS ET JUDÆ apostt. (festum [28 oct.], 92, 1602-38.
SYMONIS (Barthol.), 1249; (Marc.), 139.
Sys (abbas de), 1676. *Sixt, August.* (H. S.)
Systarone (de), 1244. = Sistarionen.

T*achia*, 984. = Taschia.
Tacon, villa, 1542. = Vilar Tecon.
Talilia, Tal-a, Tayl-a, 555, 844, 969, 1488, 1818. (D. VI, 496).
TALONIS (Bertrandus), 1342.
Taluerlæ prior, 1942. *Talloires, Cîteaux*
Tanco (Johan. de), 523, 566. [(H. S.)
Tarantayssia (in), 1661. Tarentasiensis episcopus, 1564. *La Tarentaise*, [*Moutiers-en-*]*Tarentaise* (S.)
TARINI (Johannodus), 1673.
Tarraciæ castrum, 86. = Terracia.
Taschia, Tha-a, 814, 1438-48, 1717-8.
TASSIETA, domina Montilii, 490.
Taulignano (de) castrum, 1315-56; villa, 388, 390. *Taulignan (D.)*
TAYLLAC (Berlio), 955.
TAYLLIFER (Franciscus), 215.
Taysserils (de) castrum, 1315-68; districtus, 1352. *Teyssières (D.)*
TEMPLARII, 221, 420. *Templiers*.
Templi militia, 409, 1305, 1445.
Tenementarius, 582, 628, 1448, 1525.
Tenementum, 778, 859, 955, 1153, 1352.
Teolignano = Taulignano.
Ternel, T-niaco (Girard. de), 161, 321. *Ternay* (I.)?
Terniaco (de) Petrus, 1576, 1679; Ra-musius, 1576. *Ternier, c° St-Julien* (H. S.) [1110.
Ternic, T-nys (de) Aymeric. 1074; Johan.
Terracia, T-atia (de) castrum, 207, 499, 587, 623, 661, 686, 857; mandam. 586, 641, 755, 920; mistralis, 815; rivus, 719, 899. T-am (ad), 676. *La Terrasse (I.)*
TERRACZACX (Guillelmus), 709.
TERRAS (Rollandus), 542.
Terrendol (castrum de), 1315. *Tarandol, c° Bellecombe (D.)*
Testamentum, 27-8, 40-4-6-7, 128, 201, 558, 783, 979, 1284, 1316, 1758-71-2-8-82, 1815.
Teychia (vadum de), 1745. *Le Gua, sur la c° de Tèche (I.)*
TEXTORIS (Johannes), p. 173.
Thaurinum (dat. ap.), 3. *Turin (Ital.)*
Theloneum, 1777. = Telon.
Thesaurariæ scriptor, 1732.
Thesaurarii clericus, p. 300.
Thesaurus dom¹ [delphini], 1708. [557.
Thesia (de) domus, 804, p. 105; Johan.
Thesio, Theysio (de), 720, 901; — Albertus, 899, 926, 939, 967; castellanus, 849, 1936-45; castrum, 890, 1944; cochia, 818; Francisc. 430, 652, 851; Lantelm. 899; locus, 1933; mandam. 913; Nantelm. 939; Raymund. p. 142; Rodulphus, 576, 899, 912, 926; terra, p. 171. T-ium (ap.), 765. *Theys (I.)*
Theusio (castrum et dominus de), 646. *Theus (H. A.)*
Theycheriis = Taysserils.
Thollinum (ap.), 1181. = Tollino.
Thoeria (dom. de), 1017. = Thoria I°.
Tholose comes, 1440, 1951; vicarius, 1904. *Toulouse (Hte-Gar.)*
THOMÆ apost. (b¹) festum [21 déc.], 407, 852, 905-6. [1233], 1519.
THOMAS, comes Sabaudiæ [1189-1ᵉʳ mars
Thorana (de) Aynard. 824; parrochia, 589, 824. *Thoranne (I.)*
Thoria, Thoyri, T-ia (Humbert. de), 1083; dom. 994, 1008. *Thoire, c° Matafelon (Ain)*.
Thoria, Thoyria (de) Humbert. 1459, 1580; Johan. 1459; Marquet., Melmet., Petrus, 1454; Raymund. 1580; Rodulph. 1454; Roulet. 1579. *Thoiry (Ain.)*
Thoveto (de) Petrus, 899, 978, 1728; — Vimanus, 878. T-tum (ap.), 968. *Le Touvet (I.)*
Tiburtinus episcopus, 1479. *Tivoli (Ital.)*
Tincto (villa de), 208, 421. *Tain (D.)*
TIVELLI (Hugo, H-onetus), 1038-91.
Tochana (castrum de), 889. = Thorana.
Tollino (de) castrum, 174, 297; dominus,

206, 297, p. 81; *Guido*, 52, 174, (dom.) 1181; Guigo dom. 364; habitator, 245, 305; Lantelm. 1181; Margarita, 152; pars, 1907. *Tullins (I.)*
Tolojone (castrum, Fremondus dom. de), 338. *Toulongeon (I.)* [lignano.
Toloniano (Bertrand. de), 1368. ⸺ Tau-
Tolosani (Gonterius), 594.
Torchifellon (Guillel. et Oliverius de), 989, 1091. *Torchefelon (I.)*
Torgennas (de), 1001. *Torjonas, c° St-Baudille (I.)*
Toria (Guillel. de), 1559. — Thoria 2°.
Tormerz (Aymo), 351.
Tornafol, T-ilo (Aymo de), 54-7, 127-37-47, 168-70, 228-40, 308-41, 468, 835-6-89, 1000-63, 1102-3-32-64, 1234-74, 1368, 1535-62, 1643-65.
Tornatoris (Johannes), not. 1244.
Tornello (de), 1445.
Tornone (Guil. de), 1280. ⸺ Turnone.
Toschia (locus de), p. 327.
Toyna, Toyria (Raymund. de), 653, 837.
Tracort (Jacob. et Roletus de), 1453. *Hautecourt, c. de Vaud (Suis.)*
Traforcio (ecclesia de), 804. *Treffort (I.)*
Transqueril (Guillel.), miles, 1444.
Traycheris = Taysserils.
Trecensis praeceptor, 1793. *Troyes (Aube).*
Tresmenis (castrum de), 1937. *Triminis (I.)* [(Ain).
Trévous (castrum de), 1131. *Trévoux*
Trezenio (Amenonus de), 728. ⸺ *Suiv.*
Tribus Asinis (parrochia de), 824. *Trisane (I.)*
Tricastrinensis, T-atre-s diœcesis, 1445; episcopus, 1441, 1841. *[St-Paul-]Trois-Châteaux (D.)*
Triclivio (de), 1338. *Trescléoux (H. A.)*
Trinitatis (dominica post octab.), 1592.
Trivlis, T-vis (de), 283, 511, 631-7, 643, 681, 695; (in), 378, 511-2, 589, 619, 695, 885, 1233, 1424, p. 155. *Le Trièves, a. Mens (I.)*
Troches (Petrus de), 1622. *Les Troches, c° Douraine (H. S.)*
Tróllioti (Johannes), not. 1788.
Tuelletæ territorium, 1446. *Tulette (D.)*
Tullino = Tollino.
Turelli (Johannes), 1011.
Turnone (de) Anthon. 351; Aymarona, 1753; dominus, 208; Guigo, 274; Guiotus dom. 421, 1889; Odo, 165. *Tournon (A.)*
Turonus, 91, 163-77, 245-84, 305, 414, 510.
Turpin, cognomen, 255. [1310.
Turpini (Bertus), 1884; (Rufus), 1883.
Turquiam (in), p. 173; (versus), p. 25, 216, 256. *Turquie.*
Turre, T. Pino, Sp-o (de), 212, 255, 865,

1038, 1447; — Albertus, 165, 291, 436, 453, 1124, 1735, dom. 15, 115, 1140-57, 1647-97, 1760; Aynardus, 1092, 1737-59-60, 1773-6-7-9, 1789-90-1-5-6; Berlio, Beryllio, 116(2), 150, 180, 300, 363, 1754-61-2-5-6, 1781-2-92-4; Bertrand. 1739; castrum, 1055-63-80-92, 1124, 1760; dominus, 204, 257, 370, 1159-99, 1200-2-3-4-5-6; Henricus, 116, 302, 1737-41-59-73-5-6, 1866, dom. 1793; Hugo, 86, 255, 293, 1117, 1210, dom. 115, 1142; Hugonet. 1741; Humbertus, 17, 162, 304, 464, dom. 10-8, 127, 147, 362, 412, 1000-22, 1102-3-48, 1207-8-11, 1602; Jacellinus, J.-ermus, 1758-62; mandament. 255, 989, 1001-14-35-42, 1103, 1762; medietas, 1737; pedagium, 10; Petrus, 1310, 1797; villa, 1063. T-rim (ap.), 355, 989, 1080. *La Tour-du-Pin (I.)*
Turris (terra), 5, 268, 379, 435, 981, 1140-4-84-95, 1200, p. 300, 319; ejus baronia, 37, 127, 260, 308, 322, 341, 989, 993, 1055, 1104-24-37-41, 1159-64-86; bayilivia, b-atus, 302, 1004, 1219, p. 173; b-vus, 1059; domicellus, 1193; dominus, 1139; feuda, 1103; judex, 212, 992-3-6, 1013-75-3, 1137, major, 990, 1114; nobiles, 1074; procurator, 1065-70, 1112-6; provincia, 1075. *Ibid.* [(D.)
Turretis (locus de), 1331. *Les Tourrettes*
Turreylo, T-yo (Amalricus de), 247, 466.
Turrichelli (Jaquamonus), 1796.
Tusculanum territor. 4. *Frascati (Ital.)*
Tuyriaco (de), 353. *Tirieu, c° Courtenay (I.)* [1294.
Tyvolev, T-ys (Guil.), 444 b; (Joffred.),

Ubandi (Johannes), 761.
Ubrillis (castrum de), 1300, 1400. *Ubrieux, c° du Buis (D.)*
Ufredus, abbas de Intermontibus [*Guiffrey*, 1252-56], 1937.
Ulaysano (Guillel. de), 395. *Alixan (D.)*
Ulciensis domus, 1890. Ulci redditus, 1821. U-io (Guillel. de), 346, 558, 780, 966. U-lum (ap.), 1818-35. *Oulx (Piém.)*
Ullino (parrochia de), 1588. = Lullis.
Umcle (parrochia de), 1624. *Orcier(H.S.)?*
Umgaria, Ung-a = Hungaria?
Uncia argenti, 1269-79-99, 1313; auri, 14, 22, 84.
Uncteu (Petrus de), 351. *Oncieu (Ain).*
Ungles (apud), 1204. [*Upaix (H. A.)*
Upasio, Upaysio (de), 177, 388, 390.
Urbanno (Petrus de), 1324. *D°Urban, c° Beaumes-de-Venise (V.)*

Uriacata (de), Uriatici castrum, 663; dominus, 914, 1673. *Uriage* (I.)
Usagium, 54, 423, 543, 641, 842, 915, 1063, 1424, 1747; feudi, 1938. (*D. VI, 886*).
USANNA, [uxor P. Czuppi?], 555.
Ususfructus, 285-90, 856, 1500, 1946.

VACHE, VACHI (Johan.), 1051-5-6-8.
VACHERII (Guigo), 760; (Petrus), 542 a-8, 760, 963.
Vachers (albergum deuc), 753.
Vado (de) castrum, 549, 617, 741; dominus, 536; Eymeric. 561; Guill. 957; Joh. 742; Rodulph. 549, 830. *Le Gua* (I.)
Vaesco (de) Arnaud. 1345; Guillel. 1419; Hugo, 1345. *Vesc* (D.)
VAGNARDI (Robertus), 1588, 1679.
Val Freyde (comba de), 351.
Valamanda, V-derle (de), V-DI (Johannes), 772, 876, 931.
Valantinensis, Valen-s bayliviatus, 494 (-5); capitulum, 401; comitatus, 497; comites, 1964, p. 302 : Ademar. et Ludov. de Pictavia; comitissa, 376, 481, 1903; decanus, 440; diœcesis, 311, 448; ecclesia, 154, 401; episcopus, 23, 240, 260, 390, 407, 468, 470, 497, 1234, 1353, 1643; procurator, 443. *Valence, le Valentinois* (D.)
Valenciennes (Jo. de), p. 192.
Valencins (villa de), 491. *Valencin* (I.)
VALENSANI (Bartholomæus), 1789.
VALENTINI (b¹) festum [14 févr.], 599.
Valesio (in), 1797. *Le Valais* (Suis.)
Valeta (de) mansus, 759; parrochia, 1798. *La Valette-en-Ratier* (I.)
Valle (castrum de), 172. = V-libus en V.
Valle (de), 244, 266; — castellania, c-nus, 373; Francisc. 251; Guigo, 209; Johan. 385; Raymund. 405.
Valle (de), 947; — Anselm. 740, 1934; Humbert. 1934; Rodulph. 520, 1709.
VALLETE (Petrus), not. 1352.
Vallibus (Dronetus de), 138, 686. *Vaulx-Milieu* (I.)
Vallibus (de) castrum, 1030; mandam. 1027; villa, 1139. *Vaux* (Ain).
Vallibus en Velleno (de) castellan. p. 177, 191; mandam. 1007-76. *Vaulx-en-Vélin* (R.)
Vallino (Berlietus de), 1012-74.
Vallis mandam. 1014, (castri) 1836.
Vallis Bonæ bayliviatus, 1219, p. 173; terra, p. 182-5, 192; ej. judex, 992, 1114. *La Valbonne* (Ain).
Vallis Bonesii castrum, 685; domina, 951; dominus, 240, 613, 685, 1731-99, 1801-3-8-10-3; locus, 1809; parrochia, 1798; vallis, 752, 1800. *Valbonnais* (I.) [(I.)
Vallis Dentis parrochia, 1798. *Lavaldens*
Valle Navigio (de), 831; (S¹ Johannis de) parrochia, 831. *Vaulnaveys* (I.)
Valle Navigio (Andreas de), 1879. *Vaunaveys* (D.)
Vallis Putæ mandament. 1189. *La Vallouise* (H. A.)
Vallis Sancti Stephani, 709; — bastida, 1934. *Laval-St-Etienne* (I.)
VALLO, consors G. de Bellovidere, 186.
VALLOSA (Bertrandus), not. 1332.
Valreas, V-riaco (de), 1273, 1315, 1442-8; — castrum, 268, 1311-5-7, 1425-33-4-7-45; Hugo, 1325; Humbert. 1296; metæ, 1448; pareria, 1370; præceptor, 1444. *Valreas* (V.)
Valseriis (Ynard. de), 646. *Valserres* (H. A.)
VALTERI, V-II (Jacobus), 1550, 1636, 1896; (Petrus), 1481, 1542, 1633.
Vapincensis, V-esii, V-co (de), 378, 495, 987, 1183, 1890, p. 216-7; comes, 239, 361, 1146; comitatus, 1, 43-5-9, 73; diœcesis, 676, 796, 1260-77, 1303; episcopatus, 796; e-pus, 1643; partes, 83. V-cum (ap.), 1955. *Le Gapençais, Gap* (H. A.)
Varciæ, Varsiæ castrum, 501-2, 830, 1930; homines, 919; mandam. 561. *Varces* (I.)
Varey (de), 1062; — castrum, 104, p. 216; Guill. 398-9; terra, 1214. *Varey, c° St-Jean-le-Vieux* (Ain).
Variliis, V-ill-s (de) Guil. 1115; Johan. 1074. *Vareille, c° Ambérieux* (Ain).
Varreaclo, V-riaco = Valreas.
Vasionem (versus), 1442. V-ensis diœcesis, 1030-1, 1225-30-79, 1301-7-24, 1428-32; ecclesia, 1288; episcopus, 1252-88-90, 1845. *Vaison* (V.)
Vassal, V-lli domus, 914.
Vassalia, 1594. *Vassallus*, passim.
Vassallaticum jus, 1230. (*D. VI, 744*).
Vassalliaci dom. 1213. *Vessilieu* (I.)
VASSONETI (Berthetus), not. 1613-4.
Vatiliaco, V-lleriis, V-eu, V-liaco, V-ievo, V-io (de) castrum, 1737-79-96; dominus, 1749-93; Guelis. 427; parrochia, 1770; proelpa, 1793. *Vatilieu* (I.)
Vaudo (terra in), 1645. *Vaud* (Suis.)
Vaura (Berlio de), 190. *Vavre, c° St-Romain-de-Jallionaz* (I.)?
Vaus (bona apud), 149.
VAUTERII (Petrus), not. 1497.
Vayra (locus de), 29. *Vayre-Monton* (P. Vayssionensis = Vasionem. [de D.)
VEHERII (Bernardus), 772.
Velchia (castrum de), 109. *Veauche* (L.)

Velleno (en) : *vid.* Vallibus en V.
Venayssini curia, 1375. *Le Venaissin* (V.)
Vencia (de), 958; — rivus, 958. *Vence, c° Corenc et affl. de l'Isère r. d.* (I.)
Vendones = Voudores.
Veneciis (FF. Prædicatorum de) conventus et prior, 1699, 1700-3. *Venise* (*Ital.*)
Vennenchi, V-eychi (Rolland. de), 233.
VENNONIS (Michael), 922.
Ventayrollo, V-ter-o, V-eyr-o, V-llio, V-ono, V-toyrollo (de), 1433; — castrum, 268, 1233, 1315, 1428-9-31-2-3-5; Giraud. et Guil. 1407; Raymund. 1432; (vallis) præceptor, 1297. *Venterol* (D.)
Ver (villa de), 1483. *Vers* (H. S.)
Veracef, V-asevo (castrum de), 286, 895. *Varacieu* (I.)
Veracia : *vid.* S¹ Nycolai de V.
Verbi incarnati (annus), 51.
VERCOMANI (Michael), not. 433.
Vercorcio, V-rs (de) Amedeus, 988; dictus, 589; Giletus, 727.
Vercoyrani castrum, 1235-42-61-74, 1304-15-8-20-68; condominus, 1261. V-num (ap.), 1411. *Vercoiran* (D.).
Verdo, V-oné (castrum de), 1601-51. *Iverdun, c. de Vaud* (Suis.).
Verdun, V-no (de) bastida, 1315; castrum, 1238. *La Bâtie-Verdun, c° St-Sauveur, c. Nyons* (D.)
Verduno (Bertrandus de), 1566. *Verdun, c° du Cruet* (S.)
Verger (lo), locus, 968.
Vergeyo (de) Guillel. 490, p. 249; Jacob. 104, 1135. *Vergy* (C. d'Or).
Vericono (Wfredus de), 83.
Vermella (villa de), 341, 1104. *Vermelle, c° des Eparres* (I.) [*Vourey*(I.)
Verney (feudum de), 174. *Les Vernes, c° Veronæ* (datum), 1949. *Vérone* (Ital.)
Veronæ castrum, 385-8, 390, 698, 750. *Véronne* (D.)
Verro (bastida de), 490. *La Bâtie de Verre, c° Mirmande* (D.)
Vers (de), 1736. *Le Vert, c° Vinay* (I.)
Versatorio (Franciscus de), 264. *Le Versoud* (I.)
Versoy, V-ya (de) castrum, 1481, 1502-12-38, 1600-4-5-60; gageria, 1476, 1618-38-69; universitas, 1657. *Versoix, c. de Genève* (Suis.)
Versoyre (Henric. de), 1462. *Ibid.*
Vessanna, aqua, 351. *Vésonne, affl. de la Gère* (I.)
Vesto (Richard. de), 36.
VETERIS (Aynard.), 904; (Guil.), 894; (Heustach.), 654; (Joh.), 746; (Vill.), 786.
VETULE, VEUT-E (Albert.), 1012-33;

(Guichard.), 1033; (Johan.), 1074; (Petrus), 1201.
VEYHERII (Aynardus), 1091.
Veyna (Rolland. de), 358. *Veynes* (H. A.)
Veyscheyrz (parrochia de), 1597.
Veysons (homines in), 422.
VIBAYSII, VILLA-I (Guigo), not. 1715-7.
Viber (dominus de), 1107.
VIEMIN (Petrus) de Crollio, 820.
Vienna (de), 322; Viennensis archiepiscopus, 165; 980; 115, 431-55, 465-79, 898, 979; 162-97, 304; 17, 407; 137, 170 a, 216, 432-71, 482-3-5, 1169, 1643; 198, 478; 484; — canonici, 135-7, 149, 476, 898; capitulum, 137, 350, 431, 478-85; civis, 123, 139, civitas, 26, 197-8, 299, 313, 478; comitatus, 1, 9, 49, 375, 431-3, 479, 895, 1737, p. 25; comites, 135, 178, 313, 448, 1708-9; comitissa : Beatrix 1° *et* 5°; curia, 1780 a; *cf.* offic.; delphina : Anna, Beatrix 1°, 4° et 5°; delphini : Andreas, Guigo 3° *et* 4°, Humbert. I et II, Johan. I *et* II; decanus, 350, 476; diœcesis, 233-90, 343-79, 431-98, 1030-78, 1142, 1230; domus, 1836; ecclesia, 17, 258, 294, 378, 434, 485; Girardus dom. 461, 1093; habitator, 168, 1117; Jacob. 981; Johan. 1109; macel. 451; mistralia, 135, 197, 234, 285, 416, 476; m-is, 476; officialis, 135-9, 199, 201-75, 365, 416-22, 436-52, 827, 996, 1141-2, 1481, 1593, 1636, 1796; ej. curia, 187, 267-85, 322, 1104, 1476, 1672; — regnum, 30, 55, 94; Rolland. 1676; Symon, p. 325.7. V-nam (ap.), 434-80. *Vienne* (I.). *Cff.* S¹ Anthonii, S¹ Petri.
Viennæ (dat.), 17. *Vienne* (Autr.)
VIENNESII (Petrus), 901.
Viennesio (de), p. 185; — bayllivia, 1212, p. 25; b-atus, 494, 1004, 1164; Beatrix : v. h. v. 5° et 6°; Catherina, uxor Phil. de Sabaudia [en 1312, *fille du dauph.* Humbert *et d'Anne*], (50-8-)9, 60, 95-7-9; judex, 166, 299, 1075, 1737-79; Maria : v. h. v.; (in), 754-5, 1139-52-5, 1212, 1774-7; — præceptor, 409. *Le Viennois* (I.)
Viges (Johan. de), 1680. *Vieugy* (H. S.)
Vignaci, V-ayci = Vinay.
VIGNACI (Guigo), 803.
Vigneu, V-niaco (de) Arnaud. 1065; Aynard. 1074. *Vignieu* (I.)
VIGNIET (dictus), 1488.
Vilabols (Stephan. de), 463.
Vilar (Alesia de), 333. = Vilariis,
Vilar Cellant, 1466. [*nelx* (A in).
Vilar Tecon, 1466. *Villars-Tacon, c° Or-*

— 379 —

Vilar Tresineras, 1466.
Vilareto (de) Guido, 1431; Guill. 1435.
Vilareto (Guigo de), 607, 1511.
Vilari (de) afare, 1342; factum, 1405; tenem. 1392. *Villard, c° St-Sauveur, c. du Buis (D.)*
Vilari (parrochia de), 1608. *Le Villard*
Vilari Nigro (in), locus, 984. [(*H. S.*)
Vilarii Benedicti domus, 1718; prioratus, 1717. *Villard-Benoît, c° Poncharra (I.)*
Vilarils, V-rs (de) castrum, 1017-83-4; dominus, 333-8, 1086; feudum, 1100; Henricus, archiepiscop. et comes Lugdunen. [1342-†25 nov.1355], p. 2, 25, 98, 173, 216, 256, 301; Humbertus, 23, 1016-83-4, 1100-11-28, dom. 735, 994, 1017-59, 1531 (2); Ludovicus, archiepisc. Lugdun. [sept. 1301-†juil. 1308], 1146-62; poypia, 1084. *Villars (Ain).*
Vilario (de), 522. *Villard-..... (I.)*
Vilario (pars de), 1438. = Vilari 1°.
Viler Ceycel (Johan. de), 1122. *Villers-Sexel (Hte-Saône).*
Vileta (Chabertus de), 1491.
VILETI (Guido), 1548.
Vileu de Treyneyros, 1542. = Vilar Tr.
Villa (parrochia de), 258. [(*D.*)
Villabosco (castrum de), 1403. *Villebois*
Villa Dei (de) castrum, 1444; Johan. 116; præceptor, 1444. *Villedieu (V.)*
Villa Franca (castrum de), 1242, 1412. *Villefranche (D.)*
Villa Nova, 914. *Villeneuve-[d'Uriage], c° St-Martin-d'U. (I.)*
Villa Nova (de) castrum, 308, 402; Guil. 351; Jacob. 275; parrochia, 343. *Villeneuve-de-Marc (I.)*
Villa Nova S¹ Andreæ prope Avinionem, 1354. *Villeneuve-les-Avignon (G.)*
Villa Urbana, 172. *Villeurbane (R.)*
Villariis (Agnes de), 1737. = Vilariis.
VILLE (Guillelmus), 969.
VILLELMI (Petrus), 768, 777.
VILLENUS, dom. S¹ Petri de Alavardo,
Villeta (Jaquemonus de), 584. [1720.
VILLETI (Humbert.), 1673; (Raymund.),
VIMBERTI (Symondus), 1686. [385.
Vinay, V-yco, Vinnaco, V-ay (de) Aynardus dom. 1738-63-9; burgum, 1792; castrum, 144, 247, 255, 302, 1092, 1124, 1737-45-57-77-9; dominus, 180, 255, 363, 496, 1092, 1735-7-41-2-5, 1755-6-64-7-70-3-7-9, 1782-3-6-7-8-9-90-1-3-5-6, 1866; domus, 1754-92; furnum, 1736; Guichard. 346; Henric. 1769; Lumbard. 346; mandam. 150; pedagium, 1734-46. *Vinay (I.)*
VINAYCI (Durandus), 272.

VINCENTII (b¹) festum [22 janv.], 384, 478, 791.
Vincii [Brucii] locus, 1331. *Bruis (H. A.)*
Vincincia (Albert. de), 1703-4. *Vicence (Ital.)*
Vinçobriis, Vinczo-s = Vinsobrio.
Vindocinensis, 1699. *Vendôme (L. et C.)*
Vinez (mensura de), 828.
Vingula (universitas de), 1332.
VINIACI (Petrus), 683, 837.
Vinsobrio, V-is, V-iis (de), 1258; — castrum, 268, 1224-50-79-99, 1305-13-5-76, 1432-42, 1845; dominium, 1269; d-nus, 1250; territor. 1446; vintenum, 1818. *Vinsobres (D.)*
Vinterolio = Ventayrolio.
Viref, V-eu, V-us, Viriaco (de) Albert. 1098; Aymo, 326; castrum, 115, 292-4-6, 378; feudum, 291, 341, 1104; Guiffredus, 1022-4-63, 1103-57; Gulonet. 989, 1091; Martin. 1063, 1103; pars, 1063, 1103; Siboud. 989. *Virieu (I.)*
Viriaco (castrum de), 290, 379, 1078. *Virieu, c° Pélussin (L.)*
Viriacó, V-ie, V-es (de) Guillel. 1574; Johan. 1545; Richard. 1546. *Viry (H.S.)*
Virivillæ doma, 1772. *Viriville (I.)*
Viscencle (Guill. de), 1524. *Vesancy (Ain).*
Visignie, V-inef (terra de), 1466, 1542.
Visilia (de), 530, 606, 630; — castellanus, 914, 924; castrum, 276, 568; domus fortis, p. 138; insulæ, 735; mandam. 664, 708, 833, 914; Petrus, 435; pons, 784; recognit. p. 120-9; villa, 831. *Vizille (I.)*
Visonscy (Stephan. de), 1460. = Viscencie.
VITALIS (Johan.), 852; (Petrus), 651.
Viterbio (in), 1958. *Viterbe (Ital.)*
Vrros (dictus le), 1721.
Vivariensis canonicus, 1124, 1739; capitulum, 1739; curiæ officialis, 1733; diœcesis, 387; episcopus, 1739. *Viviers (A.)*
Vivi condominus, 561, 742; emptio, 1789; parrochia et villa, 830. *Vif (I.)*
VIVIACI (Petrus), 1568.
VIVIANI (Peronetus), 95.
Vollino (Girard. de), 1787.
Volum, V-uleyno, V. (S¹ Stephani de) parrochia, 292-4-6, 378. *Envelump, c° Chélieu (I.)*
Vondores (Amedeus de), 1470, 1576. *Vandœuvres, c. de Genève (Suis.)*
Vorapio (de), 72; — castrum, 895; territor. 766; villa nova, 545. V-ium (ultra), 431. *Voreppe (I.)*
Vosurie, Voya-e (de) Guil., Jaquet. et Petrus, 1582; Stephan. 1584. *Vozerier, c° Amancy (H. S.)*

Voujania (de), 663. *Vaujany (I.)*
Vourel (mandament. de), 1014.
Vourel, V-ey (de) mandament. 561; parrochia, 459. *Veurey (I.)*
Vourey (de) castrum, 297; territorium, 409. *Vourey (I.)*
Vouyani (parrochia de), 840. — Voujania.
Voyssenc, V-co; V-nt (de) Albert. 1033; Humbert. 1082; Symon. 1033; S-ndet. 1082. *Voissant (I.)*
VUILLERMUS, VULLELM. = Guillelm.
Vullie (Petrus de), 1534. = Avollue.
Vulpilleriam (ap.), 491. *La Verpillière (I.)*
WILELMUS = Guillelmus.
Xusol ([castrum?] de), 1252.

Ycaris ripperis, 1446. = Ecaris.
Ylino, Y-ns = Illino.
YLLARII (s¹) dies s. [14 janv.], 1780.
YNNARDI (Durandus), 174.
YSABELLA: vid. Francia; comitissa Forensis et dóma Bellijoci [fil. d'Humbert V de Beaujeu, ép. déc. 1247 Renaud de Forez], 367, 370; relicta R. de Ponte, 626; uxor A. Guelini, 326; — P. de Greyssie, 1620.

Ysara, Y-rone = Ysera, Y-ronce.
YSAUDI (Petrus), 698. = Ysoardi.
Ysellis (de), p. 211. = Yzellis.
Ysera, flumen, 399, 431, 899, 1780. *Isère, riv. affl. du Rhône r. g. (I., D.)*
Yserant (Arnaudus de), 269. *Iserant, c° Lemps (A.)*
Yseronce (de), 410; — dominus, 1127. *Yzeron (R.)*
Yserone (de) Aymarus dom. 434; castrum, 698; dominus, 417; jura, 1748; mandam. 672. *Izeron (I.)*
YSIMBARDI (Petrus), 123.
YSMIDONIS (Petrus), 635, 656.
YSMUDONIS (Guillelmus), 657.
YSNARDI (Bertrand.), 1267, 1319, 1445; (Ysnard.), p. 155.
YSOARDI (Petrus), 750, 889, 898, 1416.
YSODORUS (dom. S⁺ Galtæ), 1227.
Ysonis castrum, 1321-7-69, 1403; domina, 1321-7. *Izon (D.)*
YSORY (Johan.), 1732.
Yssæ aqua, 336. = Ysera.
Yuvrey (decimæ de), 1488.
Yzellis (castellanus de), 463. *Izeaux (I.)*
ZUPI (Andreas), not. 50.

CORRECTIONS ET ADDITIONS.

P. 332, c. a, l. 5: 1542. = Vilar Cellant; b, 12 : cor. 424; b, 29 : add. recognit. p. 108; 336, b, 17: add. 709; 337, a, 53 : Theoffredi (= Theuderli); b, 7, corr. 765; 341 : Brossia... *La Brosse, c° Sermérieu (I.)*; 342: Bulla, 1425-6-7; b, 40 : add. Octo, 1148; 344: Cernouc... *Combe-Noire ou Sernon, affl. de l'Isère r. d. (I.)*; b, 55 : add. *Le Mas de Chatagnier, c° St-Victor-de-Ces. (I.)*; b, 57 : add. *Château de Pusignieu, c° Creys (I.)*; 345, a, 53 : add. Aymonet. 1553; Humbert. 1116; 349, b, 45 : add. *et Farges (Ain)*; 350 : add. FALCONIS (Guillel.), 1428-9; 352 : add. GEYLINI (Arnaud.), 448. Gocia (Petrus de), 1014; 354, b, 46 : add. Dalphini, 72, 80-4, 1230-7-69, 1457-84, 1666-79, 1921; 359, a, 30 : corr. 315; 367, b, 30 : add. *et Pusignieu, c° Creys (I.)*

Achevé d'imprimer pour l'auteur
A Nogent-le-Rotrou,
le XXV avril MDCCCLXXI
par A. GOUVERNEUR,
avec les caractères de la librairie A. Franck.

www.ingramcontent.com/pod-product-compliance
Lightning Source LLC
Chambersburg PA
CBHW071907230426
43671CB00010B/1510